Maternity Book

William Sears and
Martha Sears

With Linda H. Holt

シアーズ博士夫妻の

マタニティブック

ドクター ウイリアム・シアーズ、マーサ・シアーズ
ドクター リンダ・ホルト 共著

主婦の友社

シアーズ博士夫妻の

マタニティブック

ドクター ウイリアム・シアーズ、マーサ・シアーズ
ドクター リンダ・ホルト 共著

著者からあなたへのメッセージ

この本に書かれていることはすべて、私たちが実際に体験として味わってきたものです。私たちは、小児科医、出産コンサルタント、そして産婦人科医の第一人者としてのキャリアと経験から、この本を通じて妊娠中の人たちにさまざまなアドバイスをしたいと思っています。しかしそれ以上に重要なことは、私たちが実際に出産を体験した親として、あなたにお話しできるということです。マーサ、そしてドクター・ビル（ウイリアム博士の通称）は8人の子どもを育て、ドクター・リンダも3人の子どもの母親です。

プロとして、また親として、これまでに出会った多くの妊婦さんたちから、私たちは本当にたくさんのことを学びました。母親になろうとしている女性が、どんなことを不安に思い、どんな情報を欲しがっているか、ということです。私たちは、あなたが知りたいと思っている以上のことを、そして安全な妊娠と出産のために必要なことのすべてを、この本でお教えできるでしょう。

妊娠は病気ではありません。むしろ自然なことであり、健康な女性の機能なのです。朝のつわりや、夜の洗面所行きだけが妊娠ではありません。妊娠は個人的な旅のようなものです。この旅の間に、あなたは自分自身について、さまざまな発見をするでしょう。あなたの心の神秘を知り、体の不思議やすばらしさを発見するでしょう。妊娠は、単におなかの赤ちゃんを育てるだけではありません。赤ちゃんといっしょに、あなた自身を人間的に成長させていくのです。妊娠はあなたのすべてを変えていきます。あなたの体、心、結婚生活、仕事、そしてあなた自身……。あなたは、今まで経験したことのないような感情を味わっていくでしょう。毎日、あなたはいつかあなたのもとを巣立っていく、ひとりの人間になる何百万という新しい細胞を育てていくのです。妊娠はたやすいことではありません。でもやはり、とてもすばらしいでき事なのです。

すべてのことが、これまでとは変わります。朝食の支度から愛の交わし方まで。これらの変化を受け入れましょう。ときには、あなた自身の体や心の変化に、少しだけ感情がついていけなく

シアーズ・ファミリーの子どもたちは、長男ジェームス、次男ロバート、三男ピーター、長女ヘイデン、次女エリン、四男マシュー、五男スティーヴン、そして三女のローレンです。

なることもあるかもしれません。しかしこれらの経験は、女性に与えられた特権でもあるのです。数えきれないほどの女性が、あなたの前に体験してきたことでもあります。そしてあなたは、あなたの赤ちゃんをこの世に産み出すことができる唯一の人なのです。あなたはこの不思議で特別な体験を味わう資格を与えられたのです。あなたがこの10カ月という短い間にどんなに人生に価値のあるものを産み出すのかを理解できれば、この間の多少の不自由や不快感などは二の次と思えるようになるでしょう。

妊娠は旅のようなものですが、どんな旅なのかは人によりさまざまです。しかしほとんどの女性は、身体的にも感情的にもいくつかの共通項があります。この本では全編を通して、多くの先輩の妊婦たちが自分の体験を語ってくれています。あなたが通っている旅の道筋に近い人たちの実体験は、きっとあなたにさまざまなヒントを与えてくれるでしょう。

この本は、あなたが安心できるようにと作ったものです。何が普通で、どのようなことに気をつけて対処しなければならないかを、あなたに教えてくれるはずです。さらに私たちは、この本に現実的なことも書いています。妊娠はエクスタシーを感じるものでも夢見心地のものでもありません。しかし、そんなに悲惨なものでもないのです。最高に満ち足りた状態になるためのプロセスであり、けっして耐え忍ぶようなものではないのです。おなかの赤ちゃんとうまくやっていく方法を知れば、妊娠や出産に対する不安や不快感は消えて、人間として成長し、親になるための貴重な期間だと思えるようになるでしょう。

あなたへの大きなごほうび——それは、あなたの赤ちゃんです！

この本には、あなたとあなたのおなかの赤ちゃんがより健やかに成長するための、すべてのストーリーが詰まっているのです。

ウイリアム&マーサ・シアーズ　カリフォルニア州サンクレメンテにて
リンダ・ヒューイ・ホルト　イリノイ州エバンストンにて

シアーズ博士夫妻の
マタニティブック

contents

Part 1 妊娠1カ月 ～3週
妊娠の始まりです

この月の気持ちは？ — 10
幸せでいっぱい／信じられない／うれしいけれど……／気持ちがぐらぐらする／疑問でいっぱいに／不安でしかたがない

この月のからだは？ — 14
疲れやすくて……眠い！／気持ちが悪い／**つわりを軽くする17の方法**

この月のおなかの赤ちゃんは？（～3週） — 34
2週目：卵子と精子の出会い——受精／3週目：着床

妊娠1カ月のあれこれ — 36
予定日について／**妊娠を報告する**／**子宮外妊娠**／なぜ子宮外妊娠は起こるのでしょう

快適な環境を整えましょう — 41
禁煙に感謝！／喫煙は赤ちゃんの栄養を奪います／喫煙は赤ちゃんの酸素を奪います／喫煙は小さな脳を傷つけます／二次喫煙も赤ちゃんに害があります／喫煙習慣をノックアウト／危険性をよく理解する／急にやめようと思わない／ゴールを設定しましょう／少しでも毒の弱いものを／吸い込む毒をより少なく／不便な環境に／隙間を埋めましょう／より健康的な環境づくりを／健康的な選択を／悪いイメージを思い描きましょう／もっと恐ろしいイメージを／だれかといっしょに／自分をほめましょう／専門家の助けを借りましょう／禁煙による恩恵を理解しましょう／**禁酒にも感謝！**／飲酒に関する質問／**カフェイン**／**身近な汚染物質**／最も注意しなければいけないこと／**X線と放射線**／X線の危険性／タイミングを考える／利点とリスクをはかりにかける／妊娠していなくても保護はすべき／X線環境で働くには／**VDT（ビデオディスプレー端末）**／**家にある危険物**／安全な飲み水／掃除用製品／身だしなみ製品／電子レンジ／家族のペット／殺虫剤／農薬、除草剤および化学肥料／ペンキ、溶解剤／**職場環境を考える**

あなたの妊娠1カ月ダイアリー — 55

健診で行われること（妊娠1カ月／～3週） — 56

Part 2 妊娠2カ月 4～7週
妊娠に気づいたら

この月の気持ちは？ — 58
なんでもないことでイライラ／不安な気持ちは夫と分かち合って／ひとりでがんばらないで

この月のからだは？ — 60
つわりがピークに／骨のしんから疲れる／乳房が変化する／乾燥してかゆい！／おしっこが近くなる／つばがたまる／のどが渇く／便秘がちになる／おなかの張りを感じる／胸やけがする／ウエストがきつくなる

この月のおなかの赤ちゃんは？（4～7週） — 66
4週目：胎盤と胎児の成長／5週目：胎児の形に／6週目／7週目

妊娠2カ月のあれこれ — 69

眠れないときには、こんな工夫を／体も心も落ち着いて／家では仕事のことは忘れて／空腹のままでベッドに入らない／利尿作用のある食べ物は避ける／寝心地のよいベッドを／寝やすい姿勢を見つける／リラックスして眠りにつく／体をリラックスさせて眠る／気持ちを落ち着ける音楽を／無理に眠ろうとしない／**最初の3カ月にみられる出血**／心配ない出血／心配な出血／出血した場合の行動／**流産の心配**／流産についての質問／流産の悲しみ／**35歳過ぎの出産**／**ダウン症について**／**遺伝性疾患について**／**シングルマザー**／**引っ越しを考える**／**妊婦健診の必要性**／**出産のプランを立てましょう**／これまでのお産／出産に向けて、今後の展望は？／**出産のスタッフを決めましょう**／どんな出産がしたいのか、自分への問いかけを／**正しい医師選び**／待合室でのインタビュー／医師と話し合いましょう／**助産師を選ぶ**／助産師を選ぶ理由／助産院を選ぶ場合／自分への問いかけ／助産師への基本の質問／さらに詳しく知るために

2人のために、正しい食事を — 95

さまざまな脂肪／タンパク質はパワフル／いろいろな種類の炭水化物／鉄分は特にたくさん必要です！／カルシウムに気をつけて／塩分はこわくない／いろいろなビタミン／水分を忘れずに！／**栄養に関する質問**／**正しい体重増加**／**体重増加に関する質問**

あなたの妊娠2カ月ダイアリー — 115

健診で行われること（妊娠2カ月／4～7週） — 116

Part-3 妊娠3カ月 8～11週
はっきりとわかります

この月の気持ちは？ — 118

自信がわいてきた／ひとりになりたい！／体重増加への不安／楽しめるようになるかしら？／そわそわする

この月のからだは？ — 128

骨盤周辺の不快感／服のサイズ／心音を聴く／乳房の変化は、ますますはっきり

この月のおなかの赤ちゃんは？（8～11週） — 125

8週目／9週目

妊娠3カ月のあれこれ — 128

鮮やかな夢を見る／どんな夢を見る？／なぜ特別な夢を見るの？／夢も変わってくる／夢を分析する／発想の転換が必要／**妊娠中のセックスを楽しむ**／変化を考える／妊娠している体はすばらしい／妊娠中のセックスについての質問／**出生異常に対するスクリーニングテスト**／**AFPテスト（母体血清テスト）**／検査の目的は？／結果がもたらすものは何でしょう／**羊水染色体検査（羊水検査）**／検査の目的は？／検査の時期／検査の方法／安全性は？／**絨毛採取検査（CVS）**／検査の目的は？／検査の時期／検査の方法／安全性は？

働きながらの妊娠 — 141

雇用主に伝えるには／いつ告げるか／**産前産後休暇のための交渉**／あなた自身に問いかけて／権利を知っておく／だれに伝えたらいい？／どのように言うか／**自分なりの出産休暇を考えましょう**／休暇中も参加できる意思を示す／引き継ぎをしっかりと／最後まで仕事への意欲を見せる／突発的なできごとに備える計画性を／書き留めておく／はっきりと文書化して／**働きやすい服装で**／買う前に借りる／自分で作る／ファッションのしくみを知りましょう／快適な服装を／ルーズで、ストレッチ素材のものを／アクセサリー／夫の服を拝借しましょう／下着を選ぶ／靴は合っていますか？

あなたの妊娠3カ月ダイアリー — 152

健診で行われること（妊娠3カ月／8～11週） — 153

Part-4 妊娠4カ月 12～15週
少し楽になってきました

この月の気持ちは？ — 156

楽になった／周囲に報告したい！／赤ちゃんとの絆を感じる／揺れる心／自分に問いかける／自信がついてきた／イライラする

この月のからだは？ — 159

ほぼ以前のように／おなかが目立ち始める／エネルギッシュになりすぎないで／おしっこの間隔も落ち着いて／体がほてる／おりものが増える／鼻の不快感／歯茎からの出血／頭痛がする／めまいがする

この月のおなかの赤ちゃんは？（12～15週） — 166

妊娠4カ月のあれこれ — 168
肌の変化／肌が紅潮して見える／顔の斑点／にきび／おなかの縦線／だんだん色が濃くなる／手のひらと足の裏が赤く／母斑／スキンタッグ／あせもと発疹／かゆみ／じんましんのような発疹とかゆみ／**髪の変化**／抜け毛が減る／髪質が変わる／好ましくない部分にも／**つめの変化と保護対策**

マタニティエクササイズをスタート — 175
妊娠中のエクササイズについての質問／**出産を楽にするエクササイズ**／**ケーゲル体操**／ストップアンドスタート／繰り返し／締めたままにする／スーパーケーゲル／エレベーター運動／ウエーブ運動／さまざまな姿勢で／**ストレッチエクササイズ**／スクワット／あぐら座り／あぐらストレッチ／肩のストレッチ／骨盤体操／よつんばいのストレッチ／**日常生活での姿勢**／まっすぐに立つ／正しい座り方／正しく眠る／急に姿勢を変えない

あなたの妊娠4カ月ダイアリー — 189
健診で行われること（妊娠4カ月／12～15週） — 190

Part 5 妊娠5カ月 16～19週
どこから見ても立派な妊婦さん

この月の気持ちは？ — 192
周囲がやさしい／新たな感激／巣にとじこもっていたい／赤ちゃんのことを考える／妊娠ボケ／よけいなアドバイスは聞き流して／パニックになる

この月のからだは？ — 195
おなかはますますふくらんで／かゆくて、デリケートなおなか／おへその不快感／おっぱいの変化／収縮を感じる／下腹部のつれるような痛み／視力の変化とドライアイ／足の変化

この月のおなかの赤ちゃんは？（16～19週） — 201

妊娠5カ月のあれこれ — 202
つまずいた、転んだ／**先天性異常の心配**／**運転と交通事故**／**「家族の出産」と上の子への気づかい**／さあ、時間よ！／愛情は増えていきます／子どもといっしょに健診に／赤ちゃんの存在を感じる／いっしょに話しかけを／自分の限界を知りましょう／いつでもいっしょ／**パパになるレッスン**／妊娠を分かち合うために／変化はゆっくりと／前向きな気持ちで！／決め事はふたりで／両親学級にもいっしょに参加／家でもいっしょに／写真を撮りましょう／専属のマッサージ師に／彼の目に映っているのは／夫は頼りになる存在です／頼んで、助けてもらいましょう／3人で運動を／禁煙もふたりでいっしょに／健診にもなるべくいっしょに／気持ちを分かち合って

さまざまな検査の基礎知識 — 212
超音波診断／なぜ必要なのでしょう／検査の時期／検査の方法／安全性は？／**ブドウ糖負荷試験（GTT）**／検査の目的は？／検査の時期

あなたの妊娠5カ月ダイアリー — 217
健診で行われること（妊娠5カ月／16～19週） — 218

Part 6 妊娠6カ月 20～23週
胎動はますますはっきりと

この月の気持ちは？ — 220
過去の自分を癒したい／短気になる／自分1人の体じゃない

この月のからだは？ — 222
休息をたっぷりと／キックはますます強くなります／足がつる／手のしびれや痛み／腹筋の分離／尿が漏れる／痔の痛みと出血／腰と足の痛み／静脈瘤

この月のおなかの赤ちゃんは？（20～23週） — 229

妊娠6カ月のあれこれ — 230
おなかの赤ちゃんとの絆づくりを／お母さんたちの噂話／赤ちゃんは何が聞こえるのでしょう／何を感じるのでしょう／何を考えているのでしょう／長い間の研究結果／ホルモンによる心の結びつき／**妊娠中の旅行**／妊娠中の旅行に関する質問

出産に関する、さらにいろいろな選択 — 238
お産を学ぶクラスに参加しましょう／何を習うのでしょう／**出産する場所を決めましょう**／**病院を選びましょう**／**助産院での出産**／**自宅での出産**／自宅出産に関する質問

あなたの妊娠6カ月ダイアリー — 245
健診で行われること（妊娠6カ月／20～23週） — 246

Part-7 妊娠7カ月 24〜27週
ふくらんだおなかを愛しましょう

この月の気持ちは？ — 248
幸せでいっぱい／忘れっぽい／全部ほうり出してしまいたい／何でもやりたい！／どんな出産にするか、考える

この月のからだは？ — 252
心臓がドキドキする／息切れがする／顔のむくみ／手足のむくみ／背中の痛み／注意深く行動を／骨盤の不快感／胎動はピークに／赤ちゃんのしゃっくり／一般的な悩み

この月のおなかの赤ちゃんは？（24〜27週） — 259

妊娠7カ月のあれこれ — 261
生理的な子宮収縮？ それとも出産の兆候？／**早産の心配**／**ハイリスクの出産**／**ベッドでの安静**／していいことと悪いことを、正確に知る／快適な"巣"を整える／前向きになりましょう／いろいろ考えてしまうのも当然です／夫の手助けが必要です／上の子とのつきあい／体を使わずにできることを／ベッドで軽い運動を／赤ちゃんとの絆づくり／したいことに時間を使う／友人の協力を／ベッドから離れても張り切りすぎない／**子どもの立ち会い**／**妊娠後期のセックスを楽しみましょう**／**出産のサポーターを見つけましょう**

あなたの妊娠7カ月ダイアリー — 273

健診で行われること（妊娠7カ月／24〜27週） — 274

Part-8 妊娠8カ月 28〜31週
あと、もう少しです

この月の気持ちは？ — 276
もう終わってほしい／赤ちゃんのイメージ／前回の出産の思い出／迷信／健康な赤ちゃんが生まれるかしら？／安心する／不思議な夢を見る／いいお母さんになれるかしら？

この月のからだは？ — 280
胎動はますます強く／ますます大きくなったみたい／休息を取る必要を感じる／頻繁に目が覚める

この月のおなかの赤ちゃんは？（28〜31週） — 283

妊娠8カ月のあれこれ — 284
帝王切開についての不安〜何ができるでしょう／出産が進行しない／前回も帝王切開だった／胎児仮死／児頭骨盤不適合／母親の進行性ヘルペス

出産時の痛みをやわらげるには — 288
なぜ出産は痛いのでしょう／**痛みの感じ方**／**自分なりの痛み管理システムを作る**／恐怖心を忘れる／恐怖心を克服しておく／**自分で決断したことに責任をもつ**／**出産に使う筋肉をリラックスさせる**／なぜリラックスが必要？／どうやってリラックスするか／**水中で陣痛の痛みを逃す**／なぜ水に効果があるのでしょう／水は人を解放する／水はリラックスを促す／実際にプールを用意しましょう／**正しい触れ方を練習する**／**出産に適した呼吸法**／**陣痛に快適な巣を作る**／出産のための音楽を／バースボールに座る／ビーズクッションを試す／クッションなどを使う／温湿布や冷湿布を試す／専門家に相談する／**医学的な方法で痛みをやわらげる**／**麻酔性鎮痛剤**／麻酔はどう作用するのでしょう／赤ちゃんへの影響／**硬膜外麻酔**／硬膜外麻酔の方法と影響／硬膜外麻酔の種類／硬膜外麻酔のタイミング／硬膜外麻酔についての質問

あなたの妊娠8カ月ダイアリー — 315

健診で行われること（妊娠8カ月／28〜31週） — 316

Part-9 妊娠9、10カ月 32〜39週
陣痛が始まりました

この月の気持ちは？ — 318
本当に待ちきれない／早く抱きたい。でも、寂しい／ひとりになりたい／イライラしやすい／もっともっと心配性に／こわくてしかたがない／巣作り本能が強まる

この月のからだは？ — 322
さらに大きくなったみたい／今まで以上に疲れやすい／体重が減る／くつろげなくなってくる／ちょっと気分がよくなる／骨盤の不快感／これまでとは違う胎動／あちこちの痛み

この月のおなかの赤ちゃんは？（32〜39週） — 326

妊娠9、10カ月のあれこれ — 327
出産の進行を助ける〜知っておくべきこと／情報を得る／体の調子をととのえて／よく休んで／栄養をとりましょう／静かにする／明るい気分で／ロマ

ンチックに／ポジティブに／リラックス、リラックス／先に進みましょう／声を出していいのです／動き回って／体を起こして／**自分にいちばん合う出産の体位を決める**／スクワット／ひざまずく／座る／立つ、寄りかかる／横向きに寝る

陣痛と出産—339
出産の準備段階：お産が近づいてきました／あなたに何が起こるのでしょうか？／赤ちゃんの位置が下がった／排尿が頻繁に／腰の痛み／前駆陣痛はさらに強く／下痢／おりものが増える／おしるし／破水／**赤ちゃんの様子はどうでしょうか？**／何をしたらいいのでしょう／**陣痛の始まり：どんなふうに始まるのでしょう**／前駆陣痛（または「偽陣痛」として知られているもの）／本格的な陣痛（「本物の陣痛」として知られているもの）／**分娩第1期：初期**／あなたに何が起こるのでしょうか？／体の変化は？／何をしたらいいのでしょう／夫へのアドバイス（初期）／**分娩第1期：進行期**／あなたに何が起こるのでしょうか？／体の変化は？／何をしたらいいのでしょう／夫へのアドバイス（進行期）／**分娩第1期：移行期**／あなたに何が起こるのでしょうか？／体の変化は？／何をしたらいいのでしょう／夫へのアドバイス（移行期）／**分娩第2期：娩出期**／あなたに何が起こるのでしょうか？／幸せな休息／いきみたい！／体の変化は？／何をしたらいいのでしょう／いきみのコントロール／スタッフ主導のいきみは避ける／正しいいきみ方／いきみの姿勢／あせってはいけません／いきみの間は休んで／会陰裂傷を避ける／夫へのアドバイス（第2段階）／**発露：赤ちゃんの頭が見え始めました**／**分娩第3期：胎盤娩出**／あなたに何が起こるのでしょうか？／体の変化は？／何をしたらいいのでしょう

健診で行われること（妊娠9、10カ月／32～39週）—359
あなたの妊娠9、10カ月ダイアリー—360

Part 10 産後1カ月
赤ちゃんとの生活が始まりました

この月の気持ちは？—362
スリルと興奮／抵抗できない／精神的な落ち込みめそめそする
この月のからだは？—364
おんぼろのくたくた／めまいがする／体のふるえ／悪露／後陣痛／うまく排尿できない／尿が漏れる／汗を大量にかく／会陰の痛み／便秘／ガスと膨満感／おっぱいの張り／乳首の痛み
産後1カ月のあれこれ—371
体重と体形を戻しましょう／適切に、安全に体重を戻す／**「お母さん」になるには**／赤ちゃんとつながりましょう／出産直後に絆づくりを／母乳で育てましょう／赤ちゃんと密着して過ごしましょう／手助けを求めましょう／自分に自信をもちましょう／素直な心で、自分を甘やかしましょう／もしだめなら、ほかの方法を考えましょう／ベテランのお母さんたちに助けてもらいましょう
あなたの産後1カ月ダイアリー—378

付録—A **体調が悪いとき、どうしたら？**—379
妊娠中の薬—380
妊娠中によくみられる病気—382
鼻詰まりと副鼻腔炎／鼻の通りをよくしておくには／**ぜんそく**／ぜんそくの薬／**尿路感染症**／**腸の疾患**／吐きけの対処薬／下痢の対処薬／胃などの逆流や動悸の対処薬／**発熱**／鎮痛と熱の対処薬
付録—B **産科の用語事典**—388
Rh不適合妊娠／アプガースコア／鉗子／吸引分娩／巨大児／クーバードシンドローム／肩甲難産／骨盤計測／子癇前症／子宮頸管無力症／子宮内発育遅延（IUGR）／常位胎盤早期剥離／前置胎盤／糖尿病／ノンストレステスト（NST）／バイオフィジカルプロファイル（BPP）／破膜／B型肝炎／B群連鎖球菌（GBS）／ヘルプ症候群／羊水

監修者あとがき—395
索引—407

装丁／藤崎良嗣（ポンド）
カバーイラスト／天明幸子
DTP制作／㈱ローヤル企画

Part－1

妊娠1カ月 ～3週

妊娠の始まりです

妊娠、おめでとうございます！　あなたにはこれから、人生を変えてしまうような最もエキサイティングなでき事が、いくつも待っています。赤ちゃんが生まれるまでに考えなければいけないことがたくさんありますし、しなければいけないこともたくさんあります。それは多くの女性の人生にとって、とても大切なことなのです。

しかし、妊娠したからといって、そんなことを実感できる人はまだほとんどいないでしょう。おそらく“妊娠している”という実感がほとんどないままに、体の変化を感じ始めるのが先かもしれません。待ち望んでいた妊娠がやってきて、「ほら、あなたは妊娠していますよ」と、あなたの体に妊娠を教えてくれる兆候のすべてが、幸福なサインのように思えるかもしれません。あなたはすでに、軽いつわりや空腹感、のどの渇き、疲労、体のほてり、脆弱感、めまいなど、これまでとはちょっと違った体調の変化を感じていませんか？　しかし、あなたは、これを妊娠のせいとは考えず、「もしかして風邪をひいたのかしら」などと思い、病院にかかったり、さらに違う体調の変化があって、やっと気づくこともあるでしょう。あるいは、いろいろな兆候を感じる前に、すでにあなたは、妊娠したということを、単純に“知っていた”かもしれません。

妊娠するとさまざまな兆候があらわれるでしょうが、そのすべてがあなたの体を妊娠という事実に適応させていくものです。この妊娠が計画的なものだったとしても、なかったとしても。病院で、医師から「妊娠していますよ」と告げられても、自宅で妊娠検査薬を使って確認したのであっても、妊娠が判明した瞬間、あなたはさまざまな気持ちに襲われるでしょう。幸せだったり、こわかったり、ほっとしたり、混乱したり……。あるいは、これらのすべての気持ちが、まざり合っているかもしれません。もちろん、あなたが最初に感じることは、その妊娠が突然のものだったか、または数カ月待ち望んだものだったかで、大きく違うことでしょう。もしもあなたが、この、人生を変えてしまうような経験――あなたの毎日の食事をはじめ、結婚生活すべてに対して影響を与えるようなすごい経験――を、喜んで受け入れる準備ができていたとしても、あなたがすっかり妊婦らしくなるまで、周囲が十分理解してくれるには、少し時間がかかるかもしれません。もし、そうだったとしても、どうか驚かないでください。あなたにこの先何が起こるのかを、これからお話ししていきましょう。

この月の気持ちは？

幸せでいっぱい

長い間待ちこがれたうえでの妊娠だったとしたらなおさら、「妊娠」という事実は、あなたを有頂天にさせるでしょう。あなたは完璧で、満ち足りていて、すべてがうまくいくような感覚で満たされるかもしれません。長い間、あなたが望んでいたこと――母親になること――が実現するのですから。

ママノート：私の中に小さな命が息づき、私がその命のすべてを預かっているのだと知ったとき、私は責任感とともに、非常に深い安らぎを感じました。これは私の人生の中で、最も満ち足りた体験だったのです。

信じられない

一方で、あなたは「私は本当に妊娠しているのかしら？　何も変化がないのだけれど」と妊娠を疑うこともあるでしょう。特に体の変化を何も感じない初期のころは、このような思いを強くもちます。気分が悪かったり疲れやすいのは、体の具合が悪いせいで妊娠のせいじゃない、と確信してしまっているかもしれません。たとえこの妊娠が待ちこがれていたものだとしても、これは自分の願望か思い過ごしであって、本当は妊娠なんてしていないのでは、と不安になることもあるでしょう。もしも、体に何の変化も感じていないのであれば特にです。これらは初期の不安感であって、あなたの中で小さな命が育っていくうちに、これらの疑いはすべて消え去るでしょう。

リンダノート

私自身の妊娠の話をしましょう。私が妊娠に気づいたときにまず感じたのは、ショックと、信じられない！という気持ちでした。子どもを産む計画もありませんでしたし、少なくとももうしばらくは、子どものいない「便利な」時間を楽しもうと思っていたのです。私の研修医としての期間が終わって1

年ほどが過ぎたとき、私は生理が遅れていることに気づきました。私は本当に、「妊娠」を考えに入れていませんでしたし、生理が遅れたのは、ハードで不規則な仕事のせいだと、ずっと思っていたのです。私は産婦人科の医師ですが、私の患者さんが妊娠の可能性を否定するたびに、驚いていたものです。しかし、それがいざ自分のことになってみると、生理の遅れも避妊の失敗も、妊娠とは結びつかなかったのです。私の夫は研究室をもっていて、妊娠検査ができるようになっていました。私は顔見知りのスタッフに、特に私自身のものだとは言わずに、採取した血液を検査してもらいました。こうして「妊娠」という結果が出ましたが、私はそれでもなお、研究室がまちがったのではと疑い、再検査を要求してしまったほどです。

うれしいけれど……

「お母さん」という言葉はきっと、あなたの耳に心地よく響く一方、これまでの生活が妊娠によって大きく変化していくことにのみ込まれてしまうような気持ちになってしまうかもしれません。妊娠を続けていくうえで、いろいろな感情がまざり合ってしまうのは当然のことです。予想外の妊娠なら、なおさらでしょう。お母さんになることを幸せに感じたり、さまざまなことをあきらめなければいけないことに悲しみや不安を感じてしまうのも自然なことです。一方であなたは興奮し、ハラハラドキドキし、誇らしげだったり、この新しい役割やそれに伴う責任を感じたり、さまざまなことに思いをめぐらせることで頭がいっぱいかもしれません。でももう一方で、あなたのライフスタイルや結婚生活、体に起こるすべての変化が、なんだかこわく感じられることもあるでしょう。多くの女性は、妊娠期間を、まるで青春期のような人生の発展期と考えることで、自分を慰めていることに気づくでしょう。

このアイデンティティーの危機は、母親になる人の典型的な通り道でもあります。「私はだれかの親になる」という考えは、「今のこの私に、いったいどんなことが起こるというの？」という疑問を抱かせます。このような人生の大きな変化が、あなたを不安な気持ちにさせたとしても、それは自然なことです。妊娠が計画的なものだったり、待ち望んでいたものだったとしても、それまで考えていたほどちゃんと準備ができていなかったり、受け入れる余裕が本当にあるのかしら、という気持ちになる女性もいることでしょう。変化は、常にこわいものです。たとえそれが、よい変化であったとしても。

あなたは、妊娠1カ月目にして、自分がすでにワーキングママになったような気持ちになるかもしれません。妊娠のあれこれで気分が高ぶって（または不安で）、何も手につかないような日があるでしょう。そのようなときに「ちゃんとしなくては、仕事を失うのではないかしら」という恐怖に襲われてしまうのです。出産や育児休暇で仕事を一時的、または永久に離れることや、「母親」という責任あるすばらしい仕事を引き受けることが不安で、その気持ちにとらわれてしまうのです。しかしその一方で、現実の生活で手いっぱいになり、おなかに赤ちゃんがいることを忘れてしまう日もあるでしょう（そして、あとで「忘れてごめんね」という気持ちになるのです）。

妊娠中に、仕事だけに熱中し続けるのはとても難しいことですし、そうできないのは当たり前です。あなたのおなかにいる小さな存在に、ずっと注意を向けずにいることなんて不可能なのです。事実、あなたは今、自分で抱えている仕事のほかに、おなかの赤ちゃんをはぐくむ、という新しい仕事ももっているのですから。あなたの「命を育てる」仕事は、最初はそんなに重要には思えないかもしれません。何人かの女性にとっては、生物学的な力が優勢に働きます。肉体的にも精神的にも、仕事に対して最大限の能力を発揮できないことに気づくでしょう。しかし、ほとんどの女性は、妊娠と、少しだけ変化した毎日の仕事の両方を、すぐにこなしていけるようになるでしょう。

ママノート：私の母は、彼女の初めての妊娠の体験を話してくれました。「目が覚めて……吐いて……食事を作って……。それから、私とあなたのお父さんは、授業をするためにいっしょに学校へ向かったのよ」。

あなたが体の変化をどう感じるかによって、気持ちが高揚したり落ち込んだりもするでしょう。生命を生み出すという豊かな女性としての自分に、誇りを感じるかもしれませんし、あなたのおなかにいる赤ちゃん――自分以外のだれか――をはぐくむ喜びが非常に強く、とても待ちきれないような、だれかに言わずにはいられないような気持ちになるかもしれません。あなたは、多くの妊婦がしているように、赤ちゃんの成長を想像するでしょう。しかしその一方で、あなたは妊娠によってふくらみ、広がっていくおなかに慣れ親しむことができないかもしれません。さらにあなたは友人から、「妊娠中はまったく気分が晴れなかったわ」などという話を聞かされるかもしれません(確かに、彼女たちの妊娠中にあなたが感じた印象は、なんだか悲惨なものだったかもしれません!)。多くの女性は、妊娠によって夫の目に魅力的に映らなくなることがこわいのです。

今のあなたの外見や、体形の印象に対して、突然に愛情がわき上がったとしても、驚かないでください。たとえ、あなたがうぬぼれの強いタイプではなくても、今の自分の姿を鏡に映しては、少なくとも今後1年間は見られないその姿を見ることに喜びを感じるでしょう。あなたは心のどこかで、「普通の」体形に戻れるかしら、という不安を抱えています。果たして同じ体形を、同じ気持ちを、取り戻すことができるのでしょうか?

「妊娠がわかったらきっと、すごく感激して、興奮すると思うの」と思っていたにもかかわらず、いざ妊娠が判明してみると、驚いたことに何の感激もわかなかったという人も、なかにはいます。あなたがまだ赤ちゃんとの絆を感じられず、あたたかくやさしい気持ちがもてないとしても、どうか危機感をもたないでください。この早い時期に、自分を母親ではなく、まるで卵をかえす孵卵器のように感じてしまったとしても、異常なことでも、不健全なことでもないのです。最初の胎動を感じたり、超音波で赤ちゃんの動く様子を見るまでは、「母親」ということがピンとこない人もいます。赤ちゃんを産むまで実感がわかない、という人さえいます。赤ちゃんと通じ合うには、長いプロセスが必要です。そして、100組のお母さんと赤ちゃんがいれば、100通りの通じ方があるのです。

気持ちがぐらぐらする

完璧に幸福な妊娠は、完璧な親と同じくらい珍しいものです。妊娠がわかったときに感じた意気揚々とした気持ちがおさまり、親になるという差し迫った実感に落ち込みを感じたりもします。いい日があれば悪い日もあるのは、当然です。自分が世界で一番になったような気分のときもあるでしょうし、突然悲しくなり、しくしく泣きだしてしまう日もあるかもしれません。

こうした感情の揺れには、いくつかの理由があります。1つは、激しい感情の高ぶりのあとには、それを鎮静させようとして気分を下降させる自然な感情の働きが起こる、というものです。ほとんどの場合、感情の落ち込みは、ハイな状態のあとに続いてやってくるものです。2つ目は、純粋な生理学上の理由、ホルモンの働きによるものです。あなたの体を動揺させているホルモンが、感情までも動揺させているのです。もちろん、このような気分の落ち込みは、あなたをびっくりさせるかもしれません。特に、長いこと待ちわびた妊娠だったらなおさらでしょう。幸福感を感じられない、というマイナスの気持ちをいつも抱えていては、あなたの気分を向上させるなんの手助けにもならないのです。

こうした感情の揺れも、つわりや倦怠感などと同様、一般的な妊娠初期のトラブルに加えておきましょう。うれしい気持ちになったり落ち込んだり、一日に何度も気分が変わるのは、珍しいことではないのです。気持ちがぐらぐらするのは、ホルモンが劇的に変化する最初の3カ月と、出産の期待が高まって疲労も増す妊娠の最後の数週間に、特に多くみられるものです。

疑問でいっぱいに

たとえあなたが妊娠に夢中になっているときでさえ、ふと別の考えが頭を

よぎるのも不思議なことではありません。あなたとご主人は、こんなふうにさえ思うかもしれません。「私たちで大丈夫なのかしら?」。

赤ちゃんの誕生は、あなたのキャリアやライフスタイル、結婚生活、自分の時間の過ごし方まで、すべてに影響を及ぼします。もしもすでに子どもがいたとしても、「2人目（3人目）が生まれたら、どんな影響があるのかしら?」という疑問がわくでしょう。さらにあなたは「いつでもちゃんと、自分の生活をコントロールできるかしら?」とも考えるでしょう。子どもが生まれたあとの生活はもちろん、以前と同じではありません。今とは違う生活になるのです。あなたはさまざまな疑問を抱くでしょう。しかしそのことを通じてあなたは、その変化に適応していくのです。

自分はよい母親になれるのだろうか、すべてのこと——赤ちゃんを予定日まで守り、無事に出産し、生まれた赤ちゃんの世話をする——をちゃんとこなす能力があるのだろうか?といった疑問を抱いたとしても、自然なことです。完璧な親であろうとするからこそ、自分は失格だと感じてしまうのです。しかし1年後には、あなたの赤ちゃんの笑顔が、あなたに教えてくれるでしょう。「あなたは世界一すてきなママ!」。あなたはきっと、その笑顔のプレゼントから、たくさんの自信をもらうでしょう。

ママノート：最初の子どもが生まれたあと、2歳に近づくにつれて生活は少しずつ落ち着いていきました。もちろん、生まれる前の生活とまったく同じというわけにはいきませんが、今では、この生活のほうがむしろ「普通」だと思えるのです。

不安でしかたがない

未知のことに不安を感じるのは当然です。大人だけの生活を長い間続けてきて、子どもがいない生活に慣れている人たちにとって、おむつがえや夜中の授乳、小さな子どもをどうやってコントロールするかと考えただけで、大きな不安に陥ってしまうかもしれません。人生の1つの章を終わりにして、また新しい章の扉を開けるのですから、失敗があってもむしろ当たり前です。

あなたの友人に自分の妊娠を告げようと思えば、その中には妊娠や出産の体験を分かち合える、ベテランの母親もいることでしょう。確かに、先輩の体験談は興味深いものかもしれません。しかし、そうした「奮戦記」はすべて、初めて出産を体験するあなたにとっては、不安を増大させるものになってしまうかもしれません。そうした話を、疑いをもって聞くことを身につけましょう。だれも、〝あなたの〟出産を経験したわけではないのですから。

妊娠生活の体調の悪さや、出産の痛みそのものに対する不安もあるでしょう。しかし、それはすべてのお母さんが乗り越えてきたのだという事実を忘れてはいけません。そして、そんなに苦しいものなのに、自ら望んで二度、三度経験する人がほとんどだということも。

妊娠初期には、だれもが流産を心配します。流産しない確率のほうがはるかに高いのにもかかわらずです。一般的に、最初の1カ月を過ぎれば、流産の危険性は10%以下になります。妊娠の週数が進むほど、流産の危険性は低くなっていくのです。もやもやと不安な材料を抱えている状態で、さらに、初めて健診を受けに行った病院で、「万が一」のことが載ったリストを見せられたりすれば、不安はいっそう強まるでしょう。もちろん、妊娠期間中に不安な気持ちが増大してしまうのは自然なことです。しかし、妊娠が進むにつれて、不安感がますますエスカレートしてしまったり、心配のあまり、日常の生活に影響が出るようなら、プロの助けを借りることも考えましょう。

この月のからだは？

疲れやすくて……眠い！

妊娠は、これまであなたが体験したことのないような、妙な疲労感をあなたに与えることでしょう。最初の3カ月間くらいは、あなたの体はとにかくあなたを眠らせようとします。1日に何度も「体のしんから疲れた」というような状態を味わうかもしれません。とにかく、眠くてしかたがないのです。仕事をしている人は、まだ午前中だというのに眠けに負けてしまうことでしょう。でも、あなたの体が今、どんなにハードな仕事をしているかを考えれば、どうして体がこんなに疲れやすいのかがわかるでしょう。

あなたの体のほとんどすべての細胞が、あなたの中の新しい小さなお客様を適応させるために、超過勤務を強いられています。そして体のすべてのパーツが、ホルモンや生理学的な変化の影響を受けているのです。そして同時に、あなたは新しい器官をつくっているのです。あなたの子宮は、赤ちゃんを養うために胎盤をつくり、赤ちゃんは自らの器官をつくり、成長していきます。すべての成長は、非常に大きなエネルギーを必要とします。このようなあなたが疲れる原因に、さらにつわりによるダメージや、妊娠によってもたらされる大きな精神的な変化を付け加えてみましょう。ほら、疲れるのは当然でしょう？

この妙な疲労感は、妊娠の中期になれば、だんだんおさまるでしょう。妊娠している状態に慣れるにしたがって、あなたの元気度も、通常のレベルにまで復活するはずです。しかしこれは、この先もずっと、疲れ知らずでいられるということではありません。妊娠の最後の6～8週にかけては特に、あなたは常にひどく重い荷物を抱えて行動しなくてはならないからです。しかしこれは、また違ったタイプの疲れ方でもあります。

妊娠初期に起こるこのような疲労感は、赤ちゃんからのサインだと考えてください。これはあなたに、「ゆっくり落ち着いて。休憩して。ペースを考えて。エネルギーを補給して」と、警告信号を点滅させているのです。あなたには休息が必要なのです。なぜなら、あなたのエネルギーの大半は、急速

に成長している小さな赤ちゃんに使われているからです。赤ちゃんにきちんとエネルギーを供給してあげられるように、あなた自身のエネルギーを補給することは、妊娠中にエネルギーを有効に活用するためのカギになります。次にあげるのは、少しでも疲労を軽くする方法です。

＊自分のことを考えましょう

あなたは今、新しい命のもとを、自分の内側に抱えています。しかし、赤ちゃんが誕生して何年かたってから、あなたは実感するでしょう。「自分を大事にすることは、赤ちゃんを大事にすることなんだわ」。妊娠の最初の月に疲労をうまく管理することは、産後すぐ、子育てをスタートしてからの疲れを最小限に抑えるための、よいレッスンになります。そしてこのレッスンの最初のハードルは、あなた自身に休息が必要なのだと、あなたがきちんと認識することです。あなたは変わる必要があるのだということ、あなたは与える存在でいながら、キャッチャーのようにしっかりと守る存在でいなければならないということを、しっかり自覚しましょう。

ママノート：とにかく疲れやすいことが、妊娠中のいちばんの悩みでした。毎日、夜の8時には眠りに引きずり込まれてしまうのです。夫は、そんな私に「これって、2人分眠っているんだろ?」と言いました。おかしいのですが、でもこれはまさにそのとおりです。

＊優先順位を変更しましょう

あなたがいくら望んでも、完璧な主婦やバリバリ稼ぐ人、いつも夫のことばかり考えているような完璧な恋人にはなれません。エネルギーがないのです。あなたはきっと、朝から何もできず、昼寝の合間にかろうじて多少起き上がる、というような日も経験するでしょう。でも、あなたは世界でいちばん大切な仕事、赤ちゃんを育てるという仕事をしているのです。一時的にいろいろなことは棚に上げて、あなたが休息をとることを最優先させましょう。あなたがとても元気な人でも、普通の状態と同じようにしようと思ってはいけません。周囲も、あなたにそんなことは期待していないはずです。

リンダノート

私は、しなければならないすべてのことをリストにし、さらにそれを3つに分類する方法をあみ出しました。1つ目はどうしてもしなくてはいけないこと。それも、私にしかできないこと。2つ目はかわりにだれかに頼めること（実際、ほかの人に頼んでしまいました）。そして3つ目は、実はしなくてもいいこと。これらは、太い赤ペンでリストから消してしまいました。私は疲れを感じると、「これをしなかったら、どんな不都合が起こるのかしら?」と自分に問いかけたのです。すると、90%のことは、3つ目に分類されてしまうのです。

＊赤ちゃんみたいに眠ってしまいましょう

眠ることを最優先事項にしましょう。好きなテレビを見逃すことになっても、疲れたと感じたら、とにかくベッドに行くのです。

その日の終わりにほっとする時間を必要とすればするほど、あなたは睡眠を必要とします。できれば、セットした目覚ましのうるさい音で起きるのではなく、自然に目覚めるまで眠っていることが好ましいのです。働いている人は、仕事の合間や昼休みに、15分でも頭を机にのせて仮眠をとってしまいましょう。

＊きちんと説明してあげましょう

あなたの夫や上の子は、なぜあなたがそんなに疲れていて、いろいろなことを以前のようにできないのかを、きちんと理解できていないかもしれません。なぜ、おやすみ前に絵本を読んでくれている途中で、ママのほうが先にうとうとしてしまうのか、なぜ、会話がちゃんと続かないのか、なぜ、洗濯したものはぐちゃぐちゃになったままなのか、なぜ、いろいろなリクエスト

＊妊娠の初期の兆候＊

妊娠したかしら？と思い始めるころ、体には妊娠を確信させるようなさまざまなサインがあらわれます。体がどのようにあなたに妊娠を伝えてくれるのか、人によって個人差はあります。ここに挙げるのは、初期によくみられる妊娠の兆候です。

症状	コメント
疲れ	いつものようなスタミナが出ません。丘を登りきったあとのような状態で、夕飯のあと、目を開けていることができないような状態です。あなたの体の中の変化が、たくさんのエネルギーを使っているのです。
吐きけ、または嘔吐（つわり）	つわりはしばしば、風邪の一症状や、「何か病気にかかったかしら？」と思われてしまうようです。その症状はなんだかずっとむかむかしている、というような比較的穏やかなものから、一日中吐き続けるようなひどい嘔吐まで、広い範囲に及びます。
月経の遅れ	ストレスのように、月経が遅れる原因はほかにもいくつかあります。
少量の出血	着床時に起こる少量の出血を、月経と勘違いすることがあります。また、月経以外の理由で妊娠初期に出血を経験する女性もまれにいます。
においやアルコール、煙への嫌悪	赤ちゃんを守ろうという、体の自然なスイッチが入ります。朝のコーヒーをパスしたり、タバコの煙で気分が悪くなったりするでしょう。
味覚の変化	あなたは何にでも塩をかけて食べたくなったり、オレンジジュースが飲めなくなったりするかもしれません。不思議なことに、これまでめったに食べなかったものがすごく食べたくなったり、おいしくないと思っていたものが好きになったりします。
胸の変化	月経前と似たような変化を胸に感じます。もう少しはっきりしているかもしれません。乳首がうずうずするような感覚があったり、胸が過敏になり、張りを感じます。乳輪の色は濃くなり、乳腺が大きくなってきます。
骨盤の痛みや不快感	骨盤や下腹部のあたりに痛みや不快感を感じるかもしれません。おなかの片側どちらかに鋭い痛みを感じたら、普通の痛みではないかもしれません。そのときは医師に相談しましょう。
腹部の不快感、張り	おなかが張ってガスがたまっているような感じがあるかもしれません。これにつわりの吐きけが加わると、風邪のひき始めなどとまちがわれることがあります。
おしっこが近くなる	妊娠初期はホルモンの変化で、おしっこが近くなります（後期には、大きくなった子宮が膀胱を圧迫することによっておしっこが近くなります）。

を聞いてくれなくなったのか……。

特に妊娠初期では、妊娠中のエネルギーの消耗システムを理解できる男性はほとんどいませんし、子どもにはまったく理解できないでしょう。家族に話してあげましょう。どんなにあなたが疲れているかを説明してあげるのです（でも、1、2カ月たてばずいぶんよくなるのよ、ということもあわせて話してあげましょう）。この章を、いっしょに読みましょう。絵本などを使って、おなかの中で赤ちゃんがどんなふうに育っているのか、どうやって手や足ができていくのか、胎盤というものができていくこと、子宮がどんどん大きくなっていくことも説明してあげましょう。特に、あなたの夫に一度きちんと説明し、なぜあなたが昼寝をむさぼりながら、夫に「クラッカーを持ってきてちょうだい」と頼むくらい疲れているのか、いろいろなことが前と同じようにできないのか、きちんと理解してもらいましょう。夫はきっと、あなたの気持ちをより理解し、さらに協力的になってくれるはずです。

◎妊娠を判定する

あなたはもう、妊娠を確認するために、生理が1、2週間遅れるのを待たなくてもいいのです。受精後1週間が経過し、受精卵が着床し始めると、胎芽はHCGホルモン（ヒト絨毛性《じゅうもうせい》ゴナドトロピン）を分泌し始めます。このホルモンは、早ければ受精1週間後から血液中にあらわれ始め、7～10日後には尿の中にもみられるようになり、妊娠判定ができるようになります。

尿検査

尿検査は病院でもできるし、自宅でもできます（自宅で判定する場合は、正しい方法を守らなければいけません）。受精後7～10日経過していれば、ほぼ100％の確率でわかります。尿検査の場合、慣れている人たちが行うため、病院で検査するほうがやや正確な検査結果が得られるようです。あまりにも早く検査をすると、まだ十分なHCGホルモンが出ておらず、妊娠反応があらわれない場合がありますが、数日、または1週間後に同じ検査を行うと陽性を示すこともあります。米国産婦人科学会によれば、いくつかの医学的な理由と薬によって、まれにまちがって陽性が出ることがあるという報告があります。本当は妊娠していないのに、陽性反応が出るということです。逆のまちがい（本当は妊娠しているのに陽性が出ない）というのは、指示どおり行ったとしても、ときどき起こります。まちがって陽性が出るということはめったにありませんが、まちがって陰性が出るというのはもっと一般的です。自宅で妊娠判定薬を使ったテストをした場合、待っている間の5分間というのは、人生で最も長い時間かもしれません。その間には、さまざまな感情があなたを支配するでしょう。テストの結果にかかわらず、もしかして妊娠？と思った時点で、とにかく赤ちゃんとあなたのために、慎重に行動するようにしましょう。

ママノート：夫は突然、口をあんぐりと開けたまま、固まったように動かなくなってしまいました。その日、私たちはふたりとも頭がぼうっとしたような感じで、気持ちはジェットコースターのようでした。わくわくして、こわくて、幸せで、不安でした。泣きたくなったり、笑いたくなったり、そんなごちゃまぜの気持ちだったのです。

リンダノート

三度目の妊娠のときに、私は上の子たちに、妊娠してすぐの感じというのは、吐きけがして骨からゾクゾクするような悪寒と、おなかがゴロゴロする風邪をひいたときみたいなものよ、と説明してあげたのです。

＊体のサインを聞きましょう

忙しくても、気分よく過ごせる日もあるでしょう。そんな日のあなたは、熱意をもって仕事をしたり、家事を片づけてしまおうという意欲も、十分にあるはずです。しかしときには、あなたの体が「オフ」を要求する声が聞こえる日があるでしょう。足を止めるだけではなく、すべてのことをストップするのです。社会活動、家事、そして非常に個人的なことさえもすべて、完全にオフにするのです。

でも不幸なことに、こうした気持ちの突然の変化がいつ起こるのか、あなた自身にも予測はできません。突然の変化に、どうか苦しまないでください。今のあなたは妊娠生活をしっかり維持するだけのエネルギーが十分ではない状態なのだ、ということを受け入れましょう。オーバーワークの状態に自分を追い込んではいけません。どうしてもしなければいけないことのために、エネルギーを蓄えておくのです。あなたの体はときどき、1日か2日の「病欠」を必要とするでしょう。もしもあなたが、責任の重いハードな仕事についているのなら、もう少し働きやすい仕事内容にするために、上司との話し合いが必要になるかもしれません（141ページも参照）。

＊リラックスした環境づくりを

妊娠中の体と同じように、妊娠中の心もまた十分な安息が必要です。あなたの心がほっとできるように環境を整えましょう。あまり好ましくないものは最小限ですむように、考える必要があります。家に未就学児がいるなら、ほんの少しエネルギーをチャージするためにシッターさんに来てもらうか、保育園などを探しましょう。クラシック音楽を聴いてみましょう。リラックスする音楽や、あたたかいおふろ（熱すぎるおふろは逆効果です）。あなたの夫に上手なマッサージを覚えてもらういいチャンスでもあります。リラックスした時間を過ごすことに、罪悪感などもたないでください。これはあなただけでなく、赤ちゃんも必要としているのですから。

＊体を動かして気分転換を

気分転換を図ることは、疲れた体や心にとてもいいものです。もしあなたの体が要求するなら、ちょっとした運動をしてもいいでしょう（すごくハードなものではなく）。公園で長めの散歩を楽しんだり、少し遠くまでショッピングに出かけたり、スイミングをしてリラックスしたり。気分転換に適度に体を動かすことは、疲れた心だけではなく体にもいいことです。でも、運動したい気持ちがあっても、体が疲れていると感じたら、無理をしてはいけません。常に、体の声に耳を傾けましょう。今日、どうしても自転車に乗って外出しなければいけない理由はないはずです（妊娠中のエクササイズは175ページを参照）。

＊きちんと食べましょう

十分な食事をしないと、エネルギー不足になるばかりか、ますます疲れやすくなってしまいます。栄養価の高い食べ物を選び、1日に何度か、ちょこちょこと食べるように心がけましょう（食欲のないときの正しい食事のとり方については、95、108ページを参照のこと）。

ここに提案したすべてのことは、妊娠中に限らず、だれにとっても毎日を健やかに過ごすために最も大切な基本のことだと気づきましたか？　正しい食事、十分な睡眠、リラックス、そして適度な運動です。妊娠中はエネルギーを十分に満たすために、これらのことが特に必要なのです。

気持ちが悪い

吐きけや胸のむかむか、おなかの不快感……。多くの妊婦が抱えている、このようなトラブルは、妊娠に対してあなたが抱いていた甘い感情を、すっぱくさせてしまうかもしれません。げっそりしているときに、おなかで育っている赤ちゃんについて、前向きに考えるのは難しいでしょう。一日中つわりで苦しんでいるような人は特にです。妊娠初期に、胃の不快感を感じない人はごくまれですが、少しでも不快感をやわらげることはできるはずです。つわりについて寄せられた数多くの質問から、いくつかをご紹介しましょう。

Q「妊娠がわかったばかりで、まだ何も不快感はありません。でも、知り合いのお母さんたちが話してくれたような、ひどいつわりになってしまったらどうしようと思うと、とてもこわいのです。私はどうなってしまうのでしょう？」

A　つわりの程度や期間は、妊婦の体重増加と同じように個人差があります。つわりの症状には次のようなものがあります。このうちのいくつか、もしくは全部を、あなたは体験することになるかもしれません。でもなかには、妊娠期間中、つわりをまったく経験しない幸運な妊婦もいるのです。

最もいやなつわりの症状は、2つあります。においに非常に敏感になってしまうことと、特定の食べ物が苦手になってしまうことです。ある種のにおいは「胃を直撃」し、反射的に吐きけを引き起こします。

以前は気にもしなかったコーヒーやガーリック、魚などの強いにおいがダメになる人もいれば、これまで気づきもしなかった家の中のにおいが、ひどくいやになる人もいます。これまで飼っていた犬が妙に「犬くさく」感じられたり、好んでつけていた香水のにおいで吐きけを感じて、思わず外に走り出てしまうかもしれません。大好物だった食べ物さえ、そのにおいで、思わず吐き出してしまうことになるかもしれないのです。自分の夫の今までと同じ体臭にさえ、嫌悪感を感じる人もいます。

食べ物を受け付けなくなるということは、さまざまな形であらわれます。特定の食べ物（肉、野菜、ミルク）を、冗談抜きで食べられなくなる人もいますし、ほんのいくつかの、限られたものしか食べられなくなる人もいます。私たちが察するに、たいていの妊婦は、食べられる判断をして選んだごく少数の食べ物を食べたいと思っているにすぎないのでしょう。「何を食べてもおいしくない」というのは、妊婦に珍しいことではありません。では、なぜ食べなければいけないのでしょう？　何も食べないと、つわりはどんどん悪いサイクルに陥ってしまうからです。つわりがひどくて食べられない人がいるとします。何も食べられないので、食事の間隔があいてしまい、空腹の状態が長く続きます。その結果、食べすぎて胃に負担がかかり、結局吐くことになるのです。

食べ物に関するさまざまなつわり（食事の支度をしなければと思っただけで、気分が悪くなる人も少なくありません）はしばしば、理由なく突然襲ってくるようにも思えます。しかしなかには、ある一定の時間に起こるということに気づく人もいますし、一日中、だらだらと続く人もいます。少し前までは体調のよかった妊婦が突然、はっきりした原因（物やにおいなど）もなく、いきなり衝動的に吐くことも、珍しくはありません。

ちょっとした気持ちのもち方で、吐くのをやめられる人もいます。吐くのをやめよう、やめようと思うと、逆に吐きけを催してしまう場合もあるのです（一日中、「吐きたい、吐きたい」というもやもやとした不快感に悩まされている人は、結局吐くことはできないものです）。また、とにかく眠ることで、つわりを追いやってしまう人もいます。

「正しいつわり」というものはありません。吐きけや息苦しさ、めまい、すぐ息があがる、息苦しい、胸がむかむかするなど、さまざまな症状があります。きっとあなたもすでに、仲間入りしているのです。

Q「すべての妊婦がつわりを感じますか？」

A　いいえ。少数ですが、吐きけのむかむかを感じることなく、妊娠初期を過ごす人もいます。胃の不快感をまったく感じない人もいますし、ごく限られたときにだけ、吐きけを感じる人もいます。しかし、こうしたラッキーな妊婦たちは例外と思ってください。約80％の妊婦が吐きけや胸のむかつきなど、妊娠中になんらかの不快感を感じるはずです。

Q「私は夜になると、胃の不快感を感じます。これはつわりでしょうか？」

A　つわりは英語で「morning sickness（朝の病気）」といいますが、この表現は誤りです。朝も昼も夜も、常にあるのですから。ついでにいえば、「sickness（病気）」という表現も適切ではありません。妊娠はノーマルで、自然なことだからです。ではなぜ、このような表現になったのでしょう？　その理由は、つわりは多くの場合、朝に起こるもの、妊娠初期に起こるもの、という認識があったからです。しかし、妊娠による胃腸の不快感は、朝でも夜でも、妊娠の初期でも中期、後期でも、いつでも起こるものなのです。きっと、この言葉を作った人は、自分の妻が朝にいちばんつらいつわりの症状を起こしていて、日中はそれほどではなかったのでしょう。

Q「妊娠はすばらしいはずなのに、なぜこんなにつらい思いをしなくてはならないの？」

A　妊娠すると、あなたの精神が不安定になったりつわりが起こるのは、生物学的にいえば、ホルモンの仕業というのが正しいでしょう。妊娠ホルモンは、赤ちゃんとお母さんに健やかな状態でいてもらうための、魔法の薬なのです。しかし、これらのホルモンは、すべての薬と同じように若干の副作用ももち合わせています。たとえば、妊娠をサポートしてくれるHCGホルモンは、胃をむかむかさせてしまう作用ももっています。コレシストキニンホルモンのレベルは、妊娠するとやはり上がります。これは、母親の体内システムにおいて食物の代謝を向上させ、効率のよい消化を促進するホルモンです。このホルモンの好ましくない側面は、エネルギーを蓄える能力が増加することによって、低血糖、吐きけ、めまい、胃もたれ、食後の猛烈な眠けなどを引き起こすことです。エストロゲンやプロゲステロンなどのホルモンは胃腸に作用するホルモンなので、このレベルが上がると、これらの影響を直接受けて吐きけが起こります。

妊娠初期は、ホルモンが劇的に変化する時期です。ですからあなたも、その影響を特に強く受けて、最も気分が悪くなるのです。3カ月の終わりごろまでに、これらのホルモンの血中濃度は減少もしくは消滅し始めるため、胃腸を刺激されるような不快感もまた、減少もしくは消滅していきます。妊娠したのが双子なら、通常よりもつわりがひどくなるかもしれないと覚悟しておきましょう。赤ちゃんを1人だけ妊娠している人よりもホルモンが多く放出されるため、その分つわりが重くなるのです。

妊娠ホルモンはまた、腸の働きを遅くし、その結果、胃酸過多、消化不良や胸やけなどを引き起こしてしまいます。これらのすべてが、つわりの原因になります。腸の働きを鈍くすることに加えて、大きくなりつつある子宮が腸を圧迫することで、次には便秘に悩まされることになるかもしれません。

Q「妊娠したら、体重は増えるのが当たり前だと思っていました。ところが、つわりがひどく、むしろ体重が減ってしまうのではと心配です。大丈夫でしょうか？」

A　つわりの間の体重減少は、心配しなくても大丈夫です。実際には、ほとんどの女性は、つわりの間も着実に体重を増加させています。たぶん、ひどいつわりのときでも、体調がよいときに何かしら食べているせいでしょう。

驚くべきことにほとんどの女性が、つわりでも、トータルすればふだんよりも多くの量を食べているのです。もしも体重が減るようなことがあっても、つわりがおさまればすぐに取り戻せます。

Q「吐きけが強いのですが、どのような場合は注意が必要ですか？　また、吐くことで赤ちゃんに何か影響が出てしまいませんか？」

A　いいえ。吐いても赤ちゃんへの影響は心配ありません。いいことを教えましょう。赤ちゃんは、あなたのつらさを共有することはできないのです。文学上適切な表現ではないかもしれませんが、胎児はしばしば「完全な寄生生物（パラサイト）」とあだ名をつけられることもあります。栄養的にはほとんどそのとおりで、たとえば、赤ちゃんとお母さん、2人分には足りないとしても、赤ちゃんが優先的に栄養を十分摂取し、結果的にお母さんは栄養不足、ということもあるのです。

ほとんどの場合、つわりはあなたの体にダメージを与えることはありません。あなたの体重は減りませんし、結局、気分が悪いのもおさまるでしょう。ただ、わずか1％弱の妊婦が、いわゆる「妊娠悪阻《おそ》」と呼ばれる、悲惨なつわりを体験します。この状態に陥ると、絶え間なく吐き続けるのを止められません。これは「電解質」と呼ばれる、貴重な体内の塩分や水分を奪います。母体は脱水症状に陥ってしまうということです。この自覚がなく、適切な対処をしないと、母体はどんどん具合が悪くなり、赤ちゃんにも影響を及ぼしてしまいます。しかし適切な処置を行えば、母親も赤ちゃんも健康でいられるのです。

脱水症状の兆候は次のようなものになります。

- ●吐きけがおさまらない
- ●尿が少なくなり、色が濃くなる
- ●口や目、肌が乾燥したようになる
- ●疲れがどんどん強まるような感じがする
- ●頭がぼうっとしてくる
- ●どんどん力が抜け、意識が遠のく感じがする
- ●24時間以上、何も口に入れることができない

脱水症状を避けるためにさらに付け加えておくなら、「重度の自家中毒」に陥らないように気をつける必要があるということです。あなたの体が栄養不足で、特に脱水症状を起こしている場合、あなたの体の組織は徐々に破壊され始め、血液中にケトンと呼ばれる有機化合物が過剰に増え始め、ますます吐きけを強くします。これを避けるには、チキンのコンソメスープや電解質補給液などの、塩分を含んだ水分を摂取することです。

ひどいつわりを抑えるために行う治療は、安全性を考慮してほとんどの場合、脱水症状を抑える静脈点滴を24～48時間行います（これは非常に効きめがあります）。もし、重度の脱水症状ではなかったら、脱水症状と自家中毒を抑える静脈点滴を、自宅でリラックスしながら受けることもできます。

Q「体が何かを感じたり、なんらかの症状があらわれたりするのは、常に起こるべき理由が私の体内にあるからだと私は思っています。これは、つわりにもいえるのでしょうか？」

A　そのとおりです。つわりには、生物学的な理由があります。つわりを、守りのメカニズム、つまり、妊娠しているあなたとおなかの赤ちゃんにとってよくない状況や物質からあなたを引き離すメカニズムと考えてみましょう。最もわかりやすいのが、有害物質を含んだにおいに対して非常に敏感になることで、ペンキや燃料ガソリン、タバコの煙などを自然に避けるようになるでしょう。

マーサが妊娠したとき、彼女はコーヒーのにおいがダメになりましたが、

別の妊娠のときには、1杯にも満たないグラスのシャンパンが、つわりのサインでした。においに対する吐きけや嫌悪感は、妊娠している人に対して「呼吸したり飲み食いすることで、これを体内に取り込むのは危ないよ、気をつけて」という、体からの自然なサインなのかもしれません。このにおいに対する非常にシャープな感覚を「鼻レーダー」と呼ぶ人もいます。生物学者は、妊娠している動物はにおいに対する感覚が強まることで、危険物を見る前ににおいで判断できるのだと理論づけています。とはいえ、妊娠している女性がすべて、常にこのシステムに当てはまるわけではありません。また、ときにはこの母体の自然な働きは、いささか過保護に見えることもあります。

Q「私の産科医は『つわりは赤ちゃんが健康なサイン』などと言います。でも、これは単に、私を勇気づけるための気休めとして言っているように感じるのですが……」

A　あなたの悲惨な状態を科学的に説明すると、つわりを引き起こす妊娠ホルモンの高まりは胎児をしっかり定着させてもいる、ということがいえるでしょう。事実、統計的には、つわりが重いほど、健康な赤ちゃんを出産する傾向にあるのです。産科でよく言われる言葉に「母親の元気がなくなるほど、赤ちゃんは元気に生まれてくる」というものがあります。実際、こうしたケースには、妊娠ホルモンのレベルが十分ではなく、妊娠の経過が思わしくなかったり、流産の危険性が増えてしまう場合もあります。もちろんこれは、あまりつわりを感じない人は健康な赤ちゃんを産めない、といっているわけではありません。つわりをあまり感じないお母さんたちも、ほとんどが健康な赤ちゃんに恵まれているのです。

Q「つわりがあまりにもひどい日に、私の気分を唯一ましにしてくれるのは、好きなものしか食べない、ということです。でも、これではバランスのよい食生活ができません」

A　具合が悪いときには、自分が食べたものの栄養について考える余裕はないでしょう。あなたはただ、自分の気分をよくしてくれるものを食べたいだけなのですし、実際、そうすべきなのですから。忘れないでください。どんな食べ物でも（明らかに不健康で安全性が疑わしいものは別として）、それが胃に収まりエネルギーになることで、お母さんの気分がよくなるのなら、赤ちゃんにとってもいいことなのです。炭水化物を過剰に摂取する日もあれば、タンパク質ばかりの日もあるでしょう。とりあえず胃に収まるものだけ飲んだり食べたりする、そんな日もあるでしょう。あなたは驚くかもしれませんが、このような日が1カ月続くと、最終的には全体的に、それほどひどく栄養が偏っているわけではないことがわかるでしょう。つわりが最もひどいときは、「栄養のバランス」は忘れましょう。栄養バランスは、1日単位ではなく、1週間単位で考えればいいのです。

胃がひっくり返っているような状態のときには、いい食べ物も悪い食べ物もありません。あなたが欲しいものを食べて、少しでも気分をよくすることを考えるべきです（私は、2カ月もの間、ローストビーフサンドイッチとオレンジジュース、それとトマトだけで過ごした妊婦を知っています。妊娠前、彼女はベジタリアンでした。しかし妊娠して、自分の体が鉄分とビタミンCを求めていると感じたのです。確かに、ビタミンCは鉄分の吸収を促進します。しかし、それはたいして重要なことではありません。彼女はとにかく、それしか食べられなかったのですから）。もしあなたのつわりが、常にだらだらと続くようなら、あなたの気分が少しよくなるような食べ物を集めてお皿にのせ、ベッドやいすの横に置いて、ちょこちょこと食べるようにしましょう。バランスのよい食生活は、あなたの状態がよくなってから、きちんと考えればいいのです。

Q「二度目の妊娠です。最初の妊娠のときは、私は4カ月間、顔が青ざめていました。今度の妊娠は体調がよくなるのでしょうか？　悪くなるのでしょうか？」

A 「よくなる」ほうにかけましょう。出産と同じように、つわりは一度経験すると、次は最初よりも軽くなることが多いものです。どんな感じがするのか予測がつくし、すでに対処法も心得ているので、なおさらです。しかし、ホルモンの分泌の仕方は妊娠ごとに異なるので、ホルモンによって引き起こされるつわりの症状がどのくらい強くてどのくらい続くのかも、妊娠によって異なるのです。マーサは7回妊娠を経験しました。最初の3回は比較的軽かったのですが、最後の2回の妊娠は症状がひどく、期間も長いものでした。間の2回は、その中間くらいだったといえるでしょう。しかし、いちばんつわりがひどかった最後の2回の妊娠も、16週を過ぎたあたりでとたんによくなり、むしろ前の5回よりも、彼女は妊娠を楽しめるようになったのでした。

Q 「私がつわりで苦しんでいても、夫はあまり同情的ではありません。私の気持ちの問題だというのです」

A つわりが気持ちの問題だなんていう人は、実際に赤ちゃんを子宮の中に抱いたことのない人か、もしくは子宮さえももっていない人たちです。あなたの夫には、あなたがどんな状態なのかを、もっとはっきりわかるように示す必要があります。もし、彼が船酔いや車酔いになった経験があるのなら(このあたりの感覚は忘れないものです)、そのときのことを思い出して、それが一日中続いている状態を想像させてみましょう。そして言うのです。「これって、あなたの気持ちの問題なのかしら?」。

確かに、気持ちの揺れがつわりを引き起こすこともあります。しかし、実際に影響を受けているのはあなたの心ではなく、あなたの体です。妊娠中に変化するのは夫の体ではなくあなたの体だということを、愛情深く夫に思い出させてあげましょう。男性の多くは、なぜ配偶者が悲惨な状態に陥っているのか理解できないときに自分の無力さを感じ、治してあげられないと思ったときには、フラストレーションすら感じます。あなたの身になって考えることは男性にはまず不可能で、愛する人が苦しんでいる様子を見るのも耐えられないのです。パートナーに、あなたの苦しみを軽くするのはとても簡単なことだと教えてあげてください(28ページ参照)。それは、出産の付き添いとして活躍するための練習になるでしょう。

しかし確かに、つわりが心理的な要因を含んでいることもあります。現代の女性はあらかじめ、つわりで具合が悪くなるようにプログラムされているのです。「私は妊娠しているの、だから、きっとつわりが始まるはず」という姿勢は、「自己成就する予言」(self-fulfilling prophecy)を生み出します。私たち家族の趣味はヨットに乗ることですが、海上でのわが家の法律のひとつに「船酔いのことを口にしない」というものがあります。初心者のそばではなおさらです。船酔いは、考えるだけで伝染してしまうのです。これと同じことで、つわり支援グループというのがあまり一般的でないのももっともなことです。

一般的に、つわりは妊娠3週目の終わりごろから始まり、3カ月の終わりごろにはおさまってきます。しかし、妊娠初期が過ぎればつわりがおさまると期待しないでください。大部分の人はこの数カ月が経過するにつれて軽減していくようですが、なかには妊娠中期になってもわずかに改善するだけで、吐きけがずっと続く人もいます。また、非常に珍しいのですが、つわりが10カ月間続き、赤ちゃんを出産するときでさえ吐きけで苦しむ人もいます。

リンダノート

私のつわりは「わけがわからない」ものでした。最初の妊娠だった長男のときのつわりは軽く、3回目の妊娠で次女をみごもったときにも、つわりはほとんどありませんでした。けれども、2回目に長女を妊娠したときには、最初の数カ月は悲惨なほど重いつわりに悩まされたのです。私の場合、ストレスレベルとつわりの度合いは完全に無関係だったといえます。なぜなら、私のストレスレベルは、どの妊娠においても、常に高いままだったからです!

◎妊娠日記を書きましょう

マーサは妊娠中のことをあれこれ書き留めることを楽しんでいました。いつか子どもたちが、同じように楽しい気持ちでこの日記を読んでくれることでしょう。あなたの個人的な日記は、あなたにとって最も輝かしい財産のうちのひとつになるのです。

なぜ書くのでしょう？

おなかの赤ちゃんとあなたのことを書くことは、2人の見えない絆をよりリアルにイメージさせる効果があります。この作業は、同時にセラピーとしての価値もあります。何かもやもやとした気持ちに悩んでいるとき、そのことを日記に書いてみましょう。文字にすることであなたのもやもやの原因がはっきりしてくるでしょう。自分が抱えている問題を書くと、解決法が見えてくることも珍しくないのです。何年もたってから読み返してみれば、あなたの記録は、人生で最も輝かしかったあのときをもう一度思い出す手助けをしてくれるでしょう。子どもたちが親になるくらいの年齢になっているのなら、彼らはこの日記にすっかり魅了されてしまうかもしれません。私とマーサは、この本を書くにあたって、その当時の妊娠日記を読み返してみました。本を読んでいる間、ふと目を上げて、部屋の中を騒々しく横切っていく息子を見て、私たちは「あの小さい子は、私たちが〝のんびりやさん〟と呼んでいた子ね」と気づいたのです。

ママノート：私は、いずれ自分の子どもが子どもをもとうということになったときに、この日記を渡すのを楽しみにしています。きっと、自分たちが生まれる前のでき事を、彼らはわくわくしながら読んでくれるでしょう。子どものときに読んでも同じかもしれません。私はこの日記が、私と子どもたちを結ぶ絆のひとつになればいいなと思っているのです。

何を記録するのでしょう？

何を、どんなふうに書くかは、あなたしだいです。あなたはとてもシンプルに、あなたが何をして何を感じたかを書くのかもしれませんし、赤ちゃんに語りかけるような書き方をするのかもしれません。その日に感じたことを記録しましょう。喜びや不安、特にあなたが何をすれば気分よく過ごせたかということも。大切なのは気持ちを込めることです。表現にこだわる必要はありません。あなたは、特別に書きたいことがあるでしょう。妊娠がわかったとき、最初の胎動を感じたとき、赤ちゃんのものを最初に買ったとき、そして陣痛の痛みを感じたときです。赤ちゃんに、あなたがそのときどきに何を感じたかを教えてあげましょう。

どのように書くのでしょう？

あなたは、自分の思っていることを、凝ったデザインの妊婦用のダイアリーにびっしり埋めていくのもいいでしょうし、１００円で買ったシンプルなノートに書くのもいいでしょう。私たちは、ポケットサイズのテープレコーダーを家の中に置いておき、外出するときはいつも持ち歩いていました。テープに吹き込んだことを、たった今起こったかのように、ノートに書き写したのです。あなたが一度、おなかの赤ちゃんの成長記録（紙やテープなどで）をつけることに夢中になれれば、赤ちゃんが生まれたあとも、この習慣を続けたいと思うでしょう。基本的には短く、頻繁に書くようにし、赤ちゃんの成長やあなたの気持ちに特別な変化があったときは長く、詳しく書くようにするのがベストです。疲れているときや、ほかのことに没頭しているときなど、数日間があくときもあるでしょう。

ママノート：妊娠中は、女性としてのいちばんすばらしいときなのではないかと思うのです。私が妊娠している間、妊娠前もパーフェクトだと思っていた私の人生は、ただの思い込みだったと感じたのです。これほど女性としての幸せな気分を感

じたことはこれまでにありませんでした。世界中の何ものにもかえることができないのです。同時に、私は自分を産んでくれた母に深く感謝しました。母が私を妊娠していたとき、どんなことを思っていたかを知りたいと思いましたし、私が小さかったころ、彼女がどのようなお母さんであったかも知りたいと願いました。母が、日記を残しておいてくれたらどんなによかったでしょう。

もしもあなたが何度か妊娠し、その都度日記を書いていたならば、その妊娠ごとの違いを比べることもできます。あなたは、それぞれのストーリーの違いに驚くでしょう。あなたの夫に、いっしょに日記に参加するように励ましてみましょう。父親も、母親であるあなたと気持ちを共有するようになることでしょう。

ママノート：妊娠している間、私は今まで味わったことがないような気持ちを経験しました。この気持ちは、この先も味わうことはないでしょう。それは夫も同じようです。これらの経験は、とても書き留めることのできないくらいすばらしいものだったのです。

これは、あなただけが語ることができる、貴重な物語です（読みたがるのも家族だけかもしれませんが）。子宮の中にいる時間は、あなたの子どもにとっては人生の中のほんの一瞬でしょう。しかし、これらの日記は、そのときの思い出をずっと残してくれるのです。

それぞれの月の終わりに、あなたの妊娠日記を作れるようにページを用意してあります。赤ちゃんが生まれたあとにこれらのページをコピーして、あなたと赤ちゃんの永遠の宝物になる日記に加えてあげましょう。

Q「この悲惨な状態は、いつになったら終わるのでしょう？」

A　多くの母親は「息抜き窓」の存在に救われています。一日のうち数時間、またあるときは一日中、十分普通に活動できるくらい、気分のいいときがあるのです。妊娠が進んでも、正しい見通しを見失わないようにしましょう。いい日は、とても気分がよくなるはずです。気分が悪い日はそれよりは少なく、そう極度に悲惨でもないという日もあるでしょう。つわりは、出産と同様、遅かれ早かれ過ぎていくものです。

つわりを軽くする17の方法

赤ちゃんのコリック（注1）と同じように、つわりを克服する方法もたくさんあります。多くのお母さんに、一時的にせよ「効果があった」つわり克服法をご紹介しましょう。

1　つわりのきっかけを見つけましょう

2週間ほどつわりにつきあえば、あなたは吐きけを催させるようなもの、音、においなどの心の〝悲惨リスト〟を作ることができるでしょう。多くの女性が、特定のにおいに対して敏感になってしまうようです。完全に無臭の生活環境をつくることは、まったく痛みのない出産をするのと同じくらい難しいものです。せいぜいできるのは、その原因を特定し、できるだけ取り除くことです。

つわりが軽い日と、ひどい日を比べてみましょう。ずっとつわりに苦しんでいる日と、比較的軽くて快適に過ごせる日の間には、どんな違いがありましたか？　可能な範囲で、つわりのきっかけになるものを避ける工夫をしましょう。もし、朝起きてすぐの夫の息に胸がむかむかするようなら、朝のキスを当分お預けにすればいいのです。ぬれた犬やごみ箱のにおいがダメなら、犬の世話やごみ捨ては、しばらくの間、夫の新しい仕事にしてしまいましょ

う（どちらにしても、妊娠中は猫にあまり顔を近づけないほうがいいでしょう。猫はトキソプラズマをもっていることがあり、赤ちゃんに深刻なダメージを与える場合もあるからです。52ページ参照）。においを避けることで、つわりはある程度よくなるかもしれませんが、常につわりを誘発するにおいとの闘いは続くことでしょう。

もし、犬のえさのにおいがダメだとしても、犬にえさをあげる人があなたしかいなければ、うまくやっていく方法を考えなければいけないでしょう。多くの妊婦は、においを鼻でかいでしまわないように、口で呼吸したり、鼻をつまんで数秒間息を止めることが上手になるものです（片手で雑用ができるように訓練しておくのは、産後、赤ちゃんを抱きながら家事をする練習にも役立ちます）。

2　一日のスタートを快適に

胃がからっぽで、胃酸でいっぱいになった状態で突然起き上がれば、確実に朝のつわりを引き起こしてしまうでしょう。多くの人が、朝につわりを感じると、その日はずっと具合の悪さが続いてしまうようです。むかつく胃に抵抗しましょう。夜寝る前に何か胃に入れておけば、朝7時の時点で胃が完全にからっぽ、ということはないでしょう。軽くつまめるような食べやすいものをお皿に入れ、ベッドの横に置いておきましょう。もし夜中に洗面所に立つことがあれば、そのときもほんの一口でも胃に何か入れましょう。

ルールを決めましょう。足を床につける前には何か口に入れる、というルールです。朝はむしゃむしゃと口を動かしていましょう。必要なら、常につまみ食い用のお皿を持ち歩くようにするといいでしょう。

急な動作がつわりの引きがねになることがあります。無遠慮な目覚まし時計で不意に起こされることほど、具合を悪くする原因があるでしょうか？　一日の始まりを、もっと気分のいいものにしましょう。ラジオつきの時計から流れる、心地よい音楽で目を覚ますようにはできないでしょうか？　もし、決まった時間までに起きる必要がなければ、無理に起きなければいいのです。もし、あなたの夫が、目覚ましを使って起きなければならないのなら、なるべく耳障りな音のしないものを選んでもらいましょう。バイブレーター機能のあるものを身につけたまま寝て、振動で起きるようにしてもらうといいかもしれません。

できる限りストレスがない状態で、一日を始めましょう。ウオーキングをしたり、黙想したり読書をしたりと、前向きに楽しむようにしましょう。快適に一日を過ごせるように、体をプログラムするのです。

3　"1日6食"が基本です

血糖値の低下はつわりの原因になりますが、これは朝起きたときや、長時間何も食べていない状態のときに起こりやすいものです。1日3食という伝統的な食事パターンは、妊婦には当てはまりません。いちばん消化のよいパターンは、軽い食事を1日に6回です。特に胃が何も受け付けない状態のときには、ぜひ試してみてください。栄養豊富なものをちょこちょこつまむようにすると、胃は落ち着き、血糖値を一定に保つことができるのです。

ママノート：私は常に空腹を感じていて、頭の中はいつも、「次は何を食べようか」ということでいっぱいでした。胃がからっぽになると、私は具合が悪くなってしまうのです。ですから私は、満腹まではいかないまでも、常に胃の中に何か入れておくようにしなければならなかったのです。朝食を食べた直後に、「ランチは何にしようかしら」という具合に。私の毎日は食べ物と、次に何を食べるかということを中心に回っていたのです。

4　胃にやさしい食べ物を

なかには、標準よりも胃に負担をかけやすい食べ物があります。油の多い

もの、香辛料のきついもの、食物繊維の多すぎるものは消化しにくいものです。次のような、胃にやさしい食べ方のヒントを参考にしてください。

●すばやく分解吸収される食べ物を：簡単に分解されて胃をすばやく通過するような、栄養価の高い食べ物、野菜や果物ジュース、スムージー、ヨーグルト、低脂肪で炭水化物の多い食べ物などのことです。分解されにくいもの——脂肪分が多く、油っぽいもの、プレミアム・アイスクリームやフレンチフライ、フライドチキンなどは避けましょう。

●栄養の濃い食べ物を：カロリーのわりには栄養素がたくさん含まれている食品を選びましょう。アボカドやキドニービーンズ、チーズ、魚、ナッツバター、全粒粉のパスタ、玄米、豆腐、七面鳥などです。

もし、ピーナッツバターが口に合わない場合には、もっと味のマイルドなカシューナッツやアーモンドのバターを試してみましょう。クラッカーやパン、りんごの薄切りやセロリのスティックに薄く塗って食べます。これらは脂肪含有量も多いので、いっぺんにたくさん食べると、分解、消化されるのに時間がかかるかもしれません。

●脱水症状を避けるために（つわりをさらに悪化させます）、のどの渇きを刺激するような食べ物を食べるのもよいでしょう。もしかしたら、3つのPを試してみるといいかもしれません。ピクルス、ポテトチップス、そしてプレッツェルです。

●唾液がからっぽの胃を直撃しないように気をつけましょう。からっぽの胃は唾液に過敏に反応し、つわりを引き起こすことになります。ほとんどの女性は、妊娠すると唾液の分泌が盛んになり、食べ物を思い浮かべただけでも、唾液の分泌が促進されてしまうのです。クラッカーや塩味が強くて乾いたものなど、唾液の分泌が盛んになるようなものを食べるときには、あなたの胃を、牛乳やヨーグルト、アイスクリームなどで保護しましょう。胃が刺激されてつわりを引き起こすようなことは、避けられるかもしれません。多くの妊婦はつわりをまぎらわすためにペパーミントのキャンディーやガムを好みますが、これはあまりよいことではありません。唾液だけを分泌させて、実際、胃の中には何も入らないからです。空腹のときは、どちらも避けましょう。

●妊婦用のビタミン剤がつわりを引き起こすようなら、一日のメインの食事で補うように心がけてみましょう。

●水分の多い食べ物は、腸の働きをよくするだけでなく、ひどいつわりの原因になる脱水症状や便秘を予防します。メロンやぶどう、凍らせたフルーツバー、レタス、りんご、梨、セロリ、ルバーブなどはおすすめです。

●つわりがまぎれるようなちょっとしたスナックやレモンドロップなどを、いつもポケットに入れておきましょう。

ママノート：レストランではいつも、吐きけなしにメニューを見ることはできませんでした。食べ物のことを考えただけで吐きけがしたこともあります。私が学んだのは、「メニューを開いたらとにかく最初に目についたものを頼んでしまう」ということです。

ママノート：私は、とにかく胸やけを起こすようなものを食べないように気をつけていました。私にとって、胸やけとつわりはセットでやってくる、いちばん悲惨なものでした。

5 高エネルギー食を

複合炭水化物（注2・おばあちゃんは、これを「スターチ（糊）」と呼んだものです）は、じわじわと効きめのあらわれるエネルギーのカプセルのようなものです。血中にゆっくりとエネルギーを供給し、満腹感を維持してくれます。これらの代表格は穀物（米、とうもろこし、小麦、オーツ麦、粟、きび、大麦）で、パンやシリアル、パスタ、クラッカーなどで摂取できます。これらの全粒粉タイプのものは、より栄養価が高く、腹もちもいいでしょう。

6　食べ物のリストを作りましょう

つわりを数週間も体験するうちに、あなたの朝のつわりをいくぶんでもましにしてくれるものは何かが見つかってくるでしょう。気分がよくなるもの、そういうものがなければ、せめてつわりのきっかけにならないものを、リストにしてみましょう。そのリストからあなたの好物だったものが突然はずれてしまっても、びっくりしないでください！　たとえ、健康に悪そうなものしか残らなかったとしても、気にせずにそのまま続けて大丈夫です。今、あなたの体が必要としている食べ物が、あなたの気分をよくしてくれるのですから。

7　とにかく食べて

何も食べたくない、飲みたくないという日もあるかもしれません。しかし、何も飲まず食わずでは、つわりをいっそうひどくするだけです。胃酸でいっぱいの胃と、低血糖のままトイレで一日を過ごすような状況を、みすみすつくり出してはいけません。少しでも口に入れましょう。何でもいいのです。

8　外に出ましょう

何も食べたくないけれど、食べなくてはいけないときがあるのと同じように、カウチから動きたくない、起きたくないというときもあるでしょう。けれども、さあ、とにかく体を動かしてみましょう！　思い切って外に出て、新鮮な空気を吸ってみましょう。友人を訪ねたり、映画を観に行くのも、胃がむかむかするのを防ぐための気晴らしにはなるでしょう。体を動かすことで気分がよくなるのなら、どんどん動くべきです。もしも休んだほうが気分がよければ、もちろん休みましょう。しかし、同じ場所でじっと長時間休むことは避けましょう。仕事をもつ妊婦は、会社のデスクでお弁当を食べるのはやめましょう。外に出ましょう。たとえ数分でもよいのです。

リンダノート

仕事に行きたくないと思ったときでさえ、実際仕事を始めると気分はよくなったものです。私はとにかく、恐ろしかったのです。でも、仕事に没頭しているときは、私が感じている恐怖さえ、忘れることがありました。

9　助手席ではなく、運転席で

車に乗ると気分が悪くなるのなら、「私が運転するわ」と言いましょう。運転に集中して、アクセルやブレーキのタイミングを頭の中で考えているうちに、自然に気分もよくなってくるでしょう（船の舵《かじ》取りがなぜめったに船酔いをしないか、というのと同じことです）。

10　交代！　代理！　代替！

あなたの胃、それと家族が落ち着くまで、ベッドでじっとしていましょう。子どもたちがママをいろいろな要求のターゲットにする前に、あなたの夫が上の子を学校に送り出し、小さい子には食事をさせ、面倒をみてやるようにしむけます。夫にこれらの任務を引き継ぐことは、赤ちゃんが生まれたあとの数週間のための準備でもあるのです。

つわりを引き起こすもののリストを思い浮かべ、夫や子どもに、あなたができない家事を引き受けてもらうのです。犬にえさをやるとか犬のえさの皿洗いなどは、譲ってしまいましょう。当然、朝起きたときにはキッチンは清潔であるべきです。ごみの始末や皿洗いは、前の夜に全部すませてもらいましょう。どうしたらあなたが快適でいられるかを、家族全員に知ってもらうことです。どうしたら気分がいいか、どうしてほしいのかを、リストにしてはっておきましょう。夫の家事リストは、あなたの体の変化とともに変わっ

ていくかもしれません。あなたの手足となって、買い物や用事を足したりすることもあるでしょうし、ときにはケータリングの店員のように、あなたにおやつや食事を運んでくれるかもしれません。

ベッドに入ったままで「朝ごはんを持ってきてちょうだい！」と頼むことに、罪悪感をもつ必要はありません。あなたのおなかにいるのは、あなたたち夫婦の赤ちゃんです。特別な食べ物（遠いスーパーへの買い物が必要だとしても）、足のマッサージ、雑用の解決（床のカビ落としなど）……なんでも大丈夫です。遠慮なく、頼んでしまいましょう！　もしもあなたが、手抜き料理しかできなかったとしても、家族は死にはしません！　もし夫が文句を言ったら？　彼にやってもらえばいいのです！

ビルノート

マーサはとにかく〝ズッキーニ狂〟でした。私はしばしば、彼女の就寝前のズッキーニ・パンケーキのために、深夜、スーパーマーケットまでの長く苦しい旅をしなければならなかったのです。ある晩、私が特大ズッキーニを持ってレジに行くと、店員に「あなたの奥さんは、妊娠しているでしょう」と当てられてしまったことがありました。

もしもあなたが、あなたを取り巻くいろいろなことに神経質になってしまうようなら、夫はそれ以上にあなたの要求に対して敏感になる必要があります。女性のなかには、妊娠のごく初期でも、スーパーに並んでいる食品のにおいが耐えられない人もいるでしょう。そんな場合、あなたはどれを選びますか？——夫に買いに行かせる、あなたの買い物を代行してくれるティーンエイジャーを雇う、配達してくれるお店を探す。

ママノート：夫が食事を作っている間は、私の楽しい仮眠タイムでした。準備ができると私は目を覚まし、いっしょに食事を楽しんだものです。

11　積極的に予防を考えましょう

つわりを引き起こす原因がわかっているのなら、避ける方法を考えてみましょう。たとえば料理のにおいが苦手なら、調子のよい日に下ごしらえをしたり、料理を作りおきして冷凍保存しておきます。一時的に自分の「標準レベル」を下げ、便利な食品を多用してしまいましょう。あなたが知人の家の夕食に招待されたなら、自分が食べられるものを少し持参してもいいか、聞いてみましょう。仕事や用事で外出する場合は、安心して食べられるものを持っていきましょう。もし空腹が押し寄せたときに、さっと口に入れられるものが何もなければ、確実につわりはあなたを襲ってくるでしょう。

12　ストレスはありませんか？

つわりはあなたの体に起こることで、心に起こるのではありません。しかし、心と体はつながっているのです。あなたの脳と胃は、ナーバスな気持ちを分け合います。ですから、あなたが動揺すると、あなたの胃もいっしょに動揺してしまうのです。多くの母親が、このストレス＝つわりのサイクルに陥っています。気分が悪くなるとさらにストレスがかかり、さらに気分が悪くなる、という仕組みです。

あなたは妊娠中に、おおまかにライフスタイルを確立し、これまでの生き方を変えなくてはいけなくなるかもしれません。出生前の調査によると、子宮の中にいる赤ちゃんはしっかりとしたバリアでストレスホルモンからも守られていて、母親のストレスが直接そのまま影響するわけではない、といわれています。しかし、もしもあなたの仕事がストレスばかりで、満足感がほとんど得られないようなものなら、交渉が必要かもしれません。労働時間や仕事にかかる責任の変更など、あなたの体や心にかかる負担が少しでも軽くなるように行動してみましょう。夫と子どものことは別として、家の中でも必要以上のストレスは排除するように心がけます。今のうちに、ストレスを

軽くする方法を学んでおくことは、母親になったときに気持ちを穏やかに保つためにとても役に立ちます。

赤ちゃんにとって何がいちばん幸せなことなのかを、忘れないでください。穏やかで、安らいだお母さんです。生まれる前も、そして、生まれたあとも。

ママノート：妊娠は、私にとってラットレース（混戦）からリタイアするよいチャンスでした。私は株式仲買の仕事をしていましたが、ものすごいプレッシャーの連続だったのです。やっと、この仕事から抜け出せるときがきたのです。それまで男性ホルモンの影響ばかり受けていた私でしたが、現在は、自分の中の女性ホルモンの存在にめぐりあえ、とても心が穏やかに過ごせるようになりました。

13　指圧を試してみましょう

東洋医学あるいは西洋医学のどちらにおいても、手首内側の横紋（しわ）から約3㎝ほど体寄りのところにツボがあり、そこを刺激すると、つわりやそのほかの吐きけ（たとえば船酔いなど）に効くといわれています。

14　快適な服装で

体を締めつけず、リラックスできる服装を心がけましょう。多くの女性は、腹部やウエスト、首などを圧迫されると不快で、つわりが起こりやすくなります。

15　胃液の逆流を防ぎましょう

吐きけと、実際に吐くだけでは足りないとばかりに、多くの女性が胸のむかむか、胸やけを経験します。このむかむかする感覚は、食道を通って胃液が逆流することで起こります。これは、妊娠中には起こりやすくなります（妊娠ホルモンによって、胃壁がリラックスしているせいです）。胸のむかつきの最善の治療は、重力を利用することです。胃の出口が、入り口よりも常に低い位置にあれば、逆流を減少させることができるでしょう。食後は、上体を起こす姿勢か、体の右側を下にする姿勢がいいでしょう。あおむけで寝る姿勢は、非常に胸やけを起こしやすいものです（64ページにさらに参考項目があります）。

16　とにかく寝る

つわりが始まった段階で、睡眠の必要が増えるのは幸運なことです。少なくとも、つわりの苦しみを軽減するために、睡眠をあてにすることができるからです。マーサは、たった1つの理由のために、とにかく眠りたがりました。つわりの苦しさから逃れるためにです。つわりの間のこの休息は、あまりにも貴重なので、あなたは「できる限り、ずっと眠っていたい！」と思ってしまうでしょう。でもなかには、ベッドで休むことが助けにならない人もいます。このような人たちは、とにかく胃に意識が集中しないように、気をまぎらわせる何かを探す必要があります。

もしも小さい子が周りを走り回っている環境にいるのなら、ゆったりとベッドに横たわり、眠りにつくこともできないかもしれません。起きてすぐのむかむかを避けるには、寝る前に最後の軽食、できればフルーツや腹もちのする炭水化物（穀物や薄味のパスタなど）をとるようにしましょう。これらは、あなたが寝ている間にゆっくりと血中にエネルギーを補給し、あなたを目覚めさせないようにしてくれます。これらの軽食を食べるときには、酸を中和してくれるような食べ物、牛乳やアイスクリーム、ヨーグルトなどもいっしょにとりましょう。あふれる胃酸を中和して、あなたを睡眠に導いてくれます。

「寝起きが悪い」という言葉は昔からありますが、これはある意味、心理学

に基づいているものでしょう。そしてこれは、「眠り方が悪い」ことも意味しているのです。ストレスを抱えたままで眠ったならば、起きたときにも状況に変化はない、ということです。吐いたり、つわりでむかむかした日は、十分な睡眠がとれない夜がやってくることが多いのです。心に何かが引っかかったままでとか、気持ちが乱れたままで眠らないように、寝る前に本を読んだり、何かリラックスできるようなことをしましょう。多くのカップルはこの時間に、赤ちゃんが生まれてからの楽しみを話したり、私たちが「ハンド・オン・ヒーリング」と呼んでいることを楽しんだりしています。これは、あなたの手や夫の手をあなたのおなかに当て、おなかの赤ちゃんに話しかけたり、お祈りをすることをいいます。多くの妊婦が「これはとてもリラックスできて、安らかに眠れるの」と報告しています。

17　前向きな気持ちで！

あなたのつらさを分かち合ってくれる友人を見つけましょう。同じような状況にあって、あなたの気持ちを理解してくれる人です。いやなことに耳を貸す必要はありません。妊娠してよかったこと、楽しみなことなど、プラスの面ばかりを見るように心がけましょう。マイナーな気持ちにならずに一日が過ごせたなら、そのままの気持ちを保てるようにしましょう。

ママノート：ぐっすりと眠れたあとは、気分のいい朝を迎えることができます。でも、午後になって子どもが学校から帰ってくると、とたんに気分が悪くなってしまうのです。子どもたちは、疲れていて機嫌が悪い私ばかりを見ていました。かわいそうな子どもたちは、ちゃんとした食事にもありつけませんでした。ある日、文句を言い、うなっている私を見て、14歳の娘が私に聞きました。「ママ、赤ちゃんが生まれることが悲しいの？」。その言葉に、私ははっとしたのです。もう少し言い方をやさしくし、子どもの前ではできるだけ前向きな態度でいようと思いました。私は娘たちにとって悪いお手本にはなりたくなかったのです。私の娘はつわりのどんな苦しさよりも価値があったからです。

◎食べ物の好みが変わる

ベテランの妊婦は、自分の食べ物の欲求をコントロールするいちばんの方法は、素直にその欲求に従うことだとよく知っています。つわりの時期は特にそうでしょう。あなたの胃が何を求めているかは、胃がむかむかしている日と、そうでない日とで違うかもしれません。妊娠中の食べ物の好みは、実際、あなたの体の知恵を反映させています。妊娠中の食べ物の変化を研究した栄養学者たちの多くは、妊婦が好んで食べる食品には、妊娠している女性にとって実際に必要な栄養が含まれているのだと述べています。

代表的な2つの食べ物について考えてみましょう。ピクルスとポテトチップスです。これらは塩分を多く含んでいます。体は塩分を確かに必要としていますし、そのせいでのどが渇き、その結果、ふだんよりも多くの水分を補給することになります。たぶんあなたの体は、赤ちゃんの羊水のプールをいっぱいにするために、水分を大量に必要とすることがわかっているのです。以前好きではなかった食べ物が突然食べたくなる人もいます。たぶんこれも、変化するあなたの体が、妊娠前は食べなかったものを、栄養学的に必要としたからです。ほとんどの女性が、妊娠によって食べ物の好みが変わったと思うでしょう。おそらくこれは、栄養学的なニーズに伴うものなのでしょう。食べ物の好みは、妊娠後期にはさほど大きな変化はみられません。

リンダノート　私は妊娠初期、とにかくステーキとハンバーガーが食べたくてしかたがありませんでした。これはふだんの私にはないことです。私の夫はショックを受けてしまいました。それもそのはず、夫は長い間、私が鶏と魚以外の肉を口にするのを見ていなかったからです。これは、私の体が特別なミネラルと鉄分を必要としていたからだと思いました。これまでの私の食生活では、これらの摂取量が非常に少なかったからです。

あなたが欲しいものと、あなたの体が必要としているものは、さほどかけ離れてはいません。しかし、あなたが望んでいるものが、１００％栄養学的にも正しいのだと思わないでください。今日では、ファストフードレストランでのパックフードの宣伝がものすごい勢いで繰り返されていて、妊娠中の女性たちは、体からのメッセージよりも、広告の影響を受けやすくなってしまうのです。毎晩、ホットファッジサンデーを食べなくては死んでしまいそうなのは、体が求めているわけではなく、あなたの気持ちが求めているだけです。深夜に中華のテイクアウトをどうしても食べたいのは（たとえ夫がそのために、真冬の深夜に決死の覚悟で買いに行くはめになるとしても）、どちらかというと、気持ちではなくあなたの体が求めているのだと考える余地はあるでしょう。しかし、食べ物に対する欲求が自分の手に余る場合には、一度細かくチェックしてみましょう。どのくらい頻繁に、何を食べたのか、というリストを作るのです。そのリストをもとに、どの食べ物があなた自身の欲求で、どれが赤ちゃんの本質的な欲求か、医師や栄養士にチェックしてもらうのです。しかしたいてい、妊娠中に食べたいものはあなたが必要としているからだということを覚えておきましょう。それがいささか不健康なものだとしてもです。

ママノート：雑誌で甘いものの写真を見たとたんに、よだれが出てしまいます。特に私がいちばん欲していたのはグミビーンズで、もう、これに夢中だったのです。しかし不幸なことに、私には2歳の娘がおり、ママが座ってグミビーンズをほおばっているのに、娘に対して、これはダメよ、と言うことはできないだろうと思いました。友人たちのように、フルーツやサラダ、そんな健康的なものが食べたくてしょうがないという状態だったら、どんなによかったでしょう！

＊つわりでも快適な食べ物＊

つわりの間は、いい食べ物も悪い食べ物もありません。あなたの気分を少しでもよくしてくれるものが、いい食べ物なのです。これらの食べ物は、胃にやさしく、自然につわりの症状を軽くしてくれるものもあります。

・しょうが（さまざまな形で利用できる）：すりおろし液、そのまま固形で、カプセル、お茶、スティック、砂糖漬け、酢漬け、薄焼きのクッキーなど。
・レモン：しゃぶったり、においをかいだり。
・ラズベリーリーフティー
・ミント、ペパーミント
・ポテトチップス
・じゃがいも（焼く、ゆでる、マッシュする）
・塩味のひまわりの種
・パパイヤジュース
・チューイングガム
・すいか
・ヨーグルトスムージー
・フローズンヨーグルト
・ライスケーキ（もち）
・ぶどう
・ピクルス
・プリン
・カモミールティー
・しぼったレモンを入れたミネラル炭酸水
・アボカド
・アップルソース
・ルバーブ
・シャーベット、かき氷
・ソーダクラッカー
・西洋梨
・セロリスティック
・にんじんスティック
・レモンドロップ
・バナナ
・カンゾウ（の根）
・ズッキーニ
・ベーグル
・パスタ
・シリアル
・トマト
・オートミール

ある女性にとってはつわりが軽くなる食べ物でも、ほかの人には吐きけを催すものかもしれません。いろいろ試してみて、これは大丈夫という自分の食べ物のリストを作りましょう。初期の間は、これらの食べ物でがんばりましょう。食べ物の好き嫌いがやわらいできたら、リストのメニューを増やしましょう。同時に、いちばん好きな食べ物を上位6つくらいチェックしておき、出産のときに持っていくといいでしょう。これらの食べ物が、あなたがいずれ経験するはずの、出産時の気分のむかつきを軽減させてくれるでしょう。

＊つわりを重くする食べ物＊

・揚げ物
・脂っこいもの
・脂肪分の多いもの（ラベルを読みましょう）
・ソーセージ
・卵焼き
・スパイシーな食べ物
・化学調味料を含んだ食べ物
・玉ねぎ
・ザウアークラウト（酢漬けの刻みキャベツ）
・キャベツ
・カリフラワー
・コーヒーやコーラなど、カフェインを含んだ飲み物

この月のおなかの赤ちゃんは？
～3週

2週目：卵子と精子の出会い――受精

精子が卵子に到達すると、すぐに受精が起こります。ほとんどの場合、どちらかの卵管（ファロピウス管）の上部で起こり、この瞬間、赤ちゃんの性別が決まります（精子は、女の子をつくるものと男の子をつくるものに分か

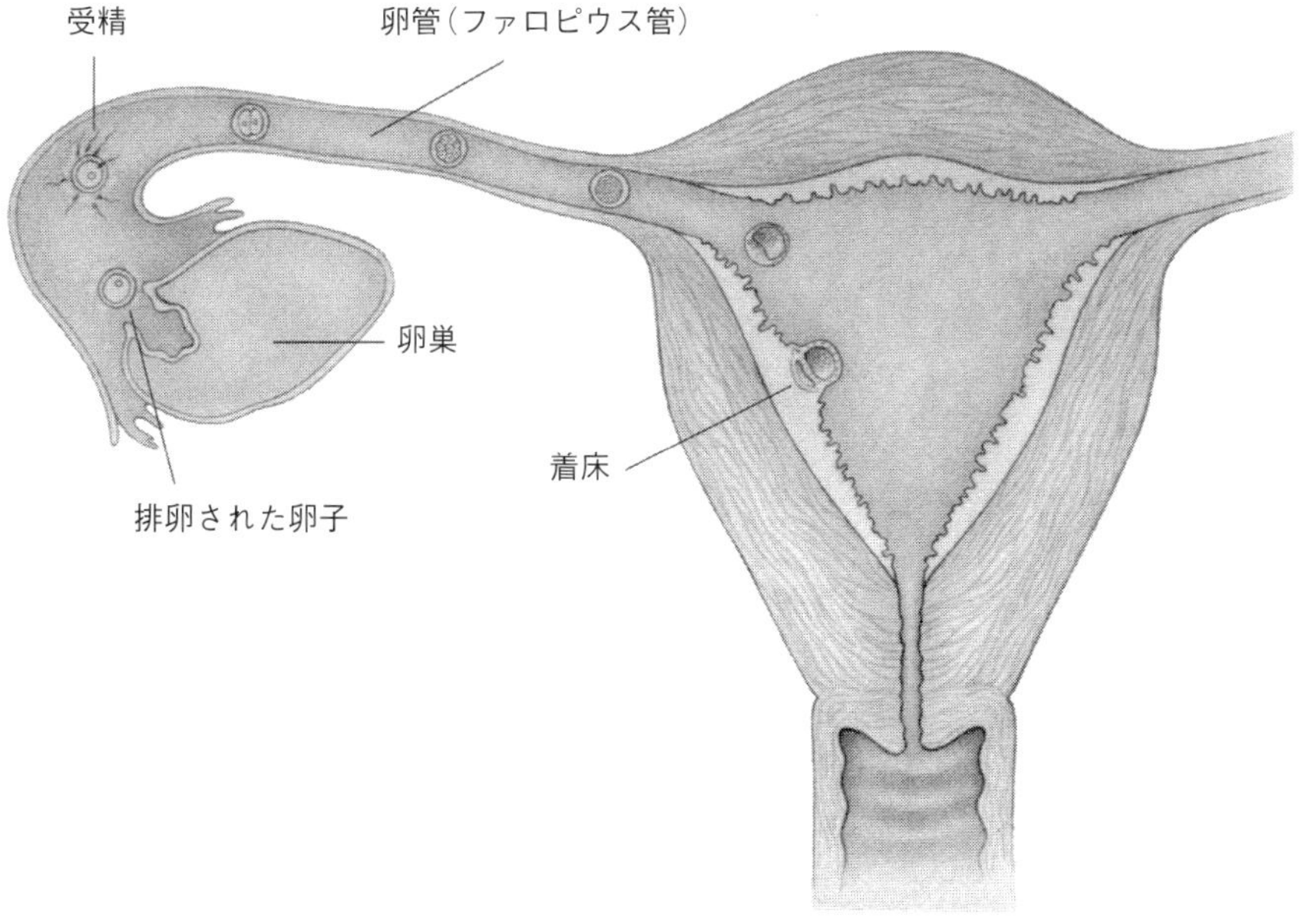

れています）。スタートが正しければ、受精卵は完全な遺伝コードをもっています。母親からもらった23本の染色体と、父親からもらった23本の染色体です。たまに、2つの卵子が、2つの精子と受精することがあります。この結果は、二卵性双生児の誕生ということになります。受精卵が2つに分かれ、結果としてそれぞれが独立する場合は一卵性の双子になります。受精卵は4日かけて、約10㎝の卵管の中を移動します。それぞれが分裂して倍数で増えていき、赤ちゃんのもとになるこの物体が子宮に到達するときには少なくとも、彼（彼女）は16分割された受精卵になっているはずです。最初の8週間まで、この受精卵は「胎芽」と呼ばれます。しかし、多くのお母さんやお父さんは、この小さな受精卵を、「赤ちゃん」と呼ぶことを好むようです。

3週目：着床

細胞分裂を繰り返し、顕微鏡だとまるでラズベリーのように見える受精卵は、着床できる場所を探し、7日目には子宮のやや上部の子宮内膜の中に潜り込みます。通常は、新しいすみかの上部1/3あたりか、いちばん上に近いあたりに着床します。赤ちゃんは、血のめぐりがよい内膜の中に入り込むので、まれに少量の出血がみられることもあります。この小さな命の丸い物体は「胚盤胞《はいばんほう》（新芽の袋）」と呼ばれ、それぞれ数百の細胞グループに分かれ、組織され始めます。いくつかの細胞はビロードのような子宮内膜の中に根を張り、そのほかは突起やくぼみなどを形づくっていきます。それぞれの細胞はそれぞれの組織となり、すべてが別々の運命をたどっていくことになるのです。

子宮は胎児の存在に呼応し、小さな赤ちゃんに母親の血液から栄養素を転送し、赤ちゃんの老廃物を母親に送るための、胎盤のもとになるものを形成し始めます。胎盤が形成されていくとともに、ヒト絨毛性ゴナドトロピン（ＨＣＧ）がつくられていきます。これは子宮内膜の胎児を維持し、エストロゲンとプロゲステロンの値を高く保つことで、その成長を促進していくのです。ＨＣＧホルモンは、胎盤が発達するとともに母体の血中に放出されていきます。3週目の終わりまでに、尿の中にＨＣＧホルモンが検出され、妊娠テストで陽性反応が出るようになります。

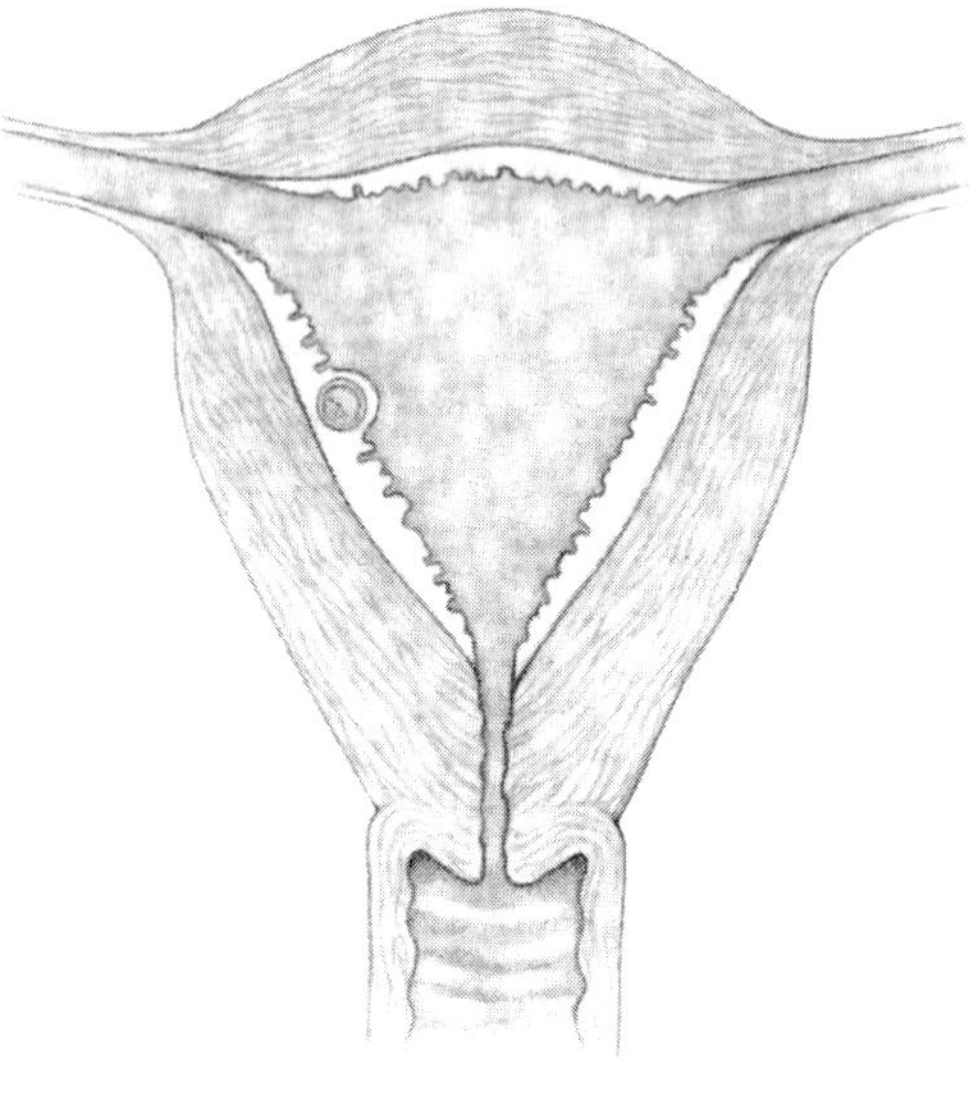

妊娠1カ月のあれこれ

赤ちゃんの成長につれ、考えなくてはいけないことも増えてきます。新しいことや、これまでと違うことがあなたの体に起こり、覚えたり考えなくてはならないことも、たくさん出てくるでしょう。まず、最初の月に考えなくてはいけないことをいくつか挙げてみましょう。

予定日について

どんな占い師でも、あなたの赤ちゃんの誕生日をぴたりと当てることはできません。なぜなら、おなかの中の赤ちゃんは、それぞれ違ったペースで成長していくからです。通常、医師は女性の最終正常月経の初日に266日、または38週間（これは平均的な妊娠の期間です）を足し、さらに14日（正常月経の初日から排卵までの期間）を足して予定日を算出します。つまり出産予定日は、見積もりであり、概算ということです。実際、医療現場では、予定日のことを「分娩見込み日」という呼び方をするのです。あなたも自分で、自分の出産予定日を計算してみましょう。

- ●最終正常月経の最初の日を特定します（例：1月1日）
- ●1年足します（例：次の年の1月1日）
- ●3カ月マイナスします（10月1日）
- ●7日足します。それがあなたの出産予定日です（10月8日）

あなたは、自分で計算した出産予定日が、医師から言われたものよりも2日ほどずれているのに気づくかもしれません。なぜなら、あなたは月単位で計算をしたからで、月による日数の違いを考慮していないことになってしまうからです。もし、医師が予定日チャートを使うのであれば、これは単純な日数計算になるので、月単位で計算したものとずれが生じるのも不思議ではないのです。もしあなたの排卵日が正確にわかっているなら、その日に、266日を足します。そうすればかなり正確な日にちになります。しかし、気

づいてください。きちんと予定日に出産する人は、実際は5％程度しかいないのです。ほとんどの人は、予定日の前後2週間のいずれかの日に赤ちゃんを産んでいるのです。

さまざまなことを考えれば、どんな科学をもってしても、正確な出産予定日など計算できるはずがない、ということがわかるでしょう。そもそも女性は、正確な「いつもの月経日」の予測でさえ難しいのです。ピルを飲んでいた人は、ピルをやめても、しばらくは月経のサイクルは不安定で、いつ正常な月経や排卵に戻るのかを予測することは難しいでしょう。また、違う理由で月経不順の人もいます。そのような場合には、月経の最初の日から排卵日までが14日よりも短かったり長かったりということが起こります。非常に規則的に月経がくる人でも、月経周期の長さが問題になります。月経周期が28日のサイクルに限りなく近ければ、一般的に計算した予定日により近づくでしょう。サイクルの長い人なら予定日以降に出産になる確率が高く、短いサイクルの人は予定日よりも早く出産する確率が高くなります。

なかにはさまざまな理由により、予定日を確定することが非常に重要な妊婦もいます。予定日と赤ちゃんの成長が合っていない場合、産科医は何か特別な状況での妊娠をしているのではないかと、その理由を探すでしょう（多胎の妊娠か、赤ちゃんの成長を阻害する何か……）。しかし、妊娠の週数が進むにつれて、予定日はだんだんはっきりとわかるようになっていきます。どのようにして予定日を確定するかは、赤ちゃんが育つにしたがって、次のようなことも参考になります。

●必要があれば、妊娠7～12週のころに、予定日を確定するために超音波検査を1、2回行います。

●妊娠12週ごろになると、超音波ドップラー装置で、赤ちゃんの心音が聞こえるようになります。

●ほとんどの母親は、妊娠16～20週の間に初めての胎動を感じます（2回目以降の妊娠では、それよりも若干早く胎動を感じるでしょう。なぜなら、経験ずみでよく知っているからです）。

●健診に行くと、医師は、赤ちゃんが予測どおりに育っているかどうかを確認するために、あなたの子宮の大きさを測ります（妊娠20週前後で、子宮はへそ下あたりにまで大きくなります）。

超音波検査は、月経不順の人の予定日を確定するのにとても便利です。超音波検査の正確さは、妊娠のそれぞれの期間で重宝されます。7～12週のときには、超音波で赤ちゃんの大きさを測ることで、実際の赤ちゃんの週数がほぼ数日の誤差で確定できます。16～20週の超音波測定では、1週間から10日くらいの誤差です。妊娠後期には、3週間前後の誤差にまでなります。

健診は、特に妊娠初期においては予定日を確定するのに非常に大切なものです。医師は、まちがいだというはっきりした証拠がない限り、最初に判断した予定日を訂正することは、ほとんどありません。女性が妊娠した日を確実に知っていたとすれば、それは超音波検査より、月経周期による計算より、ずっと正確です。通常は、超音波検査でさほど誤差がなければ、最終月経に基づいて予定日を計算しますが、その2つの示す点がたびたびずれている場合には、医師は予定日を修正するかもしれません。超音波検査で予定日が修正される場合、特に気にする必要のないケースもいくつかありますが、なんらかのトラブルが潜んでいることもあります。

予定日を決めるのは心が弾むことです。でも実際には、最終的に生まれる日を決めるのは赤ちゃん自身なのです。出産の兆候があらわれたらすぐ気がつくように、カレンダーに出産予定日を書き込んでおきましょう。もしも途中で修正が必要になったら、消して書き直しましょう。最後の1週間の「もう、赤ちゃんに会うのが待ちきれないわ！（または〝もうこれ以上、妊娠しているのは耐えられない！〟）」というような気分に陥らないように、カレンダーには予定日を1週間ずらして書いておくといいかもしれません。もしもその予定日よりも「早く」赤ちゃんが生まれたら、なんだか得をしたような気分になるでしょう。

またこれは、電話による「まだ生まれないの?」攻撃を避けるためにも役立ちます。なぜなら、本当の予定日を書いておいたなら、その翌日から電話攻撃は始まるからです！　そのほか、このようなハラスメントを避けるための手段としては（この手のハラスメントはあなたのおなかがパンパンで、予定日を過ぎているようなときには、あなたの気持ちを簡単にめいらせるでしょう）、周囲の人々に、あなたの予定日を「1月2日なの」と言うかわりに「1月上旬なの」、「1月10日」と言うかわりに「1月中旬」、「1月20日」のかわりに「1月下旬」、「1月29日」のかわりには「2月上旬」と言っておきましょう。「予定日」ではなく「予定週」という考え方です。

妊娠を報告する

妊娠をいつ、友人や身内に伝えますか?　おなかが大きくなってはっきり妊娠とわかるまで、ないしょになんてしていられないでしょう。妊娠がわかったら数分以内に、あなたは「すべての知り合いに言いたい！」という強烈な衝動に駆られるかもしれません。あなたは、この誇らしい気持ちを隠しておけないと思うかもしれませんし、身内や友人に告げるのはもう少し待とうと思うかもしれません。いつ、だれに話すにせよ、これは特別な知らせになるのです。

まず、夫に話すときです。これも、特別なイベントであるべきです。この、人生を変えてしまうような重大なニュースを電話で伝えるのは、できれば避けたいものです。ちゃんと顔を見て伝えましょう。夫がどんな反応をするのか見逃してしまうなんて、もったいないことです。特に、初めての赤ちゃんなら、夫に伝える演出をないしょで考えましょう。その価値は十分にあります。あなたは、キャンドルがともったディナーの席で、夫にそのことを告げたいと思うかもしれませんし、週末の1日や1週間の休暇など、もっとゆっくりとした時間が必要かもしれません。妊娠という現実の中に潜む、これからやってくる決定事やさまざまな感情を分かち合うために、特別な時間が必要なのです。

ビルノート　あのときのことは、まるで昨日のことのように、はっきりと覚えています。マーサが6人目の子ども（マシューです）を妊娠したと、私に告げた日です。クリスマスの日、マーサは、妊娠判定キットを入れた箱をラッピングして、私に手渡しました。私は箱を開いて、「陽性」を示す紫色の丸い印を発見したのです。そして、プレゼントに添えられた愛情のこもったカードを、心から楽しみながら読んだのでした。

夫婦なのですから、妊娠を告げるときにも、夫が〝自分たちに〟起きたすばらしいでき事が実感できるような話し方をしましょう。「できたの。私たちの赤ちゃんよ！」。あなたの夫が、最初はあなたの興奮を共有できなくても、がっかりしないでください。突然の妊娠なら、なおさらです。夫の反応はあなたとぴったり同じ、というわけではないかもしれません。あなたはもうすでに、自分の感情を味わう時間を経験しているはずです。パートナーにも時間を、さまざまな感情をゆっくり味わう時間をあげましょう。否定的な態度をとってはいけません。あなたの夫は、大事なことを1つずつ考える時間が必要なのでしょう。「今のタイミングでいいのか?」「今、子どもをもつ余裕があるのか?」「子どもが生まれることで、生活はどう変わるのだろう?」……。新米の父親予備群には、父親になることを現実として受け止めて喜ぶことに、少し時間が必要な人もいます。

ふたりで、ほかの人にいつ話すかを決めましょう。身内や友人に妊娠を伝えるのはもう少し待とう、という結論になるかもしれません。妊娠や赤ちゃんについてのアドバイスやいろいろな質問を立て続けにされる準備ができていない人は、ごく限られた人たちだけに妊娠の事実を告げることを選ぶでしょう。最も身近な親しい人たちだけと、このニュースを分かち合いたいと思うかもしれません。もしもあなたが社交的なタイプでなかったら、当分は秘

密にしておきたいと思うこともあるでしょう。また、以前に流産を経験していたり、今回の妊娠も流産の危険があるようなら、状態が落ち着いて、妊娠が確実に継続できるとわかるまで、だれかとニュースを分かち合うことに神経質になってしまうでしょう。「妊婦でよく言われる、ばかげたこと」を受け流せるように、心の準備をしておきましょう。「避妊に失敗したの?」「どうしてまた子どもが欲しいの? もう、男の子も女の子もいるじゃない!」などというたぐいのものです。しかしこれは、ほんの手始めだと思ってください。赤ちゃんが生まれたら、歓迎できないような迷惑なアドバイスは、いっそう増えていくでしょうから。

一度、上の子に赤ちゃんのことを話したら最後、近所中に伝わっていると思ってください。その子の年齢や性格によって、アプローチの仕方を変えることは必要です。彼らのレベルや関心度によって、いつ、どのように伝えるかは異なってくるのです。小さな子どもたちには、おなかが大きくなったお母さんと新しい兄弟の話が書いてある絵本を使うといいでしょう。赤ちゃんがおなかの中でどうやって大きくなっていくのかを、絵本を使って説明してあげましょう。もう少し大きな子は、母親に対して「何かが違う」と敏感に感じているものです。そのような子には、きちんと話してあげる必要があります。妊娠について大人の会話の断片を聞いているような場合は特に、きちんと話してあげましょう。

最初に秘密を分かち合う仲間になれたことを、子どもは誇りに思うでしょう。子どもたちに、あなたは今後休養が必要なこと、手助けが必要になること、理解が必要になることを説明しましょう。ママになぜ不機嫌な日や、具合が悪い日があるのか、説明してあげましょう。しかし同時に、体調が悪い日がずっと続くわけではなく、子どもたちのことは変わらずに愛していて、ちゃんと世話もできる、と安心させてあげることも必要です。これらのことは、子どもたちにとって、「自分と同じぐらい、だれかの要求が大切なのだ」ということを知る最初のメッセージになるかもしれません。年齢に相応の説明をしてあげましょう。たとえば「赤ちゃんはママのエネルギーをとてもたくさん必要としているの。だからママは疲れやすくて、ゆっくりお休みをしないといけないの。あなたがもし、静かにしていてくれるのなら、ママも赤ちゃんも、十分にお休みできるのだけれど」というように……。

仕事先にいつ打ち明けるかとか、今後の仕事の続け方については、頭の痛い問題になるかもしれません。妊娠することで、現在の仕事になんらかの影響が出ることがわかっていたり、安全性に問題がある場合などは特にです。法律上は、あなたが妊娠したからといって、仕事で差別されることはありません。けれども、子どもを産んだあとで仕事に復帰しようと考えているなら、上司に妊娠を告げる前に、慎重にプランを立てなくてはいけないかもしれません。あとから起こるはずのさまざまな質問に、きちんと対応できる準備が必要なのです。慎重に対処することであなたは、これからの産前休暇や産後、赤ちゃんが小さい間のパートタイムでの労働、フレックスなどの対応を上司にかけあうときに、自分をよりよい立場にもっていけるかもしれません（働く妊婦は141ページも参照してください）。

ママノート：私が妊娠を告げるやいなや、会社は即座に私を妊婦としてしか扱わなくなるだろうと思いました。ですから、私は待ったのです。彼らは私の妊娠を知らず、大きな昇進がありました。そのまま2カ月、私は何も言わずに働き、妊娠4カ月のときに初めて、妊娠を告げたのです。私が赤ちゃんを産むということに、だれもが一様にショックを受けたようです。

いつ、あなたの妊娠を公にするかは、あなたの決断しだいです。しかし、あなたが何も言わなくても、遅かれ早かれ、あなたの体は秘密をさらけ出してしまうでしょう（145ページも参照してください）。

子宮外妊娠

子宮外妊娠というのは、受精卵が子宮以外の場所に着床してしまうことをいいます。受精の95%は、いずれか片方の卵管の中で起こります。これが、いわゆる「卵管妊娠」を引き起こす原因になってしまうのです。子宮外妊娠は、卵巣、腹腔、頸管部でも起こることがあります。しかし、これらは非常にまれです。

なぜ子宮外妊娠は起こるのでしょう

受精卵が発達するうえでのなんらかの欠陥、もしくは、以前かかった感染症による組織の傷が原因になっている場合があります。これらの欠陥や傷が、受精卵の卵管から子宮への移動を妨げ、胎芽は卵管の中（もしくは子宮以外のどこか）で、成長を始めてしまうのです。ただし、子宮外妊娠の多くは、はっきりした理由がわかりません。また、通常の妊娠に比べて、少し子宮外妊娠の可能性が高い人もいます。リスクの原因は次のとおりになります。

- 以前の妊娠が子宮外妊娠だった人：過去に子宮外妊娠を経験している場合、そうでない人に比べて、次の妊娠が子宮外妊娠である確率が10%ほど高くなります。
- 卵管、もしくはその周辺の手術をした経験がある人：手術で残った傷あとが卵管内の移動を妨げることがあります。以前、卵管結紮《けっさつ》の手術をした場合や卵管結紮の手術の失敗で妊娠した人は、子宮外妊娠の確率が高くなります。
- 骨盤内感染症などの履歴がある人：骨盤炎症性疾患や性感染症は、卵管にダメージを与えます。
- 子宮内膜症：子宮内膜に似た組織が、骨盤内の子宮以外の部分でも成長してしまいます。

快適な環境を整えましょう

あなたの中には、守らなくてはならないもう1つの命があります。この小さな存在は、あなたが思っている以上にあなたの生活や行動の影響を受けてしまうのです。生まれる前から、子育ては始まっています。少しでも快適な子宮の環境を、育っていく赤ちゃんのために整えてあげましょう。
「これは食べていいのかしら」「飲んでもいいのかしら」「環境が悪いのではないかしら」と迷うことがあれば、医師に相談すべきです。あなたの常識的な判断ももちろん、フル稼働させなければいけません。赤ちゃんの未熟な肝臓や腎臓は、あなたよりももっと有害物質を除去する時間がかかるため、その影響を、より受けやすいのです。お母さんにとっていいことは、赤ちゃんにとってもいいことです。お母さんにとってよくないことは、赤ちゃんにはもっとよくないのです。妊娠中は、赤ちゃんはあなたと血液を通してその生活を分かち合います（ホルモンを通じて、気持ちさえ分かち合うことができます。230ページ参照）。あなたの自然な体の状態をくずすようなすべての物質の使用や消費を控えることが、あなたと赤ちゃんにとって最も健康的な生活といえるでしょう。

ママノート：医師は私に、私の中に命が息づいていて育っていると説明してくれました。なんてすばらしいことでしょう！　私の赤ちゃん、あなたが必要としているものは、何でも食べましょう。そしてあなたに害を与えるものは、すべて拒絶します。

禁煙に感謝！

あなたと、まだ見ぬ赤ちゃんが部屋に入るところを想像してください。その部屋のドアには、こんなふうに書かれています。「この部屋にはおよそ4000種類の化学物質による有毒ガスが詰まっていて、あなたの赤ちゃんになんらかの障害か死をもたらすかもしれませんし、あなたが流産するリスクも増えるでしょう」。ほとんどの人はもちろん、「赤ちゃんをそんな部屋に入

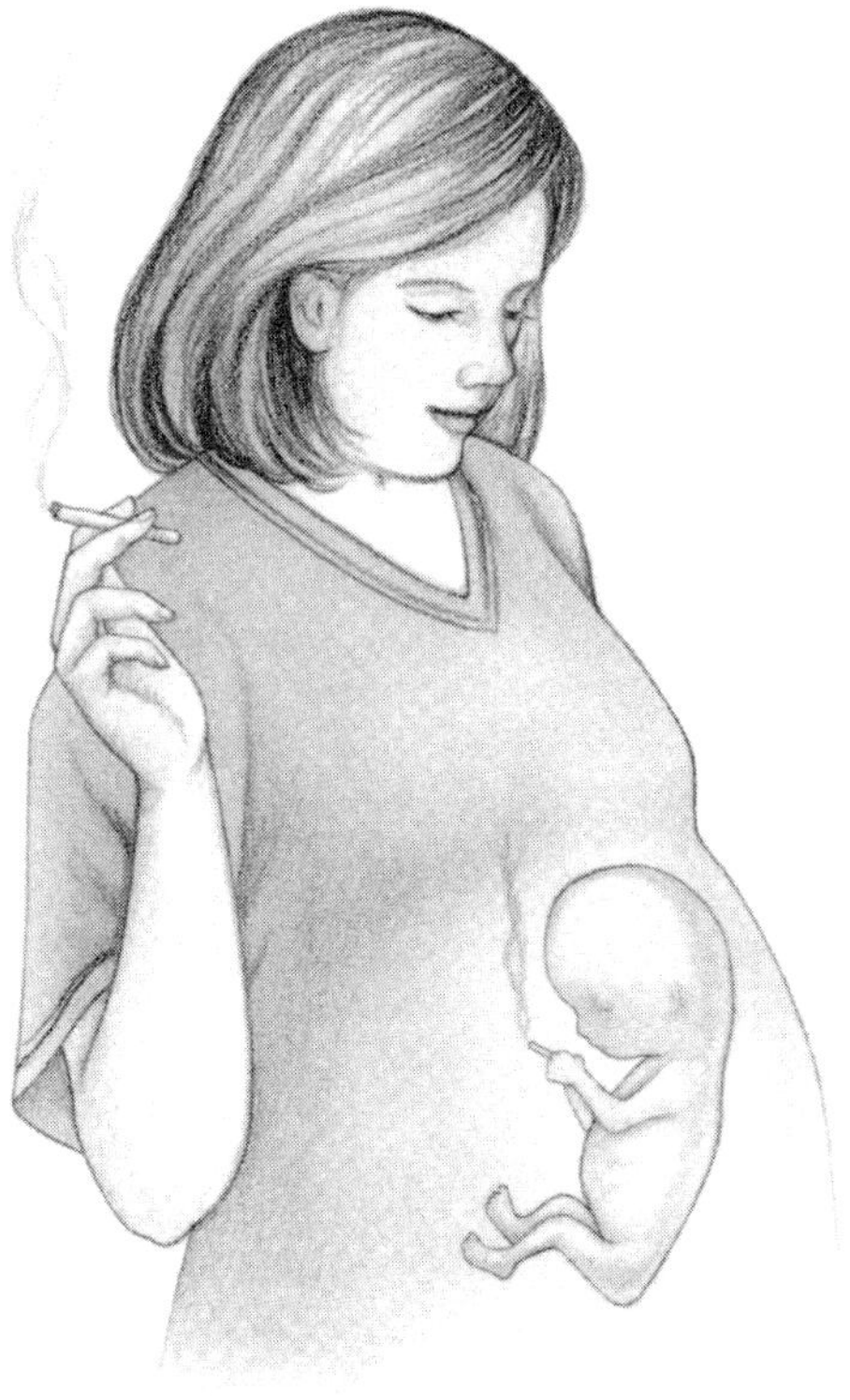

れるなんて、考えられない!」と思うことでしょう。しかしこれはまさに、お母さんが喫煙していたり、喫煙しているだれかの煙をそばで吸っている場合、子宮の中で起こっていることなのです。

タバコの煙にはニコチン（血管を細くすることで知られている習慣性のドラッグです）、一酸化炭素（酸素を奪います）、ベンゼン（潜在的な発ガン物質）、アンモニア、シアン化水素（ねずみ駆除剤の中で使われています）、ホルムアルデヒドなど、有害物質が詰まっています。タバコの害は、それを吸う妊婦とおなかの赤ちゃんに深刻なダメージを与えてしまうのです。タバコの害は、1日に吸う本数が多いほど、危険性も増えていきます。最新の研究では、女性の肺のほうが男性よりもタバコによるダメージを受けやすいという結果が出ています。女性の肺は、男性に比べて小さいからです。

喫煙は赤ちゃんの栄養を奪います

お母さんが喫煙している場合、そうでないお母さんが産んだ赤ちゃんに比べて低出生体重児が生まれる確率が高くなる、と多くの研究結果が示しています。タバコの煙に含まれるニコチンは、母親の血流の中に吸収されます。その有毒なニコチンによって血液の循環が悪くなり、子宮への血流量を減らしてしまいます。赤ちゃんの栄養は、血流量に関係しているため、血流が少なくなれば赤ちゃんにその分栄養が行かず、成長が阻害されてしまいます。一般的に、体重が大きめな赤ちゃんはより健康なことが多く、産後の特別なケアを必要としない傾向にあります。

新しい研究によれば、胎盤はバリアーの役割を果たしていて母親の血液中の有害なタバコの化学物質の胎児への影響を防いでいるという従来の説はまちがいだとされています。研究者たちが新生児の臍帯血《さいたいけつ》を調べた結果、本人が喫煙している、あるいは家族が喫煙している妊婦の赤ちゃんの臍帯血から、発ガン性物質が検出されたのです。胎児は、母親の血液中の約50%の発ガン性物質を受け取り、妊婦がタバコを吸う量が増えるほど、赤ちゃんに流れる毒のレベルも高くなるのです。

喫煙は赤ちゃんの酸素を奪います

子宮への血液の流れが制限されるだけではなく、妊婦の喫煙もしくは二次喫煙（本人が吸わないのに周囲が吸い、その煙を吸ってしまうこと）は、赤ちゃんの血液に含まれている酸素の量を減らしてしまいます。喫煙する妊婦の血中一酸化炭素のレベルは、吸わない人に比べて、６００～７００％高くなっています。一酸化炭素は酸素をブロックし、血液細胞が酸素を運搬するのを妨げます。研究者たちは、タバコの煙は自動車の排気ガスに匹敵すると述べています。喫煙は部分的に赤ちゃんを窒息させているのと同じことであり、酸素の欠乏によって赤ちゃんの体のすべての組織の発達に影響があらわ

れる可能性があるのです。

喫煙は小さな脳を傷つけます

最新の研究では、赤ちゃんの脳の発達が酸素の欠乏ばかりでなく、タバコの煙の中の化学物質によっても阻害されることがわかっています。これらは赤ちゃんの脳細胞の成長に直接害を与える可能性もあります。妊娠中に喫煙していた母親の子どもたち、特に1日1箱以上のタバコを喫煙していた妊婦から生まれた子どもは、標準よりも頭が小さく、1歳時での精神発達は遅れぎみであり、ＩＱは下がり、問題行動を起こしやすく、学校に行くようになれば成績も低めであるといわれています。

二次喫煙も赤ちゃんに害があります

自分が喫煙しなくても、他人が吸うタバコの煙を吸うことで、妊婦はタバコの害を受け、その害はおなかの赤ちゃんにも及びます。これらの赤ちゃんは、母親が喫煙者自身の場合と同じように、低出生体重児やＳＩＤＳ（乳幼児突然死症候群）の危険性があります。両親ともに喫煙する場合は、そのリスクは2倍になります。家族で父親だけが喫煙者であっても、だれも吸わない家庭に比べれば、ＳＩＤＳの確率はかなり高くなります。夫でなくても、そのほかの家族や友人や同僚など、周囲の人はあなたのおなかの命に敬意を払い、あなたと同じ部屋でタバコを吸わないなどの配慮が必要です。煙害を恒常的に受けるような職場で働いている場合は、職場転換を申し出るほうがいいでしょう。妊娠している女性は、煙害を受けない環境で働く正当な権利があるのです。

喫煙者がよくいる公共の場所についてはどうでしょう？「でも、いつも禁煙コーナーに座っているから」と、割り切って考えているかもしれません。公共の場所での禁煙エリアは、正しい方向への第一歩です。しかしそれでも、空気が汚染物質を高いレベルで運んでくることもあります。同じ空間を分けるのは、プールの水の半分だけを塩素消毒しようとするようなものです。有害物質は、空気に乗ってやってきます。少しでも安全でいるためには、できるだけタバコの煙からあなたを遠ざけなくてはいけません。

喫煙習慣をノックアウト

早い段階で禁煙するほど、あなたと赤ちゃんは健康になれます。いちばんいいのは、妊娠を考えた時点で喫煙をやめることです。タバコの害が最も影響するのは妊娠初期ですが、妊娠後期にやめたとしても、妊娠期間中ずっと吸っていた人に比べれば、まだ救われる余地はあるでしょう。この本には厳格な規則はほとんどありませんが、禁煙は例外です。やめましょう。タバコを吸ってはいけません。

もちろん、これは「言うは易し、行うは難し」というたぐいのものです。喫煙は単なる習慣ではありません。中毒です。ただの習慣ならば、あなたの体の中で小さな命が育っているという動機があれば、やめるのは案外簡単でしょう。中毒性のものは、きっぱりとやめるのは難しいことです。あなたは、喫煙がもたらすさまざまな影響に慣れてしまっているのです。体への影響のほとんどすべてのものは、ニコチンによるものです。あなたはまた、タバコをくわえて吸うという感覚が好きで、「口さみしい」という中毒になっているのかもしれません。ニコチンの刺激に慣れてしまった体からそれを取り去るのは、しばらく時間がかかるでしょう。禁煙は、あなたがこれまで体験したことの何よりもつらい作業になるかもしれません。中毒性のものを断ち切るのはとても難しいことですが、挑戦しなくてはいけません。次に挙げるのは、禁煙を助けてくれるいくつかの方法です。

危険性をよく理解する

今でもあなたが「タバコって、本当に妊婦と赤ちゃんに害があるのかしら?」と思っているのなら、無責任な医師のところに行ったらいいでしょう。こんな例があります。タバコが有害だという圧倒的な証拠がなかったため、政府はタバコ擁護団体との闘争で完全に勝利することができず、妊娠中に喫煙することの害についてラベルに明記することも、完全に主張を通すことはできませんでした。「統計的に、妊娠中の喫煙は喫煙しない場合に比べ、赤ちゃんに害をもたらす可能性が高くなります」。これはあなたと赤ちゃんにとって、あまりにも公平さを欠く賭けです。

急にやめようと思わない

最後のタバコの火を消す最良の瞬間は、あなたの妊娠判定薬が妊娠を告げた瞬間です。なかには本当に、これが実行できる人もいます。突然タバコをやめることは、身体的にも精神的にも不安感が強く、赤ちゃんにもあなたにもかえってよくないかもしれません。これらの女性には、徐々にやめていく方法もあります。タバコの煙のにおいに嫌悪感を感じ、いやでもやめることになる「幸運な」女性たちもいるでしょう。

ゴールを設定しましょう

妊娠がわかった最初の日にきっぱりとやめることができなかったら、徐々にやめていく最後の日を決めましょう。10日後、というように。その日に向かって、あなたが目標を達成できるように計画しましょう。タバコをやめると、1年でどのくらい節約できるかを計算してみましょう。そのお金で、あなたや赤ちゃんに、何を買えるのかを考えましょう。

少しでも毒の弱いものを

タバコの銘柄をかえましょう。なかにはニコチンや一酸化炭素を、ほかの銘柄よりも多く含んでいるものもあります。

吸い込む毒をより少なく

1本あたりの吸う回数を少なくしましょう。最初の半分くらいまで吸ったら終わりにします（タバコは、短くなればなるほど毒性が強くなります）。それよりもさらにいいのは、吸い込まずに、ただふかすことです。これで体内へのニコチンの摂取量を約半分に減らすことができます。

不便な環境に

タバコを買いだめするのはやめましょう。ふだんも、買ったタバコは手にしにくいところに置きましょう。たとえばガレージなどにです。

隙間を埋めましょう

タバコを吸う原因を考えてみましょう。あなたが生理学的に中毒症状を求める心理学的な要因がわかれば、より快適な生活環境を整えることで、やめることが可能かもしれません。

より健康的な環境づくりを

手持ちぶさたならば、何かほかに気をまぎらわせるものを探しましょう。文章を書く、絵を描く、クロスワードパズルをするなど。口さみしいのならば、にんじんやセロリ、シナモンスティックなどをしゃぶっていましょう。

氷や凍らせたフルーツジュース、かたいキャンディーなどをなめるのもいいでしょう。ひまわりの種やグラノーラを少しずつかじりましょう。ガムもいいでしょう。リラックスのためにタバコを吸いたいのならば、心地よい音楽をかけて読書を楽しみましょう。少し贅沢をして、マッサージに行くのもいいでしょう。散歩をしましょう。水泳に行きましょう。タバコが生活のうえでの楽しみであったのなら、映画や禁煙のレストラン、ショッピングなど、禁煙の場所に出かけましょう。タバコを吸わない友人と会うのもいいかもしれません。

健康的な選択を

タバコが結びついてしまうような人や環境、嗜好は避けましょう。たとえば、食事のあとにどうしても吸いたくなるようならば、禁煙のレストランに行くべきです。朝のコーヒーのあとの一服が習慣になっているのなら、ジュースやハーブティーにかえてみましょう。

悪いイメージを思い描きましょう

タバコをやめることができないのは、それがいいイメージと結びついているからです。タバコを吸いたい気持ちになる、または吸おうとしたときは、悪いイメージを思い浮かべましょう。タバコを吸いたいと思ったら、かわりに赤ちゃんが子宮の中で煙にまみれてせき込んでいる様子を思い浮かべましょう。

もっと恐ろしいイメージを

タバコの警告を言葉にしてみましょう。「ひと吸いで、赤ちゃんの脳細胞が1つ犠牲に」「タバコは、赤ちゃんにダメージを与え、殺します」。これらの言葉を書いた紙を、あなたがいちばんタバコを吸いやすい場所にはっておきます。あなたのタバコ入れの周りにもぐるりとはっておきましょう。

だれかといっしょに

だれかといっしょがいいのなら、友人や夫などを仲間に入れましょう。タバコに火をつけたくなってしまったら、その人を呼び、いっしょに楽しめる何かを始めましょう。

自分をほめましょう

タバコをあきらめなくては……と悲壮な気持ちになるより、我慢しているあなた自身をほめましょう。毎日少しずつ改善していけばいいのです。

専門家の助けを借りましょう

2週間たっても自分の力ではどうしても禁煙が進まないようならば、地域の禁煙サポート団体と連絡をとるか、専門家を探しましょう。禁煙に対して不安があるなら、心理カウンセラーに相談して、心の奥深くにある禁煙を阻む原因を探ったほうがいいかもしれません。カウンセリングにかかるコストは、けっして無駄なお金にはならないでしょう。

禁煙による恩恵を理解しましょう

妊娠中に喫煙をしていた妊婦は、出産後も喫煙を続けることが多く、今度は生まれた子どもたちに、さらにリスクを負わせていくことになります。喫煙者の子どもは、呼吸器感染症、耳の感染症やSIDS（乳幼児突然死症候群）の確率が高く、さらに研究によると、母親が喫煙している場合、母乳の

分泌を促進し、気持ちを落ち着かせ、母性をはぐくむプロラクチンホルモンのレベルがより低い傾向にあるという結果が出ています。喫煙している母親は母乳育児で問題が起こりやすく、乳離れもより早いという傾向もあります（おそらく、十分なプロラクチンが分泌されないことも原因でしょう）。母親が喫煙している赤ちゃんは、自分の血液の中にニコチンを保有している傾向にあり、母乳を通じてタバコの有害物質を体内に摂取しています（それでも粉ミルクを与えるよりも、喫煙している母親が母乳を与えるほうがよいのは事実ですが）。今、あなたがタバコをやめることは、あなたの子どもに三度恩恵を与えるでしょう。最初に、赤ちゃんが子宮の中で毒素を免れること、二度目は、幼児や子ども時代に有害な煙にさらされないこと、三度目は、喫煙の習慣をあなたから学習しないことです。

ビルノート

SIDSの本を書いている間、私は、こんなにタバコが有害だと知っているのに、なぜ女性は妊娠中にタバコを吸い続けるのかという理由に気がついたのです。普通、妊婦は赤ちゃんを傷つけることはしないものです。妊娠中に禁煙することは、なぜこんなに大変なのでしょう？　妊娠中でもタバコをやめられないことの原因はやはり、中毒性があるからというのが本当のところではあります。この中毒性が、妊婦としての本能を遠ざけてしまうのです。妊娠中でも変わらずに喫煙している女性の多くが、医師からタバコが深刻な害を赤ちゃんに与えるという十分な説明を受けていない、と言います。「低出生体重児になるおそれがあります」というような警告は、中毒症状を断ち切るほどのインパクトがありません。そのような人たちには、注意深い友人や専門家に、こんなふうに言ってもらうほうがいいのでしょう。「タバコの毒は、赤ちゃんを殺してしまうかもしれません。流産の可能性もあります。妊娠中や出産時に、トラブルが起こる可能性もあります。SIDSの可能性も増します」。私の著書『SIDS（乳幼児突然死症候群）を理解し、防ぐには』の中で、私は「妊娠中の喫煙」について、これらの警鐘を鳴らしています。この本を読んですぐ、多くの女性が妊娠中あるいは産後すぐ、または段階的に、喫煙をやめていきました。中毒性があなたの妊娠中の本能に勝ってしまうようなら、この本を読んで、なぜあなたがすぐにタバコをやめる必要があるのかを理解してください。

禁酒にも感謝！

20世紀の初頭から、妊娠中に飲酒することの悪影響については広く知られていました。ヨーロッパで、あるお酒のお祭りが開かれた9カ月後に生まれた赤ちゃんたちに先天性異常が増加していることを、内科医が発見したのです。残念ながら、アルコールはお母さんの血液を通じてそのまま胎児に、それも同じ程度に摂取されてしまいます。お母さんがお酒を飲むと、赤ちゃんもいっしょに飲酒することになってしまうのです。

特に日常的にかなり飲酒をする妊婦の場合、胎児アルコール症候群（FAS）と呼ばれる、さまざまな異常を含む症状が起こります。胎児アルコール症候群の赤ちゃんは平均的な赤ちゃんに比べて体重が軽く、身長が低く、そして脳が小さくなります。ときには、脳の先天性異常も起こります。精神遅滞も起こる場合があります。顔つきも、目が小さくて鼻が低く、上唇が薄いなど、はっきりとした特徴があります。手足や心臓に疾患や先天性異常が起こることもあります。アルコールの摂取は特に、さまざまな器官が形成される初期に深刻な影響を与えることが多いのです。流産や低体重、早産など、妊娠にトラブルを起こすこともあります。本当はタバコと同様、胎児の脳の発達に最も害を与える可能性が高いのです。

発達の過程にあるおなかの赤ちゃんに直接ダメージを与えるだけではなく、アルコールは中身のないカロリーでいっぱいで、母親から栄養分を奪ってしまいます。妊娠中の飲酒の影響は「一生二日酔い」と呼ばれているほど、長期でシリアスなものがあります。

＊飲酒に関する質問

Q「私はたまに、夕食のときにグラス1杯だけワインを飲むことがあります。これも赤ちゃんにはよくないのでしょうか？」

A 多分、害はありません。しかし、どのくらいが「たくさん」かという基準には、だれも答えられないのです。すべての潜在的に有害な薬には「しきい値効果（薬が害を引き起こし始めるポイント）」があります。アルコールもこれと同じだと思います。アルコールの場合を考えてみましょう。一般的に、大量の薬は赤ちゃんにとってそれだけ有害だということは、だれでも知っています。適量なら、それだけ害は少なくなります。非常に少ない量なら、非常に少ないダメージか、恐らくほとんどないといえるでしょう。禁酒している母親をもつ赤ちゃんは、たまに飲酒する親の子よりも少しだけ知能が高く、発育がいいとでもいうのでしょうか？ 研究では、深酒（一度に5杯以上）と、日常的に飲む行為（妊娠中、毎日平均して2杯程度）はどちらも赤ちゃんに有害であることがわかっています（″1杯″は約30㎖の強いアルコール分をあらわします。ワインなら240㎖、ビールなら350㎖です）。たとえば同じ量のアルコールでも、妊娠36週に飲む場合と、赤ちゃんの器官が組織されていく妊娠初期に飲む場合では、初期のほうがよりリスクが高いことは明らかです。臨月にたまに飲むグラス1杯のワインかビールなら、赤ちゃんに害は与えにくいでしょう。

Q「妊娠がわかる前に、2、3杯のワインを数回飲んでしまいました。赤ちゃんに何かあったらと心配です」

A 多分、大丈夫です。非常に早い段階（着床前）の飲酒は、胎児への影響はありません。胎盤が形づくられる前だからです。一般的には、受精から平均して2週間くらいは、食事がどのようであろうと影響はないと考えられています。その間にかなり飲みすぎた日があったり、毎日飲んでいたような場合、心配ならば医師に確認しましょう。もし、それほどでないのなら、リラックスしていいのです。

しかしそれ以降は、あなたの常識をできる限り科学的に考えなければいけません。これ以降、妊娠中の飲酒は控えましょう。ほんの少しのアルコールは影響がほとんどないでしょうが、用心するに越したことはありません。たまに飲むグラス1杯のワインは多分、赤ちゃんに害を与えはしないでしょう。しかし、アルコールが「安全」だというはっきりとした根拠は何もないのです。何か集まりがあったときにアルコールが出されても、子どもが飲むものを選ぶべきです。あなたは、子宮に子どもを抱えているからです。アルコールではない飲み物を頼みましょう。トマトジュースやオレンジジュースなど、栄養のあるものならなおいいでしょう。あるいは、アルコールよりもオードブルやデザートを楽しむといいでしょう。

お酒にかわるものが飲みたいと思うのなら、医師や看護師に、安全でノンアルコールの代用品を教えてもらいましょう（温かいおふろ、温めたミルク、カモミールティー、瞑想など）。まもなく、あなたはどうしようもなく疲れて眠くなり、眠ることがいちばんのリラックス法になるでしょう！

カフェイン

妊娠中、あなたはコーヒーをやめるか減らすかし、胎盤を通じて赤ちゃんに影響を及ぼすことがないものをかわりに欲するようになるかもしれません。妊娠している動物にカフェインを与えたところ、先天性異常のある子が生まれる確率が高くなったという実験結果から、カフェインが妊婦に与える影響が懸念されています。この研究結果は、そのまま人間に当てはめていいのかどうかはまだ証明されていません。しかし、USFDA（米国食品医薬品局）によれば、妊娠中の女性はカフェインを含んでいる食品を避けるか、なるべく減らすべきだと述べています。コーヒーや紅茶、コーラ、ココア、

チョコレート、それに薬局で買える薬の中で、特に頭痛薬などです。最新の調査では、妊娠中にカフェインを摂取することは、通常の動物実験で考えられているよりもさらに深刻な問題を引き起こす可能性があるともいわれています。カフェインは流産や低出生体重児の原因になると考えられているのです。

しかしこれらの調査は、カフェインを大量に摂取した場合の影響を調べたものであるものの（1日に6～10杯のコーヒー）、最新の研究では3杯、またはそれ以上のコーヒーや紅茶でも、妊娠初期には流産のリスクが約2倍になるという報告もされています。カフェインは胎児の心拍数と代謝率を、大人に作用するように引き上げてしまいます。そのうえ、カフェインは赤ちゃんの血液の中に長期間、高いレベルで残ってしまいます。赤ちゃんの未熟な肝臓は母親と違って、すばやくカフェインを取り除くことができないからです。カフェインはストレスホルモンであるアドレナリンを増やし、少なくとも理論上では子宮への血流を減らし、赤ちゃんへの酸素と栄養の供給を減らしてしまうということが起こります。

赤ちゃんへの害はもちろん、妊娠中のカフェイン摂取は母親にもよい影響はありません。妊娠中の女性は、そうでない状態に比べてカフェインの移行がより遅く、刺激的な化学物質が体の中により長くとどまる傾向があります。カフェインはまた、尿中に排泄されるカルシウムの量を増加させ、妊婦の体からカルシウムを奪ってしまいます。カフェインには利尿作用があり、妊娠による頻尿や尿の増加などの不快感をいっそう促進させることもあります。カフェインはさらに、妊娠中の重要な栄養素である鉄分の吸収の邪魔をします。

あなたがすでにカフェインの常習者であるなら、次のような方法で、少しでもカフェインを摂取しないように工夫してみましょう。

●コーヒーを抽出しすぎない、紅茶の葉を浸しすぎないようにしましょう。ティーバッグを浸す時間が1分の場合、カフェインは5分浸した場合の約半分になります。一般的には、長く入れておくほど、チョコレートは色が濃いほど、カフェインも多く含まれています。

●ハーブティーにはカフェインは入っていません。一方、カフェインレスと書いてある紅茶やコーヒーにも、微量のカフェインが含まれています。コーヒーを飲まなければならない場合は、水だけを使ってカフェインを抜いたものにしましょう。カフェインを抜くために化学処理されたものは、有害な化学物質を含んでいるからです。

●炭酸飲料を選ぶ前に、缶に書いてあるラベルを読みましょう。

●温かいものが飲みたければ、お湯（好みでレモン汁を入れて）、ホットミルク、ホットアップルジュース、ハーブティーがおすすめです。

●これまでは目覚めのコーヒーなど、カフェインを飲む習慣があり、それを断ち切るのが難しければ、徐々に減らしていきましょう。コーヒーを、カフェインの少ないものにするか半分の量に減らし、カフェインをとりたいという欲求も少しずつ減らしていきます（少量のカフェインは、カフェイン中毒から抜け出すときに伴う頭痛を減らすこともあります）。

身近な汚染物質

一見、お母さんの子宮の中でガードされている赤ちゃんでも、身の回りの汚染物質にさらされていることもあります。しかし、おなかの中の赤ちゃんは大丈夫かしらと思い始めると、汚染、放射線および化学物質でいっぱいのこの世界は、希望にあふれた母親を心配でたまらなくさせるでしょう。ふだんはあまり気にしない化学物質（殺虫スプレー、ハウスクリーナー、ビルの粉塵など）は、催奇形性物質（先天性異常などを引き起こすことがある物質）を含んでいることが知られている、もしくは疑いがあるものです。しかし、過剰に心配する必要はありません。統計を見てみましょう。これらは日常的に摂取するものではありませんし、〝三大悪（タバコ、アルコール、そしてドラッグ）〟に比べたら、ずっと危険値の低いものです。これらに気をつければ、95％の確率で、あなたは健康な赤ちゃんをその腕に抱くことができる

でしょう。

最も注意しなければいけないこと

あなたの赤ちゃんが特に悪い環境にさらされている場合、リスクの高い期間というものがあります。一般的に、環境上の汚染物質に最も弱いのは妊娠初期です。受精して2週間、子宮は着床の準備をしています。このとき、なんらかの有害物質が着床を妨害し、流産の可能性を増やしてしまうのです。しかし、最初の2週間はまだ胎盤も形成されておらず、母親の血液がそのまま赤ちゃんに流れてしまうわけではないので、催奇形性物質の影響は少ないといえます。その後胎盤ができ、母親とへその緒でつながった「ルート」ができると、その影響を受けることがあります。いちばん注意しなければいけないのは、主要な器官ができる妊娠10週目くらいまでです。

この間が、赤ちゃんの主要な臓器に害を与える可能性が最も高い期間です。妊娠初期の終わりまでに主要な器官が形成され、機能し始めます。それに伴って、主要な先天性異常などの危険性は減少していきます。妊娠中期と後期は、すでに形成された器官がさらに成長する期間です。この時期に有害物質にさらされることは、臓器や器官そのものにダメージを与えるのではなく、機能や成長に支障が出る可能性が高くなってきます。たとえば、薬やタバコ、アルコールなどは、赤ちゃんの脳に影響を与える原因になります。妊娠が終わりに近づくほど、その影響は少なくてすみます。

母親にとって害が少ないものでも、赤ちゃんにとってはダメージが大きいものもあります。毒素は母親に比べて、赤ちゃんの血中により長く、高いレベルでとどまってしまうからです。妊娠初期、赤ちゃんの肝臓（毒素を分解する働きをします）と腎臓（分解された毒素を排除する働きをします）は、赤ちゃんを守れるほどには成熟していません。妊娠後期にはこれらの臓器は、赤ちゃんをある程度助けるには十分成熟しています。

幸運にも、室内に何があっても、そのまま子宮に入るわけではありません。あなたが自動車の排気ガス、ガソリン、通行人が吐くタバコの煙などの汚染物質にときどきさらされるだけでは、赤ちゃんの命には影響はありません。あなたが自分自身を守ろうとすればするほど、赤ちゃんは健康に育ちます。避けようのない環境汚染物質のことを、あまり深刻に心配しすぎないようにしましょう。心配によるストレスのほうが、赤ちゃんにとってかえってよくない影響を与えることもあります。しかし、妊娠していてもいなくても、必要以上のリスクは避けるべきです。たとえば、排気ガスを大量に吐き出しているバスの後ろにずっとついて1時間もドライブしなければいけないのなら、安全にバスを追い抜くか、違う道を選びましょう。しかし、赤ちゃんのために自動車が走っていないような場所に引っ越さなければ、と思う必要はありません。

X線と放射線

〝放射線〟という言葉は、なにかとこわい印象を抱かれがちですが、実際は、X線よりも少し注意が必要という程度のものです。まず、放射線には、イオン化と非イオン化の2つのタイプがあります。非イオン化タイプの放射線（ラジオ、テレビ、電子レンジ、超音波設備、送電線、または太陽による放射）は、専門家によって無害だと考えられています。しかしX線やこれらの放射性物質は、非イオン化放射線よりもずっと高いエネルギーレベルです。この種類の放射線を、繰り返し高いレベルで浴びることで、組織の損傷を引き起こす可能性があります。ほとんどの医療機関で使われているものは非常に低い照射量なので、問題になるようなことはほとんど起こりません。次の点に注意しましょう。

X線の危険性

医療用のX線が赤ちゃんを傷つける可能性は、まずありません。医学的に

いえば、X線は診断のときに部分的に使用されます（胸部X線、歯科X線のように）。また、放射線が治療に使われるケースもあります（ガンの治療など）。放射線をどのくらい被爆したかという測定の単位は「ｒａｄ」が使われます。放射線の専門家やアメリカの大学のX線学の研究者たちは、５ｒａｄ以下であれば、胎児の発達に影響はないとしています。一度の診断手続きで、胎児になんらかの影響を及ぼすことはありません。腹部のX線は胸部のX線同様、放線線量は微量で、０・05ｒａｄ未満になっています。現在のX線照射装置は、放射線を〝ばらまく〟量を非常に少なく抑えていて、診断も、目的の個所をピンポイントでとらえることができます。X線は血液中に吸収されるわけではないので、全身に広がることはありません。おなかに直接照射するX線でさえ、基準値よりもかなり低いものです。しかしなかには、危険なX線もあります。複合X線（multiple X ray）といわれるものが含まれている場合です。あなたが安全性に問題があるようなX線の照射を必要とする場合は、医師はできる限り、超音波などで代用するでしょう。

CTスキャン（またはCAT）は「コンピューターによる断層撮影法」のことで、複合X線を使い、体のある部分を「スライス」して三次元の映像を映す、というものです。これは複合X線を使っているため、以前から、どうしても必要な場合以外は、妊娠している女性に使われることはありませんでした。また、放射線の安全性を考慮し、超音波診断がそれに代用されるようになりました。超音波については、40年以上使用されていますが、胎児に対する有害な影響はまだ証明されていません。

放射線染料は胎児の甲状腺への損傷の可能性があるため、妊娠中の女性には使用されません。なかには、たとえばキセノンのように、妊娠中でも安全な放射性物質はあり、必要ならば妊娠中でも使われることはあります。

タイミングを考える

妊娠に気づく前に、かなり高い量のX線を浴びたと考えてみましょう。もしもそれが1回きりならば、赤ちゃんに害を及ぼす確率は低いといえるでしょう。一般的な警告として、妊娠しているかもしれない可能性が少しでもあるならば、骨盤周辺を保護するために鉛の防護エプロンをつけるか、違う方法で検査ができないか、あらかじめX線技師に知らせておく必要があるでしょう。高い照射量の場合、X線は赤ちゃんの器官形成期（妊娠初期）においては最も有害とされているのです。

利点とリスクをはかりにかける

医師からX線検査を受けるように言われたら、そのリスクと利点について、あらかじめしっかりと議論しておきましょう。リスクが不明だったり利点も疑わしい場合は、X線検査を拒否するか、妊娠後期、できれば出産後まで待ちましょう。しかしまた、X線は問題を特定したり除外したりするために必要なときもあります。その結果により、その後の医師の対応も変わってくるでしょう。X線検査を受けないことで、かえってリスクを増やすこともあるのです。医師に、なるべく検査を軽くすることはできないか尋ねてみましょう（放射線量をより低くするか、あちこち撮らずに最小限の個所ですまないかなど）。また、超音波などのかわりの方法があるならば、そちらを使えないかも聞いてみましょう。

妊娠していなくても保護はすべき

評判のよいX線検査の施設なら、X線検査を受ける前に、現在あなたが妊娠しているか、または今後その可能性があるかを必ず尋ねるでしょう。また、腹部と骨盤部周辺を保護するために必ず、あなたに鉛のエプロンを着用させるでしょう。妊娠がまだ先の予定でも、X線技師にそのことを伝え、用心しておきましょう。あなたの卵細胞にダメージを与える可能性を減らすために、女性は常に骨盤周辺には鉛のエプロンをするべきです（男性にとっては、あ

まり重要ではありません。なぜなら精子はコンスタントに新しくつくられているからです。女の赤ちゃんは生まれたときすでに、卵細胞を体内に持っているのです）。

X線環境で働くには

あなたがX線の検査技師だったり、X線検査機器の周辺で働いている場合、機械が作動している間は、必ず鉛のエプロンをつけましょう。X線照射量を測定できるバッジをつけ、少なくとも月に一度は数値を測るようにしましょう。

VDT（ビデオディスプレー端末）

ＶＤＴは、主にはコンピューターのディスプレー端末のことをさします。ＶＤＴは、胎児にとって有害なのでしょうか？　初期の研究では、長時間ＶＤＴを使用する人たち（週に20時間以上）と流産になんらかの関連性がないか、可能性を探っていました。しかし最近の研究では、関連性は見つかっていません。ＶＤＴから発せられる放射線は非イオン化タイプ（臨床実験で、胎児の細胞に悪影響がないとされているもの）で、イオン化タイプ（たとえばX線など）のような胎児に害があると確認されているものではありません。実際、ＶＤＴからの放射線は非常に量が少なく、テレビセットや野外で浴びる太陽の紫外線よりも少ないのです。

しかし、いくら最新の研究でＶＤＴが妊婦に与える害が考えられていないとしても、安全性に関してはまだ疑問が残っています。リスクを最小限にとどめるために、2つの注意をしておきましょう。可能ならば、ＶＤＴでの作業時間を週に20時間以内に抑えるようにするといいでしょう。さらに、後ろからの照射量についても気をつける必要があります。理論的には、あなた自身が使っているコンピューターの端末から出る電磁波には注意するものの、あなたの同僚が背後で使っているコンピューターには無防備になりがちです。

家にある危険物

あなたはすてきなスイートホームに危険が潜んでいるとは考えたこともないでしょう。実は、あなたが「もっと快適に暮らすために」使っているものが、そのまま有害物質になってしまうこともあるのです。あなたは今、妊娠しています。あなたは自分を取り巻く環境に対して深刻にならなくてはいけないし、あなたが吸う空気や飲む水の質を守るために、行動しなければなりません。あなたと、赤ちゃんのために。ここに書かれているのは、最も一般的な有害物質についてです。

安全な飲み水

ほとんどの場合、あなたがふだん飲んでいる水（妊娠中は特に水をよく飲む必要があります）は安全です。しかし、心配なら水道局などでＰＣＢ値などを調べてもらうことです。古い家だと水道管が鉛でできている場合があります。そのような家では、数時間水道管の中にとどまっていた生水は、鉛を含んでしまうことがあるのです。水道水が6時間以上使われていない場合、鉛の濃度を最小限にするために、少なくとも2分間は水を流しっぱなしにしましょう。飲用、または料理には冷水を使いましょう（蛇口から出るお湯は使わないようにします）。水質があまりよくない地域に住んでいる場合、飲料水はペットボトル入りの水を買うか、浄水器をつけるほうがいいでしょう。現在は家庭用の浄水器も非常に質が向上していて、鉛やそのほかの化学物質を非常に効率よく濾過してくれます。多少高い浄水器を買う必要があるとしても、妊娠中ボトル入りの水を買い続けるよりは安い金額ですむでしょう。

掃除用製品

すべてのエアゾール（煙霧質）スプレー、ストーブやオーブンの洗剤、特にアルコールや塩素など、においのきついものは避けましょう。塩素の漂白剤を、アンモニア、酸、そのほかの洗剤とまぜないようにしましょう。なぜなら、これらをまぜることで化学反応が起こり、有毒ガスが発生する可能性もあるからです。化学薬品を使うかわりに、自然のものを使ってみましょう。重曹、酢、レモンジュースなどです。

身だしなみ製品

あなたをきれいにしてくれるものが、赤ちゃんにとっては害になることもあります。ヘアケア製品の化学物質のにおいやマニキュア、または除光液のにおいで息苦しくなるでしょう。可能なら髪は家で切るか、パーマやマニキュアなどをやっていない時間帯を狙って行くようにしましょう。妊娠中はパーマやヘアダイは避けます。ヘアダイやパーマの安全性は完全に確立されているわけではなく、これらの化学物質がもたらす赤ちゃんへのなんらかの害がまったくないとは言えないのです。家ではスプレー式のものよりもポンプ式を利用し、肺に有害物質を吸い込んでしまわないように息を止めて使用する、特にマニキュアを塗る場合などは換気のよい場所、窓の近くや、いっそのこと屋外で行うという心がけも必要です。

電子レンジ

電子レンジの普及は、忙しい人には大変助かりました。魔法のようにあっという間に料理ができ上がります。あなたはこの現代の便利な機械を妊娠中も活用したい、と思っているでしょう。放射線によって発達中の胎児の細胞が破壊されうるという実験結果から、電子レンジは恐れられています。しかし最近の研究では、電子レンジから放出される放射線量は非常に微量で、胎児の細胞にダメージを与える危険性は非常に少ない、としています。もう1つの疑問は、電子レンジで温められた食品がなんらかの化学変化を起こし、体に有害になるのでは?というものです。これは同様に、胎児に悪影響を与えることはいっさいありません。用心のために言うとしたら、電子レンジが動いている間は真正面に立たないようにしましょう、というくらいです。

家族のペット

家族で飼っている犬は、あなたの健康に影響を与えることはありません。猫はやや問題がありますが、いくつかのことに気をつければ、深刻な問題になることはありません。いちばんの心配はトキソプラズマの感染です。これをもっている猫から妊婦が感染すると、胎盤を通じて胎児にも感染してしまいます。トキソプラズマに感染したために人間の胎児がダメージを受けたという例は、非常に珍しいものです。この菌はまた、生活上に普通に存在しているため、人間はあらかじめ免疫ができていることも多く、ほとんどの猫は人間に伝染させることはできません。しかし、猫を飼っていて、自分が心配性のタイプだというのなら、医師に相談して血液検査を受け、トキソプラズマに対してすでに抗体があるかどうか調べてもらいましょう。すでに抗体があれば、心配する必要などないのです。次にできることは、猫がトキソプラズマに感染していないかどうかを調べてもらうことです。可能なら、猫のトイレなどの掃除はだれかにかわってもらいましょう。感染症は、猫の糞便から感染するからです。どうしてもあなたがしなければならないのなら、手にゴム手袋などをつけて行うことをおすすめします。

さらに、猫がこれらの感染症にかかることを防ぎ、あなたも感染せずにすむよいアイディアがあります。猫は感染しているねずみや生肉、鳥などを食べることで、自分も感染してしまいます。あなたが妊娠している間は、猫の行動を制限しましょう。よその家の猫がやってきて、砂場や庭に糞便をして

いるようなら、掃除のときは必ずゴム手袋などをはめるようにするのです。砂場が戸外にあるならば、使わないときはすっぽり覆ってしまうともっとよいでしょう。

殺虫剤

妊娠中は、殺虫剤を使うくらいなら、いっそ虫と共存したほうが安全です。「殺虫剤はあなたと赤ちゃんにとって安全ですか?」とだれかに聞かれたら、あなたはこう答えるでしょう。「さあ、よくわかりません」。でも、これは真剣に考えておく必要があります。虫を殺すのに十分な毒性をもつこれらの化学物質が、赤ちゃんにとって無害ということはおそらくないでしょう。駆除業者がマスクをしているのは、このような理由からです。あなたの家が害虫駆除をしなければいけないのなら、少なくとも2、3日は家を離れていられるようなプランを立てましょう。隣接したアパートや向かいの家が同様に駆除を行っていて、風に乗って漂ってくる場合は、少なくともにおいが完全になくなるまで、家を離れていられる方法を考えましょう。カーペットにまくのみ駆除剤は、塩をベースにした薬品なので、発達途中の赤ちゃんにも安全かもしれません。

農薬、除草剤および化学肥料

これらの化学物質が赤ちゃんに与える影響は、ほとんど知られていません。USFDA(米国食品医薬品局)のGRAS(Generally Regarded as Safe:一般的に安全と見なされる)の基準によると、農薬が「安全」というレベルは、大人が対象になっています。これらの基準は、発達途中の赤ちゃんに対するものではありません。赤ちゃんの細胞は大人よりもはるかにデリケートで、内臓は毒性を取り除けるほど十分には成熟していません。できれば、庭などで農薬を使うのは避けましょう。

買い物に行っても、何が安全で何が危ないのか、いちいち表示はされていません。「洗えるものは安全」と思っていて大丈夫です。洗えるもの、皮つきのフルーツ、それに野菜です。できれば有機農法、無農薬のフルーツや野菜を買うようにしましょう。輸入食品はできるだけ避けましょう。

ペンキ、溶解剤

赤ちゃんの揺りかごやベビーベッドのペンキを塗り直したいという衝動には目をつむりましょう。妊娠中に特に気をつけなければいけないのが古いタイプのペンキで、鉛や水銀を含んでいるもの、ペンキ落としのシンナー、特にポリウレタンを含んだスプレー式のペンキです。新しい水性塗料を使い、十分に換気された部屋でなら、妊婦でも安心といえます。しかしにおいが残っていれば、それが吐きけを引き起こす可能性はあるでしょう。妊娠後期には赤ちゃんのためにいろいろなものをそろえ、安全な巣を作りたいという欲求が強くわくものですが、あなたは部屋のアレンジや飾りつけにとどめ、ペンキ塗りなどは、すべて夫に任せましょう。もちろんペンキ塗りの間は家を離れ、新鮮な空気のところにいるようにします。

溶解剤やスプレーも、やはり危険です。これらを使う場合は、やはりその場を離れ、完全ににおいが消えるまで戻らないように心がけましょう。趣味でいろいろなものを塗りたければ、水ベースの塗料やインクを使いましょう。同時に、刺激のあるにおいがする店には入らないようにしましょう。

職場環境を考える

あなたの家の環境と同様、職場の環境も大切です。もしもあなたが美容師なら、あなたがふだん使っている薬品などに対する知識をきちんともちましょう。輸送業をしている人は、ガソリンなどの影響や、一酸化炭素の中毒が心配です。写真店で働いている人は、鉛や溶解剤などの知識をもち、それを

いかに避けることができるかを考えましょう。

　工場などで働いている場合は、粉塵やホルムアルデヒド、産業化学物質に注意する必要があります。管理人や掃除を仕事にしている人は、洗浄剤のにおいを吸い込まないように気をつけます。医療従事者といっしょに働いている人は、放射線と研究室の化学物質のにおいに気をつけましょう。妊婦は法律的に、快適な環境を求める権利があるのです（１４２ページ参照）。

＊監修者注
（注1）急に激しく泣きだし、数十分から数時間泣き続ける現象（疝痛）。大腸の刺激によって引き起こされる腹痛が原因とされる説もありますが、夕方、だいたい決まった時間に泣くのは「たそがれ泣き」といい、精神発達上の一部分ともいわれています。はっきりした原因は不明。欧米に比べると日本の赤ちゃんはコリックが少ない傾向にあります。
（注2）キャンディーのような甘いものは短時間で急激に血糖値が上がりますが、長続きしません。それに比べて、おにぎりやパスタなどは徐々に血糖値を上げ、血糖値を安定させます。

あなたの妊娠1カ月ダイアリー（コピーして使いましょう）

○妊娠かしら？と思った最初のヒント（例：胸の変化、つわり、疲れ）

○最初に思ったこと

○最後の月経の開始日

○妊娠が思いあたる日

○そのときの思い出

○妊娠検査をした日

○そのときの気持ち

○パパの反応

○ほかの人の反応

○最初に考えたこと

○いちばん楽しみにしていること

○いちばん心配なこと

○生活や、これまでの習慣で変わったこと

○疑問に思ったこと、その答え

○これまでの産婦人科歴／妊娠や出産の思い出

健診で行われること（妊娠１カ月／～３週）

最初の健診では、だいたい次のようなことが行われます。

- 妊娠しているかどうかの確認
- 医師にかかった記録、経産婦ならば、前回の妊娠の記録のチェック
- 内診を含む通常の検査
- 血液検査：貧血検査のためのヘモグロビン、およびヘマトクリットのチェック、血液型、風疹値、B型肝炎（オプションでHIV、性感染症、鎌状赤血球貧血などの検査）
- 膣の炎症のチェック
- 子宮ガンのチェック
- 必要があれば、遺伝性疾患のチェック
- 尿検査による感染症のチェック、血糖と尿タンパク
- 体重と血圧のチェック
- 正しい食生活の指導と環境指導
- あなたの心配事や感情に対する話し合い

（この項目は、米国産婦人科学会の基準によるものです）

○これまでの病院歴

○最初の健診／その感想

○どんな検査をしたか

○血液型

○体重

○血圧

○予定日

○私が想像する赤ちゃんの様子

○赤ちゃんに話したいこと

○コメント

Part-2

妊娠2カ月　4～7週

妊娠に気づいたら

妊娠2カ月（4～7週）の終わりまでに、ほとんどの女性が妊娠に気づきます。前月にはほとんど何も自覚症状がなかった人も、この月には少し吐きけを感じたり疲れやすかったりと、妊娠の兆候を感じるようになるでしょう。あなたの体はこのころから、日々あなたの体の中で変化する不思議な存在を、毎日感じるようになるのです。このころまでに、妊娠を継続させるのに十分なホルモン値になり、そのことが自分ではかなりコントロールが難しい感情の動きや体調の変化を引き起こします。こうした急激な変化を受け入れましょう。あなたはこの誇らしい、特別で神秘的なでき事を感じる権利があるのです。

これからあなたが体験することは、あなただけのものです。もちろん、これまでに数えきれないほどの女性が経験してきたことではありますが、あなたは、あなたの赤ちゃんを産むことができる、たったひとりの女性なのです。たった10カ月で、もう1つ別の命をつくり出すということが理解できれば、多少の不便も体調不良も、二の次になってしまうでしょう。

この月の気持ちは？

だれよりも早く、あなたの心と体が、あなたに妊娠を伝えています。まだだれも知らないのに、いつの間にかあなたの体が「妊娠」でいっぱいになっていた、というのも珍しいことではないのです。妊娠初期は、自分の中で起こっている神秘的なでき事と変化について、さまざまなことを考える時期になるでしょう。もしこれが最初の妊娠ならば、仕事中も上の空になってしまうこともあるでしょう。これからの数週間、あなたは今までかかわってきたものすべてがつまらなく思えてしまうような、そんな大きな意味をもつ何かを、あなたの内部で感じるでしょう。

最初の1カ月の間にあなたが感じたさまざまな感情は2カ月目にはより強くなり、胃のむかつきも続きます。妊娠に体が適応していくには、時間がかかるのです。最初の月に感じた気持ちの揺れは、この月にピークを迎えるでしょう。赤ちゃんが育つ幸せと、妊娠によってあなたの心と体、生活が変化することに対する不安、この2つの気持ちを同時に抱えてしまっても、不思議ではありません。お母さんの多くは赤ちゃんに対してなんらかのマイナーな感情を抱いたために、よけい自分の体調を悪くしてしまった、と報告しています。自分自身に罪悪感を抱く必要はありません（赤ちゃんの顔を見るころにはきっと解決しています）。どんなにあなたが赤ちゃんを愛していても、吐きけには苦痛を感じるものです。

なんでもないことでイライラ

妊娠に関するすべてのことに心を奪われてしまい、以前は気にならなかった小さなことが妙に気になってしまったり、たいしたことでもないのに、必要以上に不快感を感じてしまったりするかもしれません。今までは平気だった夫のくせが、どうしても許せなくなる日もあるでしょう。夫の帰りが10分遅いだけで気持ちが不安定になり、ドアのチャイムや犬のほえる声でドキドキし、上の子がひどくごねたりする日には、逃げ出してどこかに隠れてしまいたくもなるでしょう。疲れていてつわりがひどいときには、家事が山のよ

うにあるように思え、追い詰められたような気持ちになるかもしれません。

どうしても寛大な気持ちになれないのは、あなたの体からのサインです。あなたの気が立っているのは、負担になるような周囲のものから自分を遠ざけよう、というシグナルでもあります。もちろんあなたは、夫や小さな子どもと数カ月間別居するわけにもいきませんから、かわりにできるだけ体をいたわり、あなたの体がつらいときには周囲も協力して静かにしてくれるような、体と心がリラックスできる環境を整えることが大切です。

不安な気持ちは夫と分かち合って

妊娠がわかったときの初々しい感情は落ち着き、これまではあまり考えることもなかった妊娠生活が、リアルになってきます。しかしあなたの夫はまだ、ちゃんと理解できていないでしょう。あなたの夫は、あなたのおなかに赤ちゃんがいることを実感できていないのです。彼は、あなたが妊娠前ほどはエネルギーがない、ということもわかっていません。あなたにはセックスしたい気持ちは起こりません。疲れているとき、つわりのとき、体の変化を思っているときに、セクシーな気分を盛り上げるのはとても難しいことです。

あなたの配偶者は不満を言うかもしれませんし、あなたがたの間が少しぎくしゃくするかもしれません。彼に、あなたは妊娠していて、外見上の変化はまだなくても、感情的にいろいろな変化があるということを（できれば要領よく）説明しましょう。でも、少し希望は残しておかなくてはいけません。「本によれば」、あなたは1、2カ月で落ち着いてくるということも教えておいてあげましょう。

ママノート：以前私は、夫にかなりのエネルギーを向けていました。でも妊娠してからは、体調が思わしくなく、疲れやすく、とにかく休みたかったのです。夫はこれらを、私が働くことも家事もいやで、セックスもしたくないための口実ととらえたのです。彼は皮肉まじりにこんなことを言いました。「ああ、当ててみようか！　君は今、ベッドメイキングをしたくない！　なぜなら〝私は妊娠してるから！〟」。私は思わず、彼の首を締めたくなりました！　私の状況を、どんなに彼に理解させたかったことか！

ひとりでがんばらないで

これまであなたは、仕事でも家庭でもだれの力も借りずに、独立したライフスタイルを築いてきました。たぶん、これまであなたは他人のために何かをし、他人に感謝されてきました。でも今は、あなたがだれかの助けを必要としているのです。あなたを助けてくれるだれかがそばにいない環境は、自分を大切にするには、いささか大変かもしれません。

ママノート：私はとても調子が悪く、急きょ私の母が数週間、上の子たちの面倒をみてくれたのです。そのことで私は罪悪感を感じました。どんなふうに、ほかのお母さんたちはすべてのことをこなしているのでしょう？　私は子どもたちを学校に送り出すために、ベッドから起き上がることすらできないのです。だれかに頼らずにはいられないという私の状態は、本当に苦痛でした。赤ちゃんが生まれたときにまた母が来てくれたなら、私は母に、どうやってこの感謝の気持ちを伝えればいいのでしょう？

あなたとあなたの体は、母親になるためにとてもハードな準備をしているのです。今はあなたが内側に力を蓄え、この先に起こる変化を受け入れるために、周囲があなたを甘やかすときなのです。「お母さんを育てる」のは、夫にとって非常によい投資でもあります。あなたの両親、上の子たち、友人を頼りましょう。この投資は、あなたのためでもあるのです。あなたの赤ちゃんは長い間、この恩恵を受けることになるでしょう。

この月のからだは？

妊娠2カ月目で経験する妊娠の兆候は、あなたの体の中で大切な変化が起こっていることを、たびたび思い出させてくれるでしょう。次に挙げるのは、多くの女性が妊娠2カ月目に感じるさまざまな体の症状です。

つわりがピークに

前の月から始まっていた吐きけや嘔吐は、この月にピークを迎えるでしょう。なぜこんなにつらい思いをしなくてはいけないの、とあなたは思うでしょうが、友人や医師はあっさりと言うでしょう。「ああ、ホルモンのせいですよ。吐きけは、赤ちゃんが無事に育っている証拠です」。確かにそうでしょう。しかし、24時間ずっと船酔いのようなあなたには、そのような慰めも効かないかもしれません。

骨のしんから疲れる

最初の月にしばしば経験していた疲労感は、この月に一気に強まります。前の月、あなたの体は〝休みたがって〟いました。この月は〝休まなければいけない〟のです。妊娠していることによる疲労感は、あなたがこれまでに経験したことのないもので、体を休める時間はますます増えていくでしょう。多くの経験者はこれを「骨のしんから疲れた」と表現しています。これは、毎日忙しく過ごしている女性をスローダウンさせ、自分のエネルギーを本当に必要としているところに向けるための自然のシステムなのです。あなたは、無意識のうちに自分がゆっくり歩いていたり、普通に歩いているだけで息切れを起こしやすくなったりしていることに気づくかもしれません。

このシステムに逆らおうとしてはいけません。どうしたって、勝ち目はないからです。あなたと赤ちゃんのために、体が発するメッセージに耳を傾け、できるだけ休息をとりましょう。もしも、ハードな仕事、要求の多い夫、手のかかる子どもを抱えていたら、あなたはベッドで休養することも、眠るこ

とも難しいかもしれません。しかし、あなたが休憩せざるをえないような強力な力が、自然に働くものです。もしも眠る時間がなければ、せめて足だけでも休ませるようにしましょう。仕事は早めに離職、または休職することも考えなければいけませんし、子どもや夫に手がかかるようなら、食事はテイクアウトですませ、子どもに好きなビデオを観せている間に、ソファで昼寝をするべきです。

ママノート：夫でも調理できるように、下ごしらえをした料理をストックしておくこと。これは、とても便利でした。最初の数週間は、夕飯に何を作るかどころか、自分の名前も忘れてしまうほどだったのですから。

ママノート：仕事をしている間、私の心拍数はいつもよりもどんどん上がっていきました。これは、従来のやり方を変えてスローダウンしなければいけないよ、という体からのサインに違いないと思ったのです。これが起こったのがあまりにも早い時期だったのには驚きました。私の睡眠パターンも変わりました。午後の早い時間にはくたくたになってしまい、TVを観ながら居眠りしてしまうのです。そうかと思えば夜中の2時に、眠れずに寝返りを打ってはじっと天井を見つめたりしていました。

乳房が変化する

あなたの乳房は、おなかのふくらみよりも先に、あなたに妊娠を自覚させてくれるものです。最初は、おっぱいがはれ、少しひりひりするような感覚があるかもしれません。妊娠初期の、こうした胸の過敏な感覚は、月経周期の後半にあなたが感じるものと似ていたり、単純に、それを強くしたようなものかもしれません。胸がふっくらと丸みを帯び、はっきりと大きくなってきたのがわかるようになります。ブラジャーのサイズは、初期の間にまず1カップ大きくなり、その後、妊娠が終わるまでにさらに1カップ大きくなります（最もドラマチックな胸の大きさの変化は、産後2～4日目に起こります。母乳を産生するホルモンにより、乳腺の組織の中に母乳がいっぱいになるからです。一夜にしてあなたの胸はすごい変化を遂げるでしょう！）。妊娠中の体重増加のうち、約1kgは乳房が大きくなったことによるものです。乳房が小さい人や初めての妊娠の人ほど、この変化は大きく感じられます。乳房の過敏症は、最初の3カ月に最も顕著にあらわれます。そしてほかのさまざまな不快感と同じように、その後、やや軽くなっていきます。

この変化はもちろんホルモンによるもので、乳腺を刺激して血流をよくし、乳腺を育てている証拠なのです。ホルモンはそれぞれの働きをし、あなたは胸がドキドキするような感覚を味わうかもしれません。乳房はひりひりし、はれて熱をもっているような感覚があり、敏感になります。ときおり、5分間くらい、刺すような痛みがあったり消えたりするのを乳房に感じることがあるかもしれません。乳輪は大きく、色が濃くなり、抗菌性の脂を分泌する小さな腺によってでこぼこに見えます。乳房の静脈も、同じように目立って見えるようになります。川の支流のようにあなたの乳房をはい、増加する血液を乳房に運んでくるのです。

あなたの体のそのほかの部分は妊娠が終われば普通に戻りますが、乳房だけはそうはいかないでしょう。けっして元には戻らないのです。形は変化し、これまで上を向いていたバストは、やわらかくて母親らしい、豊かな形になります。1年後にあなたのバストがどう変化しているかを予言するのは不可能です。母乳育児をしていれば、妊娠中のような胸の豊かさは続いていくかもしれません。しかし、おっぱいがたれてしまうのは、妊娠のせいでもありますし、どうしようもない重力や人間の運命でもあります。それにこれは、母乳育児をしてもしなくても、同じように起こることなのです。妊娠中は、乳房にやさしくなってあげるべきです。温かなシャワーを当てたり、マッサージを楽しみましょう。おっぱいがたれるのが気になるのなら、妊娠中は胸の筋肉と肌をサポートしてくれるタイプのブラジャーを着けてみましょう。必要ならば夜間も着けます（正しいブラジャーの選び方は151ページ）。

乾燥してかゆい！

乾燥してかゆみを感じるのは、おなかが大きくなる後期によくあるトラブルですが（171ページ参照）、ほとんどの人が、実は妊娠2カ月のときにかゆみの兆候を感じています。全身がかゆいという人もいますし、手のひらや足の裏など特別な部分がかゆいという人もいます。かゆみを感じたら、肌から自然の脂分を奪ってしまうような刺激の強い洗剤やせっけんを使うのはやめましょう。シャワーが肌をさらに刺激してしまう場合もありますから、シャワーを避け、お湯につかるだけというのもおすすめです。しかし長い時間つかりすぎても、かえって肌の脂分が失われてしまうこともあるので、気をつけなくてはいけません（妊娠中のスキンケアについては172ページ）。

ママノート：とにかくおなかがかゆく、洋服などが触れる部分が、何をしてもずっとかゆくてしかたありませんでした。ですから私はたいていの場合、この不快感を少しでも防ぐために、ウエスト部分を下げて洋服を着ていたのです。

おしっこが近くなる

この時期は、あなたのトイレをきれいにするには最適です。あなたはこれから、トイレと仲よくなるからです。大きくなっていく子宮が膀胱を圧迫し、トイレに頻繁に行きたくなります。頻繁にトイレに行きたい、という感覚が最もはっきり感じられるのは最初の3カ月ですが、これはのちにあなたの子宮が骨盤の高さを上回るくらい大きくなり、膀胱がからっぽでも子宮の圧迫でトイレに行きたくなってしまうということよりも、ずっと前に起こります。この欲求を少しでも抑えるには、トイレに行ったときに、膀胱をできる限りからの状態にするように心がけることです（180ページ「ケーゲル体操」参照）。

あなたは同時に、おしっこの量が多くなったことに気づくかもしれません。膀胱炎と混同しないように気をつけましょう。妊婦は膀胱の感染症にかかりやすいのですが、頻尿は、妊娠中は普通に起こることです。膀胱炎の場合は、頻尿のパターンが変わります。トイレの回数が増え、排尿時に痛みがあったり、尿があってもなくてもしょっちゅうトイレに行きたくなります。場合によっては熱が出ることもあります。もし、膀胱の感染症の疑いがあるようなら、病院で尿中の細菌を調べてもらわなくてはいけません。看護師さんなどに、尿検査での上手な尿のとり方を教えてもらいましょう。尿検査には、尿の出始めではなく、雑菌などの少ない中間の尿をとるのが好ましいのです。

つばがたまる

妊娠中は唾液の量や性質にも変化がみられます。唾液の味が変わったり、量が増えたような感じもするでしょう。この唾液の変化とつわりで苦しむ人もいるでしょう。確かに唾液が増えることで、つわりを引き起こすこともあります。逆に、吐きけのために唾液がたまりやすくなることもあります。この唾液の過剰な分泌は、普通は3カ月ころにはおさまってくるでしょう。唾液が気になるようなら、ハッカを口に入れてみましょう。

のどが渇く

おしっこの回数が増えると、脱水症状を防ぐためにそれだけ水分を必要とします。のどが渇くのは、あなたとおなかの赤ちゃんが水分を必要としているという自然のサインなのです。大量の水は腎臓の働きを助け、赤ちゃんによってあなたの体の中に発生する大量の老廃物を取り除くサポートをしてくれます。また、妊娠によってあなたの血液量は40％も増えるために、より多くの水分を必要とするのです。おなかの赤ちゃんも、同様に水分を必要としています。さらに赤ちゃんの成長とともに大きくなるスイミングプール（羊

水）のためにも水分は必要です。のどの渇きを感じたら、しっかり水分を補給しましょう。トイレに行く回数を減らしたいからといって、水分を制限してはいけません。あなたと赤ちゃんが健康な状態を保つために、適量の水分を必要としているのです。

妊婦に必要な1日の水分量は約2ℓです。水か野菜ジュース（フルーツジュースよりも栄養価が高い）を飲みましょう。カフェインが含まれている飲み物は避けるべきです。利尿作用があり、睡眠の邪魔をするかもしれません。もしもつわりのせいで、グラスに入った水をごくごく飲むことができないようなら、「ちびちび&固めて」法を試してみましょう。自分が落ち着くような飲み物なら何でもよいので、ちびちびと頻繁に飲むようにするか、氷のかけらやジュースバー（ジュースを凍らせたもの）を口に含むようにしましょう。レタスやメロンなど、水分をたくさん含んでいるものを食べるようにするのもいいでしょう。

便秘がちになる

ほとんどの妊婦が、便秘に陥りやすいものです。妊娠初期のホルモンの影響で、食べ物は腸内をゆっくりと移動するようになります。生理学の専門用語で、この変化は「胃腸運動の減少」といいます。食物や液体が腸内をゆっくりと移動することで、より多くの水分が吸収されていきます（おそらくこれは、必要な水分を確実に確保するための、体の自然なシステムのうちのひとつなのでしょう）。この腸内運動の減少と便通の悪さが、ますます便秘の原因になるのです。妊娠後期には、大きくなった子宮が腸を圧迫し、便通を妨げてしまいます。しかし、水分がたっぷり含まれた食物をとって、少しでも便通をよくすれば、このホルモンによる不快な影響はやわらぐでしょう。少しでも便秘を軽くする方法を挙げてみましょう。

＊食物繊維を増やす

食物繊維は腸内で消化されずに通り過ぎ、スポンジのように水分を吸収していきます。水分が多ければ多いほど、便はスムーズに腸内を通り、楽に排便ができるようになります。フルーツ、特にプルーン、洋梨、いちじく、あんずなどを食べましょう。ばりばり食べられる野菜を食べましょう。にんじん、ズッキーニ、きゅうり、セロリなどです。オオバコの種子はふすまのようなもので、便をやわらかくします。栄養食品の売り場などで見つけられるものとしては、全粒粉を使ったパンや複数の穀物をまぜたパン、豆やコーンの入ったパンなどもいいでしょう。果物や野菜からさらに多くの食物繊維を摂取しようという場合には、生か半生に近い状態で、できれば皮のまま食べるのが効果的です。残留農薬などを避けるために、有機野菜を買うか、自分で栽培してみるのもいいでしょう。

＊水分を増やす

食物繊維をたくさんとるのと同時に、水分もより多くとるようにしなくてはなりません。食物繊維をたくさんとっても水分の摂取量が少ないと、かえって便はかたくなり、便秘を引き起こす原因になってしまいます。もしもジュースが好きでよく飲むのなら、プルーンや洋梨、あんずなどのネクターにかえましょう。普通のジュースよりも、食物繊維をずっと多く含んでいますし、同時に水分も摂取できます。しかし、一番に心がけたいのは、1日にグラスで6～8杯の水を、いつもの量にプラスして飲むことです。ただし、カフェインが入っているものはいけません。

＊体を動かす

体を動かせば、腸の働きもよくなります。毎日規則正しい運動をすることは、あなたの体内システムのすべてを規則正しく働かせます。もちろん、腸も例外ではありません。

＊トイレを我慢しない

現代生活で便利なのは、トイレまでわずか数歩で到達できるようになったことです。しかし忙しい妊婦は、トイレに行きたいと体が訴えても、なかなかすぐに行こうとしないものです。体がもつコミュニケーションシステムの大きな特徴として、サインを出しても反応しないものに対しては、その能力が失われていく傾向があります。トイレに行こうと体がサインを出したら、行きましょう。そうしないと、あなたの排泄器官周辺の筋肉は怠け者になり、サインは弱くなり、ますます便秘はひどくなってしまいます（腸にやさしい食生活は95ページを参照）。

おなかの張りを感じる

便秘以外にも、なんだかガスがたまっているような不快感があります。妊娠が進むと、腹部の膨満感はさらにひどくなります。これは、大きくなってくる子宮がおなかの中で腸と押し合っているからです。この不快感を少しでも軽減するには、次のようなことに気をつけましょう。

＊腸の活動を止めない

便秘を避けましょう。便秘になるとガスがたまり、おなかが張る感覚も強くなります（詳しくは前項を参照）。

＊ゆっくり食べる

急いで食べたり飲んだりすると、空気もそれだけ多くいっしょに飲み込んでしまうことになります。空気を飲み込む量が多いほど、腸内にも空気がたまってしまうのです。食べ物はじっくりと、よくかむようにしましょう。腸よりも前の部分で食べ物がより消化されやすくなるだけではなく、最後の部分でも、スムーズに処理されるようになります。

＊おなかにガスがたまるような食べ物を避ける

あなたの腸は、体がどんな食べ物を欲しているかをあなたに教えてくれています。食べるとガスがたまりやすいのは、キャベツ、ブロッコリー、カリフラワー、芽キャベツ、豆、ピーマン、炭酸飲料などです。

＊揚げ物、脂っこいものを避ける

高脂肪の食べ物は消化が悪く、腸内に長くとどまるため、おなかが張っている感覚を助長させます。

＊赤ちゃんみたいに食べましょう

少しずつ、ちょこちょこと食べるようにします。1日に三度、しっかりと量を食べるよりも、少量を何回にも分けるほうが消化もよくなります。妊婦の多くは、1日の食事量をだいたい5、6回に分けて食べると調子がいいと言っています。

ママノート：私は月経前のように、おなかにガスがたまっているような感じが少しだけありました。そのころ、私はまだ妊婦には見えませんでしたが、この腹部の感覚で、私は常に妊娠を感じていましたし、周囲の人が私の目を見て、妊娠に気づいてしまうのではないかと思ったものです。

胸やけがする

多くの妊婦が、食後すぐ、または食間にさえ頻繁にゲップが出たり、胸やけのようなひりひりした感覚を胸骨の下あたりに感じます。また繰り返すことになりますが、この胸やけはホルモンのせいで、これも、妊婦を守るための体の自然のホルモンシステムなのです。妊娠ホルモン（特にプロゲステロン）は腸の働きを全体的にスローダウンさせ、胃の筋肉をリラックスさせ、食べ物や胃酸が胃をゆっくり通過するようにしむけます。そのため、食べ物

や胃酸は普通の状態よりも長くあなたの胃の中にとどまります。妊娠ホルモンは同時に、胃の入り口の筋肉をリラックスさせるので、胃の中にある食べ物や胃酸が、胃の収縮時に食道の端のほうに逆流してしまうのです。この状態を医学的には「胃食道逆流症（GER）」といいます（つまりこれは、正しくは〝胸〟やけではなく〝食道〟やけということなのです）。

胃食道逆流はさらに、「消化不良」というありがたくない症状も引き起こします。さらに子宮が大きくなって上のほうを圧迫し始めると、胃や腸に感じる圧力で、「胸やけ」はますますひどくなってくるかもしれません。

胸やけを少しでも軽くする方法には、次のようなものがあります。

＊少量を、頻繁に食べる

少量を頻繁に食べることで、胃にかける負担を減らすことができます。

＊重力を利用する

食後、すぐに横になることは避けましょう。少なくとも食後30分は体を起こした姿勢でいることです。

＊右側を下にして寝る

この姿勢は、重力が胃をからにするのを助けてくれます。多くのお母さんは、妊娠後期にはよつんばいの姿勢をしたら胸やけが軽くなった、と主張しています。この姿勢は、重力が胃と子宮を引き離して胃の内容物が食道に逆流するのを防ぎ、腸に移動しやすくさせます。

＊胸やけを誘うような食べ物のリストを作り、それを避ける

スパイシーなもの、脂っこいものなどのリストです。

＊脂肪の多いものを避ける

消化に時間がかかり、胃に長くとどまるような高脂肪の食べ物は避けましょう。

＊食事の前に牛乳、クリーム、低脂肪アイスクリームを食べる

胃をコーティングし、胃酸による胸やけを抑えます。

＊食事中に水を飲みすぎない

ほとんどの人は、出産後にはこの胸やけはすっかり、またはほとんどおさまります。妊娠中のホルモンは減少し、子宮による圧迫もなくなるからです。

ウエストがきつくなる

まだ外見的な変化はなくても、ウエストが太くなってきているような気がするでしょう。このように感じるのは自然なことです。子宮はまださほど大きくなっていなくても、ふくらんだ腸や若干増えた体重で、おなかがふくらんでいるかもしれません。ベルトはきつくなり、あなたの体形に合わせて洋服を調節していくように、体に対するあなたの気持ちも少しずつ調節し、慣らしていく必要があります。これが、あなたが妊娠している体をイメージするファーストステップなのです。なかには、おなかがふくらんでくるのをとても楽しみにしていて、マタニティウエアを着るのが待ちきれないという人もいるでしょう。逆にさまざまな理由から、妊娠していることをしばらくないしょにしたいと思う人もいるでしょう。

この月のおなかの赤ちゃんは？ 4～7週

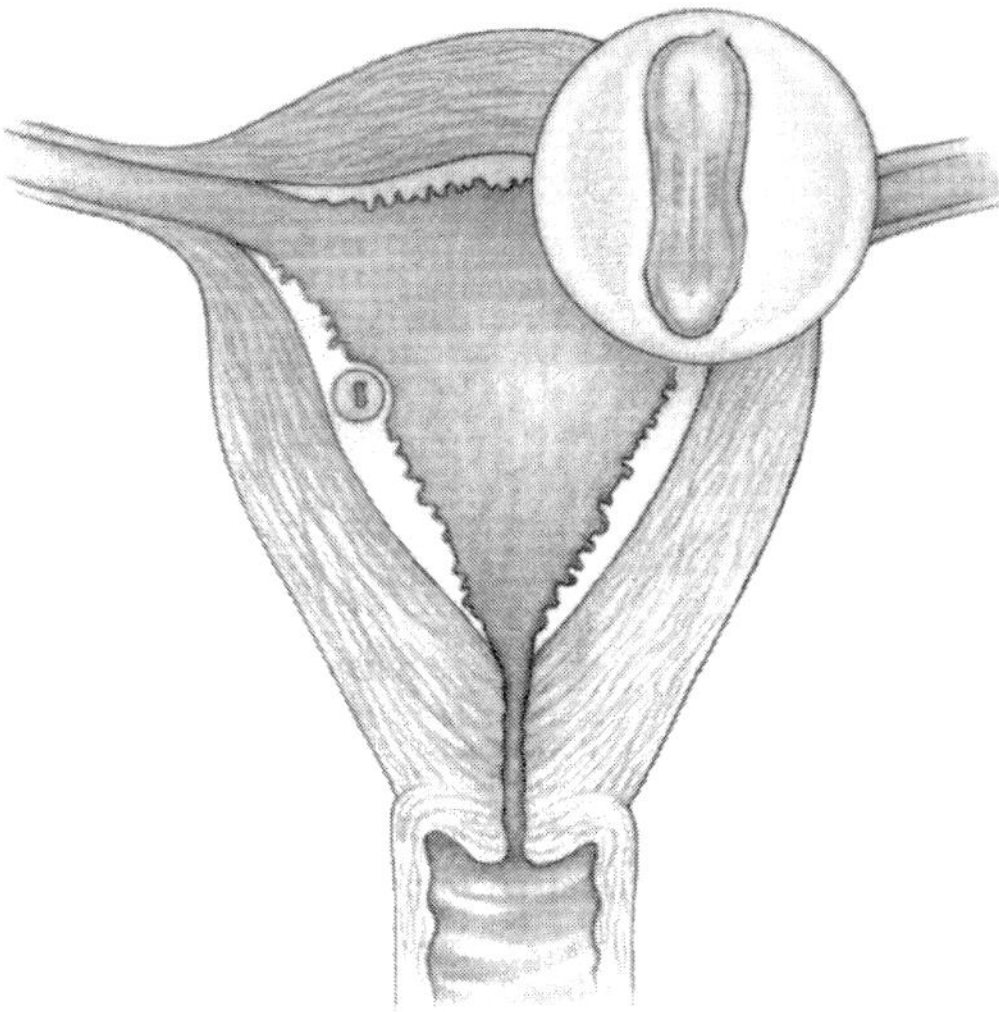

4週目：胎盤と胎児の成長

この週あたりに、月経が遅れていることに気づき始めます。もしかして妊娠かしら？と思い始めるころに、妊娠ホルモンの上昇によって、徐々に妊娠の兆候があらわれ始めます。妊娠ホルモンの上昇は、排卵がもう行われないことを示しており、ホルモンのおかげで、脳の中にある下垂体はもう月経を促すこともありません。3週間のうちに、もともとはたった1つの細胞だったものが万単位に分裂し、3つの種類——皮膚や髪をつくる細胞、胃腸管、循環器を形づくる細胞——に分かれていきます。この週の終わりまでにチューブ状の心臓が鼓動を始め、血液を循環させ始めます。

5週目：胎児の形に

この週の間に、赤ちゃんはカーブした米粒くらいの大きさになります。3つの異なる血管を含んでいるへその緒ができ始めます。胎児の小さな体の外側のカーブに沿うように、背骨を形成するための組織のブロックが積み重ねられていきます。手足のもとになる小さな突起が、すぐにあらわれ始めます。丸いボールのような形の心臓の中はいくつかの部屋に分かれ、すでに形成された主要な臓器に血液を送り、精密な超音波診断によって、規則的な心臓の鼓動を検知することもできるようになります。胎児の頭の部分に、目や耳のもとになる小さなくぼみも見られます。胎児の脳、および脊髄の原型がつくられ始めます。気管や食道、胃、口、肝臓、胆嚢、甲状腺および尿のシステムのような、将来の器官の原型となるものがあらわれます。驚くことに、ほとんどの妊婦が妊娠を確認する前に、おなかの赤ちゃんの主要な器官は、すでに形成され始めているのです。

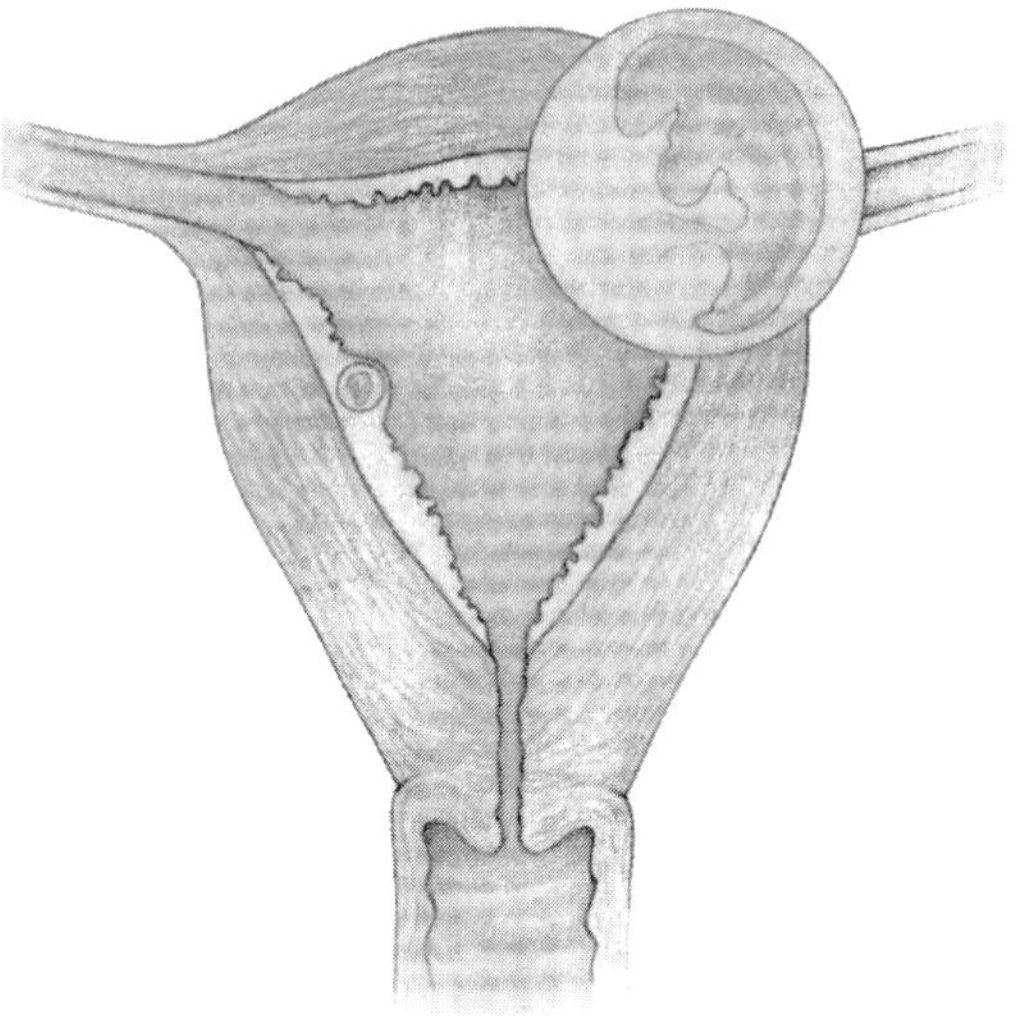

6週目

この週の終わりまでに胎児はグリンピース大（約1㎝）になります。目、耳、鼻、口になるくぼみがあらわれ始めます。腕と足が小さな芽のように突き出し、櫂《かい》のような手の先には、指の原型になる突起も見えます。腸は発達し、心臓は左右の心室に分かれ、ブロンチ（細気管支）と呼ばれる呼吸器官があらわれます。あなたの体に起こっている奇跡をイメージしてみましょう。毎分1万個以上の細胞が、胎児の成長とともに増加しているのです。

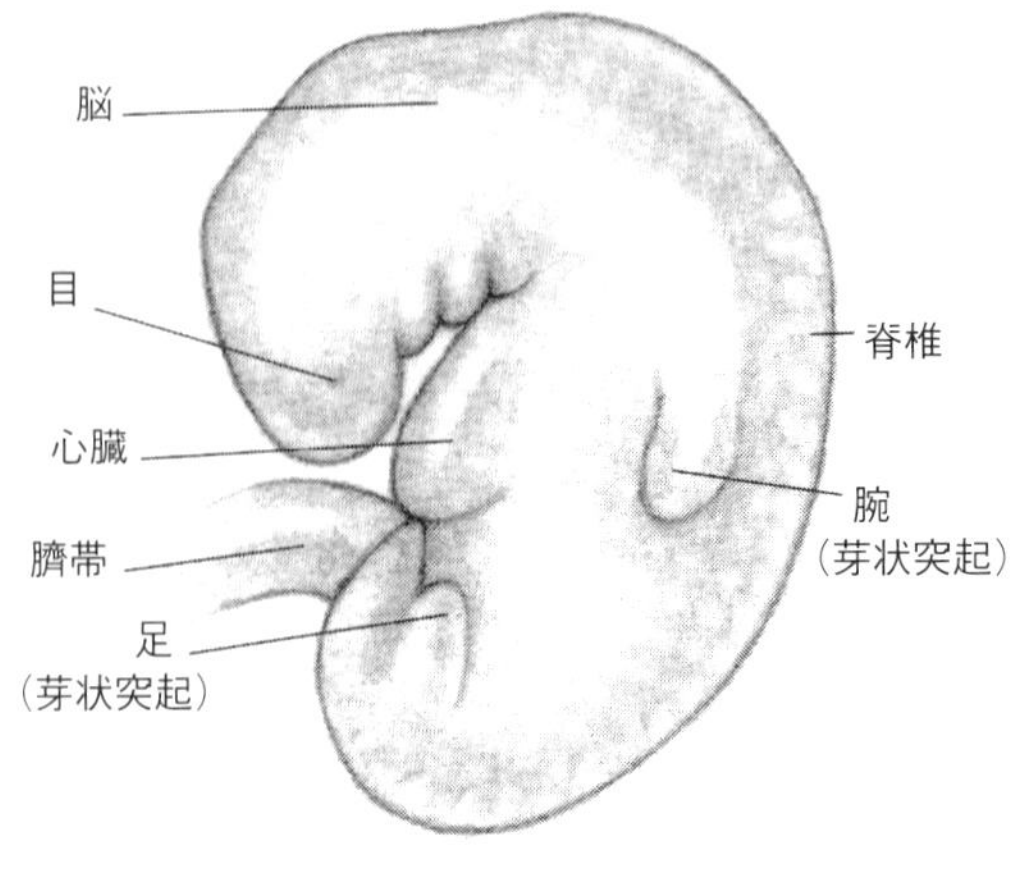

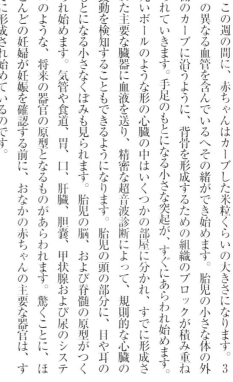

7週目

胎児は体長約1.3cmになり、超音波では毎分140〜150程度の心臓の規則的な拍動が認められます。これは、母親の心拍数の約2倍の数値です。腕が伸び、ひじの関節があらわれ、指がはっきりわかるようになります。足も伸び、つま先がわかるようになります。頭は体と同じくらいの大きさに見えます。まぶたができ始め、この小さな日の中には、レンズ、虹彩、角膜、色のついた網膜をもった眼球も見られます。小さな鼻もあらわれます。

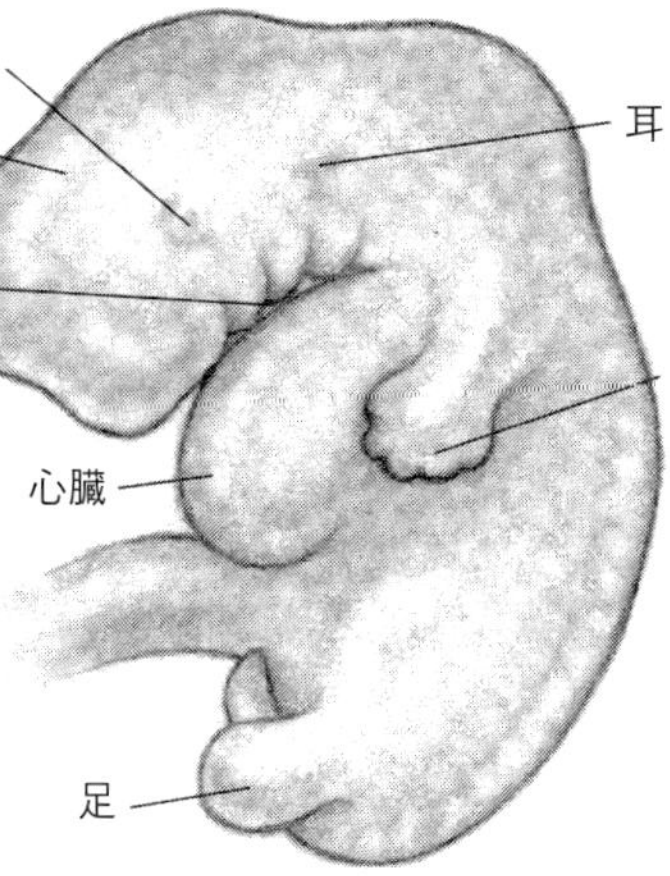

妊娠2カ月のあれこれ

眠れないときには、こんな工夫を

妊娠が進むにつれ、「眠り」のトラブルも増えてくるかもしれません。体はとても疲れているにもかかわらずです。考えてもみてください、あなたの体は24時間働き続けていて、ホルモンは休むことがないのです。ぐっすりと平和に眠ることは、なかなか難しいのも当然でしょう。強烈に「ぐっすり眠りたい！」と望んでも、無理かもしれません。妊婦に起こる、自然な体のシステムに感謝しましょう。妊娠によって、あなたの睡眠パターンは、新生児の睡眠パターンに近づきます。深い眠り（ノンレム睡眠）が減り、浅い眠り（レム睡眠）が増えます。レム睡眠とは、すぐ目を覚まして活動できるような状態の睡眠であり、赤ちゃんに常に気を配らなくてはいけない新米のお母さんにとっては、この睡眠パターンは非常に都合のいいものです。今のあなたが、この生理学上の目的を想像するのは難しいかもしれませんが、実はこれは、子育てがスタートしてからの、夜中の育児生活の準備でもあるのです。母親業は、朝9時から夕方5時までの仕事ではありません。実際、赤ちゃんの代謝活動は夜中でもスローダウンすることはありませんから、お母さんもそれに呼応して、休めなくなるのです。

寝不足は、母親業で避けられないことのひとつなのは確かですが、それでもまだ、今のあなたは夜中のおむつがえや授乳など、具体的なことが始まったわけではありません。おなかの赤ちゃんのケアをしたり栄養を与えたりする作業は、今は自動的に行われています。あなたは、夜中を通して眠れる喜びに、心も体もひたっていればいいのです。妊娠中に朝までぐっすり眠ることが、新生児が一晩中ぐっすり眠ることと同じくらい難しいという事実を、甘んじて受け入れなければならないでしょうが、とりあえず、少しでも快適な睡眠を確保するために、心と体を助けてくれる、いくつかの方法をお教えしましょう。

体も心も落ち着いて

どんな一日を過ごしたかは、あなたがどんな夜を過ごすかに影響します。ある程度の運動は、睡眠を誘うのに効果的でしょうが、少なくとも寝る1時間前に、精力的に動き回ることは避けましょう。ただでさえ活発な状態の心臓とホルモンは、体が眠ることを許してくれなくなってしまいます。運動と同様に、ストレスも最小限に抑えるように努力しましょう。気分の上下が激しい一日を過ごせば、夜になっても落ち着かない状態が続くことになるでしょう。一日を平和で、リラックスした状態で過ごすことを覚えましょう。リラックス法についての本を読んだり、リラクセーション音楽を聴いてみましょう。もし、両親学級に参加しているのなら、そこで教わったリラックス法を、寝る前に試してみましょう。感情をコントロールすることを心がけましょう。

家では仕事のことは忘れて

2つのキャリアをうまくこなすには、仕事を家に持ち込まないことです。少なくとも、気持ちがイライラするような仕事は持ち込むべきではありません。仕事のことを考えると、自然と目がさえてしまうものです。

空腹のままでベッドに入らない

ベッドに入る前に、何か軽く食べましょう。できれば、自然な眠りを誘うアミノ酸、またはトリプトファン（必須アミノ酸）を含んだ食品がいいでしょう。これは全粒粉や乳製品、脂肪の少ない肉、そして果物に含まれています。胸やけせずに腸にやさしく、消化吸収のいい、果物やヨーグルト、全粒粉をとりましょう。穀物に含まれている複合炭水化物には、さらにいい点があります。それは、非常にゆっくりとエネルギーに転化することです。夜間もあなたの血糖値を上げ、夜中の空腹痛をやわらげてくれます。足が頻繁につる人は、夜、カルシウムの錠剤を飲んでみましょう。就寝前の1杯のカモミールティーも、眠けを誘う効果があります。カフェインが含まれている食品は、昼間でも避けましょう。アルコールも禁止です。アルコールは強力な誘眠剤です。しかし、あなたの自然な睡眠パターンを混乱させてしまうのです。それはあなたの眠りを浅くし、翌日はさらにあなたを落ち着かなくさせます。

利尿作用のある食べ物は避ける

夜中に何度もトイレに起きるために睡眠不足になっているようなら、午後3時以降は、利尿作用のある（尿量を増やすような）食べ物や飲み物を避けましょう。カフェインが含まれた飲み物（コーヒー、紅茶、コーラなど）、クランベリージュース、それにアスパラガスなどです。

さらに、寝る前に膀胱をからにするために、「3回出しのテクニック」（226ページ参照）を使いましょう。夜中におしっこに行きたくなったら、我慢せずに行きましょう。トイレに行けば、あなたはまた、ちゃんと眠りに戻れるのですから。

寝心地のよいベッドを

かたいマットレスのほうが姿勢のためにいいというのは、妊娠中の体に対しては必ずしも当てはまりません。もしも、新しいマットレスの購入を検討しているのなら、ぜひやわらかめのものを選んでください。大きくなっていく体を、臨月までゆったりと受け止めてくれる、十分なスペースのあるものがいいでしょう。あなたの体がマットレスにうまくフィットしないようなら、枕を上手に組み合わせて、寝心地のよい巣を作りましょう。体と同じくらいの大きさの、妊婦用の抱き枕もおすすめです。

ママノート：私の夫は、これを「枕の増殖」と呼びました。最初の妊娠で枕が増え、出産後もその枕はベッドから消えることはなく、3回の妊娠と出産をへた今、私たちのベッドは枕の山になっています。頭をのせるための枕、抱き枕、大きいものや小さいもの……。でも実は、この枕たちの半数は、夫が使っているのです！

多くのお母さんが、空気が新鮮だといくぶんよく眠れると私たちに教えてくれました。もしもあなたが心地よく休めるのなら、窓を開けて外を見ましょう。寒すぎるようなら、不快感をやわらげるために最低限、蒸気は欠かさないようにしましょう。乾燥した空気は呼吸を苦しくさせます。加湿器から出る蒸気は暖房で暖められ、乾燥した部屋の空気を健康な状態に保ってくれます。

寝やすい姿勢を見つける

おなかが大きくなるにしたがって、寝る姿勢も変わってくるでしょう。寝やすい姿勢を見つけたと思ったとたん、あなたの体や医師は、あなたに違う姿勢を提案することでしょう（あおむけの姿勢で寝ることは、だんだん難しくなってきます）。横向きで寝るほうが心地がいいとしても、初期のころはどんな姿勢でも大丈夫です。もし胸やけを感じるなら、右側を下にして寝るようにしましょう。重力で胃をからにし、胃酸を通常の状態に保ってくれます。妊娠後期には、左側を下にして寝るのがベストです。主要な静脈である下大静脈は脊柱の右側を通っているため、理論的にいえば、重くなった子宮が静脈を圧迫するのを避け、血液の循環を悪くせずにすむのです。しかし現実的にいえば、あなたは寝る姿勢について、あまり気にする必要はありません。多くの妊婦は、寝ている間に姿勢をいろいろ変えているものです。

リラックスして眠りにつく

眠りは、強制的にするものではありません。しかしそのかわり、あなたが眠らずにはいられないようなコンディションをつくるということなのです。次のような、睡眠を誘う行動を試してみましょう。

- 軽く読書をする（スリルとサスペンスに心を奪われるのは、お願いですからやめてください）。
- 軽い会話を楽しむ。寝る前の会話は、心を落ち着けるような、くつろげる話題にすべきです。議論や論争、激しい話し合いはあなたを落ち着かなくさせ、心がそのことでいっぱいになったままベッドに入ることになってしまいます。それだけは避けましょう。夫と深刻な話し合いをしなければならないとしても、日中にすべきです。
- 軽い感じの映画を観る。コメディーは笑いを誘い、笑いは心を落ち着かせます。もちろん、ハッピーエンドのものを選びましょう！

体をリラックスさせて眠る

楽しく、ゆっくりとおふろに入りましょう。夫に、頭の先からつま先までをマッサージしてくれるように頼みましょう。マッサージのあとで、多少性欲が高まることもあるかもしれません。

気持ちを落ち着ける音楽を

あなたを夢の国に誘ってくれるような音楽のメドレーを作りましょう。ゆっくりとしたテンポで盛り上がったり下がったりし、どちらかといえば、単調な旋律を繰り返すような内容のバラードやクラシックが効果的です。さらに、ホワイトノイズ（白色雑音）のCDやテープなども試してみましょう

（ホワイトノイズは、連続的で単調な音を繰り返しているもので、心を無心にし、鎮める効果があります）。また、さらさらと流れる川や浜に寄せる波の音など、繰り返しの自然環境音もいいでしょう。

無理に眠ろうとしない

体は疲れているはずなのに、心は眠ってくれない。そんな状態に陥ると、自分に対してだんだん怒りたいような気分になってくるかもしれません。すごく眠りたいのに眠れない、眠れないからだんだんイライラし、さらに眠れなくなる、そんな悪循環を避けるべきです。眠れなくなるような、ずっと先の心配を今するのはやめましょう。睡眠不足は赤ちゃんを傷つけたりはしませんし、あなたは現在、ふだんよりもさまざまなことで疲れやすい時期なのです。ベッドに入っても眠れないわと思ったら、座って本を読む、音楽を聴く（夫が眠っている場合はヘッドホンを使いましょう）、温めた牛乳を1杯飲む、などをしてみましょう。それでもまだ目がさえているようなら、むりやり寝ようとはしないことです。ただベッドに横になり、目をつむって、気持ちを休めるだけでいいのです。

最初の3カ月にみられる出血

妊娠中に膣から出血するのは恐ろしいことですが、必ずしも何か異常が起こっているサインというわけではないのです。胎児が大きくなるにしたがって、多くの血管がつくられます。ですから、その中で小さな血管がなんらかの拍子に破れ、そこからの出血が下着のしみや、少しばかりの出血となって見つかっても不思議はないのです。問題のない妊婦でも約20％程度の人が下着のしみ程度の血や少しの出血を妊娠初期に経験しているのです。大切なのは、どの出血が心配なもので、どれが心配のないものなのか、的確に判断することです。

心配ない出血

心配ない出血というのは、痛みがなく、ほんの短い間で、微量で、ほかに何か心配な兆候のない場合です。色は赤かピンクで、かたまりなどが含まれていない状態です（しかし、いくら心配ないといっても、完全に安心というものはありません。緊急ではなく通常の時間帯に、かかりつけの医師に相談しましょう）。

妊娠初期にみられる心配のない出血の、代表的な3つの原因を挙げてみましょう。

＊マタニティクラスに参加しましょう＊

病院や公共機関の両親学級は、中期以降（6、7カ月）に開かれることが多いようです。クラスで得た情報を出産までに忘れずにいられるようにと、なるべく出産に近い時期に行われるからです。しかし、あなたはきっとこの時期までに、出産する病院はもちろん、どのような出産方法にするかなど、たくさんの重要なことをすでに決めてしまっているでしょう。できれば、なるべく早く、妊娠がわかって1、2カ月の間に、病院が主催するマタニティクラスをのぞいてみましょう。“ひなどりクラス”と呼ばれる早期マタニティクラスでは、出産にまつわるさまざまなこと、出産に立ち会うスタッフや出産方法、場所などについて説明してくれますから、自分が望む方法を選ぶことができるでしょう。マタニティクラスへの参加は、その病院の出産についての考え方を理解するには、いちばん適した方法です。後期のクラスに早々と参加してしまっても、いつかは役に立つものです。

＊着床出血

受精から2〜4週間後に起こる出血で、受精卵が、子宮の中の血管が密集している場所に潜り込もうとする場合に起こります。ふだんの月経周期と重なると、月経の始まりと誤解されることもあります。

＊月経出血

胎盤が発達してくると、月経を抑えるホルモンがつくられます。しかし、最初の数週間は、ホルモンレベルが完全に月経を止めるまで上がらないことがあります。それで、若干の短期間の出血が、通常の月経が始まるあたりにみられることがあります。これは最初の1、2カ月に起こります。

＊性交後の出血

性交のあとの出血は、比較的多くみられるものです。しかしこれは危険なものではありません（詳しくは131ページ）

心配な出血

痛みや激しい腹痛を伴う、量が多く止まらない、色は暗く茶色がかっている、血の中にかたまり（組織片など）がまじっているなどの症状がみられたら、これは心配な出血です。これらの兆候がみられたら、すぐに医師に相談しましょう。出血は流産のサインでもありますし（75ページのQ＆A参照）、子宮外妊娠（40ページ）の疑いもあります。

出血した場合の行動

赤かピンク色の出血が、ほんの少しあなたの下着に一、二度しみをつけた程度で、痛みも持続性もないようなら、通常の診察時間に、医師にそのことを報告する程度でいいでしょう。これは、夜中に緊急に病院に行くような種類のものではありません。これが何かの運動や性交が原因で起きたものであれば、病院で診察を受けるまで、これらの行為は避けるべきです。赤、またはレバーのような色の出血の中になんらかのかたまり（グレーがかったピンク色や茶色）を見つけたら、このかたまりをきれいな容器（小さなポリ袋など）に保存し、医師の診察を受けましょう。これらの組織片は流産や子宮外妊娠を判断するのに役立つこともありますし、ときには、流産の原因をはっきりさせる手助けにもなります。

出血量が月経用のパッドが必要なほど多く、痛みを伴って続き、さらに激しい腹部の痛みになったり、めまいがしたり、意識がぼうっとしてくるようであれば、至急医師に連絡をとります。指示を待つ間は横になり、体を少しでも休めます。出血のときに当てていたパッドや組織片を、きれいな容器に入れて持参します。

医師に症状を話すときは、できるだけ気持ちを鎮めて、心配のない出血か、治療が必要なのかを判断してもらうために、情報を正確に伝えるように心がけましょう。医師は、どんなふうに出血が始まり（突然か、じわじわとか）、どのくらい出血量があるのか、どのくらい続いているのか、出血の状態はどうか（色は鮮やかな赤または茶色、ピンクか、かたまりを含んでいるか）、血液の中に何か組織片のようなものはなかったか、そしてなにより、この出血に痛みやけいれん、何かほかの兆候はないかというような情報も必要としています。

ほとんどの場合、初期の一時的な出血は問題ないことが多いものですし、赤ちゃんに影響はありません。医師に電話して心配ないと言われても不安が消えなければ、翌日または翌々日に、診察を受けて心配を解消しておきましょう。医師は超音波診断で、赤ちゃんに何も影響がないことを見せてくれるでしょう。

流産の心配

大切な人、特にあなたの中で育っている小さな人を失うのがこわいというのはとても自然な感情です。あなたはトイレに行くたびに、出血はないかしら？異常はないかしら？と、チェックばかりしている自分に気づくかもしれません。これは別に珍しいことではありませんし、特に、以前に流産を経験している人はそのような傾向にあるでしょう。流産、医学用語でいえば「自然流産」ですが、これは、子宮の外で生きていくのに十分な力をもたなかった胎児が、自然に失われることを意味しているのです。

＊流産についての質問

Q「なぜ、流産は起こるのでしょう？」

A　すべての早期流産（妊娠12週前に起こります）の半分は胎児の染色体異常によるものが多く、そもそもこの胎児は、成長することが困難なのです。そのほかの早期流産の大半は、感染症やホルモンの異常（特にプロゲステロン）によるものです。まれに免疫体の異常（たとえば母親が胎盤に対して抗体をつくる）や、有害物質（たとえば身近な汚染物質〔48ページ参照〕や、ドラッグ、タバコの煙など）があります。

中期以降の流産（12週以降）は、胎児の異常よりは、子宮の奇形（たとえば、双角子宮や中隔子宮など）などの問題によるものが多くなります。しかし幸運なことに、これらは妊婦の1％にも満たない数です。そのほか、中期以降の流産の理由としては胎盤の異常、子宮筋腫（腫瘍）、子宮頸管無力症、感染症などがあります。

流産の3番目の理由は、原因が不明なものです。流産はセックスが原因ではありませんし（135ページ参照）、運動でも起こりません。重いものを持ったり、絵をかけたり、ふだんのあなたの行動や遊びが原因になることはないのです。多少転んでも、アクシデントにあっても、ストレスや環境の変化があっても、流産の原因にはならないのです。

Q「流産が最も起こりやすいのはいつですか？」

A　流産のほとんどは妊娠8週までに起こります。妊娠週数が進むほど、流産の確率は低くなっていきます。

Q「流産はどのくらいの確率で起こるのですか？」

A　ほとんどの妊娠は、健康な胎児とともに始まり、正常な子宮の中で大きくなり、健康な赤ちゃんになって生まれます。研究によると、妊娠が確認された女性の約10％前後が、その後流産という結果になっています。流産は、妊娠のごく初期で起こるものですが、ときにはふだんとはちょっと違った、重い、遅れぎみの月経と混同する人もいるかもしれません。気づかなかった分を含めれば、流産の確率は全体の20％程度まで上がるものと思われます。

Q「流産の確率を少しでも減らすために、何かできることはあるのですか？」

A　ほとんどのケースにおいては、流産を防ぐためにあなたができることはありません。流産の大半は、あなたがコントロールできないところで起こってしまうのです。しかしわずかですが、あなたができることもあります。赤ちゃんに快適な子宮環境をつくってあげること（41〜54ページ参照）です。それには喫煙しない、大量のアルコールを飲まない、劣悪な環境に身をおかないなどが挙げられます。

あなたが何度も繰り返し流産を経験しているとしたら、医師はその理由を

見つけるために、あなたに特別な検査をするでしょう。流産の原因が見つかれば、妊娠を継続するために、医師はあなたになんらかのアドバイスができるはずです。子宮の奇形などが原因の場合は、手術で正常な状態にすることもできます。ホルモンの欠乏などは、注射で補うこともできるのです。医療は、一般的に起こるさまざまなケースに対して解決策をもっています。ただし、あまり一般的でないケースでは流産を繰り返してしまうこともあります。

Q「流産かもしれない、あるいは流産してしまったかもしれない、というのはどうやって判断するのですか？」

A　流産が起こった、または起こりかけているサインは、次のようなものです。

＊出血

色が鮮やかな赤か暗い茶色かで、流産がいつ始まったのかがわかります。経過が順調な妊婦でも、20％前後は早期になんらかの軽い出血を経験しています。膣からの出血は必ずしも、流産の兆候や流産が進行していることを示すものではありません。出血が通常の月経よりも重く、それが何日も続くようならば、流産の疑いが強くなります。

＊腹部の強い痛み

月経痛と似ています。背中の下部に痛みを感じることもあります。

妊娠週数が進んでいるほど、流産はわかりやすいものになります。出血量は多く、しばしばかたまりを含んでいます。子宮の収縮が非常に強くなってきます。これらの兆候やサインは、ときには流産が差し迫っていることをあらわしています。これは切迫流産と呼ばれる状態で、まだ完全に流産してしまったわけではありません。通常は、出血が長く続くほど、痛みの程度がひどいほど、結果的に流産になる確率が高くなります。切迫流産の疑いがあるようなら、医師は内診を行い、胎児の組織が子宮頸管まで出てしまっていないかどうかをチェックします（この内診が刺激になって流産することはありません）。さらに、超音波診断をし、血中のHCGホルモンのレベルを調べ、医師はこの妊娠が継続できるものか、流産の危険性が高いのか、あなたに告げることができるのです。超音波での診察で、継続して胎児が成長している姿を確認できて、ホルモンレベルも依然高い場合には、妊娠が継続できる確率が高くなります。

出血や腹部の痛みを、すべて流産の兆候と結びつけて心配するのはやめましょう。健康な妊婦でも妊娠の初期に、赤ちゃんが血管の多い子宮内膜に潜り込むときに起こる軽い出血（着床時出血と呼ばれます）を経験する人は多いのです。

Q「流産の疑いがある場合、何をしたらいいのでしょう？」

A「流産かもしれない」と思ったら、まずはすぐに医師の診断を受けるべきです。出血の中に血液のかたまりやグレーがかったピンクの組織片のようなものがあるのなら特にです。重い出血が続き、骨盤の痛みが強くなるようならば、とにかく家からいちばん近い産婦人科に向かいましょう（組織片のようなものがあれば、できれば容器に保存して持参しましょう。胎児の組織を確認することもできますし、希望があれば、組織を調べて遺伝子に異常があるかどうかを調べることもできます）。

「流産してしまった」と思う場合、医師は内診か超音波診断で、完全に流産になったか（すべての組織片が排出されてしまっているか）、まだ完全ではないか（胎児の組織がまだ子宮に残っているか）を調べます。妊娠8週までに起こる流産は、すべてが完全に出てしまうことがほとんどです。それ以降に起こる流産では、不完全な場合が多いのです。完全でないと診断されたなら、頸管拡張および掻爬術（D&C）を受ける必要があるでしょう。

膣からの出血は、流産以外にもさまざまな理由が考えられるため、医師は

D&Cを行う前に、まず超音波で診断をします。全身、もしくは局部麻酔をしたあとに、子宮頸管は拡張され、残っている胎盤や胎児の組織が子宮から取り除かれます。この手術の間に、医師は子宮の奇形がないかなど、流産の原因をできるだけ探ります。ときには、胎児の染色体異常などを調べるために、組織を検査に回すこともあるかもしれません。

流産していなかったのならば、医師は、あなたに家に戻るようにとだけ指示するでしょう。超音波診断や血液検査は行うかもしれません。

Q「以前、一度流産の経験があります。また同じことになる確率は高いのでしょうか?」

A　心配はありません。初めての流産なら、次の妊娠で流産を繰り返す確率は、前回流産しなかった場合に比べ、わずかに高いだけです。特に前回の流産が胎児の染色体異常によるものや、非常に初期だったり、一度健康な赤ちゃんを出産している場合は、なおさら心配する必要はありません。たとえば2回流産したとしても、三度目も流産をする確率は、まったく流産を経験していない場合、または一度だけ経験がある場合と比べても、そんなに高い確率ではないのです。

たとえば、あなたが二度流産してしまったとしましょう。その場合、次の妊娠で赤ちゃんを抱ける確率は65%くらいになります。流産の経験がない、または一度だけ流産した人の確率は、80%程度です。しかし、3回流産を繰り返してしまったら、次の妊娠で正産期まで到達できる確率は50%まで下がってしまいます。3回連続して流産を繰り返してしまったら、医学的な原因がないかどうかを調べるために、産科で検査を受けるほうがいいでしょう。もし、何も理由が見つからなければ、あなたにはまだ、流産せずに赤ちゃんを産める貴重なチャンスが残っているのです。

ママノート：掻爬を受ける前に超音波診断を受けて、本当によかったと思います。なぜなら、出血は前置胎盤のためで、流産ではなかったのです。今、私は赤ちゃんをこの腕に抱きながら思うのです。もしも最初から流産だと思って処置されていたら、今ごろはどうなっていたのでしょう?と。

前回の流産が現在の妊娠の喜びをおびやかすようなことがないように、自分の感情が落ち着くように、できるだけのことをするのは、非常に大切なことです。しかしそうはいっても、何度か流産を経験した人の中には、赤ちゃんをその手に抱くまで、流産を恐れる気持ちを完全には克服できなかったという人もいます。また以前に流産を経験した人が、今回の妊娠のニュースは、前回のトラウマを乗り越えるためにもできるだけ（少なくとも前回の流産の時期を過ぎるまでは）ないしょにしておきたいと思う気持ちも、当然のことでしょう。もしかしたら、妊娠しているという喜びや名前を選ぶこと、そしてぎりぎりまで赤ちゃんのために子ども部屋の飾りつけをすることをためらってしまうかもしれません。たとえ、流産の危険にさらされていたとしても、子宮の中の赤ちゃんとの絆づくりは大切です。もしかしたら流産してしまうかもしれないとおびえる気持ちはわかりますが、あなたが無事に出産できる確率のほうが高いのです。

ママノート：私は2回、流産を経験しています。前の妊娠では、公表してしまったために非常につらい思いをしたので、私たちは当分の間、今度の妊娠については周囲のだれにも言わないと決めました。ごく身内の人だけに話し、それ以外の人たちにはあとで話したのです。

ママノート：赤ちゃんが生まれるまで、私はこの子を失うのではないかという恐怖で、希望をもつことがこわかったのです。流産を一度経験しているため、今回も失うことを恐れ、この子を知ることも恐れました。私はまちがった考え方で、絆づくりの喜びを失ってしまったのです。

ママノート：私は、以前に二度流産していたため、さまざまな数値や検査の結果のすべてが私の順調な妊娠を告げているとわかっていても、赤ちゃんを失うのではないかという恐れを、完全に取り去ることはできませんでした。それは、私が最後にいきみ、産声を聞くまで続いたのです。

流産の悲しみ

流産の悲しみは、経験した人でなければけっして理解できないものです。流産を経験していない人は、「そんなにたいしたことじゃないわよ。また、次の赤ちゃんができるわよ」という態度をとるかもしれません。でもこれは、あなたにとっては「たいしたこと」であって、この悲しみを乗り越えるには、長い時間がかかるかもしれないのです。妊娠したというニュースには、周囲のだれもが喜んでくれたでしょうが、このような終わり方を予測した人はほとんどいなかったでしょう。あなたは自分の悲しみと折り合いをつけ、また妊娠できるように自分を勇気づける必要があります。失った赤ちゃんに名前をつけたり、ひっそりとメモリアルサービスを利用しているかもしれません。悲しみの過程が終わる前に、無理に赤ちゃんを忘れようとしたり、「かわり」をつくろうとしないでください。

ママノート：私たちの最初の妊娠は11週で終わりました。非常にショックでした。深い悲しみ、失った痛み、耐えがたいほどの気持ちの揺れなどは、そこにいた当事者でなければ分かち合うことはできないでしょう。私の夫は静かに耐え忍びました（彼は悲しみをほかの人に打ち明け、私の前では、私を支えることに専念していたのです）。私たちの2回目の妊娠は、10週で終わりました。私は、まったく同じことが何度も、自動的に繰り返されるのではないかという恐怖におびえ、その予言が的中するような思いにまた恐怖を感じたのです。そのとき私が思ったのは、「なぜ、未婚の母親のところに赤ちゃんが来るの？」「なぜ、虐待家庭に赤ちゃんが授かるの？」「なぜ、何の問題もなく赤ちゃんを産む人がいるの？」「私がやってきたことはむだだったの？」「私のせいなの？」。私の家族や友人、知人は何と言ったらいいかわからないようでしたし、そのことがかえって、ますます私を追い込んでいきました。このとき、サポートグループに入ることもできましたが、私は自分の力で、この悲惨な状態から自分を救い出すことにしたのです。

子宮筋腫の手術を受けて、私は無事に赤ちゃんを産むことができ、そのあと、さらに2人の子どもに恵まれたのです。その後も2回流産しましたが、私は現在、妊娠11週にさしかかっていて、このうれしいニュースを、毎日顔を合わせている人たちにないしょにしておくことがとても大変です。私は以前、妊娠を周りの人たちに告げたことで、流産という結果に終わったときに、深い悲しみを受けました。しかし、そこから立ち直ったように、今回も同じようなことになれば、同じように克服しなければならないことを知っています。

でも私は、流産のあとで、自分の中にまた新しい命が芽生えているという喜びを告げることに、幸福を感じるのです。それは非常に忍耐が必要ですし、どれほど強く赤ちゃんを欲しているかという姿勢を問われることかもしれません。でも、挑戦するのです。何度でも。私は、この8回目の妊娠が、無事に4人目の赤ちゃんを運んでくれる結果になるのかどうかはわかりません。でもこの「待ちゲーム」は、にぎやかな家族に囲まれて続いているのです。

（このお母さんはその後、健康な男の赤ちゃんを出産しました）

35歳過ぎの出産

Q「私は35歳になったばかりです。高齢で赤ちゃんを産む人は、それだけリスクが高くなると聞きました。本当でしょうか？」

A　答えはイエスであり、ノーでもあります。あなたが聞いた、もしくは読んだ「心配事」は、確かに科学的な根拠によって示されているものです。統計的にいえば、35歳を過ぎた（および10代の）女性は、妊娠中に医療的な合併症を引き起こす確率が若干高いことも事実です。さらに高齢の女性は、若い女性に比べて流産の確率や高血圧、妊娠糖尿病（216ページ参照）にかかる確率が若干高いのも事実です。

あなたはまた、高齢出産はトラブルが起こりやすいということも聞いたかもしれません。しかし研究者は、その説に異論を唱えています。特にこの説は古い統計に基づいていて、その時代の高齢出産の人たちを、現代の健康状態のよい女性に当てはめるのは正しくありません。新しい研究では、染色体異常のリスクを除いて考えれば、35歳過ぎの人たちが健康な赤ちゃんを産める確率は若い女性とそう変わらない、という結果が出ています。あなたにはいい仲間がたくさんいます。ここ20年で、35歳過ぎで赤ちゃんを産む女性の数は、2倍以上になっているのですから。

私たちの経験では、35歳、またはそれ以上の年齢で子どもを産むことにはメリットがあります。より成熟した女性は進んで栄養管理をし、どのような出産を選択するかもじっくりと考え、より賢明な選択をするからです。そのようなご夫婦が私たちのクリニックを訪れると、たいていこんなことを言うのです。「先生、この子を産むにあたって、実にいろいろなことを調べたんです」。

今日の医療の進歩を、年長の女性は若い女性よりもより賢く利用しますし、35歳過ぎで初産を経験することに、もはやさほどこわさを感じる必要もなくなりました（35歳過ぎで第2子を産む場合、最初の妊娠に問題がなかったならば、次の妊娠で問題が起こる確率もさらに低くなります。最初の経験も役立つでしょう。妊娠している間に、この先どのようになるかを予測できますし、どうしたらお産が進みやすくなるかも知っています。また、新生児の扱いにも慣れていて、産後のストレスともうまくつきあっていけるでしょう）。年長のお母さんたちが、この本のアドバイスのいいところを取り入れてくれたなら、高齢出産のリスクなど、取るに足らないことになるでしょう。

ダウン症について

Q「35歳過ぎの妊娠では、ダウン症児が生まれる確率が高いと聞きました。それは本当でしょうか？　検査を受ける必要はありますか？」

A　ダウン症の統計では、「より年上」での妊娠のほうが危険性が高いといわれています。35歳過ぎの妊婦は通常、検査を受けるかどうかを質問されることでしょう。この35歳というラインには、ある統計学的な裏づけがあるというのです。しかし、これらの統計を調査した結果、ほかの染色体異常障害に対する心配は、35歳くらいから考えなければいけないかもしれませんが、ダウン症にしぼれば40歳を過ぎてからの妊娠で適当だと思われます。あなたが35歳以上だとしたら、まず子どもをもつかどうかを決めるにあたり、データを検討する必要があります。し、35歳過ぎの妊婦という立場なら、出生前診断を受けるかどうかも考えなくてはいけません。

ダウン症（またはほかの染色体異常）の赤ちゃんが生まれる確率は、年齢が上がるにつれて高くなり、上の表のようになります。

母親の年齢	ダウン症児の確率	染色体異常児の確率
20歳	1：1667	1：526
30歳	1：952	1：385
35歳	1：378	1：192
40歳	1：106	1：66
45歳	1：30	1：21

しかし、これらの数字はまちがった使われ方をして

います。たとえば35歳の妊娠では、192人中1人になんらかの染色体異常がみられるとされていますが、これは同時に、99・5%の人が、35歳でも健康的な赤ちゃんを産むことができることを意味しているのです。数字をどう見るかは、あなたしだいです。

出生前のスクリーニングテストの利点とリスクについて、医師と話し合いましょう。医師にテストをすすめられても、年齢のせいで差別されたという気持ちにならないでください。医師には、35歳以上の妊婦にはスクリーニング検査について知らせる義務があるのです。検査を受けるか受けないかはあなたの選択ですから、これらのことを考えてみましょう。

●テストの結果によっては、出産を迷う気持ちがあるのでしょうか？

●もし、なんらかの異常が発見された場合、事前に知ることで心構えができたり、受け入れるような態勢を整えることができるようになるのでしょうか？

●重要な情報を知らないことで、あなたが不安でいっぱいになってしまったり、妊娠生活を楽しめない状況に陥ってしまっているでしょうか？

●AFP（αフェトプロテイン）テスト（137ページ）では、ダウン症児の30～40%しか発見できず、染色体異常があるかどうかを正確に診断するには、羊水穿刺《ようすいせんし》（138ページ）を受けるしかありません。しかし、35歳以上の母親にとって、羊水穿刺が流産を引き起こすリスクは、染色体異常児をもつリスクと近い確率になってしまうのです。その検査が起こすリスクは、検査を受ける利点に匹敵するものでしょうか？　医師とよく相談しましょう。羊水穿刺によって起こるさまざまな確率（特に流産の危険性）を、医師に尋ねてください。羊水穿刺によって引き起こされる流産の平均的なリスクは、約200分の1です（これは35歳の人が染色体異常児を産む確率にほぼ匹敵します）。この流産のリスクは、医師によって多少説明が違うかもしれません。ですから、あなたはこの価値ある情報を、あなたが検査を受けるかどうかを決心する判断材料にする必要があるのです。

生まれてくる子がもしもダウン症だったら、と考えてみましょう。ダウン症のイメージは、非常に乏しい知識と、これらの特別な必要性をもった子どもたちに対する時代遅れの認識に基づいているものです。一方では、あなたは現実的に自分の家族状況やあなた自身を判断したうえで、このような特別な赤ちゃんを育てることはできないという結論を下すかもしれません。しかし、その一方であなたは、このような子どもたちにいかに特別の愛らしさや長所があるかを知って、驚くかもしれません。

私の7番目の子ども、スティーヴンはダウン症児です。私たちは、このことを前もって知りませんでした（私たちは出生前検査を受けないことに決めていたのです）。スティーヴンは私たちに多くの安らぎや生きがいを与えてくれ、私たちの人生をより豊かなものにしてくれているのです。ある部分では、ダウン症児は一般的な子どもに比べて能力が足りないところもありますが、多くの部分で、よりすぐれた能力ももっています。彼は知覚が鋭く、豊富な資質をもち、愛らしく、愛情豊かです。また、彼は私たちに、人生でいちばん大切なものは何かを気づかせてくれました。これは、彼がいなくては気づかなかったことでしょう。これらの特別な子どもに対する医療的なサポートや社会的なサービス、公的な教育があれば、彼らはかつて思われていたような「お荷物」ではなくなります。そのかわり、彼らは周囲の人たちに安らぎを与えてくれるのです、どの子も、そうであるように。

遺伝性疾患について

Q「私の友人に、遺伝性疾患のある子どもを産んだ人が2人います。彼らは事前にそのことを知りませんでした。私は、彼らと同じことが私に起こったらと思うと心配でしかたないのですが、そんな私に、医師は遺伝カウンセリングをすすめました。これはよい手段なのでしょうか？」

Ａ　遺伝カウンセリングは、それを必要としている人たちには非常に大きな恩恵があります。しかしリスクの少ない人たちには、面倒なものです。カウンセリングや検査はあなたを安心させ、利益をもたらすのでしょうか？　あなたの決心を変えさせるようなことが起こるのでしょうか？　あなたの心配レベルを上げたり下げたりするのでしょうか？　それを知ることで、あなたの人生や育児がうまくいくようになるのでしょうか？　出生前のスクリーニングテストのように、選択するのはあなた自身です。あなたの価値観や生活の都合や理由もあるでしょう。前のページにある、意思決定のためのステップをもう一度読み返してみましょう。遺伝カウンセラーの話が、あなたにどんなことをもたらすのでしょうか？　子どもを増やすのでしょうか？　減らすのでしょうか？　不安が強くなりますか？　不安がなくなるとでもいうのでしょうか？

遺伝カウンセラーと、あなたのリスクとそれに付随することについて話し合うことで、あなたはさまざまな利益を得られるかもしれません。これがカウンセリングのみで、検査を伴うものでなければ、あなたの赤ちゃんにリスクが発生することはないでしょう。プロの人物に会えば、さまざまな事実をはっきりと理解することもできるでしょう（あなたが読んだ本では、古い常識が書かれていることもあるかもしれません）。遺伝カウンセラーから得た事実や予測は、出生前診断について、あなたがより豊富な知識をもって選択できるようにしてくれるでしょう。今は多くのカップルが、以前のように「35歳過ぎは当然テストを受ける」という姿勢ではなくなっています。遺伝カウンセラーはまた、あなたと赤ちゃんが過不足なく、本当に必要としている検査だけを受けられるように、内容を検討してくれるでしょう。あなたに遺伝性疾患がなく、35歳以下の年齢ならば、78ページのチャートをもう一度見てみましょう。98、99%の赤ちゃんが、何の異常もなく生まれてきているのです。それでも心配で妊娠を楽しめないのであれば、遺伝カウンセラーに相談してみましょう。あなたの気持ちを軽くしてくれるでしょう。

ママノート：私が3人目の子を妊娠したのは38歳のときです。本当に驚きました。私も夫も、このニュースに動揺しました。2番目の子は、私が妊娠したときにはまだ生後13カ月で、ダウン症児でもあったのです。彼女はとても愛らしく、私たちはうまくやっていました。でも、ここにもう1人、なんらかの障害を抱えた子どもを産むことは、私たちにはためらわれたのです。私たちはあらゆる検査を検討し、遺伝カウンセラーとも相談し、そのうえで羊水検査を選びました。結果を待つ間は、とてもひどい気分でした。もし、何かあったら、私たちはどうするというのでしょう？　しかし、異常なしという結果が出て、おなかの赤ちゃんは元気な男の子だとわかったとき、私たちは心からリラックスし、妊娠を楽しみ、息子の誕生を待つことができたのです。

遺伝カウンセラーは、通常、次のようなケースには有効です。

＊これまでに遺伝性疾患のある子を出産した経験がある、または夫が同様の疾患をもつ子の父親である場合

プロのカウンセラーは、次の出産で遺伝性疾患のある子どもが生まれる確率と、必要な出生前診断の種類を教えてくれるでしょう。

＊おなかの赤ちゃんに、ある特別の遺伝性疾患がある可能性が高いと思われるとき

家族で引き継がれてきた遺伝的なもの、またはある疾患をもつ人と関係がある場合には、少しでも可能性を除外したいという強い希望をもつことでしょう。遺伝カウンセラーは、必要に応じてその可能性と検査について説明してくれるでしょう。多くの疾病に関しては、出生前に親の血液を調べることで検知できます。

＊ある特定の遺伝性疾患が多くみられる種族、または地域の祖先をも

つ場合

たとえば、東欧系ユダヤ人が祖先にいる場合、テイ・サックス病（致命的な酵素欠陥病）という病気の遺伝子をもっていることがあります。両親の血液検査をすることで、どちらに（または両方に）原因があるかを診断できます。同じように、アフリカ人を祖先にもつ人たちに多くみられる遺伝性疾患、鎌状赤血球症についても同じ方法が適用されます。また、血液の遺伝性疾患であるサラセミアは、地中海付近の出身者に多くみられます。

＊親のどちらかが、心臓もしくは腎臓に先天性疾患をもっている場合

これらの先天性疾患の中には、ほかのものよりも遺伝しやすいものがあります。遺伝カウンセラーは事前に、あなたの特別な状況に合わせたリスクについて説明してくれるでしょう。心臓および腎臓の先天性疾患のほとんどは、妊娠中の超音波検査で検知できます。

＊あなたと夫が血縁的に近い関係であるとき

遺伝性疾患は、家族間で発症します。夫婦の血統が近ければ近いだけ、子どもが遺伝性疾患を受け継ぐ可能性も高くなります。

遺伝カウンセラーは、その夫婦にとっていちばんよい方法を、妊娠する前にアドバイスしてくれます。どちらかの一族に遺伝的な疾患が受け継がれている場合は特にです。遺伝性疾患が受け継がれているにもかかわらず、あなたがすでに妊娠中で、おなかの赤ちゃんになんらかの遺伝性疾患が引き継がれているのではという思いがあるならば、医師に相談しましょう。医師はあなたの心配を解消してくれるかもしれませんし、よい遺伝カウンセラーを紹介してくれるかもしれません。

シングルマザー

Q「妊娠したことは、とてもうれしいのです。でも、私は結婚しておらず、ひとりで妊娠生活を送るのはとてもハードなのではと、不安な気持ちにもなります」

A　赤ちゃんを産むことは、あなたの人生を大きく変えることです。変化というものは、たとえ前向きなものでも、ストレスがかかって当然なのです。あなたがさまざまな努力をするなかで、パートナーがいてくれたらと願う気持ちも自然なことでしょう。みずから望んでシングルマザーになろうとしているのか、状況が許さなかったのかにかかわらず、あなたの妊娠を分かち合う大切なだれかを、あなたは必要とするでしょう。あなたが妊娠したというニュースを伝えれば、あなたの友人や家族のほとんどは、あなたの喜びや心配などをきちんと聞いてくれるでしょう。両親学級や妊婦健診に付き添ってくれるでしょうし、赤ちゃんのための〝巣〟の用意も手伝ってくれるでしょう。あなたがシングルマザーとして生きていくサポートもしてくれることでしょう。あなたはそんな友人に、出産にまでつきあってほしいと思うかもしれません。月日がたつにつれてあなたは、人生の中で最もあなたのことを助けてくれるだれかを、見つけることができるようになるでしょう。その人は、妊娠中も、陣痛や出産の間も、そしてその後もずっと、あなたのことを喜んで助けてくれるでしょう。

知り合いにシングルマザーがいなければ、だれかに紹介してもらってでも、先輩のシングルマザーに会ってみましょう。あなたはこの女性たちから、何をしたらいいか、何をしてはいけないか、たくさんのことを学ぶはずです。

あなたと同じ道を歩き、自分のために賢い決心をし、健康な赤ちゃんを産んだ女性から、いちばんよいアドバイスを聞くことができるかもしれません。愛情をもってあなたをサポートしてくれる中心的な役割をもつのはあなたの家族でしょうが、それはあなたの妊娠に対して健全な姿勢で受け入れてくれると仮定しての話です。あなたの家族がサポートしてくれないようなら、カウンセラーを見つけることも検討してみましょう。カウンセラーは、あなた

が抱えている難しい問題のいくつかを整理し、解決するのを助けてくれます。あなたの子どもが健全に成長できるように、愛情をもって接してくれる人たちに囲まれて育つことができるように、あなたができるすべてのことをしましょう。万が一、妊娠があなたの理想と違っていたとしても、心配しないでください。赤ちゃんがあなたに期待していることのすべては、どんな状況でも最善を尽くしてくれるということなのです。

ママノート：私は独身のまま人工授精によって妊娠しました。そのことを母に電話で告げたとき、母はショックで言葉も出ないようでした。でも今は、4歳になる孫娘をとても大切にしてくれています。

引っ越しを考える

Q「私たちはとても狭いアパートに住んでいて、赤ちゃんが生まれたら引っ越しを余儀なくされることがはっきりしています。出産後ではなく、今のうちに引っ越しをすべきなのでしょうか？」

A　今や、家族の重大な決定事には、もう一人の存在が大きくかかわってきています。このようなケースで、新しく生まれる存在は、さまざまな決定をする原動力になるでしょう。荷造りを始める前に、なぜ引っ越しをする必要があるのかをもう一度考えてみましょう。ものすごく広くて立派な子ども部屋を思い浮かべてのことでしょうか？　赤ちゃんが遊ぶような広い庭が必要ですか？　赤ちゃんと、新しい家はセットで考えるものでしょうか？　引っ越しすることで、通勤により時間がかかることになりませんか？　新たな住宅ローンのために、ふたりとも働かなくてはならないなどという羽目にはなりませんか？

赤ちゃんにとって最初の1年は、家は小さいほど快適に暮らせます。赤ちゃんは自分の部屋がなくても気になどしませんし（むしろ、あなたのそばにずっといられるほうがうれしいのです）、ピンクの水玉の壁紙じゃなくちゃいや、などとぐずったりもしません。赤ちゃんが歩けるようになれば、足を伸ばせるスペースは必要になるでしょうが、それも散歩で歩道を歩いたり、スーパーやデパート、祖父母の家で事足りるでしょう。赤ちゃんのおもちゃの置き場所に困るならば、ベッドや揺りかごの下のスペースを有効に活用すればいいのです。引っ越しするよりも、使いやすい収納道具を買うほうが、ずっと安上がりです。

それでももし、引っ越しをするのであれば、理想的なのは妊娠中期です。妊娠初期は疲れやすく、気分もすぐれないことが多いものですし、どのくらい生活が変わるのかも、まだ具体的にイメージしづらいでしょう。妊娠後期になるというまでもなく、おなかが大きすぎて、引っ越しや環境を変えるのは大変です。特に臨月では、巣作り本能が強くなるため、落ち着いた生活のほうがいいのです。引っ越しはストレスがたまりますから、引っ越しを避けることで、女性は精神的に安定したまま出産を迎えることができます。同じように、出産後の最初の数カ月は育児ストレスがたまります。物件探しや住宅ローンの検討、引っ越しのもろもろなど、とてもうまく処理する余裕はないでしょう。

妊娠中期は、最も引っ越しについて前向きになりやすいものです。引っ越しする家を決めるには、予算を第一に考え、次に、赤ちゃんとどのような暮らしをしたいかをイメージしてみましょう。あなた方家族にとって、いちばん大切なことは何でしょうか？　アパートの1階に住むことでしょうか？　公園に近いことでしょうか？　安全な通りに面していること？　庭に柵がついていること？　仕事場に近いこと？　赤ちゃんの世話をしている自分たちの生活を想像してみましょう。もし、候補になるような物件があれば、不動産情報ではわからない具体的な情報を得るために、しばらくそこで時間を過ごしてみましょう。

どこに引っ越すかという決定を分かち合うことは、大変な引っ越し作業も

分かち合うことを意味しているのではありません。あなたはあくまでもブレーン（もしくは片腕）として存在しているのであって、肉体労働をすることはありません。あなたが食器を包んで詰めたり、あちこち指図をしている間に、引っ越し業者や夫、友人に荷物の運び出しは任せてしまうのです。引っ越しをすることで、赤ちゃんとあなた方の生活が快適になるのではなく、より複雑になってしまう可能性があるのなら、引っ越しは控えましょう。お金や近所づきあい、新しい友人など、引っ越しがあなたにどんなストレスを与えるか、じっくりと考えてください。環境を変えなくても、赤ちゃんの誕生だけで、あなたの生活は非常に大きく変化するものです。

妊婦健診の必要性

Q「健診の必要性はどのくらいなのでしょうか？　私は正しい食事をし、毎日体を動かし、十分睡眠をとり、すべての妊娠本を読んでいます。私は時間の拘束が厳しい仕事をしていて、さらに、赤ちゃんが生まれる前にしなくてはいけないことが山のようにあるのです。毎月、ただ体重を測りに行くだけなんて、時間のむだのようにも思えるのですが」

A　健康な赤ちゃんを育てるためのすべての知識をあなたがもっていたとしても、第三者に診断してもらうことはとても大切です。定期的にチェックしなくてはいけないと自覚することは、正しい道を歩むことなのです。たとえばあなたがしっかりと情報を身につけていて、自分に対してとても自信があったとしても、妊娠の本や両親学級から得た知識は一般的なもので、あなたにそのまま当てはまるものではないことを覚えておかなくてはいけません。妊婦健診は、体重や血圧、腹囲を測り、尿検査をするためだけのものではありません。妊娠中に多くの女性が経験する、気持ちやライフスタイルのさまざまな変化について、医師と語り合うよいチャンスでもあるのです。医師はさまざまな心配事（大なり小なり）に対するよい相談役でもあります。定期健診は、母親になる人たちに出産についてのさまざまな心構えを養う機会も与えてくれますし、おそらく最も重要なのは、事前に医師やスタッフと顔見知りになることで、出産のときに必要以上に緊張しないですむことでしょう。

通常の妊婦健診のスケジュールは、28週までが月に1回、29週から36週までが月に2回、それ以降、出産までが週1回です。その頻度と内容は、産科医の考え方や婦人科の既往歴、あなたと赤ちゃんの特別なニーズによって、多少異なることもあるかもしれません（毎月の健診でどのようなことをするのかについては、各章ごとの最後のページを参照してください）。産科医もしくは助産師は、あなたと赤ちゃんが経験している変化を見るために健診します。ほとんどの場合、変化は正常の範囲内であり、赤ちゃんは順調に育ち、発達していることを示しています。しかしなかには、専門家でなければはっきりとわからないような、現在発症している、または潜在的な合併症の兆候を早期に発見し、管理したり、治療したり、症状を軽減するということもあります。言いかえれば、健診はあなたが元気な赤ちゃんを産む確率を増やしているのです。

子どもを育てていくなかで、子どもがちゃんと成人するという保証はありません。しかし、その子がよく育つチャンスを増やすために、親ができることはあるはずです。妊娠についても同様です。親は、赤ちゃんをより健康的に産んであげるチャンスを増やすこともできます。定期的に妊婦健診を受けることは、そのリストの最初にあります。赤ちゃんを育て、子どもを養っていくなかで、新米の母親はすぐに、貴重なことを学ぶでしょう。自分を大切にすることは、赤ちゃんを大切にすることなのです。

出産のプランを立てましょう

1990年代以降は、赤ちゃんを産む人にとってすばらしい時代になりました。いつの時代を振り返ってみても、赤ちゃんをこの世に産み出すにあた

り、現代ほど多くの選択肢が存在する時代はないでしょう。もちろんどの出産にも、それなりの代価（責任や多少の混乱、そして「パーフェクトな」出産をするのだというプレッシャーなど）はあります。私たちは、あなたが自分自身にフィットした出産を選択できるように、あなたを助けたいと思います。

　私たちは以前、産科医、看護師、助産師と討論する機会をもったことがあります。そのとき、一般的なレベルよりも前向きに出産に取り組む妊婦たちのことが話題になりました。集まった専門家のだれもが、「出産に対して十分な知識をもっている産婦は、ほとんどがスムーズな出産をする」という意見に同意したのです。あなたは、本や雑誌を読んだり、友人やプロの人から話を聞いたりしながら、自分なりの出産を選択していくでしょう。あなたはきっと、90年代以降の出産が、自分の母親の時代のものとは大きく違うことに気づくでしょう。

これまでのお産

　今日の出産についてのさまざまなことをより深く理解するにはまず、その過去を知っておく必要があります。アメリカでは約40年前、出産は手術が必要なでき事として扱われていました。そのころの女性は、まるで盲腸の手術をするように出産していたのです。母親は「患者」であり、「手術」に向けて剃毛され、準備されていたのです。分娩台にあおむけに寝かされ、足は固定されていました。赤ちゃんが引っぱり出されたあとは、お母さんは「手術」からの回復に専念するために、専門家が赤ちゃんの世話をしていました。赤ちゃんはしばしば「人工乳」を与えられました。赤ちゃんを家に連れて帰ったあとでさえ、お母さんたちは、育児の専門家と闘わなくてはいけませんでした。彼らは赤ちゃんを甘やかすべきではないと警告し、「泣いてもほうっておきなさい」「授乳はスケジュールに沿ってやりなさい」と、親になる人たちにアドバイスしたのです。赤ちゃんの世話は「あまり手をかけない」ことが、当時の主流の出産&育児スタイルになっていたのです。

　20世紀の医療や技術の発達によって、出産は、母親にとっても赤ちゃんにとっても、より安全なものになりました。１９６０年代の終わりには、革新的な女性たちが立ち上がり、出産をより満足のいくものにできないだろうか、ということを模索し始めたのです。出産に対する新たな考え方があらわれ始め、多くのお母さんが、満足できる出産とは何かを学ぶために両親学級に参加するようになりました。「選びましょう」「もっと選択肢を」というのが、当時の母親たちの合い言葉でした。

　その後の10年間では、出産での決まりきった役割に変化が生じました。出産する女性が主役になったのです。多くの医師たちは、鎮静剤などによってむりやり痛みを抑えつけようとするよりも、出産の間、母親が自由に体を動かして痛みを自らコントロールするほうが母子ともに状態がよいということに気づき始めました。そうした流れを受けて母親は、自分の出産の決定者となっていったのです。

　剃毛（むしろ、感染症の危険が高まるという研究結果が出ています）や足の固定、会《え》陰《いん》切開《せっかい》も、もはや慣例ではなくなりました。母親たちは、立ち、もたれかかり、座り、そしてスクワットの姿勢で出産するようになりました。新しい出産スタイルの登場は、出産にかかわるスタッフに新しいメンバーを迎えることになります。少なくとも、最近20年の間に夫の立ち会い出産は増え、分娩室で妻を励まし、赤ちゃんの誕生を見ることで、わが子がこの世に誕生した喜びを分かち合う父親も増えてきました。今では「女性が女性を助ける」ための、専門的なお産の介助人たちのネットワークがあらわれています。

　出産にかかる費用が高くなるにつれて、出生率は下がりました。これらの事実によって、産院は経済状況が苦しくなり、赤ちゃんビジネスの決定者でもある、赤ちゃんを産み、その代金を払う人たちの、消費者としての声に注目し始めました。

　病院業で市場調査を行っている人たちは、この新しい考え方をする消費者

たちを取り込もうと必死になり、それまでの「私たちにおまかせください」というスローガンを、「あなたらしい出産ができます」に変え始めたのです。出産に関する表現も新しくなりました。「バース・センター」を「ファミリー・バース・センター」というようにです。分娩台は快適になり、より楽に出産ができる「お産ベッド」に変わりました。出産の間のシャワーは格上げされ、陣痛の間も出産専用のバスタブでお湯につかれるようになりました。

医師はもはや、赤ちゃんを「とり上げる」存在ではなく「出産に立ち会う」存在となったのです（マーサは、ビルが彼らの赤ちゃんを「とり上げた」という表現を使うと、とたんにかっとなります。実際、彼は3人の子どもの出産を介助しました。2人は、お産の介助人が間に合わず、1人は、彼が自ら介助することを望んだためでした。それでも彼女は、自分の出産はすべて自分ひとりの力で行ったのであり、「私が赤ちゃんを産んだ」のだと、即座に指摘するのです。ビルは「お産の立会人」として存在していたのです。これは「赤ちゃんをとり上げる」よりは高尚な表現になっています）。

こうした出産における変化に伴って、90年代には「ボンディング（bonding）」「母乳育児（breastfeeding）」「密着育児（babywearing）」という「育児における3つのB」が登場してきました。くたくたの母親から離され、振り回されて、すっかり疲れきった赤ちゃんが看護師に世話をされるかわりに、健康な赤ちゃんはしっかりと母親に手渡され、母親のもとに留まります。「母親の子宮から出たものは、母親のそばに」というように、絆づくりを始めるには、これが母子双方にとって最もいい方法だという調査に、医師や助産師たちは賛同し始めました。

この絆づくりに関しては、本来母親が自然な状態でどのようなことを行うかを、あらためて科学的に見直してみたにすぎません。母乳を与えることは、赤ちゃんに対して栄養を与えるひとつの方法ですが、早い月齢でミルクに切りかえていたお母さんたちも、母乳を再認識し始めています。密着育児というのは、ベビーカーに乗せて赤ちゃんを運ぶのではなく、スリング（注1）に入れて常に赤ちゃんと密着して行動しましょう、ということです。これは現代社会の母子にとって、アタッチメント（注2）をあらわす象徴的なシーンになっているのです。

出産に関して選択すべきことは、まだたくさんあります。出産のスタイルだけではなく、立会人、場所……。助産院か病院か、薬は使わないか麻酔による無痛分娩か、ハイリスク、ハイテクか自然分娩かなど、これまで以上に選択肢も増えています。現代の女性はこれらの情報を得、選択することができますが、同時にすべてのものが、いくばくかの犠牲を伴っていることも気づいています。薬を減らすことは、それだけ痛みを感じやすいということです。薬を増やせば痛みは少なくなりますが、今度は自然の力のコントロールがきかなくなります。ハイテクを使って痛みをコントロールし、出産を管理することで、出産はいっそう複雑化します。自宅での出産はすばらしく、母親自身も自分の痛みをコントロールしやすいのですが、緊急時のリスクがあります。自分が譲れないもののリストを作りましょう。必ずしも安全でも簡単でもない出産法もあるでしょうし、さほど難しくない出産もあります。

出産に向けて、今後の展望は？

出産のスタイルは変化を続け、母親になる人たちはそれぞれの出産に責任をもち、出産の過程をより深く勉強するようになるでしょう。医療の過剰な介入は改められ、リスクが少ない場合は、母子にとって何がいちばんよいかが最優先され、人工的な処置は避けられるようになるでしょう。「何がいい出産か？」という流れによって、管理された出産は減少し、今まで当然のように行われていたハイテクを使った高額な処置は消え、出産にかかる費用もまた、再構築されていくでしょう。

あなたが妊娠の経過とともにこの本を読み進めていくのなら、私たちはあなたに、可能な限りの選択肢をお教えしましょう。新しく登場するものも、以前に比べて変化したものもあります。どれもあなたが、自分の出産に対して正しい選択をするための参考になるでしょう。新しいものが必ずしもいい

とは限りません。少なくともすべての女性向きというものではないでしょう。また私たちは、メディアで取り上げられたものでも、実際の安全性が証明されていないような、リスクのある新しいものはおすすめしません。

　きっと数えきれないほどの選択肢が、あなたの出産には生まれるでしょう。今まで考えもしなかったような疑問が生まれるかもしれませんし、これまでとらなかったような行動をとるかもしれません。あなたはレストランのフルコースメニューを選ぶように、自分の出産をアレンジできますが、最後のメインディッシュを迎えるために、コースのメニューをバランスよく組まなくてはいけなくなるかもしれません。どこに住んでいるかとか、どんな保険制度に加入しているかによって、あなたが選ぶことができない選択肢も一部あるかもしれません。そのメニューを選ぶためにあなたが何を考え、何を学んだかが大切なのです。たくさんの知識を得たうえで、自分の出産を決めていきましょう。もちろん、最先端の医療で赤ちゃんと自分のために安心感を得たいと思っても、それを後ろめたく思う必要はありません。

出産のスタッフを決めましょう

　妊婦は出産の選択ができますが、それに対する責任もついてきます。最初にあなたが決めなくてはいけないことは、だれが出産に立ち会うかです。あなたが健やかな妊娠期間を過ごし、安全な出産をするために、あなたをサポートしてくれる信頼のおける人はだれでしょうか?　出産のスタッフに直接いろいろ質問する前に、少し自分に問いかけてみましょう。あなたにとって本当は何がいちばん大切で、結局のところ何をいちばん必要としているのかがわかってくるはずです。

どんな出産がしたいのか、自分への問いかけを

　医師や助産師などの医療スタッフを探すには、まずあなた自身がどのような出産をしたいか、はっきりとした考えをもっていることが大前提です。しかし、これが最初の妊娠ならば、どのようなタイプの出産があなたにとっていいのか、また出産に対してどんなポリシーをもてばいいのかということすら、わからないかもしれません。理想的なのは、あなたが出産を完璧に勉強し、あらゆる本を読み、出産に関するすべての選択肢を検討し、すべての診療行為、テスト、テクノロジーの利点とリスクを知ることです。しかし現実は、赤ちゃんの誕生をどのように迎えたいかということすらとてもあいまいで、あなたの知識といえば、身内や友人、映画やテレビからがせいぜいかもしれません。初めての妊娠であれば、出産に関する細かいことなどは、実際に出産の立会人を選ぶ段階にならなければ決めることはできないでしょう。ほとんどの女性は、妊娠期間を過ごすうちに自分の出産に対する考えが決まっていくようです。医療従事者の影響を受ける人もいるでしょう。妊娠が進むにつれて、出産における選択肢の知識も増え、自分の出産にとって何が必要なのかもわかってくるでしょう。

　それでも、あなたはなるべく早く、あなたの妊娠をサポートし、出産に対する知識をさらに広げてくれるような人を選ばなくてはなりません。もしこれが最初の妊娠だったり、大きな病院にかかるのが初めてならば、医師が決めたことに不安を抱くこともあるかもしれません。自分の出産に対する希望を、どうやって知ればいいのでしょう?　もしかしたらあなたは、「患者」として扱われるタイプの出産について「ちゃんと知っているわ」と思っているのかもしれません。しかし、この認識は完全に正しいとはいえません。なぜなら妊娠は、多くの女性にとってそうであるように、病気ではないのです。あなたは「患者」として扱われるべきではないのです。あなたは病人ではありません。

　たとえば、盲腸の手術なら、さまざまな哲学やスタイルは必要ありません。ただ「盲腸を切ってください」と言えばいいのです。あなたは、ちゃんとした病院で、適切な手術を受ければいいのです。今のあなたが必要としていることは、これよりもいくぶん複雑なものです。そうです、あなたのいちばん

の望みは順調な妊娠生活を送り、健康な赤ちゃんを産むことです。しかしあなたは同様に、なんらかの方法で痛みを少しでも軽くしたいと思ってもいますし、もっと効果的なリラックステクニックを学びたいとも思っているでしょう。また、親としてのキャリアの最初の一歩を、満足な気持ちで楽しみたいという気持ちもあるでしょう。

たとえ最初の妊娠ではなくても、あなたはこれらの人を選ぶのに、初産の人のようなプロセスをたどるかもしれません。前回の出産には満足していなくて、次は違う出産をしたいと思っているのかもしれませんし、以前世話になった人がすでに引退している、引っ越している場合もあるでしょう。今ではあなたも、自分が知りたいこと、自分らしい出産にするために譲れないことを決めているかもしれません。もっとさまざまなことを柔軟に考えたいと思っているかもしれませんし、もっとアドバイザーの意見を聞いてみたいと思っているのかもしれません。

出産のスタッフに望むことを決めるときに、次のような質問を自分自身にしてみましょう。あなたの手助けをしてくれるかもしれません。

- 出産に関して、特にこだわっていることはあるかしら？ はっきりとした理由があるのかしら？
- 医師と助産師、どちらがいいのかしら？ どちらもいたほうがいいのかしら？
- 出産をコントロールするのは自分？ それとも、権威あるだれかに任せる？
- 痛みをどんなふうに緩和するのがいいのかしら？ 薬で？ それとも自己鎮静のテクニックで？
- 病院のやり方で、どのくらい快適になれるかしら？
- もし、帝王切開が必要になったら、私はどう行動するのかしら？
- 私は何をこわがっているのかしら？
- 医師が女性か男性かということに、こだわりはあるかしら？
- 妊娠や出産について、できる限りのことを知りたいと思っているのかしら？ 無事に終わればそれでよしでいいのかしら？
- 夫をどんなふうにかかわらせたらいいかしら？ 私は夫に何を期待しているのかしら？
- いろいろなことが計画的に進まない場合、夫は頼れるかしら？

あなたにどんな出産が向いているか、友人から出産体験を聞き、それを参考にしましょう。親しい友人に、出産はどんな点がよかったか、次に出産をするとしたらどんな点を変えたいか、聞いてみましょう。さまざまな出産の選択肢にかかわる本を読みましょう。医師などを訪ねる前に、あなたなりの出産に関する考え方を身につけておきましょう。

＊バースプランには時間をかけましょう＊

まだ妊娠がわかったばかりです。あなたの前にはたくさんの選ぶべきものがありますが、その波にのみ込まれないようにしましょう。どこで赤ちゃんを産んで、どこで両親学級を受け、痛みを緩和させるためにどんな方法を使うのかといった決定はまだ先延ばしにしても大丈夫です。この初期の段階では、あなたはつわりと疲労感に立ち向かうだけで精いっぱいかもしれません。あなたの体の内側で起こっていることに意識を集中し、自分自身をいたわってあげましょう。出産にあたっての選択は、しばらくの間は二の次でいいのです。

あなたがなるべく早くする必要があるのは、医師を選ぶことです。おなかの赤ちゃんへのケアは、待ったなしです（必要ならば、妊娠中期に病院をかえることもできます）。そのほかの決定はだんだん行いましょう。妊娠週数が進むに従って、あなたは自分の考えを自然に整理し、出産の立会人たちといっしょに、出産哲学を生み出し、バースプランを固めていけるでしょう。

自分自身に問いかけてみれば、出産の立会人にどんなことを聞けばいいか、おのずとわかってきます。彼らは、妊娠期間中にあなたの健康を管理してくれ、出産にずっと付き添ってくれる人たちです。もしもあなたが、この赤ちゃん誕生のドラマにおいて、ディレクターと主演女優の2つの役割が自分のものだと自覚し、役割をきちんと学んだとしたら、ほとんどの医療従事者は、喜んでコンサルタントの役割を演じてくれるでしょう。一方、ディレクターを出産の立会人に任せ、あなたはちやほやされるスターでいたいのなら、いわゆる権威あるタイプの出産の立会人を選ぶべきです。それに当てはまるのは、通常は助産師ではなく医師です。たとえどのようなプロの協力を得たとしても、私たちは、自分の出産の決定事項に対してはあなた自身が責任をもってほしいと思っています。この本を読んでいるという事実そのものがたぶん、あなたが何を望んでいるかを表しているでしょう。

安全で満足できる出産をするための最良の組み合わせは、自分がベストを尽くすことに責任をもっている女性と、彼ら自身もベストを尽くすことに責任をもつ出産の立会人です。このギブアンドテイクの関係は、お互いの経験から得られた知恵を尊重しながら、それぞれがアドバイスや優先事項を伝えていくのです。最初からいいコミュニケーションで関係をスタートさせられれば、妊娠や出産の大事な局面でしばしば発生する「医師と私」の闘いを回避できるでしょう。あなたはこの出産というドラマの中で、想像していたよりは、自分の役割をよりはっきりと理解できないかもしれません（しばしば、初日に予想もできない方向に筋書きが変わることはあります）。結局、出産というドラマにリハーサルはないのです。

正しい医師選び

心を許せる友人やプロのアドバイザーに、評判のよい医師を紹介してもらいましょう。実際に地域の産科で働いている看護師などは、最高の情報源です。数人に絞ったリストを作り、これらの医師と実際に会って話せるようにアポイントをとりましょう。受付に、診察を受けに来たのではなく、病院の方針などを聞きに来ただけということを伝えましょう。もしも費用や保険の関係で医師に直接会うことができないようなら、受付の人に、その病院の特徴などを聞いてしまいましょう。スタッフに余裕があれば、正式なアポイントをとる前に、職員や看護師から病院についての説明や、あなたがいちばん気にかかっていることなどを聞くことができるかもしれません。

本当は、そのようなときには夫にもいっしょに病院に行ってもらうのが理想です。もし、医師が週に一度しかそのような相談を受ける時間をもっておらず、そのたった1日も、急な出産に立ち会うためにあなたの相談が受けられなくなったとしても、怒らないでください。医師にとっての最優先は患者なのです（あなたがもし逆の立場になったら、いつかそのことに感謝するようになるかもしれません）。

ぜひ答えてほしい、重要な質問のリストを作りましょう。常にそのリストを持ち歩いて、ふと心に思い浮かぶことを書き留めておきましょう（妊娠による〝副作用〟として「妊婦は忘れっぽくなる」ということをあなたはまだ自覚していないでしょう）。

待合室でのインタビュー

早めに到着して、待合室をぐるりとチェックしてみましょう。まず、外来受付にいるスタッフに自分のことを告げてみましょう。彼らは好印象ですか？　親切ですか？　この病院を選ぶとすれば、今後電話などで彼らに接する機会は非常に多くなるでしょう。医師に会う前でさえ、病院のスタッフからたくさんのことを教えてもらう場合があることを覚えておきましょう。医師のスケジュール、休暇予定（あなたの出産予定週かもしれません）、保険の適用の範囲、料金、提携病院、医師は単独での治療か、その場合はだれが医師をフォローするのかなど、知ることができる情報はたくさんあります。病院のスタッフに事前にこれらの質問をして疑問を解決しておけば、医師は

あなたが手間を少しでも軽減してくれたと感謝するでしょう。あなたは与えられた時間を、妊娠と出産の話に集中できます。ほかの妊婦が待合室にいたら、その人たちにも話しかけてみましょう。この医師の出産についての考え方を教えてくれるかもしれません。しかし、覚えておいてください。その人の出産に対する考え方は、必ずしもあなたが望んでいるものと一致するとは限らないのです。

医師と話し合いましょう

初めて医師に会って話し合ういちばんの目的は、この病院で希望どおりの出産ができるかどうかです。これが最初の妊娠で、産科を訪れたのも初めてだとしたら、どんな出産がしたいのか、まだ具体的に決められずにいるかもしれません。そんなときには、産科の医師といっしょに考えていけばいいのです。もしかしたら医師はあなたの意見について討論してくれるかもしれませんし、さまざまなことを決定するにあたっての方向性を示してくれるかもしれません。あなたが知識を得たうえで、さまざまなことを決定するのを助けてくれるのです。このようなギブアンドテイクの話し合いで、医師の能力や考え方がわかるでしょうし、あなたが望んでいる妊娠や出産のスタイルと完璧に一致するかどうかも、わかってくるでしょう。

あなたはこの話し合いで2つの収穫をもって帰りたいでしょう。医師の出産に対する姿勢と、実際にどのような出産をするか、ということです。医師がどんな出産哲学をもっているのかを理解しましょう。医師は、出産を根本的に自然で健康なでき事ととらえていますか？　望んだとおりに出産が進行しない場合には、監視や、ときには介入が必要と考えていますか？　医師の印象はどのようでしたか？　頑固そうでしたか？　表面上はリップサービスのようにあなたの理想の出産に対して耳を傾けているのに、いざとなるとあなたの意見などおかまいなしに、自分の思ったとおりの出産を強行してしまうようなタイプでしょうか？

今日では、ほとんどの女性が、患者とのコミュニケーションを大切にしている医師を探しています。理想的なタイプの医師は、こんなふうに言うはずです。「私は、妊娠や出産は、健康的でシンプルなものだと思っています。私はあなたが自然な出産をすることを手助けしたいと思います。私はベストを尽くしますが、妊娠や出産では、ときには思いがけないことも起こります。そのときには、あなたにいくつかの選択肢を提案します。あなたと赤ちゃん、2人にとって健康で安全だと考えられる最善の方法を選びたいと思いますし、あなた自身が健康な赤ちゃんを育て、産むことにベストを尽くすのをサポートしたいのです。これが、私が考えるパートナーシップです」。

医師の出産に対する考え方がわかったら、次は具体的にどのような出産をするのかを聞きましょう。これは、あなたの出産に対する希望と、医師の仕事が一致するかしないかを探るもので、病院を決める前にぜひ知っておきたいことです。もし、あなたが完璧な出産のプランをもっていないとしても、医師がどんなふうに妊娠や出産をサポートしてくれるのか、常識的な質問をしてみましょう。自然に任せて痛みをコントロールする方法と、それをサポートするという意味での医療介入の、いちばんよいバランスを探しましょう。次のような質問をすると、その医師の出産への取り組み方がよくわかります。

- 痛みをコントロールするために、皆さんはどのような方法をとりますか？
- 分娩時の体位はどんなものが多いですか？
- 骨盤位（逆子）の場合、経膣分娩ができますか？
- 無痛分娩の割合はどのくらいですか？
- 会陰切開率はどのくらいですか？
- 帝王切開率はどのくらいですか？
- 前回帝王切開だった人が、今回の出産で経膣分娩できる確率はどのくらいですか？
- 陣痛促進剤を使う割合はどのくらいですか？

これらの質問に対する答えは、あなたの気持ちを決める手がかりになるはずです。医師の出産に対する姿勢を判断する材料の1つは、医師があなたをパートナーとして見ているか、患者だと思っているかです。もう1つは、医師が陣痛や分娩のときに自由な体位をとることがいかに痛みを緩和し、出産の進行を促進することに価値があるかを理解しているかどうかです。いまだに、あまりにも多くの医師が「妊婦は横になって、赤ちゃんをとり上げる人たちの世話になる」という考え方でいるのです。

安全で満足できる出産をすることが、あなたの人生の最優先事項だと医師に伝えましょう。そして、あなたは最善の方法を選ぶことにとても関心があると伝えましょう。このように医師に対してボールを投げれば、たいていの医師はあなたに共感し、あなたが望むような出産をサポートするために、自分ができる範囲のことをしてあげたいと思うでしょう。覚えておいてほしいのは、あなたが医師に対していろいろ思うほど、あなたに対していろいろなことは思っていないということです。医師に、あなたがどのようなタイプの人間で、どのようなタイプの妊婦で、出産は自分にとって今最も大切なことなのだと説明しましょう。

私たちがお話ししたように、妊娠が判明した数日後に、いきなり完璧な出産計画を立てることはありえないでしょう。しかしあなたは少なくとも、今自分にとって必要なことは何かということの手がかりくらいは、医師に伝えられるのです。あなたは逆に、医師がいかにあなたの話を注意深く、共感をもって聞いてくれ、あなたが自分の出産のスタイルを見つけるのを助けてくれるかをチェックしましょう。あなたの医師は、検査や器具、薬についてどのくらい丁寧に親切に説明してくれましたか? 医師の提案や意見はあなたにとって納得できるもので、この医師と自分の出産を共有することに心地よさを感じるでしょうか?

あなたの希望リストに対して医師が多少あいまいなことを言っても、すぐに転院などを考える必要はありません。この経験豊かなプロの医師は、必ずしも計画どおりに出産が進むわけではないことをよく知っているのです。あなたがもし、今日の多くの妊婦のように、しっかりとした心構えや知識をもっていれば、たぶん自分は理想的な出産ができるはずだと思うでしょう。この思い込みはとても大切です。なぜなら、理想がなければ、自分がどんなことをしたらいいのか、わからないからです。しかし一方で医師は、出産は計画どおりに進まないこともあると知っています。あなたは、こんなふうに医師から言われることも予測しておくべきでしょう。「私はあなたの出産に対する考え方を尊重したいと思っています。しかし、私は医師としての立場から、あなたと赤ちゃんにとっていちばんよい選択をしなければいけません。万が一必要があれば、私は医療的な介入をしなければいけませんし、そのときには、私の判断を信頼してほしいのです」。医師があなたの考えを尊重するように、あなたも医師の臨機応変な判断を尊重してほしい、と頼んでいるのです。

ここで、インタビューのエチケットをいくつか述べておきましょう。最初から否定的な表現をすることは、相手によい印象を与えません。「〜してほしくないんです」というような言い方をしないように気をつけましょう。前向きで明るい印象の、簡潔な表現を使うようにしましょう。あなたは「すべての医師は敵だ」と偏った書かれ方をしているような本を読んで、未熟な知識で医師に対抗しようとしている人と思われたくはないでしょう。

病院に入るときには、あなたの気持ちは決まっていたとしても(妊娠のごく初期から完璧に知識をもった妊婦など、ほとんどいないのですが)、あなたもまだ考えてもいなかったことに心を開いて耳を傾けるのは、赤ちゃんとあなた自身に対する義務でもあります。

医師は、何千もの出産体験を通じて得たすばらしい知識をもっています。しかし一方で、自分で決めたことでなく医師がすすめることがすべて正しい、と思うような流れも望まないでしょう。自分の出産に対する決定事項に自分で責任をもたないということは、あなたが本来もっている出産に対するあなただけの特別な力を半減させてしまうのです。

リンダノート

産科医として多くの妊婦と対面するなかで、しばしば困ってしまうのは、自分の考えに凝り固まったお母さんです。彼女たちは「いいお産がしたい」というこだわりが非常に強く、それがしばしば、彼女たちにいやな思いをさせる結果になってしまうのです。いいお産は、少々の柔軟性と「流れに任せる」という態度が必要かもしれません。

初産を迎えるマージという女性がいました。彼女は、自分が満足する出産ができるように、ありとあらゆる準備をしてきました。彼女は私たちに、こんなことを要望したのです。

「私は自分の出産を、自分の力で完璧にコントロールしたいのです。薬も使ってほしくありませんし、必要がない限りは医療的な介入をしないでほしいのです。でも私は、ドクターの知恵と経験も必要としています。私が医師や看護師の皆さんにお願いしたいのは、出産の間、今何がどうなっているのか、なぜそうなっているのかをきちんと説明してくださることです。何かを決めるときには自分もきちんと内容を知りたいし、だからといって私ひとりで決めるのではなく、いっしょに考えて、決めていきたいのです」

彼女は自分のベストを尽くし、サポートする医師や看護師の最良の力も引き出すことに成功しました。その結果、彼女は十分に満足のいく出産ができたのです。

助産師を選ぶ

産科学と技術の発達によって、出産は以前よりも安全になりました。ほかのどの時代をとっても、今ほど出産を複雑に考える時代はありませんでした。現代の女性は、自分の妊娠生活や出産をより満足できるものにするために、さらに1つ、選択肢があるのです。それが助産師です。

多くの赤ちゃんは、産科医やその助手の手でとり上げられます。しかし、助産師に絶対的な信頼を寄せる母親の集団も徐々に増え、その声は大きくなりつつあります。自宅出産の介助をする助産師もいますが、大半は病院やバースセンターで経験を積んでいます。「産科医」というのは「そばに立っている人」を意味し、「助産師」は「女性とともに」という意味です。それぞれが出産においてのプロですが、出産に対するスタンスは異なりますし、違うトレーニングを受け、違う役割があります。どちらがよいともいえませんが、あなたの出産の状況にどちらがより適しているか、考えることはできます。

産科の思考パターンを思い出してみましょう。産科の考え方は、けっして「なりゆきに任せない」ということです。これは、産科医が受けてきたトレーニングによるもので、あなたはこのことにお金を支払うのです。

ヨーロッパでは、医師と助産師はともに働き、産婦の満足度が高い、質の高い出産が多いようです。アメリカの多くの保健組合でも、このスタイルを産科のモデルとして取り入れ、個人病院でもこのスタイルが見受けられるようになりました。もしあなたが、幸運にもこのような病院に出合ったなら、妊娠中は助産師と医師に経過を診てもらい、出産のときには必要に応じてどちらかがあなたの出産に責任をもつことになるでしょう。

助産師を選ぶ理由

妊娠や出産において、あらかじめなんらかのリスクを抱えた人の場合、病院での出産に満足したという声も多いものです。また、痛みを避けるために医療の力を借りたいと思う人もいますし、ハイテクの医療体制に安心感を感じる人もいます。しかし、そのほか大半の女性は、医療的な介入はなるべく少なくしてほしいと思っているのです。

助産師による出産で最も魅力的な点は、理想的な出産パターンでは、最初の陣痛から最後の一押しまで、出産の間ずっと、親身になってあなたをサポートしてくれることです。一方、出産の間、産科医は周期的にあなたのチェ

ックをしにきますが、ずっとあなたに付き添ってはくれず、事態が切迫するまであなたのところにはあらわれないかもしれません。助産師は、赤ちゃんをとり上げるだけではなく、陣痛の間、付添人としてあなたをサポートしてくれるのです。根気よく出産に同調し、ときには注意深く待ち、痛みや不快感を緩和したり出産をスムーズに進行させるために、さまざまな支援をしてくれます。

助産師といっしょの出産では、産婦はショーのスターであり、ディレクターでもあり、イベントは産婦のペースで進行します。助産師は適切なサポートをしながら、出産が正常に進行するのを確認するのです。しかし、助産師は出産の途中でトラブルが発生した場合、必要に応じて産科医の助けを借りるように訓練されています。母親と赤ちゃんの安全性を最優先しなければなりません。助産師は、出産は自然なものと考えています。医療介入をほとんどせずに母親を心地よくさせ、出産がどう進んでいくかという情報を与え、体が正常に機能するように手助けをすることが仕事だと思っていますし、そのための訓練を受けています。

一方、産科医は、しばしば「万が一」のことを考え、何か異常はないかと探すことに力を入れます。このどちらの考え方も、状況に合わせて妊婦をしっかりと助けてくれるでしょう。私たちが助産師に感じたことの中で最も興味深かったのは、「出産の進行を妨げ、苦痛を増大させるのは、妊婦がもつ恐怖心」という信念を助産師がもっていることです。経験豊かな助産師は、お願いする価値があります。助産師がそばにいてくれるだけで、産婦は平静を取り戻し、出産の恐怖に立ち向かうことができるのです。

助産院を選ぶ場合

あなたの妊娠が特にリスクもなく順調に進んでおり、十分に手をかけてもらえて医療介入のない出産をしたいと思うなら、助産院での出産が向いているでしょう。もちろん、最終的にはあなたの健康状態、あなたの出産に対する知識、痛みをコントロールしようとする意志、どこにリスクが潜んでいるかを理解していることなどを検討したうえで、決めるべきでしょう。さらに、あなたの地域にどんな助産師がいるかにもよります。もしあなたが経産婦なら、前回の出産の経験にも左右されるでしょう。

どんな出産をしたいのか、もう一度考えてみましょう。多くの女性は、健やかな妊娠生活と健康な赤ちゃんだけを望んでいるのではありません。満足のいく出産体験も望んでいるのです。自分が本当に望んでいるものは何かを、問い直してみましょう。産科医や助産師の適切なサポートがあれば、出産はあなたが考えていた以上にすばらしい経験になるでしょう。

自分への問いかけ

助産師にいろいろ質問する前に、まずあなた自身に問いかけてみましょう。

□あなたは今、健康的にいい状態ですか？　妊娠で問題は起こっていませんか？　糖尿病や高血圧など、妊娠に影響を与えるものはありませんか？

□早産傾向、妊娠糖尿病、妊娠中毒症など、出産時に、特別な医療措置が必要とされる可能性がありますか？

□あなたの地域に、助産師が出産に立ち会うようなシステムはありますか？　助産師はプロとして訓練されているだけではなく、ちゃんと資格をもっており、もし不在の場合は、かわりの助産師がサポートしてくれる態勢が整っていますか？

助産師への基本の質問

産科医を選ぶ過程で助産師にも質問できる機会があれば、医師にしたもの

と同じ質問をし(89ページ)、さらに、これらの事項も付け加えてみましょう。

□提携している産科医はだれですか？　どのくらいの確率で、医師がかかわる出産になりますか？　医師が到着、または病院へ移動するのに、どのくらいの時間がかかりますか？　どんな場合に医師がかかわることが多いですか？　決めるときには、私にも意思確認をしてくれますか？　妊娠中にあらかじめ、バックアップをしてくれる医師に会うチャンスはありますか？　もしも、その医師が不在の場合はどうなりますか？　医師の手に任せた場合、あなたも付き添ってくれますか？

□あなたが旅行や不在、ほかの人の出産で手いっぱいの場合、だれがカバーしてくれますか？

□出産の間、どんな手助けをしてくれますか？　どのくらい手をかけてくれますか？　私が望めば、出産の間ずっと付き添っていてくれますか？

□私くらいの年齢の女性が通常受けるテストには、どのようなものがありますか？　私が「ハイリスク」であった場合、専門家と協力しながら経過を診てもらえますか？

□あなたか、もしくはいっしょに働いている人から、産前教育を受けることはできますか？　ラマーズ法など、いろいろな出産のスタイルを知ることはできますか？

□助産院や自宅から病院に送られる場合、どのような移動手段をとりますか？　病院での出産になった場合、あなたが立ち会うことは許可されていますか？

□新生児の蘇生法の資格をもっていますか？　どのような蘇生法を使いますか？

□会陰のマッサージはできますか？　会陰切開について、どう考えていますか？

□費用はどのくらいですか？

□産後のケアも行っていますか？　どんなサービスがありますか？

いろいろ質問をすることを、ためらってはいけません。きっとあなたにぴったりの考え方とテクニックをもった助産師さんが見つかるはずです。医師にしたのと同じように、あなたが助産師に望むことを書き出しておきましょう。

もしも医師にも助産師にも質問ができるのなら、いくつかの項目について確認してみましょう。医師と助産師という職業の違いと同じくらい、それぞれの人物のもつ個性が、あなたに合うかどうかも大切なことです。

＊さらに詳しく知るために

Q「助産師と看護師を兼任している人の場合、ずっと付き添って、サポートしてもらうことは難しいのでしょうか？」

A　たぶん無理でしょう。病院の助産師のことを女性が話しているのを聞いたことがありますが、結局は、運に左右されるところが大きいようです。あなたは、経験豊かで信頼できる看護師を見つけられるかもしれませんし、出産に対してなにかと後ろ向きで、不親切な新人にあたってしまうかもしれません。さらに、あなたが信頼できる看護師にあたったとしても、いざ出産に

なると、彼女はシフトの関係であなたの出産に立ち会うことができないかもしれません。あなたの出産がゆっくり進行するタイプであった場合、看護師にたっぷり時間があるときなのか、忙しい夜間になってしまうかはだれにもわかりません。長時間ほうっておかれる可能性もあります。助産師は、たいていの場合あなたにずっと付き添ってくれます。あなただけに付き添い、出産の最後までずっといっしょです。助産師はあなたをサポートし、注意しなければいけないところを教えてくれます。ひとりにして、とあなたが望まない限りは、あなたをほうっておくことはありません。

Q「助産院での出産は、結果的に帝王切開になる率がぐっと低くなると聞きました。これは本当ですか？　何か理由があるのでしょうか？」

A　助産院での帝王切開率が低いのは、もともとリスクの少ない妊婦や、ぎりぎりまで医療の介入を望まないような人が、そもそも助産院での出産を選ぶということも大きく影響しています。しかし、出産を的確にずっとサポートしてくれる人（助産師、もしくはほかのだれか）の存在は、確かに帝王切開率の低下に役立っています。あなたに出産の間に起こるさまざまなことを教え、あなたの出産が正常に進行するのを助けてくれるからです。

Q「出産の間に、やっぱり医療の手助けがほしいと望んだら、助産師は怒りだすでしょうか？」

A　ほとんどの助産師は、通常は「薬を使わない」というスタンスです。しかしあなたの気持ちが、病院でのお産に揺れるのであれば、正直に病院での出産について助産師がどう思うかを聞いてみましょう。あなたがどのような選択をしたとしても、出産にかかわる人であれば、だれもあなたを怒ったりはしません。しかし助産師は、あなたにもう少しこの状態を、医師の助けを借りないでがんばってみましょう、とあなたを勇気づけるでしょう。あなたがどうしても痛みに耐えかねて、薬の力を借りようと決心したならば、あなたをサポートする役目は、助産師から医師に移行します。助産師には、医師の立ち会いなしに医療行為をすることはできないのです。

Q「助産師の勉強をしていて、4人の子どもの母親でもある友人がいます。私は彼女を信頼していて、彼女に出産を任せたいと思うのですが。どうしたらよいのでしょうか？」

A　それはできません。彼女は確かにすばらしい人かもしれません。しかし、彼女には助産師としての経験が少なすぎます。産科医など、経験豊かな人の協力があれば、彼女をサポーターとして立ち会わせることは可能かもしれません。

Q「助産師は自立していると思います。夫の立ち会いについてはどのような考えをもっているのでしょうか？」

A　夫の立ち会いはすばらしいことです！　助産師は家族での出産を大切にする傾向があります。助産師は、出産の間に行う必要があることを、夫にサポートさせることもあります。すぐれた助産師は、むやみに夫のポジションを奪うようなことはせず、非常に注意深く扱います。また、夫がとまどっているようならば、夫の役割はどのようなものなのかを示しながら働きます。助産師は、出産の体験を分かち合っている家族――お母さん、お父さん、そしてときには祖父母や子ども――を見ることほどすばらしいものはない、と私たちに語ってくれます（243ページの「自宅での出産」も参照）。

2人のために、正しい食事を

妊娠している間は、あなた自身のためにだけでなく、おなかにいる小さな赤ちゃんのためにも、毎日のメニューを考えていかなくてはいけません。妊娠中にまんべんなく正しい栄養を摂取することは、すべての食べ物を口にするよりも難しいわ！と思うかもしれません。自分が食べるものについて考えるのは大切ですが、あなたの口に入るすべてのおいしいものを吟味することは現実的ではありません。

食べ物のリストやメニュー、レシピはしばしば、いちいちグラム数を量ったり、カロリー計算をする時間やエネルギーがない忙しい妊婦にとって、しばしば非現実的なものになっています。きちんと決められた正しい食事ではなく、一般的な法則を使って考えればいいのです。妊娠中の正しい食事は、妊婦以外の人向けの正しい食事のガイドラインと、基本的には同じです。そこに、あなたの体の中の小さな赤ちゃんが必要としているものを付け加えればいいのです。基本的な栄養学のルールを理解することで、あなたは最も健康的な食品と食事を、自分の食習慣やライフスタイルに合わせて選ぶことができるようになるのです。

妊娠していてもしていなくても、基本的に、人間の体は6つの栄養を必要としています。タンパク質、炭水化物、脂肪、ビタミン、ミネラル（主にはカルシウムと鉄分）、そして水です。〝バランスよく〟栄養を摂取するには、これらの正しい割合を覚えましょう。15～20％のタンパク質、50～60％の炭水化物、20～30％の脂肪、それに推奨摂取量のミネラルとビタミンを加えます。ここから、それぞれの栄養素の必要量とその理由を説明していきましょう。

さまざまな脂肪

妊娠中は脂肪が必要です。価値あるエネルギー源として、ある種の脂肪（〝必須脂肪酸〟と呼ばれます）は、脳や神経回路といった重大な組織を形成する大切な栄養素です。妊娠中に脂肪を制限する必要はありませんが、脂肪

の中でも、良質な脂肪をとらないといけないのです。理想的な脂肪は、魚の脂、ナッツ、アボカド、そして植物油（オリーブ油、キャノーラ油、亜麻仁油）です。これよりも若干ヘルシーさには欠けますが、必要なものとして、乳製品の脂肪が続きます。ヘルシーさも若干劣り、さらに必要性も少なくなるものに、肉から得る脂肪があります。最もいけない脂肪は、自然なものを加工して作った脂肪です。毎日の食生活から、「水素添加（物）」または「水素化合」と書かれているラベルがはられた食品は追放しましょう。これは、パックに入った油っぽい食べ物の中に含まれている、栄養学的にはまったく不健康的な脂肪です。

マーサノート

私は、バターをより栄養豊富にするために「ベターバター」を作りました。バター約100gを溶かし、それに1.5カップのキャノーラ油を加え、それをまた冷蔵庫で固めたものです。

コレステロールについてはどうでしょうか？　人生で2回だけ、コレステロールの心配をしなくてもいい時期があります。それは、幼少期と妊娠中です。妊娠中のあなたの体と、急激に成長している赤ちゃんには、特別なコレステロールが必要になるのです。子どもの小さな脳を発達させるために、コレステロールが必要になります。同様に、妊娠中のホルモンを形成する手助けをします。妊娠中のホルモンはまた、コレステロールを形成して新陳代謝を促します。妊娠中、コレステロール値が上がりやすいのは、このことが原因であって、自然なことなのです。

だからといって、妊娠中は特別にバターをたっぷり塗っていいというわけではありません。脂肪によるカロリーは、1日の摂取カロリー全体の20～30%に抑えるべきで、これは、妊娠していない人と同じ割合です。

タンパク質はパワフル

タンパク質は、あなたと成長するおなかの赤ちゃんを形づくる大切な栄養素です。赤ちゃんの組織や器官は、各器官が十分に成長するまで、何百万ものタンパク質を積み重ねていくことで成長していきます。タンパク質は、アミノ酸の小さなブロックの積み重ねで構成されており、1つのタンパク質細胞には、アミノ酸の箱がたくさん詰まっています。タンパク質を形成する多くのアミノ酸は、体内で自然につくられます。しかしなかには、体内ではつくられないアミノ酸もあり、食べ物で摂取しなければなりません。これらは〝必須アミノ酸〟と呼ばれます。これがないと、体は正しく成長していくことができません。必須アミノ酸を含むタンパク質は〝完全なるタンパク質〟と呼ばれます。完全なるタンパク質は、牛・豚肉、魚、鶏や鴨などの肉、卵、そして乳製品などの動物由来製品に含まれています。野菜、全粒粉や豆科植物（たとえば大豆、乾燥豆、ピーナッツなど）もよいタンパク質源です。けれども、大豆を除き、動物性タンパク質でないもの、土の中で育てられた食料は、タンパク質を含んではいるものの、完全ではありません。これらは必須アミノ酸を完全には含んでいないのです。ですから、すべての必須アミノ酸を摂取するには、さまざまなタンパク質を組み合わせてとる必要があります。豆類と穀物の組み合わせは必要なタンパク質を満たしていますし、植物性タンパク質と動物性タンパク質の組み合わせも同様です（例：野菜と乳製品、穀物と乳製品、穀物と肉類）。完全なタンパク質を摂取するために、次のように上手に食物を組み合わせてみましょう。

- パンとチーズ（全粒穀物と乳製品）
- シリアルとミルク（穀物と乳製品）
- 全粒のパスタとチーズ（全粒穀物と乳製品）
- パンとピーナッツバター（全粒穀物と豆類）
- グラノーラとヨーグルト（穀物と乳製品）

●いんげん豆やそら豆、レンズ豆のスープと、小麦または米のクラッカー（豆類と全粒穀物）
●ライスプディング（穀物と乳製品）
●豆ご飯（豆類と穀物）
●ミートソーススパゲッティ（穀物と肉）
●チーズソースをかけたブロッコリー（タンパク質を含んだ野菜と乳製品）

妊娠中は、1日に100gのタンパク質が必要です。あなたが、1日に3、4皿分の5大タンパク源（牛・豚肉、魚、鶏や鴨などの肉、乳製品、卵）を食べているのならば、少しだけ特別なタンパク質を足せば1日に必要なタンパク質を十分摂取していると思ってもいいでしょう。この特別なタンパク質は、妊娠の中期と後期に必要なものです。ですから、つわりできちんとした食事ができなくても、最初の3カ月は、あまり気にしなくていいでしょう。

ふだんは肉を食べない人が、妊娠したらむしょうにステーキが食べたくなることもあります。あなたが肉を食べなかったり、乳製品にアレルギーがあったり、ベジタリアンだったとしたら、十分なタンパク質をとるために、さまざまな食品を組み合わせるといった工夫が必要になります（ベジタリアンの食事については104ページ、乳製品のかわりになるものについては100ページを参照）。一般的にいわれている「ほとんどの人はタンパク質をとりすぎている」というのは誤りで、ほとんどの人、特に妊婦は、必要量よりもタンパク質が足りず、炭水化物は過剰という傾向があります。

いろいろな種類の炭水化物

炭水化物の基本形は糖質です。糖質は、栄養学や食事を気にする人たちの間で、必要以上に不当に評価されている場合が少なくありません。妊娠中は、毎日の摂取カロリーの50～60％は糖質（主なるエネルギー源）から摂取しなければなりません。といっても、すべての糖質が栄養学的に平等ではありません。栄養的に最も劣っているのは単糖と呼ばれるもので、構成が非常に単純なために腸内での消化作業がほとんどなく、すぐに血液中に糖分が移行します。そのために血糖値が上がり、インスリンが分泌されます。しかし、この血液中の糖分は急速に使われるため、次には急激に血糖値が下がり、いわゆる「シュガーブルー」という状態を引き起こしてしまうのです。これは、血糖値がジェットコースターのように急激に上下することによって情緒不安定に陥ることをいいます。単糖にはショ糖（スクロース）、ブドウ糖（デキストロース、グルコース）など、さまざまな形があります。これらはグラニュー糖やキャンディー、アイシング、シロップの原材料、ほとんどの大衆食品などに含まれています。妊娠していると、ホルモンの関係で糖質の新陳代謝システムが変わり、妊娠前は血糖値の上下にさほど敏感でなかった人も、この「ジャンクシュガー」に対しては非常に敏感になることもあるでしょう。

比較的ヘルシーな糖質には、果物に含まれている果糖と、乳製品に含まれている乳糖があります。これらの糖分はすばやくエネルギーに変化しますが、単糖と違ってインスリンを刺激して放出させたりもせず、単糖のように血糖値を急激に上下させるようなこともありません。

最も好ましい糖質、特に妊婦にとって好ましいものは、複合多糖類と呼ばれるものです。これは分子が大きいため、血中に入るスピードがゆっくりで、血糖値を安定させたまま長く持続させる働きがあります。「複合炭水化物」または「スターチ」とも呼ばれています。最もよい複合炭水化物は、ごはん、パスタ、じゃがいも、穀物、豆、ナッツバター、種子類などに含まれているものです。単糖と違い、果糖や乳糖、スターチはゆっくりと安定したエネルギーを供給し、満腹感を持続させます。血糖値も安定させ、より元気な状態を保てるのです。

鉄分は特にたくさん必要です！

鉄分は、あなたのおなかの赤ちゃんを育てる特別な血液をつくるために、

また赤ちゃん自身のためにたくさんの赤血球をつくるのに不可欠です。鉄の欠乏（貧血）または〝疲れた血〟は、疲れた母親をつくります。妊娠初期の終わりごろ（通常、つわりがおさまるころ）までに、医師から、鉄分の多い食事、またはサプリメントをとるようにと言われるでしょう。妊娠中はふだんの食事で2倍、少なくとも毎日60㎎の鉄分を摂取する必要があります（多胎妊娠ではさらに多くの鉄分が必要です）。あなたは妊娠中に鉄分の錠剤を必要とするでしょうか？　たぶん、イエスです！　妊娠中、すべての鉄分を通常の食事でとろうとしても、カロリーオーバーせずに毎日十分に鉄分を補給するのはまず不可能です。市販の鉄分の錠剤を、上手に活用しましょう。鉄分の錠剤で胃がおかしくなったり、便秘ぎみになる人もいるでしょう。もしも鉄剤のせいでさらにつわりがひどくなるようならば、医師に相談し、つわりがおさまるまで、もっと胃にやさしい鉄分の錠剤を処方してもらいましょう。鉄分が最も必要になってくるのは妊娠中期です。鉄分の錠剤が腸の調子もおかしくさせるようならば、錠剤を小さくして、少しずつ飲むようにするとよいでしょう。鉄分の豊富な食品と、その吸収を促すような食品の組み合わせは、次を参考にしてください。

●鉄分の吸収量は、いっしょに食べるものに左右されます。鉄分の吸収を助ける食品もあれば、妨げる食品もあります。ビタミンC（柑橘類、いちご、ピーマン、キウイなど）は、鉄分を含む食品といっしょに食べることで、より多くの量を吸収させます。牛乳、紅茶、コーヒー、酸を中和してしまうようなものは、鉄分の吸収を妨げてしまいます。ですから、食事から少しでも多く鉄分を吸収するためには、食事のときにはオレンジやグレープフルーツジュースをいっしょに飲み、牛乳などは避けたほうがいいでしょう。

●鉄分に関するまちがった知識について、考え直してみましょう。お母さんは、「ほうれんそうを食べなさい！」とあなたに言いませんでしたか？　そうです、確かにほうれんそうには鉄分が豊富に含まれています。しかし、ほうれんそうの鉄分は、腸ではほとんど吸収されません。ほうれんそうのような食品は、ほかにもいろいろあります。鉄分を多く含んでいるのに吸収されない食品です。成分表などでは立派な数値を出しているにもかかわらず、それがそのまま当てはまるわけではないものです。野菜や卵黄などの鉄分は、吸収がよくありません。鉄分の錠剤のラベルをよく読みましょう。びんのラベルに列記されている鉄の中には、まちがっているものもあります。

栄養的に最も重要なのは「必須鉄」で、これは吸収のよい鉄が豊富に含まれていることを意味します。たとえば３００㎎の硫酸鉄タブレットには、60㎎の必須鉄が含まれています。どんな食品が鉄分を多く含んでいるかは「鉄分摂取に最適な食品」の表（次ページ）を参考にしてください。

鉄欠乏による貧血は、自分ではわかりづらいかもしれません。疲れ、イライラ、集中力の欠如、筋肉疲労など、妊娠しているだけでも起こりうることばかりです。あなたの医師が定期的にチェックする血球数測定（ヘモグロビンとヘマトクリット値）によって、最新の貧血の程度がわかります。たとえあなたの血球数測定の数値が正常でも、鉄分が足りないこともあるのです。なんだか貧血ぎみだと感じたら、医師に血中フェリチンの値の検査を頼んでみましょう。これは、あなたの体内の鉄分値を、より正確に測定してくれるものです。フェリチン値が低い場合（20以下）は、体内の鉄分の在庫が、からっぽになりかけているサインです。鉄の欠乏は母体を疲れさせるだけでなく、赤ちゃんの健康にもマイナスです。貧血ぎみだと、低出生体重児の出産や、早産になりやすいのです。自覚症状がなくても、医師が測ったヘモグロビンおよびヘマトクリット値が、貧血を示している場合があります。なぜなら、妊娠中のあなたの血中の水分量は増加していて、「血液希釈」と呼ばれる状態になっているからです。血液が薄くなっているため、血中のヘモグロビンやヘマトクリット値が、妊娠前に比べて下がっているのです。これは、妊娠性貧血と呼ばれます。

＊ 鉄分摂取に最適な食品 ＊

食品名	鉄分量（mg）
レバー（112g）	8.5
カキ（½カップ）	8
豆類（１カップ）	5
大豆（１カップ）	5
アーティチョーク（１カップ）	5
鉄分強化のシリアル（28g）	4～8
大麦（１カップ）	4
レンズ豆（１カップ）	4
牛肉（112g）	3.5
いわし（112g）	3.5
ザワークラウト（１カップ）	3.5
かぼちゃ（１カップ）	3.4
はまぐり（112g）	3
干しあんず（½カップ）	3
干しもも（½カップ）	3
ビーツ（１カップ）	3
グリンピース（１カップ）	2～3
皮つきのじゃがいも	2.7
ツナ（112g）	2
えび（112g）	2
いちじく（５個）	2
パスタ（１カップ）	2
ひまわりの種（28g）	2
ブロッコリー（１株）	2
ベーグル（１個）	1.8
さくらんぼ（½カップ）	1.6
レーズン（½カップ）	1.5
醸造酵母（ティースプーン１杯）	1.4
プルーン（大きめのもの５個）	1.2
鶏肉、七面鳥（112g）	1
パン（スライス１枚）	1
木綿豆腐（85g）	1

＊妊婦の鉄分の１日あたりの推奨摂取量は60mgです。

カルシウムに気をつけて

　赤ちゃんの骨を丈夫にし、お母さんの体を維持するために、妊娠中は、鉄分と同じように、ふだんの2倍のカルシウム量が必要になります。赤ちゃんの歯や骨は2カ月で形成され始め、6カ月までに倍に成長します。毎日の食事から十分なカルシウムが得られない場合、赤ちゃんはあなたの骨からカルシウムを奪い、あなたの骨をもろくさせてしまいます。これが、骨粗鬆症《こつそしょうしょう》と呼ばれる状態です。あなたと赤ちゃんは、合わせて1日に１６００mgのカルシウムが必要です。妊娠前に比べて８００mg多い量です。最新の研究では、妊娠中に１５００～２０００mgのカルシウムをきちんととっていた妊婦の60～70％は高血圧や妊娠中毒症を避けられた、という報告がされています。赤ちゃんが大量のカルシウムを必要とし始めたら（妊娠後期の最初のほう）、カルシウムを適切にとるようにしてください。乳製品を避けなくてよければ、十分なカルシウムを摂取することはさほど難しくありません。約1ℓの牛乳は、1日に必要なカルシウムの量を含んでいます。

　カルシウムを多く含んでいて低カロリーで、多くの女性に好まれるカルシウムチャンピオンは、ヨーグルトです。牛乳が苦手なら、ヨーグルトを選びましょう。同量の牛乳とヨーグルトなら、ヨーグルトのほうが栄養価が高く、カルシウムも多く含まれているのです。毎日、ヨーグルトシェイクを作りましょう。２４０mℓ程度のヨーグルト3杯分が、ほとんどの妊婦に必要な1日のカルシウム量にあたります。チーズもカルシウムのかたまりで、牛乳のかわりになります。普通の牛乳だとおなかの調子が悪くなってしまうなら、乳酸菌飲料を試してみましょう。体質的に乳糖不耐症だとしたら、カルシウム成分を強化した豆乳やライスミルク、乳糖を取り除いたミルクを飲むか、その錠剤を試しましょう。乳製品の中の脂肪分やカロリーが気になるようなら、低脂肪または無脂肪の乳製品を試してください。カルシウムが若干多く含まれているかもしれません。

＊カルシウム摂取に最適な食品＊

食品名	カルシウム量（mg）
ヨーグルト（約230g）	400～500
牛乳（約230mℓ）	300
ツナ、いわし、鮭などの骨入り缶詰（約112g）	250
チーズ（約28g）	200
木綿豆腐（約230g）	200
ルバーブ（½カップ）	174
カッテージチーズ（約230g）	150
いちじく（３個）	80
アーモンド（約28g）	75
大豆（½カップ）	66
ブロッコリー（½カップ）	50
ケール（½カップ）	47

塩分はこわくない

一昔前、妊娠中の手足のむくみは、過剰な塩分が原因だといわれていました。程度の違いはあれ、手足のむくみはほとんどの妊婦が経験していて、塩分ばかりが原因とはいえないのです。医師から特別な制限を受けなければ、妊娠中は、ことさらに塩分を制限する必要はありません。多くの妊婦が「塩辛いものが食べたい」という衝動に襲われるようですが、これは栄養学的に、体が欲しているというメッセージなのです。

塩分は、より多くの水分を体内に保つ役割をしています。妊娠中の体は水分を余分に必要としていて、あなたの体内の水分量は、40％ほど増えた血液や、赤ちゃんを包む十分な量の羊水を含めると、約2倍になります。農業従事者は昔から、塩分の必要性をよく理解していました。農場に行けば、酪農家が妊娠した牛に塩のかたまりを食べさせるのを見ることができるでしょう。海塩ではなく、ヨウ素添加塩を使うようにしましょう。妊娠中のあなたの体は、甲状腺ホルモンの欠乏を避けるために、特別なヨードを必要としているのです。あなたの食事は、塩で味つけをしていいのです。

いろいろなビタミン

ビタミンはほぼすべての食物の中に含まれており、ヘルシーでバランスのよい食事を心がけていれば、あなたや赤ちゃんが、ビタミン欠乏症に陥る心配はまずありません。

葉酸の必要性：サプリメントで補充の必要がないビタミンの例外が、「葉酸」として知られているビタミンです。これはビタミンBの仲間で、生の葉物野菜、豆科植物、いんげん、ナッツ類、レバー、濃い黄色のフルーツや野菜、ブロッコリーなどに多くみられます。妊娠中は通常の約2倍の葉酸が必要なのですが、このビタミンは腎臓で排泄されてしまうため体に蓄えておくことができません。ですから妊娠中は特に、毎日、４００～８００μgの葉酸を摂取する必要があります。葉酸の欠乏は、赤ちゃんの中枢神経の先天性異常や二分脊椎症と関係しているともいわれています。最近の研究では、妊娠6週から12週の間に葉酸を１０００～４０００μg程度摂取した人は、いずれも脊柱異常の子どもを産むリスクが低下しています。

ビタミンのとりすぎに気をつける：ビタミンA、D、Eのとりすぎは、先天性異常や健康問題に関係があるといわれています。たとえば、１９９５年の調査によれば、ビタミンAを妊娠中に過剰に摂取（１００００IU以上）すると、約5倍の確率で口蓋裂や唇裂、心臓欠陥などの異常が発生することがわかっています。ビタミンA、D、Eは脂溶性ビタミンのため、自動的に排泄されることはなく、体内の脂肪に蓄積されてしまいます。ビタミンCとBは水溶性ビタミンですが、最新の研究では、ビタミンCを過剰摂取していた母親から生まれた赤ちゃんは、この高い服用量に依存することに慣れてしまい、誕生後にビタミン欠乏症の兆候がみられました。妊娠中にビタミンB_6を大量に摂取していた母親から生まれた赤ちゃんは、発作を起こしやすいとい

＊妊娠前にできる栄養チェック＊

これから妊娠しようとしている人は、つわりでビタミン不足になる前に、あなたと赤ちゃんのために、前向きに栄養を考えるところから始めましょう。それには、妊娠前の食習慣を徹底的に見直すことから始めます。妊娠前の不健康な食生活を変えるのは、さほど難しいことではありません。

＊「フードピラミッド」を知っておきましょう＊

アメリカ人の高カロリー、高脂質食を見直すため、1992年に米国農務省が発表したのが、「フードピラミッド表」です。これは、バランスよく健康的な食事をとるためのガイダンスです。これまで行われていた、食品を４群に分け「まんべんなく同じように」摂取するという考えを改め、自然の恵みをなるべく多く摂取し、動物性タンパクを少なめにすることが健康のためにも望ましい、と考えられています。穀物と野菜、果物がまず第１、第２、第３のピラミッドを作り、動物性の食物が第４、第５のピラミッドを形成しています。さらに、人間の体は少々の油分を必要としています。栄養的なことを別にしても、少々の植物油やナッツをちりばめることによって、料理もおいしくなります。

１．穀物：パン、シリアル、米、パスタ	６～11皿（１皿＝パン１切れ、½カップの米・パスタ・調理ずみシリアル、½カップのじゃがいもや豆、またはシリアル28g）。できるだけ全粒粉を使うこと。
２．野菜	３～５皿（１皿＝生の状態でカップ１、調理ずみで½カップ、野菜ジュースは¾カップ）。できるだけ新鮮なものを使うこと。有機野菜が望ましい。
３．フルーツ	２～４皿（１皿＝中くらいのオレンジ・バナナ・りんご１つ、缶詰の果物½カップ、ジュースは¾カップ）。できるだけ新鮮なものを使うこと。有機果物が望ましい。
４．乳製品：牛乳やヨーグルト、チーズなど	２～３皿（１皿＝ミルク・ヨーグルト１カップ、カッテージチーズ½カップ、チーズ42g、アイスクリーム½カップ）
５．肉類、鶏や鴨などの肉、魚、卵、豆科植物（豆、種）、ナッツ	２～３皿（１皿＝84gの肉・魚・および鶏や鴨などの肉、卵２個、ナッツバター２さじ、調理ずみの豆科植物１カップ）

注）この栄養表は妊娠している、いないに関係なく、すべての健康食を望む人に適しています。ただし、この「皿」は、その人の１日の運動量によって異なります。運動をよくする人は、それぞれの最大量を選ぶべきです。妊婦の場合も、最も多い値をとってもいいですし、４、５群をそれぞれ増やしてもいいでしょう。その場合は脂肪の少ない赤身の肉や、低脂肪、無脂肪の乳製品にします。

う兆候がみられました。多すぎてもいけないし、少なすぎてもいけないのです。

水分を忘れずに！

余分な水は、40％も増えた血液のためだけではなく、羊水のプールを十分に満たしておくためにも、あなたの体調を整えるためにも不可欠です。水をたくさん、頻繁に飲むことで、あなたの肌はやわらかく、すべすべに保たれるでしょう。毎日の食生活で水分を多くとることによって、より多くの水分が腸に送られ、便秘もしにくくなります。水は体の中の老廃物を薄め、尿とともに頻繁に体外に排出され、体調を整えてくれます。さらに、膀胱炎などのトラブルを防止する効果もあります。あなたは1日にコップ8杯以上の水分を必要としています。アルコールやカフェインは避けましょう。46～48ページで説明したように、これらの飲み物には利尿作用があり、あなたの体から水分を奪ってしまいます。大きなカップやグラスをふだん使いにし、水を入れたボトルを常にそばに置くことを習慣にしましょう。

ほとんどの場合は、ただの水で必要な水分量を補給すべきですが、ジュースやスープなどを楽しむのもいいでしょう。特にジュースは、食事のときに牛乳のかわりに飲むとよいでしょう（ビタミンCは、食事で得られる鉄分の吸収を促進します）。ただし、ジュースは飲みすぎに注意しましょう。1パックあたりの牛乳と同じだけのカロリーでも、栄養的にはずっと劣っています。かわりにジュースを薄めたり、発泡水や水にティースプーン1杯分くらいのジュースを凍らせたものを入れてみてはどうでしょう？　1日を通じて、一定時間の間隔をおきながら水分を摂取することが望ましい方法です。少ししか食べられないときには食事の回数を増やし、さらに多くの水分を頻繁に摂取するべきです。

＊栄養に関する質問

妊娠中に正しい食生活を送るために、よくあるいくつかの質問を紹介しましょう。

Q「妊娠中に正しい食生活をすることが、なぜそんなに大切なのでしょう？　赤ちゃんと私のために、余分にカロリーをとればいいだけではありませんか？」

A　妊婦がよい食生活を送るほど、健康的な赤ちゃんが生まれる確率が高いという研究結果が出ています。食事の量が少ない（または必要な栄養が極端に少ない）と、赤ちゃんの体重も少なく、早産になる傾向があります。さらに出産時に呼吸や出血に異常があらわれることもあります。妊娠中の栄養不足は、死産や赤ちゃんの発達の遅れにまで及ぶこともあります。また、栄養不足が引き起こす妊娠中のトラブルとしては、重いつわり、便秘、倦怠感、ひどい動悸、筋肉疲労などがあります。産科的なことでいえば、貧血、妊娠中毒症、難産、さらにそれらが原因の帝王切開率の上昇なども考えられます。栄養不良の妊婦は、早産や低出生体重児を出産する確率も高くなるのです。

妊娠中、赤ちゃんを育てていく過程を考えてみましょう。あなた自身もエネルギーを必要とします。赤ちゃんを成長させるエネルギーです。これらのエネルギーは、脂肪や炭水化物の摂取によって補われます。あなたはそれに加えて、それぞれの栄養――タンパク質、ビタミン、鉄分、そのほかのミネラル、そして水――を上手に組み合わせていく必要があるのです。赤ちゃん自身が成長していくときに、あなたに十分なエネルギーがなければ、きちんとしたシステムは作動しません。幸いなことに、赤ちゃんを組み立てる技能は必要ありません。赤ちゃんは、あなたのおなかで、みずから成長していくのです。あなたができることは、きちんと成長できるための十分なエネルギーを赤ちゃんに送ることなのです。

Q「妊娠前の食生活と変えなくてはいけないところは何でしょうか？」

A　あなたの食生活は、栄養学的な面と腸の働きの変化という2つの理由によって変化していくでしょう。あなたの体はときにはとても賢く、あなたが必要としている栄養を体が自然に欲するという現象が起こります。たとえば「塩辛いものが食べたい！」というように。しかし一方で、「知恵がついた体の意見」はあまり賢くありません。特に体が必要としているわけではないもの（チョコレートパフェなど）を、むしょうに食べたくなってしまうのです（たまにならストレス解消に効果的かもしれませんが、栄養学的にはほとんど意味はありません）。「これが食べたい！」という衝動に従う前に、その食べ物が、あなたの体が欲しているベストなものなのかを理性的に考え、さらに正しい栄養学の知識をこの衝動と照らし合わせるという、ダブルチェックをすべきです。

あなたはまた、タンパク質の摂取をより軽く、少なく、ゆっくりと何回にも分けて食べたいと思うこともあるでしょう。子どものように、一日中お菓子を食べていたいと思う日もあるかもしれません。食べても食べてもおなかがすいて、一日中食べ続けることで満足感を味わう日もあるかもしれません。あなたは、食事についてことさらに意識して、努力をする必要はありません。あなたの体が、自然にあなたをリードしてくれるからです。妊娠によって鈍くなった胃腸は、何がいちばんいい食べ物かをあなたに教えてくれるでしょうし、あなたの消化システムは、どの食べ物が胃腸にやさしく、どのくらいが適量で適当な回数か、教えてくれるでしょう。

Q「バランスのよい食生活は、妊婦にとってはどのようなものでしょうか？」

A　すべての妊婦に当てはまる栄養学的法則は、「自分が消化できるものを、自分なりに組み合わせて食べる」ことです。栄養学的なことをかいつまんでいえば、「バランスよく」というのは、正しい量の食事を正しい組み合わせで、ということになるでしょう。

毎日毎日の食事のバランスを、必死になって気にする必要はありません。食べたいものの組み合わせ、食欲の変化、ライフスタイルの選択、妊娠生活のさまざまなでき事、そして純粋に人間の性質として、正しい量と正しい組み合わせを毎回食べられるわけではない、というのは当然で、それを無理強いする必要もないのです。体は、自分が必要としている食品を振り分ける不思議な能力を持っています。栄養が足りない日もあるでしょうし、それを補うように、たくさん食べる日があるかもしれません。

体は、このような不規則なパターンをちゃんと理解していて、過剰分を蓄えておいてくれます（一部例外はあります）。そして、あなたの体や赤ちゃんがそれを必要としたときに放出してくれるのです。その食事が「バランスがよいか」どうか気にするより、「今週の食事はバランスがよかったか」ということに気をつけてください。

Q「妊娠中に、最も食べなくてはいけないものは何でしょう？どのくらい食べる必要がありますか？」

A　食べる量というのは、あなたがふだんどのくらい体を動かしているか、妊娠した時点でどのくらい平均体重から上下しているかで違います。赤ちゃんとあなたに十分な栄養を確保するためには、1日あたり３００～５００ｋｃａｌを余分に摂取する必要があるでしょう。座っていることが多い人は、1日あたり３００ｋｃａｌ程度、余分にとればいいのです。一日中小さな子を追いかけているようならば、５００ｋｃａｌを超える量が必要になるでしょう。でも、この超過分の食べ物がいかに少量であるか、きっと驚くでしょう（低脂肪乳をグラス2杯とバタートースト1枚分で３００ｋｃａｌですし、５００ｋｃａｌは、低脂肪乳3杯とバタートースト2枚分です）。

妊娠中にカロリーを20％増やす必要があっても、栄養的には、ある種の栄養素を50〜100％増やさなくてはいけないこともあるかもしれません。ですから、食べる量は少し増やす程度にしつつ、食べるものはより賢く選ぶ必要もあるということです。言いかえれば、食べ物の「量」をほんの少し増やせばいいのです。かわりに、食べるものの「質」には、より注意を払わなくてはいけないということです。これは、より栄養価の高いものを食べるという意味です。つまり、カロリーあたりの栄養価が高い食品ということです。栄養価の高い食品を食べるには、高タンパク、高カルシウムで鉄分が豊富でありながら、なるべく低カロリーの食品を選ぶということです。たとえば、妊婦に好ましい栄養価の高い食品には次のようなものがあります。

●無脂肪のカッテージチーズ
●無脂肪のヨーグルト
●豆腐
●魚：ツナかサーモン
●豆：いんげん豆
●卵

マーサが好んで作っていた料理をご紹介しましょう。

＊マタニティサラダ
●無脂肪のカッテージチーズ　約230g
●ノンオイルのツナ　約110g
●インゲン豆　約110g
●濃い緑のレタスの葉　3カップ分

これに、レモンのしぼり汁をたっぷりとかけてまぜます。

このサラダは約600kcalですが、タンパク質を75g（1日に必要な量の3/4）含み、カルシウム350mg（1日に必要な量の約20％）、鉄分8〜9mg（同約20％）を含んでいます。さらに風味を加えたい場合は、無精製の冷圧オリーブオイルをスプーン1杯加えてもよいでしょう（125kcalプラスになります）。食感を向上させるにはひまわり油をスプーン1杯加えます（80kcalプラス）。このサラダは、なかなかボリュームがあります。人によっては、これは1回の食事には多すぎると、レシピの量を半分にして作ったり、全量で作って、食事ではなくおやつのように、午後いっぱいかけてゆっくりと食べる人もいるようです。

Q「私はベジタリアンで、体調はとてもよいのです。でも、妊娠後期には、これでは赤ちゃんと自分、2人分の栄養には足りなくなるのでは、と心配しています。食生活を変える必要はありますか？」

A　世界中で、ベジタリアンを実践している人は大勢いますし、健康的なベジタリアンの妊婦は、健康な赤ちゃんを出産しています。しかし、妊娠期間中には、普通の食生活の人よりは、栄養についての知識を多めにもっておく必要があります。たまには、育っていく赤ちゃんとあなたのために、妥協が必要なこともあるかもしれません。

ベジタリアンの食生活で不足しがちなのは、鉄分（動物性食品により多く含まれていて、吸収もよい）とビタミンB_{12}（動物由来のものがほとんどで、十分な日光浴ができない場合、ビタミンD（乳製品に多い）が不足することもあります。葉酸は確かに緑の葉物野菜に鉄分とともに含まれていますが、野菜だけで十分な量をとるには、それこそ草食動物のように大量の野菜を食べなくてはいけないでしょう。ですからベジタリアンの妊婦は、そうでない妊婦同様、鉄分と葉酸の錠剤を飲む必要があります。

あなたがオボ・ラクト・ベジタリアン（卵と乳製品は食べ、肉と魚は食べない）だとしたら、これらの食材から十分なビタミンDとタンパク質を得る

ことはできるでしょう。しかし、鉄分とビタミンB_{12}はまだ足りないかもしれません。市販されているサプリメントを飲むくらいなら肉や魚を食べることを妥協するというなら、毎日110g程度の魚（たとえば鮭、いわし、ツナなど）を食べることで、足りない栄養を補給することができますし、「ほぼベジタリアン」の食生活を、妊娠中も安全に続けることができるでしょう。

もしもあなたが、厳格なベジタリアン（卵、乳製品、肉、魚いずれも食べない）なら、毎日の食生活を慎重に管理する必要があります。あなたにも赤ちゃんにも少しでも十分な栄養がいくように栄養士に相談し、代替食品を探してもらいましょう。栄養不足にならないように、以下の項目を参考にしてください。

●植物性の鉄分の吸収を高めるために、ビタミンCが多く含まれているものと組み合わせる（柑橘類、いちご、キウイ、ピーマン）。

●必ず、医師に自分はベジタリアンであることを前もって告げ、少なくとも2カ月に一度は血液検査でヘモグロビンチェックを受けましょう。ヘモグロビン値が正常でも、貧血を感じるようならば、鉄分の検査を受けましょう。これで、血中の鉄分が足りているかどうかが、最も正確にわかります（98ページ参照）。

●鉄分の錠剤を飲むようにすすめられた場合、食事といっしょにいっぺんに飲むのではなく、小分けにして服用しましょう。ほかには、300mgの鉄分の錠剤を一度に飲むより、100mgずつ3回に分けるほうが、不快感は軽減されます。その効果をより高めるために、ビタミンCの錠剤もいっしょに服用することをおすすめします。

●曇りだったり、寒くて厚着をしたりすると、浴びる太陽光線の量は予測できません。日焼けしすぎると皮膚ガンになりやすいということも考えると、ビタミンDを体内でつくるために日光を浴びすぎるわけにもいきません。人間の体はビタミンDを蓄積できないため、毎日サプリメントが必要になります。過剰なビタミンDは簡単に排泄されません。ですから、1日あたりの所要量400IUを守るようにしてください。

●ビタミンB_{12}は主に動物性の食物から摂取するため、ベジタリアンの場合はサプリメントが必要になるでしょう。医師に相談してください。ビタミンB_{12}はイースト菌、小麦麦芽、全粒粉などにも含まれています。

Q「私は牛や豚の肉は食べません。鶏肉や魚を含むそれ以外のものは好き嫌いがありません。栄養が偏りませんか？」

A　大丈夫です。赤ちゃんとあなたが必要とするもので、魚や鶏肉などにはなくて、牛肉や豚肉にしかないという栄養素はありません。実際、1グラムあたりの栄養価は、ほかの肉よりも魚のほうが高いのです。ですからあなたは、肉の脂肪を気にする必要もなく、添加物（ホルモン剤や抗生物質）を心配することもないのです。海水魚は真水魚に比べて、水銀やPCBの危険性がより少ないようです。また、養殖魚よりも天然物のほうがより味もよく、脂肪も少ないことがわかるでしょう。

Q「毎日忙しく、走りながら朝食をとり、昼食をかき込み、夕飯は夫にテイクアウトを買ってきてもらうこともしばしばです。こんな状況で妊娠してしまって、健全な食生活ができていないことがすごく不安です。手軽で、少しでもヘルシーな食生活をするにはどうしたらよいでしょうか？」

A　栄養素の4群は、マクドナルド、タコベル、ピザハット、それにケンタッキー・フライド・チキンを示しているのではありません。忙しい妊婦がいちばん学ばなければいけないのは「スローダウンして、ばらの香りを楽しむ」ことです。おなかの赤ちゃんは「もっとゆっくりとして、リラックスして」というサインを出しているはずです。まだそのささやきが聞こえてこなくても、すぐにはっきりとしたメッセージをあなたに伝えてくれるでしょう。妊

娠前は不規則でも栄養的に偏っていても、それなりに大丈夫でした。体は、栄養があったりなかったり、という好きかってな状況も許すことができていたのです。

しかし今は、あなた以外に食べ物を受ける口が存在し、栄養学的により正しいものを求めています。あなたをスローダウンさせ、食品のラベルやメニューを読んだり、注文を変更させてしまうくらいの力をもっています。

ファストフードがまったくの不健康、というわけではありません。消費する側がその使い方をきちんと理解していればいいのです。多くのファストフードは、ドレッシングをかける前の状態でサラダを売っていたり、取りほうだいのサラダバーもあります。最近はスーパーでもよく見かけるようになりました。少しでもヘルシーにしたければ、手作りのドレッシングを持ち歩いて使うか、または油と酢を使いましょう。ハンバーガーを頼むときも、野菜不足が気になるようなら、いつものハンバーガーのかわりに、ベジタブルバーガーを頼むことだってできます。

これまでの食事にどんなアレンジを加えるかで、健康的な食事を作ることはできるのです。あなたなりの方法を身につけるようにしましょう。ハンバーガーのバンズは、全粒粉のものを探し、マヨネーズを控え、レタスとトマトの量をダブルにし、ハンバーガーにはさむ前に、余分な脂はペーパータオルでふき取ってもらうように頼んでみましょう。飲み物は、ソーダのかわりにジュースにし（特におすすめなのは栄養価の高いネクターです）、フライドポテトのかわりに果物を食べ、シェイクは抜かします（シェイクを飲みたければ、よりヘルシーなフローズンヨーグルトシェイクがおすすめです）。高脂肪のドレッシングのかわりに、少量の油と酢であえ、チーズとナッツを振りかけましょう。サワークリームとバターをのせたベークドポテトのかわりに、低脂肪ヨーグルトを持参しましょう。パンケーキには、フルーツシロップがおすすめです。脂肪のかたまりのようなデザートは控え、スーパーマーケットでりんごやオレンジを買いましょう。職場のおやつにドーナツを食べるのではなく、果物やヨーグルト、レーズンミックス、ナッツ、ドライフルーツ、それにミネラルウオーターのボトルを持参しましょう。

Q「私と夫は、常に注意して自分たちの食べたもののカロリー計算をしてきました。私たちは赤身の肉や皮なしの鶏など、脂肪分の少ないものを常に選んでいます。妊娠しましたが、このコレステロールを少なく抑えるような食生活は変えたほうがよいのでしょうか？ 赤ちゃんと私には、もっとコレステロールが必要でしょうか？」

A 成長していく人間には、コレステロールが必要です。2つのグループの人たちが、コレステロールが含まれている食品を必要としています。幼児や子ども、それに妊婦です。コレステロールは幼児の脳の発達に不可欠です。そしてあなたの変化していく体も、コレステロールを必要としています。それは、あなたの中で成長していく赤ちゃんのニーズにこたえるためで、体内でつくられるコレステロールの量は、少なくともこれまでより25％は増えているはずです。とはいえ、あなたはこれまでの食生活をあえて変える必要はありません。あなたの体は、自動的にコレステロールをつくり、供給しているのです。たまにはコレステロールたっぷりの食事をとっても心配はいらない、という程度のことです。

もちろん、妊娠したからといって、コレステロールたっぷりの食事が無条件でいつでも許可された、というわけではありません。ほとんどの高コレステロール食は、同時に高カロリーであり、必要のない脂肪も含んでいます。それに、カロリーを気にする夫が低脂肪のパスタを食べている横で、あなたがジューシーなステーキをほおばるのは、ふたりの結婚生活にもよい状況をもたらすとは思えません。どうかこのまま、家族のためにも、健康的な食生活を続けてください（もし、この「たまにはコレステロールＯＫ」という特典を利用したければ、ひそかに楽しむべきでしょう）。高コレステロールの食生活が当たり前になってしまうと、産後になって元に戻すのに苦労します。

あなたの味覚を、高脂肪のものに慣れさせてはいけません。

Q「妊娠したら、加工食品がどれも危険に見えてしかたありません。使われている化学調味料や添加物は、赤ちゃんにとって安全なのでしょうか？」

A 妊娠していないときは、確かにあなたが食べているものがどこから来ているかとか、ラベルに表示されているものをさほど気にすることもなかったでしょうし、その余裕はまちがってもいないのです。少なくとも妊娠していない体は、不必要で、しばしば危険でさえあるような化学物質を排出する、著しい機能をもっているのです。しかし、おなかに赤ちゃんがいる場合、このおおらかな現代の姿勢をそのまま当てはめるのは愚かなことでしょう。食品に使われる化学物質は、ＵＳＦＤＡ（米国食品医薬品局）からＧＲＡＳ（一般的に安全とみなされる）製品として承認を受けています。しかし、これは「一般的に安全だと思われる」という範囲のもので「１００％安全」と保証されているわけではないのです。

一般的に安全と認められているものは、研究所のラットに対してなされた研究の結果であり、それがそのまま人間に適用されるかどうかは、ほとんど

◎食品のラベルをチェックしましょう

あなたと赤ちゃんの体のために、ラベルに書いてある言葉を覚えましょう。そこには、材料や成分が書いてあります。主成分が最初に書いてあり、それから次に多いもの、そしてまた次、と続きます。いちばん少ないものは最後です。食物中のタンパク質、炭水化物、脂肪、カロリーがどのくらいか知るのは非常に有益です。これらの表示は、カロリー計算をする手がかりになり、余分な脂肪をとらないように気をつけることもできます。

砂糖の名前の違いを注意してみましょう。リストに、砂糖と表示されているかもしれませんが、ショ糖（スクロース）やブドウ糖（デキストロース）という表記も同様に見つけるかもしれません。これらは多少ヘルシーな印象があるかもしれませんが、同じように砂糖の仲間なのです。コーンシロップや高果糖コーンシロップは、自然甘味料として、さまざまなものに使われています。ほかの古いタイプの砂糖よりはほんの少し栄養価が高いのです。製品の中には、成分リストに2つか3つ、複数の異なる甘味料が記されているものがあるかもしれません。それらを全部足してみると、その食品の中には膨大な砂糖が、主成分をしのぐほど含まれていることが判明するかもしれません。ラベルの「ナチュラル」という言葉は、栄養学的には正しくありません。ナチュラルは「自家製」「自家製の」、そして「新鮮」などの言葉を連想させますが、これは、天然のもので作られていることを意味しています。それとは反対の言葉として挙げられるのは人工的なものです。「強化」「豊富」という表示に注意しましょう。これは、さらに多くのビタミンやミネラルが食品に加えられているということを意味します。つまり、自然なものが加工されているということです。あなたが牛乳にアレルギーがあるのなら、カゼインやカゼインナトリウム、ホエイなど、牛乳から作られたものを避けてください。

原則として、内容が表示されていないものは、食べてはいけません！　あなたが食べ物すべてを自給自足でまかなうことができない以上、スーパーマーケットで赤ちゃんとあなたのために最良の食料を探すことは、あなたの責任なのです。

◎お母さんになる人のための、栄養学的に貴重なアドバイス

1 すべてのカロリーは平等ではありません

すべての食べ物は栄養素を含んでいます。しかし、なかには、ほかよりもっと栄養豊富なものもあります。「無意味なカロリー」の食べ物（よく知られているのは「ジャンクフード」です）は、カロリーを含んでいながら、あなたの体には何もいいことはありません。「栄養濃厚」な食べ物について考えてみましょう。少量ずつでも栄養素を豊富に含んでおり、カロリーも適度に保たれています。ボリュームとカロリーはいっぱいなのに、栄養がほんの少ししか含まれていないような食べ物はたくさんあります。妊娠中の健康な食生活のカギは、自分が必要な栄養とカロリーが適切に含まれているものを選ぶことです。

2 さまざまな食品を試してみましょう

食べ物の好き嫌いがあるのは、だれにとっても自然なことです。妊婦とて例外ではないでしょう。妊娠中、ブロッコリーがどうしても食べられないとしても、心配しないでください。同じ栄養を得られる食べ物はほかにもあります。これは栄養学的な「重複」といわれています。1つのものにこだわらず、さまざまなジャンルにまたがって、栄養を摂取するのです。妊娠中の毎日の献立で「これはとらなくてはいけない」というものを、さまざまな食品の中からバラエティー豊かに選ぶことができるのです。

3 余分なカロリーは余分な脂肪に

カロリーのとりすぎは、その食べ物が何であろうとも、あなたの赤ちゃんに余分な脂肪として蓄積されてしまいます。実際、余分な体重増加は、余分な脂肪によるものです（筋肉が増えても体重は増えますが、これはボディビルダーの場合で、妊婦には当てはまりません）。すべての人は、基本の必要カロリー数をもっています。言いかえれば、体の成長と機能維持に必要なエネルギーです。食べる量が少ない場合、あなたの体は蓄積された脂肪を燃焼します。たくさん食べれば、脂肪の貯金も増えていくのです。

4 余分な一口が体重増加につながる

ほんの一口があなたの体にあらわれることに、あなたは驚くでしょう。毎日、チョコレートチップクッキーを1枚余分に食べただけで（あなたの必要カロリーを超えて）、9カ月後には、余分な脂肪が5kg近くついているはめになるかもしれません。不運なことに、ほとんどの人にとって、脂肪を増やすことは簡単なのですが、それを取り除くのはとても大変なのです。9カ月間チョコレートチップクッキーをつまむことで、その後、あなたが余分な5kgを減らすことがいかに難しいかを考えてください。少なくとも、５００ｋｃａｌを減らすには1時間の活発なエクササイズが必要で、1時間のエクササイズを1週間続けることで３５００ｋｃａｌ、５００ｇの脂肪を燃焼させることになります。

5 エクササイズと正しい食事で、体重をコントロールしましょう

散歩を1時間続けることは、あなたの気持ちを健やかにし、体にもよいことです。エクササイズは、余分な脂肪から燃やしていきます。栄養不足になるような食事制限をするよりも、よほど健康的な方法です。さらに、エクササイズによって体がエンドルフィンホルモンを出すことで、気分もよくなるのです。

6 高脂肪の食べ物は、高脂肪の赤ちゃんをもたらします

脂肪1gは、９ｋｃａｌです。1gのタンパク質や炭水化物に比べて2倍のカロリーを含んでい

るのです。脂肪は効率のよい燃料ですが、ときには余分な体重増加を招く原因にもなります。体の脂肪は、体内脂肪燃料の記憶装置なのです。だれでもある種の脂肪は必要ですし、妊婦はさらに多くを必要としています。しかし、食べ物の余分な脂肪は、絶対使われない燃料として、あなたの体に蓄積されていくのです。

7　食物繊維をとりましょう

妊婦は特に、食物繊維を必要としています。動きが鈍くなりがちな腸が、便秘せずスムーズに老廃物を排泄するためにです。食物繊維で最もおすすめなのが、生のフルーツや野菜、全粒粉、豆、なかでも、プルーン、梨、プラム、グリンピース、オオバコの種子などです。

わかっていないのです。妊娠中の食生活では、注意しなければいけないことが２つあります（過剰な心配はかえってよくありませんが）。１つは、殺虫剤や化学添加物に関する私たちの知識が不完全であり、妊娠している女性に対する害についても同様だということです。私たちは、これらの化学物質が大量に使われた場合の害はよく知っているものの、少量を口に入れることによるささやかな害については、知識がほとんどないかまったくない状態なのです。さらにもう１つ考えなくてはいけないのが、胎内の赤ちゃんが老廃物を排出する機能は、大人の機能よりもずっと劣っているということです。またさらに気になるのが、有害物質は母親よりも胎児の臓器（たとえば肝臓）に集中して、長く残ってしまうということであり、より問題が大きい可能性があります。

Q「双子を妊娠しています。どのくらい余分に栄養をとったらいいでしょうか？」

A　双子を妊娠しているからといって、２倍の食事量が必要なわけではありませんが、あなたはよりカロリーを消費しやすく、タンパク質もビタミンもカルシウムも鉄も、やはりより多く消費されるのは確かです。毎日、あなたはほぼ２５０ｋｃａｌを余分に必要とし、25ｇのタンパク質、20㎎の鉄分の錠剤、多めの葉酸などが必要になるでしょう。いずれにしても、医師と相談しながら、食べる量を調節していくことです。

正しい体重増加

妊娠中は、大人としての人生の中で、体重が順調に増加することが喜ばれる唯一の機会でしょう。体重チェックのとき、体重が増えていることで、これほど幸せな気分になることもかつてはなかったでしょう。あなたは気持ちを切りかえて、体重が増えるのを喜ぶことを学ぶべきかもしれません。結局、この体重増加は、あなた自身の脂肪になるのではなく、あなたの体が、驚くべきすばらしいことを実行しているしるしです。

体重増加が妊娠にはつきものだとわかっていたとしても、どのくらいの増加が適切なものなのか、今の自分の体重増加のペースは果たして正しいものかどうか、自信がもてないかもしれません。体重がほとんど増えないことは、赤ちゃんにとって健康な状態とはいえません。体重増加が少なく母体が栄養不足の場合は、赤ちゃんが未熟児の傾向にあります。逆に体重が増えすぎている場合は、妊娠中にさまざまな合併症を起こしたり、難産になる傾向があります。

＊体重増加に関する質問

Q「どのくらいの体重増加が、私と赤ちゃんにとって最も好ましいのでしょうか？」

A　一般的に、理想的な体重増加は約11～15kgといわれています。この範囲のどのあたりにあなたが当てはまるのかは、2つの要因によって決まります。あなたの体形のタイプと、妊娠したときに標準体重からみてあなたがどの位置にいたかです。背が高くやせている女性（外胚葉型）は体重が増えにくく、背が低くて洋なし型の女性（内胚葉型）の女性は、最も体重が増えやすいようです。その中間の（中胚葉型）は、だいたい11～15kgくらいの増加になるでしょう。

妊娠した時点で標準体重を下回っている場合は、多少体重を増やしてもかまいません。体重オーバーでの妊娠ならば、体重増加は少なく抑えるべきでしょう。すべての妊婦は特別な脂肪を必要としています。いわゆる「ベビーファット」と呼ばれるものです。これは、たとえばあなたが1日や2日の間、栄養が十分にとれなくても、おなかの赤ちゃんに安定してカロリーを供給できるようになっているものです。この脂肪は、出産後は母乳をつくるエネルギーとして活躍します。もしも、あなたが妊娠をスタートしたときすでに、この脂肪を身につけているとしたら、あなたはこれ以上、それほど脂肪を増やす必要はないわけです。もしも、妊娠したときに非常にやせている状態なら、多少の脂肪が余分に必要になってくるのです。

母体のための体重増加チャートは、赤ちゃんの成長と同じで、ある程度の範囲をもっていて、平均値も書いてあります。体重増加チャートの範囲内に入っていない月があっても、自分のことを不健康だと思うことはありません。次に挙げるのは、あなたの体重増加を客観的に判断する方法です。

●あなたの体重が標準に近い状態で妊娠した場合、健康的な体重増加は11～15kgです。
●若干標準体重を超えている状態で妊娠した場合は、健康的な体重増加というのは9～11kgです。
●標準体重よりも少ない状態で妊娠した場合は、13～18kgの体重増加でも大丈夫です。

体重計の数値よりも大切なことは、あなたがどのように見えるかということです。あなたが自分で体調がよいと感じていて、端から見ても健康そうに見え、さらに赤ちゃんも順調に成長しているのなら、あなたの体重増加は、そのままであなたにとっては理想的だともいえるでしょう。あなたが正しい食生活をしていれば（95ページ参照）、あまり体重増加を心配することもないのです。

体重増加をチェックする唯一の理由は、急激な体重増加による異常事態（たとえば妊娠中毒症）を避けるためです。賢い医師なら、妊娠中の体重増加は非常に個人差があることを理解していますし、その内容も個人の体質によって異なることも知っています。正しい食生活を守っているのに「少しだけ」標準体重をオーバーしてしまったとしても、それは産後にきちんと戻るものです。体重増加は少なかったとしても、あまりきちんとした食生活をしていない場合は、産後はかえって体重の戻りが悪いこともあります。

Q「どのくらいのペースで体重を増やせばいいのでしょうか？」

A　これまでの経験からいえば、平均体重の女性が妊娠した場合の健康的な体重増加は、次のようになります。

●妊娠初期に、約2kg弱の増加。標準体重より少ない人はさらに0.5kg増、多い人は0.5kg減らした値。
●それ以降は週ごとに約0.5kg増。標準体重より少ない人はさらに0・25kg増、多い人は0・25kg減らした値。
●臨月に入ると、たとえ赤ちゃんが急激に大きくなっていても、母体の体重

は減ることも珍しくありません。なかには0.5〜1kgくらいは増える人もいるでしょうし、体重に変化のない人もいるでしょう。減る人もいるでしょう。どれも正常です。

ほとんどの人がいちばん体重が増えるのは妊娠中期で、赤ちゃんが最も急激に成長する時期と一致しています。多くの妊婦が15〜20週の間に2〜5kg弱程度の体重を急激に増やしますが、これは大きくなる子宮と、その中身に対して十分栄養を送るために、血液量が急激に増加することによります。繰り返して言いますが、体重増加には個人差があるものです（もしくは、休みの間に食べすぎたということもあるかもしれません）。急激な体重増加があっても、その後、だんだん落ち着いてきます。ほとんどの赤ちゃんは15週以降になってから全体重の90％を増やし、最後の2カ月で体重の50％を増やすのです。

妊娠初期で3〜4.5kgくらいの体重増加があった場合、体液のうっ滞（水分貯留）が考えられます。ひどいつわりで、むしろ体重が落ちる人もいるでしょう。標準体重の人の多くは、最初の3カ月は自分の体重変化の中身を心配する必要はありません。しかし、最初から体重の軽い人は、最初の3カ月に体重を減らしてはいけません。

Q「私は妊娠4カ月で、やっと食欲が出てきたところです。私はこれまでつわりがひどくて食欲がなく、体重を増やすことができませんでした。食べられなかったことで、赤ちゃんに害はなかったでしょうか？」

A　害はありません。心配する必要はないのです。妊娠初期、つわりに苦しみながら十分な栄養をとれる人のほうが珍しいのですから。理論的にいっても、あなたの赤ちゃんは、最初の3カ月ではほんの30g程度しか増えていないのです。もし、この時期にほとんど食べることができなかったとしても、ほぼ全員の女性が、妊娠した時点で赤ちゃんと母体に対して、すでに十分な栄養を蓄えているものです。研究では、ほとんどの人が妊娠中期に最も体重の増加が大きく、この時期の食生活の内容が赤ちゃんの出生体重に大きく影響するという結果が出ています。ですから、妊娠中期になって、赤ちゃんがあなたにより多くの栄養を要求するまでは気にする必要はないのです。

Q「私の友人は、妊娠中だというのにダイエットをしています。赤ちゃんを小さく産んで、出産を楽にしたいからだと言います。これは正しいのでしょうか？」

A　いいえ。彼女は二重にまちがっています。まず最初に、小さい赤ちゃんを楽に産む、というのはとても危険な誤解です。「簡単に」産むというのは、さまざまな要因の影響によるものです。第二に、栄養失調で小さい赤ちゃんは、すべてのお母さんが望んでいないスタイルでしょう。栄養失調の赤ちゃん（「低出生体重児」と呼ばれます）は、新生児特有の合併症のリスクが大きく、さらに成長や発達が遅れる危険性もあります。最新の研究では、栄養失調の母親は栄養失調の赤ちゃんを産む傾向にある、という結果が出ています。

タバコのパッケージに書いてある注意書きは、妊婦が喫煙することで低出生体重児が生まれる危険性について触れていますが、小さな赤ちゃんを産むことがどういうことかまでは、言及していません。結果的に、妊娠中に喫煙を続けていた母親たちは、小さな赤ちゃんだと必ずしもお産が楽になるわけではない、ということに気づいていませんでした。栄養失調の赤ちゃんは単に肩幅が狭いだけではなく、すべての器官がちゃんとしていなかったのです。

Q「産後はできるだけ早く、元の体形に戻りたいと思っています。妊娠中に努力できることはありますか？」

A　どのくらい早く体重が戻るかは、妊娠中にどのくらいあなたが自分の体

に気をつけていたかということだけに関係しているわけではなく、妊娠中の食事の習慣も大きな要素になります。妊娠前から、健全な食生活と適度な運動を心がける生活を送っていたのならば、産後、無理なダイエットをする必要もなく、早いうちに元の体形を取り戻せるでしょう。

妊娠中に必要以上に体重が増えてしまった場合、余分に増えた体重を減らすには、通常よりは長い時間がかかるでしょう。まず、赤ちゃんが生まれた時点で、増加した体重の半分が減ります（赤ちゃん、羊水、胎盤の重さです）。産後すぐの数週間で、余分な水分の数キロがなくなります。その後も、食事に気をつけて適度な運動を続けることで、さらに体重を減らしていくことは可能です。母乳育児は、特に生後3～6カ月の間、母乳をつくる量がピークの間は体重減を助けてくれます。産後9カ月は、2～4.5kgくらいは、育児のおかげで減ることを期待してもいいでしょう。このように実際、9カ月後には、9カ月かかって増えた分を、ちょうど解消することができるのです。

妊娠中に理想的な食生活と運動をした人でも、産後は数キロ分、余分な体重が残っているもので、体形も若干丸みを帯びたまま、というのが普通です。

Q「双子を妊娠しています。どのくらいの体重増加が適切なのでしょうか？」

A　多胎のために、通常の体重増加のレベルをぐっと超えてしまう人もしばしばいます。前のほうで書いたとおり、双子であれば約5kgの増加であり、三つ子ならさらに増えるでしょう。

Q「私は食生活もめちゃくちゃだし、運動もきらい、カロリー計算もいやです。よいお母さんになるには、これらのことをしなくてはいけないのでしょうか？」

A　健康な母親になるために、ほとんどの女性はアマチュアの栄養学者にならなくてはいけません。少しよいニュースとしては、あなたが健康と健やかな生活のためにすべきことは、妊娠中だからといって特別にすることではないということです。妊娠中は、少しだけ余分に（または控えて）行う、というだけなのです。私たちが提言している健全な食事と生活上のことは、妊婦だけではなく、すべての人に当てはまるのです。妊娠という事実は、多くの女性の食生活や生活のスタイルを改善し、家族をより健康な方向へと導きます。妊娠中に賢い栄養学者になることは、産後、成長していくあなたの家族をより健やかに育てていくための準備でもあるのです。

Q「私は平均体重より10kgもオーバーの状態で妊娠しました。赤ちゃんが生まれたあとも増えたままでいるなんて、とても恐ろしいのです。妊娠中に、できれば赤ちゃんには害のない安全なダイエットをしたいのですが、できるでしょうか？」

A　答えはイエスであり、ノーでもあります。「ダイエット」という言葉が、食生活を変える、つまり、正しくてよりよい食生活にするという意味であれば、それは可能です。しかし、体重を減らす、という意味の「ダイエット」はできません。栄養失調で生まれた赤ちゃんは、低体重であるばかりか、発達や成長面での遅れがみられるというリスクがあるからです。ここに、赤ちゃんとあなたに十分な栄養を確保しながら、安全に、体の余分な脂肪を取り去る方法があります。思い出してください。あなたが取り去りたいのは脂肪です。あなたは赤ちゃんを栄養失調にしたり、あなた自身から必要な栄養素を奪ってしまいたいわけではないでしょう？

まず、あなたの基本的な必須カロリー量を計算してみましょう。これは、あなたの健康を保つためには、毎日最低限どのくらいのカロリーを摂取すればよいかということです。これはあなたの体形のタイプ（110ページ参照）にもよります。

あるタイプの人たちは、ほかのタイプの人たちよりも自然に脂肪を燃焼し

やすいのです。あなたの体形のタイプがわかれば、過去の体重コントロールで苦労した理由もわかるでしょう。あなたは、休みの日にどんちゃん騒ぎをすると、すぐ体重が増えるタイプですか？　太りそうだ、とバナナスプリットを見つめるしかないあなたのそばで、あなたの２倍食べても太らない友人をうらやましく思うようなタイプですか？

私たちは、カロリー消費のプログラムがそれぞれ異なっているのです。もし、いつも体重を意識していなければいけないようなタイプなら、妊娠中も、体重増加にはさらに気をつける必要があります。「やせていればいるほど心配がない」という理屈は、妊娠中の女性すべてに対して真実ではありません。外胚葉型の女性でも、栄養学的に気をつけないと、肥満体のランクに入ってしまうこともあるのです。

標準的な妊婦は、毎日２５００ｋｃａｌを必要としています（２２００ｋｃａｌが母体用で、３００ｋｃａｌが赤ちゃん用です）。新陳代謝がよい、もしくはよく体を動かしている女性は、さらに３００ｋｃａｌを追加します。新陳代謝が悪い、またはほとんど運動をしない人は約３００ｋｃａｌ少なくします。ですから、あなたの新陳代謝のレベルや運動の具合によって、必要なカロリーは２２００〜２８００まで開きがあるということです。最も適切なのは、あなたの病院の栄養士に、あなただけのカロリーを算出してもらうことです。同様に、何を食べて何を控えたほうがいいのかということも。

体重をコントロールするもう１つの方法は、運動量を増やすことです。体重をコントロールし、余分に増やさないようにするために、最も安全なのが運動です。食事制限ではないのです。エクササイズは余分な脂肪を燃焼させ、健康な食生活を導き、体から必要な栄養を奪っていったりはしません。１日１時間のエクササイズを続けましょう。スイミングやウオーキング、サイクリングは毎日３００〜４００ｋｃａｌを燃焼してくれます。これで、９〜12日ごとに約５００ｇが減る、もしくは増えなくてすむのです。また、エクササイズは自然に、あなたの食べ物への誘惑を減少させてくれます。

カロリーを守った正しい食生活と毎日１時間のエクササイズの組み合わせは、あなたが余分な脂肪を増やさずに、さらにスタート時に存在していた脂肪をも克服できるチャンスになるでしょう。余分な脂肪を取り、さらに十分な栄養を確保するために、次のようなことを参考にしてみましょう。

●ごほうび、または逃避の手段として食べ物を扱うのはやめましょう。おなかがすいたときにだけ食べるのです。ごほうびとして使うのは食べ物ではなく、体重を増やすことにならない、かわりのものを考えましょう。ショッピング、友達をよぶ、よい本を読む、映画を観るなどです。妊娠期間中は、趣味を楽しんだり、今までしないでいた何かをするにはうってつけの機会です。お母さんになるということは、何か新しいものを発見したり、本当にしたいことを見つけるよい機会かもしれません。

●妊娠中、ちょっとしたおやつが必要なら、すぐに口にできるように、栄養のあるスナックをトレイに置いたり、バッグに入れておきましょう。栄養価の少ない嗜好品は、手の届かないところに置いておくのです。いちばん遠い部屋にしまっておくか、さらにいいのは、家の中に持ち込まないことです。あなたの視界と胃から遠ざけるだけでなく、自分を甘やかしてしまったときは、自分にペナルティーを科しましょう。

●食べる前に脂肪を取り除きましょう。これは数カ月後、あなた自身からその脂肪を取り除くよりはずっと簡単な方法です。鶏肉などの皮を捨て、肉類の脂肪を取り去ります。肉を焼いたときに出る脂も、ペーパータオルでふき取ります。

●低脂肪の食品を選びましょう（１０７ページ参照）。ドレッシングやマヨネーズはなるべく控えめに。低脂肪のヨーグルトを、バターやサワークリームをかけたベイクドポテトのかわりに食べましょう。売られている食べ物は「脂肪分カット」もしくは「低脂肪」と書いてあるものを選びましょう。このような脂肪分が低いものを選ぶことに慣れましょう。しかし、ラベルを注意深く読むことも必要です。脂肪分カットの商品には、まだ余分な脂肪が残っていることも少なくありません。

妊娠中に余分な体重を減らすことには、少々リスクが伴うこともありますが、安全にできます。あなたの毎日の献立と体重の変化の表を医師に見せ、食事の内容とエクササイズを見直してもらいましょう。脂肪を制限しない食事に憧れるのはやめましょう。体内脂肪が増えるのは、妊娠中は自然なことです。この脂肪の増加を、コントロールできるようにしておきましょう。適度な運動と健全な食生活を守っていれば、あなたの体重増加は、あなたにとっては適正な範囲ですむことでしょう。

ママノート：いつか、私は自分の昔の服を着たいと思っています。クローゼットの中につるしたままの服が、めそめそと泣きながら私にこう言っているように思えるのです。「どうか、私をまた着てください」。

ママノート：ジーンズをはくことができたら、どんなにかっこいいかと思うのです。でも、幸せな生活にどうしても必要、というものでもないですけれど。

ママノート：私は、必要以上に体重を増やしたくないということに、非常に神経質になる傾向がありました。毎月体重が増えるたびに気分は落ち込んでしまったのです。結局、私は体重計をまったく見ないようにしました。医師にも、私の体重がどのくらい増えたか、私には教えないでくださいと頼んだのです。医師が特に何も言わない限りは、私の体重増加は適正なのだと思うようにしたのです。

＊体重はどのくらい増えるでしょう？＊

赤ちゃんはショーの主役ですが、あなたが増やした体重の1/4～1/3の割合でしかありません。残りは、赤ちゃんをサポートする重要な脇役の重さです（どこのプロダクションにも属していませんが）。

赤ちゃん	3.4kg
大きくなった子宮	900g
胎盤	680g
羊水	900g
大きくなった胸	900g
増加した血液量と体液	3.6kg
余分な脂肪の蓄積	3.1kg

＊監修者注
（注1）だっこひもの一種。赤ちゃんをすっぽりくるむようなスタイルになり、おんぶなども可能。
（注2）親と子の親密な関係のことを、英語では一般的にアタッチメントと呼んでいます。日本語に直訳するとアタッチメントは「愛着」と訳されます。

あなたの妊娠２カ月ダイアリー（コピーして使いましょう）

○今月の気持ち

○体の変化で感じること

○赤ちゃんに対して、私が思ったこと

○毎日の食生活について

○食べると気分がいいもの、お気に入り（このリストは、出産の日にもう一度思い出しましょう）

○とても食べたいもの

○一番のニュース

○とてもうれしかったこと

○今、困っていること

○疑問に思ったこと、そしてその答え

健診で行われること（妊娠２カ月／４～７週）

２カ月目の健診では、だいたい次のようなことが行われます。

・腹囲の測定
・子宮底長の計測
・貧血測定のためのヘモグロビンとヘマトクリットのチェック
・栄養についてのカウンセリング
・体重および血圧チェック
・尿検査（感染症、糖、タンパクのチェック）
・感情や心配事についてカウンセリングする機会

○検査とその結果、感想

○体重

○血圧

○私が想像する赤ちゃんの様子

○赤ちゃんに話したいこと

○コメント

Part 3

妊娠3カ月 8〜11週

はっきりとわかります

この月の終わりまでに、ほとんどの人が感じていたなんらかのマイナートラブル（慢性的な疲労感であったり、ひどいつわりだったり）が、少しずつおさまってきます。でも、ジーンズが少しきつく感じられるくらいで、外見的なはっきりとした変化は、まだほとんど見られません（経産婦の場合は、外見の変化は初産の妊婦より早く見られることが多いようです）。妊娠初期のころ、あなたは疲れや吐きけを感じ、気分がすぐれずにイライラして、気持ちはまるでジェットコースターのように上がったり下がったりという状態でした。まだ、あなたが妊娠していることを周囲にアピールしていなくてもです。友人や家族、それに特に夫は、あなたが必要としてもさほど助けてくれず、心から同情してくれないかもしれません。

この月の気持ちは？

最初の1、2カ月で感じていた気分の上下は、この月もまだ続くでしょう。妊娠によるホルモンの変化は、幸いなことにこの月にピークを迎えます。つまり、ホルモンの影響によって引き起こされることはこれ以上は悪くならない、ということです。月経前に感じる胸の張りやイライラなど（PMS）のようなマイナートラブルも、ほとんどの人が12週までにはおさまってきます。

ママノート：最初の2カ月間、私はずっと泣いていました。今は、夫が私にこんなことを言います。「どうしたの？　今までみたいになぜ泣いていないの？」。

自信がわいてきた

最初の2カ月間で抱えていた流産の不安が、ぐっと減ります。流産は最初の7週間に最も起こりやすいからです。過去に流産経験がある人は、この3カ月目を、安心感や妊娠した喜びを再びかみしめたり、これから起こることに希望を抱くような気持ちで迎えるでしょう。この月は、ほとんどの妊婦が、本当にちゃんと赤ちゃんを産めるのだという自信をもち始める時期でもあるのです。

ひとりになりたい！

妊娠初期を通じてのことですが、特にこの時期、妊娠初期の終わりには、ほとんどの女性が「とにかく、ひとりになりたい！」と感じるようです。これは、言いかえれば「ペースを落として、ゆっくり休んで、まず自分のことを最初に考えて」という自然のメッセージなのでしょう。そしてまた、自分の中に小さな命が育っている、もうひとりではないのだ、とあらためて実感するきっかけとしての役割もあるのでしょう。

ママノート：私はとても疲れていて、頭も働かない状態でした。きっと、赤ちゃんのどこか重要なところが育っている最中だったのでしょう。

体重増加への不安

最初の2カ月は、体重が増えることよりも減ることのほうが心配だったかもしれません。でも今月からは体重増加に気をつけましょう。つわりでほとんど食べることができなかったのは、むしろ幸運だったかもしれません（最初の2カ月間につわりが重かった場合は、この月まで体重が増え始めていないことでしょう）。つわりがおさまると同時に、猛烈に食欲がわき、ほとんどのものが食べられるようになったことで、あなたは体重増加への不安を感じるようになります。なかには、つわりが続いていれば体重増加が最小限に抑えられるのに、と思う人もいます。

とはいえ、この先の体重増加に対しては、あまり気にしすぎるのも問題です。妊娠して、ある程度体重が増えるのは当然です。皮肉にも、医師以上に、妊婦本人が体重増加により神経質になっているように思えます。約30年前、マーサが2人目の子どもを妊娠したとき、彼女はこの「体重増加恐怖症」を体験したのです。

マーサノート

私は妊娠初期で、すでに約5kg増えてしまったのです（身長167・2cmで、体重は56kgから61kgに増えました。しかし、これはそう問題のある数値ではありません）。私は、私の体重増加のチャートを見ながら医師が言った言葉を思い出していました。「もし、体重増加にこのまま気をつかわなかったら、小型飛行機くらいになってしまうよ」。6年後の3人目以降の妊娠では、体重増加は問題にはなりませんでした。私は体重増加を楽しみ、それ以上に妊娠している生活を楽しんだのです（大手を振って食べていました！）。（109～114ページの体重増加に関するガイダンスを参照してください）

楽しめるようになるかしら？

3カ月の終わりになってもつわりがおさまらない人は「妊娠が終わるまで、ずっとこの苦しみが続くんじゃないかしら」という気分に陥るかもしれません。でも、かなりつわりが重い人でも、4カ月の終わりにはずいぶん楽になります。もう少しの間、がんばりましょう。なかにはすっかり気分がよくなり、妊娠が終わってしまったのでは？と、逆に心配する人もいるくらいです。心配しないでください。妊娠が進むに従って、妊娠していることをもっと実感できるようになります。

そわそわする

今月あたりになると、たいていの人が「リアルな実感が欲しい！」と思い、妊婦らしく見られたいとか、胎動を早く感じてみたい、と願うものです。そわそわして、待ち遠しく感じられるでしょう。

ママノート：妊娠初期の終わりごろまで、私はずっと妊娠しているという実感を体で感じていました。それを感じさせたのは赤ちゃんではなく、長い間、気分がすぐれなかったことです。私の体は、理想の妊婦のように美しく丸みを帯びるのではなく、むくんでいて、太ったという感じでした。もうすぐ胎動を感じられる（またはよくいわれている、妊婦が感じるいくつかの楽しいことが自分に起こるかもしれない）とはわかっていても、実際に胎動を感じるまでは、ただただ妊娠がつまらなく思えたものです。

＊心配しなくていいのです＊

あなたはもともと心配性でしょうか？　もしもその傾向があるのなら、妊娠したら、さらにそれがエスカレートすると考えてまちがいないでしょう。そもそも妊娠する前は「私に妊娠できるのかしら？」などと考えていませんでしたか？　先月までは流産の心配。今月からはお産の、そして赤ちゃんが健康に生まれてくるのかという心配をしなくてはなりません（たぶん、これらの心配が全部クリアされても、今度は、「いいお母さんになれるかしら？」という心配がくるはずです）。１つ心配事があるとどんどん心配はふくらみ、食べるもの、飲むもの、吸う空気、さらに感じていることまで「害はないかしら？」という気持ちになってくるものです。しまいには「心配しすぎじゃないかしら？」ということが心配になるでしょう。

確かに、心配やイライラの原因はたくさんあるでしょう。心配することでなお体は緊張し、さまざまな不快感を引き起こします。心配はストレスホルモンを分泌させてしまうのです。でも思い出してください。あなたの前には、数えきれないほどの女性が無事に出産し、健康な赤ちゃんの母親になってきたのです。さらに、出産を一度経験した母親は、二度三度（あるいはもっと！）、また妊娠することを望むのです。

もし、心配な気持ちになりそうだったら、気持ちを上手に切りかえましょう。心配よりも、妊娠した喜びを考えるようにしましょう。生活が変わる不安より、あなたの中の小さな命の不思議を思いましょう。たとえ「ハイリスク」だと言われても、その事実は変えようがないのです。その中で、いかに前向きに毎日を過ごせるかを考えましょう。つまらないことにとらわれないでください。心配することに、無駄なエネルギーを費やしてはいけません。その時間があるのなら、食事でもっとカルシウムをとるにはどうしたらいいかを考えるべきでしょう。

もし、妊娠初期からこうした不安にとらわれてしまったら、思い切って環境を変えてみましょう。買い物に行きましょう。外食でおいしいものを食べましょう。ちょっとした休暇を取りましょう。そして考えるのです。「私は今、世界でいちばん価値のある仕事をしているんだわ」と。

＊あなたの「いちばん」を見つけましょう＊

これは、新しく親になるすべての人へのアドバイスです。「赤ちゃんがいちばん求めているのは、ハッピーなお母さんなのです」。母親によいものは赤ちゃんにもよい、というのは自明の理です。

妊娠は、自分という人間を知るよい機会でもあります。あなたの思考は、自分の内側に向かっているのです。

妊娠初期に、あなたが気分よくいられるために必要なものは何かを考えましょう。何があなたにいちばん「効く」のかを調べるのです。あなたの好みは、ほかの妊婦友達とは違うかもしれません。いちばん好きな食べ物を見つけましょう。いちばんよいエクササイズ、リラックス法、痛みや不快感を軽くするために家でできるいちばんよい方法を見つけましょう。「今いちばん欲しいもの」のリストを家の中にはり、たびたび更新していきましょう。これには、家族に望むことも書いておきます。夫に、リストに気をつけてくれるように言っておきましょう。

あなたの個人的な「ベスト」を書き出すために、下の項目を参考にしてください。

・いちばん好きな食べ物

・いちばん好きなエクササイズ

・いちばん効果的なリラックス法

・いちばん話したいこと

・いちばんよい睡眠サイクル

・いちばんよい仕事サイクル

・いちばんやりたいこと

・いちばんロマンチックなデート内容

・いちばんお気に入りのスタイル

・いちばん好きなヘアスタイル

・いちばんよいセックス

・いちばんほっとすること

・夫がしてくれていちばんうれしいこと

・いちばんお気に入りの本

もちろん、人生も妊娠生活も、常にハッピーなわけではありません。でも、何があなたをハッピーな気分にするかということを知っていれば、気持ちを上向きにさせる努力はできるかもしれません。妊娠中、このリストのほとんどを満たせるような生活をしていれば、妊娠生活はあなた自身にとってベストなものになっているでしょう。

この月のからだは？

妊娠によるホルモンの上昇はまだ続いていて、赤ちゃんの存在を引き続き感じさせてくれます。つわり、吐きけ、動悸、便秘はまだしばしば続きますが、この月の終わりまでにはおさまってくるでしょう。もうおなじみのこれらの症状に加えて、あなたは新たな変化を体に感じ始めるかもしれません。

骨盤周辺の不快感

見た目にはまだ、はっきりとした変化は見られませんが、骨盤のあたりに何か大事なものが存在することを感じるようになるでしょう。下腹部が張るような感覚があるかもしれません。また、姿勢を急に変えたときや、寝ている姿勢から起き上がったとき、座った姿勢から立ったときなどに軽い痛みを感じるかもしれません。子宮が成長するにつれて周囲の靭帯《じんたい》も伸びるので、ウエストの両側あたりに引きつれるような痛みがあります。これらの痛みはしだいにやわらいでいきます。

妊娠初期の子宮の靭帯の不快感は、本当の痛みというよりはときどき起こる軽い不快感という程度です。この痛みをやわらげるには、ストレッチが効果的です。はだしで立ち、いすやキッチンのカウンターに両手をついて、痛い個所を伸ばすように足を伸ばしたまま後ろの方向に床から数センチ上げます。10秒間そのままにし、下ろします。これを10回繰り返し、逆の足にかえます。

服のサイズ

妊娠3カ月から5カ月になるまでに、サイズの合う洋服が見つからなくなってくるでしょう。妊娠前に着ていた服はきつくなるものの、マタニティウエアにはまだ抵抗を感じるでしょう。ワンサイズ上の、マタニティ用ではないパンツやスカートを数枚買いましょう。ウエストがゴムなら、苦しくありません。出産後にも着られます。

＊子宮のふくらみを感じましょう＊

膀胱《ぼうこう》をからにして、あおむけに寝転がってみましょう。リラックスして力を抜き、意識を骨盤の少し上の真ん中あたりに集中させてみましょう。子宮の大きさの変化には個人差がありますが、イラストは、平均的な変化の様子を示しています。この月の終わりあたりから、あなたは恥骨の奥から突き出た子宮のふくらみを、実際に感じるようになるかもしれません（経産婦は、もっと早く感じる傾向にあります。経産婦は腹筋が伸びやすく、さらに以前の感覚を覚えているからです）。あなたはこのかたいボールの中で動く赤ちゃんをイメージできるでしょう。15週ごろになると、おなかの中にメロンが入っているような感覚になり、恥骨とへその中間あたりまで大きくなります。20週くらいまでに、へそのあたりまで子宮が大きくなってくるのがわかるでしょう。

健診のたびに医師は子宮の大きさを測り、赤ちゃんが健康に育っているか、1人の赤ちゃんにしては大きすぎないか、ということを調べます（はっきりと子宮の存在を感じられないようなら、医師や助産師さんに、手を当てて場所を教えてもらいましょう）。まだ超音波による診断を受けていない場合は、子宮のふくらみが赤ちゃんの存在を感じさせる最も身近な方法です（赤ちゃんのキックは、まだあと1、2カ月は感じられません）。

自分の子宮を感じることで、みんなと同じように、思わず子宮ごと抱き締めたい衝動にかられるかもしれません。これからもっとふくらんでくるという予感に、あなたは自分の子宮がいとしくなり、思わず手を当てずにはいられないでしょう。

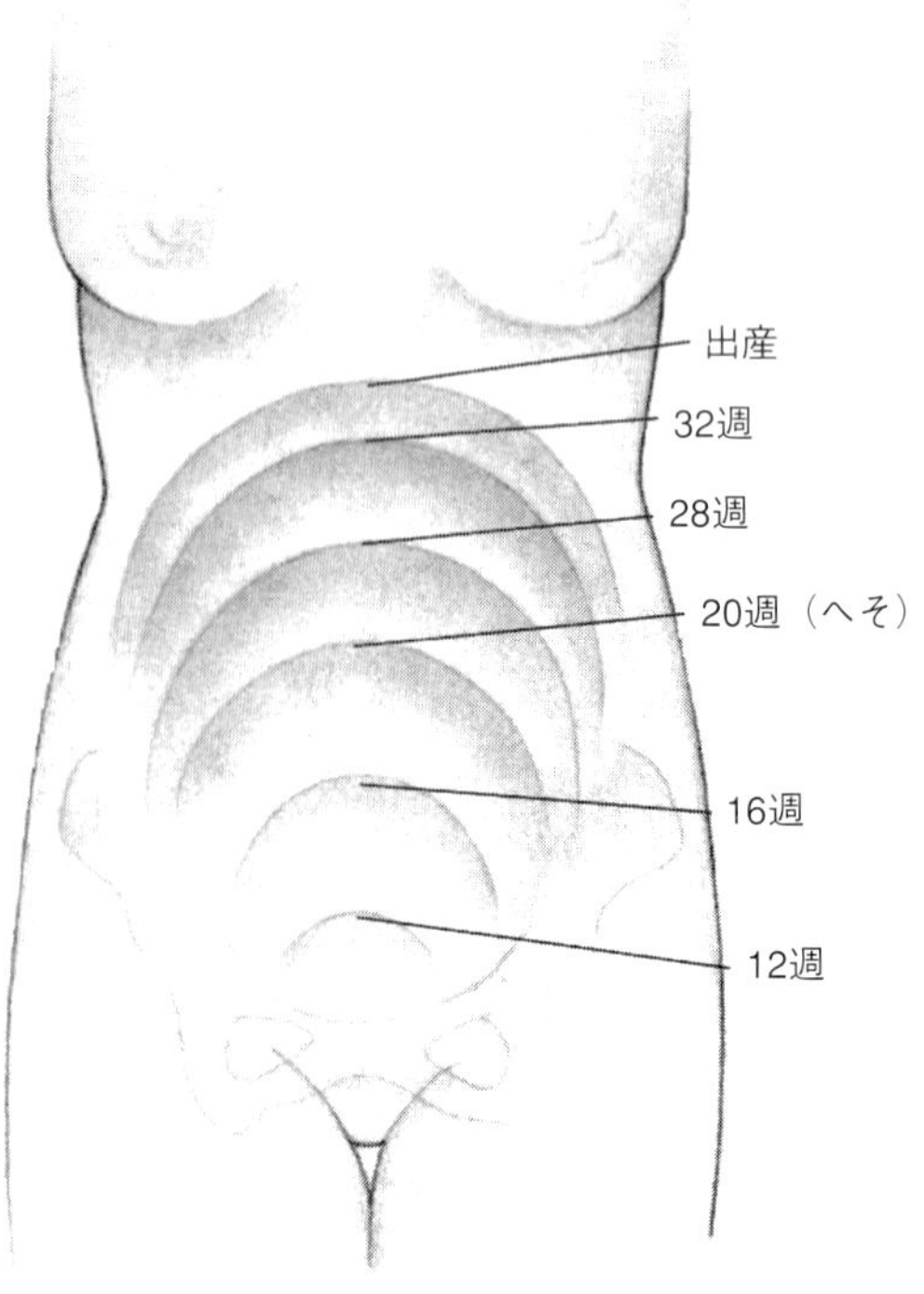

マーサノート

3カ月に入ってすぐに、私はスリムなデザインの洋服が着られなくなってしまいました。ある日、おしゃれなスラックスをはいていたとき（そのときはまだ、ウエストラインが残っていたのです）、ベルトを締めたとたん、猛烈に吐きけを感じ、あやうく吐いてしまうところでした。自分の体に合った服を着なくてはいけないと、そのとき私ははっきり自覚しました。ウエストラインは残ってはいましたが、ゆっくりとふくらんでいく体の変化には逆らえないのですから。

心音を聴く

この月の終わりごろまでに、あなた（と医師）は、赤ちゃんの心臓の音を超音波ドップラーで聴くことができるでしょう。赤ちゃんの鼓動はあなたの2倍くらいの速さで、「ショワショワ……」という感じで聞こえるかもしれません。かわいらしい小鳥のさえずりのような心音を期待した人は、その力強い音に驚くかもしれません。ドップラーは心音を何倍にも拡大することを、覚えておいてください。

ママノート：私は、自分が赤ちゃんの心音にこれほど深く感動するとは思ってもみませんでした。最初に、どん、どん、どん、という音を聴いたとき、私は本当にびっくりしたのです。妊娠後期になって、私は義母を健診に連れていきました。そのとき私は、義母の時代にはドップラーがなかったことをうっかり忘れていて、説明していなかったのです。初めて赤ちゃんの心音を聴いた義母は目を大きく見開き、涙を流したのです。それは、すばらしく感動的な瞬間でした。

乳房の変化は、ますますはっきり

あなたの乳房は、赤ちゃんが生まれたら母乳をあげられるように、着々と準備を進めています。この月の終わりまでに乳首は大きくなり、乳輪（乳首の周囲の丸い部分）も広がったように見えるかもしれません。一説によると、乳首や乳輪が大きくなったり色が濃くなるのは、新生児が目標物（おっぱい）を見つけやすくするためだともいわれています。乳房や体の変化を自覚したり、なぜ変化するのかを学んだりすることは、これから始まるさまざまな変化への準備でもあります。妊娠による体の変化や、赤ちゃんが生まれてくることにとまどいや不安を感じている人は、特にじっくりと、これらの変化について考えてみるといいでしょう。

この月のおなかの赤ちゃんは？ 8～11週

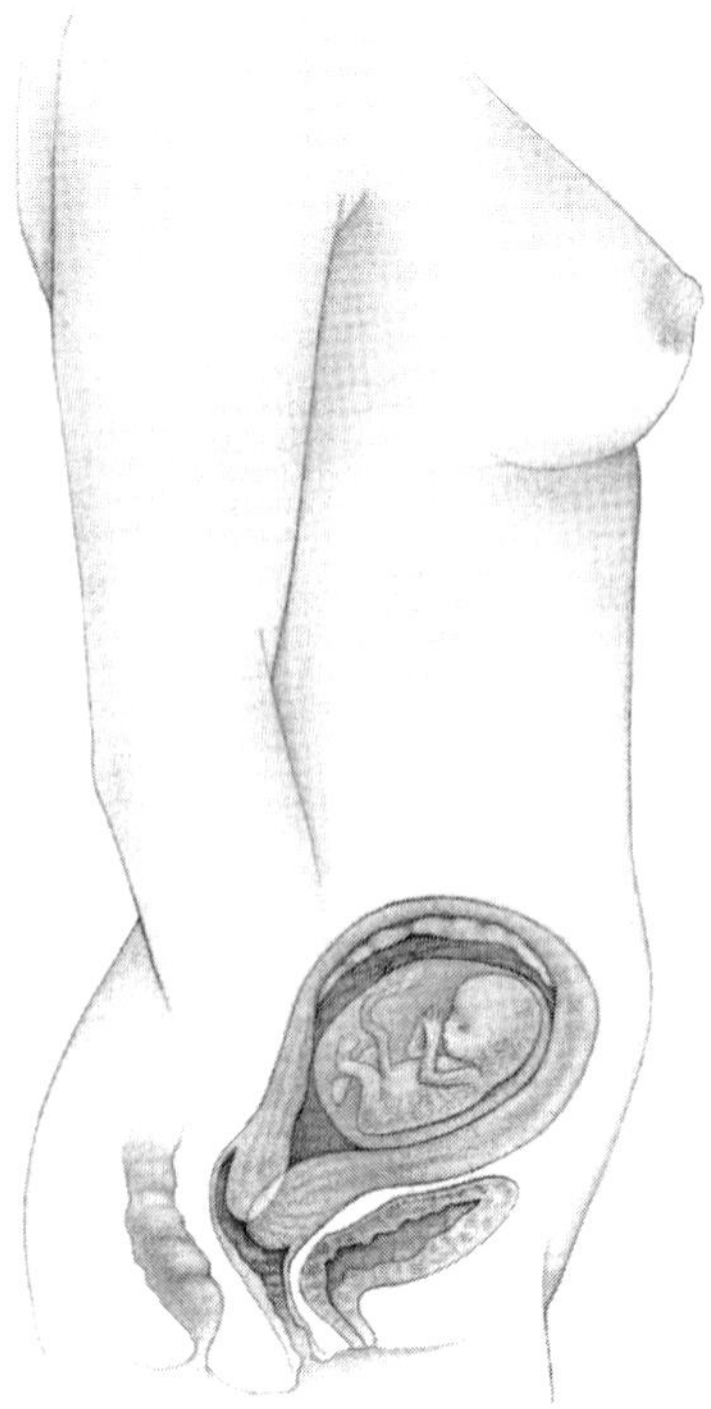

これまで「胎芽《たいが》」と呼ばれていた赤ちゃんは、8週に入ったころ、ようやく「胎児」と呼ばれるようになります。赤ちゃんの器官はすべて形づくられ、残りの妊娠期間の最後まで成長、発達し続けていきます。肝臓、脾臓、および骨髄では、血液細胞がつくられ始めます。それまで栄養を供給していた卵《らん》黄嚢《おうのう》はもう必要とされず、徐々に消滅していきます。この月の終わりまでに、歯ぐきの中にはすでに12本の小さな歯の芽が出ます。手や足のつめ、髪の毛の原型があらわれます。非常に薄くてまだ透けている皮膚（たくさんの血管が見えます）は、刺激に反応するようになります。腸（おそらく以前はへその緒の一部）は腹腔内へ移動し、皮膚で覆われます。舌と声帯がこの月にあらわれます。循環器は働き、ドップラーで超音波を当てると、心臓の鼓動を検知することで、心臓の弁の発達を確認できます。肝臓は胆汁を分泌し、膵臓はインスリンを産生し始めます。排尿のシステムができ、羊水におしっこをします。

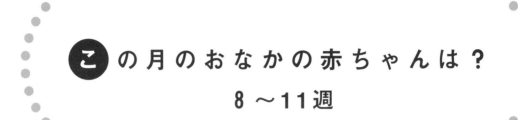

前月には、頭と胴はほぼ同じ長さで、頭は全体の半分のサイズを占めていました。しかし、この月は体の発達がめざましく、12週までに頭の占める長さは全体の1/3程度になります。この月の間に、体長は4倍以上になるほど、急激に成長していきます。前月の終わりには約1.3cmだったものが、この月の終わりには約6cmに成長し、さらに体重は約20gになります。首と体が成長し、これまで身をかがめているように曲がっていた頭と体はまっすぐに、自然な姿勢になってきます。

小さな手を開いたり握ったりし、腕を動かします。小さな足でけとばすこともできますが、まだお母さんには感じられません。赤ちゃんは形が小さな人間として完成しつつあるのと同時に、動きも人間らしくなってきているのです。

8週目

胎児の体長（体長は頭のてっぺんからおしりの先までで、足の長さは含めません）は約2.6cmになります。小さなオリーブの実の大きさです。ひじ、手首、ひざがはっきりし、指が伸び、つま先が形成されます。まぶたは眼球を覆い、外耳がはっきりし、超音波では体や手足を動かすのがわかります。頭がさらに起き始め、脳の中の神経細胞は分裂し、互いにつながりながら原始的な神経経路を形成していきます。透明な頭を通じて小脳を見ることができます。研究者たちは、毎分およそ10万個の新しい神経細胞が形成されているとみています。

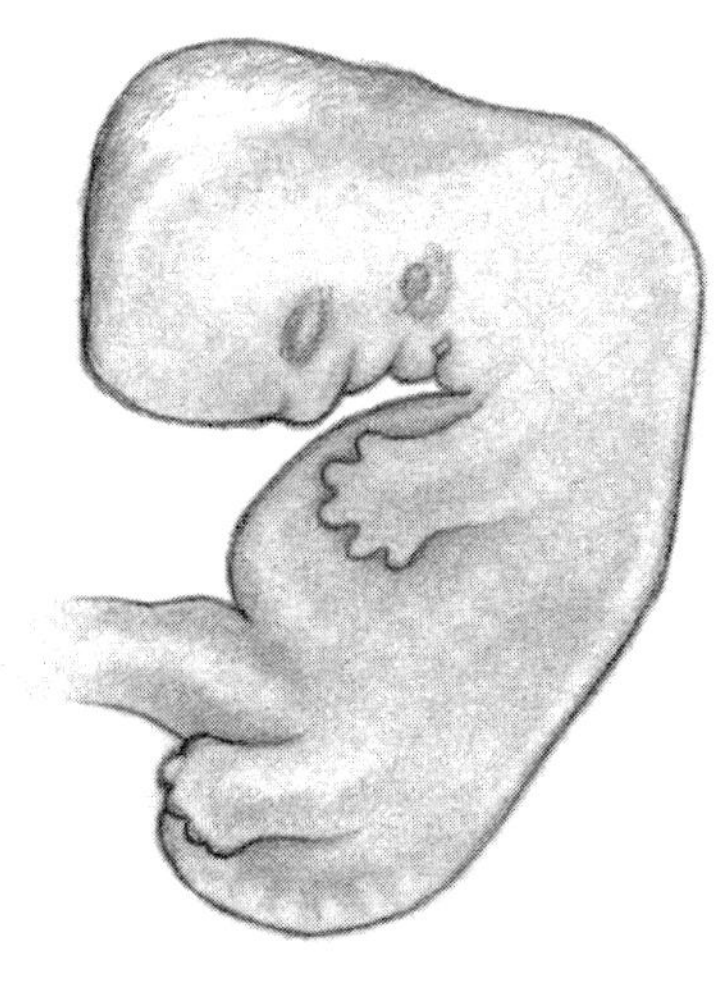

9週目

胎児は4cm弱になり、大きなオリーブくらいの大きさになります。体重は約14gになります。頭がさらに起き、体もよりまっすぐになります。内臓の原型はほとんどでき、心臓は4つの部屋に分かれています。手足や指、足の指なども完全に形づくられていきます。主な関節、肩、ひじ、手首、ひざ、足首などがはっきりとしてきます。口、鼻、鼻孔などはさらに形が整い、耳もあらわれ、目を構成するすべてのものがそろいます。外陰部もあらわれますが、外見からはまだ、性別は判断できません。体や手足を動かす様子は、超音波で見ることができます。このころから人間のミニチュアのように見えてくるでしょう。

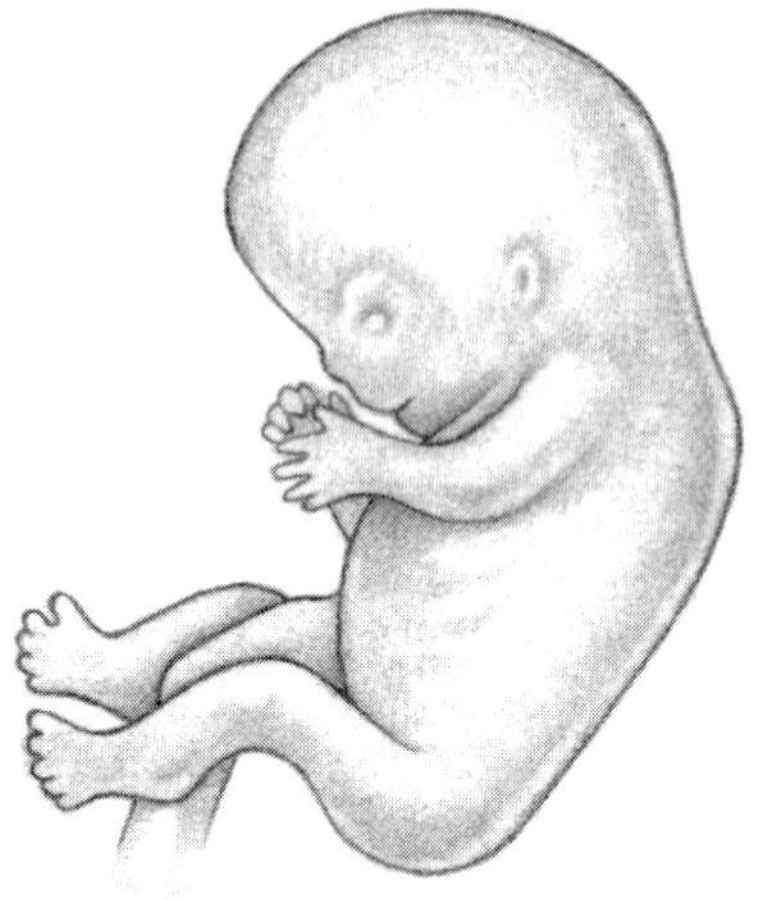

妊娠3カ月のあれこれ

鮮やかな夢を見る

あなたが起きている間に働いているホルモンは、寝ている間も休んでいるわけではありません。そのおかげで、妊娠中は夢までも違うのです。ときにはあなたの夜のひとときを乱し、ときにはファンタジーを与えてくれるでしょう。

どんな夢を見る？

妊娠中に見る夢は、妊娠していないときに比べて強烈で、はっきりとして、ざわざわし、そして奇妙です。お母さんがたの話によると、妊娠中の夢は普通よりもリアルで、ふだん気になっていることがより強調された形になってあらわれるようです。また、より風変わりで、回数が多く、覚えていることが多いといわれます。頻繁に目を覚ますため、眠りの終わりごろに見ていた夢の印象を引きずったまま、思い出すことが多いのでしょう。

ママノート：もともとよく夢を見るほうでしたが、妊娠中は特にリアルなものばかりでした！　私は、夫が特別な女友達とデートしている夢を見たのです。彼が彼女と夕食に出かけ（それも私の誕生日に！）、彼女と逃げた夢でした。私は冷や汗とともに目が覚め、夫を揺さぶりながら彼に向かって叫んだのです。「いったい、何のつもりなのよ！」。

なぜ特別な夢を見るの？

普通と違う夢を見るのは、普通のときと違う寝方をしているからです。妊娠中、特に後期には、あなたはほとんどの時間をレム睡眠という眠りの浅い状態で寝ています。この状態は夢をより見やすく、目が覚めやすいのです。

レム睡眠の状態でも体は休んでいますが、意識はそうではありません。しかし、妊娠中の夢が特別だとしても、すべてがホルモンの仕業というわけではありません。なぜなら、子どもが生まれることを心待ちにしている父親もこわい夢を見るからです。赤ちゃんが生まれることは、家族全員にとって、さまざまなことが大きく変化することを意味します。これらの変化を感じ、妊娠している女性の心は昼夜を通じてさまざまなことを思い、自分の内側を見つめているのでしょう。

ママノート：私は、自分の2歳の子を両親に預け、そのままお迎えを忘れた夢を見ました。下の子が生まれても上の子とちゃんとやっていけるかしら、という不安のあらわれだったのでしょう。

夢も変わってくる

妊娠中の夢の内容は、そのときどきで気になっていることを反映している場合が多いもので、妊娠が進むにつれて変化していきます。妊娠初期は、よく豊かさや繁殖を象徴するようなものがあらわれます。鉢植えの植物だったり、果物、種子、水、海の波などです。

妊娠中期に進むと、夢は空想を交えたものになってきます。ときには、「あなたの」赤ちゃんのイメージでいっぱいになってしまうかもしれません。ほかの赤ちゃん、たとえば猫や犬の赤ちゃんの夢まで見るかもしれません。実は妊娠していなかったという夢を見て、混乱したりこわくなる人もいます。多くの妊婦が、何かを創るようなテーマの夢を見ます。もしかしたら、自分たちが赤ちゃんのクリエイターだという役割を意識しているのかもしれません。

妊娠後期には、いやな夢が多くなるかもしれません。赤ちゃんの健康状態がよくなかったり、難産だったり、だれかがあなたの赤ちゃんを盗んでいったり……。妊娠が終わりに近づくに従って、また別の不安があなたの夢に反映されるようになるかもしれません。仕事での成功がめちゃくちゃになったり、夫と不仲になったり……。ほとんどの女性が、いちばんの悪夢は赤ちゃんに関係することだった、と言っています。赤ちゃんが欲しがるのに母乳が出なかったり、母親失格と言われるようなことをしてしまう夢も、珍しくはありません。

ママノート：私は障害のある子を産んだ夢ばかり見ました。セラピストは、このような夢は珍しくはなく、多くの妊婦が見ると言いました。彼女はさらに、この夢は生活や体形が変わることへの私の潜在的な恐怖のあらわれではないか、と説明してくれました。

夢を分析する

夢は夢であって、その内容をあまり深刻にとらえたり、過剰に反応するのは正しいことではありません。夢、特に妊娠中に見る夢は、現実を大幅に曲げて誇張されたものです。夢は未来を予測するものではありませんが、あなたの深層心理にある不安や、あなたに注意を促すようなことのあらわれ、という場合はあります。夢に多くの意味や重要性を感じる必要はないという一方で、なぜそんな夢を見たかという原因を探ることで、あなたの現実の不安をやわらげられる場合もあります。多くの妊婦が効果的だと言っているのが、いやな夢を見たら書き留め、最後にハッピーエンドの結末を書き足すことです。障害のある子を産んだ夢を見たとしましょう。それは、あなたがそれだけ赤ちゃんの健康や状態を心配していることを意味しているのだと、付け加えてしまうのです。

あなたの夢に修正したストーリーを書き足すことで、今、取り組まなければならない隠れた問題がはっきりしてくることもあります。夫が見た夢も同じように話してもらいましょう。彼もまた、さまざまなことに適応しようと一生懸命なのかもしれないのです。

妊娠中のセックスを楽しむ

妊娠は、あなたの生活のシンプルな楽しみ、夕食作りから愛を交わすことまで、さまざまなことを変えていきます。妊娠中のセックスをどうとらえるかは、あなたの個人的な感情や夫の感情、そして体調や心の様子などによっても異なります。ただ、ひとつ言えるのは「妊娠中はセックスも違う」ということです。多くの女性とそのパートナーにとって、この変化はエキサイティングなでき事です。妊娠中のほうが感じやすく、早くクライマックスに達するとか、悦びも深く頻繁だと言う人も少なくありません。多くの男性は、妊娠している妻に対して、ふだんよりもセクシーさを感じたと言いました。妊娠中が性生活のピークだったというカップルもいるでしょうし、欲望や満足度も下がりぎみのカップルもいるでしょう。多くのカップルは「いいときもあればそうでもないときもある」という意見のようです。これらはすべて、普通のことなのです。

ほんのちょっとした知識で、ほとんどのカップルの妊娠中のセックスの楽しみを増やすことができるのです。あなたも夫も、妊娠中のセックスがなぜ違うのかという理由を知ることができれば、この生物学上の事実にも適応していくことができるでしょう。これはあなたの結婚生活におけるひとつの季節であり、理解するためのデリケートさが必要です。

妊娠初期は確かに、つわりによる疲れや流産の恐怖から、多くの女性がセックスに対して積極的にはなれないでしょう。妊娠中期、まさしく「マタニティ・ハネムーン」と呼ばれるこの時期は、ホルモンの上昇はストップし、体調は安定します。流産の危険性は減り、多くの妊婦は、この時期のセックスにむしろ満足感を抱きます。一部の男性は、妻の新しい面にエロティックな感情を抱き、初期にできなかった分だけ待ったかいがあったと思うかもしれません。敏感な部分の感度の高まりは、多くの女性にとってゾクゾクするようなスリリングな体験であり、妊娠中期には、むしろ以前よりもセックスに熱心になる人もいるのです。

妊娠後期に、あまりにもあなたのおなかが大きくなり、不格好で、今にも出産しそうなことがセックスの楽しみを半減させたとしても、驚かないでください。妊娠後期には、文字どおり風船のようなおなかが、あなたと夫の間にやってきます。多くの女性が、セクシュアルな気分になるよりも、母親になることに関心をもつようになります。体がセックスを望んでも、あまりスムーズにはいかないでしょう。

変化を考える

妊娠中の女性のセックスに対する欲求は、その時期のエネルギーと並行に変化します。初期に下がり、中期に上がり、そして後期にまた下がります。

＊性器などの変化

妊娠に伴う性器の変化は、女性のセックスの悦びを深めたり、逆に痛みを感じさせたりします。出産に向けてあなたの体を変化させたり、産後、育児中に分泌されるのと同じホルモンが、あなたのセックスにも影響してきます。妊娠するとあなたの胸や乳首は大きくなり、より敏感になります。セックスの間、胸にさらに多くの血液が集まるのです。よりセクシーになった外見が夫を興奮させるかもしれませんが、最も敏感な状態の胸は、妊娠の期間の違いによって、ひりひりと痛かったり、刺激的だったりします。

赤ちゃんが通るために準備されている膣頸管の変化も、セックスに違う感覚を与えます。膣の筋肉や内膜への血流の増加によって充血感があります。この変化を喜ぶ女性（とパートナー）もいれば、不快に感じる人もいるでしょう。膣の分泌物（おりもの）は増え、においも変化します。それまでセックス時の膣の乾燥で悩んだ人にとっては、これはうれしいことかもしれませんが、たいていの女性にとってはやっかいに思えるでしょう。こうした膣の状態は、セックスに対する女性の悦びを深める傾向にありますが、敏感にな

りすぎてつらい人もいるでしょう。妊娠中のさまざまな性器の変化は、最初の妊娠よりも、2回目以降のほうがよりはっきりとあらわれます。

膣の筋肉への血流の増加のため、セックスのあとに少し出血することがあるかもしれません。これは、膣の小さな血管を傷つけたせいで起こるものです。特に害はないのですが、なるべく避けるには、性交時に深い挿入を控えるといいでしょう。セックスのときに出血し、そのことがあなたを不安にさせるのなら、医師の診断を受けましょう。医師は出血がどの部分からのものなのかをチェックし、充血した膣や子宮頸管の内膜からの、害のない出血であることを確認してくれるでしょう（妊娠中のセックスの体位は269ページを参考にしてください）。

＊コミュニケーションも大切です

妊娠中のセックスでは、言葉によるコミュニケーションも非常に大切です。どうしてほしいか、どうすると不快で痛みを感じるか、夫にきちんと伝えなければいけません。日に日に強まる胸や膣の敏感さが、前戯のときにあなたにすばらしい快感を与えることもあるでしょうし、あまりにも敏感になりすぎて愛撫に耐えられない、と感じる日もあるでしょう。悦びをより大きくし、不快感を減らすためにも、何がよくて何がダメなのか、きちんと伝えましょう。あなたの胸や性器が触れられることを喜び、受け入れることができるように。そうでなければ、まちがった愛撫をしている夫の手を、ひじで軽く押してしまいましょう。

＊セックスを控えなくてはいけないとき＊

妊娠の経過が順調ならば、出産の日までセックスは可能です。しかし、お母さんと赤ちゃんのためにセックスを控えたほうがいい場合もあります。

・あなたか夫が性感染症に感染しており、治療後も完全に治っていない場合。性交によって再び感染し、子宮に病気が感染する危険性もあります。

・出血がある場合。医師にチェックしてもらう必要があります。出血が流産の兆候であった場合、しばらく性交を控えるようにと指示されることもあります。

・医師が流産の兆候を見つけた場合。オルガスムスは子宮の収縮を促し、早産のリスクを増加させます。

・超音波診断などで、前置胎盤などの診断を受けた場合。性交によって、胎盤が子宮壁からはがれやすくなる危険性があります。

・以前に流産の経験がある場合、医師は、流産の心配がなくなるまで、妊娠の早い時期はオルガスムスを感じるような性交は控えるようにとあなたにアドバイスをするかもしれません（多くの調査結果では、オルガスムスと流産の間に確かな関連性はないと述べられていますが、一度相談するといいでしょう）。

・なんらかのリスク（たとえば、子宮頸管無力症や切迫早産の可能性がある場合など）を抱えながらの妊娠であった場合、性交やオルガスムスがリスクを高める可能性があると医師は判断し、性交を控えるほうがよい、とアドバイスするかもしれません。

・羊膜（赤ちゃんを包んでいる袋）が破れた場合は、性交によって膣や子宮頸管からの細菌感染のリスクが高くなるため、性交はおすすめできません。

妊娠中のセックスについて医師に尋ねる場合は、何がよくて何がだめか、いつがよくて、いつになったらだめなのか、その理由は、ということをはっきりと理解できるようにしなくてはいけません。２つの大きな問題は挿入とオルガスムスです。なかには、寄り添って愛撫する程度まで、とセックスに制限が設けられる場合もあります。19週以降では、胸に触れるだけでも乳首の刺激が子宮の収縮につながるという理由で、制限される人もいるでしょう。あなた自身のそれぞれの状況に応じて、妊娠中のセックスについてどの程度まで許されるのかという限度を、アドバイスしてもらいましょう。それに応じてふたりで、満足できる方法を模索していけばいいのです。

＊妊婦の夫としてできること＊

男性の皆さん、あなたたちは、妊娠中は妻がセックス（言いかえれば、挿入）に対して消極的になると、読んだり聞いたりしているかもしれません。しかし現実には、妊娠中の妻はセックス（言いかえれば、愛情表現）を必要としていますし、欲求も高まっているのです。大切なのは、妊娠中でも寄り添って愛撫することで、あなたのパートナーが必要としていることを満たしてあげることなのです。

妻と、今の妻の体に、愛情を示しましょう。あなたが彼女の変化する体を愛し、性的な興味も失っていないとわかれば、もしかしたら、これまでよりもっと充実した性生活が送れるかもしれません（少なくとも妊娠中期は）。しかし、彼女が、ふくらんできたおなかのせいで自分が夫の目に魅力的に映っていないと思ってしまったならば、妊娠中の性生活は、かなりそっけないものになるかもしれません。

ここに、ある研究結果があります。260人の妊婦に対して、なぜ妊娠中に性欲が減退したかという理由をインタビューしたものです。この結果では、妊娠中のセックスを避ける一番の理由は、身体的な不快感でした（46%）。次に、赤ちゃんを傷つけそうでこわい（27%）、セックスしづらい（17%）、医師から制限を受けている（８%）と続きました。セックス自体に興味がなくなったという人は全体の４%しかいませんでした。夫が妊娠中の自分に対して興味がなくなったため、自分もセックスする気持ちがなくなった、と答えた人は、たったの４%でした。

一方、男性にも、妻の体の変化や動作とは直接関係なく、妻が妊娠をしたとたんにセックスに興味を失うタイプの人もいます。ほとんどの場合、何の根拠もない心配であるにもかかわらず、挿入することで、おなかの赤ちゃんを傷つけるのがこわくなるのかもしれません。さらに、これらの感情に加えて、妊婦の夫の多くはさまざまなことに考えが飛んでいくものです。性欲よりもむしろ、父親になることに意識がいってしまう男性もいます。そのような人たちには、父親と恋人の２つの役割をこなすには少し時間が必要です。同じように、彼のパートナーを母親と恋人という２つの見方ができるようになるのにも、少し時間がかかります。

赤ちゃんがふたりの間に割り込んできたような気持ちになることもあるでしょう。ふたりが築いてきた生活が変化すると感じることは、男性を興奮させるかもしれませんが、彼のペニスの先数センチのところに小さな赤ちゃんがいるということに気づいたとたん、なえてしまうこともあるかもしれません。赤ちゃんの胎動を感じると、すっかり性欲を失ってしまう人もいます。

現実の生活は、この先に起こることの予兆ともいえるものです。産後、待ちに待ったセックスの最中に、赤ちゃんが目を覚まして泣くこともあるでしょう。新米の両親としてセックスライフを充実させるには、妻の体に対するいたわりが必要です。妻の疲労（あなたのも）、おっぱいのにじんだ乳房、乾いた膣、親として、また女（男）としての自分など、折り合いをつけなくてはいけない部分はたくさんあります。あなたたちの性生活は、赤ちゃんが生まれたあとの１年、もしくはそれ以上の間、さまざまな制限を受けることになります。以前と同じようにはなれないかもしれません。しかし、もっとよくなることも可能なのです。

以前は淡泊だった妻が、急に積極的になっても驚かないでください。妊娠することで新たな性欲を感じる人もいて、突然の予期しないセックスへの欲求で、夫を驚かせる人もいます。自分の欲求以上に妻からセックスを求められると圧倒されてしまい、かえってうまくいかなくなる男性もいます。しかし、ひるんではいけません！　特に妊娠初期は、妻はあなたの欲求に十分こたえることはできないかもしれません。妊娠中期には逆転して、あなたが妻の欲求を満たすことが難しくなるかもしれません。ちゃんとできないときがあっても、危機感を感じる必要はありません。あなたは、変化していく妻の体になじむだけの時間が必要なタイプなのです。妊娠中期になっても、期待していたほどに妻がセックスに積極的にならなくても、だまされたと思わないでください。あなたが思っているよりもずっと疲れているのかもしれませんし、体調がよくないのかもしれません。あるいは、恥ずかしいと思っている場合もあるでしょう。

妊娠後期になると、妻の性欲が後退するのに従って、あなたもセックスを楽しめなくなってくるでしょう。妻がセックスを楽しんでいないにもかかわらず、自分が楽しめていたとしても、罪悪感を感じることはありません。妊娠中のカップルのセックスは、そういうものなのです。あなたたちがどうしたいのかをお互い話し合い、双方が満足できる方法を探していきましょう。お互いの性に対する欲求を理解し、楽しみましょう。妊娠は、結婚生活のひとつのシーンです。この間のいたわり合いや、愛情深い夫婦のやりとりが、あなたたちの関係を、より充実したものにするでしょう。

発想の転換が必要

妊娠の影響がセックスの悦びを邪魔している半面、悦びを加速させてもいます。妊娠中、セックスに対してどんな姿勢をとるかで、まったく違うことになります。

妊娠中にあなたをもっとセクシーな気持ちにさせ、行動させる自然の働きは、同時にあなたの情熱を目覚めさせる働きもします。最初の3カ月間は、あなたはホルモンによって引き起こされるつわりと倦怠感から逃れるのに必死で、セックスは心のいちばん遠いところに追いやられていたでしょう。体の変化だけがあなたからセックスを遠ざけているのではなく、心の余裕のなさが、同じようにあなたから夫を遠ざけてしまうことがあります。あなたの体の中で育っている命を守ろうとする気持ちが、セックスしたくないという思いにつながることもあります。あなたと夫には、「赤ちゃんは外界からはしっかり守られている」という保証が必要なのかもしれません。

妊娠中のセックスは、ほとんどの女性にとって安全です。赤ちゃんを傷つけたり、流産の原因になることはほとんどありません（131ページ参照）。妊娠中のセックスは、むしろふだんのセックスよりもリラックスできることもあります。これは、あなたの人生の中で初めて避妊に気をつかわずにすみ、子づくりのプレッシャーからも解放されたセックスかもしれません。妊娠中のセックスは何の計画もいらず、伸び伸びしています。排卵日を気にする必要もなく、月経の面倒さも、避妊の心配もありません。出産を控えた人たちにだけ与えられた、貴重で伸び伸びとした時間を楽しみましょう。多くのカップル、特に妊娠を待ち望んだカップルにとっては、すべてのセックスが、子どもを授かった瞬間を再現してくれるものかもしれません。

妊娠している体はすばらしい

妊娠したあなたの姿は、人類学の見地からいえば性的なもののシンボルでもあり、豊かな女神の化身のようでもあります。しかし、妊娠のスタートがつわりなどで苦しいと、しばらくはセクシーな気分になどなれないでしょう。そしてそのハードルを越えたあと、あなたはまた違ったことに直面しなくてはなりません。あなたがもはや以前のような体形ではない、ということです。元の体形には戻らないのではないかしらという心配は、あなたを不安に陥れます。実際、妊婦の体の心配事として、この項目は筆頭に上がってきます。妊娠は確かに、そんなに美しいものではありません！　そんなことはみんなわかっています。

今の時代に、私たちがもっている美しさの価値基準をまったく無視できる人も、自然の法則に逆らえる人も、ほとんどいないでしょう。しかし、自分なりのベストを尽くすことはできます。リラックスして、自分の体の変化を楽しむのです。ウエストラインをなんとかすることばかり気にしてはいけません。あなたは、人をまるごと一人育てているのです！　スリムなことが美しいという価値基準が植えつけられているなら、まずその考え方を変えなくてはいけません。赤ちゃんを産む女性にとっては、丸みを帯びて豊かな体形のほうがもっと美しいのです。あなたがもはや少女ではないと自覚すれば、少女のころの体のラインにあこがれるような気持ちはおさまるでしょう。

「赤ちゃんより大切なものなんてない」という決まり文句は、今のあなたにはまだ陳腐に聞こえるかもしれません（すぐに、それが真実だと思うようになりますが）。あなたが母親になりたいと強く望むのと同じくらい、妊婦の体形をできるだけ楽しみたいと思うのであれば、期待どおりの体形にはすぐなれます。母親になる前の体形に戻りたいのなら、あなたはとてもハードに立ち働かなくてはいけないでしょう。特に二度目、三度目の妊娠ならなおさらです。あなたのゴールも、理想の体形も、時を経るとともに変わっていくでしょう。

もし、妊娠した体形にどうしてもなじめないのなら、次の項目を読んで、気持ちを切りかえてください。

＊「過去の自分」を葬って、前向きに

以前の自分のイメージを捨てるのは簡単ではないでしょう。まして、予想外の妊娠だった場合はなおさらです。赤ちゃんがおなかにいながら、少女のような体形を維持するのは難しいものです。あなた（や周囲）がこれまでもっていた自己イメージに別れを告げましょう。これからのあなたの生活には、当てはまらないものです。新しい姿もセクシーだと、自分を勇気づけましょう。違う魅力があるはずです。古い自分をどうしてもあきらめきれず、深刻に悩んでいたり、自己イメージをよいほうにふくらませてくれる手助けが必要なら、プロに相談するのがいちばんです。

＊前向き思考で

何を得て何を失ったか、考え直してみましょう。あなたのおなかがふくらんだ分だけ、あなたを愛する人があなたに触れ、見つめる面積が増えたということです。あなたが、昔の姿に戻りたいという気持ちで落ち込みそうになったら、友達を呼んで、忘れさせてもらいましょう。鏡の前に立って、あなたの新しい姿を抱き締めてあげましょう。あなたの「新しい」体に誇りをもつのです。尊敬に値する体なのですから。

＊あなたはセクシーです

体が大きくなることは、外見が悪くなることではありません。新しいヘアスタイルを試してみましょう。お化粧法を変えたり、すてきなナイトガウンを買うのもいいでしょう。そんなあなたの姿は、夫に新しいあなたを発見させ、セクシーな気持ちを高めさせるでしょう。

＊セクシーな振る舞いを

社会科学者は「行動することで、気持ちがついてくる」と述べています。たとえば笑顔。笑うことで、あなたの脳はあなたが幸せに感じるときと同じ化学物質を放出し、実際、そのホルモンがあなたを幸せな気持ちにさせるのです。色気のない態度ばかりしていると、夫もあなたに色気を感じなくなるでしょうし、そのような振る舞いになってくるでしょう（この悪循環は、あなたに「夫は私に触れたくもないのだ」と思わせてしまうことになります）。セクシーな振る舞いをしてみましょう。気分もセクシーになってくることに驚くはずです！

＊自分の魅力を信じましょう

「夫にとって、私はもう魅力的な存在ではないのね」と確信してしまうことは、あなたの性的な魅力を、自分で半減させるようなものです。それに、この思い込みは真実ではありません。ふんわりと丸い体は、男性にとっては魅力的に映ります。妊娠中は、あなたの人生で、おそらく最も丸いシルエットでしょう。あなたが魅力的でなくなってしまっているかどうか、夫に聞いてみましょう。ほとんどの男性が、やわらかな妻の体に、新しい魅力を感じているはずです。夫は、あなたの丸いカーブを描く妊娠した体と新鮮な気持ちを、いとおしく思っています。妊娠初期はつわりのせいで無理だったことが今は可能になり、愛し合うことができるのです。あなたの夫は、妊娠中のあなたに新たな興奮を感じているでしょう。

＊会話をしましょう

妊娠があなたの性にどんな影響を与えているか、夫に話しましょう。さらに夫に、あなたの妊娠中の体をどう思うかも聞くのです。夫婦それぞれが、自分の思っていることを話すのです。あなたの夫の性に関する興味の欠如がどの程度かわからないように、夫に対しても、あなたの性に関する関心がどのようなものなのか理解してくれるとは思わないでください。たとえば、彼はあなたに興味がないのではなく、どのように触れたらいいのか、どう扱ったらいいのか、混乱しているだけなのです。あなたの不安を、そのまま夫に当てはめてはいけません。彼はたぶん、これまでよりもあなたに魅力を感じているはずなのですから。

＊体の変化を分かち合いましょう

妊娠中の変化する体を隠すのではなく、誇りに思う気持ちを夫と分かち合いましょう。色の濃くなった乳首や大きくなり始めたおなかなどです。妊娠中にしか楽しめない新しいこと、驚くことを見つけましょう。たとえば、あなたの新しい胸は、残りの妊娠期間中はすべて彼のものです。シリコンなしの、なんて興奮する胸なのでしょう！　ふたりとも裸になって横になり、赤ちゃんの動きを感じましょう。夫は、これまで見たことのなかった、横からの眺めを楽しむでしょう。妊娠中の楽しいイベントは、「成長記録」を撮ることです。毎月、いろいろなアングルからあなたの変化する体を夫に撮影してもらうのです。夫は楽しんで撮影してくれるでしょう。

＊ときには羽目をはずして

赤ちゃんが生まれる前に、週末、定期的にふたりの「デート」を楽しみましょう。出産後は、余分なエネルギーは残っていないものです。妊娠中、最も性生活を楽しめるのは妊娠中期ですが、妊娠中ずっと、ふたりでロマンチックな時間を楽しんで過ごすことはできます。

＊「サービスとしてのセックス」は避けましょう

ほとんどの女性にとって、妊娠中はある種の「義務的なセックス」になるのは珍しくはありません。しかし、いつも「サービスしている」と夫に気づかせないでください。たとえたまにはそうだとしても。

ママノート：私の夫は、毎月私のヌードをビデオで撮りました。それは美しく、感動的に変化していく私の体の記録です。今は体形も戻り、妊娠中、自分の体についてどう思っていたかを思い出すのは至難のワザです。ビデオはそんな私たちの人生の中での特別な、すばらしい時間を思い出させてくれるのです。

＊妊娠中のセックスについての質問

Q「私は流産を2回経験していて、今、また妊娠しています。妊娠中のセックスが、流産のきっかけにならないか心配です」

A　性行為とオルガスムス、そして流産の間には、科学的にいえば相関関係はありません。しかし、オルガスムスによって、子宮の収縮が若干誘発されるおそれもあることから、妊娠初期にはオルガスムスを得るようなセックスは控えるように、と言う産科医もいます。しかし科学的には、セックスが流産の原因になることはないでしょう。

いちばんよい方法は、医師にあなたの実際の状態と照らし合わせながら相談し、アドバイスを仰ぐことです。幸運なことに、いちばん流産が心配される妊娠初期は、セックスに対する欲求もまた、低いはずです。妊娠後数カ月たち、流産の心配がなくなるころに、自然に少しずつ欲求が高まっていくでしょう。

Q「私は子宮頸管無力症で、早産の危険があります。医師にも、なるべく安静にしてセックスは避けるように、と言われました。でも私は、夫と触れ合いたいのです。夫も同じ気持ちです」

A「セックスを避ける」という言葉は、なにも「すべての悦びも避ける」ことを意味しているのではありません。医師が言う「セックスを避ける」ということは、オルガスムスや挿入を避ける、ということです。こうした制限は、挿入なしで悦びを得る方法を探しなさい、ということを意味しています。挿入を伴わないセックスを楽しむことは、新しいレベルの愛撫を楽しむことです。コミュニケーションを大切にしましょう。お互いに、どうしたら気持ち

がいいかを伝え合うのです。

医師にセックスによるオルガスムスを避けるように言われたとしたら、マスターベーションも禁止、と覚えておいてください。子宮は、セックスによるオルガスムスよりも、むしろマスターベーションによるオルガスムスのときにより激しい収縮をします。実際、オルガスムスに対して非常に敏感な子宮は、以前は妊娠中にむしろ都合よく利用されていました。子宮頸管の準備が整い、赤ちゃんがいつ生まれてもいい状態になったとき、産科医はセックスをすすめたものです。セックスを、陣痛の誘発剤としたのです。

Q「私たちがセックスをすると、ときどき赤ちゃんが動きだして、私たちの気力をなえさせます。これは普通なのでしょうか？」

A　妊娠中のセックスには、何が普通で何が普通ではない、ということはほとんどありません。あなたの気持ちしだいともいえます。赤ちゃんの動きも、あなたの感情も普通です。あなたは今まで、第三者がいる状態でセックスをした経験はないでしょう。それがたとえ、子宮の奥深くにひっそりと存在している人であっても……。深刻に考えず、ユーモアでとらえましょう。これは、あなたがたがいずれ直面するセックスライフの練習でもあります。赤ちゃんの世話をしながらどうやってセックスを楽しんでいくか、また（いつか）10代になった子どもがデートから早く帰ってきたときなどにもです。

Q「医師に、早産のおそれがあるので最後の3カ月はセックスを控えなさい、と言われました。何か別のアドバイスはありますか？」

A　いくらでもあります。オルガスムスと早産の関係は昔からいわれていたことです（研究ではさまざまな説があります）が、多くの人が、この説に反対しています。多くの女性が、子宮の強い収縮をオルガスムスの最中やあとに感じ、それを早産の原因と結びつけて心配する医師もいます。最新の研究結果では、オルガスムスと早産の間には何の因果関係もないといわれており、医師は妊娠中のセックスは安全で、楽しんで大丈夫とアドバイスするようになっています。しかし、あなたの個人的な事情、たとえば子宮頸管無力症などの場合は、セックスがあなたの赤ちゃんにとってよくない場合もあるでしょう。しかしほとんどのケースで、あなたの子宮頸管が「熟して」いなければ、オルガスムスが出産を引き起こすことはないのです。

産科医は、オルガスムスを得ないセックスと早産の間には相関関係がないことに同意しています。研究者は以前、夫の精液に含まれるプロスタグランジンが出産のきっかけになるのではと疑っていましたが、最新の研究では、これは根拠がないことが証明されています（131ページも参照してください）。

Q「私は双子を妊娠しています。セックスは気をつけるべきでしょうか？」

A　医師に相談するまでもなく、双子を妊娠しているからセックスのときに2倍心配しなければいけない、ということはありません。多胎妊娠はただでさえ早産傾向が強く、オルガスムスが子宮の収縮を促すことから、以前は多胎妊娠の場合は、妊娠後期にはオルガスムスを避けるようにといわれていました。しかし最新の研究では、セックスと多胎の早産に相関関係はない、といわれています。

出生異常に対するスクリーニングテスト

「パーフェクトでない」赤ちゃんが生まれることもごく自然にあるという事実は、赤ちゃんを待ち望むあなたにとって難しい問題でしょう。最近の出生前診断では、深刻な問題のある赤ちゃんを、出生前に見つけることもできるようになりました。しかし、「スクリーニングテスト（出生前診断）」という名前で行われるこれらのテストは、完璧に正しい答えが出るわけではありません。これらのテストが、あなたの子宮の中で何が起こっているかについてたくさんの答えを出せるのだとしても、誤った保証をしたり、いらない心配を両親に与えることもあるのです。たとえばあいまいな結果で、本来ならする必要がない心配をもたらすこともあるのです。私たちが医学生に教えるときに、いつも言うことがあります。「テストをすることの問題は、その結果に対して、なんらかのことをしなくてはいけないことにある」。

テストが抱える問題が、もう1つあります。母体にも赤ちゃんにもリスクが発生しないテストには、悪評が高いほど不正確なものもあります。非常に高度に、正確に診断するテストでは、母体と赤ちゃんに高いリスクが発生してしまいます。ここでは、一般的な出生前診断について議論し、混乱している両親に、どうすることが両親にも赤ちゃんにもよいのか、アドバイスしていきます。

＊ＡＦＰテスト（母体血清テスト）

検査の目的は？

出生前診断として最も簡単なのがＡＦＰ（αフェトプロテイン）テスト（注1）です。ＡＦＰは胎児の肝臓で自然にできる物質で、通常、妊娠中に母体の血液中にあらわれるものです。神経管形成異常（ＮＴＤ）――脊髄を囲む脊椎骨が発達しない先天性疾患――の赤ちゃんを妊娠している場合、母体の血中のＡＦＰ値は上昇します。なぜなら、疾患があるためにＡＦＰが胎児の脊柱から漏れるからです。このテストで判明する先天性疾患は二分脊椎《にぶんせきつい》症《しょう》（脊柱の中に脊髄が収まらず、下半身などの麻痺を引き起こす）、無脳症（脳の発達障害）などがあります。

母体のＡＦＰレベルは、胎児がダウン症もしくはそのほかの染色体異常がある場合、通常のレベルよりも下がります。近年、ＡＦＰテストのかわりに新しく実施されているテストは、トリプルマーカーテスト（注2）といい、これは母体の血中のＡＦＰ、ＨＣＧ（ヒト絨毛《じゅうもう》性ゴナドトロピンといい、胎児になんらかの染色体異常がみられる場合、値が上昇します）、エストリオール（エストロゲンホルモンの副産物であり、染色体異常児を妊娠している場合は母体の血中レベルが低下します）の3つの値を測定します。

●結果はあなたにとってどのような意味がありますか？　結果によっては妊娠を中断しますか？　検査を受けることで、心配がやわらぎますか？　テストを受けるか受けないかで、不安は増えたり減ったりするでしょうか？　出産前に、胎児になんらかの障害があるという結果が出た場合、あなたは妊娠の喜びを損なうことなく、この妊娠を継続することができますか？　それとも、この特別な必要性をもった赤ちゃんを迎えるために、何か用意することができるのでしょうか？　あなたの不安を乗り越え、やわらげるために、このテストの結果が本当に必要なのでしょうか？　何があっても、それを受け入れられるために、事前に知る必要があるのでしょうか？　私たち自身の経験をお話ししましょう。ダウン症の赤ちゃんを授かることは、これまで私たちがイメージしていたような、恐ろしいでき事ではありませんでした。私たちは、胸に抱いた赤ちゃん、スティーヴンに気持ちを集中させました。5、6カ月もの間、ダウン症について考え、悩み続けるよりも、気持ちが穏やかなように思えました（もちろん、事前に知ったうえで出産した人たちは、自分たちの選択はそれでよかった、と思うかもしれま

せんが）。
●あなたがどんな結果でも何もしない（たとえば中絶など）という決心をしているのであれば、テストを受ける必要はないと思うでしょう。
●あなたは、テストを受けなければいけないような問題を抱えているのでしょうか？　以前、このような障害のある子どもを妊娠した経験はあるのでしょうか？　妊娠時の年齢や家族の遺伝など、気にかかる理由があるのでしょうか？　あなたが普通に健康な20代で、以前の妊娠でも特に問題がなければ、99・9％の確率で何の障害もない、健康な赤ちゃんを産むことができるでしょう。1％の1/10の確率のために、テストを受ける必要性があるとあなたは思うのでしょうか？

結果がもたらすものは何でしょう

「陰性」もしくは「可能性が低い」場合を考えてみましょう。これはあなたを一時的に安心させるでしょうが、しかし、完璧ではないのです。これらの障害のある赤ちゃんを授かる可能性からは逃れたものの、それはさらにまた違う心配を呼ぶだけです。もしも陽性という結果が出たら、明らかにあなたの不安は大きくなるでしょう。トリプルマーカーテストで疑わしい結果が出れば、医師はあなたに、さらにもっと違う検査を受けるようにと言うでしょう。超音波検査や羊水検査です。覚えておいてください。たとえ陽性になっても、95～98％の人は、次の検査では陰性と出るのです。

＊羊水染色体検査（羊水検査）

羊水穿刺《せんし》検査は、妊娠検査の中では「高い判明率と重い責任」を伴う種類に属しています。羊水検査は、確かに非常に価値のある情報を提供してくれます。母親と赤ちゃんに与えるリスクを考えなければの話ですが。両親と医師はこの検査を行うにあたって、重い責任を負うことを覚悟しなければいけません。

検査の目的は？

羊水検査によって、赤ちゃんの性別、染色体の構造、さらに、胎児が遺伝性疾患を引き継いでいるかどうかがわかります。羊水検査を受ける場合は、次のようなケースが考えられます。

＊出生前診断についての質問＊

出生前診断を医師からすすめられた場合、次のような質問をしてみましょう。

・特別なテストを受けることの利点と、リスクは何でしょうか？　赤ちゃんや私に害はありませんか？　妊娠や出産に影響はありませんか？
・そのテストはこの妊娠にどうしても必要ですか？　赤ちゃんの遺伝子情報を知ることで、私の妊娠がより管理しやすくなったり、医療的措置をとれたりするのでしょうか？
・このテストの経験はどのくらいありますか？　問題が起こったことはありますか？　胎児医学の専門家はかかわるのでしょうか？
・費用はどのくらいかかりますか？
・テストでどれくらいのことがわかりますか？
・いつ結果を聞けますか？　結果はどのくらい信用性がありますか？
・より安全で、同じ程度の情報量が得られる別のテストはありませんか？

●ダウン症など、先天性異常のある子をすでに出産している場合。
●すでに代謝異常の子がいる場合（羊水検査は、すべての遺伝性疾患や代謝異常などのうち、10％しか発見することはできません）。たとえばテイ・サックス病や嚢胞性線維症《のうほうせいせんいしょう》などを見つける場合には特別な検査方法が必要となり、費用もたくさんかかります。これらは特別な要望がなければ行うことはありません。
●母親がなんらかの遺伝的な疾患をもっている場合。もし、性別によって発症するような遺伝病があった場合、たとえば血友病などは男の子だけに引き継がれていく遺伝病であり、その確率は50％です。羊水検査で性別はわかりますが、遺伝が引き継がれているかどうかまでは判定できません。家族の遺伝子地図を研究するような検査が含まれている場合には、この異常な染色体が受け継がれているかどうかを断定することができるかもしれません。
●すでに脊椎に障害のある子がいる場合。
●トリプルマーカーテストで、ダウン症の疑いが高いという結果が出た場合。
●テイ・サックス病や鎌状赤血球貧血など両親がなんらかの遺伝性疾患をもっている場合。赤ちゃんがそれを受け継ぐ確率は1／4です。
●超音波診断で深刻なもの、または致命的な欠陥など、胎児になんらかの異常がみられた場合。

検査の時期

羊水検査は通常、サンプルをとることができるくらい、赤ちゃんの周りに羊水が十分な量になる妊娠14～16週の間に行われます。染色体異常と、性別判定の両方の検査結果が出るまでには1、2週間かかります。

検査の方法

母親は検査台に横になり、腹部を消毒します。医師はあなたの腹部に局所麻酔を行い、あなたは、チクッとした痛みを感じるかもしれません。超音波を使い、赤ちゃんと胎盤の位置を確認します。医師は長い針をあなたの腹部に刺し、子宮から少量の羊水を採取します。この羊水は検査のために生化学研究室などに回されます。すべての作業は30分くらいで終わります。検査で痛みはありませんが、針を刺した部分に、長い間不快感を感じる人もいます。

安全性は？

赤ちゃんの器官や胎盤や臍帯《さいたい》を傷つける危険性がまったくないとは言えませんが、安全です（超音波の導入によって、リスクは減少しました）。最も心配しなくてはいけないのが、１００人に１、２人は流産の可能性があるということです。リスクのレベルは、産科の専門医の腕によっても多少上下します。ですから検査を受ける前に、医師がどのくらいこの検査に慣れているか、この医師のもとでの羊水検査における流産率をチェックしておきましょう。経験豊かな医師でも、専門の検査技師を紹介してくれる場合もあるでしょう。羊水検査はまた、多少の感染症のリスクも伴います。さらに、結果を待つ1～3週間の間、親としての感情の大きな揺れをもたらすでしょう。

羊水検査のリスクと利点をよく比べたうえで、どのような選択があなた方にとっていちばんよいのか、医師とよく相談しましょう（77ページの「35歳過ぎの妊娠」も参考にしてください）。

＊絨毛採取検査（ＣＶＳ）

ＣＶＳ検査（注3）は、羊水検査よりも遺伝的な、または生化学的な情報を提供します。さらに、羊水検査よりも早い時期に行うことができ、結果も

早く出ます。しかし、流産率は羊水検査よりもさらに高く、羊水検査に比べて「より高い判明率とより重い責任」を伴った検査になります。両親と医師は、羊水検査よりもさらに重い責任をもって、この検査を受けるかどうかを決めなくてはなりません。

検査の目的は？

羊水検査と同じく、CVS検査は赤ちゃんの遺伝子について、たくさんの情報を与えてくれます。しかし、CVS検査は羊水検査に比べて4週間早く結果を知ることができます。

検査の時期

CVS検査は通常、最終月経開始日から8～12週の間に行われます。早い時期に検査を受ける必要がある人や、数週間後に羊水検査を受けるよりもこちらの検査を受けたいと希望する人に対して行われます。

検査の方法

CVS検査には2つの方法があります。腹部に針を刺す方法と、膣に細い管を入れる方法です。どちらの方法を選ぶかは、あなたの状態に合わせて医師が選択します。腹部に針を刺す方法は、羊水検査と似ています（138ページ参照）。腹部を通した針は、子宮の内側の絨毛膜《じゅうもうまく》の柔突起からほんの少し細胞を採取します。これは指のような形をした細胞の突起物で、初期の赤ちゃんを囲むように存在し、最終的には胎盤となります。より一般的なのが経膣法で、カテーテル（細い管）を膣から子宮頸管を経て、子宮の中の胎盤が形成される部分の近くにまで通します。どちらも超音波を見ながら行います。通常、検査結果は48時間以内に出され、1週間以内に伝えられます。

安全性は？

CVS検査が、羊水検査に比べていかに早い時期に結果が出せるとしても、流産の確率は、検査技師によって2～4倍に高まります。一時的な出血と腹痛がCVSのあとで起こるかもしれません。身体的、または精神的に回復するまでまる1日以上かかるでしょう（羊水検査はすぐに回復します）。最新の研究では、胎児の手足の変形が起こる可能性が高くなるという報告もされています。

絨毛膜の柔突起の細胞は、どれもが赤ちゃんの遺伝細胞と同じものを含んでいるわけではないので、1％の確率でまちがって陽性が出ることもあります。これは羊水検査ではあり得ないことです。流産の危険が増すことと、検査の結果が必ずしも正確ではない可能性があることから、産科医や両親の間でこの方法を選択する人が減少しています。さらに、赤ちゃんの近くから小さな細胞を切り取ってしまうことは、赤ちゃんを囲む羊水を1オンス（29㎖とるよりもリスクが高いのです。羊水検査を選ぶために数週間待つことは、両親にとって意味のある行為なのです。

働きながらの妊娠

働く妊婦は、赤ちゃんを育てる「内側の仕事」と、賃金を得るために社会に出て働く「外側の仕事」のやりくりを上手にしなくてはいけません。つわりが軽く、やりがいのある仕事をもっている場合、赤ちゃんを待つ10カ月間は、むしろ働いているほうがいいと考える人もいます。そういう人たちは陣痛の最初の収縮が来るまで仕事を続けたいと思うでしょう。でも一般的には、赤ちゃんを迎える巣を作ったり自分の内側にある小さな命を見つめるために、出産予定の1カ月、あるいはもう少し前に休暇を取る必要があります。そして、仕事を離れるタイミングなどを考えなければなりません。またさまざまな事情で、妊娠初期に退職を余儀なくされる人もいます。ここでは、あなたと家族、そして会社にとっていちばんよい仕事とのかかわり方を考えていきます。

雇用主に伝えるには

妊娠がわかった時点でまず考えなくてはいけないのは、いつ、どうやって妊娠を上司に伝えるかということです。この先の約5カ月をどのように過ごすかは、残りの妊娠生活、またはその後の処遇を決めてしまうことになるかもしれません。

出産後に退職するつもりなら、自分が抱えている仕事を責任をもって終わらせるために、退職までに十分な余裕をもたせるようにしましょう。上司に、いつ退職する予定かを告げ、スムーズに引き継ぎをするためにどうすればいいかを相談しましょう。

復職するつもりならば、注意深くなる必要があります。満足がいくように産前産後休暇を取り、仕事のポジションも確保しておかなければなりません。妊娠している人を差別するのは不当なことですが、妊娠したことで、しばしば会社側も混乱したり、あなたの立場が難しくなることもあるでしょう。あなたの〝コンディション〟のせいで、やりがいのある仕事からはずされてしまうこともあるかもしれません。あなたの同僚がどう思うかも、心配な要素

＊安全に働くために……＊

あなたの体は大きくなっていく子宮（とその中身）により多くの血液を送るために働いており、それはすなわち、仕事のエネルギーが以前ほどはないことを意味しています。妊娠ホルモンが増えるに従って、関節や筋肉はゆるみ、いささか不安定になり、バランスもくずしやすくなります。こうしたすべての変化は、あなたが働き方を変えなければいけないことを意味しているのです。

残念ながら、赤ちゃんを守ることと仕事を続けることは、いつでも簡単にできるわけではありません。一方、あなたもおなかの赤ちゃんも安全な労働環境を得る権利があります。これは、どんな法律よりも優先されなければいけないものです。母親に対する差別か、赤ちゃんを守るための決断なのか、判断が困難な場合がしばしばあります。あなたは自分にとって安全ではないと思われる仕事を見分け、一時的により安全な仕事に移行できるように（それも、永久にその仕事というわけではなく）、会社と闘わなければならない場合もあるかもしれません。たとえば、あなたの仕事が長時間立ちっぱなしでいなければいけないのならば（研究によれば、長時間立ちっぱなしの妊婦は早産の傾向があります）、座ってできる仕事につくかわりに、生まれたあとは妊娠中の分も巻き返して働く、というような提案をしてみるほうがいいかもしれません（しかし、座りっぱなしの場合は、休憩ごとに立ったり歩いたり、少なくとも187ページのコラムや199ページにあるような足のエクササイズをするといいでしょう）。

あなたの仕事環境が危険なら、53ページを確認してみましょう。体に負担をかけるような仕事（長時間立ちっぱなしや、体を伸ばす暇もなく座っているようなものなど）であれば、医師に相談し、一方で、その仕事を避ける手段を考えなくてはいけません。一時的に違う仕事をしなくてはいけないかもしれませんが、それも、赤ちゃんを産むまでのほんの短い間です。

でしょう。つわりの苦しみに共感し、協力してくれる人もいるでしょうが、あなたの苦しみよりも、仕事に穴があいたときにだれがあなたのかわりをしなければならないかということのほうを、心配する人もいるでしょう。

いつ告げるか

妊娠を告げる最適な時期は、周囲の人たちが「もしかしたら妊娠しているのでは」と思い始めた直後がいいでしょう。「絶対に妊娠している」と思われる前にしましょう。あなたは興奮して、このニュースを一刻も早く周囲の人たちに打ち明けたいと思うでしょうが、ほとんどの女性はあまり早く発表することには賛成していません。何人かの体験を紹介しましょう。

ママノート：妊娠した年は、私にとって特別にすばらしい年でした。いくつかの会社が私に対して関心を示していました。もちろん妊娠している間に転職するわけにはいきませんが、妊娠したことはだれにも話していませんでした。妊娠3カ月目に入ったころ、上司が私のところにやってきて「君に転職されると困るんだ」と言い、大幅な賃上げを提示してきたのです。もっと早く妊娠を告げていたら、こうはいかなかったでしょう。出産後はパートタイマーとして働くつもりでしたが、会社が私を必要としているということがわかり、安心して交渉を進めることができました。

ママノート：妊娠後すぐに周囲に伝えたところ、10週で流産してしまいました。周囲の人々はみんなよくしてくれましたが、次の妊娠を、と期待されることはつらかったです。

ママノート：妊娠を告げたあと、私はそれほどハードではない部署に「昇進」しました。私が妊娠しなかったら、この異動はなかったでしょう。これは差別のように感じましたが、実際、差別だったのです。

ママノート：まだ自分の出産後のことを考える前に周囲に公表してしまったため、すぐに上司に呼ばれたときに、自分がどうしたいのかをきちんと伝えることができませんでした。そのため交渉面でも不満が残ってしまい、残念です。

逆に、伝えるのが遅すぎても問題が起こります。あなたは責任ある仕事を任せてもらえなくなることを恐れて、上司に伝えることをためらうかもしれませんが、同時にチームの一員であることも忘れてはいけません。

あなたが妊娠していることで仕事に支障をきたすと予測できる場合は、できるだけ早く、周囲に告げるべきです。恐れてはいけません。特にあなたの力を借りたいときに、突然当てにできなくなるのは、逆に印象を悪くしてしまいます。

ママノート：最初、私は同僚に妊娠していることを知られたくなかったので、なるべく隠そうと、ふだんどおりに振る舞うようにしました。でも、簡単なことではありませんでした。顔色が悪いので化粧を濃くし、ゆったりとした服を着ておなかのふくらみを隠しました。けれど仕事に集中しようとしても、できないのです。以前は興味をもってやっていた仕事が、だんだんとつまらない日常業務に見えてきてしまいました。私は仕事に対する意欲を失い、単にお金を稼ぎ、赤ちゃんの将来のためだけに働き続けているようなものでした。

妊娠前と同じように仕事が機能的にできると期待してはいけません。離職する気はないけれど現在の仕事が負担という場合は、一時的な配置がえを頼んでみましょう。上司にあなたの気持ちや状況を正直に話しましょう。仕事の内容を変えたくなければ、一時的にパートタイムやフレックス、在宅勤務などが可能かどうか相談してみましょう。仕事の内容を軽くするか勤務時間を短くして、なるべく負担を減らしていくことです。

産前産後休暇のための交渉

交渉を始める前に、宿題をきちんと片づけておきましょう。そうすれば、より満足できる出産ができ、育児休暇が取れるでしょう。

あなた自身に問いかけて

自分に聞いてみましょう。自分が何を望んでいるのかがわかれば、それだけ実現しやすいでしょう。自分が望んでいる理想の形をはっきりとさせましょう。あなたに可能なことは何で、どうすることが家族やあなたの妊娠にとっていちばんよいのか、ということです。赤ちゃんを育てながら働くことはできるでしょうか？　そうしたいのでしょうか？

妊娠中、または産後の複雑な状況の中でも、あなたが決めなくてはいけないさまざまなことが、今後も出てくるということを心に留めておきましょう。自分の意見をはっきりともちましょう。医師や赤ちゃんが望まなくても、あなたは妊娠中ずっと働き続けることができるのでしょうか？　あなたは、早めに産前休暇を取りたいのでしょうか？　家のことを基本に考えて、パートタイムとして仕事を続けたいと思っているのでしょうか？　赤ちゃんが生まれたあと、あなたは現在の仕事に復帰したいと思っているのでしょうか？　それは、私生活と両立できるのでしょうか？　あなたは、フルタイムで働きたいですか？　それともパートタイムでしょうか？

妊娠中も働くことが、仕事と赤ちゃんの両方を守ることを妨げることになってはいけません。両立は可能です。なるべく早く休暇に入りできるだけ早

く復職するか、可能な限りぎりぎりまで働き、産後の休暇をゆっくり取るか、どちらを選ぶにせよ、あなたと赤ちゃん、家族にとって最善の方法を考えなければいけません。それは、とても特殊なものになるかもしれませんし、きわめて常識的なものになるかもしれません。

私たちが知っているある母親は、仕事よりも赤ちゃんのことをいちばんに考えたいと思い、その自分の望みが可能かどうか、ためらわず確認しました。出産後、自分が働くかどうかが予想できなかったため、彼女は雇用主に、実際に出産してからさまざまなことを交渉してもいいかを尋ねました。そして産前産後休暇を取っている間は時給計算にしてもらい、産後は家にいて引き続きプロジェクトに参加したいと申し出ました。赤ちゃんが生まれて間もないころは、週のうち数時間家で働き、産後4～6週には会議に参加しました（赤ちゃんもいっしょに）。産後8週になるころには、時給計算の条件で在宅勤務をこのまま継続するという交渉がスムーズにできる状態になっていたのです。そして週に10～12時間、自宅で働くことを4年間続けました。

ほとんどの雇用主は、これほど柔軟ではないでしょう。でも、あなたが専門的な職種についているか、またはやめてもいい、という余裕がある場合は、あなたの思うとおりに運ぶことができるかもしれません。そうでなければ、あなたの母性や金銭的な必要、子育てについての考え方を照らし合わせ、いちばんよいと思われるスタイルを探しましょう。そして、リラックスしましょう。どんな仕事上の決定も、永遠に続くものはないのです。あなたは勤務時間を変えることもできますし、辞めることも、新しい仕事を探すこともできるのです。

＊職場での エチケット＊

あなたは妊婦でありながら、有能なワーキングウーマンにもなれます。というか、ならなくてはいけないのです。妊娠していることを、あなたが仕事に対して“無能”な理由にしてはいけませんし、妊娠しているからといって、特別待遇をされていると同僚や管理責任者が憤慨するような状況にもっていくべきではありません。デスクの引き出しの中のスナック菓子や会議室のパンのかけらなどは、妊婦とセットになっているものです。同僚に気をつかい、常にきれいに片づけておくように心がけましょう。昼食後には、ちょっと横になりたいと思うこともあるでしょうが、必ず休み時間内にとどめておくべきです。

愚痴を言える相手を選びましょう。妊娠中も働いていた経験のある女性の同僚たちは、子どものいない女性に比べると、あなたの気持ちをわかってくれることが多いでしょう。トイレにたびたび駆け込んだり、仕事にいくらか支障をきたし、それをカバーしてもらう場合には、特に注意深くならなくてはいけません。助けてもらった場合には「助けてくれて、どうもありがとう。迷惑をかけてしまうけれど、あなたが理解してくださることに感謝しています」というメッセージを残しておくか、何か小さなお礼をしましょう。体調のいいときには、助けてもらった分をお返しできるようにしましょう。あなたによくない感情をもっている同僚には、ユーモアで対抗しましょう。「あなたのお母さまも、きっと、あなたを産むときにはこんなふうだったのかもしれないわね」。そんなことを言われたら、だれがあなたと闘おうと思うでしょうか？

もし、深刻なほど仕事に支障をきたしている状態なら、まず医師に相談し、次に職場の上司に相談しましょう。あなたの体は今、劇的に変化していることを忘れてはいけません。あなたの仕事の責任は、それほど劇的に変化するわけでもありません。今のあなたの最優先事項を大切にしましょう。その考えが尊重されない場合は、誠実さをもって交渉しましょう。

権利を知っておく

あなたの会社が、産前産後、育児休暇にどのような規定をもっているのかを知りましょう（入社した時点で、就業規則を知らされているはずです）。同様に、労働基準法なども調べておく必要があります。同僚で以前に同じような休暇制度を利用した人がいるのなら、その人がどのようにして何を得たか、何かアドバイスがないか、聞いてみましょう。産前産後休暇に関して明記された書類を持っていなければ、総務や人事部門でもらいましょう（彼らはあなたの上司に説明をするかもしれませんが）。もしもあなたの会社がこれらの休暇制度を設けていなかったり、それすらも決める必要がないほど小さな会社だとしたら、あとに続く同僚のためにも、あなたがその先駆けになりましょう。できればあなたの上司に話す前に、ほかの企業の休業規定などを読んでおくとさらによいでしょう。

会社の休業規定でチェックしたい項目は次のとおりです。

●休暇中は有給か、無給か、一部支払いか。
●社会健康保険のカバーの範囲は？
●出産前に退職した場合、出産祝い金などは支払われるのか。
●休暇後、同じ部署に復帰できる保証をしているか、できるだけ優遇してくれるか。
●休暇期間はどのくらい許されるのか。
●自分のもっている通常の有給休暇を、産前産後休暇または育児休暇に足し、期間を延ばすことは可能か。
●産前産後休暇を延長する場合、有給か、無給か、一部支払いか、自宅勤務で充当できるのか。
●現在抱えている仕事を、家でパートタイマーとして継続できるか、ファクスや電話、インターネットなどでの参加は可能か。
●妊娠中にトラブルや医学的な理由などで事情が変わった場合、休暇の内容について変更することは可能か。
●離職している間の保険の扱いはどうなるのか。全額負担か、一部負担か。保険料はどのくらい自己負担になるのか。

だれに伝えたらいい？

正式にはまず、上司が風のうわさであなたの妊娠を耳にする前に、すみやかに報告しなくてはいけません。あるいは上司が、あなたが妊娠したことで現在の立場をあやうくするような人であれば、まず人事課に相談するのもよいでしょう（いずれにせよ、人事課には休暇のことで顔を出さなければいけません）。親しい同僚に一番に知らせたいという場合は、あなたが話したことを心の中にしまっておいてくれるようにくれぐれも念押ししておく必要があります。

伝える必要のある上司が複数いる場合は、あなたの状況を最も理解してくれそうな人を探しましょう。子育ての経験があり、性差別のない人がいいでしょう。上司が子育てと仕事をどのように両立していたか調べましょう。上司が女性の場合は、彼女に子どもがいるか、何歳か、彼女が産前産後休暇を取ったときのことをだれかが覚えていないかなどを調べましょう。上司が男性の場合は、奥さんがどんな休暇制度を利用したか聞いてみましょう。あなたが上司の子育ての状況を理解するほど、上司があなたの状況をどのように判断するかわかります。

どのように言うか

いつ、だれに話すかが決まったら、何を話すかを考えましょう。どのように伝えるかは、あなたの仕事の内容、希望、上司や同僚から受ける扱いなどによって異なります。どのような交渉事でも、ほかの人が置かれた状況を考慮しましょう。上司はあなたがいつ休みに入り、いつ復帰し、その間どうや

って穴埋めをすればいいのかが知りたいのです。こうしたことについて、あらかじめ答えを用意しておきましょう。上司は、あなた自身の個人的な必要性というより、会社として問題が発生しないようにということを第一に考えているのです。上司は、あなたがぎりぎりになってから、「やはり、仕事には復帰しません」と言い出すことも考えなくてはいけないのです（ついでにいえば、産前産後休暇を積極的に推進し、働く家族にやさしい企業ほど、復職率は高くなっています）。

あなたから話を聞いている間、上司はあなたの現在の仕事内容について検討を始めるでしょう。話をするにあたってまず、今後とも仕事を続けたいという意思を表明し（もしも本当にそのつもりなら）、あなたの家族の必要も会社の必要も共に満たすような産前産後休暇の予定を立てるつもりだということを最初に伝えてください。最初から「法律では、私の権利は……」というような話し方をすると、上司は警戒し、結局、法で守られた権利しか獲得できないことになってしまうかもしれません。場合によっては、最低限しか保証されないこともあります。

万が一、あとになって何か特別なことが起こり、法律や規則だけではカバーできないことになってしまった場合、あなたはそれを上司の判断にゆだねなければならないというケースも出てきます。いきなり権利を主張するのではなく、会社の休業制度に基づいて計画し、協力的な気持ちを示したあなたのプランを示す形で、対話を始めるほうがいいでしょう。あなたの仕事に対する責任感と、会社のニーズを尊重する態度を示します。このプランには、自分のかわりに業務を行う人間を選び、教えるという考えも含んでおきましょう。上司との親しさの度合いにもよりますが、「以前、あなたも同じような状況に立たされたと聞きました。私を助けていただけますか？」「奥様は産前産後休暇を取りましたか？　そのとき、奥様と会社はどうでしたか？」というような言葉で会話を始めるのもいいでしょう。忘れないでください。会社は、あなたができる限りの誠意を示せば、ときには法や規則などを超えて、あなたの希望に添ってくれることもあるのです。

自分なりの出産休暇を考えましょう

どれくらい産前産後休暇が必要なのかは、あなた自身にしかわかりません。会社は同様に、どのくらいの間、あなた抜きでも会社の仕事に支障が出ないかを判断します。覚えておいてください。あなたの交渉力は、あなたの主張以外に、あなたがどの程度会社にとって必要な人間かということにもよるのです。あなたに特別な技能があって専門職についているのなら、かなり優遇された条件であなたの主張は認められるでしょう。あなたの必要としているもの、交渉力、さらに、どのくらい会社から必要とされているかを現実的に考えてください。しかし、さらに覚えておいてほしいのは、会社というものは社員の家族にやさしく福利厚生がきちんとしていると思われたいという思惑ももっているのです。次のようなことを参考にしてください。

休暇中も参加できる意思を示す

あなたが何かのプロジェクトの中心にいたり、特別な知識や技能をもっているのなら、電話やファクス、電子メールなどを使って、休暇に入っても仕事を続けられるという意思を示すことで、あなたの交渉を強いものにできます。ファクスやメールは、必要があった場合、さらに多くの選択肢を与えてくれます。休暇に入るとき、雇用主に「必要があれば気軽に声をかけてください」とメッセージを残すだけでも、あなたの印象はぐっとよくなります。

引き継ぎをしっかりと

発つ鳥あとを濁さずです。あなたが一時的に、または永久に職場を去ることで、これまでの仕事を引き継いでくれる人を探し、訓練するのを手伝いたいと申し出ましょう。もちろん、あなたが去ったあとで後任者が行き詰まっ

たり、あなたの特別な知識を必要とするときはいつでも電話やファクス、メールで対応できるということも、上司に伝えておきましょう。

最後まで仕事への意欲を見せる

一時的、またはずっと現在の仕事を離れるときは、しっかりとけりをつけておきたいというあなたの意思を見せましょう。締め切りがあるものはきっちりと終わらせるか、または適切にそれらの引き継ぎをしていきましょう。

突発的なでき事に備える計画性を

妊娠中、または育児中の「もしも」を列記しておきましょう。妊娠中に医学的なトラブルが起きたり、産後にベッドの上での安静を余儀なくされ、予定よりも長く産後休暇を取らなければいけないことになったら？　もしもあなたが特別な対応をしなければいけない赤ちゃんを授かり、医学的な理由からも完全に子育てに専念しなければいけない状況になってしまったら？　もしも赤ちゃんが生まれたあとで母性に取りつかれてしまい、赤ちゃんと過ごした数週間の生活から離れられなくなってしまったら？　これまでにも多くのキャリアウーマンが、愛らしい赤ちゃんの魅力によってキャリアから脱線しています。

ビルノート

多くの医師が、産後の休暇をもっと長く取れるようにと母親のために喜んで診断書を書いてくれるでしょう。しばしば、お母さんは生後6週間の赤ちゃんを連れて私の病院を訪れ、せめてあと2週間、この子といっしょに過ごすにはどうしたらいいかと相談を始めます。そして、その後はまたさらに2週間……こうして休暇を引き延ばしていきます。福利厚生があまり行き届かない会社に勤めていたり、最もすばらしい自然の資質である母性を軽んじるような休暇制度の地域に住んでいるお母さんのために、医師はさまざまな「復職不可能」な理由を喜んで示すでしょう。

書き留めておく

あなたが産前産後休暇に求めることを具体的に書き留め、上司と交渉するときに使いましょう。日付と、自分が希望する事柄なども書いておきます。あなたが望むものが正確にわかれば、それだけ交渉もしやすくなるでしょう。もちろん思慮深く交渉するためには、自分の希望をあらかじめ若干多めに設定し、そこから削っていく方法をとります。

はっきりと文書化して

あなたと上司の間で休暇に関しての合意ができたら、それを文書にしておくことを提案してみましょう。145ページにあるような条件なども含んで明記しておきます。もちろん、離職日と復職予定日も記入します。できれば、あなたがいない間の提案も入れておきます。不備がないか、サインする前に知識のある友人や弁護士にチェックしてもらいます。

雇用主とあなたの双方にとって好都合なものにしましょう。現在の仕事に戻るつもりがない場合は、妊娠中にできるだけ節約し、1人の収入で生活することに慣れる必要があります。使っていない有給休暇など、与えられている権利はすべて利用しましょう。

産後、いかに注意深く復職のプランを練ったとしても、復職の予定日はペンではなく鉛筆で書いておきましょう。妊娠中や出産のときのあなたや赤ちゃんの事情で、プランを変更しなければいけないこともあります。母性があなたを支配し、あなたの胸に抱く赤ちゃんを感じ、それがあなたの復職の日をもう数週間、数カ月、さらに数年、引き延ばしてしまうこともあるのです。

働きやすい服装で

妊娠3カ月の終わりごろまで（人によってはそれよりも早く）に、手持ちの洋服の中でいちばんゆったりとしたデザインのものが心地よいと思うくらい、おなかがふくらみ始めるでしょう。これらの洋服も、すぐにきつくなってきます。ルーズなシルエットのジーンズもはけなくなり、ゆったりしたブラウスのボタンもかけられなくなってくるのです。ボタンの位置をずらしたり、ウエストがゴムのものをはいたり、安全ピンで留めたり、大きなサイズのトップスを着たりして、まだ数週間はそれで乗り切れるかもしれません。しかし外見ではわからなくても、おなかは確実に大きくなっていき、妊娠4カ月までには、ほとんどの人がゆったりとした服を必要とするようになります。

最近の妊婦は、昔に比べると、はるかにいろいろなマタニティウエアを着ることができるようになりました。ファッション性の高いマタニティウエアも、バラエティ豊かにショップに並んでいます。もちろん、あなたはいくつかのデザインはあきらめなくてはいけません。外見よりも自分が快適かどうかを、一番の基準にしましょう。次に挙げるようなマタニティウエアの選び方を参考にしてください。

買う前に借りる

出産後、自分のマタニティウエアを持て余している友達はいませんか？　たいていの人は、ワードローブを占領しているマタニティウエアに、それがいくらよい品でも、いささかうんざりしているものです。古いマタニティウエアを引き取って（または借りて）もらうことは、もう妊娠するつもりのない人にとっては、一種の通過儀礼のようなものです。しかし気をつけてください。友達に似合っていたものが必ずしもあなたに合うとは限りませんし、3シーズン対応のウエアでも、あなたとその友達では妊娠の時期が大きく異なり、使えないこともあるかもしれません。

さらに、ベーシックな品、たとえばスパッツなどは非常に使用頻度が高いので、産後数カ月もそのまま使うこともあり、自分で購入するほうがいいものもあるのです。けれども借りられるものは借り、あなたのウエアも、友達が妊娠したら貸してあげることも必要です。リサイクルショップものぞいてみましょう。多くのショップで、子どもの古着に加えてマタニティウエアも売っています。

ママノート：妊娠していちばん恐ろしかったのは、マタニティウエアにお金をかけなければいけないことでした。私は、赤ちゃんにお金をかけたかったのです！　そこで私は友達が着ているものをチェックし、もうすぐ生まれそうな友達がいれば、「出産したら、服を貸してちょうだい」と頼んだのです。

自分で作る

あなたが洋服を作ったことがないとしても、お気に入りの生地を見つけたら、シンプルなウエアを作ってみませんか。ショップに並んでいるウエアをチェックし、商品のアイディアを覚えます。たとえば、太いゴムのバンドを使っていたり、一部ゴムを使って余裕を出していたり……。さらに、注意してほしいことは、質の高いマタニティウエアは非常に丈夫に作られているということです。既製服は合成繊維で作られているものが多いので、あなたがコットンのウエアを着たければ、自分で洋服を作るという選択はとても魅力的でしょう。

ファッションのしくみを知りましょう

幸運なことに、昔ながらのマタニティウエアというスタイルは過去のものです。おしゃれな友達やショップの店員が、あなたのイメージしているようなウエアを探してくれるでしょう。たとえば、妊婦は普通、できるだけすっきりとした印象に見える服を選びたいと考えるものです。先が細くなっているパンツとストライプなどのプリント柄で肩パッドの入ったシャツのコーディネートなどは、あなたの背を高く、すっきりとしたシルエットに見せます。おしゃれなデザインのふわっとしたトップスに、フィットするボトムを合わせましょう。オーバーブラウスやドレスの長さは大切な要素です。気になる部分を上手に隠しましょう。

快適な服装を

快適だと感じる服を選びましょう。別にドレスを着る必要はないのです。「きつい」より「ゆったり」、「体にぴったり」よりも「流れるような」ものを選びましょう。パーフェクトに合うものを探すのはあきらめましょう。今週はぴったりでも、来週にはきつくなっているはずです。今はだぶだぶのテントを着ているような気分でも、これから大きくなる分を考慮したウエアを選びましょう。借りられればいちばんですが、買う場合は、おなかが大きくなることを計画に入れるべきです。

快適さとフィット感を考えるうえで、あなたはこれまでは意識しなかったような部分に注意を払っていかなくてはいけません。ウエストやもも、胸、そしておなかです。これらの部分は週数が進むにつれて大きくなり、服がきつくなってくる部分です。ゴムは細いよりは太いほうが快適です。もしもおなかの回りにゴムのあとがはっきりとついてしまっているようなら、きつすぎるというサインです。サイズを上げなくてはいけません。きつすぎて不快な服は、消化不良の原因になります。とはいえ、すごく大きなサイズを選びたくなってしまう誘惑には逆らいましょう。あまりにも大きすぎ、ふくらんだ印象の服は魅力がなく、たいていは不便でもあります。

敏感になっている肌を刺激せず、肌が呼吸をしやすいコットン素材を選びましょう。ルーズフィットのニットも、変化する妊婦の体には合いやすいものです。寒い時期に備えて、ことさら暖かい洋服を買う必要はありません。あなたは新陳代謝が活発になっていますし、脂肪も増え、妊娠前より暑がりになっています。重ね着をして、気温や環境の変化に合わせて調節しましょう。

ルーズで、ストレッチ素材のものを

後ろで結んだり、ひもやクリップで留めたり、伸びるウエスト、脇のボタンで調節できるマタニティパネルがあるようなデザインや、大きくなっていくおなかに合わせて対応できるようなものを選びましょう。だぶだぶの服をシャープに見せる工夫をしましょう。クリップでウエストの両脇を留めるのもいいでしょう。

アクセサリー

周囲の目線をおなか以外に向けさせたければ、頭や首、腕、肩などにポイントを。すてきなスカーフやイヤリング、ネックレス、帽子、時計、えり、肩パッドなどを使うのです。アクセサリーは、あなたのシンプルな、でも快適なドレスを引き立ててくれます。

ママノート：2人目を妊娠したころは、1人目のときのウエアは時代遅れになっていました。幸い、通勤の必要はありませんでしたが、教会や、社会的な集まりに参加しなければいけないことはありました。私は委託販売のショップで有名ブランドのすてきな紺色のドレスを見つけ、どこへでも

着て行きました。髪形を変え、スカーフをし、派手めなイヤリングをつけ、ネックレスやブレスレットなどのさまざまな小道具で、その都度変化をつけていたのです。

夫の服を拝借しましょう

上半身も大きくなり始めると、夫のシャツやセーターがちょうどいいということに気がつくかもしれません。夫の服がLサイズやXLサイズでも、借りたTシャツをおしりをすっぽり隠すようにルーズに着れば、家の中や近所で過ごすには問題ないでしょう。

下着を選ぶ

コットンのゆったりとした下着を選びましょう。コットンは肌の呼吸を妨げず、敏感な肌を刺激しません。コットンの下着は丈夫ですし、何度洗濯しても大丈夫です。ある人は、ふくらんだおなかの下に合わせるビキニタイプの下着を好みました。でも大半の人は、おなかをすっぽり覆う下着を好みました。このタイプのものは非常によく伸びて、妊娠中ずっと使うことができます。

パンティストッキングよりショートストッキングのほうが快適に過ごせるでしょう。パンティストッキングはマタニティ用を選ぶ人が多いようです。伸縮性に富んでいて、股の部分の通気性がすぐれています。また、脚部分をサポートするタイプのものもあります。背の高い女性の場合、マタニティ用のストッキングが短すぎて合わない人もいるでしょう。でも普通のストッキングでも、クイーンサイズのものなら使える、という声もあります。

妊娠3カ月の初めごろには、大きめのブラジャーも必要になるでしょう。単純に大きめのサイズのブラを購入する人もいますし、マタニティ用のブラを買う人もいます。これはマタニティ用の専門店や、デパートのマタニティ用品売り場などで売られています。マタニティ用のカタログ通販でも探せるでしょう。なかには、倹約の意味で、出産後の授乳用のブラを妊娠中からつけている人も少なくありません。もちろんこれは悪い考えではありません。でも、母乳育児をする産後1カ月の時期に、同じサイズのブラが使えるだろうと考えるのはあまり現実的ではありません。産後のおっぱいのたるみを多少なりとも防ぐには、妊娠中や必要なら夜間にもサポートブラをつけるとよいという説もあります(詳しくは左ページの正しいブラの選び方を参照)。

靴は合っていますか?

体が大きくなって、体の重心がずれてしまうと、靴もかえる必要が出てきます。なぜなら、妊娠中の体は普通に比べて水分が多く、むくみを感じやすくなっているからです。もしかしたら、1サイズ上の靴を履くことになる人もいるでしょう。必要ならば新しい靴を買いましょう。また妊娠中期に入ると、かかとの高い靴はバランスをくずしやすくなるだけでなく、腰痛や背中の痛みの原因にもなるということに気づく女性も多いのです。妊娠週数が進むにつれて、かかとが低くて面積の広いものを選ぶようにしましょう。やわらかくフレキシブルで、かかとが低く、足首をしっかりサポートしてくれるタイプが最も快適です。するりと楽に履けるものを選びましょう。ストラップやひものついたものは履くのが難しくなってきます。ゴムバンドで足首を固定するようなものもやめましょう。足のむくみの原因になります。

＊監修者注
(注1) 日本では通常は実施されていません。
(注2) 日本では限られた施設でしか採用されていません。
(注3) 日本では限られた施設でしか実施されていません。

＊正しいブラジャーを選びましょう＊

赤ちゃんが育つとともに、あなたの乳房も育ってきます。4カ月になると、ほとんどの妊婦がマタニティブラをつけるほうが快適のようです。正しいブラジャーの選び方をアドバイスしましょう。

フィット

快適であることが第一です。あなたのふくらんでいく胸に適応していけるようなサイズと、ホックが工夫されているものを選びましょう。カップはしわが寄らずにスムーズに、ブラジャーの中心はすき間なくあなたの胸にフィットしなくてはいけません。多くの妊婦は、胸のふくらみは妊娠6カ月がピークだと思うでしょうが、その後も大きくなる胸郭のふくらみが、さらにブラのホックをゆるめさせることになるかもしれません。ブラを購入するときは、いちばん内側のホックで留めたときに、ぴったりフィットするサイズのものを選びましょう。大きくなっても、まだ余裕をもって使うことができます。

素材

皮膚呼吸ができて快適なように、綿素材のものを選びましょう。ひっかかりそうなレースよりも綿のものを探しましょう。アンダーワイヤー入りのブラジャーは、妊娠中、または授乳中の、ふくらんでいくデリケートな乳房の組織を圧迫してしまうので不向きです。アンダーワイヤーのマタニティブラを購入する場合は、きつすぎないものを選びましょう。しだいにきつくなってくる場合は、産後2、3カ月までしまっておきましょう。そのころになれば、余分な水分によるむくみは解消されています。

バンド部分

バンド部分がどのように、胸郭におさまっていますか？　背中は、肩甲骨の下に快適におさまっているでしょうか？　締めつけない程度のゆとりがあり、かといって、腕を上げたり肩をもち上げたときにずれたりしない適度な締めつけがなくてはいけません。

ストラップ

幅が広く、厚みのあるものが理想です。胸が重くなっても、ストラップが肩にくい込まないようなものを。

寝るときは

寝るときに、軽いマタニティブラをつけるだけで、意外にもさまざまな不快感を防ぐ効果があるという人もいます。

授乳用ブラ

妊娠後期には、産後のために授乳用のブラジャーを購入したいと思うでしょう（赤ちゃんが簡単におっぱいに吸いつけるように、ブラのカップが開くようになっているスタイルのものです）。妊娠中に産後用ブラを買おうと計画している場合は、おっぱいが急に張ってきても大丈夫なように、ゆとりのあるものを選びましょう（母乳育児をしている場合、乳房のサイズは、1日で2カップくらいの変化があります）。授乳用のブラは、2つもあれば十分です。あとになってから、もっとぴったりしたものを欲しくなるかもしれないからです。妊娠中にはマタニティブラをつけ、産後、おっぱいが張ってきたら授乳用ブラをつけるという人がほとんどです。さまざまなサイズのものが、マタニティショップやカタログで販売されています。

あなたの妊娠3カ月ダイアリー（コピーして使いましょう）

○今月の気持ち

○体の変化で感じること

○赤ちゃんに対して、私が思ったこと

○赤ちゃんの夢を見た

○私が想像する赤ちゃんの様子

○妊娠を伝える。だれに？　どんな反応だったか

○いちばん気になっていること

○とてもうれしかったこと

○現在、困っていること

○疑問に思ったこと、そしてその答え

○検査とその結果、感想

健診で行われること（妊娠3カ月／8～11週）

3カ月目の健診では、だいたい次のようなことが行われます。

・腹囲の測定
・子宮底長の計測
・血液検査：貧血、感染症、血液型など
・尿検査（感染症、糖、タンパクのチェック）
・体重および血圧チェック
・ドップラーによる胎児の心音の確認
・手足、血管のむくみのチェック
・感情や心配事についてのカウンセリング

○測定した日

○体重

○血圧

○最初に心音を聴いた日

○そのときの気持ち

○子宮について思ったこと

○コメント

Part 4

妊娠4カ月　12～15週

少し楽になってきました

妊娠中期にようこそ！　あなたが妊娠を月単位で考えている一方で、医師はあなたの成長を数週間単位でとらえています。妊娠12週に、あなたはすばらしい分岐点を越えます。この先は、多くの先輩妊婦に「妊娠の黄金期」と呼ばれている時期の始まりです。なかにはまだ、体調が思わしくない日がある人もいるでしょうが、特に4カ月では、ほとんどの人が一日中つわりで苦しむ状態はおさまり、食べ物への、そしてセックスへの欲求も戻ってきます。ほとんどの人がこの時期、以前のようなエネルギーが戻ってきたと感じるでしょう。

4カ月目に入って赤ちゃんはぐんと成長し、あなたのおなかも急に目立ち始めます。急激な体重増加はさまざまな影響を与えます。今月に入ると、あなたは妊婦らしく見えるようになるでしょうし、1カ月前には「こんなの、大きすぎてとても着られない！」と思っていた洋服が快適に思えるかもしれません。最初の3カ月間に感じていた心と体の変化は落ち着き、次の数カ月は、調和と呼ぶにふさわしい期間となるでしょう。

この月の気持ちは？

ほとんどの人が、妊娠中期は初期よりも精神的に安定していると感じるようです。初期の間あなたを翻弄し続けた妊娠ホルモンは安定し、さまざまなことに対する心の揺れも少なくなります。多くの妊婦が「妊娠4カ月目は比較的幸せな気分になれる」と私たちに教えてくれます。

楽になった

妊娠生活も12週を過ぎ、流産の危険性もほぼなくなりました。まだ完璧に流産の可能性が消えたわけではありませんが、赤ちゃんを失うかもしれないという恐怖は少し横に置いていいようです。また、これまで続いていたつわりや倦怠感からも解放されたと感じることが多いでしょう。もちろん、これらの悩みをまだこの先数カ月間抱え続ける人もいます。しかし、通常はだいぶ軽くなるはずです。

周囲に報告したい！

妊娠の実感が深まるとともに、「友達や親戚にこのことを報告したい！」という欲求も強くわいてくるはずです。これまでずっと秘密を守ってきた人も、妊娠したことを公にするときがやってきました。おなかもやや目立ってきましたし、周囲も「もしかして」と思い始めているでしょう。今が、妊娠を発表するにはいちばんいいタイミングです。

赤ちゃんとの絆を感じる

おなかのふくらみや健診時に聴く赤ちゃんの心音、超音波での映像、もしかしたら最初の小さな胎動がますます妊娠の実感を深め、赤ちゃんを身近に感じさせるでしょう。赤ちゃんは自分の一部だと、リアルに感じるようになります。

ママノート：この月の赤ちゃんを超音波で見て、私と夫は、その姿にすっかり圧倒されてしまいました。これは理屈抜きにショックだったのです。もちろん自分が妊娠しているのは知っていました。でも、それがとてもリアルに感じられ、興奮したのです。私はしばらく雲の上にいるような気持ちでした。

揺れる心

この月に、いろいろなことをポジティブに考えられるようになったとはいえ、妊娠してうれしいと思った翌日には、不安に思うような気持ちの揺れも経験するでしょう。確かに、あなたは妊娠初期の悲惨な状態を乗り越えました。

でもあなたの前には、まだあと6カ月残っているのです。どんなことが待っているかわからないという不安におびえている人もいるでしょう。大変だったつわりの記憶がまだ新しく、この先の妊娠生活にも何が待っているのかと、ナーバスになってしまうのです。妊娠した状態ではずっと拘束されているように感じてしまい、すでに赤ちゃんの誕生を待つことに疲れてしまった女性たちもいます。しかし幸運なことに、これらの感情は妊娠が進むにつれてやわらいでいくでしょう。

自分に問いかける

外見が妊婦らしくなるに伴って、妊娠がわかったころに心の中に浮かんださまざまな疑問が再びわいてくるはずです。「今の生活に赤ちゃんが生まれてきても大丈夫なのかしら?」「私はいいお母さんになれるのかしら?」「ライフスタイルや結婚生活、今までのキャリアが変わってしまっても大丈夫かしら?」

もちろん、これらの思いをもつのは当たり前のことです。なぜなら以前よりも、妊娠という事実はずっとリアルに感じられるようになってくるからです。大きな人生の転機には必ず、「なぜ」や「もしかしたら」がつきものです。確かに、妊娠や親になることは、人生の大きな転機です。これらに対して、うまくやっていけるかしら、という不安をもたないほうがおかしいのです。今の時期にこうした問題について考えておくと、産後の生活によりスムーズになじめるでしょう。今は、先のことに不安を感じる時期なのです。心配して、何かよくなったでしょうか? あまりにも心配なら、相談できるだれかを見つけましょう。

自信がついてきた

まだ不安でいっぱいだったり、変化していく体に憤りすら感じる人もいるでしょう。でも、ほとんどの人は、ふっくらとしていく自分を楽しみ、見せびらかしたいという気持ちすら抱きます。赤ちゃんが大きくなることに達成感を感じ、はっきりと目に見える成功のあかしのようで、誇りすら感じるかもしれません。

それでいいのです！ 妊娠は、女性にとって非常に大切な通過点で、十分賞賛に値します。あなたはお母さんから生まれてきましたし、お母さんはそのお母さんから、そしてまたそのお母さんから……。命は引き継がれていくのです。それは、わくわくするほどのパワーをあなたに与えてくれます。妊娠に対するあなたのイメージを、前向きなものに変えていきましょう。

イライラする

妊娠初期にあなたをテニスに誘ってくれた友人も、きっと「疲れているの」と断られるだろうと思い、あなたを誘ってくれなくなります。夫はますますあなたに注意を払うようになります。なぜなら、なぜあなたがもたもたしたり変な行動をするのか、今は理解できるからです。もちろん、あなたはこれらの気づかいを、気分が悪いときや特に臨月にはありがたいと思うこともあ

るでしょう。

あなたは友人や家族、同僚などから、さまざまな気づかいを受けるようになるでしょう。しかしあなたは、自分がまだ気づかいやアドバイスを受ける準備ができていないことに気づくかもしれません。みんなが気づかってくれることが、逆にあなたをイライラさせてしまうのです。覚えておいてください。周囲は、あなたが妊娠していることに慣れてしまうと、いろいろなことを言ってこなくなるものです。あなたしだいです。あなたが新しい役割になじんでくれば、あなたを励ましたり、水を差したりするアドバイスにもなじんでくるでしょう。

ママノート：私が妊娠していることは周知のことになり、善意の助言者はぶしつけに踏み込んでくるようになってきました。私がおすしを食べないでいると「用心しすぎだ」と言い、ワインを一口飲むと不注意だと非難するのです。さまざまなことを、絶えず他人に判断されるのは、非常に不快なことでした。

ママノート：周囲の人たちの私への態度が、がらりと変わりました。私は、以前の自分と変わらないことを丁寧に説明しました。私は、子どもの性別よりは仕事の話がしたかったのです。私の母が、自分の体を気づかうようにとか、子どものことを考えてと言っても、私には、それを受け入れる用意はできていませんでした。

この月のからだは？

服用している期間が長くなると、体が楽に慣れてきてしまうように、体が妊娠という状態に慣れるにしたがって、妊娠ホルモンによる副作用も減少していきます。妊娠中期では、ほとんどの人は体調もよくなり、これまで生きてきた中でもこんなに気分がよくなったことはないと思うくらい、すべてが快調に感じる人もいるかもしれません。

ほぼ以前のように

少し前までは、自分のものであって自分のものでなかったような体が、少なくともある程度までは以前のように取り戻せた、という気分になります。ほとんどの人は、食べ物をいつ、何を、どこで食べるかで一日中悩むことはなくなります。つわりのときに悩んでいた空腹感による吐きけも感じずに、数時間の外出すら楽しめるようになるかもしれません。

おなかが目立ち始める

これが二度目や三度目の妊娠だったなら、4カ月に入るころには、かなりおなかが目立ち始めているはずです。初めての妊娠の場合は「妊娠しているのかしら？　違うかしら？」という程度のふくらみです。周囲が気づいても気づかなくても、あなたは自分の体形の変化にはっきり気づくでしょう。これまで着ていた服はきつくて着られないけれど、マタニティウエアはまだ大きすぎるという、ちょうど中間の人もいるでしょう（148ページ参照）。

エネルギッシュになりすぎないで

ベッドとトイレが自分の基地というような期間は過ぎました（しかし、依然としてこの2つの場所はあなたにとって大切なものだということは覚えておかなくてはいけません）。あなたは、もうほとんど前の生活に戻って大丈

夫、という手ごたえを感じるかもしれません。どのくらい早く、どのくらいのエネルギーが戻るのかは個人差があります。ほとんどの人は、妊娠前のエネルギーレベルにはまだ若干足りない、というくらいには回復するでしょう(妊娠前のレベルを期待されることはないのですが)。ごく少数ですが、これまでの人生の中でいちばんエネルギーが満ちているようだと言う人もいます。

特に妊娠初期になかなか調子が出なかった人は、この時期に入ると失われた時間を取り戻そうと、つい張り切りすぎてしまう傾向にあります。ちょうどよいことに、妊娠中の体は、お母さんが動きすぎないように自然に警告を与えてくれます。どのくらい動いていいのかしらと迷ったら、自分の体の声に素直に耳を傾けてみましょう。調子がいいからと無理をすると、その後にひどいしわ寄せがきてしまいます。調子がいいからと張り切りすぎると、その後数日間は寝込むことになってしまうでしょう。

あなたの夫や会社の上司も、元気になったあなたに、以前と同じようなレベルのことを期待するようになるかもしれません。しかし、忘れてはいけません。これまで経験した3カ月間よりもはるかに急激なスピードで、今月以降の赤ちゃんは大きくなってきます。そのために、エネルギーが必要になってくるのです。エネルギーはまず赤ちゃんの成長のために、次にあなた自身に使われるようになっています。ほかの人のためには、ほとんど残されていないのです。

おしっこの間隔も落ち着いて

これまでは昼となく夜となく、あなたは頻繁にトイレに駆け込まなくてはいけませんでした。しかし、この月と次の月の間は、子宮が骨盤や膀胱よりもやや上にもち上がるため、トイレに行く回数がやや減少します。最後の2カ月は、大きくなった子宮と赤ちゃんの位置が下がることで、再びトイレが近くなります。

体がほてる

熱っぽいとか体がかっかするとか、妊娠中ずっと感じるかもしれません。妊娠中はホルモンのせいで、通常よりも体温が約1度高くなっています。基礎体温を測っている人ならばわかるでしょうが、排卵後には体温が上がります。それと似ています。モーターを高速で動かすと、だんだんと熱が発生してくるでしょう? あなたの体はまさにそのような状態です。あなたの体は本来の状態よりも過剰に働いていますよ、というサインなのです。汗をかくことも多くなります。これは、あなた自身の自然の冷却作業です。

少しでも快適に過ごすためには水分を十分にとり、汗をかき、ルーズなシルエットのコットンの服を着るといいでしょう。上着は薄手のものを重ね着して、暑ければすぐに脱げる工夫をしましょう。汗の不快なにおいが気になるようなら、頻繁にシャワーを浴びたり、下着を取りかえましょう。

ママノート:私はずっと、体がかっかとほてるような感じがしていました。ほんの少し体を動かしただけで、汗をかいてしまうのです。私は真冬でも半そでで過ごし、ショートパンツをはきたいとさえ思いました。夜も暖かく、ブランケットがいらないほどでした。ときにはあまりの暑さに、シーツから足を出していたほどです。私はいつも、自分の中に溶鉱炉を持ち歩いているような感じだったのです。

おりものが増える

妊娠中におりものが増えるのは自然なことです。ミルク状で、卵白のようなものがまじっていて、わずかににおいのあるおりものは、妊娠中では正常です。これは月経前におりものが増える状態と似ていますが、妊娠中はそれが継続して、さらに量も多めになります。これは、赤ちゃんの通り道を整えるための準備で、膣がゆるむために起こります。日に何度も下着をかえたり、

快適に過ごすためにパンティーライナーを使う必要があるかもしれません。

おりものの変化のほとんどは多少の不快感だけで、特に問題はないのですが、膣の感染症の疑いを示すものもいくつかあります。おりものがうみ状で、黄色や緑色、チーズ状だったり、強いにおいがするようなら注意が必要です。また、むずがゆいようなら、診察してもらいましょう。膣の感染症の疑いがあります。大陰唇と小陰唇のはれ、充血、痛みやかゆみ、排尿時の痛みなども感染症の疑いがあります。

最も多くみられる膣の感染症は以下のものです。

＊カンジダ（イースト感染症）

最も多くみられ、最も不快を感じる膣の感染症です。〝カンジダ（またはイースト）〟と呼ばれる真菌が原因で起こります。カンジダ菌はそもそも、特に腸や膣の周辺にだれでももっている菌で、ふだんの状態では無害です。しかし、限られた特定の場面（ストレス、ホルモンの変化、食生活、抗生物質の影響など）では、有害な感染症になる場合があります。特に妊娠中はエストロゲンホルモンの値が高く、また膣周辺の細胞が高糖度なため、妊娠中の人は、妊娠していない人よりもカンジダに感染する確率が高いのです。においは、比較的無臭に近いのですが、いちばんの特徴はカッテージチーズ状のおりもののかたまりで、膣周辺の激しい痛みやかゆみ、充血などの症状がみられます。性交痛や、排尿痛もあります。

医師は通常、おりものの特徴だけでカンジダを診断できますが、ほかの感染症の疑いがないか、おりものを培養して検査しなければいけないこともあります。治療は、塗り薬（膣クリーム）や錠剤、坐薬などで簡単にできます。しかし、すべての薬が安全なわけではありません。医師に、自分に合った治療薬を処方してもらいましょう。

カンジダ膣炎は、出産までに繰り返すこともあります。あなたが不快感を感じていても、赤ちゃんに害はありません。しかし、出産までそのままにしておくと、産道を通るときに感染してしまうことがあります。赤ちゃんが感染すると、生後1週間目くらいに、口の中に「口腔カンジダ症」と呼ばれる、カンジダの白いかびが生えることがあります。このかびは母親の乳首に広がり、授乳の間に痛みや不快感を感じたりします。ときどき、無害のカンジダ菌が新生児にもみられることがあります。これも簡単に抗菌クリームで治療ができます。

幸運なことに、膣の感染症は日常生活である程度防げます。まず精製された砂糖の摂取を減らしましょう。乳酸菌入りのヨーグルトや乳酸菌飲料をコンスタントに摂取しましょう。おりものをシャワーで洗い流しましょう。手に持って使えるシャワーヘッドは便利です（妊娠中は、水圧によるダメージや空気混入の危険性から、膣内洗浄器はおすすめできません）。タンポンも使ってはいけません。月経用のパッドや、パンティーライナーを使いましょう。女性用のスプレーやパウダーもやめましょう。膣組織を刺激してしまいます。カンジダの兆候がなくなるまで、ゆったりとしたコットンの下着をはき、タイトなジーンズやエクササイズ用のパンツ、レオタード、水着の着用も避けます。寝るときはパジャマのかわりにネグリジェを着て、下着もはずしてしまいましょう。スラックスよりもスカートを、可能ならばパンティーストッキングははかないですませましょう。

カンジダ膣炎の最も大きな不快感は、膣周辺の強いかゆみです。これは冷たい水を当てたり、ぬるいおふろにコーンスターチを1カップ、もしくはベーキングソーダを1/2カップ入れるといいでしょう（処方箋のいらない「アビーノ・バス（オートミールでできた入浴剤）」も効果があります。しかし泡ぶろや香料の強いせっけんなどは、かゆみをひどくします）。

＊トリコモナス

トリコモナスは性感染症です。妊娠中はカンジダほど一般的ではありません。カンジダ同様、母親には不快感がありますが、胎児に悪影響はありません。特徴は、生ぐさいにおいの黄色がかった緑色のおりものです。医師はおりものの状態でトリコモナスを疑い、さらに菌を培養して診断します。トリ

コモナスは経口薬や膣への軟膏、坐薬などで治療します。この感染症が見つかった場合は、夫も同様に経口薬で治療を受けなければいけません。

＊そのほかの感染症

前の2つほど多くはありませんが、淋病とクラミジアがあります。これも性行為で感染するものです。どちらも、特徴としては黄色がかった緑色のおりもの、排尿時の痛み、膣およびその周辺の不快感などがあります。どちらかの感染症の疑いがあれば、検査を受けなければなりません。なぜならこれらの有機体は、出産で胎児が産道を通るときに感染し、母親の生殖器にダメージを与え、炎症を起こすからです。

鼻の不快感

ティッシュをいつも近くに置いておきましょう。妊娠ホルモンによって、体中の血液量は増加しています。さらにそのホルモンは膣の分泌物を増やし、鼻の粘膜も増やして鼻水を分泌し、憂うつな後鼻漏《こうびろう》を増やします。もともと花粉症やぜんそくなどのアレルギー体質のある人は鼻がぐずぐずいったりせきが出たり、目がかゆくて涙が出たり、という症状がひどくなるかもしれません。もともとアレルギーや副鼻腔炎などの体質でない人も、鼻水が増えたり鼻がむずむずするといった、鼻炎に近い症状があらわれる人もいます。

鼻の不快感があっても、飲み薬や点鼻薬を、医師に相談しないで使ってはいけません。妊婦にとって有害なものもあるからです。なるべく自然な解決法としては、部屋の湿度を保つことです。暖房をつけているときはベッドルームに加湿器を置きましょう（温かい蒸気が出るタイプのほうがいいでしょう）。鼻の粘膜の乾燥を防ぐことで鼻血を出にくくし、そのほかの妊娠中の鼻の不快感も予防できます。ほとんどの鼻血や鼻の不快感は、鼻孔を数分間圧迫していればおさまる一時的なものです。市販の鼻炎用スプレーは安全で、鼻づまりに効果的です。出産が終われば、鼻づまりも解消するでしょう。

歯茎からの出血

妊娠ホルモンは、体中のあらゆる粘膜に影響を与えます。口の中も同じです。つばがたまるのと同じく（62ページ参照）、あなたの歯茎は充血していて傷つきやすく、歯磨きやフロスをしただけで出血しやすくなっているのです。できれば、この月ごろに一度歯科医院に行き、歯のチェックをしてもらいましょう。歯科医、衛生士、および歯周病の専門医は、これらの歯茎の変化による歯茎の炎症や感染症を防ぐ手助けをしてくれるかもしれません。虫歯や歯周病は妊娠中に起こりやすいのです。妊娠中でも、歯科健診は、あなたの健康管理のセットに入れるべきです。歯のクリーニングやX線、部分麻酔をしなくてはならなくなっても、心配はいりません。赤ちゃんに害を与える心配はありません（ただし、あなたが妊娠中か、妊娠の可能性があるときは、歯科医師にあらかじめそのことを伝えておく必要があります。X線の検査を受けるときに、予防エプロンを腹部に巻いてもらいましょう）。心臓弁膜症などの問題を抱えている場合は、歯の治療の前後にそれぞれ、抗生物質を2、3錠飲む必要があります。抗生物質が妊婦にとって安全でも、妊娠していることは必ず医師に告げましょう。

次に挙げるのは、通常の歯茎の変化が起こすトラブルや不快感を、最小限に抑えるための工夫です。

●ビタミンCが豊富なフルーツや野菜を食べましょう。カルシウムが豊富な食品も、歯のためによいでしょう。

●口中洗浄剤（マウスウオッシュなど）で日に何度か口の中をすすぎましょう。吐き出してください。飲み込んではいけません。

●歯茎を傷つけないようなやわらかめの歯ブラシを選び、やさしく歯磨きしましょう。

●歯磨きを頻繁にしましょう。食後には必ずです。ポーチや手提げの中に、携帯用の歯磨きセットを持って歩きましょう。

●少なくとも1日に一度はデンタルフロスを使いましょう。
●超音波の歯ブラシを試してみましょう。普通の歯ブラシよりも歯垢を取るのに効果的です。さらに、デリケートな歯茎にもやさしいようです。
●スティックキャンディーやそのほかの甘いものを控えましょう。スティック状の甘いお菓子は、妊婦のはれた歯茎のすき間にくっつきやすくなります。甘いものを食べる場合、スティック状のものは避けましょう。

触れると痛く、歯磨きをするとすぐに血が出るような小さいこぶが、歯茎にできるかもしれません。これは「化膿性肉芽腫（あるいは妊娠性腫瘍）」と呼ばれます。心配することはなく、出産後自然に消えていきます。不快だったり心配なようなら、歯科医院で切除してもらうことができます。

頭痛がする

つわりのときのように、頭痛は、妊娠中にかなりの人が感じるトラブルです。多くの妊婦が頻繁に感じているでしょうし、頭痛をときどきしか感じない人も、これから経験することがあるでしょう。妊娠中の頭痛の特徴は、何の前触れもなく突然始まり、突然終わることです。突然、ガンガンと、まるで何かであなたの頭を締めつけているように感じるでしょう。偏頭痛と同じです。ふだんから偏頭痛もちの人だと、妊娠中にはより頻繁になり、ひどくなったと感じることもあります。しかし一方、妊娠したら偏頭痛が減り、軽くなる人もいます。数分間でおさまるものも、一日中続くものもあります。

一般的にはこれもホルモンのせいだといわれていますが、妊娠という状況に体と気持ちが慣れていくためにバランスを取ろうとして、その弊害として頭痛が起こるとも考えられます。結局、緊張性の頭痛はストレスと変化が原因で起こるのです。

頭痛は妊娠初期と中期に特に起こりやすく、妊娠による不快感のひとつとして挙げられています。しかし妊娠中期の終わりには、しだいにおさまることが多いようです。妊娠後期にひどい頭痛が長く続いて頭がぼうっとするようなら高血圧の兆候かもしれません。その場合はすぐ医師に連絡しましょう。

頭痛を取り除くために薬を使うことは、ほかの「頭が痛い」事態を引き起こします。しかし、頭痛のときに薬を使えないということは、ほかの解決法を探さなければならず、そのことがかえって、あなたにとってはいい方向に働くかもしれません。薬を使わずに頭痛を軽減する、または予防する方法はいくらでもあります。

＊頭痛の原因を特定して取り除く

頭痛を感じたら、原因を考えましょう。頭痛が起こる前、何をして何を食べましたか？　頭痛の原因になるようなことを、何か考えていましたか？　こんなことをたびたび言っていないでしょうか。「この仕事、頭が痛いわ」「あの人がそばにいるだけで気分が憂うつ」。もしも原因があるようなら、あなたと赤ちゃんのために、その問題を改善する必要があります。

自分で頭痛の原因をつくるのはたやすいことです。不安な気持ちにのみ込まれてはいけません。リラックスしましょう。そして、よく眠りましょう。

＊動作はゆっくりと

さまざまな動作をするたびに、脳の血流が変化します。通常、寝た姿勢から座り、座った姿勢から立つなど姿勢を変えるときは、脳に十分な血液を送るために拍動と血圧は急激に変化します。しかし妊娠中は、子宮が血液の供給において優先権を与えられています。ですから脳の血流は、通常よりも少しだけ減ってしまいます。そのため、あなたはめまいを感じたり、頭がぼんやりしたり、朝、ベッドから飛び起きたり、夜、くつろいでいる状態から起き上がった場合に、頭痛が起こりやすくなるのです。この赤ちゃん優先の血液システムに適応するには、急激に姿勢を変えることはやめましょう。

＊血糖値を安定させる

血糖値不足が頭痛を引き起こすことがあります。これは、頻繁に軽いものを食べることで避けられます。たとえば、複合炭水化物（54ページ注2参照）は、血糖値を安定させるのでおすすめです。

＊新鮮な空気を探しましょう

換気が悪い部屋、暖かすぎる部屋、あるいは薬品などが充満している部屋は、鼻の不快感や頭痛を引き起こします。タバコの煙が充満しているような部屋は避けましょう。人がたくさん集まるような部屋にいる場合は、なるべくドアの近くにいて、新鮮な空気を吸うためにすぐ部屋の外に出られるようにしましょう。冬、暖房が効いている部屋にいる場合は、窓を少し開けて、その近くにいるようにします。暖房による乾燥も防ぐことができます。密閉されたオフィスビルで働いている人は、トイレはなるべくロビーの近くにあるものを利用し、ドアの外に出て空気を吸うようにします。たびたび外に出ることができない環境なら、イオン空気清浄器の購入を検討しましょう。イオン空気清浄器は、オフィスの空気の質を劇的に改善することでしょう。

＊家でできる治療法を

妊娠中の頭痛とうまくやっていくには、最初から頭痛が起こらない状況にするのがいちばんです。しかし、穏やかな生活や正しい食生活をし、新鮮な空気を吸っていても、頭痛は起こります。市販の薬で治るような頭痛でも、薬を使わないような解消法を探しましょう。

＊頭のマッサージを

あなたは快適な場所に横になり、夫に、痛い部分を円を描きながらゆっくりとマッサージしてもらいます。皮膚が頭蓋骨の上を動くくらいの強さで指圧しながら動かします。横になったあなたの背中側に夫がひざまずいたり、あなたがいすに座って夫がその後ろに立つなど、さまざまなポジションを試しましょう。頻繁に頭痛に悩まされるようなら、プロのマッサージ師を夫といっしょに訪ね、家でもできるように、正しいマッサージ法を教えてもらいます（マッサージは自分でもできるでしょうが、自分でやる場合は十分にリラックスすることは難しいため、効果はあまり期待できないでしょう）。

＊鼻の通りをよくする

妊娠ホルモンは鼻の不快感を引き起こし、冬の、締め切って空気の悪い、暖かすぎる部屋では、症状はさらに悪化するので換気に気をつけます。

＊目を閉じて心を落ち着ける

偏頭痛を感じたら、まず静かで暗い部屋に横になり、目を閉じましょう。リラックスして、296ページに書いてあるようなイメージテクニックを試したり、両親学級で教わったことを反復してみましょう。

これらの頭痛対策をしても、なお頭痛があなたを悩ませるようなら、医師に相談して、妊娠中でも安全な薬を処方してもらいましょう。現時点では、妊娠中のアセトアミノフェンは、たまに飲む程度ならば安全だといわれていますが、継続的にかなりの量を服用し続けるのはよくありません。市販薬も避けましょう。妊娠中は薬を飲む前に、必ず医師に相談しましょう。医師は、安全か安全でないかの判断をしてくれるでしょう。

めまいがする

妊娠中期、またはそれよりも少し早い時期に、頭をぐるぐる回されているような軽いめまいを経験するかもしれません。これは妊娠中にはよくあることで、頻繁で程度がひどくても、お母さんや赤ちゃんに害はありません。

ある姿勢から次の動作に移るときに急に体を動かすと、めまいが起こりやすくなります。横になったり、座ったりしている姿勢から急に起き上がると、

血液は頭の先から下に向かって流れますが、あなたの心臓血管の循環システムは、血圧の急降下を防ぎ、脳に血液を戻すため、すぐに血流を元に戻そうとします。しかし妊娠中は、このシステムがすばやく反応しません。脳に血流が戻るのには若干時間がかかり、その間、あなたはめまいを感じてしまうのです（起立性低血圧といいます）。妊娠中の血液は脳と子宮で奪い合っており、しばしば子宮が勝つことになるのが原因です。

ときどき、長い時間立っているか座っているかすると、下半身に血液がたまりがちになってしまうことがあり、脳の血液が少なくなることで、めまいを引き起こします。下半身に血液が行きがちになるという現象は、妊娠が進むに従い、その傾向が強くなります。妊娠後期には、ふくらんだ子宮が腹部の太い血管を圧迫するため、めまいが起こりやすくなります。あおむけや右を下にした状態で寝ていると、血液の戻りがゆっくりになるでしょう。

妊娠中のめまいの原因で、心配しなくてはいけないもの、すぐに対処をしなければいけないものは、低血糖（これは、健康的な食生活を送る、頻繁に軽いものを食べる、ということで改善します）や貧血、もしくは赤血球の減少（鉄分の多い食事や、鉄剤の服用で改善します）による、めまいです。ときどき起こるめまいとは違い、繰り返し起こるめまいは普通ではありません。医師に相談し、原因を探して対処する必要があります。

妊娠中にめまいを防ぐために、次のようなことを心がけましょう。

●前の項で書いてあるような注意事項を守りましょう。
●栄養価の高いおやつを、頻繁に口に入れましょう。
●定期健診は必ず受けましょう。医師はあなたの健康状態をチェックし、健診ごとに血圧などのチェックをします。必要に応じて、血中の鉄分の値も測ってくれるでしょう。
●長い時間、座りっぱなしや立ちっぱなしでいることを避けましょう。座る場合は、足を上げて、長時間そのままの姿勢でいることは避けます。座っている間、足のエクササイズを頻繁に行いましょう（187ページコラム参照）。
●妊娠中期半ばからは、左側を下にして横向きで寝るようにしましょう。
●寝た姿勢や座った姿勢から立ち上がる場合は、ゆっくりと動きましょう。特に朝、ベッドから起き上がるときは気をつける必要があります。
●頭がぼんやりして、横になるか座るかしたほうがいいかなと思ったら、迷わず体の声に従いましょう。
●座ってもめまいがおさまらない場合は、片方のひざでひざまずき、立ち膝をしているほうに頭をのせるか、いすの上に頭をのせて休めてください。可能なら頭を水平にし、足を少し上げた姿勢で横になりましょう。

＊原因、対策、結果の関係性＊

誘発原因	対策	結果
朝、ベッドから飛び起きるとめまいがして、頭痛がする	ゆっくり、少しずつ起き上がる	頭痛やめまいが起こらない
おなかがすくとめまいがする	軽い食べ物を頻繁につまむ、空腹の状態にしない	空腹が原因の頭痛は起こらない
ディナーパーティーの前になると緊張し、神経質になって頭痛が起こる	かなり前から余裕をもって準備を始めておくこと、ごく親しい友人しか呼ばない	緊張性の頭痛は起こらない

この月のおなかの赤ちゃんは？
12～15週

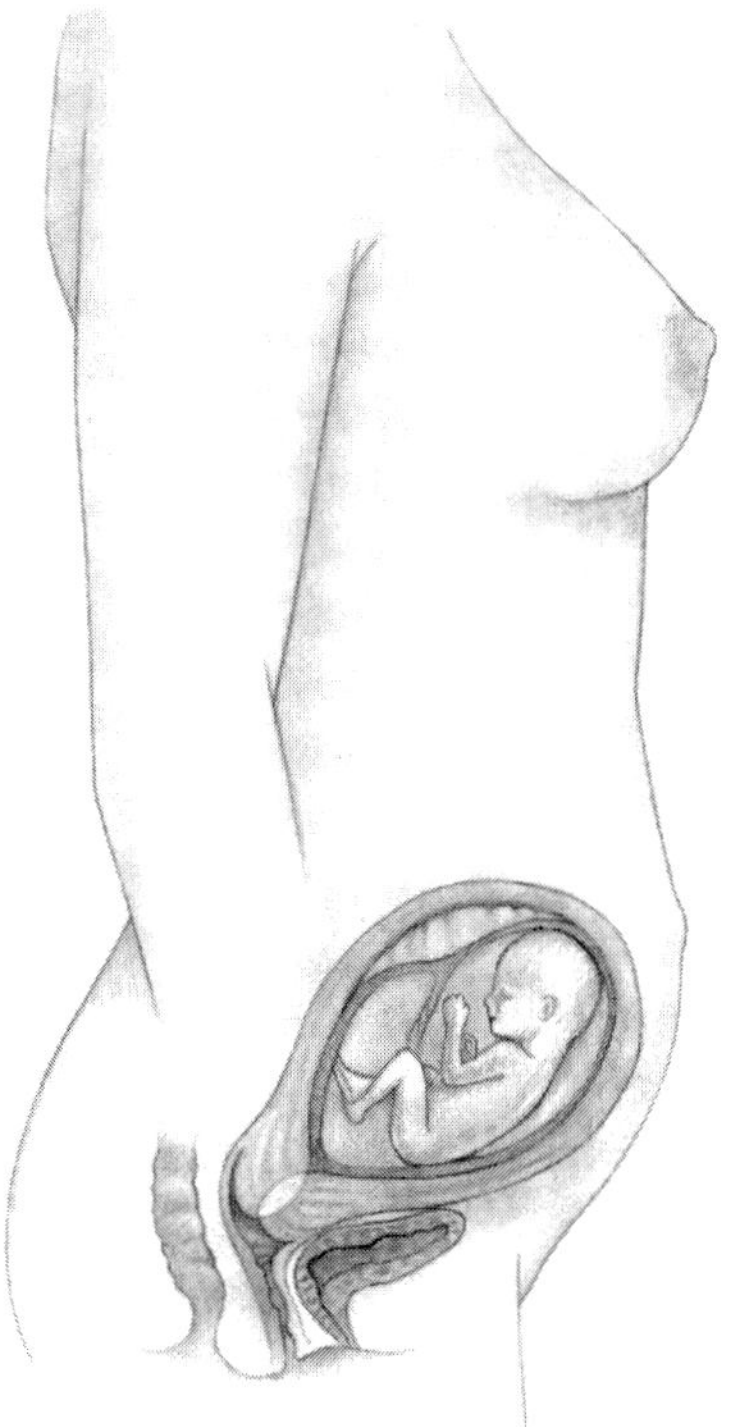

この月が終わるころ、あなたは恥骨とへその間に、グレープフルーツくらいの大きさの子宮の存在を感じるようになるでしょう。この月の間に、赤ちゃんは急激に成長します。体長は約2倍に、重さは4倍近くにもなるのです。15週の終わりには、赤ちゃんの体長は約13㎝、体重は100gを超えます（体長は頭のてっぺんからおしりの先までで、足の長さは含めません）。腕は伸びて、曲げ伸ばしができるようになり、手を握ったり開いたり、親指をなめたりできるようになります。足も長くなります。多分、あなたにはまだ感じられないでしょうが、おなかの中から子宮壁をキックしているのです。

超音波やX線を使えば、赤ちゃんの腕や手足の骨格をきちんと確認できます。肺は未発達で、羊水を飲んだり吐いたりして〝呼吸〟をします。また、羊水を飲み込み、排泄もし始めます。この月の終わりまでに、腸の中に「胎便（メコニウム）」と呼ばれる、うんちの始まりが集まりだすかもしれません。外耳の凹凸は、音を集め、反応する能力をますます発達させます。小さな指の先には、1人ずつ異なる個性的でユニークな指紋があらわれ始めます。血管は驚くべきスピードで増殖し、薄くて透明な皮膚を通してその様子が見

えます。まだ脂肪はついておらず、ひょろひょろとした外見をしています。絹のようなうぶ毛で体中が覆われ始め、短いまつげが生え始めます。

この月までに胎盤は発達してお母さんと赤ちゃんの間に存在し、2人の存在をしっかりと結びます。お母さんが呼吸して取り込んだ空気から酸素を運び、口にした食べ物から栄養を運び、つくり出した免疫細胞から伝染病を防ぐ物質を運びます。お母さんと赤ちゃんの間で血液は循環し、たくさんの管がつながっているパンケーキのような器官は、あなたの血管から赤ちゃんに必要なものを選び、老廃物を転送します。また、胎盤はあなたの妊娠を順調に継続させるために必要なホルモンをつくり出します。へその緒は体長くらいの長さの細いコード状で、酸素や栄養素を運び、老廃物を運び出すのです。

赤ちゃんは羊水の中で自由に浮いており、羊膜に包まれています。羊水は十分な量があり、必要ならば医師は羊水穿刺《ようすいせんし》という方法で、安全に胎児の検査をすることもできるようになります。

妊娠4カ月のあれこれ

肌の変化

周囲が妊娠に気づく前から「なんだか顔が赤いわよ」と言われる人もいるでしょう。ほとんどの妊婦が、妊娠中期ごろからはっきりとした肌の変化を感じます。個人差はありますが、なんらかの変化はだれしもが感じます。

おそらくあなたが想像しているとおり、肌の変化はホルモンによるものですが、それに加えて肌は、大きくなる体をカバーするために伸び、そのために肌に負担がかかりやすくなることもあります。外見上も本人の感覚も、「妊娠前と何かが違う」と感じやすくなります。肌の下で起こっていることが、はっきりとわかりやすくなるのです。

妊娠によって、血液の量は増加します。血液の増加は妊娠中期がピークで、特に顔の血管にも血液が集まりやすくなり、顔が赤みを帯びます。皮膚の下にあるさまざまな腺も、働きをより強くします。脂を産生する腺はより脂を産生し、色素をつくる腺はより強く働き、汗腺はよりたくさんの汗を流します。

妊娠中の肌の変化は、妊娠する前の自分の肌の状態や特徴をさらに強調することになります。くすみがちだった人はよりくすみがひどくなり、色素が沈着した部分も、ますます色が濃くなってしまいます。少しでも肌を明るく見せる工夫をしてみましょう。

しかしこれらの変化は、永久的に続くわけではありません。出産してしばらくすれば、ほとんどの部分については、元のような状態に戻るでしょう。いくつかの筋や妊娠線は残ってしまいますが、これもほとんど目立たなくなるでしょう。こうした肌の変化は憂うつなものかもしれませんが、お母さんになるサインだと前向きにとらえましょう。つわりや疲れやすかったことも、一時的なものだったでしょう。これらのトラブルもまた、過ぎ去っていくものです。172ページの基本のスキンケアを参考にしてください。

肌が紅潮して見える

周囲の「なんだか顔が赤いわね」という言葉は、あながち思い込みではありません。顔の肌の変化は、生物学的な理由があるのです。肌の表面には数えきれないほどの毛細血管が走っていて、妊娠によって増えた血流が、あなたの顔を紅潮しているように見せるのです。この自然な赤みに加え、同じように増えた皮脂によって、皮膚がなんとなくてかてかして見えます。この状態は、普通の人が興奮したり泣きわめいたり、何かによって心拍数が上がっている状態（妊婦はいつもそうです）に似ています。

顔の斑点

妊娠中期に鏡に向かって自分の顔をじっと見つめると、自分の顔がこれまでと違って見えるかもしれません。今まではなかった、茶色っぽい、あるいは黄色い顔のしみ（肝斑、または妊娠性のしみ）に気づくかもしれません。これは妊娠中に最もできやすいもので、顔のあらゆる個所に出てきますが、特におでこ、ほおの上部、鼻、あごによくみられます。妊娠によって分泌されるエストロゲンとプロゲステロンというホルモンがメラニン色素を増やし、顔に色素を沈着させるのです。しかし、この色素は一定に広がるわけではないため、顔のあちこちにしみとなってしまうのです（あなたがピルなどを飲んだことがあるとしたら、同じような副作用をすでに経験しているかもしれません）。黒髪で有色の女性なら、アイシャドーのような黒いサークルが、目の周りに出現するかもしれません。妊娠性のしみは避けられませんが、紫外線になるべく当たらないようにするなどして、被害を最小限にくい止めることはできます。

にきび

思春期は過ぎたのになぜ今ごろにきびが、と思うかもしれません。妊娠中のにきびは、思春期ほど深刻なものではありませんが、思春期に苦労したにきび対策を、やり直す必要が出てくるかもしれません。しかし幸運なことに、妊娠期間は思春期よりもずっと短く、出産が終わればにきびも消えていきます。思春期の子どもが使う、にきび用のスクラブや洗顔料は避けましょう。妊婦の肌には刺激が強すぎます。オートミールが原料のスクラブ洗顔料はマイルドで、おすすめです（一般的なドラッグストアで売っています）。顔の余分な脂を落としてくれますし、敏感肌にもやさしいものです（成分中にアクターネ、ルチンAの入っているものは、妊娠中には避けるようにしましょう）。

おなかの縦線

おへその下から恥骨にかけて、まっすぐな白い線があらわれる人もいるでしょう。これはもともとあったもので、妊娠でメラニンの活動が活発になったために目につくようになったのです。妊娠中期には色が濃くなり、はっきりとわかる〝妊娠線〟になる人もいます。なかには、おへその上にまで伸びる人もいます。妊娠線は、もともと皮膚の色が濃い人はよりはっきりとあらわれますが、出産後数カ月で目立たなくなります。

だんだん色が濃くなる

小さいほくろやそばかすは、妊娠によってより大きく、色が濃くなる場合があります。新しいほくろが出現することもあるかもしれません（ほくろがあまりにも急激に大きくなり、黒く盛り上がって皮膚との間にはっきりと境界線ができるようなものなら、医師に相談しましょう）。乳首の周りの乳輪はますます色が濃くなります。ほかの部分は出産すると色は戻りますが、この部分は出産後もほとんど色は薄くなりません。

＊妊娠線に気をつけましょう＊

おなかが目立ち始めて1、2カ月もすると、だれにも妊娠線が出やすくなります。おなかや胸、太もも、おしり、おしりの上部にできる、妊娠中で最も皮膚の伸びが著しい部分にできるピンク色の線のことです。これは肌の弾力性のある線維（コラーゲンファイバー）が裂けるために起こるもので、医学的には“皮膚線状”とも呼ばれます。弾性線維の中には裂けずに伸びるものもありますし、消えるものもあります。しかしほとんどのものは完全に消えることはありません。妊娠線ができてしまう、またはひどくなってしまう原因は3つあります。ホルモン、急激な体重増加、そして遺伝です。靭帯をゆるめる役割をする妊娠ホルモンは、皮膚のコラーゲンを減少させます。そのために皮膚の線維はもろく、裂けやすくなるのです。通常のペースでのおなかや胸の急激なふくらみは、この状態の肌にとっては非常に負担の大きいものであり、体重の増加がそれに拍車をかけてしまうのです。

結局、肌のタイプと体質によって、どのくらい妊娠線ができてしまうか、どの程度消えるかは、個人差があります。皮膚が伸びやすく、小さな裂け目もほとんど、またはまったくできない人もいれば、そうでない人もいます。妊娠線ができてしまっても治りやすいタイプの人もいれば、妊娠線がよりはっきりと目立ちやすい体質の人もいます。どの肌タイプであっても、妊娠中の妊娠線を最小限にし、産後もできるだけ残さないために、次のような項目を参考にしてください。

- よけいな体重を増やさないように、エクササイズの習慣をつけます。
- 急激な体重増加を避けるようにします。体重は徐々に増やしていけば、必要以上に皮膚が伸ばされることもありません。
- きちんと食べましょう。十分な栄養をとり、ビタミンCとプロテインは、コラーゲンをより強くするために、特に必要です。
- オイルやローションは、妊娠線予防の効果はあまり期待できませんが、肌を乾燥から防ぐ意味では効果があります。皮膚軟化剤を毎日使用することで、皮膚がうるおってやわらかくなり、妊娠線がひどくなるのを防ぐかもしれませんし、出産後3カ月間もこのマッサージを続けることで妊娠線が目立ちにくくなる、という効果が考えられます。皮膚は（皮下組織も含む）タンパク質のような栄養素の倉庫のうちのひとつです。もしも、タンパク質が不足しているような食生活を送れば、あなたの肌はコラーゲンが不足している状態になり、よけい裂けやすくなってしまうのです。

ほとんどの妊娠線は、時間とともにしだいに目立たなくなってきます。それらは薄い皮膚の糸状になって目立たなくなります。銀色、もしくは真珠のような色をしており、周囲の組織と比べてわずかにでこぼこしています。光線の加減では見えなくなることもあります。

この「お母さんの線」を、あなたが達成したことに対する賞品だと思ってください。そしてあなたが思うほど、周囲の人にはあなたの妊娠線ははっきりと見えているわけではないことも覚えておきましょう。

手のひらと足の裏が赤く

妊娠2カ月ごろから、人によっては手のひらや足の裏が赤くなり（手掌紅斑《しゅしょうこうはん》）、むずがゆさを感じることがあります。色が赤くなるのは一時的で、出産後、数カ月で消えていきます（１７２ページ「妊娠中のスキンケア」参照）。

母斑

妊娠ホルモンと増加する血液は、紫や赤の毛細血管のくねくねした血管を皮膚に浮き上がらせ、よりはっきりと血管が見えるようになります。くもの巣のように毛細血管が広がって浮き出て、顔や目の白目の部分にあらわれます。さらに、しばしば小さな血管が破れ、母斑といわれる赤いあざができます（化粧で隠すことはできます）。母斑は、ほかの皮膚のトラブルよりも、消えていくのに時間がかかります。足や胴にできた母斑には、消えないものもあります。必要ならば、皮膚科で取り去ることもできます。

スキンタッグ

妊婦の中には、スキンタッグ（糸状線維腫《しじょうせんいしゅ》）と呼ばれる小さなポリープができる人がいます。肌や衣服がこすれ合ってできるもので、脇の下や首のしわ、ブラジャーの下のラインなどにできやすいものです。これは、表皮層の新陳代謝が活発になるために起こるもので、出産後数カ月で自然に消えていきます。しかしこれが不快感の原因になるなら、簡単に切除できます。

あせもと発疹

あせもや発疹は赤ちゃんだけのものだと思っていませんか？　もちろん妊婦にもできます。妊娠によって体温が上がり、余分な発汗による湿気や皮膚摩擦の刺激などによって、あせもや発疹に悩まされることになるでしょう。これらは、胸の谷間や、ふくらんだおなかと陰部の上あたりのしわができる部分、ももの内側などに最もよくみられます（対策は１７２ページ参照）。

かゆみ

妊婦のほとんどは、「かゆみから解放される」一日の終わりを楽しみにしています。乾燥でかさかさしてかゆいところもあれば、あせもでかゆい部分もあります。多くの人は、ふくらんで伸びたおなかの皮膚に猛烈なかゆみを感じるといいます。多くは下腹部ですが、まれにおしりや太ももにもかゆみを感じます（かゆみを抑える方法は１７３ページ参照）。

じんましんのような発疹とかゆみ

妊婦の約1％程度ですが、下腹部やしり、もも、手足に、赤くかゆいボツができることがあります。妊娠中期半ばからあらわれたり消えたりし、出産後は急速に消えていきます。ほかの皮膚トラブルと同様に対処します。

髪の変化

髪は肌のシステムの一部です。もちろん個人差はありますが、肌と同様に、髪も妊娠によってホルモンのダメージを受けやすくなっているのです。特に妊娠中期には、あなたも髪の変化に気づくかもしれません。

抜け毛が減る

妊娠ホルモンは抜け毛を減らします。ですから妊娠中はブラシについてくる抜け毛が減ったり、なんとなく自分の毛が以前よりもふさふさしているの

◎妊娠中のスキンケアで気をつけたいこと

妊娠中は、特別な肌のケアを必要としています。美容的なことだけではなく、快適であるためにも大切なことです。健康な肌を保つために、次のようなことを参考にしてください。

紫外線から肌を守る

妊娠中の肌は色素沈着をしやすく、紫外線のダメージを非常に受けやすくなっています。日やけを避け、直射日光から肌を守りましょう。不必要に太陽の光を浴びないように気をつけましょう。

・できるだけ日陰に座る。
・顔がすっかり隠れるようなつばの広い帽子をかぶる。
・紫外線が特に強い11～15時までの間はなるべく外出を控える。
・少なくともＳＰＦ15以上の日やけ止めを使う。容器に書いてある使用法を守ること。もしも、外に出る前に乾かしたり、活性化するだけの時間が必要なものならば、使用説明を読まないと、せっかくの効果も半減してしまいます。外出の30分くらい前に使うほうがいいでしょう。毎朝、肌の手入れやメイクアップで乳液などを使う習慣があるのなら、日やけ止め成分が配合されているものを選びましょう。ＰＡＢＡ（パラアミノ安息香酸）が含まれているものは、安全性の面からいってもおすすめできません。
・香料の強いもの、アルコールを含んでいるものは避ける。過敏になっている肌を刺激するだけでなく、日光に対してもより強く反応してしまいます。
・日やけサロンや、人工的な日やけ装置は避ける。

産後数カ月間も、紫外線から顔を守りましょう。産後3カ月は、あなたの肌はまだ過敏な状態のままなのです（もちろん、妊娠していてもしていなくても、ふだんから日焼けしないように気をつけるのがいちばんです）。

肌に栄養を

栄養状態の悪化と肌の状態は、手と手をとり合っています。2章で述べたような、バランスのよい食生活を送りましょう。ビタミンＣとビタミンB_6は肌によい栄養素です。毎日25～50㎎のビタミンB_6を摂取し（医師にチェックしてもらいましょう）、水和性のローションをたっぷり使うことは、肌のうるおいを保つには効果的です。あなたの肌がとても乾燥しているようならば、不飽和の必須脂肪酸やリノール酸の液体を試してみましょう（野菜や魚の油に含まれています）。

肌にうるおいを

妊娠による肌の乾燥を防ぐために、水を十分に飲みましょう。冬には部屋に加湿器を置くのもいい方法です。窓を締め切ったビルの中で働いているのなら、職場に加湿器を持ち込み、休憩時間ごとに新鮮な空気に肌をさらすようにしましょう。

ゆったりとした服装で

肌が呼吸できるように、ゆったりとしたシルエットのコットンの服を着るようにしましょう。ポリエステルなど、空気が通りにくいような人工繊維の布地は避けます。パンティーストッキングも避けましょう。太ももやおしり、そのほかの部分にあせものような湿疹ができやすくなってしまいます。無香料のパウダーやクリームなどをブラジャーのストラップや下のバンドが当たる部分に塗ると、かゆみを最小限に抑えることができるかもしれません。

敏感肌にやさしく

クリームや乳液を塗る場合は、小さく円を描くようにマッサージしながら塗りましょう。油分で毛穴をふさいでしまうものは、パッチテストを行いましょう。二の腕の内側に新しい化粧品を軽く塗り、少なくとも20分間そのまま待ち、アレルギー反応があるかを見ます。

皮膚が乾燥し、ぼろぼろになり始めてしまったら、乳液や化粧水をたっぷりと、頻繁につけるよ

うにしましょう。特に皮膚同士や洋服にすれるような部分には念入りにつけましょう。もし、決まった洋服に対して肌が荒れてしまうようであれば、肌が元の状態に戻るまで、1、2週間は着てはいけません。

肌へのマッサージ

頻繁にマッサージをして、体と心をやわらかくしましょう。訓練されたマッサージ師でもあなたの夫でもいいのです。ビタミン配合のオイルを軽く塗り、やさしくマッサージをされることは、妊娠中の体だけではなく、心にも効果的です。

バスタイムを楽しんで

水は普通、肌にやさしいものです。しかし、つかりすぎると逆効果になることがあります。たとえば、お皿を洗う手のことを考えてみましょう。水につかりすぎれば肌はふやけ、荒れてしまうでしょう。妊娠前から手が荒れやすいようなら、長い時間おふろにつかっていると、よけいにトラブルを招くことになってしまいます。同じように、せっけんは体の油分を奪い、乾燥しやすくしてしまいます。普通のせっけんはやめ、保湿成分入りのものを使うようにしましょう。肌によりやさしい成分のものや、必要な油分を奪わないようなものもあります。乳輪や乳首には、せっけんを使わないようにしましょう。

おふろやシャワーを浴びたあとは、体が乾かないうちに、保湿成分のあるクリームでケアしましょう。毛をそるときに、肌がかさかさしたり傷んだりしやすい場合は、せっけんがベースになっているものよりも、保湿成分のあるローションかジェルを使いましょう。

かゆみを防ぐ

肌のかゆみを抑えるには、おふろに半分お湯を張り、コーンスターチ1カップと、重曹1/2カップを入れてみたり、肌にやさしい浴用剤を使うのもいいでしょう。また、約1ℓのぬるま湯の中にスプーン1杯のコーンスターチと重曹を入れ、そのお湯で絞ったタオルを、特にかゆみの強い部分に当てるとよいでしょう。

正しく化粧を

妊娠前は化粧をあまりしなかった人も、妊娠によって顔が少々赤らんでいるのを見ると、お化粧したくなるかもしれません。肌にやさしい、保湿成分を含んだ水性の化粧品を使いましょう。油で毛穴をふさいでしまったり、水分を奪うようなものは避けます。夜、化粧をきちんと落とすことを忘れてはいけません。肌が呼吸ができるように、丁寧に化粧品を落としましょう。

に気づくかもしれません。これは、多くの妊婦にとっては好ましい変化です。

しかし、このうれしいでき事も、出産を機に事態が変わります。産後2〜4カ月は、はっきりわかるほど抜け毛が増えます。母乳育児を続けている人にこの傾向は強く、朝、枕に落ちている髪の毛の多さや、ブラシについてくる髪の毛の束にぞっとするかもしれません。1年ほどで、元に戻るでしょう。

髪質が変わる

妊娠中は髪の毛が増えるとはいえ、なんとなく髪質が違うと感じるかもしれません。もともと乾燥タイプの髪はさらに乾燥しやすく、オイリーな人はその傾向が強くなります。天然パーマがストレートになったり、ストレートがくせ毛になることも。毛質がよくなり豊かになる人もいるかもしれません。縮れ具合や色が変わることもあるでしょう（美容院の注意は52ページ参照）。

好ましくない部分にも

女性にとってあまり歓迎できない部分の毛が、濃くなるかもしれません。顔やおなか、背中や足などの毛です。一方、妊娠中に足の毛の伸び方が遅く

なったという人もいます。

つめの変化と保護対策

手や足のつめも、肌の一部です。肌や髪と同じようにつめにも変化があらわれます。いい変化もあれば悪い変化もあります。妊娠ホルモンは、あなたのつめの伸びを早くします。しかし一方で、つめはもろくなり、割れやすくもなり、つめの生え際に細い筋ができます。なかには、つめが強くなったと感じる妊婦もいます。次に挙げるのは、妊娠中の特別なつめの手入れ法です。

●つめは頻繁に切り、割れたりしないように、常に短く保っておきましょう。
●ベッドに入るとき、手に保護クリームを塗りましょう。
●マニキュアはつめへのダメージが大きいので避けるべきです。マニキュアはつめ自体によくないのはもちろん、強い刺激臭が妊婦にいいものではありません。どうしてもという場合は、野外か換気のよい部屋で行いましょう。
●お皿を洗ったり、家の掃除やガーデニングをするときにはゴム手袋をつけてつめを保護します。

あなたのつめも髪も、トラブルが起こりやすくなるのは、妊娠中と産後数カ月の間です。

＊妊娠中のヘアケアについて、いくつかの注意＊

・あなたの髪と顔に合ったヘアスタイルを選びましょう。たとえばあなたの髪が多くなり、顔がぽっちゃりしてきたと感じたら、髪を伸ばしても似合うかもしれません。一方、すでにロングヘアで、髪の毛が傷みやすくてバサバサしてくるようなら、思い切って短くしてみましょう。手入れも簡単ですし、案外似合うかもしれません。ストレートスタイルはオイリーな人の髪の光沢を引き立ててくれますし、レイヤースタイルは爽快な印象になります。
・シャンプーを選びましょう。乾燥しがちな髪の場合は、シャンプーの回数を減らし、マイルドで、刺激の弱い、必要以上に油分を取りすぎないものを使ってみましょう。保湿効果のあるコンディショナーも使いましょう。オイリーな髪質の人は、まめにシャンプーをするとよいでしょう。
・ドライヤーを使わずに、できるだけタオルで乾かしましょう。
・立ってシャワーを浴びている間に、頭皮のマッサージをしましょう。指先を使って、円を描くように頭皮をほぐします。
・電気脱毛器は安全ですが、脱色や化学薬品による脱毛は避けましょう。皮膚を刺激してしまいます。
・全体的にもっと軽いイメージにしたいときは、ヘアスタイルを変えてみましょう。カラーリングは気をつけましょう。研究では、妊娠中のヘアダイは胎児への影響はないだろうといわれていますが、いくつかの動物実験では、コールタールを含んでいる薬品でヘアダイを行った場合、ガンや染色体異常を引き起こす可能性も示唆されています。妊娠中の髪質は予測がつきにくく、思ったよりも簡単にダメージを受けやすいものです。

今の髪の色で９カ月過ごすなんて耐えられないという場合は、少なくとも一時的なものを使うようにしましょう。地肌まで浸透するような洗いながら染めていくタイプではなく、髪部分に上から塗り加えられるタイプのものを使いましょう（頭皮から血液に浸透してしまうタイプは避けましょう）。最も安全なのは、あなたが今の自然な髪の色を楽しみ、出産後に変身することです。

マタニティエクササイズをスタート

この月までのあなたは「引きこもり」の状態でした。妊娠初期に心拍数は20％も増え、体は常に軽いエアロビクスをしているような状態だったからです。経過が順調なら、この月あたりからそろそろ、少し活動的な生活に戻ってもよいでしょう（もちろん、頻繁に休憩や昼寝をするという条件つきですが）。妊娠後期に入っても経過に問題がなければ、あなたと、あなたの小さな赤ちゃんに気をつかいながら、エクササイズをすることは十分可能です。

あなたと赤ちゃんが安全なエクササイズをするために、次のような項目をチェックしてみましょう。

1 医師にまず相談を

妊娠中のエクササイズを始める前に、まず自己チェックをして、さらに医師の了解を必ずとりましょう。次の項目に当てはまる人は、エクササイズの内容に十分注意しなくてはいけません。

- 貧血症
- 心疾患
- ぜんそくや慢性の肺病
- 高血圧
- 糖尿病
- 甲状腺疾患
- なんらかの発作をもっている
- 著しく太っている、またはやせすぎ
- 筋肉、または関節の疾患
- 流産など、以前に何かトラブルを経験している
- 前回、産後にトラブルを経験している
- 多胎
- 子宮頸管無力症
- 膣から出血がある
- 前置胎盤などの、胎盤異常がある

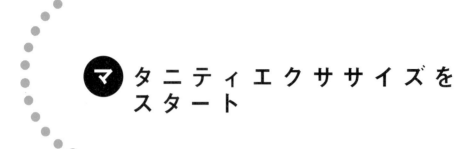

●妊娠前から運動不足の生活を送っていた

2　自分に合わせたレベルで

妊娠する前、ふだんから運動していましたか？　妊娠前に日常的にフィットネスクラブに通い、インストラクターから、あなたの運動量をきちんと決めてもらっていましたか？　これまで日常的に運動を続けていた人ならば、妊娠後も、以前と同じレベルの運動量をこなしても大丈夫です（衝撃の大きなエクササイズは避けるなど、種類は変わりますが）。しかし、長時間そのレベルの元気さを継続できるなどと考えてはいけません。あなたは、おなかの赤ちゃんとエネルギーを分け合っているのです。たとえば、あなたが長距離のランナーであれば、下がった燃費を効率よく使う方法を考えましょう。3kmのジョギングをするより、妊娠中は6kmの距離を元気に歩いたほうがいいのです。あなたは2kg以上の荷物を抱えているのですから、同じスピードで歩こうとは考えないことです。

これまでは運動などしようとも思ったことのない人でも、妊娠したことで、運動してみようという意欲がわくかもしれません。しかし、あなたの意欲は別として、そのような人は、最初は軽い筋肉の運動や関節のエクササイズから始めなくてはいけません。そこから徐々に時間を延ばし、エクササイズの種類も増やしていくのです。妊娠中のエクササイズは気分をよくするためで、体重を減らすためではありません。研究によると、体重を減らすようなエクササイズを継続して行っていると、おなかの赤ちゃんに十分な血流がいかなくなり、脂肪や酸素の供給が満足にできず、赤ちゃんに有害な影響が出るおそれがあります。

3　服装に気をつける

ウエストを締めつけない、ルーズなシルエットのパンツを選びましょう。体が温まりすぎるのを避けるために、重ね着をしてください。暑いと感じたら、重ね着しているものを脱いで体温を調節しましょう。皮膚温度が下げられるような、汗が蒸発できるようなゆるやかなものを選びます。むくんだ足でもしっかりサポートしてくれる靴を選びましょう。かかとの骨に負担がかかるものは避けます。衝撃を吸収してくれる、クッションのしっかりしたものがいいでしょう。クッションが弱い靴なら、5mm程度のショック吸収用のパッドを靴底に敷きましょう。これはかたい地面の上をジョギングするには最適の厚さです。サポートブラをつけましょう。胸が大きく、あまりにも重い場合は、重ねてつけるのも効果的です。これらはデパートやスポーツ専門店などで購入できるでしょう。もし、エクササイズのときに乳首が布にこすれて不快感を感じるようなら、上に着るものもルーズなシルエットのものにします。スポーツ用のブラにしたり、さらに乳首を保護するようなクリーム（ランシノーなど）をつけてもいいでしょう。

4　継続してエクササイズを

一度にたくさんのエクササイズをするよりは、短いものを頻繁に、ずっと続けるほうがいいでしょう。妊娠前は定期的に運動をしていなかったとしても、最初は10～15分の運動を1日に2回、週3回から始めましょう。慣れてきたら、時間を増やして30～40分の中程度のエクササイズ（サイクリング、ウオーキング、スイミングなど）を、最低週3回行うようにします。続けることが何よりも大事なのです。しかし休んだ場合、「前回の分も」と、2倍に運動を増やすことはやってはいけません。

5　限界を知る

妊娠中、安全にエクササイズを楽しむいちばんの秘訣は、赤ちゃんにストレスをかけないことです。普通のエクササイズがあなたにとってストレスになるようなら、赤ちゃんにも同じようにストレスがかかります。心拍数は、あなたがしているエクササイズが許容範囲なのか、それを超えているのかを判断するよい目安になります。あなたに合っていれば、それだけ心拍数は一定になります。研究では、お母さんの心拍数がエクササイズの間に毎分15

0になっても、赤ちゃんの心拍数には変化がないという結果が報告されています。どのような状況になったらエクササイズをゆるやかにするかについては、次のような心拍数チェックを参考にしてください。

・心拍数チェック：手首、またはあごのすぐ下の首部分に指を当てて、心拍数を測ります（10秒間の心拍数を測り、6倍して1分間の心拍数を出します）。赤ちゃんの心拍数を上昇させないためには、あなたの心拍数を毎分140までにとどめておきます。水泳やジョギングなど大人の有酸素運動の場合は、年齢にもよりますが、心拍数を毎分120〜140に保ったほうがよいとエクササイズの専門家は言っています。毎分140が赤ちゃんにとって負担ならば、あなた自身も負担だと感じているはずです。

・話してみましょう：ぜいぜいしてだれかと話を続けるのが困難ならば、会話が苦にならない程度まで、エクササイズのレベルを下げましょう。

・体の「ここまで」のサインを聞く：めまいや頭痛を感じたり、頭がぼんやりする、息がきれる、心臓の鼓動が激しすぎる、子宮の収縮、膣からの出血、破水、どこかに痛みを感じるなどの症状があったら、急いでストップします。エクササイズを楽しむ秘訣は、お産のときと同じです。自分の体の声を聞く、ということです。

6 関節にやさしい運動を

リラキシンなどの妊婦独特のホルモンの影響で靱帯《じんたい》が伸び、関節も安定しにくくなり、伸ばしすぎるとけがをしやすくなってきます。特に骨盤、腰、ひざの関節などは注意が必要です。過度に関節を伸ばす運動や、後屈や、深い屈伸運動などの過度に手足を曲げ伸ばしする運動は避けましょう（182ページ参照）。2kg程度のダンベルなら、肩と腕の筋肉を鍛えるのにはいいでしょう。テニスやラケットボールなど、関節に負担のかかるものは避けましょう。

7 赤ちゃんを揺らしてはいけません

赤ちゃんは、自前のプール（羊水）という安全なクッションに包まれています。エクササイズは、赤ちゃんに不快感を与えたりはしませんが、ジャンプの多いものや突然ターンするといった衝撃の激しいものや、突然ストップするような動きのあるものは避けましょう。足にやさしいことをしましょう。ジセメントやアスファルトといったかたいものの上で走ってはいけません。ジョギングなどの体重負荷運動は、スイミングなどの非体重負荷運動より、赤ちゃんの心臓に負担をかけます。ぴょんぴょんと跳びはねたり、急に動くようなエクササイズも避けましょう。スイミングやサイクリングは、ジョギングやバスケットボールよりも体への負担が少なく、赤ちゃんへの負担も少ないものです。

8 重心は変化しています

胸もおなかも大きくなり、あなたの重心は妊娠前と変わっています。つまり、エクササイズのときに転びやすくなることも意味しています。そのことを自覚しましょう。バランス感覚を必要とする、リスクがあるプログラムは避けるべきです。ダンスのクラスは楽しいでしょうが、多少動きに優美さが欠けるのはしかたないでしょう。

9 水分とエネルギーの補給を

脱水症状を防ぐために、エクササイズの前後に、コップ2杯の水かジュースを飲むようにしましょう。脱水症状に陥ると、筋肉はより疲れやすくなってしまいます。空腹を感じたままでエクササイズをしてはいけません。なぜなら運動中は血糖値が上がるため、低血糖性のめまいを起こしてしまいます。エクササイズの前後に軽く何かつまむことで、あなたと赤ちゃんの低血糖を防ぐことができます。フルーツやジュース、はちみつで甘みをつけた全粒粉のパンやマフィンなど、すぐにエネルギーに変わるもので腹ごしらえをしておきましょう。

10 オーバーヒートに気をつける

妊娠初期には、熱が39度以上になってしまうと、赤ちゃんの発達に影響があるといわれています。あなたと赤ちゃんがオーバーヒートの状態にならないように注意しましょう。暑くて湿気の多い場所でのエクササイズは避けましょう。エアロバイクなど固定した場所で行う場合は、部屋の換気に気をつけましょう。体の熱を逃がしやすい、ゆったりとしたウエアを着ましょう。

エクササイズの間はこうした注意を常に頭においておくべきですが、赤ちゃんのオーバーヒートについては、それほど神経質にならなくても大丈夫です。研究では、妊娠中期の妊婦が20分間運動しても体内温度はまったく上昇せず、60分運動した場合に、1度上がった程度だったのです。

11 ウオーミングアップとクーリングダウンはしっかりと

妊娠中の増えた血液は、どこをいちばん優先するのでしょう？ もちろん、子宮とその周辺です。この血液循環システムでは、運動する筋肉の要求に応じられるまでに、少し時間がかかります。心配しないでください。血液は十分にあります。しかし、エクササイズを始めるにあたっては、用心のために体に元気がいっぱい詰まった状態で臨みましょう。運動する状態にするために、ゆっくりと5分間ウオーミングアップをしましょう。終わったら、やはりゆっくりと5分間かけてクーリングダウンします。突然やめると、血液は運動した筋肉にとどまったままになりやすいのです（もちろん、5で書いたような、なんらかの異常がみられた場合にはすぐ、運動をやめます）。

12 適した運動を選びましょう

妊娠中のあなたと赤ちゃんにとっては、スイミングが最も適したスポーツです。元気よくウオーキングを楽しむことは、ジョギングよりもあなたの関節や子宮に負担が少ないでしょう。30分間テンポよくウオーキングすることは、妊娠前に運動する習慣のなかった人にとって、最適の運動です。野外のサイクリングは、妊娠初期にはよい運動になりますが、おなかが目立ち始め、重心が変化するとともに、リスクも大きくなってしまいます。自転車をこぐ場合は、バーにつかまって姿勢をまっすぐにし、重心を後ろにかけないようにします。ハンドルを握るために無理に体を曲げなければいけないようなものは避けます。妊娠中期や後期には、エアロバイクのほうが安全です。オーバーヒートを避けるため、換気のいい部屋で行いましょう。

あなたが楽しめる運動を選びましょう。以前よりも4.5kgから13kgほど体重が増えているのです。以前と同じ運動レベルは無理です。テニスは、妊娠中のあなたに適したスポーツではありません。突然止まったり、姿勢を変えたりするような動きが、靱帯に負担をかけるからです。胎児への酸素の供給に問題が起こる可能性もあることから、スキューバダイビングもいけません。スキューバのかわりに、シュノーケリングを楽しみましょう。

13 だんだんとゆるやかに

最後の数カ月は、赤ちゃんと子宮は、赤ちゃんの成長を支えるために、さらに多くの血液を必要とします。休んでいるときでさえ、心臓は激しく仕事をしているのです。運動している筋肉は余分な血液を供給する余裕がありません。ですから、習慣となっているエクササイズは、後期になるにしたがってテンポをゆっくりにしていきましょう。走っていた人は、ウオーキングやスイミングに切りかえていきましょう。ウオーキングとスイミングをしていた人は、ペースを落とすようにします。最後の数カ月は、体重の増加、動きにくさ、足やくるぶしのむくみ、靱帯のゆるみなどのすべての要因が重なって、体重負荷運動（ジョギングやダンスなど）からスイミングやサイクリングなどの非体重負荷運動にかえる必要が出てくるでしょう。

14 あおむけの姿勢を避けましょう

妊娠4カ月を過ぎるころから、あおむけに寝て行うような運動は避けましょう。大きくなったおなかが、あなたの背骨の右側あたりの太い血管を圧迫してしまうのです。エクササイズのあとは、体を休ませましょう。左側を下

にして寝る姿勢は、太い血管を圧迫せずに、子宮への血流を促します。

15 エクササイズのそのほかの注意事項

エクササイズをしていると尿が漏れてしまうようなら、パッドを使いましょう。呼吸が浅い状態で（252ページ参照）、空気が足りないと感じた場合は、呼吸が快適な状態に戻るまで、エクササイズのペースをゆるめます。一日の終わりにくるぶしあたりがむくむようなら、エクササイズを一日の早めの時間に行い、その後、足を上げて休むようにします。

ママノート：私は妊娠中期に、ビデオテープを使ってエクササイズをしていました。週2回くらい運動すると体調はすこぶるよく、週のうちに一度もできないと、背中が痛くなり始めるのです。それで運動を続けられたのです。するとしないでは大違いでした。

＊妊娠中のエクササイズについての質問

Q「妊娠中、なぜエクササイズをする必要があるのでしょうか？ 出産が軽くなったり、赤ちゃんの健康状態に関係するのでしょうか？」

A 妊娠中のエクササイズについて調べたいくつかの研究では、矛盾する結果が出ています。妊娠中のエクササイズと出産の傾向に関しては、何の関係もないという研究もあります。しかし一方で、日常的に運動をしていた女性は、出産にかかる時間が短く、帝王切開率が低く、筋肉が鍛えられていることから出産の間の疲労が少ない、という結果を主張するものもあります。ある興味深い研究では、運動の習慣がある女性は心機能が鍛えられ、血液循環がすぐれている、という結果を示しています。これは、陣痛やいきみを乗り切るのに役立ちます。一般的には、妊娠中にいくら運動をしたからといって、

＊安全にマタニティスイミングをするために＊

スイミングは、次のような注意事項を守れば、妊婦にとってパーフェクトなエクササイズになります。

- 水温は30度弱くらいが、長く運動するにはいちばん適しています。これは体の過熱を防ぐにも、ほどよい温度です。
- プールサイドは滑りやすいものです。入るとき、出るときに気をつけましょう。プールサイドを歩くときは、滑らないように、底がゴムになっているシューズを履きましょう。
- 関節に過剰に負担をかけてはいけません。水の中は楽なので、知らないうちに関節をストレッチしすぎてしまうのです。
- 言うまでもありませんが、飛び込みはいけません。
- 天気がよければ、屋外のプールで泳いでみましょう。あなたは塩素のにおいに敏感になっていますし、屋内のプールは風通しも悪く、湿気がいっぱいです。塩素のにおいで吐きけを感じてしまう人もいるでしょう。最新のフィルター（オゾンシステム）を使っているプールでは､塩素を使わずに安全にスイミングを楽しむこともできるでしょう。
- エクササイズをする場合と同じように、スイミングの前後にも、水やフルーツジュースを飲みましょう。あなたの周りには水がたっぷりあるでしょうが、スイミングのエクササイズで脱水症状に陥る場合もあるのです。
- 水の中は自由に動きやすく、心の不安も軽くなるかもしれませんが、177ページに書いてある注意事項を忘れてはいけません。心拍数は大丈夫でしょうか？ ぜいぜいせずにちゃんと会話をすることができますか？ 水の中では、つい自分の限界を超えてしまうこともあります。妊娠後期に、いつもの泳ぎ方ではぜいぜいしてしまうようなことがあれば、ペースを落として、泳ぐ距離もほどほどにしておきましょう。

出産が軽くなるとか、胎児の健康状態がよくなるといった、はっきりとした関連性はないといわれています。

研究の結果がどうであろうとも、大部分の意見としては、妊娠中には何かエクササイズをしながら、妊娠生活をより楽しむのはよいことだ、というものが大部分です。私たちが話を聞いたお母さんたちは、運動の習慣をつけていたことで、より自分の体が調子よく感じられた、そのことで、心も体も穏やかで健康な状態でいられる、と言っていました。運動をすると、エンドルフィンというホルモンの分泌が活発になります。これは、ストレスを減らし、気分をよくし、痛みや不快感をやわらげるというものです。

Q「妊娠後のエクササイズは、妊娠前に比べてどんなことに気をつけたらよいのでしょうか？」

A　妊娠前、あなたはベッドから飛び起きることもできたし、エクササイズウエアをさっと着て、体力の限界までジョギングをし、「昨日食べた分のカロリーを消費できたわ！」と自分をほめながら、温かいおふろでゆっくりと入浴を楽しむことができました。多少の汗など、おかまいなしでした。

でも今は、あなたは以前と違った体になっています。あなたの体と赤ちゃんが大きくなるにつれて、血液の量は最低でも40％増加し、心拍出量（心臓が1回に血液を送り出す量）は以前に比べて30～40％増加しています。心拍数は、運動をしてもしなくても、自動的に上がってしまいます。あなたの心臓血管システムは、妊娠によって「エクササイズ」しているのと同じことです。

エクササイズをすると、妊娠していない体の場合は、休んでいる内臓から運動している筋肉に、自動的に血液をシフトさせていました。エクササイズで問題とされるのが、運動によって、本来子宮や赤ちゃんが必要としている血液まで、筋肉の燃料として使われてしまうのではないだろうかということです。もうひとつの懸念は、運動することであなたの心拍数が上がり、赤ちゃんの心拍数まで上げてしまうのではないかということです。しかしうれしいことに、きちんとした分別をもって運動をすれば（前項を参照）、あなたの筋肉は赤ちゃんから血液を奪うことはしませんし、著しく心拍数を上げるようなこともしません。分別を守ってエクササイズをしていれば、赤ちゃんに対して過剰に心配をする必要はないということです。

出産を楽にするエクササイズ

妊娠や出産に対するあなたの全体的な体調は別として、赤ちゃんを産み出すための筋肉や関節の準備をすることはとても大切です。私たちの経験では、妊娠の間に有酸素運動を好んで行っていた女性は、陣痛や出産で、さまざまな恩恵を得たようです。妊娠中に有酸素運動をすることは、とても大切です。過度の体重増加を防ぎ、妊娠後期をより快適に過ごし、出産後も楽に体重を元に戻すことができます。

しかし、私たちが言いたいのは「ポイントになる筋肉を鍛える」ということです。一度あなたがこの価値を理解できれば、あなたはこれに真面目に取り組もうとするでしょう。たとえ1日に数分でも、この「出産に使う筋肉」を鍛える習慣をつけることは、あなたの出産で非常に役に立つでしょう。

＊ケーゲル体操

妊娠の経過で何のトラブルもみられない場合は、ケーゲル体操を試してみましょう。体操の名前は、このエクササイズを考えた医師の名をとっています。この体操はあなたの泌尿生殖器周辺の筋肉を強くする効果があります。

赤ちゃんを出産する準備のために、骨盤底筋は自然にゆるんできます。しかしすでに、あなたの骨盤底筋が弱いようなら、子宮が大きくなり、子宮を支える筋肉や膀胱の筋肉を引っ張るために、何かの拍子に尿が漏れやすくなる人もいるでしょう。赤ちゃんを押し出すために筋肉は伸びきってしまうの

で、自制できない状態は、産後も続きます。

ケーゲル体操は、その「自制できない」状態を防ぐだけではなく、出産自体を軽くするためにも行われます。骨盤底筋を鍛えるエクササイズをしてみれば、筋肉の力の抜き方を理解できるはずです。筋肉をゆるめることは出産を快適にするだけではなく、赤ちゃんの頭が膣を通り抜けるときの圧迫による裂傷も避けることができます。また、ケーゲル体操を実践していた女性の中には、性行為でより感覚が鋭くなったという声があり、パートナーも同様に悦びが深くなったと言っています。

自分の骨盤底筋の状態を知るために、トイレに入っている最中におしっこを途中で止める方法を試してみましょう。それが簡単に素早くできるようなら、骨盤底筋はなかなか優秀です。もし、なかなかできないようなら、数週間のケーゲル体操が必要になるかもしれません。ほかに骨盤底筋を知る方法としては、指を２本、もしくはセックス時にパートナーのペニスを膣に入れたときに、ぎゅっと締めつけてみましょう。

ケーゲル体操は出産後の骨盤底筋を修復し、骨盤のトラブルを避けるためのチケットでもあります。妊娠中のあなたの目標は、出産時に緊張し、赤ちゃんの頭が通ることに抵抗するこの筋肉を鍛え、肝心のときにいかにリラックスできるようにするかです。

ケーゲル体操にはさまざまなバリエーションがあります。そのどれもが、「締めて、ゆるめる」というリズムのものです。どちらもやりましょう。ケーゲル体操での「締める」エクササイズは、これらの筋肉を鍛える効果があります。出産時に緊張して締まった筋肉を、ゆるめることができるのです。ケーゲル体操の中でも特に効果の高いものを紹介しましょう。

ストップアンドスタート

おしっこの最中に４、５回、途中で止めてみましょう。この〝ケーゲリング〟法は、初心者が体得できる唯一のものかもしれません。なぜなら、多くの女性は自分の骨盤底筋をどうコントロールしたらいいかがわからないからです。あなたの太ももや、低い位置の腹筋の助けなしに行わなければならないので、コツをつかむのが難しいかもしれません。あなたの膣を〝まばたき〟させるのです。

繰り返し

骨盤底筋を締め、ゆるめるということを繰り返します。「締める—ゆるめる」を10回、１日４セット行うところから始め、慣れたら15回セットを１日４回行うというペースにします。テレビのコマーシャルの間や、電話をかけて相手が出るまでなど、日常生活のついでにするとよいでしょう。

締めたままにする

５秒間骨盤底筋を締めたままにし、それからゆるめます。これを10回繰り返します。締める時間を、徐々に伸ばしていきましょう。

スーパーケーゲル

締めていられる時間が長くなるほど、筋肉は鍛えられている証拠です。ケーゲル体操をすると、５〜10秒締めていることはできるようになるでしょう。さらに15〜20秒締めていることができるようになれば、あなたは「スーパーケーゲル」の部類に入ります。あなたの筋肉は最高に鍛えられた状態になっているのです。

エレベーター運動

これはいくぶんの集中力を必要としますが、効果は絶大です。あなたの膣

は筋肉でチューブ状になっており、リング状のものが重なっているような形状になっています。それぞれのリングを「フロア」と考えてみましょう。あなたは筋肉を緊張させながらフロアからフロアへ、エレベーターを上げたり下げたりして、最終的にはいちばんてっぺんまで到達させます。最初はゆっくりと始めましょう。

まず、最初のフロアから2階までエレベーターを上げます。そこでしばらくそのままの状態を保ち、それからまたゆっくりと3階まで上げていきます。同様にして5階までたどり着かせます。その状態を保ってください。それから、フロアごとにゆっくり、エレベーターを下げてきます。フロアを降りるたびにしばらくその状態を保ってまた降りていく、という方法です。最初のポイントまで戻ったら、筋肉を完全にリラックスさせます。最初の位置に戻ったら、筋肉をゆるめ、さらに下のほうに押し出すように力を入れ、この状態を数秒間保ちます。

このエクササイズは、分娩の最終局面で赤ちゃんを押し出すときの練習になります（この感覚をしっかり覚えておいて、出産のときに思い出してください）。最後に、エレベーターを最初の位置に戻します（筋肉は、あなたが意識していなくても、自然の状態では多少緊張したままでいるのです）。エレベーター運動を10回繰り返す、というのを1日に4回行うようにします。

ウエーブ運動

骨盤底筋の中には、横8の字に広がっているものもあります（しかし、ループは2つではなく3つです）。あなたの尿道、膣、肛門の周りをぐるりと囲むように、○が1つ多い8の字形でつながっているのです。これらの筋肉を前方から後方にかけて締め、ゆるめ、また後方から前方にかけて締めるという運動をしてみましょう。

さまざまな姿勢で

ケーゲル体操を体得したら、今度はさまざまな姿勢で挑戦してみましょう。寝る、座る、スクワット、あぐら座り、よつんばいなどの姿勢です。

ストレッチエクササイズ

実際に出産が始まるまで、あなたはどの姿勢が自分にとっていちばん快適かがわからないでしょう。ですからできるだけすべての筋肉を、スタンバイできる状態にしておくほうがいいのです。歴史的に、女性は重力が助けになってくれるような姿勢をとりました。スクワットや、半直立の体勢です。ストレッチエクササイズは、あなたの太ももや骨盤底筋、靭帯を、お産に最も適した状態に準備します。どのような体位で出産したとしても、出産前にこれらのポーズに慣れておきましょう。靭帯を伸ばし、太ももの内側や腹筋を強くするなど、出産に必要な体の部分を適切に整える手助けをしてくれます。

スクワット

スクワット（184ページの図参照）はなかなかハードな姿勢で、日常生活でこの姿勢になることはめったにないでしょう。スクワットの姿勢を1分間キープし、これを1日10回繰り返しましょう。慣れてきたら、もっと長い時間スクワットの姿勢でいられるようにしていきます。スクワットの姿勢で冷蔵庫の掃除をしたり、テレビのチャンネルを変えるときもスクワットの姿勢でするのです（しばらくその姿勢のままで）。洗濯物をたたむときもスクワットの姿勢がおすすめです。「ほかの人から見たら、どんなに変なかっこうかしら」と考えてはいけません。あなたの足の筋肉を鍛え、赤ちゃんを産む筋肉を整えるのだ、ということだけ考えるようにしましょう。

あぐら座り

床の上に座って足のかかとを引きつける姿勢（184ページの図参照）は、子どものころあなたもよくやっていた座り方かもしれません。でも大人になった今、それをやってみようとすると、子どものころにやっていたようには簡単にはいかないものです。なぜなら、あなたの腹筋は、背中をまっすぐに伸ばしてよい姿勢を保とうとするので、その姿勢のままでずっといるのは簡単ではないのです。できれば10分間その姿勢でいることを、1日に2、3回繰り返しましょう。本を読む、編み物をする、夕飯を食べるなど何かするときに、できればあぐら座りを心がけましょう。だんだんこの姿勢に慣れてきて、長時間できるようになります。

あぐらストレッチ

あぐら座りのバリエーションです。壁（またはソファ）に背中をつけ、足は交差させずに足の裏同士をぴったりとくっつけるようにします（184ページの図参照）。あなたのひざが、床からどのくらい離れているかを観察しましょう。心配はいりません。ひざが床につくのは、本当にひとにぎりの女性だけです。しかし、この姿勢をとり、手やひじで、ひざを床につけるように何度か押してやるということを数週間繰り返しているうちに、だんだんひざの位置が下に下がってくるでしょう。力ずくでやってはいけません。ひざに持病がある人は特に控えめにしましょう。

肩のストレッチ

あぐらストレッチをしたら、ついでに肩のストレッチも行いましょう。肩を前に出し、耳に届くくらい上に上げ、後ろに回し、下におろします。腕はリラックスさせたままです。このエクササイズで肩と首の筋肉が鍛えられ、出産時に肩の力を抜いて全身をリラックスする練習になります。

骨盤体操

出産に向けた体づくりをするために、この骨盤体操は、腰の圧迫をゆるめる最適な方法です。これは座る、立つ、よつんばいや、かえる座りの姿勢でもできます。どの姿勢でも注意しなくてはいけないのが、背中から腰にかけてまっすぐに保つことです（186ページで詳しく説明しています）。

よつんばいの姿勢でする場合は、あなたの背中がそらないように注意してください。息を吸い、腰を上げ、そのまま3秒間我慢します。息を吐き、リラックスした姿勢に戻ります。1セット15回、1日4回行います。背中に痛みがあるときは、もっと数多く行ってみましょう。骨盤底筋を鍛えるついでにこの体操をする人もいます。背中が痛い人は、同じ姿勢で、ついでに腰をベリーダンサーのように回し（フラフープをやっているみたいに、という声もあります）、腰痛を解消し、体をやわらかくしましょう。

かえる座り（185ページの図参照）の姿勢のときは体重を腕より足にかけるようにします。ひざを離し（つらく感じるほど広げる必要はありません）、10回繰り返します。

立って行う場合は姿勢を正しくします。まっすぐな壁に寄りかかって行うほうがよいでしょう（かかとは壁から約10㎝離します）。腰を壁の中に押し込むように押し出し（自然に胸が少し上がるでしょう）、そのまま5秒間保ちます。これを3回以上繰り返します。

この体操は、妊娠初期のみですが、寝た姿勢でもできます。4カ月を過ぎたら、あおむけの姿勢は避けるほうがいいでしょう。子宮の重さで、背骨の横にある大きな血管を圧迫してしまうからです。背中を床につけてひざを曲げ、足の底を床にぴったりつけ、頭は少し上げた姿勢にします（枕を使うといいでしょう）。深く息を吸い、腰を床からもち上げます。しばらくそのままの姿勢を保ち、腰をゆっくりと回します。骨盤体操をする前に、おしりを丸める運動をするほうがいいかもしれません、寝転んだ姿勢で、ひざを胸のほうに近づけて抱えたまま、3秒間その姿勢を保ちます。

あぐら座り

スクワット

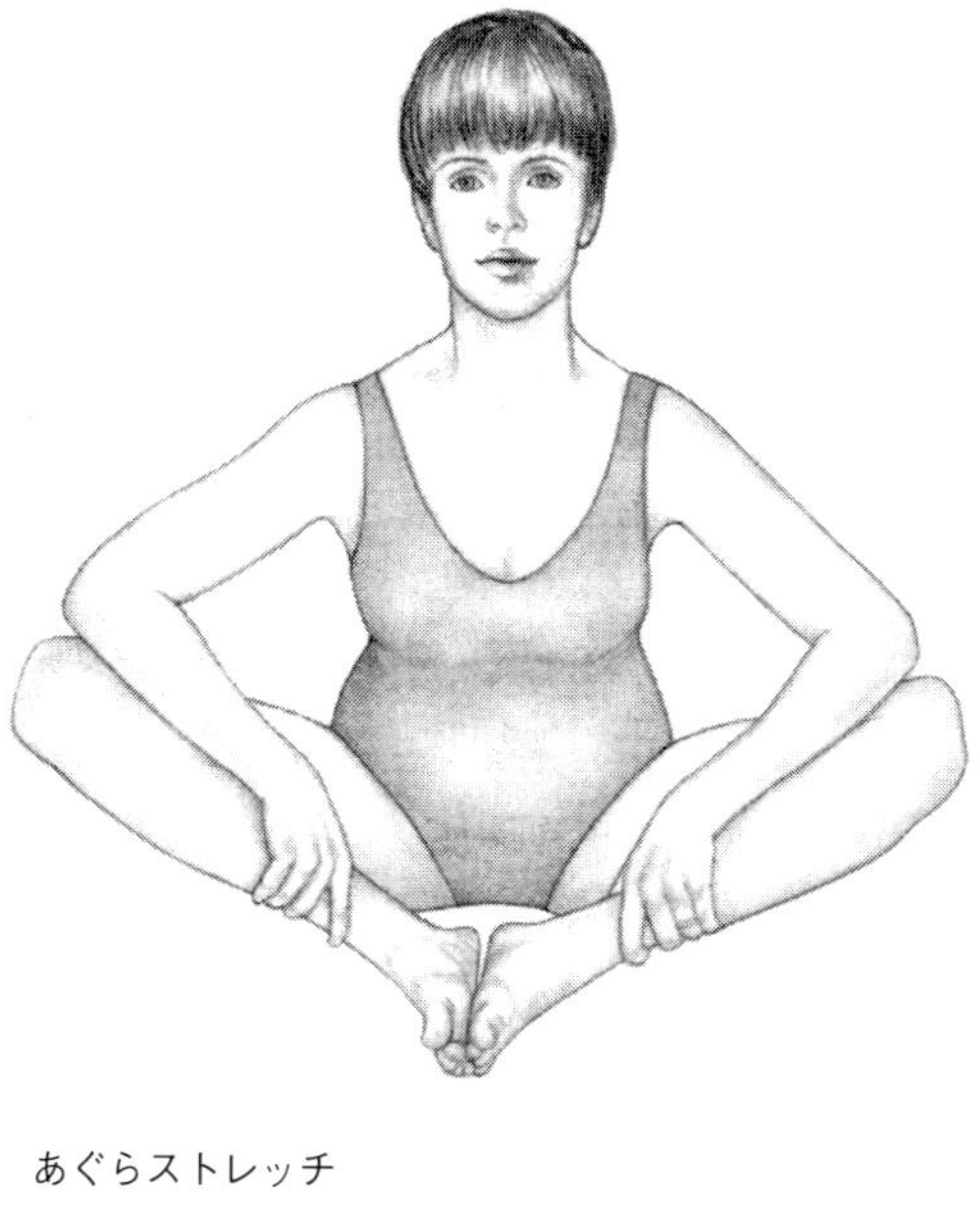

あぐらストレッチ

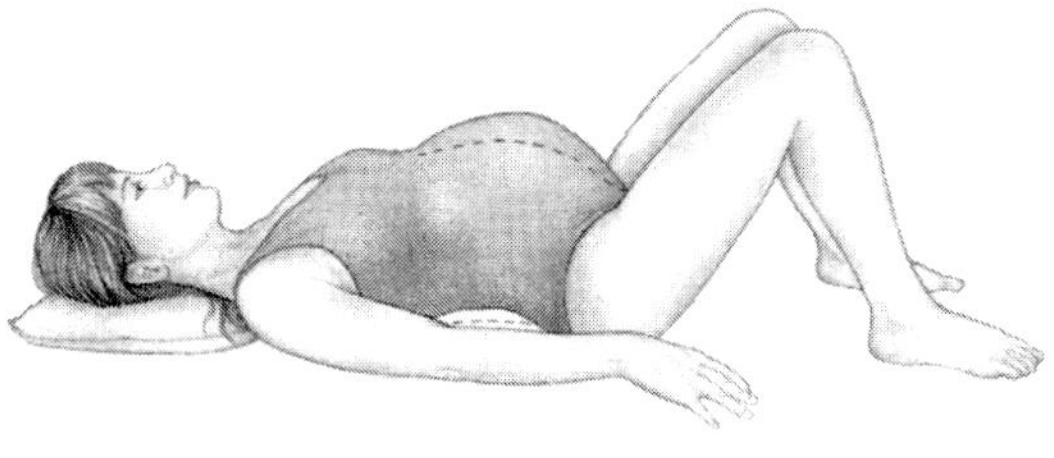

骨盤体操①横になる

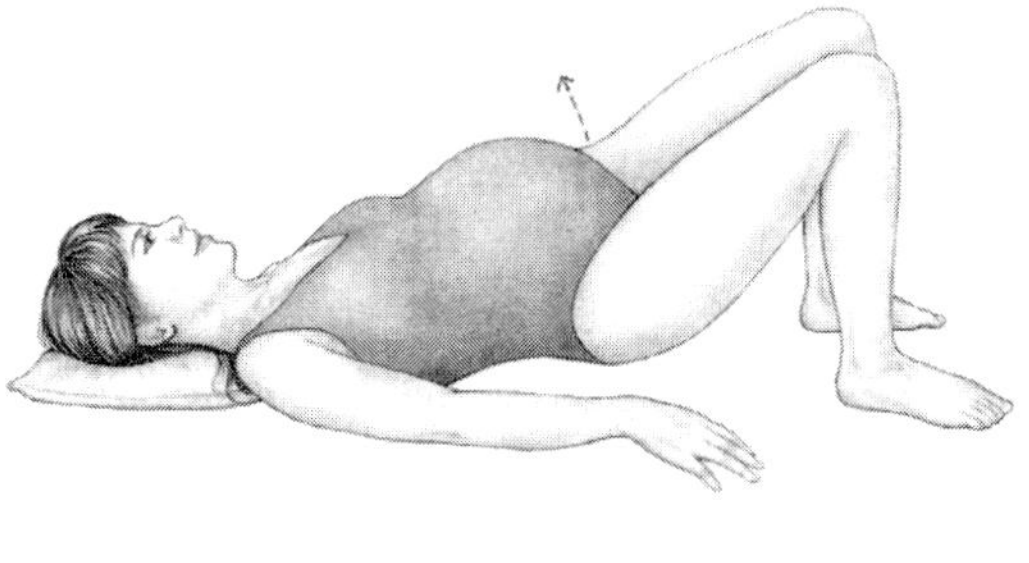

骨盤体操②骨盤を上げる

よつんばいのストレッチ

これは背中の痛い人に効果的で、出産時もこの姿勢を好む母親は少なくありません。よつんばいの姿勢になり、前の腕に体重をかけながら、背中を上に引っ張るようにもち上げていきます。頭を腕の中に入れるようにします。腰も上げ、胃のあたりの筋肉でサポートするようにします。ストレッチをしながら、この姿勢を5分以上保てるようにします。

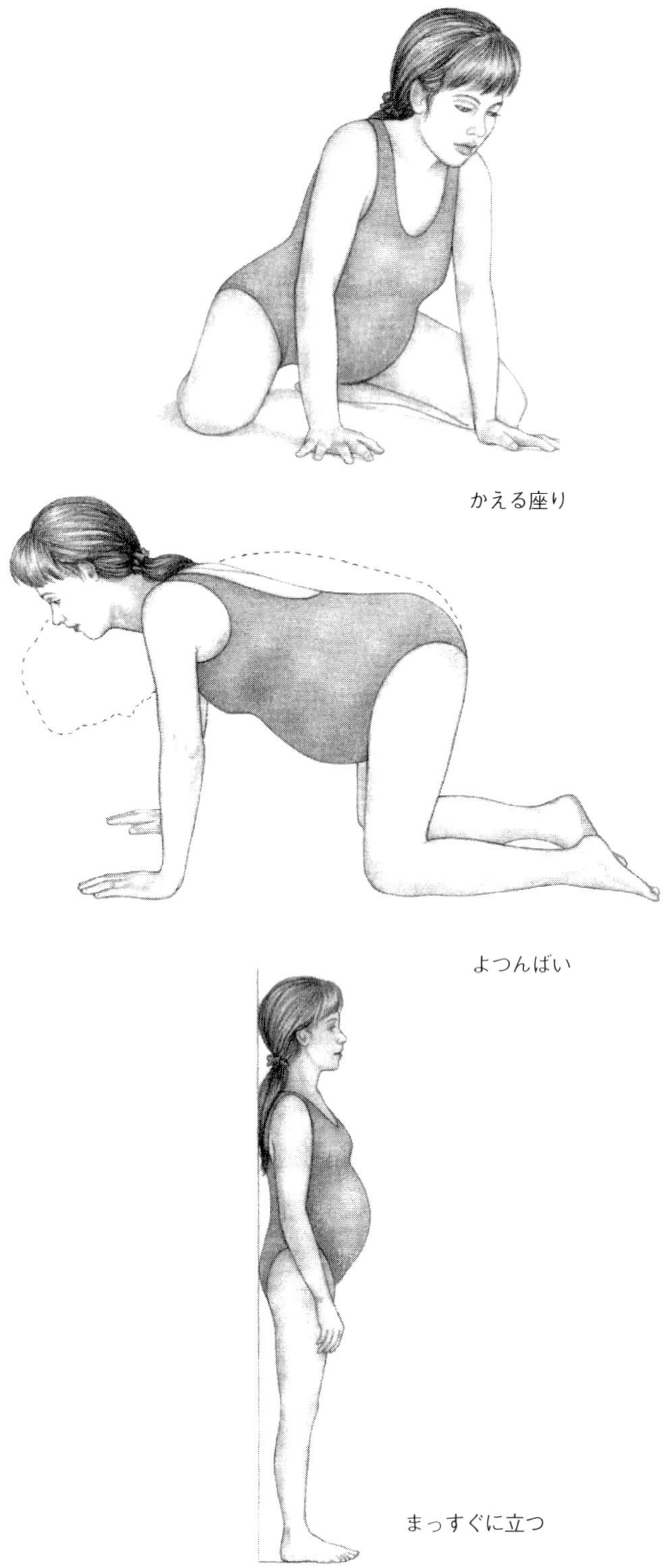
かえる座り
よつんばい
まっすぐに立つ

日常生活での姿勢

あなたの母親の忠告にもかかわらず、これまで姿勢よく立ったり、背中を丸めずに座る習慣がなかった人は、妊娠した今、やっとアドバイスに耳を傾けるときがきたのかもしれません。

あなたのゆるんでいる靱帯、増えた体重、妊娠によって変化した体のために背中に不快感が出たり、背中を曲げる悪い姿勢になったりするので、正し

い動作を学ばないと体を痛めることもあります。いちばんいいのは、妊娠初期から変化していくあなたの体に、筋肉を適応させていくことです。覚えておいてください。妊娠中の「正しい姿勢」というのは、妊娠していない状態での「基本的な正しい姿勢」と同じなのです。

まっすぐに立つ

あごは、まっすぐ下に引きましょう。あなたの頭のてっぺんの中心から、糸で上のほうに引っ張られていると想像してください。二重あごを気にしてあごを上に突き出す習慣がついてしまっている人もいますし、自然にうつむきかげんになってしまう人もいます。そのどちらもが、バランスをくずしてしまっています。

次に肩をチェックしましょう。肩は自然に下がっているでしょうか。肩を後ろにしすぎると、あなたの腰に負担がかかります。頭が適切な位置にあれば、自然に肩も適切でリラックスした位置に戻るでしょう。おなかの下のほうに重心をかけ、肩は自然にやや引いた状態にします。おなかを突き出すような姿勢はいけません。おしりも突き出さないで、しっぽを足の間にしまい込むような気持ちで、腰をまっすぐにします。この正しい姿勢は、あなたの骨盤を正しい位置に矯正し、重心を中心にかけ、腰の負担を軽くします。壁を使って、この正しい姿勢を練習してみましょう。このとき、かかとは壁から15㎝離しておきます。あなたの背中が壁と平行になるように立ちましょう。

最後に足です。ひざに力を入れてはいけません。腰によけいな負担がかかってしまいます。立つときには足を肩幅くらいに開き、軽くひざを曲げて体重を全体にかけるようにします。体重が足の裏全体にかかっていることを確認してください。かかとに全体重がかかっていてはいけません。この姿勢は、最初は若干つらいと感じるかもしれませんが、できるだけ慣れていくようにしてください。最後には、これも自然な姿勢だと思うようになるでしょう(多くの女性は、ハイヒールを履いてこの姿勢をとるのは難しいと言いました。妊娠後期には不可能だわ、とさえ言ったのです。詳しくは199ページを参照してください)。

長時間立ちっぱなしの姿勢は血行を悪くし、足のむくみなどの不快感を引き起こします。あなたが立ちっぱなしでじっとしていなければいけないような状況なら、片方の足をスツールにのせて休ませます。しばらくしたら反対の足にかえましょう。ふくらはぎを動かすことで、足の血行が悪くなるのを防ぎましょう。ときどきつま先立ちになったり、足を上げたり、足首を中心にして時計回りや反対回りに、円を描くように足を回しましょう。あなたの仕事が、毎日ほとんど立ちどおしを余儀なくされるようならば、もう少し足に負担のかからない仕事に配置がえを申請しましょう。調査では、妊娠中ずっと立ち仕事だった女性は比較的低体重の赤ちゃんを産む確率が高いという報告がされています(199ページ「足の変化」と255ページ「背中の痛みを軽くしましょう」の項を参照)。

正しい座り方

かたくて背もたれがまっすぐないすを選びましょう。必要ならば、腰のあたりにクッションを置きます。足台を使うと、腰の負担がやわらぐという妊婦が多いようです。あなたが足台を持っていない場合は、少なくとも、足を直角に曲げて床に両方の足の裏がしっかりつくくらいの高さであることを確かめてください。どんな状況でも、足を組むのは好ましくありません。この、わりとよく見られるくせは血行を悪くし、静脈瘤の原因にもなってしまいます。座っているときに少しでも血行をよくするには、前項で書いたようなエクササイズを試してみましょう。ずっと座りっぱなしのオフィスで仕事をしなければいけないようならば、30分おきに数分でかまわないので、立ち上がって歩くようにしましょう。足を少しもち上げておくために、低い足台か、本を何冊か重ねたものを机の下に置いておきましょう。

ある程度の時間、車の中で座っていなければいけない場合は、なるべく足

を曲げないですむように広くスペースをとり、足をぶらぶらさせるのはやめましょう。背中を支えるために小さな枕を用意し、定期的にふくらはぎをほぐしましょう。必要を感じたら車外に出て、軽いストレッチをするようにしましょう。

正しく眠る

どんな姿勢で眠ったらいちばん快適なのか、体はあなたに教えてくれるようになっています。妊娠4カ月を過ぎたころの一般的な注意としては、あおむけで寝ると、大きくなった子宮の重さがそのまま、背骨の右側を通っている大きな血管を圧迫してしまうため、この姿勢は避けましょう、ということです。でも、どうしても左側を下にして横向きに寝られないという人もいます。そのような人たちにとっては、あおむけや右側を下にして寝るのは避けましょうというアドバイスは、苦痛でしかないのです。理論的にいえば、左側を下にして眠ると胎盤への血液の循環を促進するといわれています。胎盤になんらかの問題がある場合には、左側を下にして眠ることが非常に大切だといわれています。しかしなかには、左を下にして寝ると胃液が逆流し、胸のむかつきが悪化してしまう人もいます。

妊娠したら、寝ながらいろいろな体位を試してみて、いちばん快適だと思うスタイルで寝ればいいのです。実際、胃を上にして寝ないほうがいいと思われる時期に、この姿勢で寝ようとすると、とても不快感を味わうはずです。

ベッドから出るときに、気をつけることを忘れないでください。横になったままベッドの端まで体を寄せ、腕で体を支えながら、座る姿勢までゆっくりと起き上がります。それから足をベッドの横におろします。床にしっかりと足をつけ、腕で支えながら立ち上がります。こうした注意はいささかオーバーに感じられるかもしれませんが、あなたが眠っている間、背中の筋肉と腹筋は休んでいるので、日中の活動に入る前に「ウオーミングアップ」が必要になることもあるのです。

急に姿勢を変えない

立っている姿勢から座るときは、ゆっくりと体を下げましょう。手を後ろに伸ばしてひざを曲げ、太ももに力を入れます。勢いよく、すとんといすに座らないようにしましょう。こうしたからといって赤ちゃんを傷つけることはありませんが、妊娠後期には、すでにゆるんでいる靱帯を緊張させてしま

＊座りっぱなしはいけません＊

長時間座ることは、妊娠中の体には安全でも快適でもありません。特に妊娠後期の3カ月間は下半身の血液循環が悪くなると、足の静脈血管を拡張し、むくみをひどくしてしまいます。下半身の血液循環が悪くなると、血栓性静脈炎を引き起こすことがあります。

足のむくみを防いで少しでも快適に過ごすには、次のようなシンプルなことに気をつければいいのです。座っているときに姿勢を頻繁に変える、体重を後ろや前、右や左に移動させる、というようなことです。お手本は、落ち着きのない子どもの座り方です。また、足を上げ下げしたり、足を伸ばしたり回したり、つま先をピンと伸ばしたり、足を交互に上げるような足の血行をよくする簡単なエクササイズをしましょう（同様に血液循環をよくするために、上半身の運動もしましょう。指を広げたり握ったり、腕を上げ下げし、肩を回します）。最低2時間に一度は立ち上がり、トイレまで歩いたり、少し散歩を楽しむようにしましょう。いすから立ったり座ったりという運動をするだけでもいいのです。飛行機や電車などで長時間座っていなければならない場合は、1時間に1回は通路に出て、ぶらぶらと歩くといいでしょう。車で移動する場合も、なるべく頻繁に車から出て歩いたり、体を伸ばすようにしましょう。

う原因にもなります。座っている姿勢から立つ場合には、あなたの足の筋肉にしっかり力を入れ、ふくらはぎから力を入れていきます。勢いをつけてぐいっと立ち上がらないように気をつけましょう。あまりにも急に立ち上がると、腰に負担がかかってしまいます。要するに、妊娠中の動作は、全般的に妊娠前よりもゆっくりと慎重に行うほうがいいのです。

ウオーキングをする場合は、あなたの体重が足に負担にならないようなシューズを選びましょう。よい姿勢の基本を思い出し、前をしっかり見て歩きましょう。あなたのかかと、ひざ、それにおしりは妊娠前よりもゆるみやすく、バランスも悪くなっています。転びやすくもなっているでしょう。

何かを持ち上げるときも、同じ注意が必要です。持ち上げるものまで姿勢を下げるとき、腰を折った姿勢でかかんではいけません。持ち上げるものをなるべくあなたの体に引き寄せ、腕の筋肉を使います。背筋よりも足の筋肉に力を入れて立ち上がります。正しく持ち上げた場合は、背中がまっすぐになっているはずです。姿勢が曲がっているようならまちがった筋肉を使っているということです。どんな状況でも、重いものを持ち上げてはいけません(個人差はありますが、15kg以上は重すぎです)。あまり重いものを持ち上げると、腰と腹筋に深刻なダメージを受けることがあります。

体を動かしたときになんらかの不快感を感じた場合は、医師や助産師に相談しましょう。あなたには休息が必要だと言われるかもしれませんし、カイロプラクティックなどをすすめられるかもしれません。

あなたの妊娠４カ月ダイアリー（コピーして使いましょう）

○今月の気持ち

○体の変化で感じること

○赤ちゃんに対して、私が思ったこと

○赤ちゃんの夢を見た

○私が想像する赤ちゃんの様子

○私の好きなエクササイズ

○いちばん気になっていること

○とてもうれしかったこと

○今、困っていること

○疑問に思ったこと、そしてその答え

○検査とその結果、感想

健診で行われること（妊娠４カ月／12～15週）

４カ月目の健診では、次のようなことが行われます。

・子宮底長の計測
・むくみ、静脈瘤、発疹などのチェック
・赤ちゃんの心音の確認
・超音波による胎児の状態の確認。すべての器官と発達具合のチェック
・体重および血圧チェック（これから３カ月間は急激に体重が増えます）
・尿検査（感染症、糖、タンパクのチェック）
・感情や心配事についてカウンセリングする機会

○測定した日

○体重

○血圧

○子宮について思ったこと

○おなかが目立ち始めたことについて思うこと

○コメント

Part 5

妊娠5カ月　16〜19週

どこから見ても立派な妊婦さん

多くの妊婦が、この月が最もすばらしい時期だと言っています。気分もよくなり、自分の体の中で赤ちゃんを育てていることがはっきりと自覚できるようになるでしょう。妊娠していることにまだ実感がわかなかった人も、はっきりと感じられるようになります。妊娠のピークを迎えるにあたって、おせっかいな助言もまた、ピークになると覚悟してください。あなたは、人生の中で最も威厳のあるドラマの主役だということを、みんなに公表していくのです。さらにすてきなことに、あなたはこのドラマのもう一人の共演者が動くのを感じることができるでしょう。妊娠5カ月になって、あなたはひとつの到達点に到着したのです。そう、信じられますか？　もう半分まできているのです！

この月の気持ちは？

妊娠初期、あなたの内分泌系のシステムは、子宮や赤ちゃんを育てるためのホルモンをつくるために働きました。妊娠の半ばまで到達した今、胎盤がこれらのホルモンのほとんどをつくり出せるようになっています。あなたの体調がよくなったのもそんな理由からです。胎盤がホルモンを生成する過程は、母体の内分泌系が主役だったときよりも、母親自身に与える負担は少ないのです。しかしあなたはまだ、妊娠する前よりは気分が不安定だという自覚があるかもしれません。たとえば、ちょっとしたことで涙もろくなったり……。マクドナルドのCMを見て、突然泣きだすことだってあるかもしれません。でも幸運なことに、5カ月目はほんの少しの不安定さはあるものの、幸せな気持ちをたくさん味わうことができるのです。

周囲がやさしい

今やあなたが妊娠していることはだれの目にも明らかで、その状況を楽しむことができるでしょう。スーパーマーケットに行けば、荷物を車に積み込むのを手助けしてくれたり、通りがかりの人がみんな、あなたをあたたかい目で見つめているように感じるでしょう。あなたの中の奇跡に世界中を巻き込んでいるような、自分が特別な存在になったような気分にうっとりするでしょう。周囲の人が、今あなたが行っている、世界でいちばん重要な仕事を十分理解していて、そのことに尊敬や慈愛に満ちたまなざしを向けてくれているような気持ちになるかもしれません。そう、おなかで赤ちゃんを育てているということです！

ママノート：この時期、私はまるで女王様になったようなエレガントな気分で過ごし、十分満喫したのです。私がいちばん励まされたのは、夫の存在でした。夫は私のおなかに手を当て、私がどんなに美しいか、忘れずに言ってくれたのです。

新たな感激

前の月は心音を聴いたり、超音波で小さな姿が動くのを見ることで、あなたのおなかに本当に赤ちゃんがいるということがわかりました。この月には、とうとう赤ちゃんが動くのを感じられるようになります。母親になることに、もう疑う余地はありません。

ママノート：最初に胎動を感じたときは、理性が飛んでしまいました。だれかがこの中にいる！　知識として胎動を理解していても、自分の体の中にだれかほかの人間がいることに、私は身震いするようなショックを受けたのです。

巣にとじこもっていたい

妊娠後期の妊婦にありがちな「巣作り本能」が、５カ月目あたりからしばしばあらわれるようになります。なぜかエネルギーに満ち、家をきれいにしたい！という衝動にかられ、今までしなかったようなことまで猛烈にしたくなるかもしれません。「巣作り本能」は、この先の数カ月間でますます強まっていくでしょう。

同時に、社会的な活動に対する自分の姿勢にも変化を感じるでしょう。あなたの内側の声を聞き、命の存在をいったん感じてしまうと、巣作り本能が、自分の巣を快適にしたいとか、ほんの一握りの親しい友人としかつきあいたくないという衝動をかきたてるかもしれません。

忙しくしているほうが妊娠を乗り切りやすいという人は多いのですが、最も忙しくしていた人でさえ、この時期は自分の好きなものや親しい人たちに囲まれる時間を大切にしたいと思うでしょう。これまで外に出るのが好きだった活動的なタイプの人も、巣にいる雌鳥のように、むしろ家にいることを好むようになるでしょう。

ママノート：周囲の人々に「赤ちゃんが生まれたらできなくなるんだから、今のうちに外出して、映画にでも行ってきたら?」とすすめられましたが、私はどうしてもその気になれませんでした。ただ家にいたかったのです。

赤ちゃんのことを考える

あなたの体が、新しい命を健やかに育てることに集中しているように、あなたの心も、体を分かち合っている小さな人間の存在でいっぱいになってしまうかもしれません。ひとりになってただ黙ってじっと考えたり、赤ちゃんのことをじっくり思ったりする時間が欲しいと考えるかもしれません。赤ちゃんのキックを楽しむために、何もせずにぼうっとしている時間を楽しむこともあるでしょう。だれかと話しているときや、ミーティングの最中でも、ふと母親としての思いにふけったり、赤ちゃんのことを考えてしまうことがあるでしょう。これらは自然なことで、お母さんになるための準備として必要な心の変化なのです。

妊娠ボケ

マーサはしばしば、多くの人にみられる「妊娠ボケ」で笑ったものです。あなたはときどき、自分が何を言おうとしたか忘れてしまったり、単純な言葉がどうしても思い出せなかったり、信じられないくらい物忘れがひどくなったりするかもしれません。こうしたことが妊娠のせいだと前もって知らず、特に、これは旧皮質の脳の働きが強くなっているのだと理解していなければ、きっと非常に危機的に感じられるでしょう（この精神のゆるみは、出産後にもみられます）。このことを知っていれば、あなたはそれを受け入れ、笑い飛ばせるでしょう。こうしたささやかな瞬間の記憶違いは、仕事を続けるにあたって、さほど支障が出るものではありません。責任ある立場で仕事をしている妊婦は、それを上手に補うこともできるでしょう。

よけいなアドバイスは聞き流して

あなたの周囲の人はみんな、あなたが赤ちゃんをはぐくんでいることを応援したいと思っているのです。妊婦を見ると、だれでもおせっかいになってしまうようです（赤ちゃんが生まれると、さらにひどくなります！）。だれもがあなたに特別な注意を払ってくれることをうれしく思うこともあるでしょうし、ときにはそっとしておいてほしいと思ったりもするでしょう。特に「もしも何かあったら」とか、「私のいとこのフェイが出産のときに、こんないやなことが……」といった話題のときには、その思いは強くなるでしょう。そんなとき、あなたのアドバイザーたちをすぐに黙らせる言葉を教えてあげましょう。「ありがとう。よく考えておくわ」。また、かかりつけの医師を標的にするのもいいでしょう。「お医者さんはこう言うのよ……」というように。あなたの、とても敏感になっている繊細な神経では、たとえ、あなたと赤ちゃんの健康のためになるようなことでも、うるさく聞こえてしまうかもしれません。こうした耳ざわりなアドバイスは、赤ちゃんが生まれたあとにやってくる、アドバイスの嵐の予兆でもあります。これは、必要のないアドバイスを無視したり、ためになるアドバイスを見分けるよいチャンスでもあるのです。

パニックになる

特別な理由もないのにちょっとしたパニックに陥ることは、妊娠中、特に中期の妊婦には珍しくありません。呼吸が苦しくなって息が乱れ、心臓がバクバク（動悸）と、胸が詰まるような感じになります。突然のパニックで、夜中に目が覚めることもあるかもしれません。このような症状があらわれたら、まずリラックスです。「自分は大丈夫」と言い聞かせましょう。すぐにおさまるでしょうし、心配はいらないのです。あなたをパニックに陥らせるような原因は、実際には何もないのですから。

この月のからだは？

妊娠4カ月のときと同じように、あなたと赤ちゃんは急激に大きくなります。2.5kg前後、体重が増えるでしょうし、赤ちゃんも約2倍の重さになります。もちろんあなたは、この体の変化を自覚するでしょう。自分のおなかと胸をさして、こんなふうに叫んだりもします。「そのうち、ポップコーンみたいに、ポンとはじけ飛んでしまうんじゃないかしら！」。

おなかはますますふくらんで

どのくらいの時期から、どのくらいおなかが大きくなるかは、さまざまな要因があります。あなたの体質、体重の増え具合、胎児のサイズ、そして胎児の数、さらに子宮の位置（123ページ参照）、初産かどうかによっても異なるのです。さらに、妊娠中のあなたの外見は、あなたが父母から受け継いだ体形のタイプにも影響を受けます。背が高くスリムな体形の人はおなかが目立ちにくく、もともとぽっちゃりしている人は早くから目立ち始める傾向があります。背の高い人は、それだけ子宮が成長する余地が残されていて、成長した子宮が外へ向かって大きくなるのが遅くなるのです。

しかしこの月の終わりには、あなたがどのタイプであっても、周囲に「あの人は妊娠しているのかしら？　それとも太ったの？」と思われるような外見になってくるでしょう。5カ月に入ってもまだ、以前のサイズの服をむりやり着ようとして、無駄な努力を続ける人もいますが、多くの妊婦たちは自分の体を誇示し、妊娠している姿を誇らしげにしています。

かゆくて、デリケートなおなか

おなかの皮は、伸びるにつれてかゆみを伴います。クリームで、かゆい部分のマッサージをしましょう。妊娠中期の中ごろには、おなかを締めつける服は一切着たくなくなるでしょうし、あおむけに寝ることもできなくなるでしょう。でも、ふくらみ始めたおなかをいとしく思い、あなたの中にいる人

◎初めての胎動を感じましょう

初めての胎動を、いよいよ感じることができます！　いつ、どんなふうにというのは個人差がありますし、日によっても違うものです。

いつ？

おなかの中の赤ちゃんは、すでに妊娠2カ月の終わりごろから動いています。しかし胎児の動きはまだ小さく、胎児自体もとても小さいので、感じることはできません。しかし妊娠18週の終わりには、胎児の手足も子宮壁に届くまでに成長します。ほとんどの妊婦はこの胎児の動き（胎動）を初めて感じるのです。妊娠18～22週に最初の胎動を感じることが多いようですが、妊娠17週以前に感じる人もいますし、24週になってやっと感じる人もいます。ベテランの母親は胎動がどのようなものか覚えているので、胎動を感じるのも早いようです。やせたお母さんも胎動を早めにはっきりと感じる傾向にあります。

初期の胎動はあなただけのもので、だれかと喜びを分かち合うには、胎動はまだ弱すぎるのです。このすばらしくおいしい秘密は、あなたひとりで味わうごちそうです。妊娠24週くらいまでは、あなただけのものです（夫が最初の〝キックオフ〟を感じられることもあります）。この時期から小さなキックは、あなたと赤ちゃんの絆をさらに少しずつ深めていく、大切な要素になるのです。

どんなふうに感じるのでしょう？

最初から力強いパンチを期待しないでください。最初のキックはとても弱く、はっきりしません。約230gで手足の長さがわずか約5㎝しかないような赤ちゃんのキックやパンチ力なんて、たかがしれています。胎動を期待しているお母さんは、腸のごろごろとした動きと混同してしまいがちなのですが、その感じがだんだん頻繁になり、これまで感じたことのない動きを感じ始めます。最初の動きはとてもささやかで、貴重なものです。この感じ方には個人差があり、ほかの人に説明することはなかなか難しいかもしれません。お母さんたちは、このように表現していました。「ぴくぴく」「どんどん」「ぱちぱち」「ぴくぴく」「ぽこぽこ」。

ママノート：ビーチで穴を掘って、その中におなかを入れてうつぶせで横たわっていたところ、私は自分の内側で小さなものが動くのを感じたのです。

赤ちゃんのキックやパンチは、その後の2カ月間でしだいに強くなってきます。小さな腕は成長し、筋肉がついてきます。赤ちゃんが大きくなるにつれて子宮は狭くなってきますから、もっと頻繁に、はっきりとしたジャブを感じるようになります。妊娠後期には、寝ていたあなたの目を覚ますくらい強いキックを感じることもあるでしょう。

どのくらいの頻度でしょう

胎動は月を追うごとに頻繁になってきます。ピークは妊娠8カ月ころでしょう。その後、胎動の数は減少してきますが、力強さは最後の2カ月に最も強くなります。妊娠19週目くらいの胎動の数は非常にまちまちで、24時間で50回から1000回にも及びます。平均ではだいたい24時間で200回程度のようです。あなたは休んでいるときに赤ちゃんがよく動くと感じるでしょう（妊娠6カ月になると、おなかの外側から赤ちゃんが動くのを見られるようになります）。研究では胎児は夜型で、夜の8時から朝の8時までによく動き、昼間はお母さんの体の動きに揺られてうとうと寝ていることも多いといわれています。同じように、初期、あなたが忙しいときや何かに夢中になっているときは、多くの胎動に気づかずにいるのでしょう。しかし次の月は、あなたが忙しくしていると、この小さなハードパンチャーにびっくりさせられることも出てくるでしょう。まるで「そんなに忙しくしないで、休憩してわたしのことを考えて！」と言っているようです。

を大切に思うことでしょう。

おへその不快感

妊娠5カ月の終わりごろになると、ふくらんだ子宮が内側からおへそを押し始めます。歩くたびにおへそがこすれて、傷つくこともあるかもしれません。おへその周辺に、なんともいえない不快感を感じることもあるでしょう。なかには突然おへそが飛び出して「でべそ」になる人もいるかもしれません（産後には元どおりになります）。

おっぱいの変化

乳首はますますデリケートになり、寝ている間や衣服でこすれただけで不快感を感じるかもしれません。乳首から黄色い乳汁がにじみ出る人もいるでしょう。これは赤ちゃんのための初乳です。

ママノート：私は胎動を感じるようになりました。それは私の下腹部でチョウが飛んでいるような感じで、私はすっかり興奮してしまったのです。夫は私に続いてすぐ胎動を感じられるようになりました。それから私は毎日、彼の動きを感じています。手をおなかに当て、赤ちゃんのキックを感じるのです。私は、もっと大きくなるのが待ちきれない気持ちです。なぜなら、大きくなればなるほど、このキックはますます強くなるのでしょう? 妊娠生活の中で胎動は私のいちばん好きなことです。

胎動は、母親の食生活とは関係ありません。しかしなかには、母親が糖分の多いものを食べたり、オレンジジュースなどを飲んだあとの30分くらいに動きが活発になるという人もいます。また、カフェインが含まれているものを飲むと30分間くらい活発に動くという人もいます。もしかしたら、これらは赤ちゃんの目を覚まさせる効果があるのかもしれません。

ママノート：私の友人は言っていました。「コーラを飲むと、赤ちゃんが騒ぎだすの!」。

どこが動くのでしょう?

妊娠5、6カ月には、おなかのあらゆるところで胎動を感じます。このころはまだ、子宮の中に赤ちゃんが自由に動けるスペースがたくさん残っているためです。妊娠後期になって赤ちゃんが頭を下にする姿勢になると（ほとんどがそうなりますが）、あなたは腹部の真ん中のほうか肋骨の右側のあたりに胎動を感じるようになります（ほとんどの赤ちゃんは、あなたの左側に背中を向けていることが多いからです）。左側を下にして寝転がっていると、右の肋骨のあたりに赤ちゃんの足をはっきりと感じる人もいます。胸郭にキックを感じることはさほど多くなく、ほとんどがさらに下方の前から横のあたりになります。さらに、赤ちゃんのしゃっくりを感じることがあるかもしれません。赤ちゃんのキックよりもはっきりわかるときもあるでしょう。

どんな胎動だったか、どんなときによく胎動が感じられたか、記録しておきましょう。これらの記録は、妊娠中の思い出話の中でいちばんのお気に入りになるかもしれません（アイスクリームをいっぱい食べたら、おなかの赤ちゃんもジャンプして喜んだの!というような）。出産後には、生まれた赤ちゃんを観察しながら、子宮にいたときの動きと比べてみるのも楽しいでしょう。

前月も妊娠しているサインをたくさん感じたことでしょう。検査での陽性反応、ホルモンの変化、胎児の心音を聴いたこと、超音波で赤ちゃんの映像を見たこと……など。しかし、胎動ほど強く、お母さんになることをリアルに感じさせるものはないでしょう。

＊扁平乳頭の手入れ＊

扁平乳頭または陥没乳頭で母乳育児をする場合、最初はなかなか難しいかもしれません。あなたの乳首が扁平もしくは陥没しているように見えるのなら、助産師からラ・レーチェ・リーグ（注１）のリーダーに相談しましょう。あなたが何をしたらいいか教えてくれるでしょう。出産前に乳首が扁平に見えたとしても、大半は問題ありません。産後おっぱいが張ってきて赤ちゃんが吸うようになると、乳首は自然に出てきます。もし必要なら、ブレストシールド（乳首にかぶせるプラスチックのキャップ。下着にフィットするものを選びます）などを出産前の３カ月間ほど、１日数時間試してみましょう。陥没していた乳首が自然に出てきて、初期の母乳育児をサポートしてくれます。

収縮を感じる

妊娠5カ月の初めごろ、特にこれが2回目以降の妊娠の場合は、下腹部に月経痛に似た、でもそれほど強くはない腹痛を感じる人もいます。これは、将来の陣痛に向けての子宮のウオーミングアップと考えていいでしょう。この断片的な子宮の収縮は、妊娠後期には、より頻繁になります（２２３ページ参照）。

下腹部のつれるような痛み

子宮はますます大きく重くなり、子宮を支える周囲の組織はもっともっと活躍しなければなりません。このことは、新たな体の不快感をもたらします。子宮の両側に「子宮円索《えんさく》」と呼ばれる、子宮から骨盤に達する靭帯があります。子宮円索は、子宮がふくらむにつれて引っ張られていきます。ゆっくりと少しずつ引っ張られていくので痛みは感じませんが、普通の生活の中の動作で伸び、突然、動けなくなるような鋭い痛みとなってあなたを襲うこともあります。最も一般的なのは、急に姿勢を変えたときです。たとえば朝、起き上がろうとして体をひねったとき、ちょっとした動きとともに下腹部の片側または両側、時には背中のほうにまで痛みを感じることがあります。胎児への影響は特にありませんが、この痛みはしばしばあなたをひどく苦しめるかもしれません。この痛みを、エクササイズをしているときや歩いているときにさえ感じるという人もいます。

子宮円索の痛みは14～20週の間に最も強く、不快感も強烈に感じます。これは、子宮が靭帯を圧迫するには十分な大きさでありながら、骨盤でその重さを支えられるほどの大きさにはまだなっていないからです。子宮円索の痛みは妊娠中のどの期間でも感じますが、赤ちゃんの子宮の中での状態によっても、痛み具合は違います。特に臨月では、赤ちゃんの頭が下に向けて圧迫するため、この痛みを感じやすくなります。

この痛みを避ける、あるいは少しでも軽くするには１２２ページの、足を上げるエクササイズを試してみましょう。いきなり姿勢を変えることは避けます。特に、座っている姿勢からいきなり立ったり、ベッドから急に起き上がるのはやめましょう。横向きの姿勢で寝るようにしましょう。痛みを感じる側でも反対側でも、どちらを下にしてもいいでしょう。あなたが楽に感じるほうでいいのです。より痛みをやわらげたければ、温かい腰まくら（湯たんぽなど）を試してみてください。

子宮円索の痛みは、安静にすればすぐおさまり、通常は妊娠が進むにつれて徐々に減少していきます。

視力の変化とドライアイ

妊娠のホルモンは、体のあらゆる部分に影響を与えます。目も例外ではあ

りません。妊娠中期には、視力に変化を感じる人も少なくないようです。特に、視力が悪くなる方向にです。妊娠で増えた体液が眼球の形に影響を与え、視力を変化させるのです。遠視が進む人もいれば、近視が強くなる人もいます。あなたは不便を感じ、もう視力は戻らないかもしれないと、自分の眼鏡やコンタクトレンズを作り直す必要性を感じるかもしれません。でも出産後、体のすべてのコンディションが回復するにつれて、眼球も機能を回復し、視力も戻ります。この先数カ月も、ずっと視力の合わない状態でいることに耐えられないようなら、眼科医に眼鏡やコンタクトをかえる相談をしてください。これまで眼鏡もコンタクトも使っていなかった人は、度の弱い眼鏡を作ることを検討してみてもいいでしょう。

もう1つは、エストロゲンホルモンの影響です。これはあなたの目から水分を減らしてしまうもの（ドライアイ）で、かすみ目の原因にもなり、光をまぶしく感じたり、目にひりひりする痛みを覚えます。ドライアイが深刻な場合、角膜にダメージを受けることもあります。ドライアイに対処する唯一の方法は、目薬をさして、目に水分を補うことです。目が充血して涙が出ることといっしょにしないでください。あなたはコンタクトレンズをまったく使えなくなるかもしれませんし、あまりの日差しのまぶしさに、サングラスで目を保護する必要があるかもしれません。

多少のゆるやかな変化は普通にみられることで、妊娠による一時的なものですが、突然の激しい変化は高血圧のように深刻なトラブルのサインかもしれません。突然、目がかすんだり、視界が暗くなる、どんどん目の前がぼやけてくる、ものが二重に見えるなどの症状があったら、すぐに医師の診察を受けましょう。

足の変化

おなかの大きさや重さに比例して、足も大きく、重く感じるようになるかもしれません。その感覚は正解です。水分がひざから下の部分に集まりやすいことによって起こるもので、立っている時間が多い場合はなおさらです。足はまた、あなたの体が大きくなり、体重が増えるに従ってゆるんでくる靱帯の影響を感じるでしょう。着実に積み上げた余分な体重も、あなたの負担になるでしょう。こうした変化は、靴にも影響するでしょう。以前履いていた靴が合わなくなっても、不思議はありません。ほとんどの妊婦が、妊娠中期には0.5㎝大きめのサイズの靴がちょうどよかったと言っています。その中の15％の人が、その後も靴のサイズは0.5㎝大きいままのようです。足にやさしい、次のようなことを試してみましょう。

- なるべく足をもち上げましょう。
- 長時間、休みなく立ちっぱなしでいることを避けましょう。
- 足のエクササイズをしましょう。足を伸ばして床に座り、つま先を向こうへ伸ばし、次にかかとを押し出しつつつま先を手前に引き寄せます。足と足首を回転させるようにかかとを中心に円を描きます。これはふくらはぎの筋肉を鍛えるにも非常によいエクササイズです（187ページコラム参照）。特に長時間立ちっぱなし、もしくは座りっぱなしのあとにするといいでしょう。
- 足のマッサージを受けましょう。マッサージをする人は痛いほうの足を両手で抱え、土踏まずに沿って親指でゆっくり円を描くようにマッサージします。
- むくんで疲れた足は、一日の終わりに冷水で冷やしましょう。
- 足が蒸れないように、木綿の靴下をはきましょう。
- 正しい靴を選びましょう。幅が広く、かかとの低い（5㎝以上のものはいけません）、底が滑りにくいものを選びましょう。靴底が滑らないタイプなら安心です。やわらかい革やキャンバス地で、ひもつきでないデザインがいいでしょう（ひもは、おなかが大きくなってくると結ぶのに苦労します）。新しい靴を買うのなら、足のむくみが最も強い、一日の終わりにしましょう。靴についてあまり知識がなければ、ぴったりする靴を探すため

に、店員にアドバイスをしてもらいましょう。きつすぎる靴は、あなたの足を痛めてしまいますし、逆にゆるすぎるものは、安全に歩けません。あなたの履いている靴は、靴の中で指が広げられるくらい十分な幅がありますか？　妊娠すると、すべての靱帯がゆるむことを忘れないでください。アキレス腱も例外ではありません。足をサポートしてくれる靴を選びましょう。ゆるんだアキレス腱のせいで転びやすくなるので、脱げにくくてしっかりしたデザインの靴を選びます（スリッポンと正反対のものです）。つま先があいているデザインは、それだけサポート力が弱いものです。妊娠中は捻挫する危険も多いので、避けましょう。

一日の終わりに土踏まずが痛いようなら、足をもっと休めなければいけないということか、靴が合っていないというサインです。プラスチックの矯正器具を試してみましょう。足にぴったり合うようになるかもしれません。この矯正器具はほとんどの靴店や雑貨店で売られているか、専門店でぴったりのものを作ってもらうこともできます。あなたが妊娠前から扁平足ぎみだとしたら、妊娠中はその傾向が強まるでしょう。妊娠は、矯正器具を試すチャンスかもしれません。

ママノート：妊娠中、私の足は痛みっぱなしでした。私の増え続ける体重と、上の子を追いかけたり抱いたりするストレスで、私はかかとが痛くなり、足の不快感がおさまらなかったのです。ふだん、かかとのしっかりしたいつものランニングシューズを履いている間は我慢できるのですが、日曜の朝にパンプスを履いたりすると、その日の午後や夜には、不快から気をそらすこともできないはめになりました。夏になってもはだしでいることができませんでした。私の足はずっと守られることを求めていたのです。

この月のおなかの赤ちゃんは？ 16〜19週

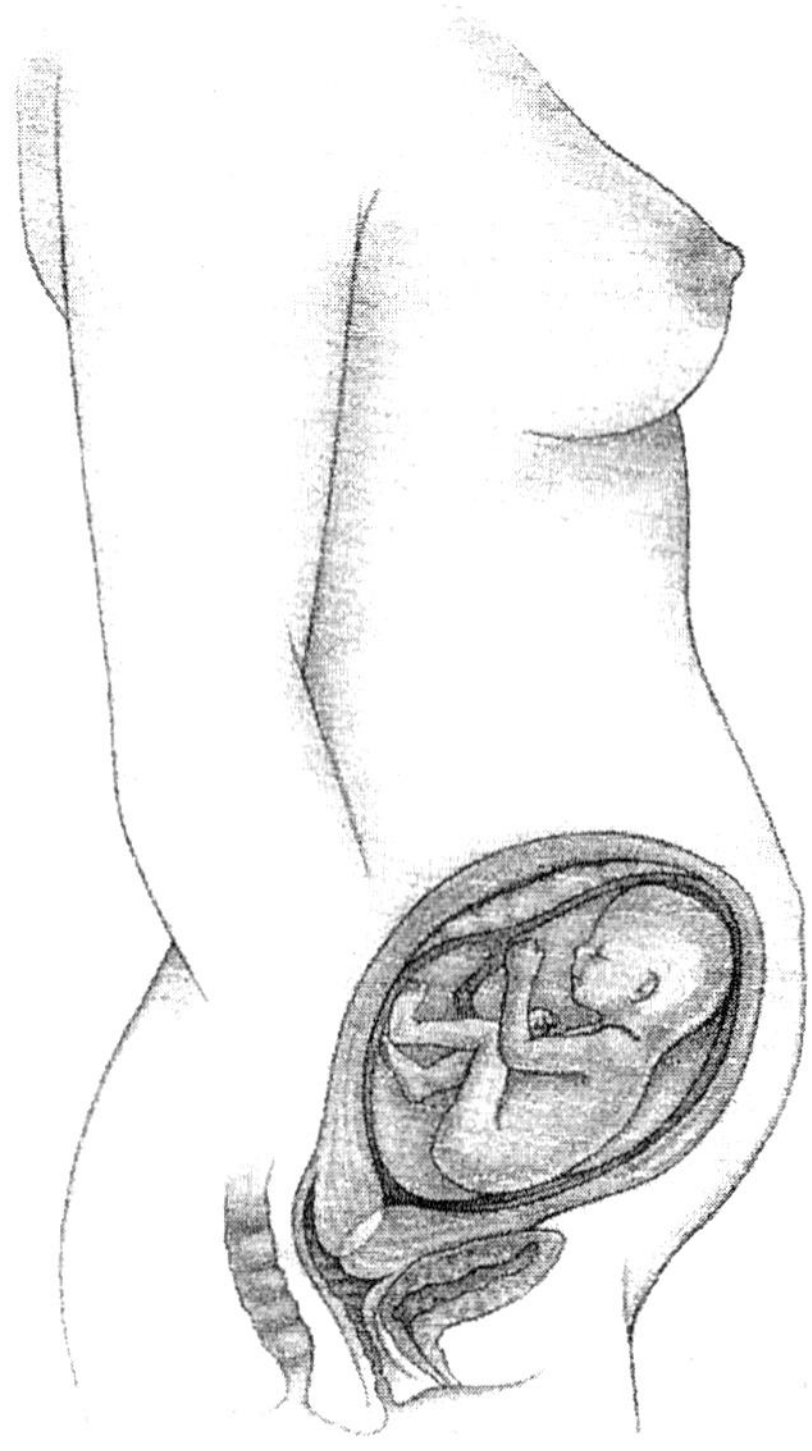

妊娠5カ月の終わりごろには、子宮はマスクメロンほどの大きさになり、おへその下あたりにまで、その大きさを感じるようになるでしょう。赤ちゃんの体重は250g前後になり、身長は約23㎝、出生時の約半分にまで成長します。赤ちゃんの足はあなたの小指くらいの大きさになり、ますます成長します。筋肉がついてきて、キックをして自分の存在を知らせようとするでしょう。腕はまだ小さいのですが、手を振ったり、超音波では指を握ったり、親指をしゃぶったりする姿を見ることができるでしょう。

くちびるの上、まゆ毛、そして頭などにはうぶ毛が見られます。皮膚はまだ薄く、透き通ってはいますが、徐々に脂肪を蓄えてきます。「胎脂」と呼ばれる、古い皮膚細胞を含んだチーズのような脂が赤ちゃんを覆い始めます。これはウエットスーツのように赤ちゃんの肌を水から守るのです。同じように、全身にびっしりとうぶ毛が生え、胎脂の保持を助けます。

消化吸収の機能も発達し、コンスタントに羊水を飲んでは、羊水の中におしっこをします。中耳の構造もほぼ完成し、音も聞こえるようになります。

妊娠5カ月のあれこれ

おなかが大きくなるにつれて、新しい心配も増えます。赤ちゃんが動くのを感じたり、赤ちゃんの姿をはっきりと見ることで、この小さな命をしっかり守らなければという気持ちに、はっとするでしょう。これはあなたに、新しい、とても現実的な心配事もいっしょに呼び起こすことになります。あなたの今の状態で、どうやったらすべてのこと、仕事や家事、上の子の世話などをうまくこなしていけるでしょうか？　どうやって気持ちを落ち着けたらよいのでしょうか？　夫と、どうやってこの気持ちを分かち合ったらよいのでしょうか？　赤ちゃんについてはどうでしょう？　障害のある赤ちゃんを産んでしまうのでは、という不安に不意に襲われることもあるでしょう。ここでは、妊娠中期の妊婦がよく抱える心配についてお話ししましょう。

つまずいた、転んだ

初期の赤ちゃんは、厚い筋肉質の子宮壁や骨盤に守られていました。ですから赤ちゃんが小さいうちは、お母さんが転んでもさほど影響はなかったのです。しかし妊娠5カ月に入るころには、子宮は大きくなり、これまでガードしてくれていた骨盤に収まりきれなくなっています。普通に転んだだけで胎児に傷がつくことはめったに考えられませんが、あなたが心配するのも無理ないことです。転びやすくなっている理由はあるのです。胸がまだそんなに大きくなっていなければ、あなたの足元の視界を遮ることもないでしょうし、ふだん歩くときにも足元に何があるのか確認することもできるでしょう。あなたの体は今、急激に変化しています。昔に比べてバランスをくずしやすくなっているのです。これから月が進むにつれて、ますます優雅に歩くことはできなくなりますし、敏捷さもなくなってくるでしょう。

多少転んだくらいで、過剰に心配することはありません。おなかの赤ちゃんは、腹筋や子宮、羊膜や羊水のすべてがクッションとなり、十分に守られているのです。もしなんらかの事故でお母さんが深刻なけがをしたとしても、赤ちゃんがけがをする確率は低いのです。子宮の中で、羊水に囲まれた赤ち

ゃんがどのくらいしっかり守られているかを確認したければ、瓶を水でいっぱいにし、中に卵を入れてみましょう。それを振ってみれば、卵がどのくらい衝撃から守られているかがわかるでしょう。さらに、羊水は水よりも密度が濃く、より防御性能が高いのです。

胎児は、多少転んだくらいでは心配はいりません。しかし、あなた自身が捻挫や骨折をすることで、本来、妊婦が避けなければいけないX線やそのほかの治療を受けなければいけなくなったり、妊婦が松葉づえを使う不便さが、むしろ避けなくてはいけないことなのです。ですから胎児のためというよりも自分のために、転ばないように特に注意しなければなりません。慣れない足元の悪い場所を歩く場合は、最大級の注意を払ってください。さらに凍った道、足元の悪い小道、子ども部屋に転がっているおもちゃなどにも十分に注意する必要があります。階段を上り下りするときは手すりにつかまり、滑り止めシートなどを段ごとにはりましょう。自分の体の限界を、常にきちんと自覚しましょう。

先天性異常の心配

「私の赤ちゃんは五体満足で生まれてくるかしら」という心配を抱くのは自然なことです。

たとえば出産の圧迫による頭の変形やあざなど、産後数日で解消するようなものをもって生まれてくる子もいます。非常にまれですが、内反足、口蓋裂、心臓欠陥および消化器の異常などの先天性異常を抱えて生まれてくる赤ちゃんもいます。心配をやめるように、あなた自身にきっぱりと命じてください。心配したって始まらないのです。万が一の場合でも、医学は進歩し、たいていの小児の疾患や障害を治療または緩和することができるようになっています。それでも不安でしかたなく、考えることをやめられず、妊娠すらも楽しめなくなるようなら、カウンセラーのサポートが必要です。

運転と交通事故

運転席には実は2人座っているのだと思えば、あなたは運転するのがこわくなるかもしれませんし、車で旅行などもってのほか、という気持ちになってしまうかもしれません。先の項目でも説明したとおり、赤ちゃんは確かに、あなたの体にしっかりと守られていますし、あなたの体は、車にしっかりと守られています。でも、忘れないでいてください。あなたは妊娠ホルモンによってふだんよりも疲れやすく、意識が散漫で、すぐ眠くなってしまう状態だということをです。

めまいを起こしやすいようなら（１６４ページ参照）、できたら運転はだれかに頼みましょう。できれば、車が込み合う時間や場所を避けたり、頭がさえている日しか乗らないようにしましょう。運転時間はできる限り短くします。最も大切なのはシートベルトを締めることです。何かあったときに、フロントガラスに突っ込んでいきたくはないでしょう（２３７ページも参照）。赤ちゃんがあなたとハンドルの間に挟まれるのを防ぐだけではありません。あなたが前方に突っ込んだら、非常に大きな重量が赤ちゃんにかかることになってしまいます。きちんとシートベルトをしないことは、けがのチャンスを増やすことなのです。

万が一交通事故を起こしても、胎児が傷つくことはめったにありません。強い衝撃を伴う事故で最も心配されるのは、胎盤早期《たいばんそうき》剥離《はくり》です。このような事故のあとで、病院に駆け込まなければいけないような危険なサインは、次のようなものがあります。

出血、破水、下腹部や子宮、骨盤の弱いまたは鋭い痛み、子宮の収縮、胎動の変化（数や様子）など。事故にあった場合は、とにかく医師に連絡をとります。医師は、念のために監視装置をつけて胎児心拍図をとり、腹部の触診、超音波診断などの検査を行うでしょう。

運転をする場合は「特別なお客様」のために最大限の注意を払い、安全運

転を心がけましょう。

「家族の出産」と上の子への気づかい

世話をしなければならない子どもがいながら妊娠することはチャレンジであり、くたくたになることです。未就学児でも、それよりも上の子がいる場合でも、どちらも簡単にあなたの妊娠に取り込んでしまうことができますし、それはときには楽しいことでもあります。この2つの年代のグループを取り込み、みんなで新しい命の誕生を待てるような「家族のお産」を実現させる方法を考えましょう。

＊きちんと説明を

小さな子には「おなかの中で赤ちゃんが育っているのよ」と言ったところで、理解させるのはなかなか難しいでしょう。なぜなら見えないからです。彼らは説明の多くを理解できないでしょうし、たとえば臨月になっておなかが相当大きくなっても、そのふくらみに大した注意も払わず、ひざに乗ろうとして、やっと気づくくらいでしょう。子どもに、おなかの赤ちゃんから聞こえる音を聞かせ、どんな形をしているか見せ、あなたが抱えているものに関心をもたせ、それがお休みを必要としていることを教え、気を配ることを教えてあげるなど、まずは環境を整えてください。

あなたのおなかが非常に目立ち、赤ちゃんの存在がはっきりわかるようになったら（妊娠8カ月ごろ）、新しい赤ちゃんのことをあらためて話し、赤ちゃんがその子のものでもあることをあわせて教えてあげましょう。「スージーの新しい赤ちゃん」というような言い方をするのです。赤ちゃんがキックするのを感じさせ、いっしょに赤ちゃんに話しかけたり歌ったり、軽くおなかをたたかせてみましょう。赤ちゃんのことが描いてある、やさしい絵本を見せてあげましょう。上の子が赤ちゃんだったときの写真を見せて、どんなふうに世話をしたのか話してあげましょう。「ちっちゃな赤ちゃんだったあなたを、それはそれはたくさん抱っこしてあげたのよ。だって、赤ちゃんには必要なことなんですもの」というように。

上の子が2歳近く、またはそれ以上であれば、早い時期にお母さんの妊娠を伝えても問題はありません。年齢が上であるほど、話す時期は早くていいでしょう。まだ小さな子の場合は、あまり早く話しすぎると、赤ちゃんがすぐやってこないことにがっかりしたり、混乱したりするかもしれません。少し年上の子や未就学児の場合は、先ほどの方法をすべて試してみてください。さらに加えるなら、この本に描いてある胎児の成長についての項を使い、おなかの赤ちゃんの成長具合を月ごとに説明してあげましょう。

あなたはもしかしたら「きょうは、赤ちゃんのどの部分ができているの？」といった突拍子もない質問に驚くかもしれません。年齢や理解力の違いに合わせて、あなたがなぜ疲れやすいのか、ぐったりしているのか、短気で辛抱強くなれないのか、そのほかあなたの感情のすべてを説明してあげましょう。「赤ちゃんは大きくなるためにたくさんのエネルギーが必要なの。だからママはいつも疲れていて眠くなっちゃうの」とか「赤ちゃんが大きくなるために必要なホルモンのせいで、ママはちょっと調子が狂っちゃうのよ」などと。

おなかの中での赤ちゃんの様子を絵に描いて見せてあげましょう。赤ちゃんが実感できるように、実際の大きさと同じように描いてみましょう。赤ちゃんとはどんなものか、説明してあげましょう。「赤ちゃんは泣くのよ。でも、あなたが話しかけたり、面白い顔をして見せてあげるときっと喜ぶわ。赤ちゃんは長い間、自分ひとりでは何もできないの。大きくなるまでゲームもできないし。あなたが小さかったときと同じように、たくさん抱っこされなくちゃいけないのよ」。ついでに、赤ちゃんの世話についても話しておきましょう。「おむつをかえたり、おふろに入れたり、お着がえさせたり、いっしょに手伝ってくれるかしら？」。

マーサノート

ある日、当時4歳だったマシューが、横になっている私を見て「赤ちゃんを休ませてあげているの?」と聞いたのです。彼は私を見ながら、ちゃんとおなかの赤ちゃんの姿も見えていたのです。

妊娠中、疲れたり、イライラしたりすることがあっても、家族に八つ当たりしてはいけません。おふろに入る、昼寝をする、本を読む、おいしくて栄養のあるものを食べる、散歩をする、友達とおしゃべりをするなどして、上手に気分転換をしてください。

以前したことで、感情をすっきりさせるのに役立ったことはすべて試してみましょう。子どもたちを、どうしたらいいかわからないという状態に陥らせてはいけません。さまざまな深刻な問題(お金、新しい仕事、引っ越し、祖父母の死、妊娠における問題)は、子どもたちとは切り離しておくべきです。実際、大きな子には母親を心配し、手助けを学ぶいいチャンスでもありますが、あなた自身の精神的なバランスはくずしてはいけません。「ママがハッピーじゃないのは、僕たちが悪い子だからなんだ」という気持ちを、子どもたちに抱かせるようなことがあってはいけないのです。

さあ、時間よ!

幼児を育てながら、赤ちゃんの世話もするのは、疲労も2倍です。これはあなたの子どもたちが、少しだけママから自立することを学ぶいいチャンスでもあります。自分が常に中心にいないことに欲求不満を抱くかもしれませんが、そのことが成長を助けます。これは「個体化」といい、子どもが成長し自立していくうえで必要なひとつのステップでもあるのです。子どもは自分の順番を待つことを学びます。あなたが忙しければ自分で自分をなだめ、あなたを手助けしたり、あなたの頼みを聞いてくれるようになるでしょう。このように、子どもが成長の次のステージに移るとともに、あなたは育児の新しい大切な場面を経験するでしょう。これまで密着していた子どもを、ゆっくりと手放していくのです。

これらの変化は、あなたにとっては不安かもしれません。しかし、子どもが小さかったころを思い出してみましょう。あなたがどれだけのものを与えてきたかを。忘れないでください。あなたが不安なときは、子どもも同じように不安なのです。

愛情は増えていきます

上の子と同じように生まれてくる赤ちゃんも愛せるかしらという不安は、どのお母さんでももつものです。1人目に手をかけすぎたせいで、2人目には満足に手をかけられないのではないかしらという不安もあるでしょう。あなたと上の子の間に新しい子があらわれるのがこわいという気持ちも……。心を落ち着けて、気持ちを楽にしましょう。あなたは2人目の子(もちろん3人目も、そのあとも……)に対しても、十分な愛情を注ぐことができますが、実際にその生活が始まるまでは理解できないでしょう。愛情は分け合うものではありません。どんどん増えていくものです。愛する対象が増えれば、それだけ、愛情は増えていくのです。

子どもといっしょに健診に

3歳近い子なら、妊婦健診に連れていっても、おとなしく待っていることができるようになるでしょう。できるだけいっしょに連れていきましょう。学校に行っているような年齢の子ならば、毎月でなくても、胎児の心音が聴けるような特別な機会には連れていきましょう。医師を最初に訪れるときや、その後数回は超音波検査もあるでしょう。彼らはそんなあなたの姿を見て興奮し、自分たちの気持ちも赤ちゃんに向けることができるでしょう。出産前の絆づくりは、ある程度大きくなった子どもたちにとって、やりすぎという

ことはないのです。

赤ちゃんの存在を感じる

通常、妊娠5カ月か6カ月までには、上の子たちも彼らの妹か弟がお母さんのおなかの中で動くのを感じることができるようになります。昼でも夜でも、赤ちゃんがよく動くと思ったときは、横になって子どもたちを呼び、おなかの赤ちゃんを感じさせてあげましょう。「あなたが触れているのは赤ちゃんのどの部分だと思う?」と子どもに話しかけてみましょう。

いっしょに話しかけを

子どもたちと赤ちゃんのことを話したり、赤ちゃんに話しかけさせてみましょう。赤ちゃんの性別もわかっていて、名前もすでに考えているのなら、赤ちゃんをその名前で呼んであげてと頼んでみましょう。子どもが考えた赤ちゃんのニックネームを使うのもよい方法です。赤ちゃんの耳は24週くらいから聞こえています。ですから、このころから赤ちゃんに話しかけさせるのは、子どもたちにとっても、赤ちゃんに関心をもたせるのによい機会になります。3カ月ほど続けていれば、子どもたちが話しかける声に、おなかの赤ちゃんは親しみをもつようになるでしょうし、自然に絆が芽生えていることでしょう。研究では、出生後の赤ちゃんは自分が親しんでいる声のほうに正確に顔を向けることがわかっています。

ママノート：息子のタイラーは、毎晩、おなかの赤ちゃんに歌を3つ歌ってくれていました。赤ちゃんが生まれたあと、その子は彼の歌に反応したのです。赤ちゃんの名前をつけるときにも協力してもらいました。タイラーが思いつく名前をあげ、最終的にはパパとママが決めるという方法です。タイラーは、彼の妹を「ハンカ・ムンカ（注：『ピーターラビット』に登場するねずみの名前）」と呼びたがりました。

自分の限界を知りましょう

妊娠中は、家族に対してこれまでと同じようにさまざまな注意を払うことはできないということを理解しておきましょう。遅かれ早かれ、子どもたちは、自分たちのママを新しく登場しただれかと分け合わなくてはいけないはめになるということをわかっています。幸いなことに妊娠期間は長く、赤ちゃんが来たあとはどのような生活になるかということについて、子どもたちに心の準備をさせる時間はたっぷりあります。赤ちゃんがおなかにいる間に「お兄ちゃん」や「お姉ちゃん」にあなたの手助けをしてもらうことは、絆づくりの手助けにもなるでしょう。生まれる前からそのエネルギーや時間を赤ちゃんに注いでいれば、赤ちゃんは、彼らにとっても特別大切な存在になるでしょう。

妊娠中、特に妊娠後期にはつい、おなかの中の子に心を奪われがちになり、おどけたしぐさをする上の子は、どこかほかの場所に行っていてほしい、と思ってしまうこともあるかもしれません。これは、あなたの夫にさらに育児参加をさせるいい機会です。

ママノート：妊娠が進むにつれて、これまでは「普通の子はだれでもやること」と思っていたことが、だんだん許せなくなってきたのです。これはいけないと思って、私はこの問題に2つの対策を考えました。1つは、私がもっと休んで、リラックスすること。やらなくてはいけない仕事も、限度を決めました。もう1つは、許せない行動に対して「ここまでが許せない」という限度をはっきりと設けました。限度をはっきりと決めたことで（これは、私と子どものためです）、私たちは以前よりもむしろ幸せな気持ちになれたのです。

いつでもいっしょ

赤ちゃんを迎えるさまざまな準備を上の子といっしょにできるなら、赤ちゃんを待っているこの時間に、子どもとの絆を深めたり、赤ちゃんを迎える心構えを養ったりできるでしょう。赤ちゃんの新しいおもちゃをいっしょに選んだり、産着を買ったり（「これは赤ちゃんが気に入ると思うわ」）することで、子どもは生まれてくる赤ちゃんは好みをもった1人の人間なのだということを理解するでしょう。子どもがもっと小さかったころのものを取り出して見ることは子どもに安心感を与え、あなたをノスタルジックな気分にさせるでしょう。「ああ、覚えてるわ。これはあなたが大好きだったおもちゃよ」。

できるだけ抱き締めてあげることは、あなたが感じている罪悪感や、子どもの不安をやわらげるのに最高の方法です。いっしょにお昼寝をしましょう。あなたたちには、ゆったりした時間が必要なのです。あなたの腕の中で安心させてあげることで、遠く、未知の世界にも、踏み込んでいくことができるのです。

パパになるレッスン

夫がどれだけ妊娠にかかわってくれるかは個人差が大きいものです。父親になる人の中には、妊娠によって何が増えるだろう、と妊娠を前向きにとらえる人たちもいます。彼らは妻から妊娠の報告を聞いたときに非常に喜び、あなたを気づかい、うれしい反応をしてくれるでしょう。妻の妊娠に深くかかわろうとするでしょうし、父親になることもうれしく思うでしょう。しかし、そのほかの夫たちは、何を失うだろうとじっと考え込んでしまいます。

◎子どものよいお手本になりましょう

前向きになりましょう。あなたが感じたり行動することにどんなに正当な理由があったとしても、やりすぎないようにしてください。妊娠を家族にとって楽しみですばらしいでき事にしたいと、あなたも思っているでしょう。妊娠は、寝室やトイレにママを閉じ込めてみんなから引き離す、恐ろしいでき事ではないのです。年齢が上の子どもでさえ、お母さんがさまざまなことができなくなることで恐怖感を抱くようになり、お母さんが具合が悪そうなせいで、赤ちゃんは大丈夫なのだろうかと、さらに不安な気持ちになるでしょう。特に女の子がいるとしたら、妊娠は自然なことで病気ではないということを、理解させてあげる必要があります。

ママノート：私は文句を言いたい気持ちを抑え、たとえ悲惨な気持ちを抱えているときでも、子どもにはできるだけ笑顔を見せるようにしていました。私は、娘に妊娠を恐れるような女性にはなってほしくなかったのです。

ママノート：私は自分の娘に、私の母がしてくれたのと同じような態度を伝えたいと思っています。私はきょうだいのいちばん上なので、母の妊娠を見て、妊娠して赤ちゃんを産むことがどれほどすばらしく幸せなことなのか実感したのです。ですから私の娘がそばに来て、「気分はどう？」「こわくない？」と尋ねたら、私は「妊娠は女性の体にとって特別なことで、最初から体がそのようにできているのよ。だから自分の体を信じればいいの」と言ってやりたいと思っています。

妊娠の前半は、彼らは妻をつわりで失い、後半には、妻は自分の中の小さな命と、母親になる自分のことで頭がいっぱいになるため、夫の地位はナンバー3に落ちます。これらの心の微妙な葛藤に加えて、自分の収入で果たして生活していけるのだろうかという不安も頭をよぎるでしょう（もしくは、もうふたりきりになれないのだという失望）。それらすべてが、ごちゃごちゃと夫の頭の中を支配してしまうのです。

多くの男性は、妊娠によって変化する体に興奮し、命がその中で育っているということを不思議だと感じます。一方で、妊娠は神秘的で、女性にしかわからない世界だと思う人もいます。このような男性たちは妊娠という事実から距離を置き、自分にわからないことには、しり込みするでしょう。自分が解決できない問題や苦しみが起こると、イライラするようにさえなるかもしれません。多くの母親が、夫は最初の妊娠のときには非常に関心をもってかかわってくれたけれど、2回目、3回目になるにつれて関心も薄れてきた、と語っています。

ママノート：私は、おなかが大きくなれば、夫は赤ちゃんにもっと関心をもってくれるだろうと思っていました。でも、彼の態度は以前とまったく変わりません。このことは私たちの結婚生活の重荷になっています。私と夫は、まったく違う方向を向いているようです。どうしたら夫をもっと巻き込めるのでしょうか？

実際、妊娠はふたりの問題なのです。喜びを分かち合うにはどうしたらよいのか、いっしょに考えてみましょう。

妊娠を分かち合うために

周囲の家族や友達にあなたの妊娠を告げるときに、夫にあなたの気持ちを理解してもらえるような言い方をしましょう。「私たちに赤ちゃんが生まれるの」というように。これは「私、妊娠したわ」と勝ち誇ったように言って夫を取り残してしまうより、ずっといい言い方です。

変化はゆっくりと

さまざまな決定事や、赤ちゃんに必要なものを購入するとき、一気にいろいろなことを夫に負わせないようにしましょう。少しずつが基本です。さまざまな決め事や生活の変化などの話をするときには、1回に1つのテーマにとどめます。一度にさまざまなことを話してはいけません。以前、何かが変化したとき、彼がどんな様子だったかを思い出してください。用心深いタイプだったなら、この性格を尊重し、何か大きな変化がある場合は、十分にウオーミングアップの時間をとってあげてください。

前向きな気持ちで！

つわりのピークでくたくたに体が疲れていても、楽しいことを見つけましょう。あなた自身を見てみましょう。どんなふうに見えますか？　あなたの夫には、妊婦がどのように映っているでしょうか？　確かに妊娠中には「あまりよくない日」があるのは事実です。でも、何週間もの間、ずっと文句を言い続けていたら、いくらあなたに同情的なパートナーでも、いや気がさしてしまうこともあるでしょう。妊娠して幸せですか？　もし幸せなら、その気持ちがパートナーに伝わるようにしましょう。

いささか不公平に思うかもしれませんが、夫の手に余るような問題で彼に過度の負担をかけるよりは、あなたの気持ちをわかってくれる女性の友人に、あなたのつらいことを話すほうがいいかもしれません。これはよく知られていることですが、男性は、人と個人的な関係を築くのに非常に時間がかかるものなのです。あなたに対するそんな態度を見て、信じられない！と思うかもしれません。あなたの気分が悪いときも、彼はあなたのことを気にかけて

いないようにも見えて、この人、大丈夫なのかしら?という不安にとらわれることもあるかもしれません。勇気を出して、ゆったり構えてください! 急に「お父さん」にするような道具は何もないのです。

決め事はふたりで

妊娠中や、出産のさまざまな決定事項は、夫といっしょに考えましょう。産院を決める、両親学級に出る、そのほかさまざまな決め事(や、決め事以外も)などです。彼はあなたと赤ちゃんを愛していて、あなたたち2人が最もよい扱いを受けることを強く望んでいるでしょう。妊娠中のさまざまな検査や専門的なことの決定に夫を巻き込むことは、あなたにとっていいことばかりではないでしょう。一方であなたは、夫が検査の安全性や必要性について、思いがけない貴重な洞察力をもっていることに気づくかもしれません。

しかしまた一方で、彼らの中には、妊娠や出産のときに使われるこれらの医療技術をとても好きな人もいます。なぜなら、それは赤ちゃんの成長の不思議を夫にもわかりやすく教えてくれ、安全第一主義の彼らの思考パターンともうまく一致するからです。あなたは夫に「もっと検査を受けたらどう?」とやんわり説得されることもあるかもしれません(あなたがそれほど必要性を感じていなくてもです)。これらの決定に深くかかわるほど、夫は残りの妊娠生活にも深くかかわろうとするでしょう。

両親学級にもいっしょに参加

両親学級にいっしょに参加しましょう。夫はきっと、あなたのおなかの中で起こっている不思議なでき事のために、どんなに多くのことを学ばなければならないかを知って驚くことでしょう。絵やビデオを見たり、ベテランの父親たちから話を聞くことは、これまでいやいやながら参加していた夫の目を開かせることになります。妊娠と出産を味わうことで、母親になるあなたを尊敬し、あなたをより気づかうようになるでしょう。

両親学級に参加することで、夫はほかの男性たちと妊娠に関するさまざまなことを共有できるという利点もあります。妊娠期間中のほかのカップルとのつきあいに助けられることも多いものです。しかし、つきあうカップルは注意して選ぶ必要があります。あなたの夫のよいお手本になる人ならいいでしょうが、おせっかいすぎるカップルは考えものです。あなたの夫は、彼らの出産体験を聞かされて、おじけづいてしまうかもしれません。

家でもいっしょに

あなたが感じたり行動することを、夫が理解できるように手助けしましょう。いっしょに勉強しましょう。この本をいっしょに読めばいいのです。あなたの夫は、あなたを不機嫌にさせるホルモンが、赤ちゃんの成長や発達に貢献していることを知る必要があるのです。

写真を撮りましょう

写真を撮ることは、創造的で楽しい遊びです。おなかの赤ちゃんの成長記録シリーズの写真(ふくらんでいくおなかの記録)は、フィルムにおさめる価値のある宝物です。飾りつきの完璧なマタニティ用下着がそろうまで待ったりせず、早いうちから写真を撮り始めましょう。絵のように美しいその姿を見過ごすのは、あまりにも惜しいものです。あなたの専属カメラマンがその写真に感動して、写真を壁に飾りたがったとしても、驚かないでください。

専属のマッサージ師に

夫に専属のマッサージ師になってもらいましょう。彼に触れてもらうことが、あなたにとってどれほどうれしいかをアピールするのです。特別にリラ

ックスできる音楽をかけ、明かりを落とし、心地よい空間の中で行いましょう。窓から光が差し込んでくる、暖かい部屋の中のように。夫は、この特別なタッチで次のステップに進めるように、夢中でマッサージをしてくれるかもしれません。でもあなたは、このリラックスタイムが興奮に切りかわることがないように、楽しみましょう。

彼の目に映っているのは

妊娠もほぼ半ばを過ぎ、あなたはこれまでいちばん、自分が生き生きとしてセクシーだと感じる日があるに違いありません。大きなおなかを見せびらかすようにするあなたに、夫が驚くこともあるでしょう。これらは特別な日です。鏡の前やショッピングモールで時間を浪費せず、ロマンスを楽しんでください。

夫は頼りになる存在です

多くの男性は、母になる女性の内側の世界に、疎外感を感じやすいものです。なぜなら男性は、妻を病院に車で送っていくくらいしか活躍する場がないからです。彼が知っているはずの事実は次のようなものです。ストレスが少ない妊婦ほど、健康な赤ちゃんが生まれやすい。でも、それではまだ足りません。彼はまた、次のことを知る必要があります。もしも夫がいなくても、あなたが赤ちゃんを育てることはできるでしょう。でも、夫がいっしょに育ててくれれば、赤ちゃんはもっと健やかに育つでしょう。

マーサノート

私たちは「横になって手を当てる」という、妊娠中の夜の習慣を楽しみました。6カ月の初めごろから、寝る前にビルは私の下腹部に手を当て、赤ちゃんが動くのを感じていました。彼は赤ちゃんに話しかけもしていました。このことは、ビルの父親として、そして夫としての両面を私に感じさせてくれました。

ビルノート

赤ちゃんがマーサの中でキックしているのを感じる時間は、私にはとても貴重だったのです。最初、私は見ることもほとんど感じることもできない赤ちゃんに向かって話しかけることが、いささかばからしく感じたりもしました。しかしやがて、毎晩の習慣が楽しみになってきましたし、ときには、赤ちゃんも楽しみにしているようにさえ感じたのです。私は、この貴重なかかわりを忘れることはないでしょう。

頼んで、助けてもらいましょう

妻が何を望んでいるかを本能的に理解できる夫もいますが、大半の男性は言ってもらわなければわかりません。どうしても食べたいというあなたの欲求を満たすために、とんでもない時間に夫をスーパーマーケットへ旅立たせるのと同じように、夫に何をしてほしいかを、きちんと伝えなくてはなりません。家事を手伝ってほしいのか、買い物をしてきてほしいのか、それとも疲れきっているときに上の子の面倒を見てほしいのか……。あなたが彼を必要としていることを、夫は知る必要があるのです。あなたはスーパーウーマンではありません。そして妊娠は、いつものあなたの仕事に、さらに特別な仕事が加わったようなものです。あなたに赤ちゃんの仕事が増えた分、夫が家事を助けるのです。多くの男性は、子ども同様、あなたが特別なお願いをすれば、喜んで聞いてくれるものです。普通に「手伝ってちょうだい」と言うよりも「雑貨を買いにいくのを手伝ってほしいの」というような言い方を心がけてみましょう。

3人で運動を

軽い運動を、いっしょにしましょう。朝か夜の30分、元気に散歩することは、あなたの体調を整えるだけではありません。夫とのコミュニケーションを深める時間にもなるのです。

禁煙もふたりでいっしょに

あなたが妊婦の三大悪（喫煙、アルコールの飲みすぎ、薬の乱用）を断っているのでしたら、夫もいっしょにやめなければフェアではありません。あなたが不健康な生活から健康な生活に切りかえるために彼のサポートが必要なように、彼は、赤ちゃんのために健康的な父親になる義務があるのです。同じことは食生活にもいえます。ふたりが悪い習慣を断ち切れないときは専門家の手を借りなければいけない場合もあると、覚えておいてください（45ページ参照）。

健診にもなるべくいっしょに

健診で病院へ行くときは、なるべく夫も病院に連れていきましょう。超音波で赤ちゃんの姿を見るときは、彼が仕事場に飾れるように、超音波の写真をおみやげにもらえるか、頼んでみましょう。

気持ちを分かち合って

アマチュアの心理学者のように、お互いの気持ちを推測し合うのではなく、妊娠に関して、ふたりで互いの気持ちを分かち合うことはとても大切です。偏った判断をせずに相手を受け入れ、注意深く耳を傾けることで、あなたの夫が感じている、赤ちゃんと彼との間、また、あなたたちふたりの間の距離がなぜあるのか、その原因をつかむ手助けになるでしょう。信頼し合い、快適で中身のある妊娠中の対話は、のちに3人家族になったときに必要になる、夫婦の会話のよいウオーミングアップともいえます。

赤ちゃんが最も必要としているのは、お互いを、そして赤ちゃんを必要としている、幸せなカップルとしての両親です。夫を引きつけ、妊娠を共有するために努力するかいはあります。そうでなければ、彼はどうしたらいいかわからないのです。赤ちゃんが生まれ、夫の声を聞いて赤ちゃんが彼のほうに顔を向けたときの反応や表情を想像してみてください。彼はすっかり、父親になっているはずです。

さまざまな検査の基礎知識

超音波診断

超音波診断の技術は、産科の診療に革新的な変化をもたらしました。子宮に窓を設けることで、医師は子宮の中で起きている隠れたトラブルを発見したり排除したりできるようになりました。両親が赤ちゃんの姿をちらっと見ることもできます。超音波診断によって、様子がわからないままで赤ちゃんが生まれることは、ほとんどなくなりました。超音波は楽しみを与えてくれ、またあるときは命を救うものです。しかし、ほかの技術と同じように、賢く利用することが大切です。

なぜ必要なのでしょう

超音波診断で、あなたの妊娠はどのように進んでいるか、赤ちゃんの様子はどうかなど、さまざまな情報を得ることができます。医師には医学的に必要な情報を提供し、両親には赤ちゃんの姿をモニターで映し、冷蔵庫にはって眺められるような写真を提供します（しばしばぼんやりしていて、どの部分かわからないこともありますが……）。

最初に赤ちゃんを見たとき、あなたはきっとおごそかな気持ちになったでしょう。同時に、画面の中のぼんやりした小さな白い影が、本当に赤ちゃんの頭なのかしら、と疑ってしまう気持ちもあるでしょう。妊娠8週までは、赤ちゃんは点滅する小さな豆を連想させます。このトクトクと点滅する映像は、赤ちゃんが本当に生きていてそこにいるということをあなたに実感させるでしょう。妊娠16週ぐらいになると、超音波は赤ちゃんのだいたいの器官を映し出します。多くの両親にとって、超音波の映像はあらためて妊娠を再認識し、おなかの赤ちゃんとの絆づくりに向かうきっかけにもなります。もしかしたら、おじいちゃんと超音波の写真の奪い合いになるかもしれません。

妊娠が進むに従って、赤ちゃんの姿もますますはっきり見ることができる

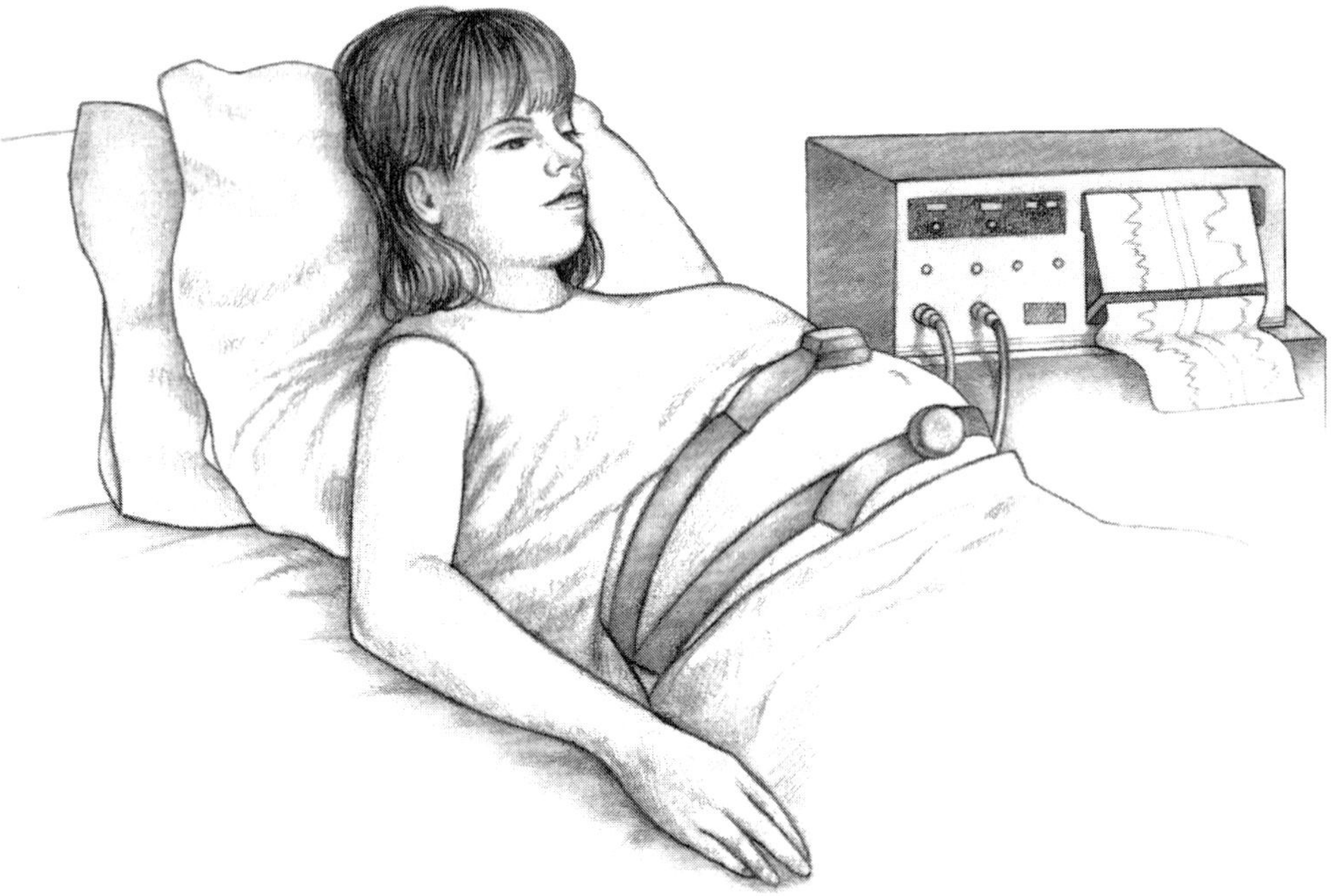

ようになります。妊娠20週になるころには、超音波で性別の診断ができるようになります（しかし、たまに判断をまちがってしまうこともあるので、医師は、この時期にはまだはっきりとしたことを言いたがらないかもしれません）。赤ちゃんの性別を生まれる前に知りたくないと思うのなら、事前に、医師もしくは超音波技師にそのことを伝えておきましょう。もしかしたら、超音波の映像で赤ちゃんが指をしゃぶっている様子を見ることができるかもしれません。

超音波診断では、次のようなことがわかります。

●子宮外妊娠の検査ができます。

●子宮の大きさと、予定日の間にズレがある場合、胎児が何週であるか、その大きさを測定し、正確な予定日を算出します。早産かどうかを判断したり、予定日を過ぎた場合の誘発分娩の必要性などを考えるために、正確な予定日を算出することは不可欠です。最終月経の日がはっきりしない場合、胎児の週数を確定するのに非常に役立ちます。超音波なら、妊娠7週目ごろから胎児の大きさを測れるようになります。

●赤ちゃんの成長を確認します。

●予想外の出血の理由を検査します。

●妊娠後期に、胎児がどのような状態（頭位、逆位、横位など）で子宮の中にいるのかを確認します。

●多胎妊娠の診断をします。

●胎盤に問題がないか診断します。胎盤の位置を測定し、前置《ぜんち》胎盤《たいばん》または胎盤早期剥離などの危険性を察知します。

●羊水の量を測定します。

●子宮の奇形を発見します。前回の妊娠時に既往症がある場合、特に注意が必要です。

●二分脊椎症《にぶんせきついしょう》などの、赤ちゃんの異常を発見します。

●出産に影響するような赤ちゃんの内臓の異常などを見つけ、出産後の早急

な処置が必要かどうか、出産前に検討します。心臓、肺、腸の異常などが主なものです。早めに発見できれば、出産のときに設備や装置をそろえておくことができ、すみやかに赤ちゃんを保護できます。早めの発見と処置は、しばしば赤ちゃんの命を救います。

●さまざまな検査や処置のサポートをします。羊水穿刺《ようすいせんし》、逆子直しなど。

超音波を使うことで、両親と医師は「分娩室でびっくり」ということがほとんどなくなってきました。これはあなたにとって、安全で満足のいく出産をするチャンスが増えたことを意味しているのです。

検査の時期

超音波診断は妊娠のすべての時期を通じて、まさに生まれる直前まで行うことができます。さまざまな時期に、それぞれの目的をもって行われます（212ページの「なぜ必要なのでしょう」を参照）。

検査の方法

超音波検査の方法には経腹タイプと経腟タイプがあります。経腹超音波では、医師や技師があなたのおなかの上に音伝導がよくなるようにジェルを塗り、器具を当てて診断します。超音波は赤ちゃんに当たり、はね返ってきます（まるで潜水艦の水中音波探知機のように）。反射はレシーバーによって感知され、コンピューターがその音波を映像として処理します。

ドップラー装置は、赤ちゃんの心音を聴くために使われています。心臓の動きによって変化した超音波は、毎月の健診のときに、あなたが聴くことができる「ショワショワ」という力強い音に変換されます。

経腟超音波装置はチューブ状のもので、腟から挿入して使います（痛みはありません）。経腟のほうがより子宮に近づくことができるので、子宮の中をより鮮明に見られるのです。したがって、経腹よりも経腟超音波のほうが1週間ほど早く子宮内の胎児を確認できるのです。経腟超音波では、受精の2週間後（妊娠4週）あたりから子宮の中の胎嚢《たいのう》を見ることができ、心拍は4週間後（妊娠6週）くらいから検知ができます。

安全性は？

どんな検査にも利点とリスクがあります。検査はリスクよりも利点が上回らなければなりませんが、超音波の場合はリスクよりも利点が上回るというのは明らかです。

ただし一方で、超音波診断の安全性に疑問をもつ意見があるのも確かです。私は20年以上も何千人というお母さんと赤ちゃんに超音波診断を行い、その後の経過を見続けてきましたが、特に害は見られていません。さまざまな情報によれば、超音波は妊娠中のどの時期でも使用でき、害はないとされています。確かにX線検査よりははるかに安全性は高いといっていいでしょう。

しかし、安全性に対するもうひとつの疑問としては、これらの音波が成長する胎児の組織になんらかの衝撃を与えないかという声が上がっています。非常に強い出力で超音波を使用した場合、超音波は生体を構成する分子を振動させ、熱を発生させます。さらに、それによって細胞の中に「キャビテーション」と呼ばれる小さな気泡ができてしまうのです。これらの熱や気泡が細胞に与えるダメージはまだ解明されていませんが、さまざまな研究では赤ちゃんに対する影響はないと考えられており、心配はないといえます（現在は安全な超音波の出力基準を十分に考慮されて作られています）。

米国立衛生研究所超音波診断対策委員会では次のように述べています。「私たちは〝妊婦は超音波診断を受けるべきではない〟という声を裏づけるような証拠を見つけることはできませんでした。仮に検査にメリットがないとしても、だからといって危険だと決めつけてしまうことはできません。」

医師は検査のために「超音波診断装置」を使います。大切なことは、さま

ざまなテストを受けるにあたって、両親は2つの目が必要だということです。1つは科学的な目です。あなたが受けるさまざまな特別な検査に対して、そのリスクと利益を尋ね、両方を比較しなければいけません。もう1つは親としての目です。検査に対してどのような気持ちをもつか、結果についてどんなことを考えるか、結果があなたの妊娠にどのような影響を与えるかということです。医師と両親は協力し合いながら、最終的な決断を下さなくてはいけません。好奇心で赤ちゃんの性別について聞きたいと思ったり、家族中でおなかの赤ちゃんの写真を見たいと思ったり、事前に赤ちゃんを見て絆を深めることだけが超音波を使う理由ではありません。

ママノート：私は心から安心し、元気づけられました。超音波で映し出された赤ちゃんが、それはかわいかったからです。赤ちゃんは活発に動き、足でキックし、腕をあちこちに振り、指を動かし、宙返りをしたのです。赤ちゃんは幸せそうで、元気そうでした。そして私ははっきりと、妊娠し

◎赤ちゃんの性別を事前に知る

超音波診断や羊水検査などで、赤ちゃんの性別を出生前に知ることが可能です。あなたは知りたいと思いますか？ 待ちきれなくて知りたいと思うか、生まれるまでのお楽しみにしたいか、それはあなたの考え方しだいです。

事前に性別を知りたい

妊娠中から性別がわかれば、赤ちゃんの名前を考える手間は50％に削減されるでしょう。事前に性別を知ることで、赤ちゃんとの絆づくりがよりスムーズにできるようになったという人たちもいます。おなかの赤ちゃんに特別な名前（「赤ちゃん」とかではなく）をつけることで、赤ちゃんとの一体感が強まったり、イメージしやすくなったりもするでしょう。赤ちゃんの性別を知ることで、さまざまな空想もいっそう意味のあるものになり、子ども部屋を用意したり、赤ちゃん用品をそろえたりする手助けにもなります。

ママノート：夫は子どもが生まれる前から「男の子に違いない」と信じていました。でも女の子かもしれないので、私たちは事前に赤ちゃんの性別を教えてもらうことにしたのです。女の子だったら、生まれたときに彼がどれほどがっかりするか考えたくなかったからです。超音波診断の結果は女の子でした。この結果は夫に数カ月間、娘をもつという楽しい想像をさせてくれました。

お楽しみはとっておきたい

出産まで性別がどちらか知らないでいたいというカップルもいます。おなかの赤ちゃんの性別を想像することは楽しく、誕生したときにびっくりしたいのです。これは出産のボーナスのようなものです。超音波診断や羊水検査を受けるのならば、事前に医師や検査技師に、性別は教えないでほしいと言っておく必要があります。でもたまに、医師がうっかりおなかの中の子について、「坊ちゃんは」「お嬢ちゃんは」などと口を滑らせてしまうことがあるかもしれません。

ママノート：もちろん赤ちゃんが生まれるのはわかっていましたが、その性別は知りませんでした。喜びといっしょに、驚きも体験したかったのです。

ていることをあらためて実感したのです。

ママノート：私はハイリスクの妊娠で、超音波は妊娠中の私をずっと励ましてくれていたのです。そのおかげでベッドで寝たきりの生活でも耐えることができました。赤ちゃんが元気でいることで私は安心し、ハイリスクだということをほんの少し忘れさせてくれたのです。

ママノート：超音波は私たちにどれほど多くのものを見せてくれたことか。私たちは赤ちゃんの背骨や脊椎骨、心臓の中で心室がきれいに分かれている様子、血液が体中を流れて循環している様子を見ました。私たちには赤ちゃんのすべての臓器を見ることができたのです。私は自分の妊娠日記に、赤ちゃんのあらゆる写真をはっています。

ブドウ糖負荷試験（GTT）

妊娠すると、尿中に糖が排出されることがしばしばあります。赤ちゃんに十分な栄養を与え、より多くのブドウ糖を供給できるように、胎盤で産生される妊娠性のホルモンが血液中の糖を代謝させるインスリンの働きを抑えるため、血液中の血糖値が高めになっているからです。このような仕組みにより、成長を続ける赤ちゃんは、エネルギー源となるブドウ糖を安定供給されているのです。ところが少ない確率ですが（2～10％）、平均的な妊婦よりも血糖値が高くなってしまう人がいます。妊娠糖尿病と呼ばれる、一時的な糖尿病です。妊娠糖尿病はブドウ糖負荷試験（GTT）によって判明します。

検査の目的は？

妊娠糖尿病の害として考えられているのが、赤ちゃんに過剰な糖分がいくためにおなかの中で大きくなりすぎてしまい、早産や呼吸器系の障害を起こしたり、出産自体が難産になるおそれがあるということです。また、胎児を常時、高血糖にさらしていると胎児のインスリン産生が過剰になり、逆に誕生直後に赤ちゃんの血糖値が危険なほど低下してしまうおそれもあります。

妊娠糖尿病が判明したら、食生活を改善し、血糖値が上がりすぎないようにしなければいけません。妊娠糖尿病は、体重が増えすぎた女性、高齢の女性、以前に4kg以上の赤ちゃんを産んだ女性に多くみられます。

検査の時期

ブドウ糖負荷試験は、妊娠20～28週ごろに行われます。

妊娠中に受ける特別でリスクのある検査については、よく検討する必要があります。それらの検査のうちの1つでも受ける必要があるのなら、まず医師とよく話し合うことです。そのテストの必要性についてあなたが理解していても、いつ、どのように行われるのか、結果が出た場合はこの先の妊娠にどのような影響を与えるのかなどを、きちんと話し合う必要があるでしょう。

＊注

（注1）ラ・レーチェ・リーグ（La Leche League）●「赤ちゃんを母乳で育てたい」と願うお母さんが、それを実行するために必要な情報提供と個人的な手助けをする、母親たちのボランティアグループです。本部をアメリカに置き、世界66カ国、日本では40カ所以上で活動しています。みずからが母乳育児の経験者である認定リーダーが、母乳育児の集いや相談を通じて、医学諮問委員会で検討された最新の情報を伝えています。

ラ・レーチェ・リーグ日本　ホームページ　http://www.llljapan.com/

ラ・レーチェ・リーグ私書箱

〒562-8799　大阪府箕面市箕面郵便局留　ラ・レーチェ・リーグ日本事務局（あて名を書いた返信用封筒と、80円切手3枚をはらずに同封のうえ、お問い合わせください）

あなたの妊娠5カ月ダイアリー（コピーして使いましょう）

○今月の気持ち

○体の変化で感じること

○赤ちゃんに対して思ったこと

○赤ちゃんの夢を見た

○私が想像する赤ちゃんの様子

○いちばん気になっていること

○とてもうれしかったこと

○今、困っていること

○疑問に思ったことと、その答え

○検査とその結果、感想

○測定した日

○体重

○血圧

健診で行われること（妊娠５カ月／16〜19週）

５カ月目の健診では、だいたい次のようなことが行われます。

・腹囲の測定
・子宮底長の計測
・乳房と皮膚のチェック
・手足、血管のむくみのチェック
・体重および血圧チェック
・尿検査（感染症、糖、タンパクのチェック）
・赤ちゃんの心音の確認
・必要があれば超音波検査
・胎内の赤ちゃんの様子観察
・感情や心配事についてカウンセリングする機会

○子宮について思ったこと

○周囲のだれもが私を妊婦だと思っていることについて

○最初の胎動のときに思ったこと

○初めてマタニティウエアを着た感想

○ショッピングで買ったもの

○コメント

Part - 6

妊娠６カ月　20～23週

胎動はますますはっきりと

妊娠６カ月は妊娠の楽しさを100％味わう時期です。あなたの体重は毎週約500gずつ増えます。体重が増えているにもかかわらず赤ちゃんが大きくなっていない場合は、何かトラブルのサインかもしれません。母親の体重が約２kg増えたとすると、そのうち約500gが純粋な赤ちゃんの体重増加分だと思っていいでしょう。あなたの子宮はおへそくらいの位置まで大きくなり、そのふくらみは、すべての祝福を一身に受けているように思えるでしょう。鏡で自分の新しい姿をじっと見てみましょう。月ごとにあなたのおなかがどんなに大きくなっているか、驚いてしまうことでしょう。胎動はますます強く、頻繁に感じられるようになります。夫や子どもたちも、おなかに手を当てて胎動を感じられるようになるでしょう。

この月の気持ちは？

おなかがますます大きくなり、胎動を感じるようになるにつれて、あなたは自分以外の人間の人生に責任を負わなければいけないという現実をますます強く感じ、気持ちはさまざまに揺れるでしょう。この現実はあなた自身についてと、あなたのこれからの人生について、自分でも知らなかった感情に気づかされることになるかもしれません。

過去の自分を癒したい

妊娠によって女性の内面にもさまざまな変化が起こります。そのうちのひとつに、過去を振り返るというでき事があります。子ども時代のいくつかのシーン（いいものも悪いものも）がよみがえり、お母さんがいかにあなたに影響を与えていたかに気づくでしょう。もしかしてあなたは、過去のいやなでき事、未解決の問題や思い出したくもないような封印したでき事について考え始めてしまうかもしれません。妊娠は多くの女性にとって、自分自身の内面を深く見つめたり、過去のいやな体験を癒す機会になります。妊娠は「子育て」を考え、人生の意味を考えるよいチャンスであり、過去のいやな記憶を反芻して落ち込むことではありません。妊娠が喜べなくなるところまで落ち込んでしまうような事態に陥ってはいけません。

妊娠によってよい状態になる人がたくさんいる一方で、妊娠によって心理的な落ち込みが深くなる人もいます。見えないような問題まで掘り起こして指摘しなければ気がすまない状態にまで陥ってしまう人もいます。あまり落ち込みがひどければ、専門のカウンセラーに相談するほうがいいかもしれません。

妊娠中に自己分析をすることで人生に建設的な変化や収穫をもたらすことができるのは、家族関係や自己の原動力を見つめ直すことくらいです。たとえば親として新しい役割を負うことで、あなたの父親や母親との新たな関係を築く扉を開けることができるでしょう。もしもあなたが両親と疎遠になっているとしたら、修復するチャンスになるかもしれません。実の両親と義理

の両親の双方ともうまくいっている人は、妊娠のさまざまなことを分かち合うことで、さらに絆が深まる場合もあるでしょう。

さらに、あなたが以前は人の意見に流されやすい人だったとしても、「自分の意思で決める」ことを学ぶ時間でもあります。あなたをコントロールしようとする母親や負けず嫌いの姉たちが、あなたにいろいろと言ってくるでしょう。しかしいろいろな決め事はあなた自身がすべきで、あなたの家族がするものではないのです。これは、もうひとつの大切なことを表面化させます。母親として、あなたがどんな選択をしていくかということです。今これらの問題について考えておくことは、この先あなたの赤ちゃんがどんな幼年期を過ごすことになるかを決めていくことにもなります。月単位で、または年を追うごとにあまりにもたくさんの異なる選択肢が出てくることに、あなたは驚くでしょう。

短気になる

妊娠期間の約半分が過ぎたとはいえ、まだ100日くらいの「ながーい」妊娠生活が残っています。妊娠生活を心から大いに楽しめる日もあれば、そうでない日もあるでしょう。仕事や趣味、スポーツ、すべてにおいて、あなたはちょっとした不自由を強いられるでしょうし、その不自由さにイライラするかもしれません。この「ゆったりした時間」を、読書や散歩をしたり、ただゆったりと体を休めたりして楽しんで過ごしてください。

妊娠は、ふだん忙しい女性に、より瞑想的な生活を送る機会を与えてくれます。アルバムの整理をしたり語学の勉強をするといった忙しい生活を送る一方で、頭の中を空っぽにして楽しむということをしてみましょう。自然の声や、あなたの心の声に耳を傾ける練習をしましょう。ゆっくりと考えることを学びましょう。あなたが思っているよりもずっと早く、子どもはおっぱいを離れ、はいはいをし、遊ぶようになります。平和に満ちあふれた妊娠期間を送ることができたなら、赤ちゃんが生まれてからも、あなたと赤ちゃんは健やかな毎日を送れるでしょう。なぜなら、妊娠中にあなたはすっかりスローペースに慣れてしまったからです。

自分1人の体じゃない

妊娠中は、食事をするのも頭痛薬や風邪薬を使うのも、すべてのことにいちいち気をつかわなくてはなりません。これと同じようなことは、まだたくさんあるでしょう。あなたの体はあなただけのものではなくなり、もう1人の人間に浸食されているような気分に陥ることもあるでしょう。あなたは、赤ちゃんをおなかに宿しているという特別のことに喜びを感じているかもしれません。しかし一方で、体は疲れやすく不自由で、なぜこんなことを我慢しなければいけないの、という気持ちになるかもしれません。夜は睡魔に襲われ、自分のための時間や夫と過ごすささやかな時間も奪われてしまいます。疲れて、愛想笑いもできないかもしれません。自分の感情も体も変えてしまうような自然のシステムに、あなたは恐れすら感じるかもしれません。

マーサノート

私は妊娠による自分の体の劇的な変化に、ただ驚くしかありませんでした。それはまるで有無をいわせない私の内側の変化によって、むりやり私の腹部の内臓が改造されているようなものだったのです。私の体はすでに私自身のものではありませんでした。それは私にどんな影響を与えるかということなどおかまいなしに、必要なものをすべて取り込んでいったのです。私はただそこにいて、何が起こっているのかを見、だれかが私の体を分かち合っているという現実に気づいたのです。この「乗っ取り」は、ときにはけっして楽しいものではありませんでした。でもこれらの不自由さは、そのあとにやってくるすばらしいものに比べたら、ささやかなことだったのです。

この月のからだは？

妊娠中期の終わりごろまでは、妊娠しているとはっきりとわかりはするものの、おなかはまださほど扱いにくいサイズになっているわけでもなく、ほとんどの妊婦が気分よく過ごせるでしょう。しかし妊娠後期にさしかかると、さまざまな不自由の予兆を感じることがあるでしょう。

休息をたっぷりと

意識してやっているわけでなくても、あなたのペースは自然にゆっくりになってきます。動きすぎたと思った日は、体が自然に理解します。あなたの体がそうさせているのです。忙しかった日は、その日の夜や翌日、たっぷりとした休息が必要でしょう。激しい疲労を感じたら、今の忙しい生活を維持しながら赤ちゃんを育てるには、あなたの体にも心にも負担が大きすぎるというサインです。妊娠中に忙しいまま過ごさなければいけなければ、休憩と労働のバランスを上手に取りましょう。何も考えずに気持ちをぼうっとさせ、心をリラックスさせる時間を確保しましょう。心と体が追いつくように、仕事の間に休憩時間を十分に取ることを忘れないでください。

キックはますます強くなります

これまではっきりとわからなかった人も、今月は疑いようもなく胎動を感じることができるようになるでしょう。命を感じているのです。先月はチョウが飛んでいるようなやさしいキックだったのに、はっきりとしたジャブに変わります。もしかしたら、一度に何カ所にもキックを感じるかもしれません。これは赤ちゃんが手足だけではなく、ひじやひざ、かかとなどをいっぺんに伸ばしたせいかもしれません。子宮の中はまだ十分に動く余地があるのです。

もしも上の子どもたちがおなかの赤ちゃんの胎動をまだ感じていないのなら、子どもの小さな手をあなたのおなかに当てさせてみましょう。一度、赤

ちゃんのキックを感じ取ると、彼らはそのあとも赤ちゃんのキックを感じたがり、胎動を感じられる時間を楽しみにするようになるでしょう。ベッドに入るまでか、朝、目が覚める前に、そのチャンスが多いはずです。子どもが赤ちゃんの動きを感じやすいように、少し前までよく胎動を感じていた場所に手を誘導し、しばらくの間、おなかに押し当てたままにしてあげましょう。仮に子どもが特別な興味を示さなくても、心配することはありません。その子にはまだ早すぎたのでしょう。赤ちゃんに興味がないわけではないのです。

ママノート：私と夫のジョージは毎晩寄り添って横になり、赤ちゃんが動くのを見たり感じたりするのを楽しみにしていました。ベッドに入るとすぐにキックは始まり、ときには勢いよく、おへそを中から押し出したりもしたのです。

ママノート：トムの背中のカーブを抱きかかえるように眠ることは、私にとってもトムにとっても、とても幸せな時間でした。彼は、赤ちゃんがやさしく彼の背中をたたくのを感じていたでしょう。「3人で抱き合う」ことは、私たち全員にとって、とてもすばらしい体験だったのです。

ママノート：赤ちゃんは、私がじっと静かにしているときによく動きます。ベッドに入る前の時間を私たちは「ナイトショー」と呼んでいました。夫といっしょにベッドに横になり、赤ちゃんがその存在を自己主張している様子を見、感じていたのです。

ママノート：私は赤ちゃんにおなかの中からつつかれて目が覚めるのが好きでした。私は夫の手を取り、赤ちゃんがもぞもぞと動いているところに当てたりもしたのです。夫はすぐに笑顔になり「ボクの赤ちゃん！」と言ったものです。

生理的子宮収縮 *（ブラックストンヒックス収縮）*

あなたの子宮がいきなりぎゅっとかたくなっても、こわがらないでください。出産が始まったわけではないのです。あなたが気づかなくても、妊娠3カ月目ごろから子宮の収縮は起こっています。何も感じていなくても、実際には1時間に7、8回の収縮が自然に起こっているのです。

この収縮は個人差が大きく、いつごろから感じ始めるかも人によりさまざまです。早いと妊娠4カ月ごろから感じる人もいるようですが、ほとんどの人は妊娠6、7カ月で感じるようです。これはブラックストンヒックス収縮といい、典型的な短い収縮（45秒以内）を感じます。通常は痛みを感じるほどではなく、生理の始まりに似た鈍い痛みのようなものです。疲れているとき、特に一日の終わりには頻繁に感じる人が多いようです。息が止まるほどの強い収縮があったという人もいます。また、経産婦のほうが強く感じる傾向にあるようです。

これは出産に向けての子宮のウオーミングアップのようなものだと考えられています。子宮が大きくなるにつれてますます頻繁になり、最後には赤ちゃんを押し出すことができるほど強くなります。8、9カ月には陣痛ではないかと疑いたくなるほどでしょう（261ページの本当の陣痛との違いを確認してください）。この「子宮収縮」を、本番のリラックスの練習に使いましょう。収縮を感じたら、両親学級で学んだリラックスモードに体をチェンジさせます。忘れないでください。これはただのリハーサルです。実際の陣痛は、やはり経験してみなければわからないものでしょう。

ママノート：最初に夫が私たちの赤ちゃんがキックをするのを感じたとき(23週でした)、彼はやっと、私がずっと望んでいたような赤ちゃんとのつながりを感じてくれたのです。赤ちゃんは私たちにその命を感じさせてくれました。胎動というすばらしい方法でその存在を教えてくれます。赤ちゃんが動き始めると、私は赤ちゃんが目覚めて私たちのことを意識しているような気がします。目が覚めているとき、赤ちゃんは私たちの動きを感じているのでしょうか？　私たちの声、動き、彼がキックしたところに当てた私たちの手、これらをわかっているのでしょうか？　彼は私たちにメッセージを返してくれるようになるのでしょうか？

さらに胎動が激しくなると、今度は外からも赤ちゃんの動きが見えるようになります。いすに座って自分のおなかを見ると、服の下でおなかがもぞもぞ動いているのがわかるでしょう。あおむけに寝れば、下のほうからぼこぼこと泡立つようなおなかの動きがわかるでしょう。あなたは赤ちゃんが動く部分に自然に手を当ててしまうでしょう。翌月には、さらにはっきりと動きがわかるようになります。

足がつる

妊娠中期の終わりから最後の1カ月にかけて、ふくらはぎにこむらがえりを起こしやすくなります。これらはカルシウムやリン、マグネシウム、カリウムなどの体内バランスがくずれるせいだといわれています。さらに補足しなければいけないことは、おなかが大きくなったために足（最も活発な部分です）への血管が圧迫され、血液循環が悪くなったことも挙げられます。立ったり座ったり、長時間横になったりすることで、子宮が太い動脈を圧迫してこれらの筋肉に対する血流を減らし、足がつる原因になるのです。

こむらがえりを予防したり減らすためには、足の筋肉への血液循環を悪くさせないことです。次のような方法を試してみましょう。

●日中はサポートタイプのストッキングをはきましょう。立つ、または座る姿勢を長時間続けないこと。
●寝る前に、ふくらはぎの筋肉を伸ばす体操をすること。187ページのコラムにある足のエクササイズを試してみましょう。足を伸ばして、つま先は手前、かかとは突き出すようにふくらはぎを伸ばします。主につりやすいところを重点的に伸ばします。以下に書いてあるエクササイズは、こむらがえり予防にも効果的です。両方の足についてそれぞれ10回ずつ行いましょう。
●ベッドに入る前に、パートナーにふくらはぎをマッサージしてもらいましょう。
●寝るときに、まくらを使って足を上げましょう。
●231ページにあるような姿勢で、左側を下にして寝るようにしましょう。

＊こむらがえりをやわらげる

こむらがえりは非常に不快感が強く、痛みで目が覚めることもよくあります。足がつったら、とにかくマッサージをすることです。夫に円を描くようにこすってもらうのもいいでしょう。しかし最もいいのは、起き上がって動くことです。できれば歩きましょう。または、立つか壁に寄りかかるかして、次のような足のエクササイズをしてみましょう。ふくらはぎの痛みが深刻なら、足を伸ばして座り、痛むほうのつま先を手でつかみ、ふくらはぎを伸ばします。ふくらはぎはゆっくりと伸ばします。跳んだりはねたりという動きは足がつりやすくなるばかりでなく、筋肉も痛めてしまう可能性があるので避けてください。おなかが大きすぎてつま先をつかむことができないときは、マットレスにかかとを押しつけ、つま先を手前に倒すようにしてふくらはぎを伸ばします。

次に挙げるエクササイズは、足がつったときに効果がありますし、きちんとやれば予防効果もあるでしょう。

＊立ってふくらはぎを伸ばす

つっていないほうの足で体を支え、つった足は体の後ろに伸ばします。つった足をまっすぐにしたまま（かかとも床につけたままです）、体を支えている足のひざをゆっくりと曲げていきます。このストレッチを行う場合は、壁に手や腕を押しつけて行うと、バランスを保ちやすいでしょう。

＊壁を押す

壁に手を当て、腕が完全に伸びるくらい後ろに下がります。かかとを床につけ、背中をまっすぐにしたまま、ひじを曲げ、ふくらはぎを伸ばしながら体を壁のほうに傾けます。あまりにもストレッチがきついようならば、少し壁に近づいてください。

＊座った姿勢でのストレッチ

床に座って足を伸ばし、両足をクロスさせます。足を伸ばしたまま、前にかがむような姿勢でつま先をつかみます。数秒間、この伸びの姿勢を保ちましょう。足を組みかえ、繰り返してください。つま先を手前に曲げ、ふくらはぎの筋肉を伸ばします。

手のしびれや痛み

足だけではなく、手もうずくような感じがしたり、反対に無感覚ということもあります。ちくちくした痛みを親指や人差し指、薬指の半分に感じたり、手首から肩に抜けるような痛みやしびれを感じることがあるかもしれません。ときどき手首の内側を押すと、痛みを感じることもあります。これは手根管症候群というものです。妊娠中の体は、ふだんよりも水分が増えていますが、手首のところで交わっている靭帯の細胞にも同じことが起こっているからです。この余分な水分はむくみの原因になり、手がひりひりしたり、無感覚状態を引き起こします。

手根管症候群は妊娠中の人だけでなく、手首を繰り返し使う仕事をしている人（たとえばタイピストやスーパーのレジ係、ピアノ教師など）にも起こりやすく、特にキーボードを打ち続けている女性はこの病気になりやすい傾向があります。妊婦の約25％が妊娠後期の半ば以降に手のしびれなどを感じるようです。妊娠していると、このようなコンディションは特に憂うつで、ときには耐え難いでしょう。手根管症候群は、夜間や、手首に水分が集まる一日の終わりや朝起きたとき、特に手を頭の下に置いて寝てしまった場合などに、最も起こりやすくなります。

この不快感を少しでもやわらげるには、日中はできるだけ手を休めることです。きっかけになるような動作、お茶を注ぐような手首のひねりや、何度も繰り返して手首を使うような動作は避けます。たとえば、コンピューターの仕事をしているのなら、手首をなるべく自然な形で保つように努力します。手首を上のほうにカーブさせるよりは、自然に下に曲げるようにしましょう。このポジションを保つために、リストレストを使いましょう。夜は手首をまくらにのせて、少し高くして眠るようにしましょう。

妊娠中のさまざまな筋肉の痛みと同じように、手根管症候群も出産後には治ります。母乳育児をしている人の中には、体の水分バランスが適正に戻るまでの4〜6週間、引き続き手首のギプスが必要な人もいるでしょう。赤ちゃんに授乳するときも、手首には自然に負担がかかります。授乳の姿勢で長時間赤ちゃんを抱いていることは、手根管症候群を引き起こす原因にもなります。授乳の専門家は、まくらやクッションを使ったりして手首への負担を軽くする特別な授乳スタイルを提案してくれるでしょう。

腹筋の分離

これはヘルニアではありません。あなたの肋骨から骨盤の骨まで、おなかの中間あたりに2本の大きな筋肉の帯があります。子宮が大きくなることによってこの2本の筋肉が伸びて離れてしまい、その部分の皮膚がおかしな感

じになっていることに気がつくかもしれません。おなかの中心あたりに指をはわせてみると、その部分がやわらかく、溝になっています。この溝は妊娠が進むに従って、さらにはっきりしてきます。腹筋運動は、たとえ初期でも妊娠中はいけません。この腹筋の分離が一度始まると、腹筋は従来の強さを保てなくなります。出産後半年ぐらいすれば腹筋は再び元の位置に戻り、溝も埋まりますが、ほとんどの場合、妊娠を繰り返すたびに徐々に腹筋が弱くなってしまいます。

尿が漏れる

くしゃみをするたびに尿が漏れてしまいそうになって慌てて足を組んだり、間に合わなくて下着を少しぬらしてしまうことはありませんか？　心配しないでください。この問題は赤ちゃんが生まれれば解決します。くしゃみやせきをしたり、大笑いしたり、腹筋を使うと、同じようなことが起こります。膀胱の下方の筋肉は弱くなっていて、さらに大きくなった子宮が膀胱を圧迫するために、くしゃみなどの刺激で尿が漏れてしまうのです。これを防ぐには膀胱をいつもからにしておくことです。できるだけ頻繁にトイレに行き、「3回出し」の習慣をつけましょう。トイレに入ったら必ず3回力を入れ、膀胱を完全にからにするのです。

あなたの横隔膜も弱くなっています。せきやくしゃみをするときは口を開けてするようにしましょう。口を閉じてせきやくしゃみをすると胸の組織によけいな圧力がかかり、問題を引き起こす原因になってしまいます。赤ちゃんを産んで、あなたのおなかのスペースに余裕ができれば、膀胱にもスペースができます。さしあたっていえるのは、あなたには当分、ナプキンかパンティーライナーが必要だということです。

排尿をコントロールするための筋肉を鍛えるには、180ページのケーゲル体操が効果的です。おしっこを途中で何度か止めて、これらの筋肉を締めたりゆるめたりすることで、筋肉を鍛えるのです。トイレのときにケーゲル体操をすれば、膀胱を完全にからにすることができます。でないと、ますます尿漏れはひどくなっていくでしょう。

ママノート：私の母は「立っているときにせきやくしゃみをしそうになったら、ひざを軽く曲げて前かがみの姿勢をとるといいわよ」と教えてくれました。これは大変助かりました。

痔の痛みと出血

痔は直腸に見られる静脈瘤《じょうみゃくりゅう》の一種で、痛みや出血の原因になります。妊娠で血液量が増えたところへ、大きくなった子宮が骨盤内を圧迫すると、直腸壁や肛門周辺へグリンピースからぶどう粒大の静脈瘤ができます。この個所がはれ上がり、特に便がかたいときなどに出血したり、ずきずきと刺すように痛んだりするのです。直腸の内部で起こる血管のはれ（内痔核）は、出血することはありますが、通常痛みは感じません。痔のいちばんのサインは、直腸の不快感と、トイレットペーパーにつく鮮血です。痔による出血は無害で心配ないものですが、あなたは医師に出血があったことを報告し、それが本当に痔による出血なのか診察をしてもらう必要があります。痔が起こる時期はさまざまですが、通常は妊娠中期に起こり、後期に向かって悪化していきます。出産時にいきむために、出産直後に最も悪くなることも少なくありませんが、しだいに小さくなっていきます。

＊痔を予防する

多くの妊婦が経験しているこの「突き抜けるような痛み」は、妊娠のほんの一時期の間です。少しでも軽減するには、次のような方法を試してみましょう。

●長時間座りっぱなしを避ける。特にかたいいすなどはいけません。あおむ

けに寝ると、子宮の重さが腰の太い血管を圧迫します。直腸の静脈はただでさえ血行が悪くなっているのでさらに悪化してしまうのです。

●180ページのケーゲル体操を、少なくとも1日15回は実践しましょう。骨盤底筋、特に直腸付近の筋肉を鍛えると、肛門とその周辺の組織を強くし、この部分の血行不良を解消します。

●便意を感じたら我慢せずにトイレに行くようにし、便をやわらかくする工夫をしましょう。食物繊維を含んだ食べ物と水分を十分摂取し、医師に便をやわらかくする薬を処方してほしいと頼みましょう。必要ならば63ページの便秘を防ぐ方法を参照してください。

●やわらかく、無香料、無着色のトイレットペーパーを使いましょう。必要なら赤ちゃん用のおしりふきを使うといいでしょう。

●便をするとき、直腸の筋肉に必要以上の圧力をかけないようにしましょう。ふくときはごしごしとこすらず、やさしく、軽くたたくようにしてふき取ります。おふろに入ったら、スポンジなどで洗うのでなく、シャワーのハンドノズルで肛門の周辺をきれいに流します。

＊痔の不快感をやわらげる

痔の出血が見られたら、次のような方法で症状をやわらげましょう。

●砕いた氷を清潔な靴下などに入れ、血管を圧迫すると、一時的に痛みがやわらぎます。シーツをぬらさないように、厚いタオルを敷き、横になって患部に当てましょう。

●不快感をやわらげるために、温かいおふろにさっとつかりましょう。お湯には半カップの重曹を加えておきます（温かいお湯は下半身の不快感をやわらげてくれますが、同時に血管を拡張させ、出血を悪化させる原因にもなります。ですから、数分で出るようにしましょう）。

●血管を収縮させて不快感を緩和させるために、冷やしたハマメリス（アメリカマンサク）の抽出液を浸したガーゼやコットンボールを患部に当てておきます。

●非常に不快感があって痛みも強いようなら、湿布などが効いてくるまでの間、185ページのようなよつんばいの姿勢で、下半身への圧迫を一時的にやわらげます。

●かたいいすに座らなければいけないようなら、ドーナツ型の座布団を購入し、いすの上に置きましょう。しかしなかには、ドーナツ型の座布団を使うとおしりによけい圧迫がかかる、という人もいます。そのような場合はかわりにまくらの上に座るか、座るときに重心を片方のおしりにかけるようにしましょう。

●市販薬を使うときは事前に医師に相談しましょう。痔の薬で赤ちゃんに危険性が及ぶようなものはほとんどありませんが、直腸組織から血中に浸透してしまうものもあります。

腰と足の痛み

腰やおしり、ももの後部からふくらはぎ、そして足に及ぶ、鈍い、あるいは刺すような痛みを感じることがあります。これはあなたの骨盤の関節がゆるむために起こります。赤ちゃんの頭やふくらんでくる子宮が、腰から骨盤を通ってそれぞれの足につながる主要な神経を圧迫しているのです。突然、片方のおしりの奥のほうから刺すような鋭い痛みを感じ、それが足の後ろのほうに下がっていくのは、あなたの腰の座骨神経が圧迫されることによって起こる痛みで、座骨神経痛といいます。座骨神経痛は、立ったり座ったりだけではなく、歩いているときにさえ痛みを感じます。しびれや痛みをももの外側に感じるのは、大腿部の神経が伸びることが原因です。これらの痛みを少しでもやわらげるには、なるべく休息を取り、圧迫される位置を1カ所に集中させないように姿勢を頻繁に変えると（よつんばいの姿勢を試してみましょう）、痛みがやわらぐこともあります。温かいおふろにつかったり、痛む部分にアイスパックを当てたり、痛む部分を下にして横になってみましょ

う。痛みがひどく、耐え難い人もいるでしょう。骨盤の形や構造の微妙な違いで、痛みの程度はかなり個人差があるのです。

静脈瘤

静脈瘤も、妊娠中にあらわれる多くのトラブルのひとつです。妊娠によるホルモンの影響で静脈の血管壁がゆるみ、ふくらみやすくなっています。妊娠によって血液量が増えるため、血管も拡張する必要があるのです。ふくらんでいく子宮が、その下にある主要な血管と骨盤内の静脈を圧迫するので、足には特に静脈瘤が発生しやすくなります。しかし、静脈は体中のすべてのところで膨張しています。首に沿った部分や肛門周辺の静脈に、小さなかたまりがあることに気づくかもしれません。これは、妊娠で増えた血液量が、静脈の弁近くに余分に蓄積されることで起こります。痔は、この静脈瘤が大きくなったものです（２２６ページ参照）。あなたが妊娠中に静脈瘤ができやすいかどうかは、遺伝的な要素も強く関係しています。

静脈瘤に触ったり、マッサージをしたりしないでください。静脈にダメージを与える可能性もありますし、さらに凝血をひどくするかもしれません。ひざより下にはっきりと見える静脈瘤があり、それが大きくなって痛み、発赤、はれ、熱をもってやわらかくなるようならば、血栓性静脈炎（静脈血栓症）と呼ばれる深刻な状態で、そのまま血栓になってしまう可能性もあります。

望ましくない、でも避けられない妊娠中の静脈のトラブルも、出産後数カ月でおさまってきます。これらのトラブルを少しでも軽減するには、次のようなことに気をつけてください。

●長時間立ったまま、座ったままの姿勢を避けましょう。座っているときに、足を組んではいけません。じっとしていなければならないようならば、１８６ページか１８７ページのコラムの足のエクササイズで、血行が悪くなるのを防ぎましょう。足の血液循環を促すために、一定時間のサイクルで歩くようにしましょう。

●座るときには、なるべく足を高い位置に上げておきます。横になるときは、２３１ページにあるように左側を下にした姿勢で。

●ゆったりとした服を着ましょう。締めつけるようなパンツやウエストバンド、ガーター、ソックスなど、血液循環を妨げるようなものは避けます。

●サポートタイプのストッキングをはきましょう。朝起きたら、重力で静脈瘤が飛び出してくる前にサポートタイプのストッキングをはいてしまいましょう。ひざまでの長さのストッキングは、そこから血液が逆流してしまうおそれがありますから、おすすめはできません。

この月のおなかの赤ちゃんは？
20～23週

この月の終わりまでに赤ちゃんの体重は約５７０～６８０ｇになり、体長は約30㎝に成長します。皮下脂肪が増え、ややふっくらとしてきますが、まだ皮膚にはしわが目立ちます。指のつめとまつげが1本1本でき、頭髪も増えます。顔はより赤ちゃんらしく、かわいらしい顔立ちになります。体は、前月にあらわれ始めた胎脂《たいし》と呼ばれる白っぽいのりのようなものが薄い層のように完全に皮膚を覆っています。24週までに鼻孔が開きます。肺は肺胞と呼ばれる、空気をためておく小さな袋をつくり始めます。本格的な肺呼吸の準備は始まっていますが、もちろんまだその機能は十分ではありません。もしこの時期に出産になる場合には、呼吸器などなんらかの医療的な措置で、未熟な赤ちゃんの呼吸をサポートしなくてはなりません。

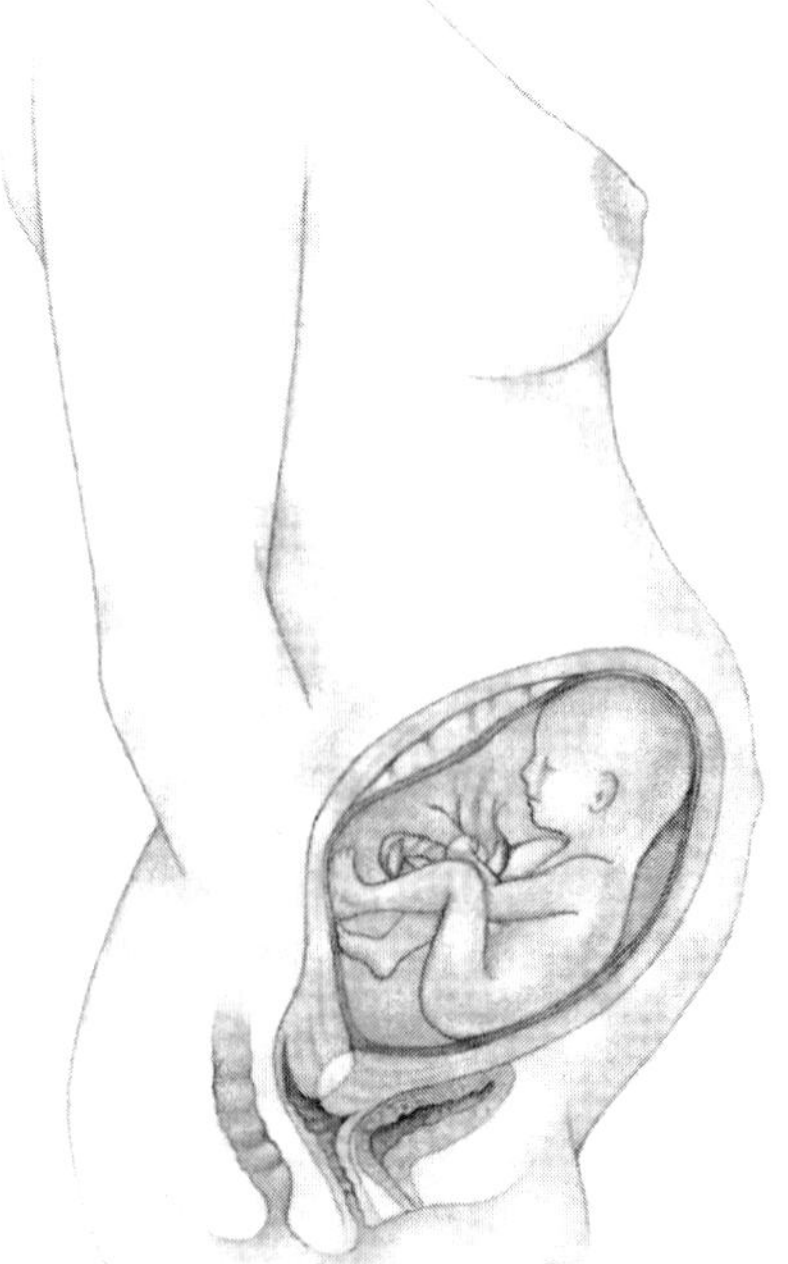

妊娠6カ月のあれこれ

おなかの赤ちゃんとの絆づくりを

あなたが感じているとおり、赤ちゃんとのコミュニケーションは生まれるまで待つ必要はないのです。最新の調査では、赤ちゃんは子宮の中にいるときからすでに外の音が聞こえていることがわかっています。さらに、お母さんと感情を共有することも証明されています。そしてはっきりとは言えないまでも、おそらくお母さんの感情は赤ちゃんの感情の発達に影響を与えています。母親たちはしばしば、自分の考えていることや行動、言葉に赤ちゃんが気づいているかしらと考えます。最新の研究では、胎児は私たちが想像していたよりもはるかにさまざまな音を聴き、感じていることがわかっているのです。

さまざまな国で何世紀もの間、赤ちゃんと母親の間は特別な神経で感情がつながっていると考えられてきて、だからこそ妊娠中は心を安らかに保たなければならないといわれてきました。これは迷信または民話のたぐいではあるのですが、その内容は正しいところをとらえています。ただ、どうやって母子がコミュニケーションをとっているかがわからなかったのです。

ここ25年間で産前心理学の発達は非常に盛んになりました。最新の技術を使って子宮の中の様子が見えるようになり、産前心理学の研究者はこれらの迷信を裏づけるような多くの証拠を見つけました。お母さんがハッピーだと胎児もハッピーで、お母さんが不安だと胎児も不安だということがわかってきたのです。

お母さんたちの噂話

母親の間ではしばしば、「赤ちゃんがおなかの中で聞いていた音」が話題になります。オーケストラの指揮者は、自分の母親が弾いていた楽器に言葉では説明できないような親しみを感じると主張します。幼児は特に、お母さ

◎ 快適に眠るためには？

おなかが大きくふくらんできて、快適に過ごすことはなかなか難しくなってきました。寝るときは多くの妊婦たちに好評な姿勢を試してみましょう。お母さんはリラックスでき、赤ちゃんにも安全です。左側を下にして横になり、少なくとも5つのまくらやクッションで体を支えます。2つは頭の下に、もう2つは軽く曲げた上の足の下に敷きます。残りの1つは背中とマットレスの間に挟みます（マットレスと下腹部の間を小さなまくらで固定するとより楽な場合もあります）。もしもバランスが悪いと感じた場合は、上のほうの足をさらに動かし、下腹部がマットレスに触れるように体をスライドさせましょう。

リンダノート

私は、ぐっすり眠るために解剖学のテキストや分厚い研究ジャーナルを使いました。難解でややこしい個所に集中しようとすればするほど、自然に眠けが襲ってくるのです。

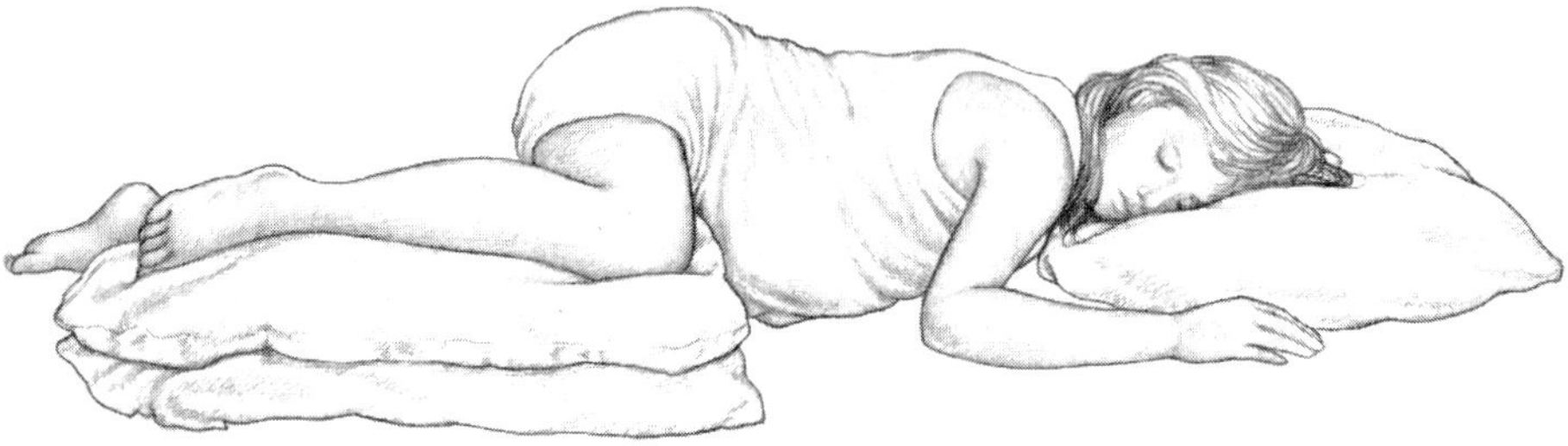

んたちが妊娠中にしょっちゅう行っていたことの中で、繰り返しのフレーズがあるものを好んで覚えています。

ある2歳児は「すってー、はいてー」と繰り返すのを好みました。お母さんがずっとラマーズクラスで練習していたのを聞いていたのです。記憶を引き出すために麻酔で眠った状態の大人が、生まれる数カ月前に子宮の中で聞いた音声を正確に思い出したのです。ある男性は母親が9カ月のときに行ったカーニバルの音楽をはっきりと覚えていました。これらの事実に基づく証拠を信じなくてもかまいません。しかし最新の研究では、これらの事柄に、生理学的な根拠がある可能性を示しています。

赤ちゃんは何が聞こえるのでしょう

「おなかの赤ちゃんがドラムの音に合わせてジャンプしたわ！」と、コンサートに行った母親たちは報告しています。実際、妊娠22週を過ぎるころには、胎児の聴覚は外界の音に反応できるくらい十分に発達しています。産前についての研究者は、少なくとも妊娠6カ月を過ぎれば赤ちゃんは子宮の外で何が起こっているかを理解し、その影響を受けると信じています（28週以降には、胎児の脳は何かを考えるだけの能力も十分に備えています。この能力を備えているために、子宮の外でも生きていけるようになるのです）。胎児はロック音楽に興奮して激しくキックし、クラシック音楽で穏やかになります。まだ5カ月の胎児でさえも、音を聞き分ける能力があるとわかっています。ある実験では、ビバルディで穏やかになり、ベートーベンで興奮するというケースもありました。

別の研究では、妊娠6カ月の胎児がお母さんの話すリズムに合わせて体を動かしていることがわかりました。たぶんいちばんの驚きは、胎児にキックするタイミングを教えられるということです。研究者は大きな音を出すと胎児がキックするという事実に興奮しました。大きな音でキックすることに慣らしたのち、研究者たちは音を鳴らしたあとにすぐ母親のおなかにバイブレ

ーターをつけたのです。やがて赤ちゃんはバイブレーターの振動だけで、それに反応してキックすることを覚えていきました。言いかえれば、赤ちゃんは音と振動という感覚を関連づけることを学んだのです。

少なくとも1つの確実な研究結果があります。新生児室の赤ちゃんたちに、心臓の鼓動を録音したテープを聞かせると、とたんに落ち着くというものです。また毎分60～90回の心臓の鼓動に似たリズムを聞くことで、赤ちゃんも大人もより自然に気持ちが落ち着くことがあらゆるところでいわれています。これは、子宮の中で聞いた音を誕生前にすでに心の中に刻みつけていたということでしょう。

何を感じるのでしょう

音に反応するだけではなく、胎児は味覚や視覚も発達していることがわかっています。羊水に甘みを加えると、胎児が羊水を飲み込む量は2倍になり、酸味を加えると飲む量は少なくなります。妊娠4カ月の初めごろでさえ、実験的に外部から刺激を与えると、それに応じて胎児が顔をしかめる様子が観察されました。また妊娠5カ月の胎児におなかの外から明滅する光を当てると、胎児がびっくりした反応を示したのです。

何を考えているのでしょう

赤ちゃんも生まれる前に人生について何か思うのでしょうか？　心理の専門家たちは「はい」と主張します。もしもそうだとしたら、妊婦の考えていることは胎児に影響があるのでしょうか？　研究者たちは真剣に、お母さんが考えることと赤ちゃんが感じることには関連性があると信じており、妊娠6カ月を過ぎるころからはホルモンを通じて、母親と胎児は感情を分かち合っていると主張しています。

胎児は実際の言語を理解できませんが、母親の言葉の調子でさまざまなことを感じ取っているのかもしれません。母親が穏やかな口調で話しかけると胎児の気持ちは落ち着き、不安やイライラ、怒りなどの口調は胎児の落ち着きを失わせるのです。母親の前向きな、または否定的な感情は赤ちゃんに影響を及ぼします。ある研究では、お母さんがタバコに火をつけることを想像しただけで胎児の心拍数が上がったことが確認されています。実際に吸わなくても、思うだけで胎児に影響を与えるのです。

長い間の研究結果

母親の感情と胎児の性格の関連性については、最も意見の分かれるテーマでもあります。感情的になりがちな母親は、感情的な子どもを産むのでしょうか？　研究の結果は確かに母親の感情的な態度は子どもの情緒の発達に影響を与えることを示しています。同様に、おなかの赤ちゃんに何の愛情も感じられず働きかけもしない母親から生まれた赤ちゃんは、精神的になんらかの問題を抱えている傾向にありました。一方、心からゆったりとした気持ちで妊娠生活を送った母親の子どもは、精神的にも健やかな傾向にあったのです。

もちろん、さまざまな不安やそのほかのマイナーな感情が一時的なものである場合は、このような論理は当てはまらないでしょう。実際、少しの間の気持ちの揺れや、すぐに解決した心配事は赤ちゃんに悪影響はない、と研究でも証明されています。しかし、とても大きなストレスが妊娠中ずっと続くようなら、赤ちゃんの発育になんらかの影響を及ぼしてしまうこともあります。研究では、本当は欲しくなかったという気持ちから妊娠中の絆づくりを拒否した母親から生まれた赤ちゃんは、その後、情緒的になんらかの障害を引き起こす可能性が高いと述べています。一方、妊娠中に体やそのほかの個人的な問題が山積みだったとしても、妊娠に対して前向きな気持ちで取り組み、おなかの赤ちゃんに対して愛情を抱いていれば、その子は周囲のだれからも愛されるような子になるのです。

ホルモンによる心の結びつき

何が母親の感情と赤ちゃんの発達を結びつけるすばらしい役割を果たしているのでしょうか？ 確かに母親の感情は胎盤を通じて伝わるものではありません。しかしその一方で、ホルモンは伝わります。研究者によると、ストレスを感じている母親は「カテコールアミン」と呼ばれるホルモンを分泌します。これはおびえや恐怖の感情のホルモンで、胎盤を通じて化学的にストレスを伝え、「こわい」というような感情が神経回路に伝わるのだと述べています。これがあまりにも頻繁に起こると、胎児も慢性的なストレス状態に慣れてしまいます。すると、赤ちゃんの神経は刺激に対して過剰に反応するようになってしまうというのです。

妊娠中に不当に扱われ、神経系におそらく負担をかけ続けられた赤ちゃんは、情緒障害を起こしやすいか、または胃腸系が弱くコリック（54ページの注1参照）を起こしやすいという傾向にあるようです。

赤ちゃんの健全な体と心に責任をもつことは、この混乱に満ちた世の中で、赤ちゃんを常に安全な場所に置いておかなければいけないという不安を生み、母親にとってはかえって重い心理的負担になるでしょう。汚染された食べ物を避けるだけではなく、大気汚染も避け、今や、害になる感情までもたないようにしないといけないのです！

リラックスしましょう。あなたの感情がどうであれ、あまり神経質に考える必要はありません。かえって、そのことがまた別のストレスとなってしまいます。毎日の生活の中から緊張を取り除くために、合理的な考え方をしましょう。よく休み、常に前向きな気持ちでいましょう。真剣に考えなければいけないのは、妊娠期間中全体にわたって問題となるような深刻な情緒的な問題だけなのです。確かに感情は自然に上下するものです。出生前の心理学、または出生前の絆づくりという研究は確かに行われています。しかし、まだその研究はあいまいなものが少なくありません。

たとえば、胎児が考えていることを判断するための方法のひとつとして研究者が行ったのは、胎動を記録することでした。おとなしくしていた赤ちゃんが刺激に対して急に動きだした場合、その刺激に対して感情が乱されたと判断します。でもこの場合、刺激に対して単純に目が覚めただけなのかもしれませんし、不快を感じたからと解釈する証拠はないのです。同じように、親から受け継いだ遺伝や育てられ方などさまざまな要因も子どもの人格形成に大きく影響します。出生前心理学の研究に関しては、ある程度常識的な判断で解釈すべきでしょう。

それでもあなたは、赤ちゃんが心理的にとてもいい状態でスタートを切れるように何でもしてあげたいと思うかもしれません。忘れないでください。妊娠中は、前向きな気持ちも後ろ向きな気持ちも、どちらも強く出やすいのです。ストレスになることはできるだけ前向きなモードに変えていきましょう。赤ちゃんに話しかけたり、歌ったり、赤ちゃんと気持ちを分かち合うようにしてみましょう。

確かに父親が胎児に与える影響について科学的な根拠はありませんが、お父さんを仲間はずれにしないでください。赤ちゃんの個性を形成していくにあたって、父親は母親のように直接影響を及ぼすことができるわけではありません。しかし、妻との関係を通じて彼女の精神状態に影響を与え、間接的に赤ちゃんの情緒や健康に影響を与えることはできるのです。実際、調査によれば、夫婦仲がよくないカップルの胎児は精神発達に問題が起きるリスクが高くなっています。夫が自分の妻について、また赤ちゃんについて何を思うかは、妻の感情に影響を与えます。赤ちゃんが生まれる前でも、夫は妻をサポートすることで子育てにかかわれるのです。

妊娠中の旅行

妊娠中でも、仕事や、あるいは楽しみのために旅行を計画する機会があるでしょう。妊娠中に旅行することには、ためらいがあるかもしれません。いちばん相談が多いのが飛行機での旅行です。基本的には問題のないものがほ

とんどですが、個人の状態にもよりますので、必ず医師に相談しましょう。

＊妊娠中の旅行に関する質問

ここでは、妊娠中に最も多い質問のいくつかについてお話しします。

Q「赤ちゃんが生まれる前に、夫とふたりでロマンチックな旅行に行きたいと思っています。休暇を取るには、いつがいちばんよいのでしょうか？」

A　赤ちゃんが生まれる前に、ぜひとも奮発してふたりで旅行に行ってください。生まれてからでは、ふたりのために用意されたキャンドルライトのディナーやベッドにさえも、ゲストを1人追加しなければいけません。旅行にいちばん適しているのは、妊娠4〜6カ月の間です。妊娠初期は体も疲れやすくつわりもあるので、心から旅行を楽しめないでしょう。妊娠後期にはおなかが大きくなり、不自由なことも多くなるでしょう。

Q「仕事のために、月に一度は飛行機に乗らなければいけません。より快適でいるために何をしたらいいでしょうか？　注意事項はありますか？」

A　あなたがたは2人で移動しています。赤ちゃんもあなたも快適な方法をとる必要があります。以下を参考にしてください。

＊臨月には、足を地につけて

妊娠何週目まで搭乗が可能か、事前に航空会社に確認しましょう。飛行機の客室乗務員に、助産師の役割を期待してはいけません。あなたがはっきりと妊婦だとわかるような外観であれば、航空会社は、医師に証明書をもらってくるように言うでしょう。早産のリスクがある場合、ＮＩＣＵ（新生児集中治療室）を備えていない場所には行くべきではありません。

＊快適な姿勢を

飛行機ではなるべく前のほうの席を取ってもらいましょう。前のほうが空気の循環がよいだけでなく、飛行機の乗り降りも楽だからです。窓際の席のほうが、妊娠初期の吐きけやむかむかをまぎらわすのに役立ったという人もいますし、通路側のほうがトイレに行きやすいからいいという人もいました。妊婦は足元に広いスペースのあるバルクヘッドシート（ビジネスクラスなどとの境にある、足を伸ばせるシート）を用意してくれるようにと頼むことが多いようです（しかし、いすのひじ掛けはたためないので、横に自由に体をずらすことはできません。できれば腕が伸ばせるように、横の席は空席が望ましいでしょう）。

妊婦は非常口の近くのシートに座ることはできません。なぜなら、ここの席は非常時に重いドアを動かす手伝いをしなければいけない可能性があるからです。非常口の近くを希望する場合は、非常口列シートの後ろの列を希望しましょう。非常口列シートの前の列は、シートがリクライニングできないようになっているからです。だれかといっしょに旅行をするなら、窓際の席を譲ってもらい、座席に余裕があれば、連れの人には1つ間をあけて座ってもらいましょう。

飛行中は足がむくまないように、なるべく足を高くして座り、ときどき歩くようにしてください。飛行中は足がひと回り大きくなるので、履いていた靴を脱いだら最後、もう履けないと思ったほうがいいでしょう。飛行機に乗る場合は、幅広でゆとりのある靴を選ぶか、ルームスリッパを持参します。

＊なるべく水分をとりましょう

飛行機の中は乾燥しがちで、口や鼻の粘膜を乾燥させ、脱水症状が起こりがちです。カフェインとアルコールが含まれていない飲み物を、飛行前も飛行中も、そして飛行後も、なるべく頻繁に飲むようにしましょう。

＊乾燥に気をつけて

飛行機内の湿度は約7％です。鼻の不快感はもちろんのこと、乾燥した空気は脱水症状を引き起こす原因にもなります。機内では水分を十分摂取することに加えて、カップに入ったお湯の湯気を鼻から吸い込むなどして、鼻の乾燥を防ぐように気をつけましょう。塩水の鼻スプレーを持参するのもいいかもしれません（処方箋なしに薬局で購入できます）。1時間おきくらいに鼻の中に塩水をスプレーするのです。

＊快適に過ごせる食べ物を

妊娠初期に飛行機での旅行を計画しているものの、そのころにもまだつわりが続いているだろうと予測できるなら、できれば事前に、胃にやさしい野菜中心の機内食を出してほしいと航空会社にリクエストしておきましょう。もっといいのは、あなたが食べられるメニューの食べ物をあらかじめ自分でパックして持参することです。ガス質の食べ物は避けるように特に気をつけてください。気圧の変化でおなかにガスがたまりやすくなり、おなかの調子を狂わせてしまいます。飛行中は食べ物は少しずつ食べ、胃もたれを防ぎましょう。調子が悪いときは必ず客室乗務員に助けを求めてください。

＊高度の変化による不快感

おそらくご存じでしょうが、ほとんどの飛行機では、高度の高い場所で酸素を供給するために気圧調整を行います。高度7000フィート（約2・13km）以上の高さになると、高度が上がるにつれて酸素量は減少していきます。近距離用の小型飛行機などには注意しましょう。ほとんどの小型飛行機はさほど高度を上げないで飛ぶことを基本としていますが、条件によっては7000フィート以上に上がることもあります。気圧調整されていない機内でしばらくの間過ごしたとしても、それが直接赤ちゃんにダメージを与えるとは考えられません（赤ちゃんの酸素濃度は、すでに少し低めになっています）。しかしそのために、血液中の酸素が減り、頭がくらくらしたり、ぼうっとしたり、動けなくなったりするかもしれません。酸素量は気圧調整された機内でさえ変動することがあります。ですから頭がぼうっとしたり、くらくらするような場合は、酸素不足の可能性があります（妊娠している場合は、海抜7000フィート以上の場所でバカンスを過ごすのは避けましょう。研究によると、高地に住んでいる女性は低体重児を産む傾向にあるということです）。

＊助けを求めましょう

妊娠している人は年配の人と同じように、公共の乗り物では常にシートを譲られたり荷物を持ってもらう権利があります。しかし多くの人々は、おそらく助けを申し出ることで女性の自立を邪魔することを恐れてかと思いますが、なかなか自分からシートを譲ろうとはしません。助けを求めることをためらってはいけません！　特にいけないのが、体を伸ばして座席の上にある荷物入れに重い荷物をしまおうとすることです。必要のない筋肉を無理に伸ばしてはいけません。あなたは妊婦です。助けてもらっていいのです。躊躇しないで助けを求めましょう。

＊旅行前には医師に相談を

旅行前には医師に相談し、早産やそのほかのリスク（妊娠中毒症、高血圧、糖尿病、多胎、子宮頸管無力症、習慣性流産、以前に早産の経験がある、または赤ちゃんが正常に胎内で育っていないなど）がないかどうかをチェックしてもらいます。これらのリスクがある人は、最後の3カ月は飛行機での旅行または長期の旅行は避けるようにとすすめられるでしょう。

Q「飛行機に搭乗するときのX線検査を、うっかりそのまま受けてしまいました。赤ちゃんに害はないでしょうか？」

A　空港では、手持ち式の検査器と、通過しながらセキュリティーチェックを受ける装置があります。これは低いレベルの超音波もしくは非電離放射線のどちらかを出しており、病院のX線検査で問題になるような、潜在的に危険な放射線を当てているものではありません（49ページ参照）。放射線のタイプによっては、超音波とともに安全なものとみなされていますが、完璧に安全だという保証はできません。これらの検査を受ける場合は念のため、検査機を通らずに、できれば女性による直接のセキュリティーチェックを受けさせてほしいと頼んでみましょう。

Q「旅先で下痢しやすい体質です。妊娠中に一切旅行はできないのでしょうか？」

A　旅先の下痢は母親の体調をくずすだけでなく、赤ちゃんにも悪影響を与える可能性があります。下痢は、栄養分や塩分、水分など、あなたが妊娠中に必要とするすべてのものを体から奪ってしまいます。もし下痢がひどく、長引いてしまうと、母親は脱水症状になり、赤ちゃんへの血流が少なくなります。旅行中に下痢の原因になる食べ物や細菌を避けるために、次のようなことに注意してください。

●生水を飲まない。必ず一度沸騰させたものか、ボトル入りのミネラルウオーターを飲みましょう。ボトル入りの水が最も安全です。水道水は浄水プロセスで多量の薬品を使うので、必ずしも赤ちゃんに安全ではありません。氷もボトルウオーターで作ったものを使用しましょう。

●低温殺菌された乳製品を選びましょう。

●下痢しやすいという評判のある国では生のフルーツや野菜は避けましょう。ただし、新鮮なものを自分でミネラルウオーターなどのきれいな水で洗い、皮をむいて食べるのならばよいでしょう。

●火が完全に通っていない肉や魚は避けましょう。水銀で汚染されていることで知られている地域でとられた魚は避けましょう。

●食事は、一見して衛生状態がよいとわかるようなホテルやレストランを選びましょう。

十分に気をつけたにもかかわらず下痢になってしまったら、あなたがとにかくしなければいけないことは、少しでも脱水症状を防ぐことです。下痢の場合は次のような点に気をつけましょう。

●もしも下痢が深刻なら（1日に6回以上、水様便が出る場合）、とにかく少量ずつ、頻繁に水分をとることです。電解質溶液（下痢で失われる塩分とミネラル分などを補ってくれます）を、1日に1～2ℓとりましょう。

Q「妊娠6カ月ですが、外国に行かなくてはなりません。予防のワクチンは赤ちゃんに有害ではありませんか？」

A　幸運なことに、世界中のほとんどの国で旅行者のワクチンは義務づけられていません。それは法律で義務づけられているわけではなく、推奨されているだけです。しかし、実際、その地域ごとの伝染病の発生具合などで、ワクチンの必要性は変わってきます。地域の保健所などに最新の情報を問い合わせておきましょう。妊娠している場合には、この時期、この国に旅行するためにはどのワクチンがおすすめか、またそれは絶対必要なものなのかなどを問い合わせましょう。

あなたは、特定の伝染病にかかる危険性と予防接種の危険性をてんびんにかけなくてはいけないことになるかもしれません。可能ならば初期の3カ月は予防接種を避けましょう。絶対に必要な場合には、妊娠していても、破傷

＊安全で快適な車での旅のために＊

車で安全に旅行するために、次のようなことに気をつけましょう。

・シートベルトをつけましょう。ベルトが子宮を締めつけて、衝突したときに赤ちゃんに害があるのではないかしらという心配はいりません。羊水が赤ちゃんを守ってくれます。調査では、正しくシートベルトをしていたほうが母子ともに生存率が高かったという報告がされています。
・シートのヘッドレストをあなたの頭の位置まで上げましょう。もたれることで背中の負担を軽減してくれるだけでなく、事故が起こった場合にむち打ち症になるのを防ぎます。
・少なくとも2時間おきに車を止め、ストレッチをし、ぶらぶら歩きましょう。トイレ休憩もまめに取りましょう。
・足を伸ばせるように、シートをできるだけ後ろにスライドさせましょう。
・座ってできるエクササイズを試しましょう（187ページコラム参照）。
・まくらを使いましょう。
・おやつを持参しましょう。

腰のシートベルトはできるだけ低い位置、子宮の下あたりで締めましょう。赤ちゃんの真下のあたり、太ももの上のあたり、腰骨を横切るように、居心地がよくなるような位置にします。骨盤に当たるベルトが不快なら、小さなまくらかパッドをベルトの内側に差し込んでおきましょう。肩にかかるベルトは子宮の上のあたりにし、首を締めない高さに、胸の間を通します。

風、ジフテリア、狂犬病などは受けることができます。グロブリンおよびB型肝炎の予防接種も、本当に必要があれば妊娠中でも大丈夫です。マラリアの注射は妊婦にも赤ちゃんにも有害です。いちばんいいのは、マラリアがはやっているような地域には妊娠中に近づかないことです。

出産に関する、さらにいろいろな選択

お産を学ぶクラスに参加しましょう

あなたは、この本を読むのと同じ気持ちで出産のための教室を選ばなければいけません。知識をしっかりと身につければそれだけ、自分で満足できるような妊娠生活と、理想とする出産に近づくのです。心から満足できる出産は、あなたの親としての最初のキャリアを満足いくものにしてくれるでしょうし、同じような立場の人たちと妊娠について話すことで、気持ちも軽くなることでしょう。

何を習うのでしょう

理想的なお産のクラスとは以下のような内容のものです。

＊各月ごとの赤ちゃんの様子

イラストとチャートを使い、妊婦の子宮の中で起こっている、またはこれから起こる不思議なでき事を、解剖学や生理学の見地から説明してくれます（わが家で開かれるマーサの出産クラスは週に1回でしたが、その日のわが家のリビングは、妊娠のあらゆる時期のさまざまな絵でいっぱいになっていたものです。私たちの知りたがりやの子どもたちが、私たちを質問攻めにしているところを想像できるでしょう！）。

＊妊娠中の栄養

多くのカップルにとって栄養教室のコースを受けるのは初めての経験かもしれません。そして正しい食事とはどういうものかということをきちんと意識する初めての機会だと思います。

＊検査と技術の正しい利用法

正しいお産のクラスでは、これらの上手な利用の仕方を教えてくれます。いつ、どうして必要なのか、どうやって利用することを決めればいいのか、というようなことです。医師に対してどのような質問をしたらいいか、どのような答えが得られるかということについても、教えてくれるでしょう。

＊エクササイズ

妊娠中のエクササイズについて、いつ、どんなものを、どのくらい必要かということを習います。

＊出産の様子

出産の各段階で、体がどのようなサインを出してくるかを確認します。

＊リラクセーションと痛みの緩和

痛みのない出産は、どの出産クラスでも約束できません。あなたは、痛みは出産のためだと習うでしょう。痛みは目的があって起こるもので、それはあなたに「何かをしろ」というメッセージを送っています。痛みはあなたに変化の必要性を訴えているのです。よいお産のクラスは、リラクセーションや薬による痛みの緩和だけでなく、自分で痛みをコントロールする方法も教えてくれます。あなたは、痛みに対して考えられるすべてのメニューをもって、出産に臨むことになるのです。そしてこのクラスで得た知識によって、出産のさまざまな場面で選択をするとき、正しい道を選べるはずです。賢い出産の指導員は、女性が出産の間にいかに痛みに耐えられるかを言うのではなく、自然の、または医療的な方法を使って、いかに上手に痛みをコントロールできるかを話してくれるでしょう。薬を使った出産は失敗であるというような考え方を植えつけられてはいけません。過剰な医療介入を肯定する考え方を教わる人もいるでしょうし、一方では薬などの危険性を必要以上に教えられる人もいるでしょう。バランスが最も大切なのです。

＊出産のコーチは夫

最初にクラスに参加した多くの父親に、なぜここに来たのか？と本音を尋ねると、こんな答えが返ってきます。「妻が喜んでくれるから」。夫が自分から参加したがらなかったとしても、心配しないでください。妻の体の内部で何が起こっているかを認識できれば、夫はより妻に同調し、進んで手助けもしてくれるようになります。さらに彼らは、ほかの妊娠しているカップルとのやりとりで、さらにたくさんのものを学んでいくでしょう。

＊母乳育児の準備

母乳育児の成功はスタートしだいです。あなたが最初にきちんと理解していれば、それだけスムーズにスタートが切れるのです。特に、母乳を与える姿勢と吸いつかせるテクニックは重要です。

＊産後のさまざまな問題

赤ちゃんを家族に紹介する時期や方法、分娩後の体やそのあと復帰するにあたっての注意などを受けることができます。よいお産のクラスは、あなたがより安全で満足できる出産ができるように手助けするだけでなく、あなたが赤ちゃんとの新しい生活を迎えるにあたって、それに適応できるような準備の手助けしてもくれるのです。

お産のクラスで学べる最も貴重なことは、痛みと恐怖の悪循環をいかに断ち切るかということです。イギリスの産科医グラントリー・ディック＝リードは自然分娩の草分け的存在ですが、彼はこの恐怖心と痛みのサイクルが、多くの女性が陣痛の間に薬を必要としてしまう重要な理由だと確信しました。彼は、出産の恐怖（特に、無知であるがゆえの恐怖心）を少しでも軽くするために、出産の間に女性の体はどのような働きをするか、なぜそう感じ、どのように機能するかを話し、リラクセーションのテクニックを使って、恐怖で緊張している筋肉をいかにゆるめるかということを指導しました。ディ

ック＝リード博士は、多くの女性は出産をするときに多量の薬を必要とはしないということを主張したのです。

お産のクラスはさらに、あなたの個人的な疑問に答え、また産後もつきあっていけるような友達づくりもできる、さまざまなサポートグループも紹介してくれます。あなたはそこで、先輩のお母さん方から貴重な体験談を聞くこともでき、前回出産した人からは体験談や反省点、今回はどこを改善したいか、などということも聞くことができます。お産のクラスで最も楽しいのは、「おひろめ会」という集まりです。グループのいちばん最後のお母さんの出産が終わったあとに、みんなが一堂に集まって自分の出産の体験談を分かち合うというものです。

出産する場所を決めましょう

ママノート（リズ）：私の夫は初めての子ということもあって、自宅出産については非常に不安をもっていました。でも私はぜひ助産師さんにとり上げてもらいたかったのです。幸運なことに、私たちが大都市に住んでいたので、周辺には病院と提携しているいくつかの助産師のグループもあったのです。しかし助産師が病院に到着したのは、私がちょうど病院で処置をされたあとでした。私は破水してしまい、急激な収縮がやってきました。子宮口はまだ全然開いておらず、私はひどく吐いていました。助産師が薬を使って少し収縮をやわらげましょうと提案したとき、私は最初、落第したと思って落ち込みました。私は医療介入をしてほしくなかったのです。だって、そもそも助産師を選んだ理由がそれなのですよ！

しかし実際は助産師だけでなく医師も、薬を使ってとにかく出産を楽にしようと提案してきました。彼女は正しかったのです。私の収縮は効果的なものになり、すぐにいきみたくなりました。助産師と看護師が、私の足をそれぞれの腰で支えて、押してくれたのです。会陰のマッサージをしてもらいました。これも非常に効果的でした。5分後には男の赤ちゃんが生

◎出産のコーチは父親が最適

どのような出産スタイルでも、出産のコーチ役は夫がいちばんです。この役割にすんなりと適応できる人はほとんどいませんし、女性の多くは、彼らの夫が役に立つとは思っていません。しかしほとんどの出産方法で、父親の役割は重要なものだと強調されており、母親の心理的なサポートと出産専門のコーチとしての役割が求められています。

ビルノート

私はリトルリーグでは名コーチですが、出産に関してはそういうわけにもいかないようです。私が最初の出産のコーチになったのはもう34年も前のことですが、すべての呼吸法やストップウォッチの練習とリハーサルをしたあとでさえ、マーサの最初の陣痛を目の前にしてパニックに陥ってしまったのです。彼女の出産の間、私は今まで習ったことをすっかり忘れてしまっていました。

私が自然にしたことはたったひとつ、妻を愛することでした。私がコーチの役割を捨ててマーサの恋人になったとき、すべてのことが私にとってより自然になりましたし、マーサにとっても結果的にはよかったようです。

まれ、私は赤ちゃんを抱くことができたのです。助産師と看護師が、赤ちゃんに母乳を与えるのを手助けしてくれました。胎盤を娩出している間、私はずっと赤ちゃんを抱いていましたし、私が休んでいる間、1時間以上も赤ちゃんに寄り添っていられたのです。

病院を選びましょう

80年代以降の女性は、さまざまな分野におけるビジネスの影響を受けてきました。もちろん出産ビジネスも例外ではありません。過去10年以上にもわたって、病院は家族にとって親しみやすいものとなってきました。実際多くの病院が、さまざまな部分での名称を「家族にとって親しみやすいものに」変えるところから始めたのです。たとえば、「ファミリー・バース・センター」や「ファミリー・センター・マタニティクラス」などというように。言葉を変えることで、今日の経験豊かな消費者にも、ここが非常によい病院で、赤ちゃんを産むには最適だと確信させてしまうのです。出産に関するさまざまな言葉が、医学用語に近かったときには、母親は陣痛室で痛みに耐え、赤ちゃんを産むために分娩室へ移動し、生まれたあとは回復室へと移らされていました（赤ちゃんは観察と処置をされるためにやはり違う部屋に行ってしまいました）。そして夫や世話をしてくれる人たちは、待機室で待たなくてはいけなかったのです。

今日では、多くの病院は「LDR」（注1）システムを採用しようとしています。これは陣痛、出産、回復、そして産後の数日を、すべて同じ部屋で過ごしてもらおうというものです。母親と赤ちゃんは、特に何もトラブルがなければずっといっしょに過ごせます（回復期だけお母さんがひとりで過ごせるLDR施設もあります）。インテリアはなるべく病院という雰囲気を出さないように、家に近い感じにし、実際、ほとんどの産室は快適なホテルのようなつくりになっています。そこは親しみやすく快適で、ロッキングチェアやカーテン、上体を起こせるベッドや、部屋にマッチした壁紙や揺りかごまでそろっているかもしれません。簡単な浴室や、夫のためのベッドまで用意されているところもあります。お母さん用のベッドは一見するとほかのベッドと変わりないように見えますが、それらは出産のさまざまな段階に応じて必要な形に変化させることができます。医療機器は部屋の中には見えませんが、実はさまざまな場所に配置されています。ボタンを押せば大きなライトが天井からあらわれ、戸棚を開ければ、必要な医療器具などが用意されているのです。母親や父親、ときには姉妹までも望めばその部屋にいることもでき、母親はそこで陣痛の時間を過ごし、同じ部屋で出産することもできるのです。そしてさらに出産後も、この赤ちゃんとお母さんにやさしい部屋で過ごせるのです。もちろん赤ちゃんはお母さんと同じ部屋にいます。ここでは陣痛と分娩の間、夫がずっとそばにいることはもはやオプションではなく、当然のこととして受け止められます。

病院を選ぶ場合、分娩室の外観などで決めてはいけません。あなたと赤ちゃんが安全で健やかな出産をするためには、ベッドの毛布とカバーのデザインがマッチしているかどうかより、出産にかかわってくれる人たちの技術と出産に対する姿勢のほうが、はるかに重要なことです。病院を探す場合は以下のようなことに気をつけましょう。

助産院での出産

病院と助産院の大きな違いは、産室の見た目の違いだけではありません。出産に対する根本的な考え方が違うのです。助産院は女性が中心に活動しており、助産師が通常はすべての出産のサポートをします。医師はコンサルタントとして存在し、必要ならば病院に搬送して処置を行います。助産師はあくまでも妊婦の望むような出産ができるようにサポートをすることが役割と認識しています。助産院は自然の力を信じ、技術先導の出産に警告を発します。基本的な考え方は、ほとんどの出産はうまくいくようになっているというもので、常に万が一のことを予測している病院の姿勢とは正反対です。助

＊病院をチェックしましょう＊

母親の理想をすべて満たすような病院は非常にまれですし、住んでいる地域やあなたのさまざまな事情によっても（特にハイリスクの場合は）、通える病院はある程度決まってしまいます。もしも病院を選ぶのなら、以下のようなチェック項目を参考にしてください。選ぶ余地がない場合は、あなたが自分の出産に対して何を望んでいるのかを確認するためにチェックし、自分が大切だと思った項目については病院と交渉してみましょう。さまざまなことを知れば知るほど、あなたは自分の経験することを楽しめるようになるはずです。

・分娩台は、快適に出産できるようなお産用ベッドでしょうか？　それともテーブル状の旧式の分娩台でしょうか？
・病院スタッフの出産に対する考え方は、あなたの考え方と一致するものでしょうか？　個人のバースプランを積極的に受け入れてくれるでしょうか？　助産師さんはやさしくて親しみやすい雰囲気でしたか？　母親が何を望み、欲しているかを積極的に知ってサポートしたいという姿勢がありますか？
・新生児のケアはどの程度まで態勢が整っているのでしょうか？
・病院のスタッフはどのように出産をサポートしてくれるのでしょうか？　夫や、産婦が望んだ人間が立ち会うことができるでしょうか？
・陣痛の間、自由に動き回れ、あなたが好む体位で赤ちゃんを産めるでしょうか？　ひざをついたり、スクワットの体勢での出産も受け入れてくれるでしょうか？
・静脈点滴について、どのような考えをもっていますか？　もし点滴が必要な場合でも、ヘパリンロック（注2）などで自由に動き回れるような配慮をしてもらえますか？
・陣痛の間も自由に飲んだり、軽いものを食べたりできますか？
・赤ちゃんが生まれた直後、あなたの体の上にのせてくれるでしょうか？
・赤ちゃんは管理のため、新生児室で過ごさなければいけないのでしょうか？　時間を決めて授乳するのではなく、赤ちゃんの要求に応じて自然に授乳ができるのでしょうか？　夜間もミルクではなく母乳をあげる方針の病院ですか？
・赤ちゃんといいスタートを切るために、どのようなサポートをしてくれるでしょうか？　乳児クラスはありますか？　母乳育児を指導してくれる専門家はいますか？
・写真やビデオは制限されますか？
・母と子の絆づくりのために、どのようなことをしてくれるでしょうか？　完全な母子同室でしょうか？　もし赤ちゃんが特別な理由でほかの病院に搬送されなければいけない場合、希望すれば訪ねられるでしょうか？
・費用はいくらかかるでしょうか？　余分にかかる費用（電話やテレビなど）はあるでしょうか？　保険でどのくらいお金が戻ってくるか、保険で適用できる範囲はどこまでかということも確認しておきましょう。
・産後の訪問はどのくらい受け入れてくれますか？　産後の面会は可能ですか？　赤ちゃんのきょうだいたちはいつ赤ちゃんを見ることができますか？　年齢制限はありますか？
・家に戻ってからも、スタッフが訪問看護してくれるシステムはありますか？

産院に否定的な考え方をする人たちは、助産院では緊急の対応ができず、赤ちゃんと妊婦を必要以上の危険にさらしてしまうのではないかという心配をします。それに対して助産院を主宰する人々は、母親がより自然な方法で出産に向かえるので、かえって緊急事態に陥るケースは少なくなると反論しています。

専門家がいて適切に運営されている助産院は、十分に安全な病院のかわりになります。医学誌の中でも最も有名なもののひとつ、「ニューイングランド・ジャーナル・オブ・メディシン」は、1989年にアメリカ国内の助産院で出産した1万2000人の母親に調査を行い、帝王切開率が全体のわずか4.4%だったという報告を行いました。これはアメリカ全体の帝王切開率に比べ、はるかに低い数字です。出産時の死亡事故もなく、新生児の死亡率も平均よりかなり低いものでした。初産の母親の約25%が病院に搬送され、経産婦では7%が病院に送られる必要が生じました。調査では、そもそもリスクの少ない母親が助産院を選ぶので、このような数字が出るのだと分析しています。

ですから、あなたがリスクが少なく〝安産型の骨盤〟をもっているのなら（たとえば、前回は経膣分娩で出産したなど）、助産院での出産を考えてもいいと思います。同様にリスクは少ないとしても、初産の場合は、助産院で産みたいのならばまず病院に行き、万が一の場合、どのようなバックアップ態勢をとってもらえるのかを事前にリサーチしておく必要があります。このように、病院と助産院の両方の環境を事前に整えておくことで、両方を組み合わせた理想の出産を実現させることも可能なのです。

＊助産院での出産を考えている人が、チェックしておきたいこと＊

・助産院とスタッフは正式に認可されていますか？
・妊娠中や陣痛時に思いがけないトラブルが発生したときに、バックアップしてくれる病院はありますか？　出産前に、一度その病院で健診を受けることは可能ですか？
・助産院で出産できる基準は何でしょうか？　経産婦の場合、前回の出産はその基準が満たせないような記録がありましたか？　または、病院でない場所で産んだ場合に、赤ちゃんとあなたに問題が起こる可能性のあるリスクを抱えてはいませんか？
・万が一のことが起こった場合、搬送される病院はどのようなところでしょうか？　ふだんからその病院とはよい協力関係にあるのでしょうか？　助産院での出産を目指しながら、病院に運ばれるのはどのくらいの確率でしょうか？　搬送される基準はどのようなものでしょうか？　搬送の手続きはどのようなものでしょうか？
・もしも病院に搬送される必要が出た場合、助産院のスタッフが病院まで付き添ってくれますか？　搬送されたあともいろいろな相談にのってくれるのでしょうか？

しばらく助産院について調査しましょう。最近そこの助産院で出産した人に話を聞いてみましょう。あなたはこの施設で、快適で安全なお産ができるでしょうか？

自宅での出産

1900年には、少なくとも95%の女性が自宅出産でした。それが1990年には95%の女性が病院での出産を選んでいるのです。ほとんどの女性にとって、現代の妊娠と出産の管理システムのもとでの自宅出産は強く需要があるわけでもなく、現実的ではないようです。しかしなかにはやはり自宅出産という選択をする女性もいます。もし自宅出産を望むのであれば、より多くの情報を得ること、さまざまな要素をよく検討し、万が一の場合の代替案も考えながら、最終的な決定をすべきでしょう。

＊自宅出産に関する質問

Q「自宅出産をしようと思っています。でも、お産の間に万が一のことがあったらと思うと不安な気持ちもあります。自宅出産は安全でしょうか？」

A　自宅出産が安全かどうかは、あなたしだいです。自宅出産が盛んなヨーロッパでは、妊婦自身がリスクを抱えておらず、熟練した助産師がサポートしていることが条件で、このような状態ならば安全といえるでしょう。ヨーロッパでは助産師と医師がきちんと連携しており、サポート態勢も万全です。これらの現状にアメリカはまだ追いついておらず、安全性にはまだまだ不安な部分もあるのが現状です。大部分が病院での出産を望むアメリカでは、自宅出産は賢く安全な選択とはいえないでしょう（注3）。

いちばん問題になるのは、自宅出産を選んだ場合のバックアップ態勢です。自宅出産を安全で快適なものにするためには、いかにそのサポート態勢をしっかりと用意するか、出産に立ち会う人をいかに選ぶか、などがポイントになります。

なかには、自宅出産は病院での出産よりも安全だと主張する出産の専門家もいます。病院で出産するよりも妊婦の心理的負担が軽くリラックスできること、必要以上の医療介入がないことで自然の働きが妨げられないため、スムーズにお産が進みやすくなるということです。病院での出産と自宅出産を比べると、そのリスクはそれぞれ内容が違い、単純に比較することはできないというのです。

もしも自宅出産を選ぶのなら、あなたをサポートしてくれる人だけにそのことを話すべきです。むやみに不安をあおるような相手に話してはいけません。あなたと赤ちゃんにとってベストな選択をしてください。

＊柔軟な対応を！＊

自分なりの出産哲学をもち、交渉し、出産のスタッフを選び、赤ちゃん誕生の瞬間まで自分の理想の出産をイメージしていたにもかかわらず、ほんのちょっとしたことで思いもしなかった方向に出産が進んでしまうことがあります。もし、思いがけない方向転換を余儀なくされても、赤ちゃんとあなたのために折り合いをつけていきましょう。計画したことが実現できなかったり、目指していた自然なお産がハイテクな出産になってしまったりして、落胆するかもしれません。

でも、まだまだ先は長いのです。いちばんの目的は、健康な赤ちゃんをその手に抱くことです。考えてみてください。柔軟な対応というのは、あなたのプランをすべて無視してしまうということではありません。出産の準備をすればするほど、あなたは今、自分がどうすべきかをいちばんよくわかっているはずです。ポジティブになりましょう。そして、自分が思い描いていたとおりにはならなくても、その目的を達成していきましょう！

＊監修者注

（注1）LDRは、L＝Labor（陣痛）、D＝Delivery（出産）、R＝Recovery（回復）の略です。

（注2）静脈点滴などを行う場合、点滴の針につなげることによってチューブを使わずにすむ器具。点滴スタンドに縛られることなく自由に動き回ることができます。

（注3）自宅出産は、日本では全出産数の0.2％くらいです。ヨーロッパと違って、日本の産科システムでは自宅出産をフォローできる態勢にないのが実状です。ただ、最近は自宅出産をサポートする助産師がふえており、相談にのってくれる病院も出てきています。自宅出産に興味のある人は、まずはインターネットなどで調べてみると、情報が得られるでしょう。

あなたの妊娠6カ月ダイアリー（コピーして使いましょう）

○今月の気持ち

○体の変化で感じること

○赤ちゃんに対して、私が思ったこと

○赤ちゃんの夢を見た

○私が想像する赤ちゃんの様子

○いちばん気になっていること

○とてもうれしかったこと

○今、困っていること

○疑問に思ったこと、そしてその答え

○検査とその結果、感想

○測定した日

○体重

○血圧

健診で行われること（妊娠６カ月／20〜23週）

６カ月目の健診では、だいたい次のようなことが行われます。

・子宮底長の計測
・体重および血圧チェック
・尿検査（感染症、糖、タンパクのチェック）
・必要があれば、ブドウ糖負荷試験（GTT）など
・むくみ、静脈瘤、発疹などのチェック
・赤ちゃんの心音の確認
・超音波による胎児の状態の確認。すべての器官と発達具合のチェック
・超音波による検査、胎児の数、胎盤の発育、羊水の量など
・感情や心配事についてカウンセリングする機会

○子宮について思ったこと

○赤ちゃんのキックを感じて思ったこと

○赤ちゃんのキックに対するパパの感想

○ショッピングで買ったもの

○両親学級に参加した場所

○指導した先生の名前

○選択した出産方法とその理由

○出産の予定場所とその理由

○出産時、メインで私をサポートしてくれる人は？

○そのほか、いっしょに出産をサポートしてくれる人は？

○コメント

Part 7

妊娠7カ月　24～27週

ふくらんだおなかを愛しましょう

妊娠中期が終わり、いよいよ妊娠後期に入りました。あなたの気持ちも、出産に向かっていくでしょう。この1カ月の間に、赤ちゃんは少なくとも体重が500g増え、あなたの体重は約1.5～2.5kg増加するでしょう。子宮はおへそと胸郭の中間にあり、ますます赤ちゃんが大きくなったことが感じられるようになります。あなたは朝、赤ちゃんが肋骨をパンチする痛みで、目覚めるかもしれませんし、昔のおなかはどこへいってしまったのかしらと、バスケットボールが入っているようなおなかを思わず見つめてしまうこともあるでしょう。妊娠してからこれまで、好むと好まざるとにかかわらず、生活は大きく変化してきました。以前のペースで仕事をするには、おなかはもう大きくなりすぎています。妊婦特有のよたよた歩きに、あなたも仲間入りするでしょう。大きなおなかで、靴ひもを結ぶことも難しくなりますし、妊婦用のストッキングをはくことが、エクササイズのように思えるでしょう。

この月の気持ちは？

あなたの体は疑いようもなく妊婦そのものですが、気持ちの変化には、妊婦そのものというものはありません。妊娠初期、中期と、すべての妊婦がそれぞれ違う感情の変化を経験してきました。より感情的になったり、好奇心旺盛になったり、生き生きしたり、意欲的になったり……。

妊娠後期も例外ではありません。しかし感情的には、さまざまな面で少し気分が楽になります。これまで、妊娠は言葉ではあらわせないほどすばらしく、やりがいのあることだと感じてきたでしょうし、さまざまな感情も乗り越えてきたでしょう。心と体で体験してきた「妊娠による苦しみ」は背後に去り、今、あなたの心を占めているのは、赤ちゃんを産むことでしょう。この月に感じることをまとめてみましょう。

幸せでいっぱい

街を歩いてみましょう。妊娠していることを楽しみながら、ゆっくりと歩いてみましょう。特別な感情や誇らしげな気持ち、そして世界中に、自分がいかに重要なことをしているかを知ってもらいたいような、今までに感じたことのないナチュラルハイの状態を体験するかもしれません。結局それは、人類の存続に貢献しているという女性特有の感情でもあります。これまでの不自由さやさまざまな不快なこと、目の前に控えている出産の重圧を忘れてしまうような日や時間もあるでしょう。

ママノート：私は、以前よりも気分が楽になったような気がします。夫に対して愛情がわき、人生が楽しく思えるのです。妊娠していることが楽しくてしかたありません。世界中がとてもすてきに思えるのです。私の母は、この幸福感に慣れちゃいけない、と私に忠告し続けます。もちろん母親になることは、心配がまったくないわけではないでしょう。でも今はいいのです。私は親になることを、バラ色のめがねをかけて見ているのです。

心配から解き放たれた時間を満喫しましょう。あなたは、この感情の休息を享受する価値があるのです。遅かれ早かれ、肋骨へのパンチや脇腹への激痛、あちこちのかゆみや胸やけなどの攻撃が、あなたを妊婦天国から、地上の現実の母親に引き戻すでしょう。

忘れっぽい

妊娠に心を奪われていたり、出産が近くなると、多くの女性は少し普通ではなくなったり、夢見がちになってしまうものです。誕生日や、だれかとの約束などの大切なイベントを忘れてしまうかもしれませんし、途中で「何を言おうとしていたのかしら？」ということもあるかもしれません。話の途中でどうでもよくなってしまうことすら起こるのです。すべてのことが、妊娠という事実に比べたら、たいして意味のないことのように思えるでしょう。ぼけっとしてしまうことも妊娠中はむしろ当然ですし、それで死ぬわけではないのです。子どものお迎えも会社の仕事も、生活に必要なことも、赤ちゃんを産むことに比べたら、軽いものです（もちろん注意は必要ですが）。忘れてはいけないことをカレンダーに書き込んで1時間ごとに確認したり、メモをあちこち（車のハンドルや冷蔵庫、洗面所の鏡など）にはっておくといいでしょう。いろいろなことを忘れてしまうのは、赤ちゃんに集中しなさいという自然のサインで、結局ほかのことはさほど重要ではないと、あなたに気づかせるためにあるのです。

ママノート：私の夫は、私のことを「大ボケさん」と呼びました。私は健診の日を覚えていましたが、お金を引き落とすことを忘れ、カウンターにミルクを置きっぱなしにし、友達と電話で話している最中にバスルームに駆け込んだとたん、電話していたことを忘れてしまったり、思いもかけないところから小切手帳を見つけたりしました。あとで考えるとおかしくなってしまいますが、これはほんの一時期のことだったのです。

全部どこかにほうり出してしまいたい

「全部どこかにほうり出してしまいたい！」という気持ちになってしまうのは、別におかしなことではありません。特にこの本にも書いてあるような、こまごまとした焦りがいっぺんに襲ってきた場合、そんな気持ちになるのも当然です。あなたはこれまでにもたくさんの課題をこなしてきましたし、これからも新しい課題は目の前に山積みです。それらから逃げ出したいと思っても〝悪い母親〟ではありません。子育てを始めても、こんな気分に陥るときはあります。そんな最悪の気分のリハーサルとして、気楽にとらえてみましょう。

何でもやりたい！

あなたは「エネルギー切れになる前に、すべてのことをやってしまいたい！」と思っていませんか？　この時期の妊婦は、「何かしたい！」という気持ちにとりつかれることがあります。写真のアルバムやクローゼットの整理や、地域活動などです。もちろん、巣作り本能も健在です。子ども部屋の壁紙をはりかえたり、赤ちゃんのためにごしごしと床を掃除したり……。8、9カ月になるまでこうした衝動がわかない人もいますが、今月あたりからこの気持ちに取りつかれる人もあらわれるでしょう。確かに、このあとに続く数カ月よりも、今月のほうがよりエネルギーもあるでしょう。

でも、やりすぎはいけません。忘れないでください。あなたのエネルギーは、まずあなた自身と、赤ちゃんに向けられるべきです。それ以外のことをこなしたければ、お願い上手にならなければいけません。あなたがこれまで担当していたいろいろな責任を、夫に移していきましょう。赤ちゃんが生まれて数週間は、家族が生き残っていけるかどうかが夫の働きにかかっているのです。

◎あなたの出産哲学をもちましょう

　どんな出産をするかということは、人生をどのように考えるかということに深く結びついています。出産の哲学を考え、それをあなたの実際の出産に、そしてあなたの人生に生かせる方法を考えましょう。あなたにはまだ、自分の出産哲学がないかもしれませんし、なぜ出産哲学をもつ必要があるのかということすら理解していないかもしれません。自分の生き方（人生哲学）を考えるのと同じように、出産哲学は、あなたがどんな出産をしたいのかを考えるということです。あなたにとって重要なものは何ですか？　優先事項は何ですか？　そのために、どのくらい積極的に動くことができるでしょうか？　理想の出産をするために、あなたがしなければいけないことは何ですか？　何を読み、だれに相談したいですか？　出産で得られる最終的なものと同じように、その途中のプロセスも大切なのです。

　出産哲学を考えることは、出産のプロセスを考えることです。結果だけではありません。出産は女性としてのあなたの最大の体験であり、一生残る思い出でもあります。赤ちゃんを産むことに、積極的にかかわりましょう。

　妊娠、出産は生理学的なものであり、病理学的なものでもあります。これは、数えきれないほどの女性が体験してきた、非常に自然なプロセスでもあるのです（しかも多くの女性は、繰り返し経験しています）。個人的な出産哲学を考えることは、出産の恐怖を取り除いてくれます。出産のことを知れば知るほど、以前あなたが思っていたよりも影響があることに気づくでしょう。

　まだ自分なりの「出産哲学」を考えていない場合は、次のようなヒントを参考にしてください。

理想の出産をイメージしましょう

　まず手始めに、あなたが体験したい理想の出産を書いてみましょう（もちろん、すべての理想が満たされるわけではないでしょうが）。望めばそれだけ、理想の出産に近づくことはできるのです。「したい」「したくない」のリストを作りましょう。妊娠が進むに従って、あなたはまちがいなくリストを更新することでしょう。

賢くなりましょう

　妊娠中に成長するのは、あなたの体と赤ちゃんだけではありません。あなたの内側はすでにさまざまな情報でいっぱいで、あなたはそれらのすべてを、自分の望む出産のために活用することができるのです。

自分の体を信じましょう

　多くの数の女性が証明しているように、あなたもちゃんと出産できます。信じていいのです。あなたの体が出産のためにどんなふうに陣痛を起こすのかを理解し、それに逆らうことなくうまくやっていくことは、あなたの出産の安全性を高め、より満足のいく出産になる可能性も高くなるのです。

前向き思考で！

　あなたの周囲を、出産に対して前向きな相談相手で固めるようにしましょう。さまざまなものを読んだり聞いたりすると、大多数の女性が問題なく出産していることも忘れて、すべての「もしかして」や、出産でのさまざまなトラブルが、そのまま自分に当てはまってしまうように感じるかもしれません。信じましょう。自分の出産は大丈夫と思えばそれだけ、あなたの出産はうまくいく確率が高くなるのです。

　あなたの理想の出産を実現してくれるような産院や医師を選びましょう。あなたが医療技術はなるべく使わない自然な出産がしたいと考えるなら、その考え方を理解し賛成してくれる産科医を探しましょう。しっかりした医療サポートを求めているのならば、その決心に沿う病院を探しましょう。あなたの出産哲学を形にすることは、あなたの医師の出産に対する考え方や、妊娠中にあなたをどう扱うか、出産のときにどのようにあなた

をアシストするかを具体的に形にする作業でもあります。両親学級に出て、あなたにとっていちばんよい出産ができるような出産哲学を形成するヒントをもらいましょう。すべての女性が、完璧な出産を望んでいるわけではないのです。大部分の女性が望んでいるのはただ、赤ちゃんを産みたい、ということなのです。

出産哲学を形成することは、母親としての生き方を形にしていくようなものです。健康的に妊娠期間を過ごすためにしたことや、満足できる出産のための準備の間の心の動きなどはそのまま、母親になるあなたの心の予行練習にもなるでしょう。あなた自身をさらに信じること、アドバイスを見きわめるようになることを学ぶでしょう。あなたは、自分の体が妊娠のためにできているだけではなく、まさに母親になるためにつくられているということを知って、思わず感謝の気持ちを抱くかもしれません。

あなたの出産の日は、生涯忘れることのないすばらしい日として人生の宝物になるでしょう。

ママノート：日に日に、私は「これをやらなくては」という焦りを感じます。私はリストを作りました。赤ちゃんが生まれる前に、リストのすべてを片づけてしまいたいのです。赤ちゃんの服をそろえ、一度全部洗って整理し、小さな揺りかごも用意しなくてはいけません。家事も、しなければいけないことが山積みです。縫い物もしなくてはなりません。できなくなるときが、すぐにきてしまいます。その前に、たくさんのことを準備しなければいけないのです。赤ちゃんのことだけではありません。産後、赤ちゃんの世話に専念するために今、しなくてはならないのです。でも、私は思うのです。「本当にできるのかしら？　私に赤ちゃんの世話ができるのかしら？」。そんな焦りに、ときどき押しつぶされそうになります。

どんな出産にするか、考える

あなたは、出産にさほどしっかりした考えももたないまま両親学級などに参加して、あまりにも多くの出産法があることに、とまどいやプレッシャーを感じていることでしょう。自分が選択した出産法がベストかどうかを考えるよい機会かもしれません。この時期に自分の出産法を見直し、修正を加えることも珍しくはありません（右ページ「あなたの出産哲学をもちましょう」も参考にしてください）。

この月のからだは？

大きくなります！　あなたの中心を占めている赤ちゃんはさらに大きくなり、おなかはまるでバスケットボールのようになってきます。あなたは、その大きなおなかの影響を受けるでしょう。この大きなおなかがあなたの日常生活にどれほどの支障があるか、実感し始めます。

心臓がドキドキする

成長する赤ちゃんにさらに酸素と栄養を送るために、もっと多くの血液を送らなければならないことは知っていますね。後期に入る前に、妊娠が始まったときに比べてなんと45％も血液量が増加しています。あなたの心臓は、増加した血液を循環させるためにさらにハードに働かなくてはならず、1分間あたりの脈拍は10拍増え、1回あたりに心臓が押し出す血液量は約30％増加します。こうした変化は妊娠後期にピークを迎え、多くの人が、心臓が激しく働くのを感じるでしょう。妊娠後期の中ごろには特に、軽く運動したり急に姿勢を変えるだけで、心臓がドキドキすることが多いかもしれません。

この心臓のドキドキは妊婦には自然なもので、妊娠中の変化の中ではよくあることです。しかしこれは、「心臓はとてもハードに働いているよ」という、心臓からあなたへのシグナルでもあるのです。さらに激しく感じるようなら、妊娠している体が要求することに歩調を合わせなければいけません。体を動かしているときに、心臓のドキドキが実感できるくらい激しくなってきたら、ペースを落としましょう。この心臓のドキドキは、産後、拍数や循環器のシステムが戻れば、数週間で自然に消えていきます。

息切れがする

妊娠中、赤ちゃんとあなたにより多くの酸素を供給できるように、呼吸システムが劇的に変化しています。肺の容量は増加し、肋骨は数センチ広がることもあります。あなたは呼吸が少し早くなったと気づくかもしれませんが、

それが最も効果的に、より多くの酸素を取り込むために行われているとは知らないでしょう。あまりにも短い呼吸を繰り返すので、酸素が足りないと感じるかもしれません。でも、あなたと赤ちゃんが酸素不足というわけではありません。肺の中に空気を確保しておくスペースが足りないということを意味しているのです。

妊娠中は、循環器のシステムも呼吸器のシステムも、赤ちゃんとあなたに多くの血液や酸素を送るために、信じがたいほど効果的な働きをするのです。ほとんどの場合、あなたは自分が深く呼吸をしていることに気がつかないでしょう。それなのに、たまに浅い呼吸をすると気がつくのです。自分が浅い呼吸をしているのに気づくと、意識して深呼吸をするようになるでしょう。その結果、体はさらに多くの酸素を自然に補給しているのです。

妊娠後期に入ると息切れがひどくなってきます。大きくなった子宮が肺を圧迫し、酸素を入れるスペースがますますなくなっていくからです。このために起こる酸素不足を避け、赤ちゃんに必要な酸素を送るために、妊娠ホルモンがあなたの呼吸をさらに深くさせ、効率的に酸素を取り込むために働くのです。

妊娠後期に息切れを感じた場合、少しでも効果的に酸素を取り込みながら、快適に過ごすためのアドバイスをご紹介します。

●息苦しさを感じたら、姿勢を変えます。

●息切れを起こしたらなるべく体を休めます。体のサインに耳を傾けましょう。

●胸式呼吸を促すようなマタニティエクササイズを行いましょう（腹式呼吸は、子宮が大きくなるにつれて困難になります）。立ち上がり（立ち姿勢は、横隔膜にかかる圧迫を軽減します）、両腕を上に上げ、ゆっくりと横におろしながら、息を深く吸います。息を吸ったり吐いたりに合わせて、頭をもち上げたり下げたりします。息がおなかのほうではなく、胸に入っているのを確認するために、手を肋骨のあたりに当ててチェックしましょう。息を深く吸ったときに、肋骨の脇に当てた手がふくらんだ肋骨で押されるような感じで息を吸ってみましょう。胸式呼吸から腹式呼吸に切りかえたときに、子宮と肺がどのくらい押し合っているかを感じてみましょう。腹式呼吸はこの先、どんどん難しくなっていくはずです。

●出産のときに使う呼吸法をしてみましょう。ゆっくりと、深く息を吸ったり吐いたりします（ラマーズ法を選ぶのなら、この呼吸法は、陣痛の最初のほうに使われます）。

●エアロビクスのような有酸素運動を妊娠初期から続けるのも、呼吸器と循環器のために効果的です。

●座る、寝るなどの姿勢は、より呼吸を楽にします。胸を張って、肩は後ろに引き、正しい姿勢で椅子に腰掛けます。これは、リクライニングチェアに深く腰掛けるよりも、呼吸は楽になります。枕で支えて、やや上体を起こした姿勢で眠ってみましょう。また、231ページで紹介しているような横向きの姿勢で寝るときに、枕を使って頭を高く上げてみましょう。

こうした息苦しさはそう頻繁なわけではなく、長く続くわけでもありません。9カ月に入れば、赤ちゃんは骨盤の中におりてきて横隔膜への圧迫は減少しますから、息をするのがもっと楽になってくるでしょう。

突然、胸の痛みとともに激しい息苦しさを感じ、息が荒くなる、心臓の鼓動が早くなる、息を深く吸うと胸に鋭い痛みが走る、というようなことが起きた場合は至急、病院へ行きましょう。これは、血のかたまりが移動し、肺にとどまっているというサインでもあります。まれではありますが、非常に深刻な問題です。

顔のむくみ

朝起きたときに、顔、特にまぶたがむくんでいても、心配はいりません。妊娠中に体内の水分量は増加し、組織は薄くなっているのですから、その分

むくみやすくなるのは自然なことです。朝むくんでいても、日中の間に重力によって、無害なむくみはほとんど消えていきます。ただし、まぶたのむくみに急激な体重増加が伴う場合、そして体中がむくんでいる場合は、たとえほかの症状がなくても医師に相談したほうがよいでしょう。

手足のむくみ

妊娠を継続させるために水分はより多く必要ですが、妊娠によって変化したホルモンは同時に、あなたにのどの渇きを感じさせ、より多くの水分を体内に取り込もうとします。このホルモンは体の中の水分や血液量を増加させ、羊水のプールをつくり、赤ちゃん自身の水分にもなります。水分の必要量はかなり多いので、その分、水分を補給しなければいけません（便秘を解消するために、腸でも大量の水分を必要とします）。妊娠期間の終わりごろには、10ℓ以上の水分をよけいに体に蓄積していることになります。

健康な妊婦の多くは、特に妊娠後期になると、体に水がたまったような感覚がするかもしれません。なかには、5、6カ月ごろから手足を重く感じる人が出てきます。重力のせいで、一日の終わりにはこれらの部分に水がたまりやすくなるのです。同じように重力の影響について考えてみると、大きくなる子宮は足の血液循環を鈍らせ、そのために足がむくんで靴のサイズが大きくなっても、それは不思議ではありません。

むくみが正常の範囲内の場合は、人よりも水分を多く保持したまま妊娠生活を送る人もいます。次のようなケースは、むくみが正常の範囲内です。

●重力によって、むくむ位置が変わる場合。時間によってむくむ場所が変わる場合（〝重力浮腫〟と呼ばれます）。足のむくみがあっても、1時間ほど足を上に上げていると、むくみが軽減されるような場合。
●体重増加が普通の場合。突然の急激な体重増加は問題を示しています。
●適切でバランスのよい食生活を送っている。
●血圧が正常値である。
●健診の尿検査で、タンパクが検出されない。

基本的に、あなたの気分がよく、体も赤ちゃんも順調に大きくなっている場合、あなたの体は、赤ちゃんとあなたにとって適切な水分を摂取していると思ってよいでしょう。

心配なむくみの場合、医師は健診のたびにあなたのむくみがどの程度かチェックするでしょう。むくみが気になるようなら、医師に自分から相談しましょう。急激な水分増加は妊娠中毒症や子癇前症《しかんぜんしょう》など、何か問題のサインかもしれないのです（390ページ参照）。特に、次のようなサインがみられた場合は要注意です。

●足のむくみがひどい場合。むくんでいる場所を指で押すと、はっきりとくぼみがあらわれる。1時間程度足を上げていても、むくみがひかない。
●あまりにも急激に体重が増えた。
●高血圧。
●食生活が不規則。
●尿検査で許容量以上のタンパクが検出された。
●あまり体調がよくない、または赤ちゃんが順調に成長していない。

むくみの不快感を減らしましょう。正常な範囲のむくみでも気になりますし、一日の終わりには、疲れの原因にもなります。足のむくみは特にそうでしょう。次の項目を参考にしてください。

●長い時間立ち続けたり、座ったりする姿勢を避けます。1時間以上このような姿勢を続けなくてはならない場合は、1時間おきにストレッチや簡単なエクササイズを行いましょう（エクササイズは187ページコラム参照）。座っているときは足を組まないようにします。足の血液循環が悪く

なります。

●むくんだ足は、1時間ほど高くしておきましょう。特に、一日の終わりには効果的です。むくみが少しやわらぐでしょう。

●ロッキングチェアに腰掛けて足台に足をのせ、リラックスしましょう。この動きは、足の血行をよくします。ロッキングチェアは、できればあなたの「必需品リスト」に入れておきましょう。赤ちゃんが生まれたあとでも、楽しく育児ができます。

●歩く、泳ぐ、エアロバイクをこぐといった軽い運動をしましょう。この3つは腕と足の血行をよくするにはうってつけのエクササイズです。

●あおむけに寝るのはやめましょう。どちらか片方を下にして寝ます（231ページを参照）。こうすると、重い子宮が太い血管を圧迫することなく、足のほうから血液が戻ってくるのを促します。

●ゆるめの服を着ましょう。血行を悪くするような体を締めつけるベルト、下着、ソックスなどは避けましょう。

●横になるときは、足を上げるようにしましょう。

●座っているときは、手はなるべく上のほうに。

●健康的な食生活を楽しみましょう。1日に最低でもコップ8杯の水分をとりましょう。蒸し暑い日は特に、水分補給を忘れないようにしましょう。タンパク質も適量（1日100g）摂取しましょう。医師から特別な指導がない限り、水や塩分を極度に制限する生活は避けましょう。摂取水分を減らしたからといって、むくみが減るわけではありませんし、塩分は必要です。あなたにできることは、エクササイズと姿勢に気をつけること、前の項で書いたような注意事項のみです。医師の指導を受ける前に、自己流で食生活になんらかの制限を加えてはいけません。毎日、ちゃんと水分補給をしているなら、尿の色を観察してみましょう。無色、または淡い黄色なら、水分は足りています。りんごジュースのように非常に色が濃いようなら、脱水症状の兆候も考えられます。

背中の痛み

「ああ、背中が痛い！」というのは、妊娠生活が後半に入った妊婦の約50%がほぼ毎日言う言葉です。その理由の主なものは次の3つです。1つは出産に向けて、骨盤の中を赤ちゃんがよりスムーズに通れるように靱帯がゆるむことです。靱帯がゆるむと筋肉を引っ張り、特に背骨を支える筋肉に張りを生じさせてしまうからです。2つ目は、伸ばされた腹筋を支えるために、背中に負担がかかることです。そして3つ目は、体形の変化によって前に重心がかかるようになり、それを支えるために背中により負担がかかることです。

＊背中の痛みを軽くしましょう

最も効果的なのは予防です。186ページのように日ごろから正しい姿勢を保ち、背中下方の筋肉や腹筋を強化するようなマタニティエクササイズを実践してみましょう（182ページも参照）。

エアロバイクやスイミングなどの簡単なエクササイズも、下腹と背中後方の筋肉強化に効果的です。あわせて、これらの項目にも気をつけましょう。

●靴に気をつかいましょう。ハイヒールも、逆にかかとの高さがまったくない靴も、どちらも背中に負担をかけてしまいがちです。おしゃれを楽しむときは少しヒールのついた（5cm以上のものはいけません）、幅のゆったりしたタイプ、カジュアルな服のときはウオーキングシューズを履きましょう。

●背骨に負担がかかるようなコンクリートやアスファルトなどのかたい地面をジョギングするより、草地や土、砂地を早足でウオーキングしましょう。かたい地面よりも筋肉に負担がかかりません。

●背中をひねってはいけません。立っているときやベッドで横になってくつろいでいるとき、肩と腰がまっすぐになっているようにしましょう。無理に体を伸ばすような作業は避けましょう。クローゼットの上から重い箱を

おろしたり、寝ている幼児をカーシートから抱き上げたりすることなどです。どうしてもしなければいけないようなら、体に負担のかからない方法を考えましょう。たとえば、カーシートから子どもをおろすときは、まずカーシート自体のバックルをはずし、子どもが座っているシートをあなたのほうに向けてから子どもを車からおろすというように。

●長時間立ったままや座ったままなど、同じ姿勢でいることを避けましょう。座るときは足台を使い、ひざが腰よりもやや高くなるようにしましょう。腰にかかる圧迫を減らし、負担を軽くします。じっとしていなくてはいけない状況ならば、片方の足を前に出して、数分間、体重を出した足にかけるようにします。次に、もう片方の足に体重をかけます。できれば、前に出す足は足台や電話帳、引き出しやキャビネットのへりなどにのせてやるといいでしょう。

●231ページで紹介したように、横向きの姿勢で寝るようにしましょう。目が覚めているときは、まめに体の位置を変えるようにしましょう。

＊腰痛をやわらげましょう

通常、筋肉を休めるだけで痛みはやわらぐものです。温かいお湯につかる、シャワーで痛む個所に勢いよくお湯を当てるなどの方法も効果的です。多くの女性は温湿布、または冷湿布を（または交互に）患部に当てたと言っています。もし、赤ちゃんの圧迫で痛みが生じているようなら、よつんばいの姿勢を試してみましょう（185ページ参照）。

夫に背中のマッサージを頼んでみましょう。今の時期にマッサージを覚えてもらうと、陣痛の痛みをやわらげるときにもとても役立ちます。あなたのパートナーに「I Love U（アイ・ラブ・ユー）」マッサージをしてもらいましょう。

＊I　親指で、背骨の両脇を、Iの文字を書くようにまっすぐに上から押していきます。

＊Love　まっすぐにおろしてきた両指が腰のあたりまできたら、骨盤の骨の位置に沿うように、それぞれ両側に広げるようにもんでいきます。

＊U　最後に、肩ももみます。首と肩の筋肉をもみほぐします。さらに背骨に沿ってマッサージし、それから腰骨の順に繰り返します。

注意深く行動を

思うようにならない体、ゆるんだ靭帯、忘れっぽい心と三拍子そろった状態のあなたは、歩道のへりでつまずいたり、おもちゃを踏んだり、食事の途中でフォークを落としたりすることもあるでしょう。あなたの頼りない行動は、確実に10kg以上増えた体重のせいでもあります。ゆるんでむくんだ手や骨盤、足のつけ根の靭帯が、よたよた歩きや不器用な動作の原因でもあります。あなたの足も手指も、一時的に迅速さを失っていて、特別な注意が必要だということを忘れないでください。たとえば知らない場所にいるときや、はさみを使うとき、熱い小鍋を持ち上げるとき、子どもを抱いて階段をおりるときなどは、くれぐれも気をつけてください。

ママノート：私は買い物好きなのですが、最近よくあちこちの棚に突っ込んでは、いろいろなものを落としてしまいます。夫はそんな私をからかい、陶器を売っている店には行かないでね、と私に忠告したものです。機関車と呼ばれることだけは免れましたが……。

骨盤の不快感

最後の2、3カ月間、歩いていると恥骨や股関節の周辺に不快感を感じることがあるでしょう。これは、股関節と骨盤周辺の靭帯が、赤ちゃんの通り道をつくるために伸び、軟骨がやわらかくなることによって起こります。これらは不快感だけではなく、歩きにくさを助長する原因になるのです。

胎動はピークに

毎晩の「キック・フェスティバル」は依然として続きます。赤ちゃんからの報告はときには楽しく、ときには不快なものです。研究では、赤ちゃんは妊娠7カ月のとき、夜中から早朝にかけて（真夜中から早朝6時くらい）がいちばん激しく動くと報告されています。もちろん、赤ちゃんの腕はますます長くなって力も強くなるので、赤ちゃんのパンチはさらにパワフルになります。このキックやパンチが月を追うごとにひどくなっても、心配しないでください。胎児が大きくなるにつれて子宮の中が狭くなり、胎動のレベルが下がってきます。研究では、この月をピークに、最後の2カ月では胎児の動きはぐっと減ることがわかっています。

ママノート：私たちは赤ちゃんの夜の運動を楽しみにしていました。でも、胎動はだいぶ窮屈そうになってきていました。以前はオリンピックプールで泳いでいたのに、今は子どもの水遊び場で暴れているような感じです。仕事で会議をしていると、ステファニーは私のおなかの中をけり上げたり転げ回ったりして、おなかを破るような勢いで動くのです。私と赤ちゃんだけが知っている秘密のおふざけのようで、けっこう楽しい体験でした。

赤ちゃんのしゃっくり

赤ちゃんのキックやもぞもぞと動く胎動はうれしいものですが（午前3時には歓迎できないでしょうが）、ほかにも妊娠後期に入ると、赤ちゃんがしゃっくりしているような、短い規則的な動きを下腹部に感じることがあるでしょう。たいていは短時間で終わりますが、20分ほど続くこともあります。しゃっくりを感じたあなたが、「早く来て！　さわってみて！」と夫を大声で呼び、彼が来た瞬間にしゃっくりがぴたりと止まることもよくあります。しゃっくりは、毎日同じくらいの時間に起こる場合もあるでしょう。この新しいおなかの様子に驚くかもしれませんが、悩む必要はありません。多くのお母さんが、この面白い感覚を楽しんでいます。

お母さんの中には、赤ちゃんが決まった食べ物に反応してたくさんしゃっくりが出ることに気づいた、と言う人がいます。ある人は、牛乳を飲むと1時間以内に必ずおなかの赤ちゃんがしゃっくりを始めるの、と言っていました。このため、生後2週間で赤ちゃんにコリック（54ページの注1参照）がみられたとき、「牛乳が原因だわ」と、特定できたのです。

一般的な悩み

妊娠初期に感じていた体のさまざまな不快感が、この時期になるとまた、新たな悩みも加えてよみがえってきます。

＊おしっこが頻繁に

大きくなり続ける子宮は、ますます膀胱を圧迫します。そのために、おしっこが頻繁になるのです。もし尿意を感じたら、何度でもトイレに行きましょう。その都度しっかり、膀胱をからにしておくことです。おしっこを我慢してはいけません。感染症の機会が増えるばかりか、子宮の収縮を促してしまうこともあるのです。

＊胸の変化

乳房は相変わらず大きくなっていきます。胸から「初乳」と呼ばれる黄色っぽい母乳がにじみ出る人もいるかもしれません。

＊膣の痛み

子宮頸部の圧迫によって、ときどき膣に鋭い痛みを感じる、という人もいるかもしれません。

＊骨盤の痛み

骨盤のあたりに、鋭い痛みと圧迫を感じるかもしれません。特にベッドから出ようとして足を上げたり、ズボンをはこうとするようなときにです。これは、まもなくやってくる小さな旅行者さんが通り抜けるために、骨盤の靱帯がゆるみ、骨がずれるために起こります。出産が近づくにつれ、この痛みや不快感はますます強くなっていくでしょう。

＊足のつけ根の痛み

笑う、せきをする、鼻をかむ、体をひねる、姿勢を変える、何かに手を伸ばすなどの動作のとき、足のつけ根に鋭い痛みを感じることがあるかもしれません。これは、子宮の周りの靱帯が伸びるために起こります。

＊のどの渇き

一日中、のどが渇いているかもしれません。これは、あなたの体がもっと水を必要としているというサインです。のどの渇きに応じて、あるいはそれ以上に、水分補給を心がけましょう。

＊めまい

長時間立ち続けたり、動いたりしたあと、また急に起き上がったりしたときなどに、中期に感じたのと同じようなめまいを感じて、ふらつくことがあるかもしれません。すぐに座るか、横になりましょう。低血糖がこのような頭のぼんやりを招くこともあります。できるだけ頻繁に、何かをつまむようにしましょう。休養し、栄養のあるものを食べ、急に起き上がるといった動作を避ければ、いくらかこの症状は緩和されます。

＊おりものが増える

白っぽいおりものが増えます。パンティーライナーなどを使うといいでしょう。

＊胸のドキドキ

妊娠中期の数カ月間、ちょっとしたことで胸がドキドキする、という症状はおさまっていたでしょう。しかし、そろそろまた復活します。この時期は、妊娠ホルモンのせいというよりは、急激に大きくなる子宮が原因です。上体をやや起こした状態で寝る、少量ずつ回数を多く食べる、食後すぐに横にならないなどの工夫で、いくぶん解消されます（64ページも参照）。

＊便秘

大きくなった子宮が腸を圧迫するせいで、便秘しやすくなります。便秘を解消するために、腸とあなたの体はより多くの水分を必要とするでしょう。240㎖入りのグラスの水を、最低でも1日に8杯は飲むようにしましょう。また、便秘を解消するような食べ物（63ページ参照）を摂取するように心がけましょう。

この月のおなかの赤ちゃんは？
24～27週

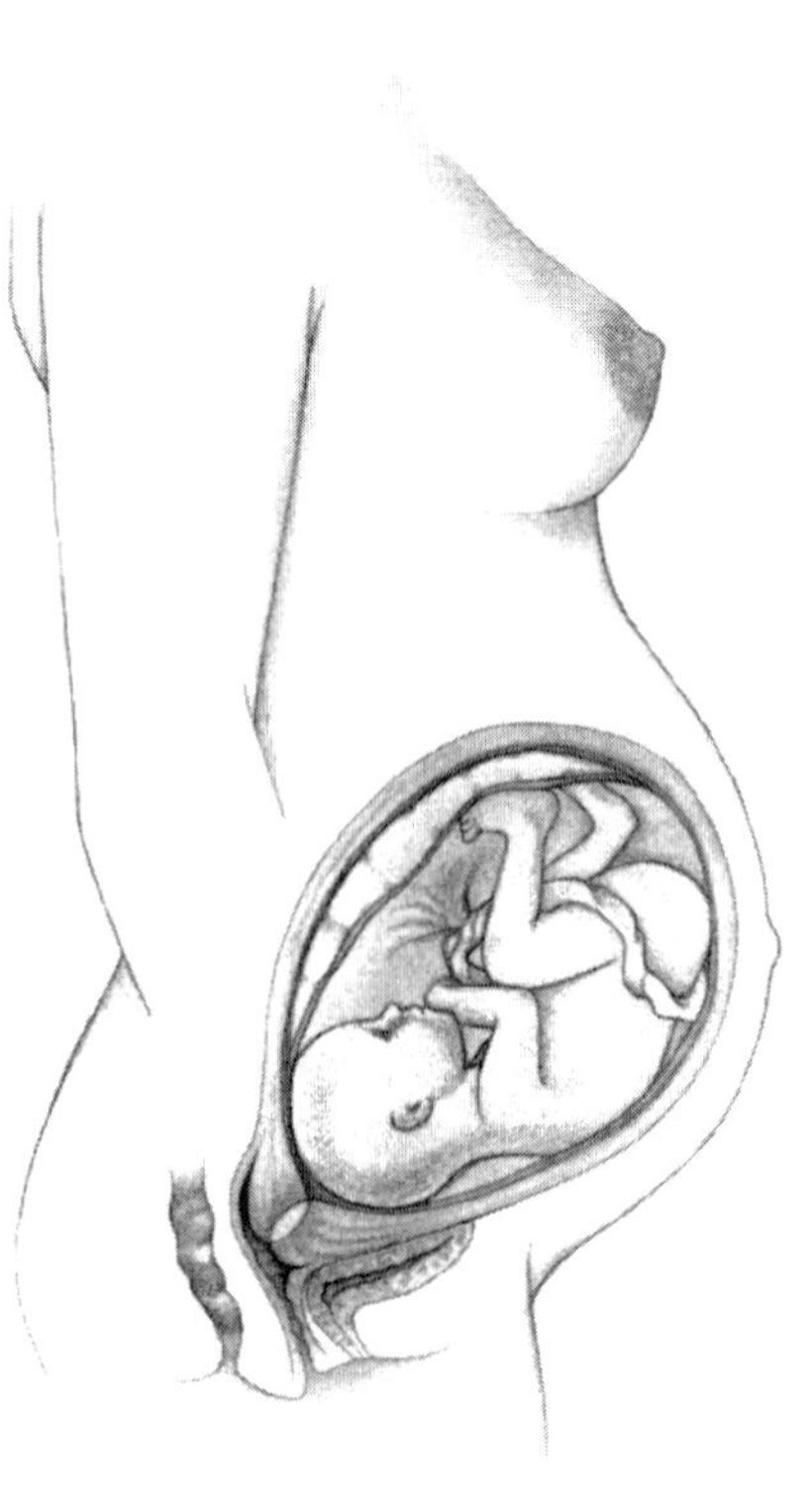

7カ月の終わりには、赤ちゃんの体重は約900～1100gまでになり、身長は約35㎝ほどに成長します。赤ちゃんはこの時期、スパートをかけるように成長し、1カ月で約500g増えていくでしょう。さらに脂肪がつき、しわしわだった皮膚は平らになっていきます。外見的にはずいぶん赤ちゃんらしくはなりますが、まだ誕生のときほどではありません。手足は伸び、さらに力強く、あなたの肋骨にすばらしいキックをお見舞いすることでしょう。

赤ちゃんのまぶたは開きます。赤ちゃんはすでに「見る、聞く、かぐ、そして味わう」というすべての能力をもったのです。赤ちゃんの骨髄は赤血球をつくり始める役割を脾臓から引き継ぎます。この時期、赤ちゃんは活発に動き、刺激や音に反応します。神経系統の大きな変化によって、知能が発達していきます。脳は急速に発達し、神経線維は、神経伝達がより速く可能になる「ミエリン」と呼ばれる脂肪の層で覆われます。脳は急激に成長し、「脳回」と呼ばれる、人間特有の脳のしわを多く刻んでいきます。

また、この時期の発達でいちばん大きな特徴は、赤ちゃんが子宮の外に出ても自分で呼吸ができるようになることです。急激に発達してくる「肺胞(赤ちゃんの肺の中の空気袋)」の内を覆う細胞が、「界面活性物質」と呼ば

れる、せっけんのようなものを分泌し始めます。これは、肺の中の空気袋を壊れないように維持しておくためで、シャボン玉をふくらませたままの状態に似ています。この、肺胞の発達と界面活性物質の分泌の具合で、赤ちゃんがすぐに生まれたとしたら呼吸と生命維持がどの程度可能かがわかるのです。妊娠7カ月以前は、赤ちゃんは逆子でいることが多かったのですが、これは梨形の子宮の中で、いちばん快適なポジションだったからです。しかしこのころから34週くらいまでに、赤ちゃんはだんだんと頭を下にした姿勢に変わっていくでしょう。

妊娠7カ月のあれこれ

生理的な子宮収縮？ それとも出産の兆候？

妊娠後期に向けて生理的子宮収縮（223ページも参照）もどんどん頻繁に、強くなっていきます。あまりの不快感とリアルさに「もしかしたらこれは本当の陣痛？ もしかして早産なの？」と心配になるかもしれません。本当に出産になる陣痛には決まったパターンがあります。本当の陣痛には「1—5—1パターン」というものがあり、これに当てはまるかどうかが1つの基準になります。子宮の収縮が少なくとも1分以上続き、5分（または以内）間隔があくというサイクルが、最低1時間以上続く——これが「1—5—1パターン」です。もしもこれに近いようなら、出産が始まる可能性もあります（そうなったら、急いで病院に連絡しなくてはいけません）。

生理的な子宮収縮は起こっては消える、不規則なパターンです（343ページ参照）。子宮収縮を感じたら必ずリラックスして深呼吸し、出産の予行練習を心がけましょう。

ママノート：私は数え切れないほどの弱い子宮の収縮を感じているうちに、だんだんと毎日、それを期待するようになっていきました。出産が近づいていることを体で感じ、そのとき感じていた軽い収縮は、ウオーミングアップのように思えたのです。収縮はいつも、長くは続きませんでした。歩いているときに収縮がきても、座って休憩をすれば消えてしまう程度だったのです。私には「まだ本番じゃないけれど、近いよ」というサインとして感じられました。

早産の心配

約90％の人が、ほぼ正産期（妊娠36週以降）で出産しています。ですから、あなたが早産する可能性は非常にまれだといえるでしょう。早産の原因は、

＊胎動を数えてみましょう＊

赤ちゃんの胎動を感じるのは、とても幸せなでき事です。長い時間赤ちゃんの動きが感じられないと、心配になるでしょう。どのくらいでどの程度というのは、赤ちゃんの健康状態というよりむしろ個人差ですし、活動しているときも眠っているときもあります。どのくらいの回数が「普通」なのかということは数多く研究され、必要以上に母親の心配の種になりました。しかし、やはり胎動は、赤ちゃんが健康なことを確認する最も簡単な方法のひとつです。医師は、特にあなたが赤ちゃんを危険にさらすようななんらかの問題を抱えている場合（糖尿病や高血圧など）、毎日の胎動を数えるように言うでしょう。

胎動カウント法は、健康な赤ちゃんは動くものだ、という実に単純な理論でできています。しかしこれは、おとなしめの赤ちゃんは活発な赤ちゃんに比べて健康に問題がある、という意味ではありません。ふだんの動きと急激に違う様子が続くようならば、急いで医師に相談するほうがいいというサインです。病院で、胎動の変化は何か理由があってのことなのか、詳しく検査をしてくれるでしょう。胎動カウント法を紹介しましょう。

・あなたの都合がよく、赤ちゃんの動きをよく感じられる時間帯を選びます。夜の早い時間、食後、就寝前などが、ほとんどの女性にとって都合がいいようです。左側を下にして横向きに寝て、リラックスします。

・「10カウント法」を行います。はっきりとした胎動を10回感じるまでに、何分かかったかを測るのです（はっきりとわかる胎動だけを数えます。弱いものは無視します）。1週間ほど繰り返すと、あなたの赤ちゃんのだいたいの平均がわかってきます。調査では、10回のキックを数えるには20分前後が多い、と報告されています。

・胎動カウントは、妊娠の時期によってもそのデータは変わります。医師はその都度、違う胎動カウント法を教えてくれるかもしれませんし、どのようにカウント法を続けたらよいか、アドバイスをくれるかもしれません。さらに、どんな胎動が気をつけなければいけないもので、いつ医師に相談すればよいのかも聞いておきましょう。いつもはよく動くのに、1、2時間たっても胎動が感じられないようなときには、病院に連絡するほうがいいでしょう。

＊胎動カウント法のチャート＊

これは、平均的なサンプルの記録です。あなたの記録もこれに近いものではないでしょうか。

3／21	8：00P.M.	10回／20分
3／22	8：15P.M.	10回／22分
3／23	7：45P.M.	10回／28分
3／24	8：00P.M.	10回／18分

ほとんどがあなたの努力の及ばない、子宮頸管や胎盤、子宮の異常によるものです。もしも子宮の奇形や多胎、糖尿病や高血圧、慢性の母親の病気などなんらかのリスクがあるのなら、事前に早産の可能性については医師から説明されているでしょう。

しかし、何もリスクがなかった人が、原因不明の早産になってしまうことがあります。しかし、万が一早産になってしまっても、現在の医療では27週以降の新生児のほとんどは助けることができます。

早産を防ぐためには、次のようなポイントに注意します。

●きちんと定期健診を受けること。
●喫煙は禁止。禁煙という概念自体を捨てましょう。
●アルコールは禁止。
●きちんとした栄養をとり、適正な体重増加にとどめる。
●医師が処方したもの以外の薬を飲まない。
●ストレスの多い生活を避ける。

早産のサインは次のようなものがあります。

●羊膜が破れ、羊水が濁る、または膣から流れ出す。
●生理的な子宮収縮と思われていたものがだんだん規則的になり、強くなってきた（261ページで、違いを確認してください）。
●これまで経験したことのないような腰の痛み、骨盤周辺の突然の激痛、収縮を感じた場合。

何か1つでも早産のサインを感じたら、何をしていても中断し、医師に連絡します。指示を聞く間は横になるか、座っていてください。

ハイリスクの出産

「ハイリスク」という言葉だけで、こわい印象を受けてしまいませんか？　この言葉を自分が言われたなら、驚くのも当然です。リスクとは何でしょう？　ハイリスクというのは単純な医学用語で、妊娠、出産、胎児の成長などにおいて、通常の妊婦よりも何かトラブルが起こる可能性が高いことを意味しています。リスクの原因として多いのが、妊娠性の糖尿病や高血圧、早産などです。しかし、これらに該当しても、あくまでも「可能性」であって、断定されたものではありません。正常な出産ができる可能性のほうがずっと高いということを、忘れないでください。

ママノート：私は「ハイリスク」ということで、専門家のところに回されました。でも私は、自分が「ハイリスク」に当てはまるとは思えなかったのです。私は妊娠中に健康でいられるように、できることはすべてやりました。その結果、健康的な赤ちゃんを産むことができたのです。

私たちは「ハイリスク」よりも「ハイ・リスポンシビリティ（責任を抱えている）」という言い方を好みます。この言葉はより特別で、医学的に注意が必要で、技術水準の高い病院を必要とする妊婦に使われます。これは、「あなた」が自分と、自分の出産についてのさまざまな決定事項について、より多くの責任をもたなくてはいけないということを意味しているのです。ハイリスク妊娠というレッテルを自分自身にはったり、さまざまなことに受け身な妊婦だったり、さまざまな決定事を医師まかせにするかわりに、ぜひ責任感をもった母親になってください。特に、医師とは積極的にコミュニケーションをとりましょう。あなたが「ハイリスク」というレッテルをはられているなら、医師との関係づくりは不可欠です。あなたはより多くのことを知り、責任をもち、普通の妊婦よりも多くの部分で、出産に対する決定事に

かかわっていかなくてはいけません。もちろん、自分自身の管理もしっかりとする必要があります。

ハイリスクだと医師に告げられた場合、最初に聞くべきなのは、「どうしたらリスクを少しでも減らすことができますか?」ということです。

ベッドでの安静

妊娠中のどの期間でも、トラブルが起これば、ベッドでの安静を言い渡されることもあるでしょう。それは数日か、数週間か、数カ月に及ぶ場合さえあります。なかには、医師の管理のもとでゆっくりと休むチャンスだと、この「安静」を歓迎する人もいるでしょうが、たいていの妊婦にとっては、ずっと安静にしていなくてはならないこの状態は、とても休息とは思えないようです。

ママノート：私は、妊娠が早く進んでくれることだけを楽しみにしています。医師が、私に6週間のベッドでの安静を言い渡したからなのです。

妊娠前半で「ベッドでの安静」が言い渡されるのは、思いがけない出血や流産の兆候がみられる場合で、後半でいちばん多いのは、早産の危険性がある場合です。妊娠後期になってベッドで安静を指示されるそのほかの理由としては、高血圧、妊娠中毒症、子宮頸管無力症、前期破水、慢性の心臓病などです。

医師が、問題を抱える妊婦にベッドでの安静（医学的には「治療的措置」といいます）を言い渡すのには、さまざまな理由があります。妊婦の動きが活発でなくなると、子宮の活動も少なくなります。ベッドで横になることで、赤ちゃんが子宮頸管にかける圧迫を減らします。これは、時期の早い子宮頸管の拡張や、子宮の収縮の可能性を減少させます。休息することで胎盤へはより多くの血液が行き、赤ちゃんにより多くの酸素と栄養を運びます。さらに、母親の血圧を下げる効果もあります。

約20%の妊婦が、なんらかの理由で、1週間かそれ以上の安静を余儀なくされたというデータがあります。多くの場合、ベッドでの安静を言い渡されることは、女性に、そしてその雇用主にショックを与えるようです。健診を受けて、安静を言い渡されてしまった場合、あなたの予定をすべて先送りにしなければいけません（数日か数週間、数カ月後に）。もしあなたの家がゴタゴタしていたり、仕事で重要なプロジェクトの最中だったとしても、あなたはベッドにいなければいけないのです。なぜなら、危険性がとても高いからです。

ママノート：医師からベッドでの安静を言い渡されたとき、私にはほかに選択の余地はなく、あっさりと納得したものです。自分が抱えている危険性を考えたとき、私は健康な赤ちゃんを産む可能性を少しでも高めるために、できる限りのことをしようと考えたのです。

ママノート：私は羊水検査の合併症のために、12週間の安静を余儀なくされました。この時点では、いちばん信頼している姉以外には私の妊娠を知っている人はだれもいなかったのです。私は理由を言わずに地域活動を突然キャンセルし、教会の礼拝にも行くことができなくなりました。夫に仕事を休めというのは無理なことでしたし、姉も3人の子持ちでした。私たちは、自分の母やほかの姉たちに、妊娠していることを教えなくてはいけなくなりました。私たちの子どもの面倒をみてもらう必要があったからです。私たちは独立しているという意識を捨て、周囲に甘えることにしたのです。それは確かに必要なことではありますが、忍耐力が必要で、さらに寂しいことでした。1週間後、超音波検査の結果はすべてが順調だと示していました。私はベッドから出て大丈夫になったのです。2週間後、羊水検査の結果が出て、赤ちゃんが健康な男の子だと知った私たちはとても幸せで、その後は堂々と妊娠生活を送ることができました。

＊「安静」の時間を楽しむために

医師から「ベッドでの安静」を言われた場合、ほとんどの女性がこの不便な状況をいやだと思いながらも、我慢しようと努力しています。赤ちゃんを育てるだけでなく、日常生活でしなければいけないことはたくさんあります。しなければならないことをするチャンスは、今後いくらでもあります。でも妊娠を継続させるために、1日のほぼ24時間ベッドにいることが必要なら、管理されるのはしかたありません。さまざまな制限を受け入れながらも積極的に楽しめるように、次のようなことを試してください。

していいことと悪いことを、正確に知る

医師がなぜあなたに「安静」と言うのか、理由をきちんと理解することです。医師から「ベッドで安静」と言われた場合、その安静の意味がどんなことなのか、チェックしましょう。ベッドに寝たままで、入浴も禁止（ベッドの上で体をふくくらい）、トイレも禁止（ベッドの上でポータブル便器を使う）なのか、入浴とトイレはＯＫなのか、ときどきは台所まで歩いてもいいのかなど、きちんと理解しておかなくてはいけません。ゆっくりと起き上がって歩いてもいいのか、階段をおりてもいいのか、同じフロアだけでしかいけないのか、医師に確認しておきましょう。

覚えておいてください。医師は、ベッドでの安静について、必要以上に慎重にハードルを設定しているものです。なぜなら人は、生活の急激な変化にそんなにすんなり適応できるものではなく、ときにはごまかして、制限を守りきれない人もいるからです。あなたの医師が、心のストレスが問題と思っているかどうか探ってみましょう。体に加えて心の平穏も必要、と言う医師もいるのです。電話だけでオフィスワークができますか？　あなたのベッドを子どものトランポリンにしてほしくないと思っても、子どもたちは長い時間、どうやって過ごしたらいいのでしょうか？

快適な〝巣〟を整える

ベッドで過ごさなければならないのなら、ベッドにいたくなるような環境を整えましょう。窓のそばにベッドを置き、新鮮な空気を吸い、窓の外の景色を楽しめるようにします。ベッドの隣にテーブルを置いて、必要なものはすぐ手が届くようにしましょう。コードレスフォンや携帯電話を使うか、延長コードを使って電話もすぐそばに置きます。アドレス帳、電話帳、お気に入りの雑誌、そのほかの読み物も、すべて近くに置きます。テレビやラジオ、ＣＤステレオなどを部屋に移動させてしまいましょう。小さな冷蔵庫を買うか、もしくはレンタルで部屋に置き、ベッドで軽く何か食べられるようにします。横になったとき快適なように、ベッドのマットレスの素材に気をつかいましょう。

前向きになりましょう

できないことを数えるよりも、何ができるかを考えましょう。確かにあなたは仕事にも行けず、子どもの学校の発表会にも行けない状況になっています。公園を散歩するというシンプルな楽しみさえ奪われています。しかし実際、これだけのんびり寝ていられるのは、そうそうあるものではありません。特にこれまで忙しい毎日を送ってきたのなら、なおさらでしょう。小説も読み放題、テレビも好きなだけ見られます。赤ちゃんのことだけを、これだけ長く考えていられることもないでしょう。つまらないとか退屈だと感じたとしてもすべて一時的なことで、すぐにまた幸せな日々はやってきます。今、あなたは赤ちゃんのために何をしているのか、あなたが休息してリラックスしていることが赤ちゃんにとってどのくらいいいことなのか、常に心に留めておいてください。妊娠中の気持ちの変化でよい点は、気分が落ち込んでもすぐに回復する、ということです。

ママノート：私はベッドに横になりながら、もしも私が休んでいなかったら……と想像していました。でも私は、そのことを考えないようにしなければいけませんでした。そんなことを考えても何の役にも立ちませんでしたし、私を落ち込ませるだけでした。

いろいろ考えてしまうのも当然です

座って考える時間がたっぷりあるとき、気持ちは走り回っているものです。赤ちゃんは元気かしら、ちゃんと生きているかしら、夫と赤ちゃんはうまくやっていけるかしら、などと思うほかにも、やることがなくて退屈だったり、やりかけの仕事への不安、だれかを頼らなければいけないという状況に対する抵抗感など、さまざまなことを感じるでしょう。妊娠して、このような状況に陥ったことに怒りの気持ちがわいたり、悲しくなったりもするでしょう。一日がすごく長く感じるかもしれませんし、疑い深くなったりもするでしょう。毎日ベッドで安静にしていると、これまでになかったような新しい感情が次々とわいてきます。ゴールを見続けるのです。いつかゴールすることを励みにして、これらの気持ちを乗り越え、必要なだけ長くベッドにとどまれるように自分を励ましてください。

夫の手助けが必要です

この時期は、これまでの生活の中で、あなたの夫が最も見返り（とはいえ、あなたのおなかにいるのは彼の赤ちゃんですが）を求めずにあなたに尽くさなければいけない、最初のときかもしれません。ベッドでの生活が長くなることは、夫婦の絆を強めることも、逆にふたりの間に少し距離をつくってしまうこともあります。セックスや日常生活の制限によって、これまでいっしょにしてきたことができなくなり、大きなストレスになるでしょう。こうしたストレスのいちばんの原因は、あなたの夫が今、2人分のことをしなければいけない状況になっているからです。あなたの世話をしながら、家に食料も持ち帰らなければなりません。

あなたが想像力豊かなタイプならば、ベッドにいてもロマンティックな演出をすることもできます。ビデオを見たあとでキャンドルの灯りの下でディナーを食べたり、朝食をベッドで食べたり……。夫の毎日のマッサージは、心も体もほぐしてくれるでしょう。デリケートな夫にさまざまな面倒をみてもらうことは、あなたたちの関係をより深めてくれるはずです。あなたの夫はウエイターであり、マッサージ師、エンターテイナー、そして料理人でもあります。自分ではないだれかのためにここまで尽くすことは、彼の人生で初めてのことでしょう。しかしこれは、父親になるよい訓練でもあるのです。

ママノート：夫は今、「母親」になろうとしています。彼は、買い物や家事など、私の仕事がいかに骨が折れるものなのかに気づき、自分がふだんしていることよりはさほど大変ではないという皮肉を言うのをやめました。私がベッドにいる限り、彼はすべてをこなさなければいけないのです。

上の子とのつきあい

ベッドでの安静がスタートする日、家族会議を開きましょう。家でのルールを決め、子どもたちには、あなたがベッドにいることがどれほど大切かを説明します。待つこと、お母さんのためにいろいろとしてほしいこと、そして、あなたは子どもたちを愛していることもきちんと伝えなくてはいけません。夫は子どものお手本になって、あなたへの接し方や気のつかい方を教えなくてはいけません。お母さんのベッドの上で飛んだり跳ねたりしてはいけないと、子どもたちに気づかせるのです。

4、5歳以前の小さな子の場合は、あなたが安静にできないようなら、だれかかわりに相手をしてやれる人が必要です。どうしても頼める人がいなければ、あなたのベッドの周囲で遊ばせてもいいでしょう。ただし平和的な内

容でです。あなたは毎日、3歳の子どもと部屋でティーパーティーを楽しむこともできるでしょう。ベッドやカウチの近くにビデオをセットしたり、子どもの好きなスナックや本を手に届く範囲で置いておくのもいいでしょう。おもちゃもたくさん置いておかなくてはいけません。しかし忘れてはいけないのは、生後18カ月の幼児でも、たくさんのおもちゃより、ティッシュを引っ張り出したり、テレビの電源を消したりする作業のほうが楽しい場合があるということです。テレビも上手に利用して、この時期を乗り切りましょう。

体を使わずにできることを

どうしても体を動かせないときは、精神的に動けることを考えましょう。小切手帳の精算、ノート型パソコンでの仕事、電話でのアポイント、ショッピングリスト作りや子どもの宿題の手伝いなど、いろいろとできるはずです。医師の許可があれば、電話で会議に参加したり、書類を書くような仕事を選べば、仕事に復帰することも可能かもしれません。

ベッドで軽い運動を

医師の許可が出たら、ベッドの上でできるエクササイズを始めましょう。たとえば足をもち上げたり、ふくらはぎのストレッチ、軽い重りを使った上腕のエクササイズなど。エクササイズは血行をよくし、筋肉を（心臓も）調子よく保ちます。

赤ちゃんとの絆づくり

多くの女性が、ジレンマを抱えながらベッドにいます。しかしこれは、妊娠のすばらしさと赤ちゃんとの絆づくりをゆっくり考える時間なのです。ベッドでの安静を余儀なくされるのは、流産や早産の危険性を抱えた人がほとんどでしょう。ですからなかには、こんなに長い時間ベッドで赤ちゃんのことを思い、いろいろな計画を立てているのだから、もしも流産してしまったら自分は立ち直れないかもしれないという恐怖におびえる人もいます。日常のこまごまとしたことから切り離され、赤ちゃんのことだけを考えている生活の中では、ほんの少し出血があっただけで、もう赤ちゃんはダメかもしれないとか、すべてのちょっとしたおなかの張りに、これは早産の兆候かもしれないと簡単に思ってしまいがちです。忘れないでください、安静を言われたほとんどの人が、無事に健康な赤ちゃんを産んでいるのです。

したいことに時間を使う

大人になってから、自分のしたいこと（ベッドの上での範囲ですが……）が自由にできる時間をこんなにもつことは、あとにも先にももうないかもしれません。ベッドの上でも楽しめることはいくらでもあります。これまでは時間がなくて読めなかった古典をじっくり読む、以前から書きたかった文章を書く、インターネットで発表する、手紙を書くなど、いろいろなことをしてみましょう。計画を練りましょう。カセットテープを使った語学学習や、不動産の勉強、将来のあなたの仕事に役立つような分野の勉強、キルトのハンドメイド、子どもへの読み聞かせなど。笑うことがあれば、つまらないベッドの生活も我慢できます。愉快な友人を呼んだり、楽しいビデオを見たりするのもいいでしょう。

ママノート：実のところ、私にはしなければいけないことがたくさんありました。しかし1週間くらい経つうちに、しばらくはこの状態を楽しもう、という気にもなってきたのです。これほどみんなから注目され大事にされることは、ここしばらくはなかったからです。

ママノート：ある日私は悟ったのです。これは、忍耐と寛容さを人より多

く学ぶいい機会だと……。おかげで、その後の子育てが楽だったこと！

友人の協力を

長期間ベッドで過ごさなければならない状況は、「だれか大人と話したい！」という欲求を強くします。友人の多くは、ベッドに縛りつけられているあなたの気持ちなど理解できないに違いありません。こんな言葉も覚悟しなければいけません。「いいわね、うらやましい。私も2カ月くらいベッドで暮らすような生活がしたいわ」。しかしなかには、ベッドにずっといなくてはいけない状況は不自然で、けっして楽しいことばかりでもない、ということに気づき、あなたの気持ちを思いやって同情してくれる友人もいるでしょう。あなたを笑顔にさせてくれる友人を選んで、頻繁に家に来てもらうようにしましょう。友人が食べるお茶菓子も持参してもらうのです。まちがっても、あなたをホステスにするような人たちを呼んではいけません。

ママノート：一日中じっとして、テレビを見て寝放題の私のことを、ラッキーだと思う人もいるでしょうが、実際はそんなに単純なものではありません。起きて何かをしなければいけないたびに私は罪悪感を感じ、トイレに行くことでさえ、これが流産や早産の原因になってしまったらどうしようと、とても不安だったのです。

ママノート：友人が私を訪ねてくれ、髪をとかしてくれたり、座ってただ話を聞いてくれるだけで、私はどんなに救われたでしょう。

ベッドから離れても張り切りすぎない

安静生活が終わると、あなたの夫や子ども、あなたを取り巻く人のだれもが、突然あなたがフルタイムで働けると誤解するでしょう。家事やいつもの生活に戻れると簡単に言うのは控え、まだあなたには休息や助けが必要だということをきちんと伝えましょう。長いベッド生活のあとでは、自分の体がまだ自分のものではないように感じるかもしれません。でも、ベッド生活での体の痛みは数日でとれ、しだいに元の生活に適応していけるようになるでしょう。

ママノート：ベッドから出てもいいですよと言われても、私はすぐに周囲にそれを告げはしませんでした。私が我慢していた3カ月間を、1日で無駄にしたくなかったのです。私はずっと、ゴールを見失わないようにしていました。それは、健康な赤ちゃんを産むことです。

子どもの立ち会い

Q 「私には4歳と7歳の子どもがいます。私は2人に出産に立ち会ってもらいたいと思っていますし、子どもたちもそれを望んでいます。私たち夫婦も、立ち会いは子どもにとっていい経験になると思いますが、問題や、気をつけなければいけないことはありますか？」

A　子どもたちと新しい家族の誕生の経験を分かち合うことは、家族の絆をつくるためのすばらしい方法です。私たちの子どもたちも、下の3人の出産には全員で立ち会い、みんなで喜び合ったのです。このことを実践するには、注意しなければいけないことが2つあります。子どもは事の意味を理解できるでしょうか？　彼らが立ち会うことで、あなたが動揺するようなことはないでしょうか？　次のようなことについて考えてみましょう。

＊子どもの年齢

私たちの経験からお話しすると、ほぼ3歳以上になれば、陣痛や分娩のと

きのあなたの感情を理解でき、出産に対して畏敬の念をもつことができます。3歳以下の場合、出産を理解するというよりは、強烈な印象ばかりが残ってしまう子もいます。出産に立ち会う場合は、病院よりも自宅出産のほうが、子どもたちはリラックスしていられます。自宅出産は、子どもたちにとって慣れた環境の中で起こることであり、部屋を自由に行き来できるという利点もあります。

＊子どもがいても、出産に集中できるか

あなたは出産に集中すべきであって、上の子たちのさまざまな要求に心を乱されてはいけないのです。あなたは、子どもたちがそこにいることを気にせずに、出産に集中することができるでしょうか？（もし、出産に立ち会っている子どもがあなたにいろいろなことを話しかけ、あなたが出産に集中できないようなら、有無をいわさず、あなたの子どもは分娩室から出ていってもらうことになります）

＊子どもの面倒をみてくれる人を確保できるか

夫のほかに、子どもの面倒をみてくれる人を確保できるでしょうか？子どもが慣れている大人が付き添い、子どもに全責任をもってもらう必要があります。

立ち会わせる予定の子どもたちに、分娩室でのルールと、どのような態度をしてほしいかを、事前に話しておきましょう。子どもたちに「お母さんは、あなたたちに立ち会ってほしいの。でも、お母さんはとても大変なお仕事をしなくちゃいけないから、あなたたちがおりこうさんにしていないと、いっしょにはいられないの」というように、子どもたちにどんなことを望んでいるのか、しっかり印象づけましょう。

まださほど出産が進んでおらず、何も起こっていないように思えるときには、子どもたちは退屈してしまうかもしれないということも、あらかじめ考えておきましょう。もしかしたら、あなたはいよいよ出産というときになってから、子どもを分娩室に入れたい、と思うかもしれません。赤ちゃんが生まれる直前に子どもを入れるのならば、陣痛の間はどこでどのように面倒をみてもらうかを考えることも必要です。平均的な3歳児にとって、お産を待つ時間はとても長く感じられるものです。この問題を解決するのにいちばんよい方法は、なるべく家に長い時間とどまっていることでしょう。出産が順調に進行したら、あなたは先に病院へ行き、子どもとその付添人は、あなたの出産の態勢がすっかり整ったところで到着する、という方法です。

子どもたちに、出産が始まるとどんなことを体験するのか、前もって説明してあげましょう。「ママは大きな声で叫んだり、泣いちゃったりするかもしれない。今まであなたたちが聞いたこともないような声、ママのうなり声を聞いたりするかもしれないわ（ここで、うなり声を出してみます）。でも、大丈夫なのよ。これは、赤ちゃんが生まれるために、ママががんばっている音なのよ」。

妊娠後期のセックスを楽しみましょう

あなたの性生活は、妊娠後期にもう一度変化します。妊娠後期には、たいていの女性はこれから差し迫ってくる出産や、母親としての自分の役割にすっかり心を奪われてしまいがちです。夫は、自分の気持ちに変化が起こっていることを感じているでしょう。奥さんの体は差し迫った変化への予兆でもあるのですが大きく変化し、もはや魅力的という言葉では表現できなくなっています。おなかはぎりぎりまで大きくなり、夫婦はもうふたりだけではないとあらためて自覚し、目前の現実を見るようになります。女性は出産と赤ちゃんの世話に夢中になり、男性は父親としての新しい役割と（少なくとも一時的には）一家の大黒柱としての役割に集中するのです。あなたの夫は、母としてのあなたに、何か寂しさを感じるかもしれません。ふたりとも、これから起こる変化に複雑な気持ちや不安を抱いているものです。これらの不

安は、一時的にあなたがたをセックスから遠ざけてしまうかもしれません。

しかしほとんどのカップルが、妊娠後期にもセックスを楽しみます。あなたの体の変化に従って、セックスは身体的な欲求というより、より創造力を必要とするものになります。必要は発明の母（この場合は父かもしれません）です。セックスにあたっては、快適で都合のよい体位を試していく必要があるでしょう。男性が上になる体位は、最も向いていないものです。山を乗り越えるのは大変です。さらに、あまり快適でもないでしょう。この体位で最も深く挿入すると、男性の体重が女性の下腹部と胸にかかり、赤ちゃんにとって危険性はないとしても、女性には快適ではありません。ただでさえ、妊娠最後の数カ月は、妊婦はあおむけの体勢で寝るのは苦しいものです。次のような体位を試してみましょう。女性が挿入の深さをコントロールでき、増えた体重も苦にならないようなものです。

●女性上位の体位。
●男性上位。体重は男性が腕で支える。
●横向きに寝た体勢で向き合う、または横向きで寝た体勢で女性が男性に背を向ける（女性は上のほうの足を上げて、枕でサポートする）。
●後背位（女性が手とひざをつき、男性が後ろから）。

あなたが快感を得られるなら、どの体位でもよいでしょう。妊娠最後のころのセックスはさほど情熱的でもなく、回数も多くなく、激しいものではなくなるかもしれません。しかし、工夫に富んだものになるでしょう。セックスがあなたの体と心に必要以上に負担をかけてしまうようなら、いっしょにいられる違う方法をふたりで考える必要があるでしょう。

出産のサポーターを見つけましょう

父親が分娩室に受け入れられるようになると、多くの女性はひそひそ話をするようになりました。これは、夫にも医師にも言う必要はないのですが（医師は、夫を分娩室から追い出してしまうかもしれません）、実際には夫の多くは役に立ちません。ではその役割をだれがしたらいいのでしょう。

出産のサポーターを分娩室に迎え入れましょう。女性、たいていは妊婦の母親があなたをリラックスさせ、従来の伝統的な病院で行われていたような助産師としての役割をしてくれます。その人がいることは、産婦が苦痛をやわらげるために夫を頼る必要がないことを意味します。彼女はこの特別な、しかしストレスの多い時間、夫から精神的なサポートと愛情だけを得ることができるのです。

あなたの友人も出産のサポーターになれるでしょうが、プロのサポーターを雇った人は、より満足度が高いようです。プロのサポーターはあなたを落ち着かせ、分娩の間、あなたがより快適に過ごせるようにしてくれます。助産師や看護師としてのトレーニングを受けているか、資格はもっていなくても教育を受けています（注1）。出産に対する彼女の知識と経験、母親たちのニーズに対する的確な応対は大変貴重で、病院での出産には不可欠なもののひとつでもあります。彼女はコーチであり、カウンセラーであり、サポーターであり、出産をよりスムーズに快適に過ごすための、産婦たちの頼みの綱のような存在でもあります。彼女は病院のスタッフとともに働き、病院側に両親の希望などを伝え、両親を援護してくれる存在でもあります。

研究では、女性のサポーターがついてくれた出産は時間が短い傾向にあり（約50％）、つかなかった母親よりも医療措置も少ないという結果が出ています（あるケースでは、サポートを受けなかった女性では帝王切開率が18％だったのに比べ、サポートを受けた女性の帝王切開率は8％でした。また、硬膜外麻酔、会陰切開、会陰裂傷率も低くなっています）。

サポーターを決めるにあたっては、医師やそのほかの人にしたように、インタビューを行いましょう（89、92ページ参照）。忘れないでください、この女性から最大限のサポートを得るには、とにかく相手を信用することです。

＊自然分娩について考えましょう＊

「私は我慢強くないし、痛みから逃れるためなら硬膜外麻酔をしてもいい、と思っているほどです。痛みを自分でコンロトールする自信がないのです。“自然分娩”は私にとって、無防備のまま病院に向かうことを意味します。医療的にバックアップされた出産は、本当に不自然なのでしょうか？」

「自然分娩」の定義は、人によって若干異なります。出産の指導員は薬を使わない出産のことを自然分娩というでしょうし、最近登場した出産コーディネーターは、薬と、さらに一切の医療介入が行われない「純粋な出産」のことを意味する、と主張するでしょう。あなたの出産をどのように呼ぶかは、たいした問題ではありません。どのような出産を体験したいかが大きな問題なのです。しっかりと医療のサポートを受けながらの出産のほうが、あなたにとっては「自然」な場合もあるでしょう。医療のサポートを受けることで、必要以上の医療介入や手術を避け、経膣分娩ができる可能性が高くなるのかもしれません。医療介入があってもスムーズに出産できれば、あなたにとっては自然分娩と同じことです。帝王切開でなければ自然分娩だ、という考え方もできます。

私たちがいちばん重要視するのは「責任のある安全な出産」です。これはすべての母親が実現できることで、母親になるあなたがたに対する宿題でもあるのです。理想の出産を目指してさまざまなことを計画し努力をすることは大切ですし、望めば理想の出産ができる確率は高くなるでしょう。最終的に、計画や希望どおりの出産ができてもできなくても、これまでに準備したすべてのことを携えて、分娩室のドアをくぐりましょう。きっと、納得のいく出産ができるでしょう。

一度この人という人を決めたら、妊娠後期の間に一、二度は会って、具体的なバースプランを相談しておきましょう。サポーターの多くは、あなたが出産のために病院に着いてから会うことになりますが、なかにはあなたの家に来て、病院に行くまでの間も助けてくれる人もいるでしょう。

＊監修者注

（注1）これはとても大切なことですが、残念ながら日本ではまだ一般的になっていません。このようなプロのサポーターという仕事が、日本でも将来は一般的になるといいと思います。

◎ ひとりがふたりになったとき

あたらしいいのちのはじまり――
元気な心臓の音
ひらひらと泳ぐ足
あたらしいたましい

小さな奇跡が私の子宮に――
あなたを養い、あなたを育て
ふたりの心臓をつなぐ糸は、さらに強く

小さな何かが、私の子宮で育っていく――
パパと私はおなかに手を当てて
あなたのキックをじっと待つ

小さなひとが、私の子宮で眠っている――
あなたがいることがこんなにうれしい。私の心はあなたのもの
あなたの深い、あたたかい目をじっと見つめる日が待ち遠しい

小さな赤ちゃんが、私の子宮で丸まっている――
あなたを、ちゃんと迎えることはできるかしら？
私はあなたの、やわらかくてまっさらな肌に触れる夢をみる

小さな子どもが、私の子宮から生まれた――

私は小さなあなたを抱きしめ
ずっとこの腕の中にいてほしい、と夢をみる

ああ、赤ちゃん、私のすてきな赤ちゃん
元気な心臓の音
ひらひらと泳ぐ足
あたらしいたましい

――ジャクリーン・デラベアーガ

あなたの妊娠７カ月ダイアリー（コピーして使いましょう）

◯今月の気持ち

◯体の変化で感じること

◯赤ちゃんに対して、私が思ったこと

◯赤ちゃんの夢を見た

◯私が想像する赤ちゃんの様子

◯いちばん気になっていること

◯とてもうれしかったこと

◯今、困っていること

◯疑問に思ったこと、そしてその答え

◯検査とその結果、感想

◯測定した日

◯体重

◯血圧

健診で行われること（妊娠７カ月／24〜27週）

７カ月目の健診では、だいたい次のようなことが行われます。

・子宮底長の計測
・むくみ、皮膚の発疹、静脈瘤などのチェック
・体重および血圧チェック
・尿検査（感染症、糖、タンパクのチェック）
・指示があれば、ヘモグロビン、ヘマトクリット検査
・必要があれば、食生活指導、体重増加についての指導
・赤ちゃんの心音の確認
・指示があれば、超音波で赤ちゃんを見る
・感情や心配事についてカウンセリングする機会

もし医師が気にかかる部分があれば、妊娠７、８カ月でも、健診は月に２回になる場合もあります。

○子宮について思ったこと

○赤ちゃんの胎動を感じて思ったこと

○赤ちゃんの胎動に対するパパの感想

○赤ちゃんのきょうだいが、胎動を感じたときの様子

○ショッピングで買ったもの

○コメント

Part 8

妊娠8カ月　28～31週

あと、もう少しです

妊娠8カ月に入るころには、あなたの心も体も、出産に向かって集中してくることでしょう。子宮は胸骨と胸郭のあたりまで達しています。おなかがここまで大きくなると、これ以上大きくなるなんて想像もできないかもしれませんが、あなたも赤ちゃんも、まだもう少し成長の余地があるのです。この月の初めには赤ちゃんはだいたい身長40㎝、体重1.3kgくらいで、これから出産までに毎週約200～250g、1～1.5㎝ずつ大きくなっていきます。

赤ちゃんの登場を待ち望んでいると、四六時中、ずっと物思いにふけってしまうことにもなりかねません。あまりにも白昼夢ばかり見るために、「私の脳は正常に働かなくなってしまったのかしら?」とさえ思うかもしれません。でも心配はいりません。頭の中が赤ちゃんでいっぱいになっているだけなのですから。妊娠8カ月目の典型的な心の動きを紹介しておきます。

この月の気持ちは?

もう終わってほしい

確かに、ここまではずいぶん長い道のりでした。このあとまだ2カ月もあるのかと思うと、永遠のように感じられるかもしれません。多くの人が妊婦でいることに飽き飽きし、「赤ちゃんを自分の手に抱く日が待ちきれない!」と感じるようです。このじれったい感じは、これからもっとひどくなってきます。何しろ出産の当日にならなければ答えることのできない疑問があまりにたくさんあるのですから。

「赤ちゃんは本当に男の子(女の子)なの?」「どんな顔をしている?」「髪や目の色は?」「どんなふうに生まれてくるのかしら?」「初めて会うとき、私はどんなふうに感じるのかしら」「パパになる夫は何を思うのかしら?」。赤ちゃんの誕生を待つのは、まるで花が咲くのを見守っているようなもの。時間が止まってしまったように感じるのです。早く赤ちゃんに会いたいでしょうし、早く元の体形に戻りたいでしょうが、まだまだ赤ちゃんを体内で育てる必要が残っているのです。この小さな人間に、仕上げの一筆を与えるのです。それから、寝坊したり、子守代を払わずに映画を見たり、邪魔される心配なく愛を交わしたりするには、今が最後のチャンスだということも覚えておいてください。この特別な時間を、最大限に利用しましょう。

赤ちゃんのイメージ

これまでの妊娠期間であれこれ想像してきたことが、より現実的に思われ

るでしょう。以前はファンタジーのように感じられたことが、今では現実なのです。あなたは赤ちゃんのことを想像したり、赤ちゃんとほかの子どもたちがいっしょに遊ぶ様子を思い描いたりするでしょう。また、外見ばかりでなく、赤ちゃんの性格についても考えるようになっているでしょう。

赤ちゃんの胎動が、想像の世界に入っていくきっかけになることが多いようです。まるでビデオを早送りするかのように、「学校ではどんな感じになるのかしら?」「10代になったら?」「大人になったら?」など、想像がどんどんエスカレートしてしまうこともあるでしょう。「こんな大人になってほしい」という考えをまとめ始めるようにもなるでしょう。

子どもの人生について想像をめぐらせることは、あなた自身の子ども時代の記憶を鮮やかによみがえらせることにもなります。その記憶のおかげで、多くの女性がこれまで以上に母親を近い存在に感じるようになり、毎朝いっしょに食事をしたり、寒いからコートを着なさいと言われたりというような、当たり前の子ども時代の情景の背後にあった母親の愛情を、新しい気持ちで眺めるようになったりします。

この月には「家族のほかのメンバーが赤ちゃんにどんな反応を示すかしら?」ということを真剣に考えるようにもなるでしょう。未来の母親のほとんどは、自分の配偶者がどんな父親になるだろうかと想像し始めます。これまでパートナーがあまりあなたの妊娠生活に積極的にかかわってくれなかったり、望んだほど父親になることを喜んでいないように感じられたとしたら、子どもとあまりかかわりをもたない父親になってしまうのではないかしらと、こわくなってしまうかもしれません。でも心配はいりません。妻の妊娠期間にあまりやさしくなく、関心があるようにも見えなかった夫のほとんどが、赤ちゃんをその手に抱き、父親になったということを実感したとたん、とても子ども好きの父親に変わってしまうことがよくあるのですから。

あなたの両親やそのほかの人々が赤ちゃんとどうかかわってくれるかを想像することもあるでしょう。ご両親のどちらかが亡くなっている場合には、そのことをとても悲しく思い、孫を愛する喜びを知らずに亡くなったことをとても残念に思うでしょう。亡くなったお父さんかお母さんが赤ちゃんを抱くところを、想像したりもするかもしれません。赤ちゃんに兄姉がいる場合、お姉ちゃんが赤ちゃんにキスしたり、お兄ちゃんがおむつがえを手伝うというようなかわいらしい場面を楽しく想像することもあるでしょう。母親は、年上の子どもたちが赤ちゃんに抱くはずの愛情のことを考えるのが好きなものです。

前回の出産の思い出

経産婦の場合、前回の出産にまつわるいいことも悪いこともいろいろ思い出して、どうしても考えずにはいられなくなるようです。「今回の陣痛や出産は前回とどう違うのかしら?」「前回よりも痛みはましかしら? もっとひどいのかしら?」「時間は短くなるの? もっとかかるの?」。前回の陣痛と出産から学んだことを復習するにはいい機会です。前回と同じようにしたいのはどんなことでしょう? 変えたいのはどんなことでしょうか? 痛みをやわらげるためには、同じ方法にすべきなのでしょうか? 陣痛や出産の体位は前回と同じでいいでしょうか?

今回は、あなたもずっと賢くなっています。出産に向けて、あなたの経験と知恵をよりよく利用しましょう。妊娠期間中ずっと、これまでの出産についていろいろ考えてきたと思いますが、今の時期に、より集中的に考えるのはごく自然なことです。不安があったとしても、リラックスするテクニックに変えていきましょう。そして、勇気づけてくれるような友人と話すことです。今回の出産についてどうしても不安がぬぐい去れないときには、専門家に会い、恐怖心を軽くしてもらいましょう。

迷信

もともとは迷信深い人ではなかったとしても、いろいろなことを何かの前

兆のように見てしまうようになるものです。目の前を黒猫が横切っただけで、「これってどんな意味があるのかしら？」と考えてしまうかもしれません。いろいろな育児用品のカタログも郵送されてくるようになります。まだ赤ちゃんが生まれてもいないのに、あなたの名前はすでに複数のリストに載せられているのです。赤ちゃんに何か悪いことが起こるかもしれないと思うと、ベビーグッズを買う気にもなれません。あなたの心の平安をこんな心配で乱さないように、しっかりとガードしてください。

健康な赤ちゃんが生まれるかしら？

このごろには、さまざまな「うまくいかない可能性」について、どうしてもあなたにひとこと言っておかなければならないという善意の母親から、山のようなコメントを浴びていることと思います。また、医師が単に可能性のひとつとして赤ちゃんの健康に関してちょっとしたことを口にしただけで、ことさらオーバーにあなたに響いてしまうかもしれません。あらゆる可能性についてあなたに説明しておくのは、いい医師や助産師の仕事の一部でもあるのです。このような最悪のシナリオについては、そういうものだとだけ認識し、自分や自分の赤ちゃんには起こりそうもないまれなでき事だと思っておけばいいのです。出産前の健診などで、このような否定的な会話によって気分を害した場合は、医師や助産師にそのことを伝えましょう。赤ちゃんの健康を心配するあまり、妊婦として母親としての喜びを奪われてはいけません。心配するのは当然です。だってあなたはすでに「お母さん」として考え始めているのですから。けれども実際、ほとんどの出産はうまくいくのです。あなたも赤ちゃんも、出産の日を「健康な母親と健康な赤ちゃん」として祝うことができる可能性はとても大きいのです。

ママノート：私は出産前健診のすべてを楽しみました。体重測定すら楽しかったのです。でも唯一の例外は、医師が障害の検査についての説明をしたときです。そのような話をするのは医師としての彼女の義務だったのでしょうが、健診の喜びにかなり水を差されてしまいました。とはいえ、少なくとも彼女は健診の最後まで、そういう話を控えてくれてはいたのですが……。

安心する

これまで早産が心配だった人は、ここまで育った赤ちゃんは医学的なサポートさえしっかりしていれば、今すぐに生まれてしまっても生きていけるだろうと知って安心するでしょう。実際、8カ月の終わりには、ほとんどの赤ちゃんが自分で呼吸（自発呼吸）できるほどに肺を発達させているのです。この段階で生まれた未熟児には、ほとんど合併症もありません（36週以前に生まれた赤ちゃんの中には、肺が十分に発達するまで数日から1週間、呼吸に補助が必要になる場合もあります）。

不思議な夢を見る

出産が地平線の彼方に姿を見せ始めた今、同じテーマの夢、特に出産についての夢をいろいろと見るようになります。陣痛や出産、赤ちゃんの世話をする様子などを夢に見るかもしれません。この手の夢には、奇妙なものも多いのです。

ママノート：先日、陣痛が始まって病院にいる夢を見ました。おなかを見おろしたら、赤ちゃんの頭が皮膚の下に浮かび上がってくるのが見えたのです。ものすごくこわいシーンでした。だって、まるでエイリアンみたいだったのです。同じ夜に、今度は夫が宇宙人に誘拐される夢まで見ました。この夜、私の頭の中にはエイリアンというテーマがあったように思えます。

ママノート：赤ちゃんが突然いなくなる夢を見ました。私は目が覚めるとすぐ医師のところへ飛んでいき、エコーで見てくれるようにお願いしました。画面に健康な赤ちゃんが映ったのを見てようやく、「あれはただの悪夢だったんだわ」と理解できたのです。

ママノート：買い物のために、赤ちゃんを家に置いたまま外出してしまう夢を見ました。家に帰ったら警察官がいて、私を逮捕しようとするのです。これは、私はいい母親にはなれそうにないとか、赤ちゃんの世話がちゃんとできるかしらという無意識の不安を反映しているのでしょうか。

ママノート：赤ちゃんを車のトランクに入れたまま、焼けつくようなアリゾナ砂漠に忘れてきてしまう夢を見ました。何日も授乳を忘れ、飢えさせる夢も見たことがあります。子どもに対する責任をもつことを、神経質にとらえていたのだと思います。

ママノート：私なんか、娘が生まれてすぐに歩いた夢を見ましたよ！

生まれたばかりの赤ちゃんはエイリアンのように、見知らぬ存在に感じられるものです。自分では何もできない小さな子どもに対して、あなたがこれほどまでに責任を負うことは大変な問題で、将来についてさまざまな思いをめぐらせるのも当然です。あなたが見る夢も、ここで紹介したもののように簡単に分析できるものかもしれませんし、とても奇妙で恐怖に満ちた、あるいはごちゃまぜの、強いショックを受けるものかもしれません。覚えている夢は書き出してみましょう。自分でも気づいていなかった恐怖や不安の原因を探せるかもしれません。

いいお母さんになれるかしら？

この月になると、多くの妊婦が親になることに、正反対の感情を同時に経験するようになります。もうすぐ起こるはずの大きなイベントにわくわくする日もあれば、赤ちゃんの誕生が家族にもたらす大きな変化について、とても不安になる日もあります。これらの感情はすべてもっともで、「母親であること」につきまとう感情の波と無関係ではありません。「母親ってなんてすばらしいんでしょう！」と思うこともあれば、「なぜ、こんなやっかいなことに頭を突っ込んでしまったのかしら？」と思うこともあるでしょう。

妊娠期間中を通じてなのですが、出産が近づくほど、どんどん強くなっていく不安が1つあります。「私は、いい母親になれるかしら？」。これはほとんどすべての妊婦が経験する、ごく一般的で、しかしまったく必要のない心配です。あなたも「母親の直感」について耳にしたことがあるでしょう。心配しないでください。あなたにも必ず、母親の直感は芽生えます。赤ちゃんの成長を助けてくれたホルモンは、出産後も赤ちゃんの望みを母親がはっきり見抜けるように、あなたを助けてくれます。

妊娠すると、たくさんの自己分析をするようになります。もっと我慢強かったら、こんなに自己中心的じゃなかったら、もっと寛大だったら、こんなに体重増加が気にならなかったら、これほど家の掃除にピリピリせずにいられたら……などと思うでしょう。「完璧な自分でありたい」という気持ちは「完璧な母親になりたい」という気持ちのあらわれです。でも子どもはけっして完璧な母親を求めているわけではありません。だから、あなたもけっして自分に完璧であることを望む必要はないのです。

この月のからだは？

妊娠8カ月目で、あなたが自分の体について考えることは、「大きい」ということだけかもしれません。赤ちゃんが大きくなっているのです。あなたはもう何か問題が起きても、やり過ごせるようになっているかもしれません。「いずれにしろ、あと1、2カ月なのだから……」と、無視するようになっている可能性が高いでしょう。前駆陣痛もより強くなるでしょう。帯で子宮を強く締めつけられる感じがするかもしれません。子宮そのものもかたく感じられます。1時間ごとに子宮収縮が起こることもあり、多くの妊婦が「え？まさかこれって？」と感じます。心配しすぎないでください。たぶん違います。本番の収縮に備えて、子宮がウオーミングアップをしているだけです（本当の陣痛と、ただの収縮との違いについては343ページを参照してください）。この収縮をひとつのチャンスととらえ、リラックスの練習や、どうしたら収縮の不快感がやわらぐか、いろいろ試してみましょう。収縮のたびに緊張するのではなく、自分の体をリラックスさせるように体を慣らしていくのです。

胎動はますます強く

最後の2カ月、胎動の回数は減ることが多いのですが、強さは増します。研究によれば、妊娠7カ月目に比べて8カ月目の胎動の回数は半分程度になることが多いようです。この貴重なジャブに対するあなた自身の反応が変わっていくことを覚悟しておきましょう。これまでは、小さくひじで一突きされる胎動のひとつひとつを、体内で育っていく奇跡を思い出させるものとして、楽しんできたことでしょう。しかし最後の1、2カ月、赤ちゃんの胎動は、肋骨や胃腸や膀胱、鼠径部、背中、そのほかどこへでも、成長を続けるあなたの赤ちゃんが「伸びをしたい！」と思ったところへ繰り出されるのです。そのキックはまさに、ストレートな痛みとして感じられるかもしれません。さらに、たとえば足はあなたの肋骨をけり、頭はあなたの骨盤に押しつけられるなど、赤ちゃんの両端の動きを感じるようになるでしょう。そのう

え、まるで「もっと空間が欲しいから体勢を変えて！」とでもいうように、何か目的をもってあなたをけってくるようにすら感じられるかもしれません。自分が話し始めると赤ちゃんの胎動が始まるので、自分の声に反応しているのだと言う人もいます。

おなかの上に紙を置いて、赤ちゃんがそれをけり落とすのを見るのは特に楽しいものです（赤ちゃんはわざとやっているのでしょうか?）。私たちは「赤ちゃんのパーツ当てゲーム」を楽しんだものです（これはかかとかな、それとも骨張ったひじだろうか?）。おなかの中に赤ちゃんの体がどんなふうに収まっているのか、想像して絵に描いてみるのも楽しいものです。その絵を医師に見せて、当たっているかどうか確認してもらいましょう。

ママノート：夜になると赤ちゃんにけられて目を覚ましますが、私はそれがとてもうれしいのです。赤ちゃんはどんどん大きくなってきますし、赤ちゃんが動くせいで、居心地の悪い思いをすることもありました。赤ちゃんのひじがおなかの端から端へ移動するのもときどき目にしましたし、小さなおしりが私のおなかをふくらませているのもわかりました。きっと、とても窮屈なのでしょうね。少しでも広くしようとして、体を伸ばしているのがわかりますから。あまり気持ちのいいものではないのは確かですが、でも、とても楽しいんです。確かにけられて目を覚ましますが、寝返りを打ったり、少し歩いてやったりすると不快さもなくなるので、また眠りに戻ることができます。

ママノート：私の食後すぐに、赤ちゃんはいちばん動きます。まるで「わーい、ごはんだ！　おいしい、おいしい」とでも言っているかのようです。

ママノート：私は赤ちゃんに「キックしてごらん」と話しかけ、けるように促し、胎動を感じれば、そこをやさしくたたくようにしていました。私が「ねぇ、そこで何しているの?」と話しかけたのを聞いて、それに答えるようにけるのだと思います。

ますます大きくなったみたい

大きくなったように感じるのは、本当に大きくなっているからです。いい知らせとしては「そろそろ限界まで大きくなった」ということでしょう。少なくとも赤ちゃんはあなたの肋骨の下のいちばん高いところまですでに来ています。臨月には、赤ちゃんは骨盤のほうへおりてきます。あなたの見た目がやせて見えることはありませんが、少なくとも鏡で横から見ると、今とは違って見えてくるでしょう。

大きくなることには、いろいろな不自由がつきまといます。動きにくいし、関節も痛み、足もむくみます。乳幼児の世話をするためにかがんだりするのは、本当に大変なものです。

ママノート：私の体が大きくなったことに対する3歳の娘の反応がとても面白いのです。手を伸ばして私のおなかをそっとたたき、「赤ちゃん、赤ちゃん」と言ったりします。以前からとても楽しみにしてくれていて、赤ちゃんはどこで眠るのか知りたがったり、「赤ちゃんはごはんのとき、ハイチェアに座るの?」などと聞いたりします。赤ちゃん用の小さな服や靴を準備する手伝いをしていたときには「このちっちゃな靴は、すっごくかわいいね」と言いました。

休息を取る必要を感じる

体が疲れていなくても、脳があなたに無理をしないように指令を出してきます。足も痛まない、息も切れていないのに、頭の中でだれかが「座れ」と声をかけてきます。体がこのまま「行け」と言っても、心の声に従いましょう。あなたのエネルギーの蓄えはもうなくなる寸前ですし、この場合、心の

声に従うことで体のためにもなるのです。体がこわれるまで活動を続けてしまうと、エネルギーを再び蓄えるまでに長い時間がかかってしまいます。

頻繁に目が覚める

ご存じでしたか？　赤ちゃんは夜通し眠ることはありませんし、妊婦も同じです。夜間の子育ての世界にようこそ！　最後の2、3カ月に頻繁に目が覚めるのには、いくつかの理由があります。

まずあなたの睡眠サイクルが変わり、レム睡眠（夢を見やすくなり、簡単に目覚めやすくなる状態。１２８ページを参照）が長くなります。また、子宮が大きくなったせいで、眠りにくくなることもあります。子宮の上では胃が圧迫されて胸やけを起こしますし、子宮の下では膀胱を圧迫されて何度もトイレに行かなければなりません。大きくなっていく子宮があなたを目覚めさせなくても、子宮の住人が起こしにかかるかもしれないのです。赤ちゃんは夜と昼を取り違えているのではないでしょうか？　日中、あなたが動いていると赤ちゃんは眠くなるようですし、あなたが休むと赤ちゃんは目覚め、伸びをし、子宮の内側にぶつかってあなたを起こします。心地よい体勢で眠るために寝返りを打つときにも、目を覚まさなければならないのです。妊婦の多くは、横向きになって体をまくらで支えると、とても気持ちよく眠れると言います。胸やけがひどいときは、いくつかまくらを重ねて少し体を起こした状態で眠るといいでしょう。夜あまり眠れない分、何度か昼寝をしましょう。のどが渇いたときのために、ジュースや水の入ったボトルをベッドサイドに常備しましょう。

出産の日や産後の日々のために、できるだけ十分に休息を取っておかなければなりません。よりよく眠るために、次のようなことを心がけましょう。

●69ページの「眠れないときには、こんな工夫を」をもう一度読む。
●日中、昼寝をする。
●早めにベッドに入る。忙しい一日のあとには自分だけの時間が欲しくなりますが、いつもより少なくとも1時間は早く休むようにします。それによって蓄えられるエネルギーは、読めなかった本や見られなかったテレビの価値に匹敵します。
●足がつって目が覚めてしまうときは、２２４ページのベッドに入る前のマッサージや、足のエクササイズを行いましょう。
●消化不良や息切れで目が覚めてしまうときには、いくつかまくらを重ねて少し体を起こした状態で眠るといいでしょう。
●２３１ページで紹介した眠り方を試してみましょう。
●不快感で目覚めたとき、子宮が伸ばされたことによる骨盤の痛みや、骨盤の神経に子宮の圧力がかかって目覚めたときには特に、眠る体勢を変えてみましょう（１９８ページの子宮円索《えんさく》の痛みの取り方、２２７ページの座骨神経痛の痛みの取り方を参照のこと）。
●皮膚のかゆみで眠れないときは、かゆいところをローションでマッサージしておきます。
●眠りにつくために、両親学級で学んでいるリラックスのテクニックを応用しましょう。水に浮かんでいるところや、ブランコに揺られているところを想像してみます。早く眠りにつくためにリラックスのテクニックを使う練習をしておくと、いざ出産が始まったときに簡単にリラックスできるようになります。陣痛と陣痛の間に、たとえ一瞬でも休んだり眠ったりできることは、陣痛の初期段階にエネルギーを蓄えておくのに役立ちます。

この月のおなかの赤ちゃんは？
28〜31週

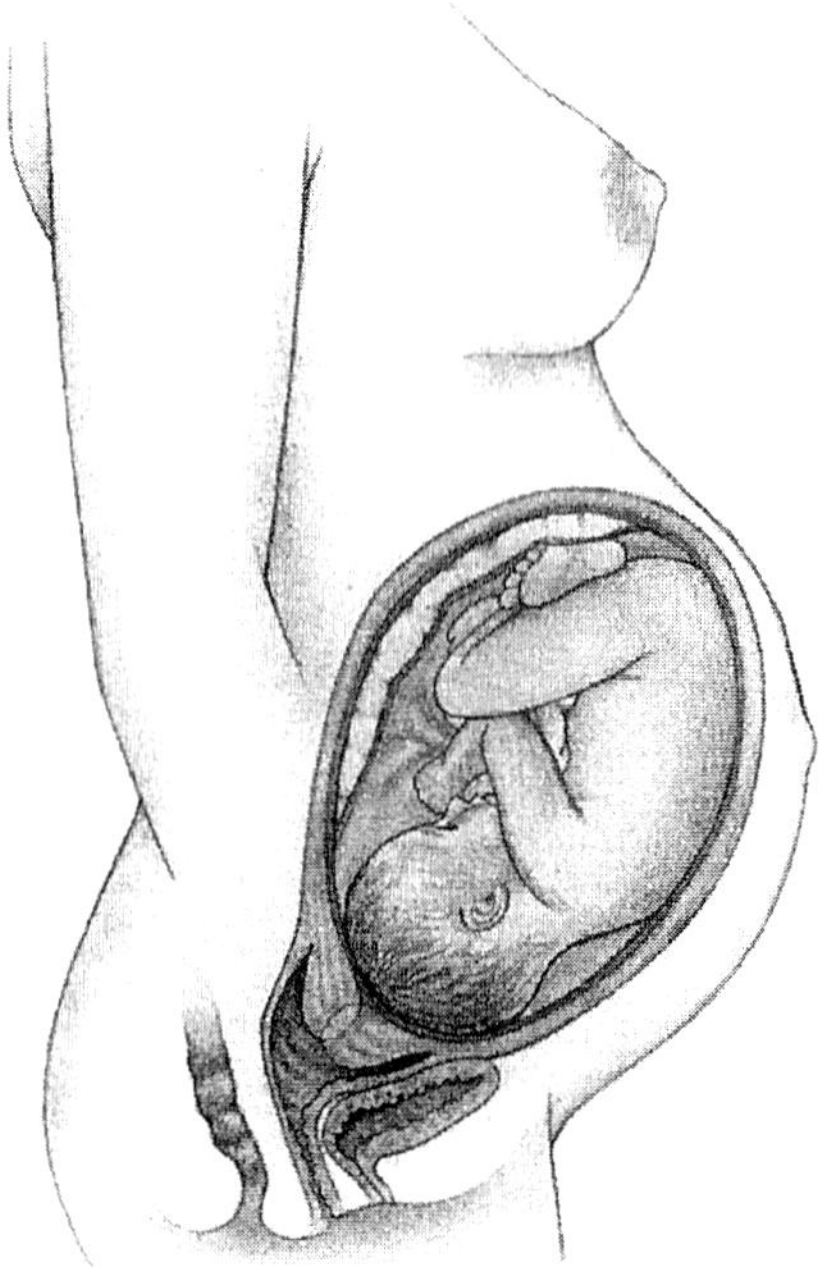

妊娠8カ月の終わりまでに、赤ちゃんの体重は1300〜1800gになり、身長も40〜45cm近くまで成長します。出産までに体重はさらに倍に増え、よりふっくらとし、赤ちゃんらしい外観になってきます。肌は張りが出てすべすべとし、全身が産毛で覆われています。まゆ毛やまつげも伸び、髪の毛がしっかりと生える子もいるでしょう。外の光に反応してまばたきすることもできます。脳は急速に発達し、レム、ノンレム睡眠のパターンをつくっていきます。おなかの中でしゃっくりするのを感じるかもしれません。外界に対して興味をもち、刺激に反応することもできます。この段階で出産になっても自発呼吸できるくらい、肺も発達しています。

妊娠8カ月のあれこれ

帝王切開についての不安～何ができるでしょう

アメリカの病院での帝王切開率は、過去数十年間、増える傾向にありましたが、ようやく横ばい状態に入りました。しかし、その率はまだとても高いものです。１９７０年から１９９０年にかけて、外科的処置により出産した人の割合は、５％から25％にまで上昇しました。なぜアメリカで出産する女性の４人に１人が、外科的処置による出産をしなければならないのでしょうか？　ヨーロッパでは、この率は5～10％にすぎません。アメリカの女性はヨーロッパの女性に比べて骨盤が小さく、赤ちゃんは大きい傾向があるのでしょうか？　あまり考えられない話です。いったい何が起こっているのでしょう。

歴史が始まったときから、ほとんどの胎児と妊婦にとって、自然分娩は何の問題もありませんでした。では、帝王切開で出産することがこんなにも多くなったのは、だれの責任なのでしょう？　医師でしょうか？　病院でしょうか？　母親でしょうか？　いいえ、この三者が悪いわけではないのです。出産改革をうたうパンフレットの主張に反してより多くの報酬を得るために、医師が外科的出産を行うわけではありません。自然分娩と帝王切開の医学報酬の差はほんのわずかで、大きな外科手術を行って術後の患者のケアをすることにかかる莫大な時間とエネルギーに、とうてい見合うものではありません。また、赤ちゃんをどう産めばいちばん安全なのかを決定するのは、病院ではありません。そしてもちろん、母親のせいでもありません。

帝王切開率が高くなった本当の理由は、産科システムの変化と、アメリカ自身の変化が生んだ副作用だということです。出産ケアはどんどん洗練され、より多くの技術を使うようになり、その副作用も増えてきました。これらの要素が外科的出産率の増加に影響しているのです。慢性病（糖尿病や心臓病など）を抱える多くの女性が、現代では健康な赤ちゃんを妊娠するようになりましたが、これらの「ハイリスク妊娠」の場合、赤ちゃんと母親の健康を

確保するために、帝王切開を必要としがちです。不妊治療のために多胎児の出産率が上がり、その多くが帝王切開を必要とします。帝王切開は、自然分娩であえて危険を冒すより、安全で確実な場合もあるのです。

たとえば、以前は自然分娩には耐えられなかったような小さな未熟児も、帝王切開によって安全に分娩され、生き残るチャンスがぐっと増えました。何十年か前には、腹部や子宮の外科手術とそれに必要な麻酔はもっと危険でした。そのため医師たちは、危険な状態にある赤ちゃんでも自然分娩させるしかほかに方法がなかったのです。たとえば、赤ちゃんが産道を通り抜けられずにいるとき、まだ赤ちゃんが十分に下降していないにもかかわらず鉗子を使って（高位鉗子）赤ちゃんを引っ張り出していたのですが、赤ちゃん側にリスクがなかったわけではもちろんありません。現代では帝王切開がずっと安全になり、リスクと安全性をはかりにかけると、高位鉗子分娩より帝王切開に軍配が上がります。

リスクのバランスが変化しつつあるもう1つの例として、ほとんどの逆子の赤ちゃんには帝王切開がすすめられるという現状があります。研究によれば、逆子の赤ちゃんは帝王切開より自然分娩で生まれた場合のほうがよりリスクが高かったことが、統計によって示されています。

現代の出産を管理するテクノロジーの特徴が帝王切開の出現率を高めているという側面もあります。より快適に出産してもらうための薬が、外科的出産の必要性を高めてもいるのです。硬膜外《こうまくがい》麻酔（多くの女性が、産科学における20世紀最大の発展とほめちぎる天からの贈り物）が、状況によっては帝王切開率を高める結果にもつながっています（しかしまた同時に、硬膜外麻酔によって自然分娩できる確率が上がるようなケースもあります。305ページを参照）。胎児に問題が起きるとそれを感知して医師に知らせ、赤ちゃんにダメージが加わる前に対処できるようにする目的で使われてきた分娩監視モニターは、その解釈には問題が多く、結果的には必要がない帝王切開が行われることもよくあります。

最後に、そして非常に重要なことですが、帝王切開の増加は訴訟時代である現代の副産物でもあるのです。反対の主張が多くあるにもかかわらず、医療過誤への恐れは強力で、帝王切開率も医療費も引き上げる結果になりました。人類史のほとんどにおいては、出産にはリスクがあると理解され、親になる人たちはそのリスクへの準備ができていたものです。医療過誤改革がなされない限り、産科医は危険を伴う自然分娩を行おうとはしないでしょう。今日、良くも悪くも、「危険を冒すな、迷ったら赤ん坊を取り出せ」的な考え方がほとんどの分娩室を支配しており、この考え方はほとんどの医師と親となる人たち双方が受け入れています。このシナリオが続く限り、医師は帝王切開の出現率を引き下げようとは思わないでしょう。

今ほど赤ちゃんを産むことが安全な時代はないのです。医師も親たちも、そろそろ帝王切開率の減少を真剣に考えてもいいころでしょう（ただし母親や赤ちゃんの健康を犠牲にすることなく）。母親には対処不可能な、どうしても帝王切開が必要になる医学的状況もありますが、妊娠期間や陣痛の間にあなたにできることの中には、帝王切開を防ぐためにできることもいろいろとあるのです。

外科技術と麻酔学における現代の進歩のおかげで、帝王切開はほんの数十年前に比べてずっと安全な手術になりました。多くの赤ちゃんや母親の命が、この処置によって救われています。しかしこれは手術であることに変わりはなく、そこから回復するのには長い時間がかかりますから、絶対的な必要性がない限り避けるべきでもあるのです。

帝王切開を行う5つの最も一般的な理由は、出産が進行しない、以前にも帝王切開で出産している、胎児仮死、児頭骨盤不適合、母親が進行性ヘルペスの持病がある、というものです。しかしこの5つの状況はすべて、母親自身の力で変化させることができます。

出産が進行しない

通常の進行表に比べて出産の進行が遅いことが、帝王切開になる理由の

30％ほどになります。進行が遅れる理由としては、子宮頸部が十分に広がらない、あるいはそれに合わせて赤ちゃんがおりてこないことなどがあります。へその緒が短すぎるなど、出産の進行の遅れが避けられない場合もあります。しかしほとんどのケースでは、陣痛中の女性に適切なサポートが与えられなかったり、陣痛の基本的な流れを無視しているといったことが原因になっています。

帝王切開になるすべての理由の中で「お産が進まない」ことは、産婦であるあなたがいちばんコントロールが可能な状況だといえます。考えてみてください。あなたの体のほかのシステムで、10回に1回「うまくいかない」ものなどありません。なぜ「出産」システムだけがそうなるのでしょう？　もちろん、このシステムを設計どおりに動かす必要はあります。母親への情緒的および物理的なサポート、陣痛の間に歩くこと、体を起こした状態でいきむことなどとあわせて、慎重に薬物や技術を利用すれば、子宮の収縮の効率を阻害することなく、むしろ増加させることで、陣痛を促進することになるのです。

前回も帝王切開だった

これは帝王切開が行われる最も一般的な理由ですが、これもまた、あなたがコントロールできる状況のひとつです。

胎児仮死

帝王切開になる3番目に多い原因は、胎児仮死です。分娩監視モニターでの胎児の心音のパターンが、すぐに出産しないと赤ちゃんが危ない、という状態を示します。平均より心音が速かったり遅かったりするのは、赤ちゃんが酸素を十分にとっていなかったり、収縮の間に、正常な心拍の低下状態から十分に回復していなかったりする兆候を示しています。赤ちゃんが十分な酸素をとれていない理由の中には、産婦であるあなたのコントロール外のものもありますが、陣痛時の赤ちゃんの健康状態を決定づけるために、あなたが選択できることがあります。

児頭骨盤不適合

帝王切開に至る別の原因として、児頭骨盤不適合があります。これは赤ちゃんの頭が大きすぎて骨盤を通り抜けられないという意味です。陣痛や出産をもっと体を起こした状態、つまりスクワットの状態で行うと、骨盤下口を広げることができ、体が小さなお母さんでも大きな赤ちゃんを出産できることがよくあります。

母親の進行性ヘルペス

出産時、あなたが進行性の性器ヘルペスにかかっていた場合、赤ちゃんが産道を通るときにこの病気に感染させないために、医師はおそらく帝王切開をすすめるでしょう。性器ヘルペスの既往症があっても妊娠中に目に見える炎症がない場合、現在は、赤ちゃんは自然分娩で健康に出産できると考えられています。かかったばかりだったり、妊娠中に以前感染したヘルペスが再び顔を出したりする場合、医師は抗ウイルス薬を投与して治療することもあります。

ほかに帝王切開になる理由としては、多胎や逆子など、通常とは違う体勢で生まれようとしている赤ちゃん、子宮や骨盤の構造上の異常などがあります。なぜ帝王切開が行われるのかを理解していただけたでしょうか？　では今度は、自然分娩する確率を増やすにはどうしたらいいかを考えましょう。

＊情報を得る

読んで、読んで、読んで、学んで、学んで、学びましょう。前回の出産が帝王切開であったことを嘆いて、次はなんとしてでも自然分娩で産みたいと強く願っている母親のためのサポートグループもあります。ミーティングに参加し、帝王切開のあとでも自然分娩をした母親たちの話を聞いてみましょう。このグループから得られる情報は、あなたが自然分娩できるチャンスを増やすような実用的なアドバイスだけでなく、より楽で効率的な陣痛の過ごし方をも教えてくれるはずです。

＊正しく食べる

食べすぎは体重の異常増加につながり、血糖値を上げすぎることになります。この２つの要因はどちらも、自然分娩が不可能なほど赤ちゃんを大きくすることにつながります。

＊定期的に運動する

体をきちんと鍛えている女性は座ってテレビばかり見ている人たちより、たいてい陣痛も楽で、健康的な体重の増え方をします。

＊体を起こした状態にする

あおむけに横たわるのは、帝王切開用の体勢です。横たわっている時間が長ければ長いほど、帝王切開になる確率も上がっていきます（333ページの「自分にいちばん合う出産の体位を決める」の項参照）。

＊動き回る

外科手術を受ける患者のように、モニターに縛られてベッドの上で時間を過ごしていてはいけません。あなたが動けば、お産も動きます。

＊自分の体を信じる

自分の自然な出産システムは必ず作動すると信じること。自分の産道は赤ちゃんを産むために作られたと信じることです。とても出産などできないという恐怖心は、そのせいで子宮が効率的に動かないようになってしまいますから、自己暗示にかけているようなものです（291ページ参照）。前向きな助言をしてくれる人だけを周りに集めましょう。家族や友人がみな帝王切開経験者ばかりだったとしても、自分がその記録を塗りかえてやると思いましょう。

＊お母さんにいいことは、赤ちゃんにもいい

妊娠期間中や陣痛のときに、この真実を常に胸に抱いていましょう。陣痛中に出産をより効率的に進行させ痛みをとるためにあなたが下す決断は、赤ちゃんの健康状態にとっても望ましいもので、胎児仮死を起こさせないものになることが多いものです（291ページ「自分なりの痛み管理システムを作る」の項と、327ページ「出産の進行を助ける」の項、これらの項のアドバイスを取り入れることで、帝王切開が必要になる確率を低くすることができます。

出産時の痛みをやわらげるには

現代の女性は出産時の痛みをやわらげるために、これまでになかったほどさまざまな選択肢をもっています。薬を使わずに痛みを逃す方法もたくさんありますが、薬そのものも質が向上していて安全になりつつあります。鎮痛剤にも本当に数々の選択肢があるので、現代の母親たちはたくさんの情報を集めなければいけません。出産予定日の数カ月前に、薬を使う方法と使わない方法について、いくつか学んでおくといいでしょう。最初の陣痛が始まってから慌てて痛みの逃し方を勉強するのは、楽しいことではありません。もちろん、出産における安全で効果的な痛みの逃し方を実践するには、あなたと医療従事者との間に信頼関係がなくてはなりません。しかし、出産を進め、陣痛の痛みを軽減するために自分の心と体をどう使うべきかを知っておくことは、医師がどんな鎮痛剤を注射するか、どんな鎮痛ガスを吸わせてくれるのかを知っておくことより、ずっと大切です。陣痛の苦しみを軽くするために何を知っておくべきか、何ができるのか、紹介しましょう。

なぜ出産は痛いのでしょう

赤ちゃんが通れるようにするには、もともとはインゲン豆ぐらいの大きさである子宮頸部の入り口を、メロングらいの大きさになるまで何回も押したり引き伸ばしたりの作業が必要です。体にきちんと教えなければ筋肉は収縮しませんし、組織が伸びることもありません。あなたの子宮は出産というすばらしい技を達成するために、さまざまな努力をするわけです。

一般に信じられているのとは逆なのですが、痛みを生むのは収縮する子宮の筋肉ではありません。出産時の痛みのほとんどは、赤ちゃんが通り抜けるときに子宮頸部や膣、および周辺の組織が引き伸ばされて起こるのです。陣痛の間、子宮が赤ちゃんを絞り出すわけではないのです。実際には子宮の収縮は子宮頸部の筋肉を邪魔にならないところに引き上げて、赤ちゃんの頭が通過できるようにしているのです（タートルネックのセーターを着るときに、頭の上でそっと首の部分を引っ張るところを想像してみてください）。骨盤

◎痛みの目的

なぜ、出産はこんなにも痛いのでしょうか？「イブののろい」という考え方（出産時の痛みはイブがリンゴを食べたことへの全女性への罰だとする）は健全な聖書神学としても、ポストフェミニズム時代の哲学としても、受け入れがたいものです。出産の痛みは、母親になるという大事業に女性の準備を整えるための通過儀礼だという考えも、あまり受け入れられるものではないようです。最高の産科学者たちでさえ、いまだに出産時の痛みの目的について、科学的な説明をすることはできないでいるのです。そこで私たちは常識的な考えに戻ることにしましょう。

（アメリカの）病院で入院前の手続きを行うとき、あれほど多くの女性が硬膜外麻酔を申し込むのも無理はありません。映画やテレビではしばしば妊娠は「病気」として、陣痛はこの病気における「危機的状況」として描かれます。病気の女性はベッドに横たわって、薬で治療しなければならないというわけです。しかし一方で、両親学級の教師たちは「痛み」という言葉を避け、「収縮」という専門用語で呼ぶようにしています。

痛みは、出産の役に立っているのでしょうか？自分の子どもたちも生まれ、何千人もの母親たちが陣痛の痛みに耐えて（あるいは耐えられないで）いる様子を観察した結果、私たちは痛みと出産に関して、2つの説をもつに至りました。

①痛みは確かに役に立っている。
②しかし、あまりにもひどい痛みは、正常でも、必要でも、健康的でもない。

自分が覆い尽くされてしまいそうな痛みは、筋肉が本来の目的と違う使われ方をしている、あるいは何か体内でおかしなことが起こっているので注意してほしいという体の合図です。マラソンをしているときに苦痛を感じるほど疲労したとしたら、栄養か水分が必要か、呼吸法や走り方を変える必要があるかという合図だと思うでしょう。そして変わらずゴールを目指して進みつつも、エネルギーを増やして痛みを少しでも減らす工夫を何でもしてみることでしょう。

赤ちゃんを産むときも同じです。母親が背中にひどい痛みを感じた場合、痛みがなくなるまで体位を変えろという合図だと受け取ればいいのです。母親にとっていいことは、赤ちゃんにもいいことです。母親は体位をいろいろに変えながら、赤ちゃんにより簡単な、つまりより痛みのない出口を見つけやすくさせているのです。痛みは適切に理解され、賢く管理されさえすれば、役に立つ陣痛アシスタントになってくれるのです。体のサインに耳を澄ましてください。一部の文化で出産の痛みを「よい痛み」と呼んでいるのはこのためです。

陣痛というのは、なにも男性や、一部のストイックな女性たちや、一度も出産をしたことのない象牙の塔の研究者たちが言うような「痛くて当たり前」のことではありません。出産は我慢大会ではないのです。「痛みなくして、得るものなし」という考えには何の価値もありません（スポーツ医学の専門家たちは、この理論をまるで信じていないほどです）。痛みを、出産におけるコミュニケーションの道具と考えてみてください。制御可能な痛みは、あなたの子宮頸部がその仕事を果たしているということ、つまり赤ちゃんを産み出せるように出口を開いているということです。制御もできないような痛みは、今していることをやめてくれという意味なのです。

にある筋肉や靱帯には神経にたくさんの痛みや圧力の受容体があって、引き伸ばされることで強力な感覚がつくられ、それが痛みとして伝わってしまうのです。特に、周りの筋肉が緊張していると痛みの度合いが大きくなってしまいます。

ほかの筋肉と同じように子宮の筋肉も、従来の用途と違う方法で使わない限り痛むことはありません。しかし疲労したり、緊張したり、極度の負担をかけられたりすれば、筋肉は確かに痛みます。だからこそ、出産に使う筋肉を効果的に使う方法を学ばなければならないのです。筋肉があまりにも疲労していると筋肉組織内の自然の化学的および電気的バランスがくずれてしまいます。これらの生理学的な変化が痛みを引き起こします。

痛みの感じ方

出産時の痛みを上手に管理するには、体がどうやって痛みを処理し、心がどうやってそれを知覚するかを理解する必要があります。引き伸ばされた骨盤周辺の組織から発生した感覚が、思わず口にする「痛い!」になるまでの、典型的な陣痛の収縮を考えてみましょう。骨盤でつくられた痛みの量と、脳で感じる痛みの量との間に、どのようなつながりがあるのかを知っておきましょう。

収縮が起こり、組織が引き伸ばされると、神経系にある小さな圧力受容体が刺激され、神経を伝ってものすごい速さで脊髄に刺激を伝達します。脊髄ではこれらの刺激はある種の門を通るのですが、ここである種の刺激は遮断され、そのほかの刺激は脳に伝わって痛みとして感知されます。つまり、痛みには3カ所でなんらかの働きかけができるわけです。まずは痛みがつくられるもともとの場所、脊髄にある門、痛みが知覚される脳です。痛みを管理する自分なりの方法を考えていくうちに、3カ所すべてで痛みをコントロールできる方法を採用したいと思うようになるでしょう。

また別の方法で痛みの伝わり方を理解していただくために、ミニカーのレースを思い浮かべてください。骨盤にある刺激を生み出す場所からスタートして、顕微鏡でしか見えないような痛みの受容体である駐車場までのレースをします。駐車場は脊髄や脳の神経細胞にあります。駐車する車の数が増えれば増えるほど、より多くの刺激を知覚します。これらの痛みを運ぶ車の動きには影響を与えることができます。まず、レースに参加する車の数を制限することができます。そのためには筋肉が疲労したり緊張したりするのを防ぐように、リラックスする技術を練習します（293ページ参照）。また、筋肉がもともとそう作られているような方法で動くように適切な体位を取ることもできます（333ページ参照）。次に、車が通過しないように脊髄の門を閉じてしまうことができます。マッサージなどの心地よい接触の刺激で、痛みの刺激が脊髄に伝達されるのを遮断すればいいのです。また、ほかの車をたくさん送り出して交通渋滞を引き起こすこともできます。たとえば音楽（296ページ）、イメージトレーニング（296ページ参照）、水圧や指圧（298ページおよび301ページ参照）による刺激などです。最後に、脳にある受容体の場所をいっぱいにしてしまって、痛みの車の駐車スペースを奪う手もあります。この3つ目の痛みを感知する場所へのアクセス遮断こそが、鎮痛剤の役割です。薬を使わなくても「エンドルフィン」（294ページ参照）と呼ばれる鎮痛剤を体自身につくらせることで、鎮痛剤と同じ効果が得られるのです。

さらに、脳にある痛みの受容体の場所をいっぱいにして痛みの知覚を遮断する「気を散らす」テクニックも使えます。このテクニックでは、頭をほかのイメージでいっぱいにして、痛みを感じる感覚を曇らせてしまうわけです。これらのテクニックは両親学級で聞いたときにはよさそうに思えるでしょうし、自宅のリビングで練習しているときにもうまくいくように思えるでしょうが、本当の出産が始まるとくじけてしまうことが多いようです。1つのイメージに集中するためには、習得するのに何年もかかりそうな大いなる精神鍛錬が必要です。ほとんどの母親はすぐに限界を迎え、体も緊張します。私たちの経験からは、母親が陣痛から逃避してほかのことに集中しようとする

ことでは、心も筋肉もリラックスできないようです。陣痛の痛みの管理には、精神にも筋肉にも注意が必要です。

マーサノート

最初の数回の出産では「気晴らし」テクニックを使いました。瞑想しているようにある一点に視線を集中させ、一定のパターンで呼吸をし、指である曲のリズムをとるなどしてみたのです。けれども陣痛が本当に強くなると、こうしたテクニックは通用しなくなりました。そこでそれからは本能的に、通用することをするようになりました。つまり、なすがまま、体がしなければならないことをするに任せたのです。陣痛に集中するのではなく、むしろ体を解放することを学んだら、もっとリラックスでき、筋肉の緊張も解けました。

自分なりの痛み管理システムを作る

痛みの感じ方は人によって違います。ある人にとっての「大騒ぎ」が、別の人には「少しだけ痛い」だったりもするのです。ですから、だれでも自分なりの痛み管理システムと支援プランを携えて陣痛室に入るべきだと思います。陣痛の痛みの管理は主にあなたの仕事になります。陣痛介添人はコンサルタントとしてそこにいるのです。どれだけ本を読んでも準備をしても、陣痛がどんなものになるかは知るよしもないのですが、知識や準備が多ければ多いほど恐怖心は減り、陣痛も軽くなります。次に自分なりの痛み管理システムの作り方をご紹介し、痛みの生産と知覚の両方を軽減するための方法を考えましょう。

恐怖心を忘れる

恐怖と痛みには関連があります。すばらしい子宮の筋肉が効率よく働くには、ホルモンと循環系と神経系とがすべていっしょに働かなければなりません。恐怖心はこの３つのすべてを狂わせます。恐怖心や不安感は体によけいなストレスホルモンを産生させ、お産を進ませたり苦痛をやわらげたりするために体がつくり出す有益なホルモンの働きを阻止してしまいます。そのために苦痛は増加し、出産も長引きます。また、恐怖心が子宮への血流や酸素の供給を減少させる生理的な反応も引き起こします。酸素を奪われた筋肉は簡単に疲労し、疲労した筋肉は痛みます。恐怖心は筋肉の緊張を引き起こしますが、陣痛のときにいちばん欲しくないものは、緊張した筋肉なのです。

赤ちゃんを外へ出すためには子宮頸部を開く必要がありますが、緊張したかたい筋肉は痛むだけでなく、調和して働くことが難しくなります。通常、子宮上部の筋肉が収縮してもち上がり、子宮下部の筋肉は頸部をリラックスすることで開きます。上部筋肉の収縮と、下部筋肉のリラックスによって子宮頸部が開き、収縮が起こったときに赤ちゃんの頭の上に子宮を引っ張ります。恐怖心は主に下部筋肉に影響し、リラックスさせるかわりにかたくしてしまうのです。結果として、子宮上部の強い筋肉が子宮下部のかたい筋肉と子宮頸部に向けて収縮し、痛みをひどくさせるだけでなく、お産も進まないのです。

イギリスの産科医グラントリー・ディック＝リードはその著書『こわくない出産（Childbirth Without Fear）』の中で初めて、この恐怖—緊張—痛みというサイクルについて述べました。出産中の女性を観察した結果、女性がリラックスしていると子宮頸部がやわらかくなって開き、収縮に対して恐怖の反応をするとかたく縮まってしまうことを発見しました。恐怖心は筋肉に緊張をもたらして苦痛を生み、より多くの恐怖心を生み出し、さらに緊張し、そのために痛みをより強く感じる……というサイクルが続いてしまうのです。

ディック＝リード博士は、恐怖—緊張—痛みのサイクルを突き破って、自分の体に対抗するのではなく、寄り添うように出産を進めることを教えてくれました。そうすれば出産でひどく苦しむ必要もないし過剰な薬物投与を

行うこともないとわかったのです。今日の両親学級で教えられている痛み管理システムは、出産の際に精神がどのように体に影響を与えるかというディック＝リード博士の観察に基づいています。

恐怖心を克服しておく

陣痛に対して恐怖心を抱いてしまうのは、ごく自然な感情です。だれでも未知のものはこわいのです。しかし、自分の中で整理のついていない恐怖心は出産の妨げになります。恐怖心のない陣痛は痛みのない出産と同じぐらいめったにないものですが、それでも出産当日より前に恐怖心を克服しておきましょう。その方法を紹介します。

＊何がこわいのかをはっきりさせる

出産に関して特に恐れているものは何ですか？　たとえば、痛みがこわいのでしょうか？　過去に痛みにまつわるいやな経験があるのですか？　帝王切開や会陰切開がこわいのですか？　陣痛の途中で自分をコントロールできなくなるかもしれないと恐れているのですか？　赤ちゃんに何か問題があるのかもしれないと恐れているのですか？　こわいと思うものをすべて書き出して、その恐れを現実のものにしないために何ができるのか、横に書き添えていきましょう。自分の力では変えられないこともあると認め、変えられないことについて思い悩むのはやめる、と決心しましょう。

＊情報を集める

知れば知るほど、恐怖心は消えるものです。２人の妊婦が同じ陣痛を味わうことはありませんし、同じ人でも出産のたびに陣痛に差があります。それでもみな似たような筋道をたどるものです。最初の収縮と最終的な赤ちゃんの娩出の間には、必ず痛みがあります。何が、どうして起こるのか、それはどんな感じなのかを理解しておけば、起こってから驚くこともありません。次は何が起こるのか、だいたいいつごろ終わるのかを知っていれば、陣痛と出産に対処できる自信がもてるでしょう。よい両親学級は、何が、なぜ起こるのかを理解する助けになってくれます。あなたが実際にどんな痛みを感じるのかについて教えてくれるクラスはありません。あなた自身の状況と、陣痛に対処するあなたの能力によって異なるからです。陣痛の強さにはきっと驚かされるでしょう。こんなものには耐えられないと、簡単に恐怖の言いなりになってしまう人もいます。

＊陣痛をこわがっていない人にいてもらう

出産するための部屋には、外部からのよけいな恐怖心をできるだけもち込まないでもらうようにしましょう。今ではおそらくあなたも、家族や友人の中で、だれが出産をホラーストーリーととらえているか、見極めがついているでしょう。恐怖は感染します。陣痛を過ごす部屋に、すっかりこわがってしまっている人を入れてはいけません。あなたのお母さんが陣痛をこわがる様子だったなら、あとでビデオで出産シーンを見てもらうほうがいいのです。同じ部屋で恐怖心をまき散らしてまで、いっしょにいてもらう必要はありません。

＊こわいシーンを回想しない

あなたの過去のこわいものが詰まっている荷物を、分娩室まで運び込んではいけません。トラウマになってしまった以前の出産や過去の性的被害など、出産はこれまでのつらい思い出をよみがえらせる作用をもっているようです。飲み込まれそうな子宮収縮の極みで、遠い過去に起きたことへの反応として、思わず「緊張感を高める」ボタンを押してしまうことがあるのです。出産の日までに過去のトラウマに感情的な折り合いをつけておきましょう。必要ならば専門的なカウンセリングを受けるといいでしょう。

ビルノート

父親になろうとしている者も含めて、多くの男が出産を恐れています。彼らは出産の痛みを理解せず、愛する者が痛みを感じているのに自分がそれを「治せない」ことに腹を立ててしまうのです。特にひどい陣痛が続くときや、突然、出産プランが変更になったときなど、ふだんは物わかりがよくこわいものがないようなタイプの男が、すっかり震え上がってしまったりするものです。あなたの配偶者の恐怖心に予防注射をしてあげて、いざというときに役に立たなくなることがないように準備をしましょう。

陣痛のときは通常、どんな光景を目にしたり、音を耳にしたりすることになるのか。計画どおりにいかなかったら、どんな変更の可能性があるのか。そしてあなた自身の恐怖心を話さないようにしてください。あなたがこわがっていない様子を見れば、彼もこわがる可能性が低くなります。冷静な出産立会人は、あなたの配偶者にも絶対に必要な休憩を取るようにと気をつかって、彼があなたを支え、出産という経験を共有する仕事に集中できるようにしてくれるでしょう。あなたの配偶者の仕事は、陣痛の正常なプロセスからあなたを守ることではないのです。

自分で決断したことに責任をもつ

痛みのない出産は、一晩中眠ってくれる新生児よりもありえそうにないのですが、その痛みのほとんどは、あなたさえ準備ができていればやわらげることが可能です。出産の痛みに影響する主な要因をリストにしました。チェックしてみましょう。

□出産にかかわる人たちを賢く選択しましたか？　担当の医師や助産師は出産のプロセスを詳しく教えてくれたり、子どもを産み出すあなたの体を信じる手助けをするのに積極的にかかわってくれましたか？　これまでの健診の帰り道、自分のお産はうまくいくだろうと確信して帰ることはできましたか？　あるいはうまくいかない可能性があなたの心を満たして、すっかり恐怖心を植えつけられてしまったでしょうか？

□陣痛や出産のプロセスを理解していますか？　収縮中に何が起こるのか、「痛み」とは何か、理解していますか？　陣痛中に体を起こした状態にすること、体位を変えることで収縮の感じ方が異なることを知っていますか？

□いろいろなリラックスのテクニックを知っていますか？（次項参照）

□出産に立ち会ってくれるように招いた人たち（友人、身内、夫など）はみんな、あなたが陣痛を自信をもって過ごせるように協力してくれると確信していますか？　こわがるような態度を見せてあなたの自信をしぼませたりはしないでしょうか？

□陣痛中にどんな技術（分娩監視モニターなど）が使われることになりそうか理解していますか？　陣痛中に使用される技術について、意思決定に参加できるだけの知識が自分にはあると確信していますか？

□麻酔薬や硬膜外麻酔など、薬を使って痛みを鎮める方法について知っていますか？　その恩恵とリスクについて理解していますか？

□陣痛の間、自分の体を解放し、なすがままに任せることの重要性がわかっていますか？　体をかたくしたり、陣痛に対抗したり、受け身の患者になってほとんどの時間を横たわって過ごすのではなく、お産を進めるために効果のあるどんな体位でも試してみようと決めていますか？

分娩室に入る前に、以上の質問にきちんと答えを用意しておかなければなりません。自分なりの答えをもって分娩室に入る人は、満足のいく出産を経験できる可能性が最も高いと言えるでしょう。

出産に使う筋肉をリラックスさせる

私たちの知っているある母親が陣痛の途中でコーチに向かって叫びまし

た。「リラックスですって？　冗談でしょ！　陣痛の痛みといったら、まるで大型のトラクターにおなかの中を耕されてるみたいなのよ！」。「リラックスして」とは、人生で最も激烈な体の使い方をしている母親に向かって、何もできない傍観者が投げかける意味のない言葉ではありません。お産を進めるにはこうするしかないのです。リラックスすると、子宮がしようとしていることに抵抗するのではなく、協力できるのです。あなたがどの程度リラックスできるかによって、思い出すたびに喜びに浸れる宝物のような幸せな出産ストーリーになるか、すぐに忘れてしまいたい「戦争話」になるかの違いが出てきます。

なぜリラックスが必要？

子宮だけが収縮している間にほかのすべての筋肉をリラックスさせておくことで、不快感が軽減されて陣痛の進行が早まります。体のどこか、特に顔や首が緊張していると、収縮中は弛緩していなければならない骨盤の筋肉に伝わってしまいます。緊張した筋肉はリラックスした状態より痛みますし、すぐに疲労してしまいます。緊張して疲労した筋肉内の化学変化は、実際に筋肉の痛みの境界線を下げてしまい、筋肉がリラックスしているときに比べて痛みが増してしまうのです。かたくなった筋肉が、容赦のない子宮の収縮に反抗すると、痛みという結果になってあなたに襲ってきます。疲労した筋肉はすぐに心までも疲れさせ、痛みを感じさせやすくなり、それに対処する能力を奪っていきます。そのひどい状況を改善するための選択肢をいろいろ探ったり、変化を起こす能力がなくなってしまうのです。

マラソンに参加するのはとてもつらい、休みのない行為です。赤ちゃんを産み出すには（普通は）それより長い時間がかかりますが、がんばらなければならない時間はずっと続くわけではなく、間に休みが入り、元気を回復させることができるのです。収縮が終われば完全に解放され、休むことができます。収縮と収縮の間にリラックスしないと元気を回復することができず、次の収縮にきちんとその仕事を果たさせてやれなくなります。陣痛は進むにつれてより強くなり、エネルギーの消耗も激しくなりますから、次の段階に備えてエネルギーを蓄えるためにどうしてもリラックスが必要になります。次の段階とは、実際の出産でいきむことが必要になる状態のことで、これまでにあなたが経験したどんな活動よりも大変で、莫大なエネルギーを要します。

リラックスすることで、出産に必要なホルモンのバランスも整います。陣痛を効率よく進めるには2種類のホルモンが必要となります。副腎ホルモン（ストレスホルモンとも呼ばれます）は、陣痛や出産といった、とてつもない努力が必要とされるような状況で、いつもよりも力が出せるようにしてくれます。このホルモンはしばしば「闘争」ホルモンともいわれ、体を守ってくれるような働きをするのです。副腎ホルモン、エピネフリンは体がつくり出す自然の麻酔薬と相乗効果を生み出し、より多くの自然の鎮痛剤を体に送り出してくれます。陣痛の間、大変な仕事をこなすために、体はこのストレスホルモンを十分に必要としています。しかし多すぎて体が疲弊してしまっては、心も筋肉も効果的に動かなくなってしまいます。ストレスホルモンはまた、大仕事を行っている子宮から脳や心臓、肝臓といった生命維持に重要な器官へ血液を回す働きもしています。

陣痛のときに役に立つもう1つのホルモンであり、自然の鎮痛ホルモンでもあるのがエンドルフィンです（この言葉は「体内でつくられる」という意味のendogeneousと痛みを遮断する化学物質であるモルヒネmorphineからつくられました）。これはあなたの体がつくる自然の麻酔薬で、ストレス下でリラックスする助けになり、痛みを感じているときにその苦痛をやわらげてくれます。

この生理学的な陣痛のアシスタントは神経細胞でつくられます。神経細胞にある痛みの受容体に自分自身をはりつけてしまい、痛みの衝撃を鈍くするのです。骨の折れる作業をするとエンドルフィンの量が増えるので、陣痛という大変な仕事をしていると、エンドルフィンは自動的にあなたの痛みのシ

ステム内に取り入れられます。緊張してこちこちになってしまうと、エンドルフィンの分泌が阻害されます。収縮が最も強い、陣痛の第2段階（いきみ）のとき、エンドルフィンのレベルは最大になります。人工的な麻酔薬と同じように、エンドルフィンも人によって効果は異なります。もしかしたら女性によって痛みの感じ方が違うのは、そのせいかもしれません。阻害されずに分泌されたエンドルフィンは、人工的な麻酔薬よりあなたの体にはやさしいものです。薬で定期的に痛みを抑えてそのあとぐったりした気持ちになるのではなく、エンドルフィンは陣痛の間、持続的に痛みをやわらげ、幸福感を味わわせてくれるため、陣痛中の母親たちはしばしばこれを「自然のドラッグをやっているようだわ」などと表現するのです。リラックスしていると、この自然の鎮痛剤がよく作用します。恐怖心や不安はストレスホルモンを増加させ、エンドルフィンのリラックス効果を減らしてしまいます。心がさほど不安を感じていなければ、体もあまり痛まないのです。

エンドルフィンは出産モードから赤ちゃんのお世話モードへの移行も助けてくれます。エンドルフィンの量は実は出産直後が最も高く、産後2週間たたないと出産前のレベルまで戻りません。エンドルフィンはリラックスさせたり、「マザリング（母親業を行う）」するためのホルモンであるプロラクチンの分泌をも刺激します。プロラクチンは母乳の産生を調整し、母親であることの心理的な喜びをもあと押ししてくれます。エンドルフィンはまた、妊娠中にリラックスした状態でいられるように助けてもくれます。研究によると、エンドルフィンは笑うことで増加するそうです。「明るい魂は体を健康にし、心を強くする」という、昔からのことわざはおそらく真実なのでしょう。

あなたの体には、ちょうどよいバランスで、ストレスホルモンとエンドルフィンをつくり出す機能がもともと備わっています。恐怖心や疲労はこれらのホルモンのバランスをくずし、ストレスホルモンが鎮痛ホルモンより多く分泌されて陣痛はさらに痛みを増し、出産はなかなか進まなくなります。陣痛の間リラックスしていると、あなたの体がどれほど心に影響されるかを知って驚くでしょう。気分もよくなり、赤ちゃんもより楽に生まれます。

どうやってリラックスするか

どの両親学級を受講しようかしら？と迷ったときは、出産に必要なリラックス法にどのくらい時間を費やしているかということが選択基準のひとつになるでしょう。現実的には、人間のリラックス能力は意識してできるものではありません。本を読んだり講義を受けても、リラックス能力をアップさせる助けにはならないのです。できるだけ多くの時間をリラクセーションの練習に費やしましょう。必要であればほかの方法も探しましょう。1対1のカウンセリングや指導によって「リラクセーションの障壁」を破ることができるかもしれません。マーサや私たちがカウンセリングを行った母親たちが陣痛中に最も役立つことを発見した、長い間受け継がれてきたリラックスのアドバイスを紹介しましょう。

＊リラックスとリリース（解放）

これから紹介するエクササイズすべての基礎になるのがこの「リラックスとリリース」です。陣痛と陣痛の間のリラックス、陣痛の真っ最中のリリースです。陣痛中も、これら2つの言葉を常に頭に置いておくようにしてください。

あなたの体の自然な動きに身を任せながら、筋肉をリラックスさせる考え方ができるように、自分自身を条件づけましょう。収縮が始まったのを感じたら、これからやってくるものに筋肉を緊張させて身構えるかわりに深呼吸してリラックスし、それからリリース（解放）させるのです。この「R&R」エクササイズを練習すると、「あー、また収縮が始まってしまうわ」のかわりに「収縮開始！　リリース！」と自分自身に言えるように条件づけができます。

＊パートナーといっしょに練習を

快適な体勢になってください。まくらやクッションをたくさん用意し、どこに置けばいいのか、あなたのパートナーに指示します。いろいろな体位で練習しましょう。立ったまま、パートナーに寄りかかりながら、壁や家具に寄りかかりながら、しゃがんで、横向きに寝そべって、あるいはよつんばいという手もあります。

エクササイズ1・全身に緊張した筋肉がないか確かめます。眉間にしわが寄っていないか、こぶしを握りしめていないか、唇をかたくしていないかなどは、いちばん確かめやすいポイントでしょう。続いて頭からつま先まで、段階的に力を抜く（リリース）練習をしていきます。それぞれの筋肉ごとにまず力を入れ、それからリラックスして、それぞれに2種類の状態があることを確かめます。パートナーに「収縮」の合図を出してもらったら「リラックス&リリース」と考えます。そして、かたくなっていた筋肉がゆるんでいくのを味わいます。

エクササイズ2・妊娠の最終月に入ったら、タッチ・リラクセーションの練習を続けましょう。これで緊張のあとには苦痛ではなく快感を予測できるよう条件づけます。どんな触られ方、どんなマッサージ法が最もリラックスできるのか、探しておきます（301ページ参照）。前述したように、頭からつま先まで繰り返していきます。それぞれの筋肉群を緊張させ、あなたがその緊張を解放（リリース）したのを合図に、パートナーに温かく、リラックスした手で触れてもらいます。こうすると、いずれはイライラのもとになる、口頭での「リラックスして」の合図を聞き続けなくてもすむようになります。もう1つの目標は、痛みが始まろうとしたときにあなたのパートナーがある部分に正しく触れると、緊張した筋肉をリラックスさせることが可能になることです。「ここが痛いの。あなたはここを強く押して（あるいはなでて、触って）」を練習してください。

＊音楽を選ぶ

音楽はすばらしいリラクセーションツールになります。あなたの好みに合い、リラックスする助けにもなるような音楽を選びましょう。家庭でのリラクセーションの練習のときにもこの音楽をかけておき、本番でもその音楽を聴けばリラックスできるように条件づけておきます（陣痛時に好まれる音楽については303ページ参照）。

＊イメージトレーニング

頭の中に、気分を落ち着かせるような場面を思い浮かべていると、陣痛を感じている体や、少なくとも収縮と収縮の間の体をリラックスさせることができます。陣痛を促進するエンドルフィンの分泌を加速させることもできるのです。スポーツ心理学者はアスリートに最高の能力を発揮させるために、よくこのイメージトレーニングを利用します。

どんな考えや場面を思い浮かべるといちばんリラックスできるのか、今の時点で決めておき、特に妊娠の最終月に入ったら何度もその場面を思い浮かべて瞑想の練習をしましょう。そうすると頭のライブラリーに、収縮と収縮の間の数分間にさっとリラックスモードに入れるような短いフィルムがたくさん詰まった状態でお産に臨めます。多くの母親たちが次のようなイメージが役に立ったと言っています。寄せる波、滝、おだやかな小川の流れ、夫と海岸を歩くなどです。あるいはいちばん楽しかった思い出をいくつかストックしておいてもいいでしょう。パートナーとの出会い、お気に入りのデート、セックス、特別な休暇などです。

陣痛中には何が起きているのかを思い描いてみましょう。収縮が始まったら、あなたの子宮が赤ちゃんを抱き締め、かわいらしい頭を引っ張り出そうとしている様子をイメージします。開大の段階に入ったら、収縮のたびに子宮頸部が薄く、より広くなっていくところをイメージします。いきみの段階に入ってからもイメージトレーニングをうまく使っていた母親の中には、膣が花のように開いていく様子を思い描いた人もいます。

苦痛に満ちた場面を、気持ちのよいものに変えてしまいましょう。「苦痛

の梱包」というテクニックを使ってみましょう。工作に使う粘土のように苦痛をつかみます。それを小さいボールにまとめ、梱包し、ヘリウムの入った風船に入れて、それがあなたの体から離れて空高く飛んでいく様子を想像します。気分を滅入らせるような考えにも同じことをします。梱包して、飛ばすのです。このエクササイズは、収縮が起きている間に呼吸法といっしょに行うと特に効果的です。深く息を吸って、吐いて、苦痛を吹き飛ばすのです。

◎出産の痛みを大きくとらえる

１９９６年の国際出産教育連盟（ＩＣＥＡ）会議でスピーチをしたあとのある日、出産に関する教育者でもあるベテランの母親たちのグループが、出産における痛み、という題で話し合いをするのを聞く機会がありました。* そこでの彼女たちの話は、私たちがふだん耳にする、友達の「戦争話」に影響された初産の妊婦たちのものとはまったく違っていました。初産の妊婦たちはこれから出産で経験することになる痛みを、生涯でいちばんひどい痛みになるだろうと思っているでしょう。恐怖心でいっぱいになって分娩室に入っていきます。どんなものになるか想像もつかず、でも、とにかくひどいものになるだろうとは確信しているのです。しかし、経験を積んだ出産教育者たちは、自身が何度か出産を経験しており、痛みについて正しくとらえています。陣痛が、これまでの全人生で感じたどの痛みよりひどいなどということはありません。単に「違う」だけなのです。出産時の痛みは「違う」と知っているからこそ、経産婦は初心者に比べて陣痛の痛みの感じ方が少なくてすむのです。

これまでの人生でいちばんひどい痛みはどんなだったか、たとえばひどい歯痛などを思い出してみてください。それは思いもしなかったときに唐突に始まり、何日も続きました。いきなりひどい痛みが襲い、何をしてもよくなりません。ほんの数分でも痛みから解放されるなら、何でもしたいと思ったでしょう。

でも、出産時の痛みは違います。

・何が起こるかはわかっている。どう感じるかがわからないだけ。
・途切れがないわけではない。痛みと痛みの間にはありがたい休みがあり、少なくとも陣痛の初期には休みの時間は痛みそのものより長い。痛みを全体的に考えてみましょう。1回の痛みはたった60～90秒にすぎない。
・予測がつく。あと1分程度で次の痛みがやってくることがわかっている。
・しばらくすると、次の痛みがどんな感じになるか想像がつくようになる。前回の痛みよりほんの少し激しく、あるいは弱くなるだろうが、似たようなものだ、など。
・出産の痛みは少しずつ強まるので、慣れてうまく対処するチャンスがある。
・継続的な目的がある。赤ちゃんのために適応してくれという合図。
・終わることがわかっている。
・終わったときには、世界で最もすばらしい賞品を手にできる。

痛みを大きな流れの中で考えることができるようになると、「母なる自然は、出産の痛みを自分でコントロールできる範囲のものにつくってくれているのだ」ということがはっきりします。そうでなければ、なぜ女性たちは子どもを産み続けるのでしょう?

＊出産時の痛みに関するこの考え方を教えてくれた、ジャン・マラックとそのほかの出産教育者たちに感謝する。

もっと痛みの強い収縮と収縮の合間、あるいはその最中には痛みそのものよりも痛みを乗り越えれば獲得できるごほうびのことに頭を切り換えましょう。赤ちゃんが出てくるところに手を差し出す自分、おなかの上に赤ちゃんをのせてもらうところ、胸にそっと抱き寄せるところなどです。

イメージトレーニングは、体より気持ちを優先するためのテクニックではありません。気持ちは、体がより効率よく動くようにと助けるのです。イメージトレーニングは痛みから気をそらせるための子どもだましのようなものとしてではなく、リラクセーションのツールとして使うようにしてください。体に起こっていることから逃避するために、心だけをほかの惑星に飛ばせると信じていると、とてつもなく驚くことになるでしょう。収縮は圧倒的なもので、気持ちだけを逃避しようとしてもほとんど効果はありません。気持ちも陣痛につきあうと考えるほうが、そこから逃げ出そうとするよりずっと現実的です。

水中で陣痛の痛みを逃す

人生ではシンプルな物事がいちばんうまくいくことがよくありますが、陣痛も同じです。最も効果的な鎮痛剤は、偶然にも最も費用がかからないものでもあるのです。副作用もありません。その奇跡は何かって？ それは水です。飲むのではありません。中に入るのです。

マーサノート

私も7人目の子ども、スティーヴンの出産のときに、実際に水中での陣痛逃しを経験しました。陣痛が始まって4時間ほどたったとき、おなかの下のほうに強い痛みを感じたのです。何か注意が必要だという、体が発した強い合図でした。背中の痛みであればよつんばいの体勢になればいいとわかっていたのでとりあえずその姿勢になってみましたが、痛みが増すばかりでした。そこで、温かいお湯を張った大きなバスタブに入ってみたのです。それだけで、全身がリラックスするのがわかりました。いろいろな体勢を試してみて、肩を落として完全にお湯に浮かんだ状態になると、胴体と骨盤が完全にリラックスしていられることがわかりました。その時点で痛みは消え去りました。その効果は絶大で、鎮痛剤よりずっと効果的でした。ふわふわと浮いている感じは、私ひとりではできない体勢でした。

完全な安心感を伴う完璧に解放された感覚は、すばらしい経験でした。私はそのままいきみの段階がくるまで1時間ほどお湯の中にいました。その後お湯から出てベッドに上がり、横向きに寝た状態でスティーヴンを出産したのです。赤ちゃんが出てきたとき、なぜあんなに痛みを感じたのかがわかり

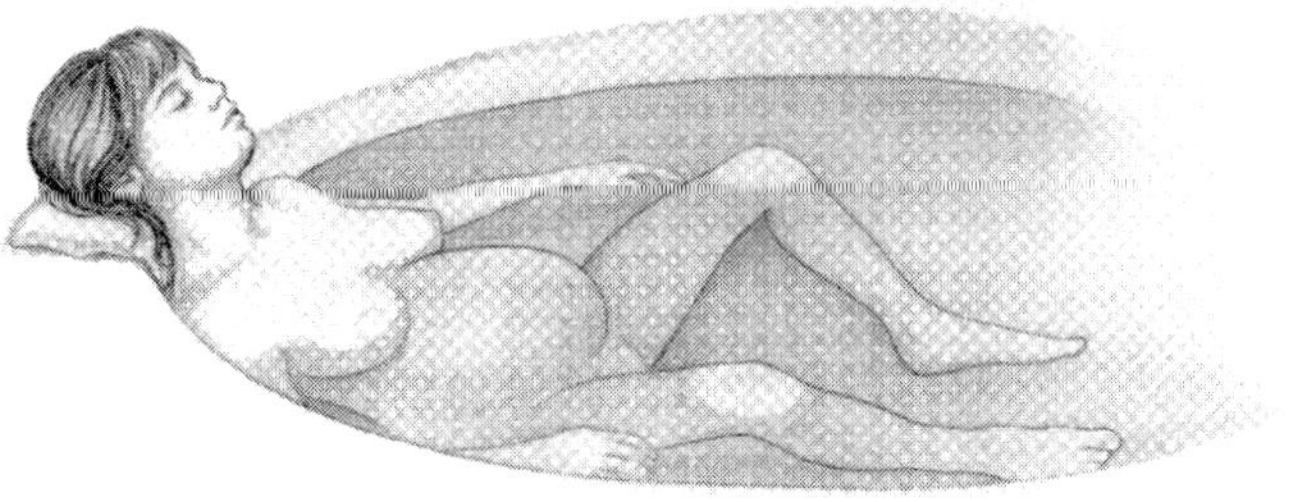

ました。彼の小さな手が頭に当てられていたために、骨盤を、一度に2つの部分が通り抜けようとしていたのです。私の体は通常より大きなものを通すために、完全に筋肉をリラックスさせる必要があったのです。こんなに水が効果的だと知っていれば、過去の6回の陣痛も水の中で経験したかったと思いました。

なぜ水に効果があるのでしょう

高校の物理の授業を覚えていますか？ 物体を水の中に入れるとその重さと同じだけの浮力が働いて物を浮かび上がらせます。水に浮かんでいると、体重を感じなくなります。支えていなくてはならない体重が減ると筋肉の緊張が減少し、体が感じる痛みが少なくなり、エネルギーが必要な部分、すなわち大変な仕事をしている子宮に向けることができるのです。

水は人を解放する

重さの少ない筋肉は疲労も少なく、痛みも少なくなります。水圧も、特に背中に陣痛が来ているときの筋肉の痛みをやわらげてくれます。気持ちのよい刺激で神経系を埋めてしまうことで、痛みの刺激が入ってくる余地をなくし、結果的に痛みが軽減されるというわけです。

水の中にいることは、皮膚のすべての触感の受容体を刺激しながら、体に継続的なマッサージを行っているようなものなのです。気持ちのいい温かいおふろに入るときのようにたくさんの皮膚の受容体に触れるには、何千人分ものやさしい指先が必要です。

水はリラックスを促す

自然の鎮痛剤と陣痛促進剤として最も重要なのは、体勢を変えることと、陣痛の流れに逆らわないことです。水の中にいると、こうしたことをより自然に簡単にできるようになるのです。水につからない多くの女性は、少しでも身動きすると、もっと痛みが強くなるのではないかと恐れて、1カ所に根を生やしたようにじっとしていたいと言います。水の中にいると、苦痛を解消するのに最適な体勢を見つけるまで、体を支えてもらいながら自由に水に浮かんでいることができます。水の中にいると精神も解放されるようで、最も原始的な本能に従って緊張を「水に流す」ことができます。

今度プールに入ったとき、なるほどそのとおり、と感じるかどうか試してみてください。体を自由に動かせるし、気持ちもはっきりしてくるのがわかるでしょう。

水中での陣痛逃しは過去30年にもわたってロシアとフランスで行われてきましたが、北米ではわりと最近、知られるようになりました。ジャグジータイプのプールの中で陣痛の時間を過ごした１８００人を対象とした調査では、なかなか頼もしい結果が得られています。

- ●陣痛の時間が短い。
- ●子宮口の開大がより効率的。陣痛中に水の恩恵を受けなかった母親が1時間に1・25cmなのに比べて、2.5cm。
- ●赤ちゃんがおりてくるスピードが2倍。
- ●痛みが少なくなった。
- ●病院での従来の出産に比べて、帝王切開の出現率が$\frac{1}{3}$。
- ●高血圧により「ハイリスク」と診断されていた母親たちが、水に入ってほんの数分で劇的な血圧低下を見せた。

痛みは少なく、実りは多い——さあ、出産用のプールを用意しましょう！

実際にプールを用意しましょう

病院の分娩室や出産センターの中には、ジャグジータイプの陣痛用バスタブを置いているところもあります。あなたが出産する予定の施設にない場合は、用意できるかどうか頼んでみましょう。これもまた、女性が出産ビジネスに口を出せるひとつのチャンスでもあります。バスタブはあなたの中のマーメイド〈人魚〉を自由に出現させられるくらいの大きさがなくてはいけません。少なくとも幅は160cm前後は必要です。陣痛の苦痛をやわらげるためには、ただ水の中に入るだけではダメなのです。その中で自由に体を動かせなければ最大の効果は得られません。陣痛中にあなたの役に立つよう、プールを使うためのアドバイスを紹介します。

●お湯の温度はだいたい体温と同じくらいがよいでしょう。

●背中か脇をもたれさせるか、ひざをついてよつんばいになってみましょう。そうすると、お湯が子宮を覆うことになります。少なくとも乳首のラインまではお湯につかります。

●陣痛が強くなってきて、少し解放されたいと感じ始めたときにバスタブに入ります。だいたい子宮口の開大が5〜8cm程度になったとき、陣痛が最も強くなったころに入るといいようです。陣痛の最も強い段階である「移行期」に水の中にいると、特に気持ちがいいと感じるようです。母親が自由に動くと、赤ちゃんには最も抵抗がなく(最も痛みのない)出口を見つけやすくなります。なかなかお産が進まないとき、陣痛用バスタブに横たわるのも効果があります。乳首に水がかかることで、子宮収縮刺激ホルモンの分泌が促されるからです。陣痛に流されそうなほど進みが早くてつらいお産を乗り切るのにも効果的です。

●水中にいる間に陣痛が止まってしまった場合は、お湯から出て歩き回ったりスクワットをして、またお産を進めます。陣痛が再開したらまたあなたの「羊水」に帰りましょう。

●お湯から出たり入ったりするときは滑らないように、必ず陣痛と陣痛の合間に、だれかに補助をしてもらいながら行います。

●いきみたい感覚を覚えたら、お湯から出るころです(プールから上がる間もないほど突然に赤ちゃんが出てきてしまったり、母親があまりに快適すぎてどうしても出る気にならなかったりなどで、水中で出産してしまう例もあります。すぐに水中から引き上げて母親の腕に抱いてやれば、赤ちゃんには何の心配もありません。赤ちゃんは単に水から水に移るだけの話で、顔が空気に触れるまで呼吸はしません)。

助産師などから別の指示がない限り、破水後までプールにつかっていても安全です。この時期にたいてい陣痛がとても強くなるので、お湯がより必要になってきます。水中での陣痛(および水中出産)に多くの経験がある出産センターの報告によると、母親の陣痛が進んでおり、適切な感染予防策がとられている限り、破水後に水中にいても感染率の増加はないということです。点滴検査のためにお湯から上がる必要があることはめったにありません。点滴が必要であっても手の血管にへパリンロックを使い、水を通さないプラスチックの袋で包んで輪ゴムで縛っておけばすむことです。断続的な胎児モニターが必要で、水中でも使えるモニターがないときには、手持ちのモニターをビニール袋に入れて、腹部の水から出しておける部分に当ててもらえばいいでしょう。

出産予定の場所に陣痛用のバスタブがないときは、シャワーを浴びるといいでしょう。温かいお湯を浴びることは、特に背中に感じる陣痛の痛みに効果的です。水の感触を味わうだけでなく、シャワーの水が流れる音やバスタブを満たすお湯の音は、陣痛中にはとても気持ちよく聞こえるものです。

お湯に入ったからといって、陣痛のすべての痛みがとけてしまうことは期待しないでください。しかし私たちの個人的な体験や、陣痛用プールを使ったほかの女性たちの意見をまとめると、水は陣痛の痛みを逃すためには最もすばらしい道具であると思います。

正しい触れ方を練習する

気持ちのよいマッサージ、心のこもった抱擁、情熱的なキス、あるいは単純な足のマッサージでも、陣痛中の母親にはありがたいものです。痛みを逃すために「触れる」ことの威力は、２９１ページで説明した痛み管理理論に基づいています。受容体がたくさんある皮膚をなで、皮膚の下にある圧力受容体をもむことで、脳に心地よい刺激を雨のように振りまくことができ、痛みがつけ入る余地を少なくすることができます。

陣痛の本番が来るまで、どこをどうやってマッサージしてほしいのか、パートナーに伝えておくことはできません。しかし最後の数カ月になったら、背中の痛みをやわらげたり、前駆陣痛の間にリラックスするために少しマッサージの練習をしておくと、実際に正しく触れることが必要となる本番に備えて、かなりの役に立つでしょう。パートナーには、「本番前に練習しておくと手の筋肉が鍛えられるから、当日はすぐに疲れなくてすむわよ」と伝えておきましょう。

ピュアな植物油やマッサージローションを使って、体のいろいろな部分をいろいろな方法でマッサージしてみましょう。顔や頭皮は、指先でしっかりなでるのがいいようです。肩や太もも、おしり、ふくらはぎ、足などの大きな筋肉は、強くもみ込むといいでしょう。背中下部の筋肉の痛みをやわらげるには、手のひらの付け根の部分を使って圧迫するといいでしょう。

最後の数カ月になったら、あなたの好きなマッサージ法を伝えるだけでなく、嫌いな触れられ方についても、はっきりさせておきます。たとえば体毛の生えている方向に向かってなでられるのは気持ちがいいものの、その逆は陣痛中の女性をイライラさせる可能性があります。あなたの好きなマッサージの強さとリズムを、パートナーが学べるようにしてあげてください。あなたが彼をマッサージしてあげるときに好みのやり方を伝えてあげると、彼は受け手の立場で学ぶことができます。

ママノート：私の場合、初産の陣痛はゆっくりしたものだったので、最高に気持ちがよくてリラックスできる、足の軽いマッサージを受けていました。次のときにはお産の進行が早く、痛みも強烈だったので、夫は私の両足を強く速く上下にこすってくれました。彼は本能的に、弾丸が移動していく痛みに勝つには、何か強烈なものが必要だとわかってくれたようでした。

＊マッサージをする人（夫）へのアドバイス

マッサージに対する批判を、個人への批判ととらないこと。あなたのパートナーは妊娠中は怒りっぽくなりがちですし、陣痛中は、さらにイライラしがちです。以前はすごく好きだったはずのマッサージの方法でやってみても、陣痛の真っ最中には素っ気なく「やめて」とか「触らないで！」と言われるかもしれません。また、そこに触れるとリラックスさせるより、むしろイライラさせてしまう「ホットスポット」があることもわかってくるでしょう。両親学級でテニスボールやペンキ用ローラーなどを使ったマッサージ方法を学んだかもしれませんが、機転をきかせて工夫する必要があることを覚悟しておいてください。陣痛が進むにつれて、いろいろな場所をいろいろな方法でマッサージしてみてください。やってみたことをパートナーが気に入らないようだったらすぐにギアを入れかえ、そして我慢してあげてください。彼女は何が欲しいのかをあなたに知らせようとしているのですが、ていねいに頼もうとするには、ほかのことで頭がいっぱいなのです。安心してください。彼女はあなたの協力に深く深く感謝するでしょう。

ママノート：陣痛中、夫が私の前髪をいつもとかしているのとは逆のほうへ動かそうとするたびに、むかっとしていました。以前は、ベッドに横たわって赤ちゃんのことを話しながら彼が私のおなかをマッサージしてくれるのが大好きでしたが、陣痛の最中には、だれであろうとおなかを触ることに我慢できなかったのです。

出産に適した呼吸法

呼吸はあまりに無意識に行っていることなので、なぜ両親学級で練習しなければならないのだろうと不思議に思う人もいるでしょう。正しい呼吸がいかに体をリラックスさせ、陣痛の痛みをやわらげてくれるか、想像したこともないかもしれません。あらゆるエクササイズには最良の呼吸パターンがあるものですが、陣痛に関しても特にそうだといえます。

子宮が少し引きつれたと同時に、ロボットのように、はあはあとあえぎだす女性が映っている古い出産ビデオのことは忘れてください。もしもビデオで見た呼吸法を陣痛中に思い出したとしても、あの不自然な呼吸パターンは、苦痛の軽減にほとんど何の役にも立たないことがわかるだけです。逆にちょっと頭がふらふらしたり緊張したりという、いちばん望ましくない結果を招いてしまいます。

ママノート：夫と私は毎晩、一定のパターンの呼吸法の練習をしましたが、流されそうな強さの収縮が始まったとたんに、どう呼吸をすべきだったのかをすっかり忘れてしまいました。

呼吸のパターンが痛みから気をそらす目的で作られていると、もともと体が自然に必要としている呼吸の本当の目的と役割がおろそかになってしまいます。ゆっくりした深い呼吸にはリラックスさせる効果があり、血中にたくさんの酸素を供給します。速く浅い呼吸はその逆です。陣痛のときに自分の呼吸が速くなっているのに気づいたら、それはおそらくパニックに陥っているからです。呼吸のスピードを落としてみてください。自然に気持ちが落ち着いてきます。

スタッフノート：10年間陣痛と出産担当看護師を務め、今では専門の陣痛介添人をしています。これまでに1000回以上の出産に立ち会ってきましたが、陣痛の最後の段階まで一定のパターンに沿った呼吸法を使って成功したカップルには、ほとんど会ったことがありません。多くの女性は集中力を持続させることができずに、かえってイライラして呼吸の仕方がわからなくなり、リラックスするというより緊張を増してしまっていました。一定のパターンで繰り返す呼吸法は、特に陣痛の後半や移行期には収縮の強さから気をそらせるだけの力をもちません。この段階でほとんどの女性が本能的に自分の内部に焦点を当て、もっとリラックスできて自分の体がしていることに集中するような、一貫したより深くてゆっくりした呼吸になっていました。

適切な呼吸法とはあなたにとって効果のある呼吸法のことで、最小の努力であなたと赤ちゃんとに最大の酸素を送り込めるようなスタイルです。少しアドバイスをお読みください。

*ぜひやってほしいこと

- 陣痛と陣痛の合間は、眠りに落ちるときのように自然に呼吸してください。
- 収縮が始まったら、鼻からゆっくりと深く息を吸って、長く一定の力で口からゆっくり吐き出します。息を吐くときには緊張が体から離れていくのを想像しながら、顔の筋肉をリラックスさせ、手足からも力を抜きます。呼気は長い解放のため息だと考えてください。
- 収縮のピークにも、リラックスして心地よいペースで呼吸し続けるよう、自分に言い聞かせてください。
- 強い収縮に反応して呼吸が速くなり始めたら、スピードを落とすように指示してほしい、とあらかじめパートナーに頼んでおきます。彼もいっしょに、ゆっくりとリラックスした呼吸をしてもらいます。
- それでもまだ呼吸が速すぎると感じたら、一度呼吸を止めて深く息を吸い、

それから湯気を吹くときのように、ためておいた息を長く吐き出します。自分自身に「ゆっくりしろ」と伝えるために、これを何度か繰り返します。

●パートナーは呼吸を観察して、彼女が陣痛にどう対処しているかを判断してください。ゆっくりとして深く、それでいてリズミカルな呼吸は、収縮を上手に扱っていることを示します。速くて発作的な呼吸は、緊張と不安を伝えています。マッサージしてあげたり、正しい呼吸法のお手本を示したり、体勢を変えることをアドバイスしてあげたりしてください。

＊してはいけないこと

●はあはあと、あえいではいけません。人間にとっては不自然です（犬や猫が陣痛中にあえぐのは、汗をかかないからです。体熱を逃がすためにあえいでいるのです）。あえぐと疲れるだけでなく酸素の摂取量も減り、過呼吸につながるおそれもあります。

●過呼吸を起こさないこと。あまりに速く、激しく呼吸すると、二酸化炭素を必要以上に吐き出してしまい、頭がくらくらしたり、指先やつま先、顔などがちくちくする感じになったりします。強い収縮のピークで過呼吸になりがちな人には、呼吸を少しリラックスするようやさしく教えてあげることが必要になります。過呼吸が始まったら、できるだけゆっくりと鼻から息を吸い、口から息を吐くようにしてください。

●息を止めてはいけません。いきみの最中でさえ、映画で見るように顔を真っ赤にして血管を浮き上がらせ息を止めていると、疲れてしまうだけでなく、あなたからも赤ちゃんからも必要な酸素を奪うだけです（３５４ページの「正しいいきみ方」参照）。

●陣痛の最中には、どうやって呼吸しようかとあまり心配しないでください。気持ちのおもむくままにしていれば、自然にあなたにも赤ちゃんにも最適な方法で呼吸しているものなのです。

陣痛に快適な巣を作る

出産環境は、痛みの感じ方に影響を与えます。出産を控えた母親猫は、家の中でいちばん静かでやわらかな、邪魔の入らなさそうな場所を探し出します。有名デザイナーたちが精力を傾けて部屋を美しく飾り立てたとしても、あなたは自分が陣痛の時間を過ごすその部屋に仕上げの一筆をふるわなければなりません。母親猫を見習って、赤ちゃんを産むための穏やかな巣作りを行いましょう。

出産のための音楽を

なぜ歯科医院に音楽が流れていると思いますか？　歯の治療をしている間、患者の心を音楽で占領しておくためです。音楽は現実的に「聴覚性痛覚消失」と呼ばれる現象を起こし、身体的な苦痛をやわらげる効果があるのです。研究によると、陣痛中に音楽を聴いていた母親は、そうでなかった女性に比べて鎮痛剤の使用が少なかったということです。これは音楽が作用して母親の体内に自然の鎮痛およびリラックスホルモンであるエンドルフィンを分泌させたからです。音楽はまた、心を気持ちよい刺激で満たし、苦痛が入り込む余地を少なくします。また、出産に立ち会う人たちにも心を落ち着かせる作用をし、この一大イベントにおいて心を安らかにすることがいかに大切かを思い出させてくれます。

あなたが好きな曲を数曲流します。テンポのよい、体内のシステムを活性化させるものより、リラックスさせるようなゆるやかなリズムの曲にしておきましょう。これまでストレスを感じたときにいやされた曲を使って、自分でオリジナルのカセットテープを作る母親も大勢います。たとえば夫と初めてダンスをしたときのことなど、特に楽しかったでき事を思い出させるような音楽は、本当に役に立ちます。自然の音（滝や風、海の音など）や、満ち

たり引いたりするようなやわらかいインストゥルメンタル（ニューエイジ・ミュージックや静かなジャズ）のほうが、ボーカルのある音楽より気分を落ち着けてくれるという人もいました。お気に入りのテープやＣＤといっしょに、プレーヤーや新しい電池ももっていきましょう。

ビルノート

マーサと私は、陣痛中にハープのコンチェルトを聴きました。ボイエルデューの「プルミエール・コンチェルト」が流れるたびに、マーサは私たちが初めてこの曲を聴いたときの情景を思い出すのでした。友達の山小屋の暖炉の前に座って、ポーチから漏れる明かりの中を雪が降っているのを眺めたときのことです。

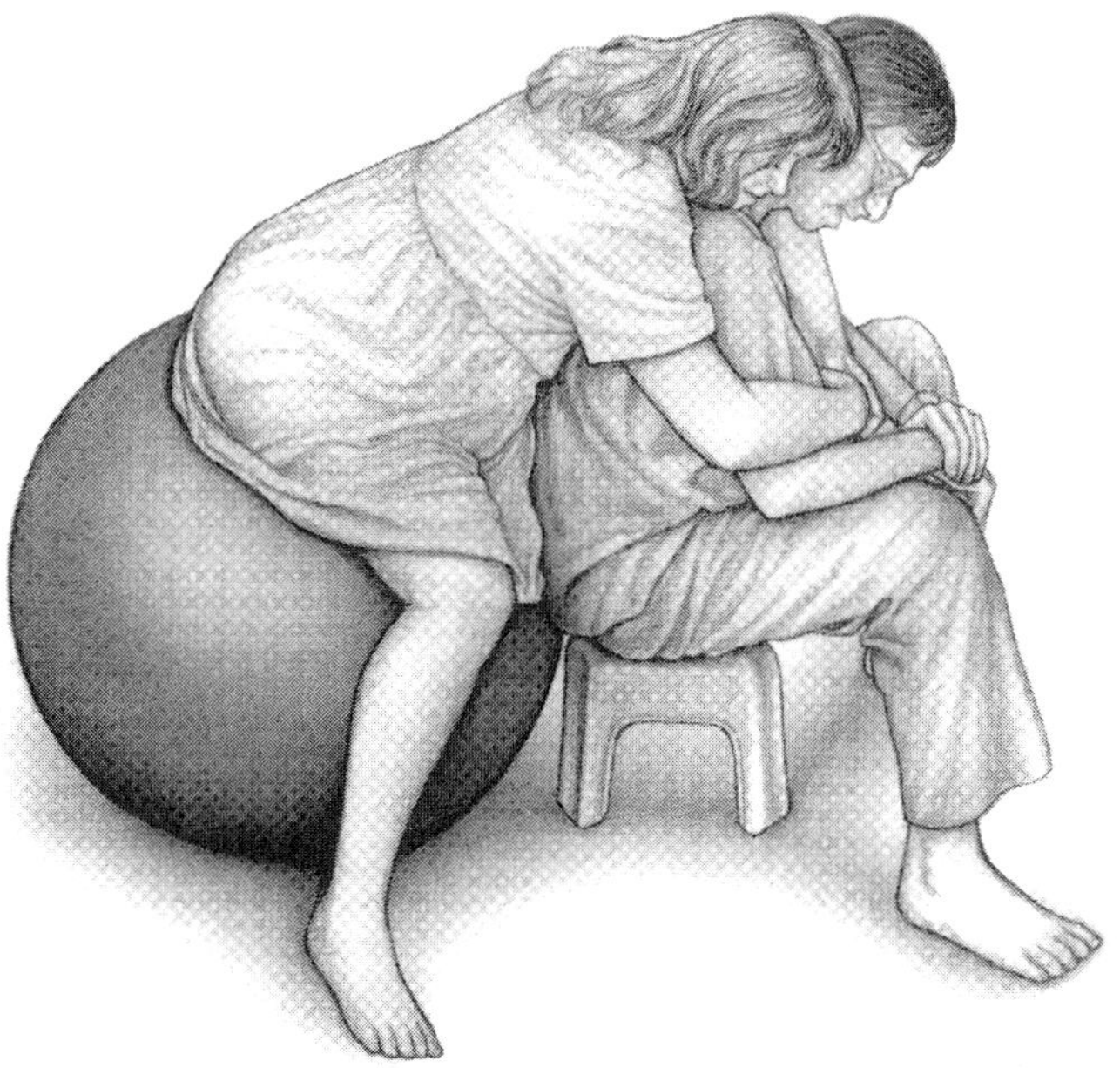

バースボールに座る

うちのリビングには、子どもたちが乗って遊んだりできる直径約70㎝の「フィジオボール」（頑丈なつくりの、空気でふくらませるボールで、理学療法や出産用品のカタログなどで入手可能）があります。妊娠した人がわが家に来るたびに、みな引力に導かれるようにしてこのボールに近づいていきます。たいていは「まあ、このボールの上に足を開いて座るだけで、なんてリラックスできるんでしょう」と言います。私の義理の娘（息子の嫁）も、妊娠の最後の数カ月にすっかりこのボールが気に入ってしまい、「出産のために借りてもいい？」と言ったほどでした。彼女は陣痛の間ベッドに横たわっているより、このボールに座っている（上のイラスト参照）時間のほうが長かったのです。ボールの上に座るだけで骨盤の筋肉が自然にリラックスするのですから、それも当然でしょう。

ビーズクッションを試す

買い物に出かけたときに、いろいろなビーズクッションを試してみて、陣痛の初期に体を沈ませることができるような、やわらかい巣を見つけてください。大の字になれるくらいの大きさの楕円か長方形のものがいいでしょう。これらの巣作りの道具を使って、リラクセーションの練習をしてください。

クッションなどを使う

あなたが必要とするだけのクッションを病院が貸してくれるかどうかはわ

かりません。少なくとも4つは必要です。室内装飾用の備品を扱うお店で手に入るような、分厚いくさび形のクッション材は、座った状態でリラックスしながら背中を支えるのに使えます。薄手のものは、横向きに寝たときにおなかとベッドの間に置くクッションとして使えます。出産予定の場所にあらかじめ用意されている可能性は、あまりないでしょう。陣痛が始まる前からこれらのものを使ってリラックスして楽しめるように、時間的な余裕をもってビーンバッグや背もたれを購入しておきましょう。

温湿布や冷湿布を試す

温湿布は組織への血流を増やし、冷湿布は組織の痛みを感じる感覚を鈍くさせます。ですから、どちらも必要なのです。お湯の入ったボトルやゴム製の手術用手袋などを腹部や鼠径部、ももなどに当てておくといい温湿布になり、関節の痛みをやわらげたり、リラックスするのに役立ちます。冷凍野菜のパックを布で包んだものは冷湿布になり、熱い額を冷ましたり、背中の痛みをやわらげたりしてくれます。どちらを当てたほうが痛みが取れるか、温湿布も冷湿布も試してみましょう。両方を順番に使うと、とても効果的な場合もあります。また赤ちゃんの頭をもっと簡単に楽に通してやるために、いきむ寸前に会陰に温かいものを押しつけると、筋肉をリラックスさせるのに役立ちます。

専門家に相談する

ほかの女性たちに、痛みをやわらげるのに何をもっていったか聞いてみましょう。どれが効きそうか、あらかじめ家で試しておくのを忘れないでください。陣痛が始まったら、冷湿布、指圧、よつんばい、横向きに寝る、温湿布、マッサージなどのあらゆる組み合わせを試してみましょう。ここには冷湿布、あちらには温湿布、背もたれで支えて……など。試してみなければ、何が効くのかわかりません。

痛みと出産の進行は深く関係しています。出産の進行を助けるものの多くは、痛みを軽減してもくれます。陣痛のときに使うためのそのほかの鎮痛剤については、327ページの「出産の進行を助ける〜知っておくべきこと」の章を読んでください。

医学的な方法で痛みをやわらげる

リスクのない完全な鎮痛剤を約束できる医師はいません。今日ほど麻酔が安全な時代はありませんが、それでもまだ完全な鎮痛剤は存在せず、母親にも赤ちゃんにも、完璧に安全なものもありません。産科で使う薬にはどんなものがあるのか、その恩恵とリスク、さらに賢い使い方を理解しましょう。もし使うとしたらどれを選択するのか、決断することができます。医学的な鎮痛剤は、これまでお話しした自然な方法での痛みをやわらげる方法のかわりになるものではなく、あくまでそれをサポートするものとして使用します。薬を使わない出産についての両親学級に参加し、自分なりの痛みの管理システムを学んだ女性たちは、何の情報もなかった人たちに比べて、陣痛時に使う鎮痛剤の量が少なかったという調査もあります。

＊麻酔性鎮痛剤

母親の痛みの部分だけに効いて、胎盤を通じて赤ちゃんにまでは伝わらないような完璧な鎮痛剤があったなら！　残念ながらそんな薬はまだありません。麻酔は母親の体から痛みを取り除く一方で、赤ちゃんにも影響を与えるのです。麻酔に関するもう1つの心配事は、あなたの気持ちへの影響です。なぜなら麻酔は集中力を奪ってしまうからです。しかし自然の鎮痛剤と併用して適切に麻酔を利用すると、陣痛中の女性を一時的に痛みから解放して休ませ、エネルギーをいっぱいにしてから、また元の状態に戻してやることも

可能です。麻酔性鎮痛剤の選択と使用について、すべての母親予備軍に知っておいてほしいことがあります。

麻酔はどう作用するのでしょう

麻酔性鎮痛剤（デメロール、モルヒネ、ニューベイン、スタドール、フェンタニールなど）は脳の痛みの受容体を遮断することで、鎮痛作用を及ぼします（290ページの駐車場の比喩参照。麻酔が痛みの受容体にある駐車場を埋め尽くしてしまうという部分です）。鎮痛剤の効き方は人によって違います。麻酔が提供する鎮痛作用そのものにさまざまな程度があるだけでなく、精神的、感情的な副作用の度合いも違います。投与後20分でかなりの痛みが取れるという母親もいれば、ほんの少しだけましになる程度の人たちもいます（「少しはましに対処できるよう、痛みの角を取ってくれただけ」）。ほとんど鎮痛作用はなく、頭に雲がかかったようになって体の痛みよりひどかったという人もいます。麻酔が起こす多幸感を楽しむ人たちもいて、心は陣痛から離れてどこかを漂うような気持ちになると言います。出産を進ませるための決定を下す能力がぼやけると言う人もいます。母親の頭があまりにも混乱して、動いたり体位を変えたりして陣痛をコントロールできなくなると、結局、陣痛も痛みも長く続くことになります。麻酔にはとても眠くなる作用もあり、収縮と収縮の間に眠ってしまい、痛みのピークにだけ目を覚ますようになると、陣痛を「支配する」ことができなくなります。

もしも最初の妊娠だったり、初めて麻酔性鎮痛剤を使うのなら、自分がどんな反応を示すか予測がつきません。薬に耐性があって不快な副作用なしに鎮痛作用だけを経験するのならばいいのですが、吐きけや吐きもどし、めまい、および前述のぼうっとした感覚が起こる可能性も心しておいてください。前回の陣痛で麻酔性鎮痛剤が上手に使えたのならば、今回もおそらくうまくいくでしょうが、保証はありません。

赤ちゃんへの影響

母親が薬を使うと、赤ちゃんも使うことになります。母親に麻酔が注射された場合、出産、産後にどう作用するのか、ある典型的な例を追って、麻酔が赤ちゃんにどう影響するのかを見てみましょう。麻酔が母親の静脈内に注射されてから30秒以内に、母親の血中濃度の70％の濃さで、麻酔は赤ちゃんの循環器系にも侵入します。赤ちゃんは話ができないのでどんな感じがするのか教えてもらうことはできませんが、外部的影響を研究して推測することはできます。陣痛のときに麻酔性鎮痛剤を受けた母親の赤ちゃんを分娩監視モニターで見ると、通常とは違う心音パターンが見られます。赤ちゃんの脳波記録（脳電図／ＥＥＧ）も変化します。呼吸器の動きも変わります。薬の種類や量、タイミングにもよりますが、麻酔が影響している状態で生まれた赤ちゃんは呼吸が少なくなり、一時的に呼吸を促してやるようなサポートを必要とすることがあります。また、新しい世界に登場したときに、赤ちゃんがすっかり疲れきっていることもあります。絆づくりにも影響が出てしまうかもしれません。

薬の影響を受けている母親と薬の影響を受けている赤ちゃんとでは、お互いにいい第一印象はもてないかもしれません。このような赤ちゃんは、母乳の吸い方を学ぶのに時間がかかります。陣痛のときに麻酔を使われた赤ちゃんの血中には、生後8週間までその名残が見られます。

＊ 硬膜外麻酔

陣痛中に硬膜外麻酔をされると、多くの女性が医師を抱き締めたくなるようです。アメリカでは多くの病院で6割以上の女性がこの「天からの贈り物」を選択しています。硬膜外麻酔がほかの鎮痛方法のほとんどを過去のものにしてしまい、「赤ちゃんを産むには痛みを経験しなければならない」という信念をも片づけてしまいました。

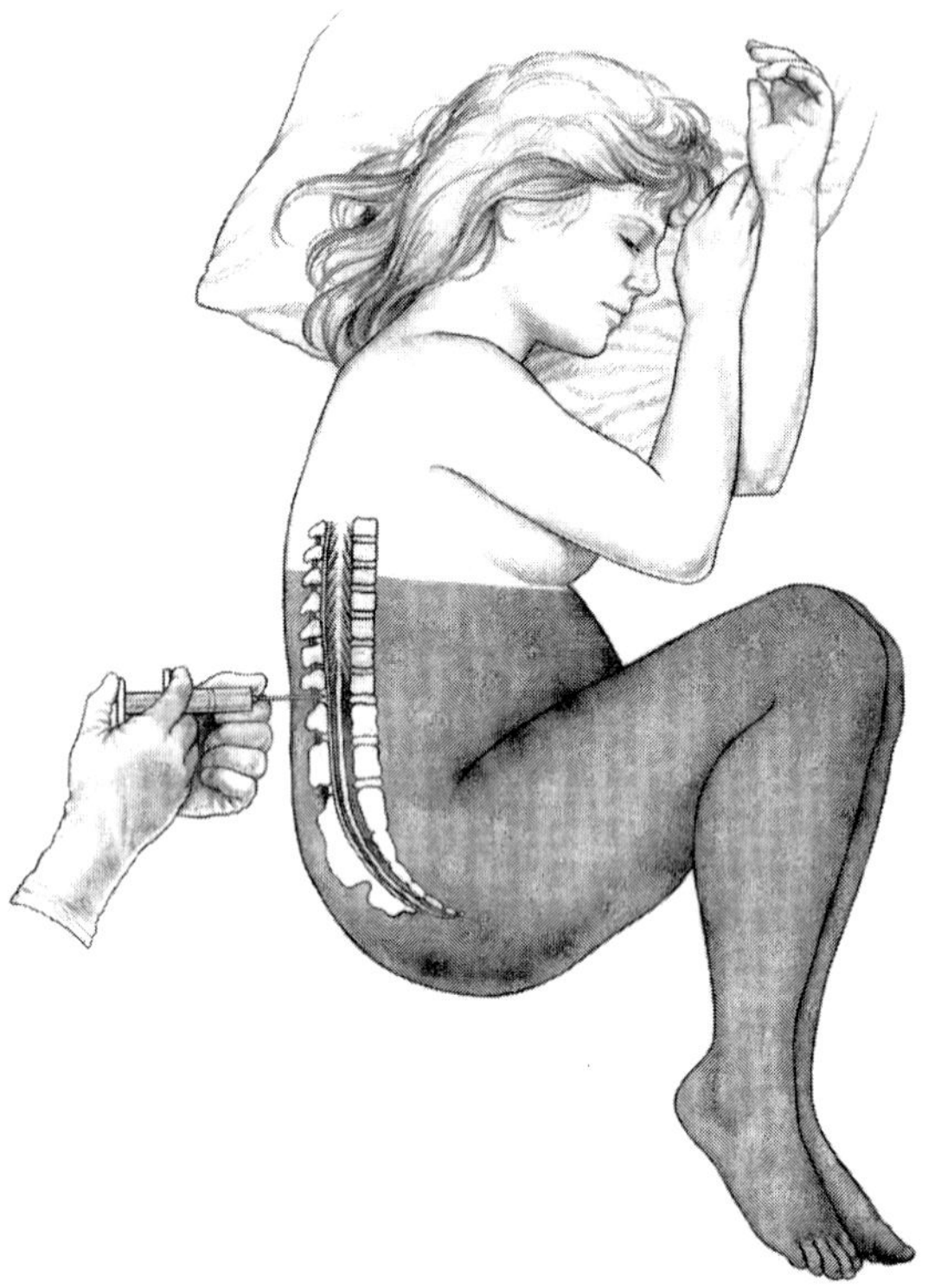

しかし魔法の薬に手を伸ばす前に、その恩恵とリスクについても知っておいてください。硬膜外麻酔にもいろいろありますし、受けるタイミングや交換条件について知る必要があるからです。

硬膜外麻酔はどのように使われるのか、どんな作用があるのかを理解するために、知っておくといい医学用語のお話をします。

●硬膜外麻酔（Epidural）の〝Epi〃はギリシャ語で「周り」（あるいは「外」）をあらわし、〝dura〃は脊髄を覆う膜のことです。〝spinal〃は脊髄を覆う膜である硬膜内の空間をさしています。この空間に脊髄と脊髄神経、髄液が入っています。硬膜外麻酔では硬膜の外側に鎮痛作用のある薬を注射します。脊椎麻酔では、脊椎内のスペースに注射します。

●鎮痛剤（analgesia）とは「動きを損なわずに痛みを軽減する」という意味で、痛みを抑える薬のことを鎮痛剤（analgesics）と呼んでいます。

●麻酔（anesthesia）とは「当該部位の動きを少なくし、感覚をなくす」ことをさしています。硬膜外麻酔には麻酔成分のある薬が含まれているため、専門的に硬膜外麻酔と呼んでいます。新しい処置（309ページ参照）の中には硬膜や脊椎だけに鎮痛剤を注入する「硬膜外鎮痛剤」「脊髄鎮痛剤」などと呼ばれるものもあります。

硬膜外麻酔の方法と影響

硬膜外麻酔を行う前に、静脈への点滴を行って血液の量を増やし、硬膜外麻酔でときどきみられる血圧低下を防ぎます。医師か麻酔医から、体を横向きにして横たわり、ひざを胸につけるようにして背中を丸くするよう指示されます。これで椎骨と椎骨の間の空間が広がるので、注射するのに適した場所を見つけやすくなるのです。医師や看護師が、背中の下のほうを消毒します。冷たく感じるかもしれません。次に医師が背中の感覚をなくすために部分麻酔を注射するので、ちくっとした痛みを感じます。完全に感覚がなくなったら、まず針が正しい位置に入っているかどうかを見極めるために、テスト用の薬を大きめの針で硬膜外に注入します。針が適切に入ったら、麻酔医がプラスチックのカテーテルを針を通して硬膜外に入れたあと、針を取り除いて、柔軟性のあるカテーテルだけを残します。あなたと医師とで決めた鎮痛剤がカテーテルに入れられます。

数分後、電気ショックのようなずきずきする感覚を片足の下のほうに感じるかもしれません。5分以内におへそから下の感覚がなくなり始めるか、足が温かく、あるいはひりひりするように感じるかもしれません。10〜20分以内で、使った薬の種類にもよりますが、下半身が眠ってしまったような、重いような、無感覚になったような感じがして、収縮の痛みも引いていきます。どの程度感覚がなくなるのか、前もってはっきりさせることはできません。

ほとんどの母親がおへそから下の無感覚を経験し、乳首のあたりまで感覚が薄れる感じがする人もいます。ところどころ感覚の残った場所があるという人もいます。この状態でもまだ、つま先を動かせます。

この段階で、ほとんどの女性が硬膜外麻酔をたたえる歌を歌い始めますが、同時にこの瞬間から、母親は「出産の積極的な参加者」から「患者」になってしまうのです。もちろん痛みが取り除かれれば、休んでまたエネルギーを蓄えることができます。でも下半身が重く感じられるので、体位を変えるのにもだれかの助けが必要になります。膀胱をからにする感覚もわからなくなるので、尿を取るために看護師が尿道カテーテルを挿入します。硬膜外麻酔は血圧を低下させる可能性があるため、安定するまでは看護師が2～5分おきに、その後は15分おきに血圧を測ります。鎮痛剤を体の左右で同じ程度にするために、看護師が寝返りを打たせるかもしれません。赤ちゃんが硬膜外麻酔に上手に対処しているかどうかを見るために、分娩監視モニターにつながれます。医師や看護師が定期的にあなたの腹部の皮膚をさすって、薬が十分に効いているか、しかしあまり上まで効果が出すぎて呼吸を妨げたりしないかを確認します。麻酔の量を、患者が陣痛に耐える助けとなるには十分で、かつ陣痛の妨げになるほどの量にはならないように調整するという、綱渡りが始まります。

ママノート：私は第1子の出産で身の毛もよだつような陣痛を経験し、正直なところあれをもう一度経験したいとは思いませんでした。けれども陣痛の記憶はだんだんと消えていくもので、また妊娠したのです。今回は硬膜外麻酔を選択し、そうしてよかったと思っています。陣痛が始まる前から「私は硬膜外麻酔を受けるのだから」と思っていると、陣痛の恐怖心や不安がかなり軽減されました。ひどく苦しまずに赤ちゃんを産めた経験を本当にうれしく思っています。硬膜外麻酔を使ったことで後ろめたいとか、女性としての能力に欠けるなどとは、まったく思いません。私にとって、この決断は正しいものでした。すばらしい経験でした。もう1人産むのが待ちきれません。

ママノート：私は砂浜に打ち上げられたクジラのような気分でした。足はジャガイモの入った袋のようで、身動きできません。みんなに助けてもらわなければなりませんでしたし、陣痛が起こっていることを看護師さんに教えてもらわなければならなかったのです。まったく痛みはありませんでしたが、自分の赤ちゃんに起こっていることから引き離されているような気分でした。次の出産では硬膜外麻酔についてあらためて考え直すつもりです。

硬膜外麻酔の種類

硬膜外麻酔は毎年、より安全になっているだけでなく、より多くの種類が登場していて、陣痛中の女性と医師に、いっそう幅広い選択肢を提供してくれています。あなたが出産する予定の病院でもおそらく入手可能な硬膜外麻酔の種類について、お話ししましょう。

＊継続性硬膜外麻酔

ベッドサイドに置かれたポンプから、継続的に硬膜外へ鎮痛剤を送り込むことを意味します。継続性硬膜外麻酔は途切れることなく鎮痛作用を与えるため、いちばん広く使われます。間歇性硬膜外麻酔（次の項参照）とは違って血圧も安定する傾向にあり、全体的な投与量も少なめです。

＊間歇性硬膜外麻酔

必要に応じて定期的に注射する硬膜外麻酔で、母親は耐えられる痛みの程度と、望む動きの自由との間を微調整できます。ただし、間歇性硬膜外麻酔のもつジェットコースターのような効果を嫌う母親もいます。

＊ミックス＆マッチ

麻酔医はあなたの求める感覚と動きの程度に合うように、薬（鎮痛剤と麻酔薬）をまぜることもできますが、望みどおりの鎮痛作用や動きの自由が得られるという保証はありません。鎮痛剤への反応は人それぞれです。

＊患者制御による硬膜外麻酔（ＰＣＥＡ）

これを使うと、投与される鎮痛剤の量を自分で管理できます。ボタンを押すと、前もってセットされたコンピューター制御の投薬量が硬膜外につながったチューブの中に注射されます。ＰＣＥＡでは、薬を多めに使う人も、少なめに使う人もいますが、少なくとも自分で選択できます。

＊新しい硬膜外麻酔

母親も医師も長い間、痛みは感じないのに感覚や動きは楽しめるような麻酔薬を夢見てきました。新しい硬膜外麻酔では、この夢がほぼ現実のものになったのです。麻酔医たちは運動神経を避けて、痛みの神経だけを遮断できないものかとの願いから、麻酔薬と鎮痛剤の組み合わせや鎮痛剤を単体で使ったりなど、いろいろ実験しています。

「歩ける硬膜外麻酔」とも呼ばれるこの種の鎮痛剤を使うと、母親は立ったり、ひざまずいたり、しゃがんだり、あるいは支えなしに歩くことさえ可能になります。研究によると、母親が歩いたり、あるいは少なくとも陣痛中に体を起こしていられるだけの硬膜外麻酔を使った場合、完全に動きを遮断する硬膜外麻酔を使ったときよりも陣痛の障害も少なく、健康な赤ちゃんが生まれることが多いことがわかりました。

「歩ける硬膜外麻酔」は、脊椎麻酔と硬膜外麻酔をいっしょに使うということです。陣痛の痛みはやわらぎますが、動くこともできる程度の少量の麻酔を直接脊椎（硬膜の周囲ではなく）に注射します。母親はサポートしてもらいながら歩いたり、シャワーを浴びたり、座ったり、立ったり、しゃがんだりできます。

この種の麻酔は特に、陣痛の初期段階で耐えられないほどの収縮を感じて、痛みと疲労でお産が進まないでいるときに有効です。硬膜外麻酔を使うにはまだ十分にお産が進んでいない（子宮口が5〜6㎝開大）ため、もしも使用するとさらに陣痛が進まないような場合、脊椎麻酔で母親を休ませてエネルギーを回復させ、次のもっと体力を消耗する段階に対処できるだけの鎮痛剤を与えます。

＊バランスのとれた考え方を＊

薬を使うことを断固拒否して、できる限り自分の心と体をつかっていこうという決意をもって出産に挑む女性もいます。「完璧に自然な出産以外は失敗」と考えてしまうのです。かと思えば、痛みのない出産探しの旅に出て「とにかくあるものは全部ください」と医師に頼み込む女性もいます。この２つの極端な例の間のどこかに、正しいバランスが存在します。ここで紹介した、自然の鎮痛効果をもつあらゆる戦略をよく理解し、かつ、陣痛や個人的な出産状況が万一何か医学的な介入を必要としたときには、その選択肢について柔軟に対応する気持ちをもって出産に臨むのが、最も賢いといえるでしょう。出産は「だれがいちばん短い時間で、いちばん医学的な力を借りずにゴールを迎えるか」の競争ではありません。出産とは何よりもまず、赤ちゃんがこの世に誕生すること、そしてあなたの人生における画期的なでき事でもあるのです。出産の記憶は一生残ります。健康な赤ちゃんを分娩し、出産の思い出がずっといいものであり続けることができるのなら、何を使ったとしても、あなたにとっては正しい鎮痛剤だったといえるでしょう。

＊自分のバースプランを作る＊

出産は人生と同様、予期しないでき事に満ちています。しかし、より説得力をもって自分の願いを伝えれば伝えるほど、その願いがかなえられる可能性も高まるのです。出産プランを作る目的は、自分の思いどおりの出産をする確率を高めるだけでなく、出産に立ち会う人々に、あなたの個人的なニーズについて警報を出すことにもあります。産科の医師や看護師は、出産に関するさまざまな願いをもった母親に出会います。人間的なふれあいを重視し、医療技術の介入を嫌い、より「自然な」出産を望む母親もいます。一方で、陣痛中にはより多くのハイテクな管理および介入を望んだり、必要とする女性もいます。陣痛介添人にあなたが自分で望みを伝えない限り、どんなスタイルをあなたが望んでいるのかわかってもらうことはできません。

「あなたのバースプランを読んで、薬を使いたくないと思われていることがわかりました。医師に頼んで何か鎮痛剤を処方してもらうのは私には簡単なことですが、あとで嫌われたくないですからね。ニューベインの注射を打つ前に、ちょっと体位を変えてみませんか（ある産科の看護師と、シアーズ家の息子の妻が出産の際に交わした会話の一部）」

「バースプランに、いきみに参加したいし、どんなものか経験もしてみたいので、移行期に入ったら硬膜外麻酔を切ってくれと書いてありました。それで、もうそれほど必要ではないと思ったときにより早く薬効が切れるような投薬量の少ない鎮痛剤を使うことに決めました（シアーズ家の息子の妻と産科医が交わした会話の一部）」

自分なりのプランを立てましょう。本や両親学級の資料などを写してはいけません。これはあなたのお産ですから、あなたのプランでなければなりません。両親学級で出産プランの立て方を習うことはできるでしょう。

硬膜外麻酔のタイミング

硬膜外麻酔をどのタイミングで行うかは、どの種類を使うかを決めるのと同じくらい重要です。あまり初期に使用するとお産の進行を妨げますし、あまりに進んでから使うと、いきむことができなくなります（継続性硬膜外麻酔は子宮口が全開になって、いきむ準備が整ったときにスイッチを切ることができます）。硬膜外麻酔が陣痛にどんな影響を与えるかは個人差が大きく、産科の麻酔には究極の「すべきこと」「すべきではないこと」が存在しません。

しかし一般的なガイドラインはあります。あなたの担当医も、あなたの出産が十分に進み、定期的な収縮が来て、子宮頸部が少しずつ開大していくのを確認するまでは、硬膜外麻酔は待つようにとすすめるでしょう。この段階にいつ到達するかは人によって違いますが、だいたい子宮口開大が5㎝くらい、激しい陣痛が始まったばかりのころになります。硬膜外麻酔が最も安全で最も効果がある段階へ進むまでには「半分は行かなければならない」ので、前もって硬膜外麻酔を行うことを決めていたとしても、（前述したように）自分なりの痛みをやわらげる方法は、事前にあれこれと探しておかなくてはなりません。

硬膜外麻酔に対して、「様子を見ましょう」という立場をとる母親や医師もいます。あなたが痛みを逃すのが上手で、それほど疲れきってもおらず、収縮も耐えられる程度ならば、魔法の杖はまだとっておいてもいいでしょう。しかし覚えておいてほしいのですが、決定から効果までの時間（硬膜外麻酔を行うことを決めてから、処置を終えて痛みが取れるまでの時間）は少なくとも30分は必要です。あまりに待ちすぎると、必要なときに鎮痛作用が得られないことにもなりかねません。

ママノート：収縮が本当にひどくなるまでは、自分なりに痛みにうまく対処していたのですが、最後の段階になって、私もとうとう硬膜外麻酔を頼みました。医師が診察した結果、すでに移行期に入っていることがわかりました。収縮のいちばんひどい状態で硬膜外麻酔の処置をするのは私にも医師にも困難で、第一、効果があらわれるころにはいちばんひどい状態は過ぎているということでした。それで取りやめにしたのですが、次回はあんなに待ちすぎて降参しないですむようにしたいと思います。

継続性硬膜外麻酔を弱めたり止めたりをいつ頼むかも重要な決断です。これもまた1時間前には考えておくほうがいいでしょう。多くの母親と医師が、ちょうどいきみの段階に入ったときに薬の効果が消えているように、十分な余裕をもって機械を止めるようにしています。このやり方なら、母親は動き回って自分の体を調整し、いきみやすい体位をとることができます。子宮頸部が完全に開くまで硬膜外麻酔を止めるのを待っていると、いきみたい気持ちを感じることができず、そのまま1時間も待たないと効果的にいきむことができません。何をしなければならないのかを感じられるようになってから、いきみの段階が3時間も続くことにもなりかねません（効果のないいきみの時間が1時間と、その後に本当のいきみが2時間です）。もちろん、どんな薬をまぜて使ったかも関係します。陣痛のときは人生と同様、母親によいものは赤ちゃんにもいいのだということを覚えておいてください。あなたが自由な動きを楽しめるときは、赤ちゃんも最も抵抗の少ない通り道を見つけやすくなり、いきみの段階をより楽に、短くしてくれます。

ママノート：硬膜外麻酔を使ったら、自分の体の自然なリズムがまったくわからなくなりました。いきみたい気持ちが消え去り、いついきめばいいのかわかりませんでした。看護師さんに子宮の上に手を置いてもらって、いついきめばいいのかを教えてもらったのです。自分のお産なのに、傍観者のように感じました。

＊硬膜外麻酔についての質問

Q「硬膜外麻酔は赤ちゃんにとって安全ですか？」

A はい、おそらく。実際のところ、医師には硬膜外麻酔が赤ちゃんにとって「完全に」安全かどうか、確信はありません。ＵＳＦＤＡ（米国食品医薬品局）でさえ、硬膜外麻酔はＧＲＡＳ（一般的に安全とみなされる）とラベル付けしています。これはあいまいな態度であり、ＵＳＦＤＡも確信はないということを意味しています。

危険性のない鎮痛剤などありません。硬膜外へのほんの少量の麻酔や鎮痛剤も、確かに胎盤を通ってほんの数分で赤ちゃんの血流まで届きます。なかには硬膜外麻酔のあとで胎児の心音パターンが変わることもあります（この変化は有害なものではないとされていますが）。硬膜外麻酔を使って生まれた赤ちゃんは生後数週間、母乳が上手に吸えないことが多いとの報告もあります。薬を使わずに生まれた赤ちゃんと比べると、誕生直後に母親の腹部にのせられたとき、あまり積極的におっぱいを探さない新生児もいます。理由ははっきりしませんが、多くの母親が硬膜外麻酔のあとで熱を出し、硬膜外麻酔で生まれた新生児の約5％が、やはり熱を出すこともわかっています。この熱が単に薬の副作用なのか、あるいは新生児感染症の合図なのかを見極めるのは、赤ちゃんの世話をしている医師にも難しいところです。ときには安全策を取るために、本当は硬膜外麻酔が原因の熱であっても、新生児感染症の可能性を打ち消すために、たくさんの検査をしなければいけない場合もあります。

さまざまな産科の麻酔を調べた結果、私たちはその効果や安全性で評価を下すのは難しいということを知りました。産科の麻酔はあまりに早く改良が重ねられていて、ある研究について麻酔医のコメントを求めたときには「ああ、もうその薬は使っていないんだ」との答えが返ってくることになってしまいます。

硬膜外麻酔が抱える問題点についてあなたが読んだり聞いたりしたことの多くは、すでに過去の話になっているでしょう。改良された針とよりよい薬を、より少量使うようになった今日の硬膜外麻酔は、赤ちゃんにとっても以前より安全で、母親にとっても不快な副作用が少なくなりました。だからこそ担当の麻酔医と話し合うことが大切なのです。ときには母親の受けた硬膜外麻酔が、赤ちゃんのためになることもあります。母親があまりに長く、疲労させる陣痛に苦しんでいると、子宮への血流が阻害されるので赤ちゃんにとってよくありません。この場合硬膜外麻酔は、母親にとっても赤ちゃんにとってもいいことになります。

Q「硬膜外麻酔は、母体にとっても安全ですか？」

A　硬膜外麻酔の安全性を評価することで問題になるのは、だれもがどうしても安全であることを願うため、目的を見失いがちになることです。女性の大部分にとって硬膜外麻酔は安全で効果的です。一度経験した女性に尋ねれば、ほとんどが喜んで次も使いたいと答えるでしょう。そうでない人たち、特にどうしても硬膜外麻酔とは切り離せない「医療技術」や「モニター」といったものが嫌いな人たちは、「患者」の地位に格下げされて思ったように出産に積極的にかかわることができず、失望してしまうでしょう。どんな薬でもそうですが、不快な副作用を経験する人たちもたくさんいます。血圧低下、震え、吐きけ、吐きもどし、全身のかゆみ、排尿困難、脊髄性頭痛などです。また硬膜外麻酔が「脊髄に入ってしまった」場合、つまり脊髄から侵入して脊髄管に入ってしまうと、けいれんを引き起こすこともあります。長期の背中の痛みを訴える人もいます。これらの副作用は不快に感じる程度で一時的なものですが、硬膜外麻酔を受けるかどうかを考えるには十分です。ともかく、たいていの女性はたいした副作用もなく硬膜外麻酔の恩恵を受け、出産の楽しい思い出とともに健康な赤ちゃんを抱いて帰宅しています。

Q「硬膜外麻酔が出産の進行を妨げる可能性はありますか？」

A　硬膜外麻酔は出産の進行を早めることも、妨げることもあります。タイミングよく行われた硬膜外麻酔のおかげで実際に進行が早まった出産に立ち会ったこともありますし、タイミングがずれたために陣痛が延びてしまった現場も見ています。硬膜外麻酔の安全性についての研究と同様、陣痛を引き延ばす効果についても結果はあやふやでした。確かに硬膜外麻酔は特に初産の場合、出産の第二段階を引き延ばす傾向があるようです。しかし、最近の少量ですむ硬膜外麻酔は、一般的に出産を引き延ばしません。硬膜外麻酔が陣痛に与える影響を2つお話ししましょう。

ジャンとトニーは初めての子どもを「きちんと」産みたいと思っていました。2つの両親学級に通い、慎重に出産立会人を選び、宿題もすべてこなし、このイベントの重要性にふさわしい態度を示しました。分娩室に入ったときには、あらゆる選択肢について熟知し、薬を使わないように、痛みをやわらげるための方法もいろいろ用意していました。

ジャンは陣痛の半ばぐらいまでは上手に痛みを逃していましたが、収縮がどんどん強くなり始めると、ジャンとトニーは自然な方法ではもう効きめがないと感じました。ジャンが歩こうと、ひざをつこうと、お湯につかろうと、しゃがもうと、あるいはトニーがマッサージしようと、支えようと、コーチしようと、産科医と陣痛介添人ができることをすべてしようと、ジャンのお産はなかなか進みませんでした。ジャンは痛みに対処するあらゆる力も方策も尽き果て、どんどん疲労していきました。出産は立ち往生です。こんなに痛いのに、進まないのです。夫や医師とともに、利用できる適切な医療的介入はなんでも利用して、満足できる出産体験という目標を達成しようとしました。

彼女は硬膜外麻酔を選択しました。これなら休むことができますし、また力を取り戻してお産に戻れるからです。ジャンは一瞬「自然には産めなかっ

た」という気持ちになりかけましたが、自分の決断には満足しました。硬膜外麻酔のおかげで3時間痛みから解放されたあと、ジャンは麻酔を止めて薬の効果を消してくれるように頼みました。いきみの段階に入るころには、薬効もほとんど消えていました。彼女はしゃがんだ姿勢で４０８０ｇの赤ちゃんを産み落としたのです。

　このケースでは、硬膜外麻酔を効果的に使ってジャンにエネルギーを回復するだけの時間を与え、再び陣痛をスタートさせました。ジャンとトニーは硬膜外麻酔の利用を自分たちの準備不足とは考えず、むしろ安全で満足できる出産という大事業で利用可能なツールのひとつととらえました。

　ジョンとスーザンは初めての出産を控えていました。周りの友人たちはみな硬膜外麻酔の長所をほめ、なぜこの「天の贈り物」を使わずにわざわざ苦痛に満ちた陣痛を経験したいなどと思う人がいるのか理解できない、と言うのでした。ジョンとスーザンは出産予定の病院が開催した両親学級に出席しました。しかしどうせ硬膜外麻酔を使うのだから、リラクセーションや呼吸法、体位の変え方など、使う必要もないことを練習するのに時間を費やす必要性はまったく感じませんでした。スーザンは収縮が強くなり始めるとすぐ、硬膜外麻酔を使いました。しかし麻酔のあとでベッドにじっとしていたら、陣痛がゆっくりになってきてしまったのです。再び出産を進めるために、医師がピトシンを使いました。収縮を刺激する合成オキシトシンです。スーザンのケアをしていた看護師はこう思わずにはいられませんでした。「最初に収縮を弱める薬を使い、次には強める薬を使うなんて。まちがいを二つ重ねたら、正解になるのかしら」。ピトシンを使ってもまだスーザンの収縮は止まったまま「出産の進行不良」ということになってしまったのです。どうも現代の管理出産と関係があるようです。結局、彼女は帝王切開で出産しました。

　出産における薬はすべて、特に硬膜外麻酔がいかに母親の自然な出産ホルモンに影響を及ぼすかを理解しておく必要があります。体が分泌する自然の収縮刺激ホルモンであるオキシトシンの量は、陣痛の第2段階で硬膜外麻酔を使用しなかった母親のほうが高いことがわかっています。研究によると、硬膜外麻酔を使った母親はエンドルフィンの量も低めだということです。薬を使わない出産では、母親はエンドルフィンからある程度自然な鎮痛作用を得ています（２９４ページ参照）。このエンドルフィンは薬を使わずに出産したほとんどの女性が報告する「ハイな状態」を引き起こす張本人でもあるようです。よって、硬膜外麻酔は出産の苦痛だけでなく、喜びをもち去ってしまうように思われます。もちろん、収縮の強さに圧倒されて疲労がたまってくるときなど、硬膜外麻酔が母親のホルモンにとって最良であるケースもあります。ストレスホルモンが増えるにつれて子宮の収縮は弱くなり、胎盤への血流が減ってきます。これは母親にも赤ちゃんにもよくないことです。こういう母親には、硬膜外麻酔がストレスホルモンを減らす手伝いをし、子宮収縮がより強く、より効果的になっていきます。

Q「硬膜外麻酔をすると、帝王切開の確率が高くなりますか？」

A　帝王切開が必要となるにはさまざまな理由があるため、この質問に答えるのは困難です。今入手できる各種研究で結論に達したものはなく、調査は古い麻酔薬を基準にしていて、現在広く使われているタイプより使用量も多いものです。より新しい、使用量の少ない硬膜外麻酔は帝王切開率を高めているという印象はありません。

　しかし、しばらく研究のことは忘れて常識に従ってみましょう。赤ちゃんが産道をおりてくるには、動いてみて最も抵抗の少ない通り道を探せなくてはなりません。通常の硬膜外麻酔は母親から動きを奪ってしまうので、貴重な陣痛アシスタントである重力の恩恵を受けることができません。感覚がないため、いつどのように体位を変えればいいのかヒントを得ることができないのです。赤ちゃんがおかしな格好で産道をおりてくると、薬を使わずに出

産しようとしている母親はすぐにそれを察知し、本能的に体位を変えます。

つまり、赤ちゃんは母親に助けを求めており、母親は赤ちゃんに何が効果的なのか教えてほしいと頼んでいるのです。母親と赤ちゃんのコミュニケーションが薬によって切られてしまうと、赤ちゃんはおりてくるのにいちばんいいポジションを見極められません。その結果はいつもの「出産の進行不良」になります。硬膜外麻酔には分娩監視システムが必要になりますが、これはにせの警告を出すこともあり、そのせいで帝王切開などになってしまうこともあります。また、ピトシンを使う必要も生まれるため、やはり分娩監視システムを使います。この技術の螺旋階段は、たいてい手術室までつながっていきます。

しかし先ほどのジャンとトニーの話のように、硬膜外麻酔もときには疲労を防いだり、回復させてやったりすることで、帝王切開を避ける働きをすることもあります。私たちもときどき、こんな出産物語に出会います。ある母親が「出産の進行不良」になり、医師が帝王切開をすすめます。その準備として硬膜外麻酔を施すと、母親はリラックスしてエネルギーを取り戻し、手術チームが外科手術の準備をしている間に、驚いたことに母親が自分で赤ちゃんを産み出してしまうのです。

ときには、ひとつの医療措置を選択することで、ほかのもっと深刻な医療介入を防ぐことができます。たとえば陣痛中の高血圧など、ある医学的状況の下では、硬膜外麻酔の使用が帝王切開の必要性を下げることもあります。母親を休ませ、血圧を下げてくれるため、自然分娩する確率を上げてくれるのです。

ママノート：長く続き、疲れ果てた陣痛のあと、私は「自分だけは十分がんばった」と感じました。2日間にもわたって、長くて間隔も短い収縮が続いたのにお産は進まず、結局、硬膜外麻酔とピトシンのおかげで子宮口を10㎝開大までもっていきました。そこで硬膜外麻酔を切って、いきみに備えました。薬の効果が消えると、いきみの衝動を感じることができたのです。単に「今よ、いきんで」と言われるより、ずっとすばらしい経験でした。

あなたの妊娠8カ月ダイアリー（コピーして使いましょう）

○今月の気持ち

○体の変化で感じること

○赤ちゃんに対して、私が思ったこと

○赤ちゃんの夢を見た

○私が想像する赤ちゃんの様子

○いちばん気になっていること

○とてもうれしかったこと

○今、困っていること

○疑問に思ったこと、そしてその答え

○検査とその結果、感想

○測定した日

○体重

○血圧

○子宮について感じたこと

健診で行われること（妊娠８カ月／28〜31週）

８カ月目の健診では、だいたい次のようなことが行われます。

・子宮底長の計測
・むくみ、皮膚の発疹、静脈瘤などのチェック
・体重および血圧チェック
・尿検査（感染症、糖、タンパクのチェック）
・指示があれば、ヘモグロビン、ヘマトクリット検査
・必要があれば、食生活指導、体重増加についての指導
・赤ちゃんの心音の確認
・指示があれば、超音波で赤ちゃんを見る
・感情や心配事についてカウンセリングする機会

もし、医師が気にかかる部分があれば、７、８カ月でも、健診は月に２回になる場合もあります。

○赤ちゃんのキックを感じて思ったこと

○赤ちゃんのキックに対するパパの感想

○買ったりもらったりしたもの

○赤ちゃんのきょうだいが、胎動を感じたときの様子

○陣痛について思うこと

○陣痛をやわらげるためにしようと思っていること

○前回の出産での反省点、今度はやってみようと思うこと

○コメント

Part 9

妊娠9、10カ月　32〜39週

陣痛が始まりました

妊娠9、10カ月のメインテーマは陣痛です。だらだらと続くリハーサルのような陣痛は、もちろん本番当日の陣痛に比べれば強くはありませんし、そのまま出産につながるわけでもないのですが、産科学的な立場からは、陣痛はある「1日」に起こるというより最後の「1カ月」に起こるというほうが、より正確に思われます。出産前の数週間、あなたは心も体も、「私たちの赤ちゃんの誕生」という、人生で最も忘れられないでき事のひとつに向けての準備を進めていくのです。

この月の気持ちは？

これまでの8カ月間に感じたすべての感情を思い出し、さらに強くしてみてください。そうすれば最後のこの時期にはどんな気持ちになるのか、なんとなくわかってくるでしょう。いつまでもおなかの大きな自分にいやけがさし、疲れているのにも飽き、さっさと妊娠を終わらせたいと感じます。とうとう目前になった出産と、ライフスタイルの変化が、さらに大きな感情の揺れをつくり出しますが、もう避けられないことがわかっているので、対処もしやすくなります。多くの女性が、「出産を控えてこんな気持ちになりました」と教えてくれたものです。

本当に待ちきれない

ゴールはもう目前です。これまでにないほど強く「赤ちゃんに会いたい！」という気持ちが高まります。「えー？　あなた〝まだ〟産んでないの？」などという友達のくだらないおしゃべりをぴしゃりと黙らせたいとも思うでしょう。多くの女性にとって、10カ月目は妊娠期間中最も長い日々になるようです。「もう、テープを早送りしてでもいいから、さっさと出産にこぎ着けたいって思ったわ」と教えてくれた人たちもいました。

ママノート：予定日まであと2週間。私はこれ以上大きくなれないほどの巨体を抱えていました。マタニティウエアさえ合いません。今日、教会のピクニックで、もうすぐ2歳になる子どもを腰にのせて抱いていました。すごくイライラして暑くて、そこにいた友達みんなが「昨日産んでもよかったんじゃないの？」とでも言いたげに私を見るんです。みんな、子どもがいる人たちなんですよ。もっとわかってくれてもいいのにと思いました。

以前にも言いましたが、自分にも、友人や親類にも予定日についてはあいまいに言っておくか、あるいはわざと1、2週間先の日を伝えておくといいでしょう。もちろんこの時期でも、そうやっておまけして考えた「予定日」

をイメージして、自分を落ち着かせていてください。そうすれば赤ちゃんが「予定どおりに」生まれなくてもイライラせずにすみます。イライラして待つと心の調和が乱れてしまいますし、ご主人や子どもたちの気分も害することになります。それで、もし赤ちゃんが本当に早く生まれたとしても、そのうれしい驚きに文句を言う人などいるでしょうか？ あなたの小さな秘密を分かち合う必要があるのは、ご主人と、出産をサポートしてくれるスタッフと、産後数週間あなたといっしょに家にいてくれる予定の人たちだけです。

早く抱きたい。でも、寂しい

そうです、あなたは早く赤ちゃんを抱きたくてたまりません。妊娠を終わらせて、早く以前の自分の体を取り戻すのも待ちきれません。うつぶせに眠りたいとさえ思っているかもしれません！ しかし同時に、妊娠していること、そして周りからもそう見える状態がもうすぐ終わってしまうと気づき、突然寂しさに襲われることもあるでしょう。妊娠を終わらせたくないと願う女性もたくさんいます。今は、もうこれ以上ないほど、赤ちゃんと特別に親密な関係にあります。赤ちゃんとこの経験を共有する人は、ほかにだれもいませんし、この子とこれほどまでの親密な感覚を味わうことは二度とできないでしょう。でも安心してください。この親密な感覚は生まれたあとですぐに、さらに特別な結びつきに変わってきますから。

もうすぐ妊娠が終わることへのまったく違った2つの気持ちは、妊娠している状態から親になることへの不安と大きく関係しています。環境の変化がもともと苦手という人ならなおさらです。これまでの自由な生活とさよならしなければならないのです。きっぱりお別れするには覚悟が必要なのでしょう。さよならを言い、新しい段階に入っていく準備が整ったというシンボルや儀式のようなものを求めているのかもしれません。勇気をもってください。一度赤ちゃんをその腕に抱いたら、それまでの妊娠の痛みも喜びも、不思議なほどに自分がすぐに忘れてしまうことにきっと驚くでしょう。しかし、妊娠している状態が終わってしまうのを嘆く気持ちはともかく、現実的にはさまざまな、しなければならないことがあることも忘れてはいけません。赤ちゃんが来てしまえば、そんな暇はなくなります。今のうちに、十分に気持ちの整理をつけておきましょう。

ママノート：私は最後の1カ月の間に、胎動や赤ちゃんへの話しかけや、おなかをそっとなでることなどに、自分がとても固執していることがわかりました。この特別な感情を、脳に永遠に保存しておきたいと思っていたのです。けれど一度赤ちゃんがやってきたら、それまで私が抱いていた感情は、がらっと変わりました。確かに妊娠はすてきなこと。自分の体を息子と共有するのも楽しかったのですが、彼を別個の存在として得ることは、さらにうれしいことだったのです。妊娠していることもすばらしいと思いましたが、ママであることはもっとすごいですよ！

ママノート：ある日、私の人生がまた「普通に」戻ったらどんな感じになるだろうと想像しながら、自分の将来を考えてみました。そうしたら、もはや母親であることが私の普通の人生なのだって気がついたのです。

ひとりになりたい

引きこもりとまではいかないものの、最後の1カ月を迎えたほとんどの女性は、自分の心が家に向かうといいます。以前より瞑想的にもなります。予定日までは、だれかとランチというような約束もなくなります。人を楽しませたいという欲求も、その能力も少なくなります。突然、外のでき事がそれほど重要には感じられなくなってしまいます。世界情勢などまったく関心がもてません。自分の巣から出て、時間やエネルギーを使わなくてはいけないようなことに、正当な理由で「行かない」と言えるのは、あなたにとってうれしいことでしょう（この正当な理由は、今後数カ月は有効です）。

ママノート：10カ月に入ったとき、私は「心と体に必要な静けさと休息を、なんとしてでも手に入れよう」と心に決めていました。出産に備えて、体調をととのえ、体をよく休めておきたかったのです。それに新生児の母親になったら、とてもそんなことに時間をかけることはできないと知っていました。友達の様子を見て、どんなに疲れることになるかわかっていたのです。それで、今がエネルギーを蓄えられる最後のチャンスだと思いました。だから本当によく休みました。

イライラしやすい

この時期は神経過敏になりがちで、悪意はないと思いながらも、鈍感な言い方が妙に気に障るようになると覚悟しておきましょう。夫に対しても、よりイライラするようになり、子どもに対してすぐかっとなってしまうかもしれません。ふだんはまったく気にならないような小さなことで、大爆発する場合もあるでしょう。323ページのような、自分を落ち着かせるための方法を試し、否定的なモードにいつまでもとらわれていないようにしましょう。エネルギーを取り戻して、家庭の平和を乱さないようにしたいものです。これまではあまり口出ししなかった友人たちも、最後の数週間はここぞとばかりにあなたに襲いかかります。この手のアドバイスにイライラしたり、押しつぶされそうな感じになり、ともかくどこかへ行ってほしい、赤ちゃんは私が考えているように産ませて（そして育てさせて）ほしい、と感じるのは当然のことです。これもまた出産を控えた母親たちが、最後の数週間はあまり外に出たがらない理由のひとつでもあります。ありがた迷惑なアドバイスの標的にされたくないのです。

　自分の心の平安を守ることに必死になっていると自分でも思うかもしれません。もうすぐ起こる、もっと優先順位の高いでき事に集中すべきで、あなたの気を散らしかねない外部の影響からあなた自身を守らなければいけないのです。これは待ちかまえているでき事にあなたのエネルギーをとっておけるようにする自然の知恵です。もしこのまままっすぐ歩いていると、あの人に会って何か言われそうと思ったら、かまわずに違う道に行ってしまいましょう。礼儀としてうなずくぐらいはしたいと思えばそうしてください。けれども忠告をいちいち聞き入れる必要などありません。もっといいのは、いやな気持ちにさせられる人たちから離れていることです。今後数カ月は本当に大変で、だれがかわってくれるわけでもないのですから。

もっともっと心配性に

すべて計画も立て終わり、赤ちゃん用品の買い物もすみました。夜、ときどき横になったまま頭の中ですべてをチェックし直すこともあるでしょう。あなたはすべてに完璧な準備をしたいと思い、忘れないようにリストを作ったでしょうが、今度はそもそも、そのリストに何か入れ忘れたのではないかという心配に襲われてしまいます（ベッドサイドにメモと鉛筆を置いておきましょう。そうすれば何か思いついたときにさっと書いておき、そのまま眠りに戻れます）。323ページにある最後のチェックリストを確認して、頭と体とに必要な仕事をさせてあげてください。すなわち、休むことです！何か忘れたことがあったとしても、それは結局、それほど大事なことではなかったとわかるでしょう。

こわくてしかたがない

もう9カ月間もこのイベントの準備をしてきました。体の調子もいいし、読めるものはすべて読みました。でも、ふと不安になってしまうのは、自然なことです。「本当に陣痛に耐えられるのかしら？」。もちろん、いまさら引き返すことはできませんし、あなたのお母さんを含め、多くの女性が陣痛に耐えてきました。これが初産の場合、「わからない」ということへの不安は、自然に恐怖心へと変わっていきます。体が大仕事を始めなければならなくな

る前、10カ月に入ったら、この不安によく対処しておきましょう。「どうすればいいのか、自分の体が知っているわ」と信じることで、心もよりリラックスできます。

巣作り本能が強まる

鳥もします。ミツバチもします。そして妊婦もします。それは「卵を産むために」巣の準備をすることです。突然、家中の窓もブラインドも、何もかもを大掃除したいという強い欲求に襲われたり、10年分もの写真をアルバムに整理するという大プロジェクトに着手したくなったりしても、別に驚くことではありません。

「大切な新入りさんを迎えるために、家の準備をしたい」という気持ちにこたえるために、本能がちゃんとその分のエネルギーを爆発させてくれます。永遠に終わらないような最後の数週間の退屈をまぎらわせるために、突然わき上がるこのエネルギーの爆発に身をゆだねることは、いい気晴らしになります。自分自身をコントロールでき、達成感も味わえるでしょう。でも、やりすぎてはいけません。動物の国では、メスの巣作り本能は確かに一般的ですが、人間の母親たちは実際には、巣を掃除したり衛生的にしたりする必要はないのです。赤ちゃんが生まれる前にすべてを完全に飾り立て、あるべき場所に置いておく必要はありません。いずれにせよ、きれいに準備された子ども部屋も、最初の数カ月（あるいは数年も！）は使われないままになることが多いのですから。

夢中になりすぎないことです。最後にはへとへとになってしまいます。エネルギーを使いきってしまってはいけません。この手の仕事のほとんどはほかの人にやってもらうことができますし、赤ちゃんが生まれたあと、すやすやと眠る赤ちゃんをスリング（114ページ注1参照）に入れたまま、少しずつ片づけていってもいいのです。まだまだ出産まで2、3週間あるだろうと思っていても、あまり当てにしないほうが賢明です。10カ月に入ったら毎日、明日が「その日」だと思って休んでおきましょう。

ママノート：助産師から「赤ちゃんはもうすぐ生まれるよ」と言われていたのですが、実際、どのくらいすぐなのかわかっていませんでした。4歳の子どもを連れて一日中買い物をし、帰ってきてからベッドのシーツをはがして廊下で洗濯物を仕分けして山を作り、手の込んだチキンの夕食の準備を始めました。そこで初めて、陣痛が始まっていることに気づいたのです。キッチンはめちゃめちゃ、ベッドルームはぐちゃぐちゃ、そのうえ私は自宅出産する予定だったんですよ！　その夜遅くに赤ちゃんが生まれました。キッチンが片づくまでには、その後3日もかかりました。

この時期には、私たちの著書『シアーズ博士夫妻のベビーブック』の初めの部分を読んでみるようにとすすめることがあります。この本では、私たちが８人の子どもたちを育ててきた経験と、25年にわたり小児科医として、上手に子育てをしている両親と接してきた経験で学んだことなどを紹介しています。子どもの性格とあなたのライフスタイルを基本にして、あなたとあなたの赤ちゃんに最も向いている子育てスタイルを確立するためのツールを提供しています。赤ちゃんのための医師選び、産後の家族の調整作業、新生児のニーズにこたえたり赤ちゃんとの絆づくりなどに関する役立つ情報が載っています。産後のシェイプアップ法、産後の抑うつ状態の予防と乗り越え方、親としての自覚が自然にもて、赤ちゃんとうまくやっていく方法などを学べます。母乳育児について細かく解説した章もありますし、最初の数週間のうち、赤ちゃんのことで気がかりになるかもしれないさまざまなことについて述べています。

この月のからだは？

陣痛のときの体には、それまでの人生のすべてで経験したよりも多くの変化が起こります。その変化のほとんどは、自然に起こるものです。何百万人もの女性がすでに知っているように、あなたの「出産システム」も、本能的に何をすればいいのかわかっているのです。しかしこの時期、あなたの体に何が起こるのか、準備と理解をしておくことで、出産のプロセスがよりよくなるようにサポートでき、安全で心から満足のいく出産ができる確率も高まります。実際の陣痛に備え、体はこの数週間で準備を整えます。この間にあなたが感じると思われることをお話ししましょう。間もなく、ビッグイベントの日がついにやってきたという、まちがえようのない合図を目にすることでしょう。

さらに大きくなったみたい

今やあなたは大きく、本当に大きくなりました！　おなかの筋肉が、本当に一生懸命に、大きなおなかを支えようとして、痛みさえするのがわかるでしょうし、鼠径部や太ももも歩くたびに痛むでしょう。車のところまで歩くことでさえ大仕事になります。大きいのはもはやおなかだけではなく、全身だと感じるかもしれません。足でさえ重く感じます。9カ月の最初の1、2週間は鏡に全身を映してみて、その大きさを楽しんでください。もうすぐ赤ちゃんが骨盤の下のほうへおりてきてしまい、おなかの出っ張り方も変わってしまいます。あとしばらく、どうやってこの巨体を引きずり回せばいいんだろうと思うかもしれません。

今まで以上に疲れやすい

多くの人が「本当に疲れきった」と感じるようです。前も後ろも重い体で階段を上り下りするのはもういや、と感じるかもしれません。ソファーから立ち上がるだけで息が切れることもあるでしょう。ほぼ出産当日まで忙しく

＊出産前のチェックリスト＊

出産の数週間前になったら、最後の最後にしなければならないこと、電話しなければならない相手などがたくさんあるでしょう。その予定を出産当日まで持ち越さないためにも、いくつかアドバイスをしましょう。

・上の子どもたちの世話をどうするか決めておく。
・仕事の仕上げをする。
・バースプランを立て、医師や助産師と話し合う。
・いつ病院に行けばいいのか、わかっているかどうか確かめる。
・赤ちゃん用品をそろえておく。
・産後に着るゆったりした衣類を買っておく。ガウンや授乳用ブラなど。
・赤ちゃんのカーシートを買い、退院する車にきちんと取りつけてあることを確かめる。

出産に持参すべきもの
陣痛を乗り切るためのもの

・お気に入りの枕
・好きな音楽のカセットやCD
・マッサージローションやオイル（無香料）
・スナック、お気に入りの食べ物（ロリポップ、はちみつ、ドライフルーツ、新鮮な果物、ジュース、グラノーラ）や夫用のサンドイッチ
・お湯を入れるボトル
・バースボールなど慣れ親しんだ特殊な道具

洗面用品
・ブラシ、ドライヤー、ヘアケア用品
・せっけん、消臭剤、シャンプー、コンディショナー（赤ちゃんの機嫌を悪くする可能性もあるので、香りの強いものは避ける）
・生理用ナプキン（病院でも支給される）
・歯ブラシ、歯磨き、リップクリーム
・眼鏡かコンタクト（あるいはその両方。陣痛中にはコンタクトのケアをする気にはならないでしょう）
・化粧品

赤ちゃんを家に連れて帰る洋服
・靴下かブーティー
・下着1枚
・車用ベッド
・湯上がり毛布
・寒い場合は足つきのおくるみか厚手の毛布
・帽子
・おむつ

そのほか
・健康保険証など
・カメラ（ビデオと両方）
・電話のための小銭やカード
・赤ちゃんの兄姉たちへの「赤ちゃん誕生記念」プレゼント
・好きな本や雑誌
・アドレス帳（電話番号を見るため）

＊自分を落ち着かせるために＊

・小説を読む。
・面白いビデオを見る。
・ポジティブな友人に電話する。
・おふろに入る。
・おいしいものを食べる。
・美術館へ行く。
・ロマンチックなコメディーを見に行く。
・リラックスできる音楽を聴きながら、誕生を知らせるカードのあて名書きをする。
・出産のときに聴く予定の音楽を、昼寝のときにかける。
・何回か深呼吸をして手足を伸ばす。

働くことを好む女性もいますが、ほとんどの人は最後の月に入ったら仕事のペースを落とすか、辞めたいと思うようになるようです。どんなに疲れていても、あまりよく眠れない気がすると訴えたりもします。ぐっすり眠れないので、疲れもとれません。身も心も消耗しきっているためです。単に睡眠不足からくる感覚ではありません。

　あなたが初産なら、これまでに一度も経験したことのない睡眠パターンや、浅い睡眠に慣れなければなりません。これは夜間の育児を実践している母親はよく知っている、便利な睡眠モードで、産後もしばらくは続きます。赤ちゃんに母乳を与えたり、ほかの子どもたちがちゃんと毛布をかけているかどうか確かめたり、こわい夢を見て泣いている子どもを慰めたり、病気のときにはそばについていたり、子どもがすぐに目を覚ましても安心させるといったすべてのことが、今後数年間、お母さんに浅く眠ることを要求してくるのです。

ママノート：私は8年間で5人の子どもを出産しました。最後の2人は双子です。ある晩、初めての出産からなんと14年ぶりに、一度も起こされることなく朝まで熟睡したのです。目が覚めたとき、そうだ、赤ちゃんが生まれるまでは、私もこうやって眠ったものだったと思い出しました。この数年、私は小さな子どもたちの様子を見るために夜中に目を覚ますことに慣れきっていました。眠っている間でさえ、せきや泣き声が聞こえないかと聞き耳を立てていたのです。

ママノート：夜中の半分の時間はトイレに行っていたのでほとんど眠れず、ゾンビのように歩き回っている日々もありました。母は、今眠れないのは、赤ちゃんが来てからの日々に慣らしてくれているのよと言います。赤ちゃんを産んだあとでもこんなにくたくたになるなんて、スーパーに赤ちゃんを置き忘れるとか、そんなばかなことをしてしまわないかと、今から心配です。

ママノート：職場でどうしても眠ってしまうので、予定より3週ほど早く、今週で仕事を辞めました。家族に経済的な貢献ができないことで、罪悪感がぬぐえません。無職の状態を12年も経験していなかったので、赤ちゃんさえ生まれれば少しは罪悪感も遠のくだろうかと考えています。

体重が減る

最後の1カ月にも赤ちゃんの体重は数百グラム増えますが、あなた自身の体重増加はほんの少しか、あるいは横ばいか、1kgくらい減ることさえあります。この1カ月での体重減少は、ホルモンが体液の移動を始めさせているために羊水が減ったことが原因です。羊水の生産量が減って排尿の回数は増えたためなのです。

くつろげなくなってくる

どこにいてもくつろぐことができなくなります。座っていても、立っていても、一度に数分以上同じ姿勢で横になっても心地いいとは感じられず、どんな体位で眠ればいいのか、探すことが困難になってきます。仕事場では惨めな状態になり、家庭では十分に休息もとれず、あなたがもしもほかの多くの女性と同じならば「こんなに疲れきっていて、ちゃんと陣痛に臨めるのかしら?」と不安にもなるでしょう。この1カ月には、短時間の頻繁な昼寝が、どうしても必要になります。これまでずっと練習してきたリラクセーションのテクニックも同様です。出産の日を控えて、できるだけ休息をとるために、今こそそのテクニックを使いましょう。

ちょっと気分がよくなる

この数カ月、多くの人を最も苦しめていた息切れと胸やけが、たいていは

妊娠10カ月に入ると軽くなります。赤ちゃんが骨盤の下へおりてくると（339ページ参照）、横隔膜が仕事をするスペースが生まれ、呼吸がしやすくなります。胃もあまり押しつぶされなくなるので、胸やけも減るでしょう。子宮の上部は苦しみから解放されますが、下部では昔のおなじみさんが顔を出し始めます。つまり、赤ちゃんの頭が膀胱を刺激するので、より頻繁に排尿する必要が生まれてくるのです。上部消化管は気分がよくなるかもしれませんが、手狭になった下部では、再び便秘や消化不良が起こり始めます（便秘の解消については63ページ参照）。

骨盤の不快感

赤ちゃんが骨盤の空洞におりてくるのにつれて、背骨の下のほうか骨盤の骨の中央あたりに鋭くて刺すような痛みを感じ、歩きにくくなることがあります。子宮頸部そのものに不快なひきつれや、針で刺されたような痛みを感じる人もいるでしょう。下着をはいたり、ベッドから出たりするときに足を上げようとして、骨盤に圧力や鋭い痛みを感じることもあります。この痛みが、背中やももにまで広がることもあるでしょう。骨盤の痛みが9カ月ころから増すのは、来るべき仕事に備えて、骨盤の靱帯がリラックスしたり伸ばされたりするためです。体勢を変えることで、不快感を軽減できます。毎日少しずつ、エクササイズを続けてください。長い時間ゆっくり散歩したり、エアロバイクに乗ったりしましょう。痛みで散歩もエクササイズもできないときには、妊婦の体を扱うことに慣れている接骨院や整体などで骨盤を調整してもらい、おしりのバランスを戻してもらいましょう。私たちの個人的な説ではありますが、妊娠中に整体を利用すると、背中の痛みを防いだり取り除いたりしてくれるだけでなく、陣痛と出産という強いストレスを受けるにあたって、あらかじめ背中と骨盤の構造を改善しておくことで、出産そのものにもよい影響が出るようです。

これまでとは違う胎動

赤ちゃんの動きは妊娠8カ月よりさらに少なくなりますが、頻度が減った分、強さで埋め合わせをしてきます。肋骨への鋭いけりや、骨盤へのパンチを感じるかもしれません。赤ちゃんの手や足が膣の中に入って動いているような感じを覚えることもあります。非常におかしな感覚のはずです。

あちこちの痛み

妊娠9カ月に入ると、全身に、まるで関節炎の患者やお年寄りはこうなんだろう、と思われるようなこわばりを感じる人もいます。骨盤にある神経や血管を赤ちゃんの頭が強く圧迫することで、太ももがけいれんすることもあります。骨盤の痛みは、関節のすべての靱帯に妊娠ホルモンが影響しているための変化です。全身の靱帯がゆるんでくるためにひざや手首が弱くなって、電気をつけることさえままならなくなったり、まったく歩きたくなくなったりします。しかし動いていると体は調子がよくなりますし、毎日の散歩を始めるころには痛みも少なくなっています。座り込んでテレビばかり見ていてはいけません。筋肉や心臓、呼吸器、消化器などの各システムの調子が悪くなってしまいます。

この月のおなかの赤ちゃんは？
32～39週

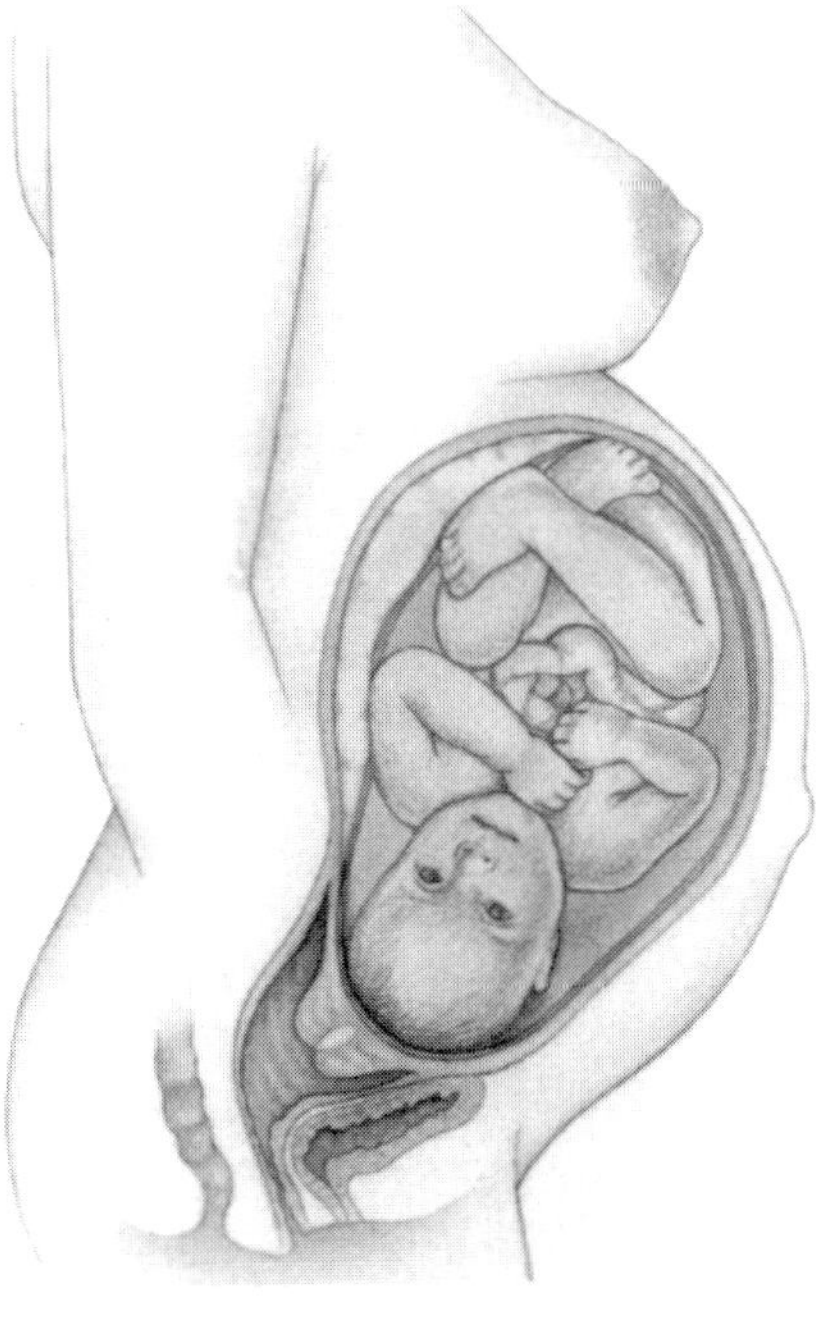

大きさからいうと、ほとんどの赤ちゃんの体重は2.7～3.4kg、身長は48～53cmくらいです。この最後の「仕上げ」の段階で、赤ちゃんは多くの皮下脂肪を身につけて誕生に備えます。誕生のときによりスムーズに通過できる潤滑剤として、チーズ状の物質を少し残す程度で、産毛といっしょに胎脂の一部も消えていきます。この時期、スペースはもうほとんど残されておらず、赤ちゃんは誕生に備えて小さなボールのような体勢になっています。

子宮内での最後の数週間、赤ちゃんは吸い込んだり、飲み込んだり、呼吸したり、瞬きしたり、ステップを踏んだり、頭を動かしたり、親指を吸ったり、手を握ったりたたいたりと、新しい世界に誕生してから必要になるあらゆる動きを練習しています。肺胞（赤ちゃんの肺の中の空気袋）には界面活性物質と呼ばれるものが入っていて、誕生後呼吸するたびに、肺を広げます。この時期になると（この時期の初期でさえ）、ほとんどの赤ちゃんが子宮外での呼吸ができるようになっています。

妊娠9、10カ月のあれこれ

出産の進行を助ける〜知っておくべきこと

陣痛について聞いた話で、いちばんひどいのはどんなものでしたか？　陣痛は痛くて、長く続くこともあります。しかし救いは、「痛みの強さも苦痛の長さも、あなたがコントロールできる」ということです。絶望の連鎖（医師がやってきて診察し「まだ全然開いてないね」と言う→あなたはガッカリして心配になる→収縮がさらに遅くなる→長く続く疲労困憊の陣痛になる、というシナリオ）を避け、出産をスムーズに進めるために、あなたにもできることがあります。ゆっくりとした確実な進行が、健康的な出産の基準とされる場合もありますが、ほとんどすべての女性にとって、体をもっと効率よく、そして痛みを少なく働かせるために、いろいろな方法があります。

情報を得る

両親学級では陣痛を解剖学的、生理学的側面から学びますが、どうやって子宮が収縮し、どうやって赤ちゃんがくねくね曲がった骨盤の通り道をおりてくるのかを特によく理解してください。リラクセーションの意義を知り、恐怖が出産の進行を止める力をもつことを理解し、ホルモンがどう働くか、よりよく働くために自分には何ができるかを学んでください。少なくとも両親学級のうち1回は、陣痛中に何が起こるかを説明してくれるはずです。そのクラスを休まないようにしてください。

出産当日より前に、陣痛中に行われる医療措置や薬物の賢い使い方について、よく知っておいてください。技術は命を救ったり労力を削減するために使われるものですが、出産を妨害するためでなく進めるためにあるのです。タイミングよく投与された硬膜外麻酔は、8章で説明したように、疲れきった母親を休ませてもう一度闘うためのエネルギーを提供してくれ、長期的には出産を進めることになります。一方で薬が適切でなかったり、タイミング

をまちがえたりすると、出産の進行を妨げることにもなります。

ベッドに寝ていなければならないような措置をされると、陣痛が長引き、ベッドにいる時間がさらに延びます。点滴が必要な場合は、ベッドサイドの点滴ポールに縛り付けられていないで、ヘパリンロック（244ページ注2参照）にしてもらい、どんどん動きましょう。分娩監視モニターが必要なときは、ずっと使うのではなく、途中途中で使うようなやり方ではいけないのかと質問してみましょう。医学的な理由から常時モニタリングが必要な場合には、遠隔測定にしてもらい、動き回る自由を確保しましょう。これらの最新の技術を使うと、陣痛中でも2つの世界のよい部分を利用できます。すなわち監視されて安全性を確保したうえで動き回れる自由です（309ページ「バランスのとれた考え方を」も読んでください）。

体の調子をととのえて

今こそ何時間もの骨盤体操やスクワット、毎日の散歩やスイミング、エアロバイクでのエクササイズなどの成果が出るときです。前もってよく調子を整えられ、伸ばされていた筋肉は、よりあなたの役に立ってくれるでしょう。

よく休んで

赤ちゃんを産むのは「大変な」仕事なだけでなく、「ワザのいる」仕事でもあります。仕事が大変になるほど、その仕事をする人には休息の必要性が生まれてきます。ありがたいことに、自然は陣痛中の女性に2つの休息を与えてくれます。1つ目は陣痛の初期、まだそれほど収縮がひどくない時期のことです。もう1つの休息は継続的なもので、収縮と収縮の間の小さな中休みのことです。陣痛が最も強いときでさえ、一度の収縮の終わりと次の収縮の始まりの間には時間があります。初産の妊婦たちが陥りがちなまちがいに、陣痛の初期段階をあまりに張りきって過ごしてしまうことがあります。「このくらいの収縮だったらまだどうにかなる。ひどくなる前に掃除機をかけて、ああ、あと〝生まれました〟のハガキにあて名も書いとかなきゃ」などと思うのでしょう。まちがっています！　この段階で身も心も十分に休めておかなければ、本当に大変な仕事をしなければならなくなったときに身がもちません。自宅で陣痛のときを過ごすときは静かな場所に引きこもり、受話器をはずして、眠るか少なくとも休むようにしてください。しなければならないことにこだわらないこと。病院でこの初期段階を過ごす場合は、静かな環境で過ごせるようにしてもらいましょう。

特に陣痛の初期段階、まだ収縮と収縮の間に5分以上の休止期間があるうちに、よく休んでください。練習してきたリラクセーションのテクニックに気持ちを切りかえます。陣痛が強くなり、休止期間が2、3分しかなくなってからも、ベテランの母親たちがリラクセーションのテクニックを上手に利用して、瞬間的にまるで別の惑星にでもいるかのように気持ちを切りかえているのを、何度も見たことがあります。第2段階のいきみといきみの間に、いびきをかいている人さえいたのです。収縮と収縮の間の時間を、次の収縮はどんなだろうなどと考えて無駄にしないでください。痛みはさらにひどくなってしまいます。恐怖心は、痛みをより強く感じさせてしまいます。疲れきらないように、休むのです。

収縮と収縮の間にはR―R―Rという、3つのRを守りましょう。休息(Rest)、リラクセーション(Relaxation)、体を休めること(Recumbency)の3つです。

栄養をとりましょう

大仕事に取りかかっている子宮とその周りの筋肉は、食べ物からのたくさんのエネルギーと飲み物からの水分を必要としています。以前は、万が一の場合は帝王切開になって全身麻酔をかけることを考えて、陣痛中に飲んだり食べたりすることをすすめませんでした。水分やエネルギーの補給は、静脈

からの点滴を使っていたのです。最近では帝王切開での出産になる母親の多くが部分麻酔を選択し、硬膜外麻酔や脊椎麻酔になるため、陣痛中に胃を空にしておくことがさほど重要視されなくなりました。緊急手術のために全身麻酔が必要になることはほとんどありえませんが、そうなると、胃の内容物が肺に入り込むおそれがあります。このため、陣痛中の女性はすぐに消化できる食べ物を少しだけ食べることが望ましいのです。食べすぎると気分が悪くなるおそれもあります。陣痛中に栄養を補給するときは、次のアドバイスを参考にしてください。

＊早いうちに食べておく

陣痛の初期段階でエネルギーを保存するために、食事をすませましょう。陣痛が強くなると、胃が協力してくれないかもしれません。

＊数回に分けて食べる

食事やスナックを少量ずつ何度もつまむほうが、一度にたくさん食べるよりも、吐きやすい胃にはやさしいのです。

＊高エネルギー食を食べる

陣痛の初期段階には、胃にやさしくてこれから何時間も続く大仕事の間、ゆっくりと確実にエネルギーを提供してくれる複合炭水化物（穀物やパスタ類）を食べておきましょう。後期には、すぐに消化され、瞬時にエネルギーを爆発させてくれる単純炭水化物にしましょう。果物、ジュース、はちみつなどです。陣痛中にエナジーバーをかじっている母親も見かけます。

＊胃にやさしい食べ物を選ぶ

陣痛中に吐きけを覚えることもあり、飲んだり食べたりしたくないという人もいます。それでも食べる必要はありません。その場合、妊娠初期のつわりの時期にも、好きでよく食べていた食品や飲料を持っていきましょう。つわりのころに耐えられたものは、陣痛のときにも消化できる可能性が大きいのです。揚げ物など脂質の多いもの、炭酸飲料などおなかにガスがたまりやすいものは避けましょう。体内ではすでに大変な活動が行われていますから、消化器官にまで仕事をさせるわけにはいきません。

＊飲んで、飲んで、飲んで

脱水症状を起こさないように注意しましょう。エネルギーが奪われ、体の生理が狂い、出産の進行が遅くなります。エネルギーや水分の足りない筋肉は、効率的に働くことができません。陣痛の初期段階に少なくとも1時間に約240㎖ずつ、収縮と収縮の間に水を飲んでおきましょう。病院には何か好きな飲み物を入れたボトルを、少なくとも2本は持参しましょう。ベッドサイドのすぐに手が届くところに置いておきます。私が見ている母親の多くは、以前からその効果が確かめられている「レイバーレイド」（陣痛〈レイバー〉とゲータレードをかけた洒落）というレシピをよく利用しています。アスリートに好まれるよく知られた飲み物を、健康的に少し変えたものです。炭水化物、電解質、ミネラルが体の化学バランスを整える助けをしてくれます。

●レモンジュース　1/3カップ
●はちみつ　1/3カップ
●塩　小さじ　1/4〜1/2
●重曹小さじ　1/4
●カルシウムの錠剤を砕いたもの　1〜2錠

これに水を加えて約1ℓにします。味が濃いと思ったら、240㎖ほど水を加えてもかまいません。あるいはここに好みのジュースを加えてもいいでしょう。

ほとんどの母親が陣痛に夢中になってしまい、「体の渇きをいやそう」と

いう気にもならないようです。出産に立ち会うパートナーの主な役割のひとつが、頼まれなくても水の入ったボトルを渡すことでもあるのです。

*静脈点滴

吐きけが強くて飲食できないときや、担当医に脱水症状を起こしかけていると診断された場合、静脈点滴をすすめられることがあるかもしれません。これで止まっていた出産が加速したり、疲れていた母親が元気を取り戻すこともあります（そのほかの恩恵としては、水分を補給すればするほどトイレに行きたくなるということです。歩いたりしゃがんだりすること自体が、陣痛を促進してくれます）。

静かにする

赤ちゃんを産むのに、母親猫のようにクローゼットの中に引きこもることはありませんが、自分のために静かな環境を整える必要はあります。出産立会人（パートナー、友達、助産師）は、陣痛の間はあなたがその仕事に集中できるように、合間には休めるように、プライバシーを尊重する必要があります。ここでご主人に役に立ってもらいます。彼には静けさを守る役になってもらい、おしゃべりを禁止し、うるさかったり、邪魔になる人を部屋から追い出し、プライバシーとこのイベントの尊厳を守ってもらいましょう。

明るい気分で

陣痛の間には、平安や静けさだけでなく、笑いやおしゃべりの時間もあることに気づくでしょう。実際、ちょっと笑うことは出産にもいいのです。心配になっている母親や、何もできずにただ周りをうろうろしている人たちに対して、医師が注文したいのは、リラックスのためのユーモアです。笑いは、体が分泌する自然な鎮痛剤、かつリラックスさせる効果をもつエンドルフィンを増やします。面白いと評判のコメディー映画を見てみましょう。お気に入りの作家の本の朗読テープを、陣痛の初期段階で聞いている人もいました。あなたとご主人とで話し合って、あなたがいちばん心地よいように、静けさと陽気さのバランスをとればいいのです。明かりを落とし、静かな音楽をかけ、出産を進めるのに必要な人や物をいくらでも集めて、自分なりの陣痛促進環境をつくりましょう。

ロマンチックに

愛は世界を動かし、赤ちゃんが出てくるのを助けもします。セックスの最中に分泌されるホルモンは、陣痛も促進します。エンドルフィンはセックスの最中の楽しい気持ちをつくり出し、出産に備えて母親をとてもリラックスさせます。乳首への刺激は、本人によるものでもパートナーによるものでも、あるいはバスタブにつかったときにかかった水からの刺激でも、収縮促進ホルモンであるオキシトシンを分泌させます。キスや愛のこもった抱擁、セクシーなマッサージなどはすべて、出産ホルモンを活性化します。これらの陣痛促進ホルモンは、出産の進行をむしろ遅くしてしまうような不安感に打ち勝つ役割もします。

精子には、あなたの体でも陣痛を促進するためにつくっているプロスタグランジンと呼ばれる強力なホルモンが含まれているので、セックスが陣痛を促進するという話を聞いたことがあるかもしれません。これは正しくもあり、まちがってもいます。確かに陣痛の初期段階で、まだ破水もしておらず、医師からの許可もあれば、セックスは陣痛を促進しますし、あなたをリラックスさせてもくれるでしょう。でもその理由は、セックスによって母親の体内にオキシトシンとエンドルフィンが分泌されるからです。研究によって、1人の男性の精子では、陣痛を促進させられるほど大量のプロスタグランジンを出すことはできないとわかっています。赤ちゃんをつくるという行為と、赤ちゃんを産むという行為を同等視する女性はほとんどいませんが、セック

スも出産も同じホルモンが関与します。陣痛を促進してくれるこれらの自然なホルモンを得るためにできることを、しないでいる理由などありません。しかし、陣痛中は性感帯が敏感になりすぎて、絶対に触ってほしくないという女性もいます（出産に立ち会うみなさん、突然の「そこに触らないでっ！」を覚悟しておきましょう）。乳首や性器などへの刺激を「まぁいいけど……」という程度に感じる女性もいれば、積極的に楽しめる人たちもいます。愛のホルモンは陣痛のホルモンに似ています。あなたの役に立ってもらいましょう。

ママノート：私にとって、出産は私の性と女性らしさの究極の表現です。ですから、環境づくりはとても重要でした。静かな音楽、ほのかな明かり、プライベートな環境が必要でした。出産のための快適な空間は、セックスのためのいい空間と似ています。

ポジティブに

否定的な出産環境は、陣痛中の母親の助けになりません。否定的な人たちは、分娩室から追い出してしまいましょう。他人の奮闘記や、私の陣痛も進まなかったなどというコメント、どう考えてもあなたのほうが負けている陣痛戦略の比較などは聞きたくもないでしょう。この手の否定的な人たちの話を聞いてしまうと、あなたも「陣痛長引きクラブ」のメンバーになってしまう可能性が高いのです。私たちもだれかの陣痛の場面に立ち会うたびに、分娩室で展開される強力な心と体の結びつきが働いている様子に感動します。出産にはポジティブな人だけを招きましょう。

リラックス、リラックス

思いつくだけの（そしてかばんに入るだけの）陣痛促進のためのお気に入りを持ち込んで、自分を甘やかしてあげましょう。好きな音楽を聴き（303ページの「出産のための音楽を」を参照）、シャワーを浴び、おふろに入り、この日のためにとっておいた高価なお菓子などを口にし、マッサージ師には必要なだけ忙しく働いてもらい、たくさんのクッションを使って、自分の心の平安とくつろぎのためにできることは全部してください。なんらかの医学的な理由で長時間ベッドにいなければならない場合は、卵のパックのようなでこぼこのあるフォームラバーのパッドを持っていきましょう（病院が貸してくれるかどうか、あらかじめ確かめておきましょう。ない場合はディスカウントストアやデパートなどのベッド売り場で買いましょう）。このパッドは、ずっと横になっていなければならない皮膚や筋肉に、とても気持ちのいいものです。出産は、贅沢をしていいという許可証です。病院にあるようなら、新しい出産用ベッドの恩恵を受けましょう。陣痛と出産のときに、あなたが好きなようにくつろいでいられるように、さまざまに調整がきくものです。

先に進みましょう

陣痛のための道具をたくさん持参するほど、出産の進行もよくなる傾向にあります。あなたの入院する病院が陣痛補助用具をあまりそろえていない場合は、自分で持っていきましょう。私たちの出産についた介添人は、リラックスしたり、力を取り戻したりするために勇気づけてくれる言葉を書いた7×12㎝のカードを何枚か持っていました。このアイディアが気に入ったなら、出産本のお気に入りのフレーズや詩や戯曲の一節、ユーモラスな詩の本などを集めておきましょう。自分で読んでもいいし、立会人に読んでもらってもいいでしょう。愛する人に美しい詩を読んでもらうのを聞くだけで、収縮と収縮の間にリラックスできるかもしれません。ほかのアイディアについては303〜305ページを参照してください。

ママノート：最初の2人の子を産んだときには、私がプロの出産介添人を連れていったり、自作のカセットを持っていったり、好きな食べ物を持参したりしたのを見て、病院側にちょっとやりすぎだと思われたようでした。3人目で、レンタルした陣痛用バスタブを運び入れたときには、看護師たちはホントに眉を上げていましたよ。4人目のときには、私が持参したものはすべて、快く受け入れてもらえました。きっと、私のような母親は、彼らの手をあまり煩わせないということに気がついたんじゃないかしら。何もかも持参するからお金もかからないし。私が産んだ病院も分娩室をデザインしたり、その備品を考えたりするとき、私の例をヒントにしてくれたらと思います。部屋の中に何を置けばいいかは、本当のエキスパート、その部屋を使うことになる母親に聞くべきだと思います。

声を出していいのです

エチケットは、ディナーパーティーのためにでもとっておけばいいのです。陣痛中に立てる物音を恥ずかしがることはありません。別に、図書館や教会で出産しようとしているわけではないのですから。陣痛中にどんな態度をとればいいかと聞かれたとき、ベテランの出産立会人は、特に自分でも赤ちゃんを産んだことのある人たちは、「どうとでも、本人が望むように」と答えるはずです。

陣痛がひどくなったときに叫んだり、長いうめき声を上げたり、強いうなり声を出したりすると、力と安らぎを感じる女性は多いものです。ときどき無意識に出るこれらの声は、あなたが緊張を解放していること、本当にひどい収縮を乗り切るために体内のエネルギーを振り絞っている力強い様子をあらわすものです。特に疲れさせられるようなイベントやとてつもない集中力を要求されるときなどに、アスリートが漏らす声に似ています。もちろん出産を進める声もあれば、遅らせる声もあります。低く、長いうめき声（これは「サウンディング」と呼ばれる、おなかから出るような声です）は、緊張を解き放ち、活力を与えてくれます。高い、耳をつんざくような突然の叫び声は体を緊張させ、あなた自身をもこわがらせます（隣の部屋で陣痛を過ごしているほかの女性をもです）。パートナーには、自分が聞き慣れない声を出すかもしれないと伝えておきましょう。さもないと彼は、その声をあなたがコントロールを失いつつある合図だと解釈して、その声をやめさせるために何かしなければと思ってしまうかもしれません。

ママノート：私は歌手です。陣痛中は声を出すととても緊張が解けることを発見しました。収縮の痛みを1つにまとめ、それを自分で出す声といっしょに外へ出してしまうのです。出産が終わったとき、のどは疲れていましたが、かれてはいませんでした。正しく歌うにはリラクセーションが必要です。体をリラックスさせていたおかげで、陣痛中も正しいボーカルテクニックを使っていたようです。

動き回って

すべての陣痛中の人の基本的人権には、動き回る自由と、自分にいちばんいいと思われる出産の体位をいろいろ試す自由が含まれています。体がもともっている陣痛と分娩に最もいい体位を教える能力を最大限に利用するためには、初めに少々文化的な洗脳を解除しておく必要があります。映画で見たような、あおむけに横たわる場面を記憶から消してください。あんなものは出産の痛ましい過去の産物です。実際、文化的に出産はあおむけになって行うものというすり込みのない女性たちは、陣痛の間、8つの体位のどれかを自由に試してみるということです。最もよく使われるのが、体を垂直に起こす、半分起こす、動き回るです。

陣痛中に自分自身をベッドに縛り付けておくと、陣痛が長めになる傾向があります。陣痛の初期段階には、不快感を取り除くためにも、出産を進めるためにも、歩き回ることが特に有効です。すでに述べたように、検査や技術

＊陣痛時のアドバイス＊

出産を助けてくれる人たちに、そばに座ってあなたをじっと見つめないように頼みましょう。「見つめられている鍋の湯はけっして沸騰しない」ということわざがあります。できるだけ、普通のことをしていましょう。じっと見られていたり、周りをうろうろされたりすると不安感が増し、何か見張られていなければならないことでもあるのかと思ってしまいます。

が必要ならば、最新の技術を使うように頼んでみましょう。そうすれば、モニターにつながれているほとんどの母親が動き回ることができるはずです。

体を起こして

ほとんどの人は、自分の好きなようにしていいと言われたら、体を垂直に起こすか半分だけ起こした状態で、陣痛の時間を過ごすはずです。体を垂直に起こしていると、赤ちゃんがおりてくるのを重力が助けてくれます。あおむけの姿勢は、母親にも赤ちゃんにも生理学的にはまったく意味がありません。重力が赤ちゃんを母親の背中側に引っ張ってしまうだけでなく、子宮は赤ちゃんを上り坂の方向へ押し出さなければならなくなるのです。さらに悪いことに子宮は脊椎に沿っている大きな血管を圧迫し、子宮への血流量を減らして収縮の効果を弱めてしまいます。あおむけだと、ひどい背中の痛みを引き起こす可能性もあります。研究によると、体を垂直に起こすと、子宮の能率が上がり、陣痛の時間が短くなり、子宮口の開大もよくなります。これまで数多くの出産を見てきた経験からいって、陣痛の時間を横たわって過ごしてしまった人は、長くて苦しい陣痛を経験しがちです。

姿勢を水平ではなく垂直にすると、骨盤の通路を広げることもでき、赤ちゃんが出やすくなります。垂直に体を起こしていると、妊娠ホルモンでリラックスしている骨盤の関節が動きやすくなり、大きな頭と広い肩を持った小さなお客さんを、より上手に通過させることができます。垂直に体を起こしていると、産道の細胞がより自然に伸ばされ、裂けにくくもなります。

横たわった姿で出産することが、いかに医師側の都合によるものであるかを知ったら、自分の出産の権利に対して立ち上がろうという気持ちになるかもしれません。水平な体勢で陣痛のときを過ごすのは、女性が分娩のときに強い薬を使われていて、立ち上がることも自分の力で産むこともできなかった、麻酔と監視分娩の時代からの名残です。母親は自分で赤ちゃんをいきんで外へ出せなかったので、だれかが取り出してやらなければならなかったのです。その間、赤ちゃんを受け取る役目の人は分娩台の端に心地よく座っていたのですが、そのうち自分がいちばん取り出しやすいという理由で、これが「最も安全な」体位だと決めてしまったのです。実際には、赤ちゃんはどんな体位であれ、母親か立会人が赤ちゃんを「受け止める」ことができさえすれば、安全に生まれてきます。

垂直に体を起こした状態で陣痛を過ごすというのは、陣痛の間中立っていたり、寄りかかったり、歩いたり、しゃがんでいたりしなければならないという意味ではありません。出産をより効率的に進める助けとなるように、いちばんいい体位の例を紹介しましょう。

- 収縮の最中は体を起こす。
- 収縮と収縮の間は横たわって休む。

自分にいちばん合う出産の体位を決める

ママノート：ベッドに横たわっているところに産科医があらわれたとき、

◎ あとどれくらい？

「あとどれくらいですか？」と、あなたも知りたくなるでしょう。出産のスタッフが使う陣痛用語を理解し、自分の体に何が起きているのかを知る助けにしましょう。医師たちは、3つの基準で出産の進行度を測ります。子宮頸管展退度（展退）、開大、下降です。

「展退」や「展退中」は、子宮頸部が薄くなり、厚い壁に覆われて円錐形だったものが、赤ちゃんの頭の下の薄く広いカップのように変化することを意味します。内診によって、どの程度展退したかを診ます。

・0％展退とは、子宮頸部がまだ薄くなり始めていないということです。
・50％展退とは、半分まできたということです。
・100％展退とは、子宮頸部が完全に薄くなり、赤ちゃん誕生のために開く準備ができたということです。

初産の人の子宮頸部は、開大し始める前に完全に展退しなければなりません。経産婦だと、展退と開大が同時に起こる場合もあります。内診時に、子宮頸部が「成熟した」と言われることもあるでしょう。子宮頸部が十分にやわらかくなったので展退や開大が始まるという意味です。

「開大」は子宮口がどのくらい開いたかということです。医師や助産師は、何cmくらい開大したかを内診により調べます。陣痛前や開始直後は、開大1、2cmです。陣痛が強くなるころには5cmになり、10cm開いたと言われたら、子宮口は完全に開いた状態です。産科学的にいうと、陣痛が起きているのは子宮口が進行的に開大しているということです。

「下降度」とは、赤ちゃんの体でいちばん下に来ている先進部（通常は頭）が骨盤のどこまでおりてきているか、ということです。内診のとき、医師や助産師は赤ちゃんがどの段階（ステーション）までおりてきているかを確認しています。ステーションゼロとは、骨盤の真ん中です。その位置から下降しているときはプラス、まだ上にいるときはマイナスであらわします。「プラス4まで来ましたよ」と言われたら、赤ちゃんの頭が完全に骨盤を通過したということで、医師や助産師にはすでに頭の一部が見えている状態です。

展退、開大、下降のほかに、陣痛の進み具合をみる要素としては、赤ちゃんの位置の変化があります。赤ちゃんは産道をおりなければならないだけでなく、骨盤の最も抵抗の少ないところへ体をもっていきます。陣痛中、赤ちゃんがその位置を変えようとしている間、開大も下降も同じ状態が1時間も（あるいはそれ以上）続くことがあります。この変化は開大や下降を示す表には書き込まれませんが、「進行」であることには変わりありません。

出産立会人に「まだ4cmよ」などと言われてもガッカリしないでください。産科医は「正常」で「普通」の出産ならば1時間に1cmの開大と1cmの下降（経産婦は1.5cm）の割合で進行するものとみていますが、これは経験的な常識にすぎません。あなたの子宮が従わなければならないルールではないのです。通常よりゆっくり進む出産が異常だとは限りません。あなたの子宮も骨盤の通り道も、おそらく「平均」ではないだけでしょう。

突然私は「患者」になったのだと気づきました。医師は私が部屋の中を歩き回ったり、廊下を散歩したり、夫の腕の中で陣痛に苦しんだりしているのを見たときには、何もかもうまくいっている、上手に対処している、介入する必要はないとわかったようでした。ベッドに横になったとたん、私は明らかに介入の対象になったのです。ベッドにいると従属的で具合が悪そうに見えるので、医師は何かしなければという義務感に駆られたのでしょう。

ママノート：私は担当の産科医に、夫が私を背後から支えている間、スクワットした状態でいきむので、あなたはひざまずいて下で赤ちゃんを受け止めてくださいと頼んだのですが、そのときの医師の顔をお見せしたかったです（どうやらこの体位は、まだ産科学の教科書には載っていないようですね）。でもとてもうまくいったので、次にだれかが同じことを頼んだら、きっとこの先生はしっかり準備ができていると思います。ひざ当てパッドまで用意してね！

セックスに適した体位が1つではないように、赤ちゃんを産むときの正しい体位もいろいろあります。試してみる価値のある体位を知っておくことと、いろいろ試してみる自由をもつことが、上手に赤ちゃんを産むことのすべてです。これまでに効果的だとわかっている体位を、いくつか試してみてください。

スクワット

心地よくベッドに横向きに寝そべっていられるときに、なぜわざわざスクワットなどしなければならないのだろうと思うかもしれません。スクワットは、赤ちゃんにも母親にもいい影響を与えます。骨盤の出口を広げ、背中の痛みをやわらげ、お産の進みを早くし、会陰の筋肉をリラックスさせて裂けにくくし、赤ちゃんへの酸素供給量を増やし、胎盤の娩出（後産）まで楽にしてくれます。妊娠中にスクワットの練習をたくさんしておけば、陣痛中にも楽にできるでしょう。

この時期にスクワットをしてみると、大腿骨が骨盤につながっている部分がどこなのかわかるでしょう。スクワットをすると、足の骨が骨盤出口を2、3割開くレバーの役割をしてくれるのです。赤ちゃんにはまっすぐなルートとより広い通り道を与えてやれるので、骨盤を通り抜けさせるのに最も楽な道をつくることになります。スクワットをするかわりに水平にしてしまうと、子宮は赤ちゃんをより狭い通路とより曲がりくねったトンネルに通さなければならず、それはほとんど、より困難で痛みが伴う結果になります（お産の進み具合が早い女性は、スクワットをしないほうがいいでしょう）。

＊スクワットのためのアドバイス

- スクワットが陣痛の初期段階の助けにならなければ、子宮頸部が全開して収縮を最も効率よく利用したくなる、陣痛の第2段階までとっておきましょう。収縮がそれほどひどくなく、子宮頸部も開きつつあるのならば、陣痛の初期段階でスクワットが必要になることはほとんどありません。収縮が本当に激しくなるまで、足を疲れさせる必要もないでしょう。
- いきみたい気持ちがスクワット開始の合図です。収縮が始まったらすぐに、休んでいる状態から体を引き起こしてスクワットをします。分娩用ベッドについているスクワット用のバーか、だれかの首につかまって支えにします（336ページイラスト参照）。収縮と収縮の間はもっと休める体勢になります。
- スクワットによって収縮はより強くなります。なぜなら赤ちゃんの頭を、子宮頸部を圧迫する位置に置くことになるからです。だから進行が早まるのです。スクワットのせいで収縮が耐えきれないほどの強さになった場合は、調整しながら行います。
- 滑ったり、疲れたりしないように、足を少なくとも肩幅まで広げ、少しず

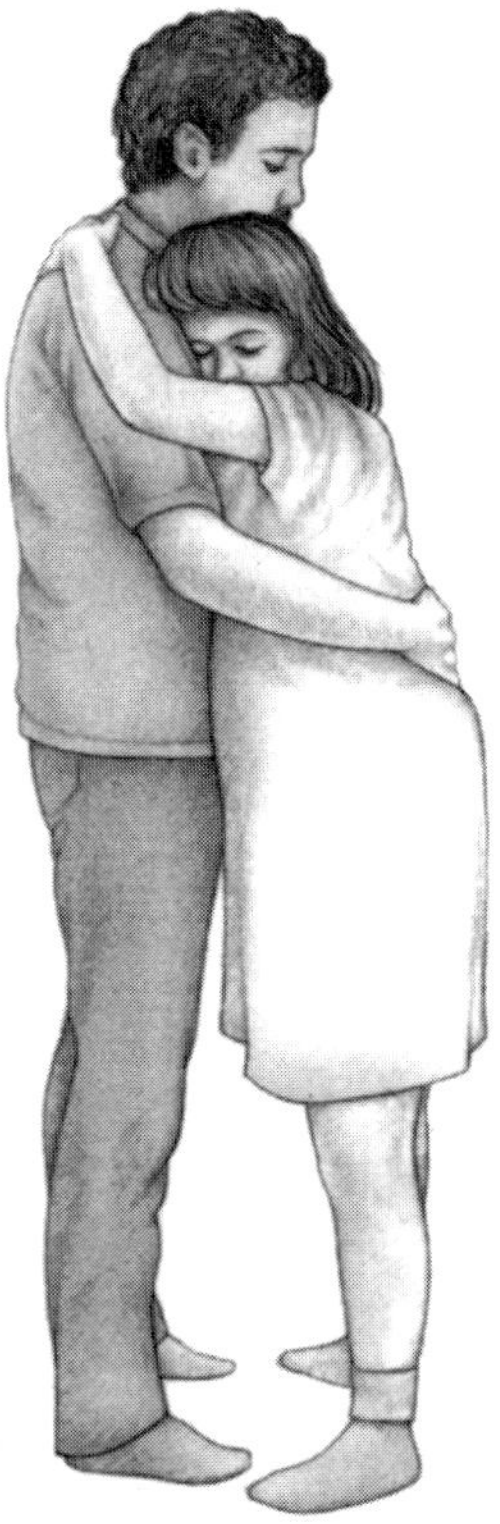

スローダンス

ぶら下がりスクワット

支えられスクワット

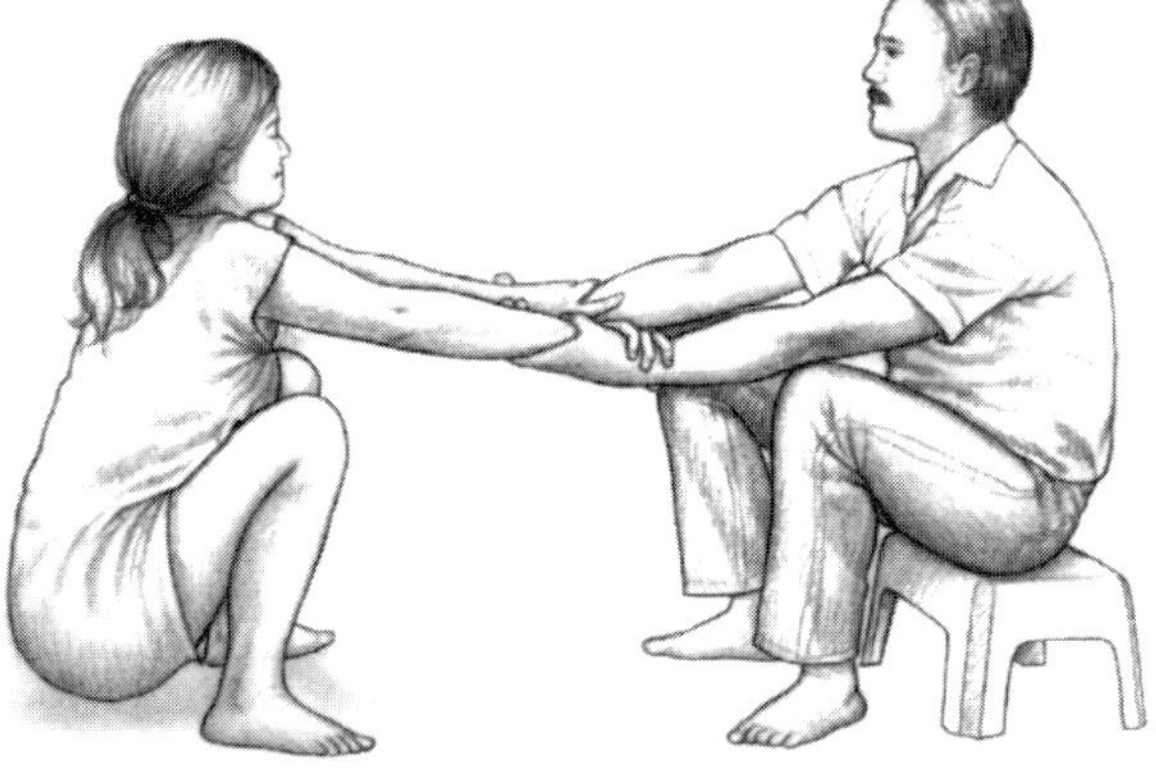

支えられスクワット

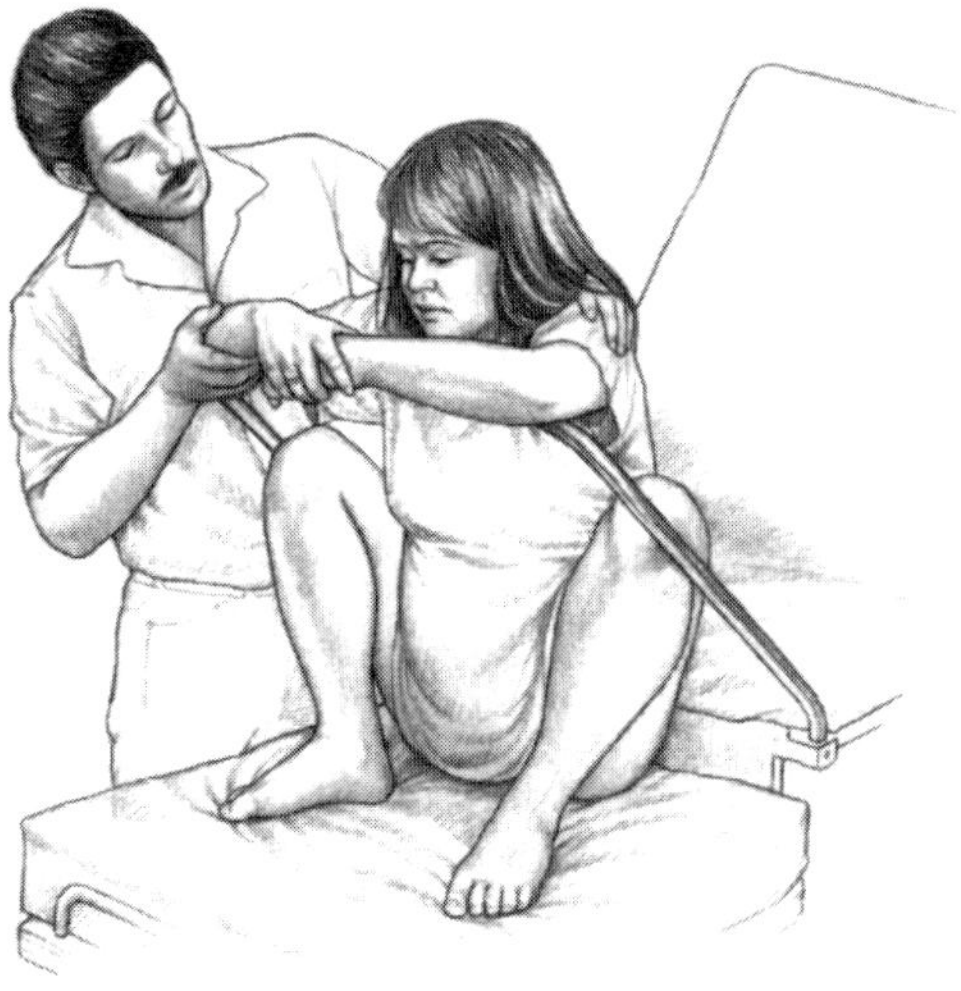

スクワットバーを使う

つスクワットします。弾んではいけません。ひざを酷使することになります。

●スクワットをするとき、おなかに力を入れないようにしましょう。腹部の筋肉を緊張させていると、痛みがひどくなる可能性があります。

ぶら下がりスクワット（右のイラスト参照）は自然な「解放」体位で、体に対して力を抜くよう、緊張を解くよう、赤ちゃんを産み出すよう、思い出させます。体がこの体勢になると、心にもメッセージが伝わります。

ひざまずく

ひざまずく姿勢は、襲いかかるような収縮を軽減したり、背中の痛みをやわらげたり、あるいは後背位の赤ちゃんを引っくり返したりします。ひざスクワットやよつんばいでひざをつく、ひざを胸につける形など、この体位もいろいろに変更可能です。

よつんばい

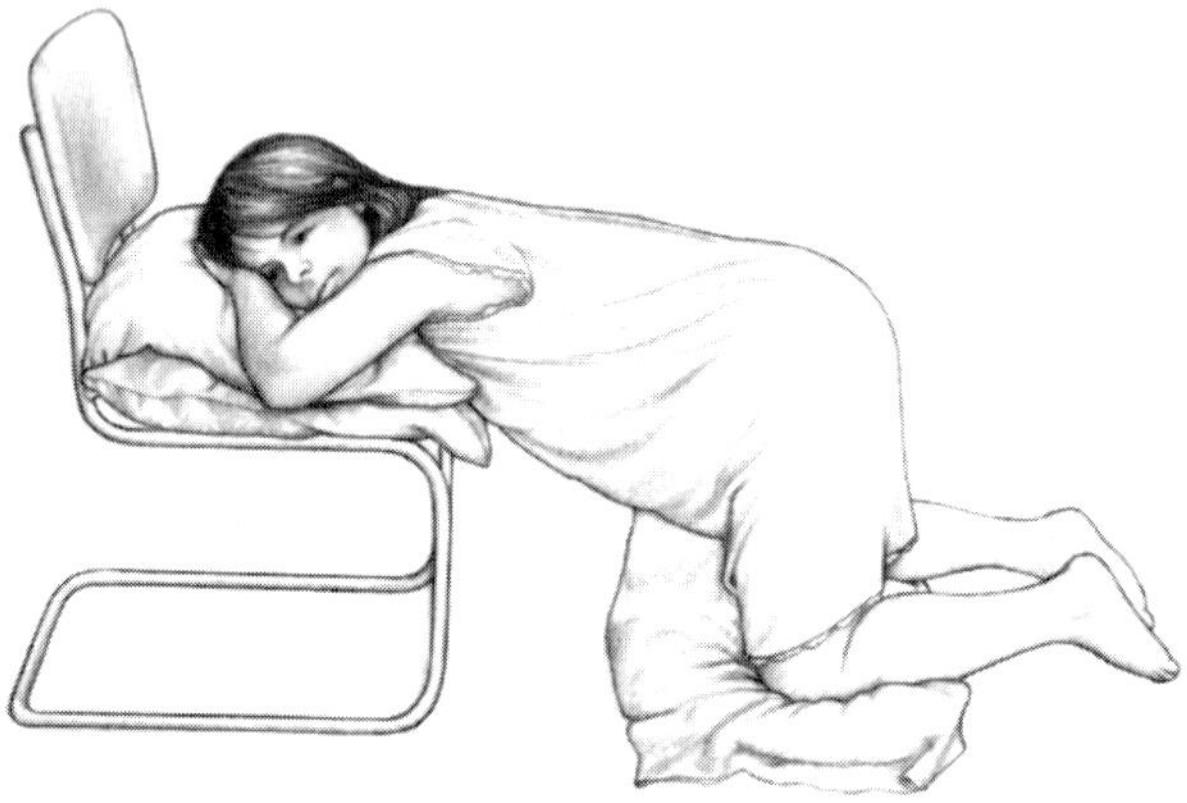

いすにもたれる

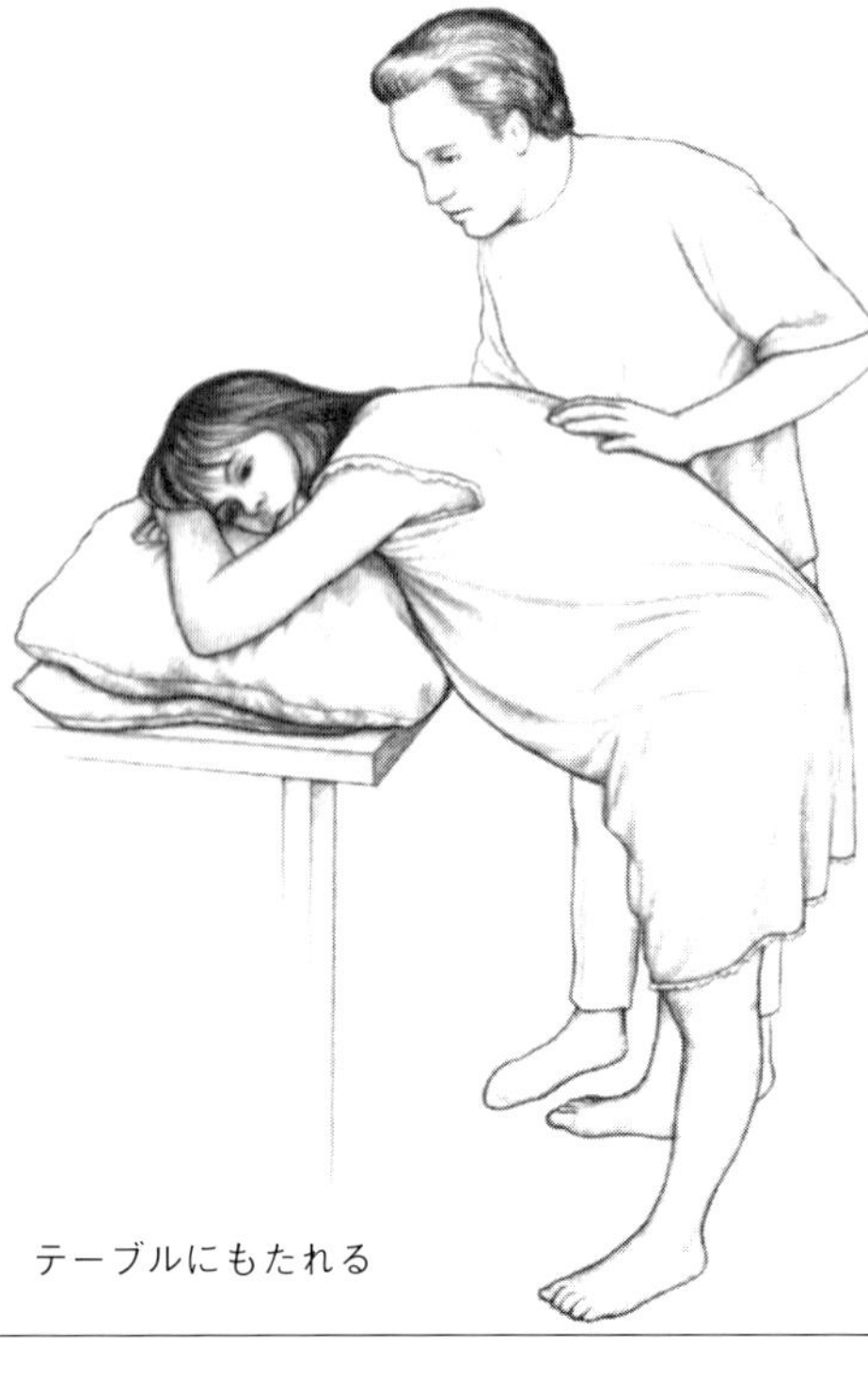

テーブルにもたれる

座る

座る体勢も骨盤を広げますが、スクワットほどではありません。最も出産の効率がいい体位は、スクワットの姿勢で低いいすに座ることです。ほかにも足を開いてトイレのシートやいす、練習した人はバースボール（３０４ページ参照）などに座ってもいいでしょう。鎮痛剤のためにどうしてもベッドにいなければならない人は、出産用ベッドに足を開いて座りましょう。

立つ、寄りかかる

たくさん歩くと出産の進み方が早く効率もよくなるので、激しい収縮が来たときに立った状態でいることもあるでしょう。立ち止まって壁や出産介添人に寄りかかったり、テーブルに置いた枕の上で頭を休ませたりしてみましょう。

横向きに寝る

動き回ったり、体を垂直に起こしておくことは確かに出産を進めますが、陣痛の間ずっと体を起こしておくのは不可能です。大仕事をしているあなたの体には休息が必要で、休まなければ、さほど効率よく仕事をしなくなるかもしれません。収縮が起きているときは、いろいろな体位で体を垂直に起こしておくといちばんいいのですが、陣痛の初期段階や収縮と収縮の間には可能な限り休みましょう。２３１ページのイラストにあるように、左を下にして横向きに寝るといいでしょう。

どのくらいの頻度で、どのくらいの時間この状態でいられるかは、出産によって違います。強烈で進みの早い出産をやわらげたければ、特に強い収縮のときには横たわった姿勢になりましょう。だらだら続く陣痛を早めたり、収縮の効率を上げたいときには、収縮の最中にはひざまずいたりスクワットをしたりして、その合間には横たわった姿勢に戻りましょう。収縮と収縮の間のR—R—R、休息（Rest）、リラクセーション（Relaxation）、体を休めること（Recumbency）の大切さは、いくら強調してもし足りません。

横向きに寝る体位があまりに心地よいので、このまま赤ちゃんを産んでしまう女性もいます。この体位で分娩したいときには、だれかに上になった足を持ち上げてもらって、骨盤を広げてください。

この体位に関しては、両親学級や家庭で必ず練習しておいてください。収縮の最中には「体を垂直に起こす」、収縮と収縮の間には「休む」ことを考えるようにしましょう。陣痛の間は、自分が不快感をコントロールする助けになり、出産を進ませることのできるいちばんいい体位が見つかるまで、実験を重ねてください。

＊陣痛時のアドバイス＊

288ページの「出産時の痛みをやわらげるには」の項で書いたすべてのアドバイスは、出産の進行を助ける役割も果たします。陣痛の痛みと進行は相関関係にあり、逆の関係も成り立ちます。痛めば痛むほど疲労は強く、進行は遅くなるのです。陣痛の進行を助けるために、8章の痛みをやわらげるためのアドバイスもよく読んでおいてください。

陣痛と出産

9カ月の間、あなたはこのおなかのふくらみをなんとかしたいと強く思い、そのすばらしい命を腕に抱きたいという願いをずっと抱えてきたでしょう。あなたの子宮からの強い痛みが、その存在をあなたに知らせてくれるかもしれません。あなたが赤ちゃんに触れるには、まだ数日、もしくは数週間が必要になるでしょう。なかには突然に、疑いようのないパワフルな波が襲ってきて出産が始まる人もいます。そして、あっという間に進行します。そのほかの人々は、ゆっくり始まります。はっきりとわからないままゆっくりと進行することもありますが、着実に出産に向かっていきます。また、陣痛が始まったかと思うと中断し、数日間も続いてすっかり疲れてしまう人もいるでしょう。

前駆陣痛や本当の陣痛、出産の準備段階など、わかりづらいことも少なくありません。すべての出産の進み方には個人差がありますが、いよいよ出産が近づくにつれて、だれもが通る典型的な段階があります。

出産の準備段階：お産が近づいてきました

＊あなたに何が起こるのでしょうか？

最後の月です。赤ちゃんを産む準備をすっかり整えるために、体にいろいろなことが起こります。出産が近づいてきたサインには次のようなものがあります。

赤ちゃんの位置が下がった

最後の数週間、あなたは赤ちゃんの位置が下がってきたように感じるかもしれません。4週間ほど前に「下がってきた」と感じる人もいますが、初産の人は、出産の2週間前くらいに感じる人が多いでしょう。経産婦の場合は、出産ぎりぎりまで赤ちゃんが下がってこないことも珍しくありません。なぜ

＊病院に連絡するタイミング＊

「ああ！　とうとう来た！」。あなたは夫を起こし、反射的に、病院に連絡するように頼みます。でも、電話をかけるのはちょっと待ってください。あなたには、まずやらなければいけないことがあります。病院に連絡するタイミングは、個人差や状況差があります。次に挙げるのは、一般的なガイダンスです。

・臨月の健診で、どんなタイミングで病院に連絡すべきか聞いておきましょう。もしも特別な事情があれば、普通の人よりもかなり早めに連絡するようにと言われるかもしれません。医師や助産師はまた、連絡するポイントになる「数字」を教えてくれるかもしれません。たとえば、収縮が何分間隔になったらとか、1回あたりの収縮がどのくらいの秒数続いたら、というようなことです。加えて、本格的な出産の始まりのサインはどのようなものかも教えてくれるでしょう（342ページ参照）。あなたが経産婦なら、いつ病院に連絡するべきかは、前回の出産の進行具合によっても異なるでしょう。

・前駆陣痛と本格的な陣痛の違いをはっきりと理解しておきましょう（343ページ参照）。本格的なお産になれば、自分で確信できるようになります。

・病院に連絡する前に、343ページにあるような収縮のチャートを作りましょう。

・あなたの収縮チャートが、医師の言うポイントと同じ点に到達したときが、電話をするタイミングです。また、異常発生のサインを感じたら、やはり病院に連絡しましょう（次項を参照）。また、どうしても不安で、こわくて何も手につかないという場合も同様です。まちがった判断で病院に連絡したとしても、気に病むことはありません。特に初産の場合、いつ、どうしたらいいのか、何かしら保証が欲しいという気持ちも、自然なものだからです（経産婦でも同じかもしれません）。

次に挙げるのは、何か問題が起きている兆候です。すぐに医師に連絡しましょう。

・過剰な出血があった場合（鮮血で、通常の月経よりも出血量が多い）。

・緑色の液体が流れてきた場合。これは胎便（赤ちゃんの最初の便）であり、胎児が仮死状態である可能性があります。

・あなたの直感が危険だと告げた場合。特に何の根拠がなくても、母親としての自分の直感を信じましょう。

今、あなたがどんなふうに過ごしているかを医師に伝えましょう。家で快適に過ごしていて、少しでも長くこの巣の中にこもっていたいのならば、そのことを説明しましょう。何かトラブルを抱えていて、早めに病院に入りたいと思うのならば、普通のケースよりも多少早く行っても大丈夫かどうか、病院に聞いてみましょう。さしあたってはチェックや確認の必要がなく、順調に進行しているようであれば、家にとどまるように言われるでしょう。

なら、経産婦の場合は骨盤底筋がすでに伸ばされていて、ウオーミングアップの必要がないからです。赤ちゃんの下がり方もいろいろで、感じ方や外からの見え方にも個人差があるでしょう。おなかのふくらみのてっぺんが胸につくということもなくなり、赤ちゃんの頭が骨盤の真ん中あたりでおさまっているように感じるかもしれません。

排尿が頻繁に

下がってきた赤ちゃんの頭がさらに膀胱を圧迫し、さらに頻繁にトイレに行くようになるかもしれません。

腰の痛み

赤ちゃんはさらに重くなり、位置が下がることで、腰や骨盤に痛みを感じます。子宮や骨盤の靭帯が伸びることでも、やはり痛みを感じるでしょう。

前駆陣痛はさらに強く

陣痛のウオーミングアップ（223ページ参照）もますます激しくなり、不快感というよりは痛みとして感じることもあるでしょう。月経の痛みに似ています。本番の陣痛ほど強くないにせよ、あなたに「これはもしかして……」と思わせるには十分な強さかもしれません。あなたの子宮頸管は厚い壁だったのに、徐々に薄くなってきます。これは本番の1、2週前からみられるもので、姿勢を変えたり歩いたりすると、痛みは軽くなります。293ページのリラックスのテクニックを思い出してください。

ママノート：ベルトでぎゅっと下腹部を締めつけられ、ゆるまり、また締めつけられるような感覚を味わいました。本当のお産が始まるまで、2週間もこんな調子だったのです。

下痢

出産のためのホルモンは腸の活動を促し、腸をからっぽにして少しでも赤ちゃんの通り道を確保しようと働きます。同じように、吐きけを感じることもあるでしょう。

おりものが増える

卵の白身のような、またはうっすらとピンクのおりものが増えます。これは「おしるし」とは違います。

おしるし

赤ちゃんが下がり、出産に向けて子宮頸部は薄くなり、これまで密閉されていた子宮頸部は「ロック解除」の状態になってきます。子宮頸管の粘液も、さらさらとした状態からねばねばとした状態になり、量も増えます。はっきりと粘液が出てきたことに気づく人もいるでしょうし、うっすらと血がまじったおりものが増えたと自覚する人もいます。子宮頸部が薄くなるとともに、子宮頸管中の毛細血管のいくつかが破れ、ティースプーン1さじ分くらいの赤か褐色のおりものをみることがあるでしょう。もし、通常のおりものより月経のときのように多かったり鮮血が多かったりする場合には、できるだけ早く医師に連絡します。

「おしるし」があった場合、ほとんどがそれから3日以内くらいでお産が始まることが多いようです。しかしなかには、もう1、2週間かかる人もいます。

破水

ほとんどの妊婦は、出産が進んでからですが、10人に1人くらいの確率で、出産の前に破水が起こることがあります。陣痛が始まる前に破水した場合は、数分、または数時間以内で、遅くとも翌日には陣痛が始まることを覚悟しましょう。

これらのサインはすべて、出産が近づいたことをあなたに知らせています。しかし、いつということはあまり重要ではありません。これらのすべてのサインを出産の前、数日間で経験した人もいますし、1、2週間前の間にという人もいます。これらのサインがいつごろ、どのくらいの程度のものが起こるのかは、個人差があります。起こるまで、ほとんどの人は変化に気づきません。サインをいくつも感じるようなら、あなたは数日中に出産を迎える確率が高いでしょう。

*赤ちゃんの様子はどうでしょうか？

出産が始まっていなくても、あなたの体はすでに出産のために働き始めています。ホルモンは変化します。プロゲステロンというホルモンは減り、エストロゲンやオキシトシン、プロスタグランジンというホルモンが増加します。これらのホルモンはあなたの骨盤の靱帯をゆるめて膣をより伸びやすくし、子宮をよりやわらかく、薄くします。

出産の準備段階のこの時期は、本格的な陣痛が始まる前の数時間のこともあれば、数週間にわたる場合もあります。多くの場合は頸管が薄くなり、子宮口が1、2cm開いてくるに従って、赤ちゃんはしだいに、あなたの骨盤の中に下がってきます。

*何をしたらいいのでしょう

休んで、休んで、休むのです。この時期に、何かしようと思ってはいけません。この先、ハードな仕事がたくさん待っているのです。この時期には荷造りをし、心を落ち着け、さまざまなチェックリスト（323ページ参照）をもう一度点検することです。複合炭水化物で、体にエネルギーを補給してあげましょう。次のようなことを学んだりリラックスすることで、心にもエネルギーを補給します。

●リラクセーションテクニック（293ページ）
●痛みをやわらげるテクニック（288ページ）
●お産の進行を助けるテクニック（327ページ）

休んでエネルギーを蓄え、リラックスすることが、すぐにやってくる仕事のために最も必要なのです。

陣痛の始まり：どんなふうに始まるのでしょう

一般的には、子宮口が4cm開いた時点で、本格的な出産の始まりとみなされます（344ページ参照）。規則的で強い陣痛を経験しないまま、数日もしくは1、2週間目からこのような状態になっている人もいるでしょう。ですから実際には、お産の始まりはあなたが規則的で強い子宮の収縮を感じた時点から、ということになります。このような状態が始まれば、あなたは24時間以内に赤ちゃんと会うことができるでしょう。

どこからどこまでが「ウソの陣痛」で、どこからが本番という区別をしようとしても無駄なことです。どこにも「ウソ」はないからです。これらのいわゆる前駆陣痛は、数週間または数カ月続いていたでしょうが、子宮を調整し、赤ちゃんの位置を正しく導き、子宮頸管を適応させ、赤ちゃんを産み出す日への準備をしていたのです。けっしてウソでも無駄なものでもありません。

＊陣痛のアドバイス＊

バースウオッチを使うよい機会です。これは、マタニティ用のカタログなどで販売しているもので、収縮の長さとその間隔を測れるように、ストップウオッチがついています。大多数の父親は、このおもちゃが好きです。いろいろと役に立つような気がするのでしょう。お父さんへの諸注意：機械に夢中になって、あなたのパートナーの存在を忘れてはいけません！

＊陣痛のアドバイス＊

前駆陣痛か、本格的な陣痛かの区別がつきづらい場合は、１－５－１形式を試してみましょう。収縮が少なくとも１分続き、間隔が５分（またはそれ以内）あき、少なくともそのリズムが１時間以上続くようなら、あなたは出産の本番に突入していることになります。

１－５－１形式がみられたら、次のような収縮のホームチャートを作りましょう。

収縮が始まった時間	どのくらい続いたか
10：02　P.M.	60秒
10：06　P.M.	65秒
10：10　P.M.	50秒
10：13　P.M.	40秒
10：17　P.M.	65秒
10：22　P.M.	60秒

かわりに、本格的な陣痛と前駆陣痛の区別の仕方をお教えしましょう。多くの妊婦、特に初産の人は、どこから本当の陣痛が始まったのかわからない場合が少なくありません。本格的な陣痛も、最初は前駆陣痛と変わらないように思えます。あとから振り返ればわかるのです。「ああ、そうよ、思い返せばあれが本当の陣痛の始まりだったのよ」。一度本格的な陣痛が始まれば、この収縮は赤ちゃんが誕生するまで終わることはないのです。次に示すのは、前駆陣痛と本格的な陣痛の、それぞれの特徴です。

前駆陣痛（または「偽陣痛」として知られているもの）

- 不規則で、数時間経過しても一定のパターンにならない。
- 進行しない。徐々に強さが増したり、時間が長くなったり、頻繁になったりしない。
- おなかの前のほう、下腹部に痛みを感じる。
- 痛みというよりは不快感に近い。痛みよりも圧迫感を感じる。
- 体のポジションを変えたり、歩いたり、横になったり温かいおふろやシャワーを浴びるなどすると痛みがやわらぐ。
- 子宮がかたいボールのようになる。

本格的な陣痛（「本物の陣痛」として知られているもの）

- 徐々に規則的になっていく（タイミングは分ごとに正確になっていくわけではありません）。
- 進行していく。徐々に強く、長く、頻繁になっていく。収縮は長く、収縮と収縮の間の時間は短くなっていく。
- 下腹部からの痛みが、しだいに腰全体に広がっていく。

●さまざまな不快感は、筋肉の緊張をゆるめ、リラックスすることでコントロール、または痛みをやわらげることができる。
●横になっても姿勢を変えても、痛みが変わらない。歩くとさらに痛みが強まる場合がある。
●「おしるし（341ページ参照）」のあとに続いて始まった。

340ページにあるような危険な兆候がない場合、時間外ならば、病院の診療時間が始まるまで連絡する必要はないでしょう。医師は内診をし、あなたが感じているものが本当の陣痛か、前駆陣痛かの判断をします。子宮頸部がやわらかく薄くなり、展退していれば、出産が進行し始めた合図です。

さあ、あなたの出産は始まりました。決心しましょう。これから、本格的な出産のさまざまなサインがあらわれ始めます。出産は、ひとりひとり違います。まったく同じ道をたどる人はいません。しかし一般的に、出産はこのようなステージで構成されており、それぞれに次のような段階があります。

1　分娩第1期
●初期または潜在期
●進行期
●移行期

2　分娩第2期
●間歇、いきみ
●発露と出産

3　分娩第3期
●胎盤娩出

これらの段階がそれぞれ、はっきりとわかりやすい人もいますし、どの段階なのかごちゃごちゃになってしまう人もいるでしょう。それぞれの段階の長さと強さも非常に個人差が大きく、同じ人でも、初産か経産かによっても異なります。これから説明するのは、一般的なガイドラインです。あなたの出産は、あなたなりの進み方をするでしょうし、そのタイミングも強さも、あなた独自のものとなるでしょう。

分娩第1期：初期

＊あなたに何が起こるのでしょうか？

出産の最初の段階は「初期」とか「潜在期」というような表現をされます。なぜなら、すぐに本格的な出産の段階がやってくるからで、それはすでにどこかで始まっていることを感じさせるからです。なかには、自分の出産が始まっても気がつかない人もいるかもしれませんし、前駆陣痛の強いものかしらと思う人もいるでしょう。ほとんどの人にとって、この初期段階は、出産の中では最も過ごしやすい段階で、長いのです。初期段階では、収縮は5～30分間隔で、30～45秒続きます。収縮は動けないほど強いわけではなく、ふだんどおりに家の近くを歩いたり、用を足すこともできるでしょう。多くの人が落ち着き、コントロールできるような気持ちでいられるでしょう。だれかと話をしたり、仲間といっしょにいたり、散歩を楽しんだりできるでしょう。とうとうこの時が来たと興奮したり、お産はどんなふうに進むのかしら、ちゃんとやっていけるのかしらと、不安になるかもしれません。さらに、巣ごもりしたいという欲求が強くなったり、いくつかの体のサイン（下痢、背中の痛み、月経痛のような腹部の痛み、おしるし、頻繁な尿意）などを感じるかもしれません。羊水の漏れを感じる人もいますが、本格的な破水は次の段階（進行期）に起こることがほとんどです。

初期段階は初産では平均8時間かかりますが、人によって差は大きく、2、3時間のこともあれば、数日かかる人もいます。夜にこの状態になった場合

には、陣痛の途中で眠ってしまうこともあります。

＊体の変化は？

初期段階では、あなたの子宮頸部は薄くなり、展退は50～90％見られます。子宮口は３～４㎝の開大となります。

＊何をしたらいいのでしょう

あなたの体は、この段階であなたにトリックをかけます。あなたはなんだかハイな気持ちになり、幸福感でいっぱいになったり、饒舌になったり、突然そわそわと忙しい気持ちになるかもしれません。まだ、ひとりになりたいとか静かにしていたいという感情はわいてこないでしょう。なんだか興奮して、とても休んでなんかいられないわ、という気持ちになるかもしれません。でも、休めるうちに休まなければいけません！　特に初産の場合、初期に体力を無駄に消耗してしまいがちです。次の段階ではより多くのエネルギーを必要とするのに、すっかり体力を消耗し、疲れてしまっているのです。本当は休息と睡眠を必要としているのに、気持ちが高ぶって体を休めることができないのです。

夫に、リラックスできるように背中のマッサージを頼んでみましょう。シ

＊病院に行くタイミング＊

あなたは、死にものぐるいで病院や助産院に駆け込んだり、タクシーの中で赤ちゃんを産む自分の姿を連想しているかもしれません。あまりにも長く待ちすぎるとあなたの出産が手遅れになり、緊急出産として運ばれるのではないかということを恐れているのではないでしょうか？　映画で見たようなお産のシーンは、すべて頭の中から取り払ってください。これらは、めったに起こることではないのです。出産間近の人の多くは、だれかの手を多少借りることはあっても、とても元気な状態で病院の玄関をくぐってきます。臨月の健診や、陣痛が起こった早い段階で電話をかけたときに、どのくらいになったら病院へ来てくださいという、あなた自身のガイドラインをもらっているはずです（トラブルの可能性があるので、安全のために早めに入院しなさいと言われたら従います）。次に挙げるのは、ほぼ標準のガイドラインです。

- 初産の場合は、４－１－１形式に当てはまるようなら、病院へ行くタイミングです。４分間隔で１分続き、その状態が少なくとも１時間以上続くということです。
- あなたが動けなくなったり話せなくなるほど、強い陣痛が来た場合。さまざまな痛みを逃すテクニックが必要なほどの収縮であるとき。
- 自分の体のメッセージに耳を傾けましょう。「もう行くべきだ」と感じたならば行きましょう。

医師などから特に指示を受けていなければ、あなたの出産は特に問題なく進行していると思いましょう。できるだけ快適に過ごすために、なるべく長時間、家で待機していましょう。ほとんどの人にとって、陣痛の初期の期間は、なじみのある環境で過ごすほうが安心で快適なようです。病院にあまりにも早く到着しすぎると、かえって出産が長引く場合があります（しかし、あまりにも遅く到着しすぎるのも快適とはいえません）。

まちがったタイミングで病院に来たと思われることを恐れないでください。病院のスタッフは、こんなことには慣れっこなのです。彼らは恩に着せたり、くすくす笑ったり、「どうしてこんなに早く来たの？」などと言って、あなたを当惑させたりはしません。初産の場合、どんなふうにお産が進むのか、あなたにも予測できないでしょう。子宮口を自分でチェックし、どのくらい開いているのか、出産までにあとどのくらいかかるのかといった判断もできません。なお、経産婦の場合は、出産は早く進行すると思ってまずまちがいないでしょう。

ャワーを浴びたり、温かい湯船につかりましょう。本を読んだり、テレビを見るのもいいでしょう。眠るか、少なくとも体を休めることを考えましょう。来るべき仕事のために、あなたの体力を少しでも温存できる方法を、すべて試しましょう。とにかくじっとしていられなければ、軽く歩いてみましょう。垂直な姿勢と穏やかな運動は、赤ちゃんが骨盤の中におりてくるのを助け、収縮を促します。こわいという気持ちにスイッチを入れてはいけません。前回が難産だったとか、自分の体に自信がもてなかったなどの、不安な要素を意識してはいけません。恐怖心はあなたの心と体にダメージを与え、出産の進行を遅らせてしまいます。不安な気持ちが頭をもたげてきたら、その気持ちをだれかに話しましょう（できればお産の付き添いの人や、親しい友人などがいいでしょう）。きっとあなたを助け、サポートしてくれるはずです。

収縮が強くなり始めたら、リラクセーションと、自然に痛みをやわらげるテクニックを使いましょう。収縮と収縮の間に、さまざまに体位を変えてみましょう。収縮と収縮の間は、横向きに寝る姿勢を試してみましょう。背中の痛みはさらに強くなっていきます。ときどきよつんばいのポーズになるのもおすすめです。出産が進むに従って、収縮はさらに強くなっていきます。次々と襲ってくる収縮に対して、だれかに寄りかかったり何につかまったりしながら、収縮を乗り切ることになるでしょう。

ほとんどの人が、収縮が始まったころは家で過ごすほうが楽だと言います（陣痛やお産の間、自由に動き回ることができる病院もあります）。エネルギーを蓄えるために、食べられるものを少しずつ、頻繁に食べておきましょう（329ページ参照）。出産の進行を助けるために、膀胱はからにしておきます。いちばん大切なのは、常にあなたの心と体をできるだけリラックスさせておくことです。

潜在期が終わりに近づくと、体と心はあなたにそのことを告げてくれるでしょう。潜在期の終わりに向けて、収縮はより頻繁（だいたい5分間隔）に、強くなっていきます。この段階の一般的な傾向のひとつに、それまではハイな気分だったのが、自分の内側を見つめるような静かな気持ちに変わっていくということがあります。自分の体の中で何が起こっているのかを知りたいと感じ、静かな場所にじっと閉じこもっていたいと感じるようになるでしょう。この気持ちの変化は、出産が進行し、そろそろ病院に連絡して対処してもらうほうがいいというひとつのサインになります。心と体からのメッセージに耳を傾け、それに従って行動しましょう（340ページ「病院に連絡するタイミング」と345ページ「病院に行くタイミング」参照）。

＊夫へのアドバイス（初期）

使い走りになりましょう。妻が快適だと思う巣で、なるべく休ませましょう。食べ物や飲み物を運んであげましょう。マッサージをしたり、背中を指圧したり、彼女が望むことはすべてしてあげましょう。心と体をサポートするのです。

出産は、あなたにとってもこわい経験でしょう。妻といっしょに両親学級に出席したのはずっと前のことですし、出産がテーマの映画や本のこわい場面——妻が痛みのために叫び、夫は分娩室の前で落ち着かずにうろうろする（これは無意識のうちにあなたを不安にさせるでしょう）——ばかりが頭をよぎります。出産が始まると、こうしたシーンがとっさに頭に浮かんでしまうものです。突然あなたは、愛にあふれた9カ月間が去り、愛する妻が危険にさらされていることに恐怖を感じます。あなたは妻のますます強くなる不快感と苦痛を少しでも軽くするために、何でもやってあげたいと思うでしょう。

背中をさすったり、やさしい言葉をかけたり、キスしたり、軽く愛撫するだけでも妻の苦痛をやわらげる助けになるでしょう。特に妻がイライラ、ぴりぴりしていたり、不安そうなときには効果的です。あなたは、赤ちゃんが来たあとはどんな生活になってしまうのだろうという不安も抱えています。妻とまたロマンチックな夜を楽しめるのだろうか、新しく増えた家族に、きちんとした教育と医療を受けさせるだけのお金を稼げるのだろうか、いい父

親になれるのだろうか、などなどです。何よりも、あのすいかのような大きさのものが、どうやって妻から出てくるのだろうか。それがいちばん想像できないことでしょう。

ほとんどの男性は、病院が嫌いです。痛くて、血が出ます。さまざまな準備をしてきたにもかかわらず、これから48時間以内に起こることを本当は見たくないと思うかもしれません。勇気をもちましょう。あなたならできます。妻に対するあなたの愛と気づかいは、すべてのことを乗り越えさせてくれるはずです。妻があなたに求めているのは、そばにいてほしいということです。

確かにつらい時間かもしれません。しかし、あなたはゾクゾクとしながらも、その手にあなたの息子や娘を抱いた瞬間、その恐怖や不安も吹き飛んでしまうでしょう。この小さな人間とその母親は、これから数週間または数カ月の間、あなたをすっかり頼りにします。あなたの穏やかで、静かで、常に支えてくれる存在に、非常に助けられるのです。あなたの妻は、これまでの何よりも価値のあるすばらしい宝物を、あなたとあなたの人生に授けてくれます。そう、あなたの赤ちゃんです。

分娩第1期：進行期

＊あなたに何が起こるのでしょうか？

一般的にいわれている基準としては、子宮の収縮の最中には動くことも話すこともできないほどの強さを感じるようになったなら、進行期の始まりです。潜在期の間は、あなたは波に揺られるような気分で「悪くはないわね。これなら大丈夫そう」と思っていたかもしれません。でも今、あなたの陣痛は頻繁で、さらに強くなってきました。長く続き、あなたは完全に陣痛のこと以外は考えることができません。そこであなたは、思わずこんな気持ちになります。「ああ、つらい！」。

進行期には、陣痛はほぼ3～5分間隔で、45～60秒続きます。あなたは歩きながら収縮を感じると、思わずすべての動きを止めてしまうかもしれません。あなたはもはや気をまぎらわすだけでは痛みをコントロールできず、以前から練習していたリラックスや痛みをやわらげるテクニックを試す必要が出てくるでしょう。進行期の痛みはしばしば波のように、子宮の上から下へ、また、背中から前に広がっていくと感じるようです。これらの波は収縮の中心でピークに達し、しだいに弱くなっていきます。進行期には、全身が収縮に支配されていると感じるでしょう。それは、深い背中の痛みや骨盤への圧迫、それに加えて恥骨のちょうど上を引っ張って伸ばすような強い痛みです。さらに、この時期に破水することがほとんどです（破水の注意は342ページ参照）。

あなたの体が進行期だと告げる前に、すでに心は進行期に移っているかもしれません。収縮がクライマックスに向かっていくのに先立って、あるいはその最中に、多くのお母さんが本能的に、仕事に専念できるような平和な場所を探し出します。付き添っている夫やそのほかの人々は、母親の「引きこもりたい」というサインに気づき、合わせていく必要があります。

進行期は約3、4時間続きますが、これはあくまでも平均です。子宮はその人なりのタイムテーブルをもっています。多くの妊婦が進行期の陣痛を、激しくなったり、かと思うと弱まったりしたという経験をしています。陣痛がしばらく強くなったかと思うと弱い陣痛が続き、そしてまた強くなるというようにです。

＊体の変化は？

進行期には子宮頸部は完全に展退し、子宮口は4～8cm開大します。赤ちゃんの頭はますます下がり、骨盤の中に入ってきます。それにつれて羊膜が破れ、羊水が漏れたり勢いよく噴き出たりします。あなたの不快感はますます大きくなり、それをやわらげるために、脳は自然の痛み緩和剤、エンドルフィンを放出します。

＊何をしたらいいのでしょう

リラックスし、痛みをやわらげるテクニックを使いましょう（288ページ参照）。出産を進めるさまざまなことを思い出しましょう（327ページ参照）。進行期の初期に、多くの人が医療的な痛みの緩和を選択します（305ページ参照）。不快感を少しでもやわらげ、出産の進行を助けるための重要なポイントを思い出してください。

●収縮の合間はなるべく休み、少しでも体にエネルギーを取り戻すこと。
●収縮の最中はできるだけリラックスし、解放すること。始まったらまず深呼吸をします。ゆっくりとリズミカルに、鼻から息を吸って口から吐きます。収縮が去ったら深く深呼吸し、緊張をほぐします。
●姿勢を頻繁に変えてみましょう。思いついたまま、効果のある姿勢を探しましょう。
●1時間ごとに膀胱をからにしましょう。
●お湯につかることもやってみましょう。

この段階で、あなたは自分の心がどこか違う世界に逃げ出すような気持ちになってしまうかもしれません。収縮が起きている間、もしくは合間に、逃避したいという気持ちが働くのです。こわがらないでください。あなたが心を失ってしまうことはありません。あなたの体は、痛みをコントロールするのを補助するために働いているのです。

＊夫へのアドバイス（進行期）

何よりも大切なことは、妻が心の平和を保てるようにすべての欲求にこたえ、安心するような環境とあなたの態度を保つことです。うるさい雑音に悩まされることなく、妻が出産に専念できるように、周囲に気を配りましょう。

さて、ここからが大切です。「恐怖―緊張―痛み」という最悪のサイクルに妻がはまってしまうことを防がなくてはいけません。妻のそばで様子を見守り、恐怖や緊張、痛みなどの様子が見られたら、不安や緊張を取り除くように、できることはすべて試してみましょう。安心させ、落ち着かせるように話しましょう。あなたの声とボディーランゲージを使って、不安と緊張をほぐすのです。すべてがうまくいっていてとてもえらい、と繰り返し教えてあげましょう。進行期が始まったら、リラクセーションのテクニックを使います。妻はもう、このテクニックを思い出せなくなっているかもしれませんし、徐々にリラックスできる能力を失っているかもしれません。

分娩第1期：移行期

＊あなたに何が起こるのでしょうか？

移行期とは、最初のステージから次のステージに出産が移っていくことを意味しています。骨盤は広がり、子宮口は開いてきます。第2期の、赤ちゃん誕生のステージに進むのです。移行期は、出産の流れの中で最も厳しい段階です。しかし救いは、この段階はいちばん短いということでしょう。普通はたった15分、長くても1時間か1時間半程度です。多くの人は、この段階では全部で10～20回ほどの収縮しか感じません。移行期の収縮はこれまでのものよりもさらに頻繁に、3分間隔になり、1分～1分30秒続きます。1回の収縮の間にピークが何回かあるかもしれません。収縮はどんどん早く荒々しくなり、あなたはほとんど休むことも、体力を回復することもできなくなるでしょう。

赤ちゃんは回転しながら子宮から子宮口のほうに向かっていき、あなたはさらに強い背中の痛みと骨盤や直腸への圧迫を感じるでしょう。激しい痛みの波に、吐きけを催したり、暑さで汗を流したり、逆に寒けを感じたりするかもしれません。太もものあたりが激しく痛むかもしれません。

この段階で負けそうな気分になり、弱音を吐きたくなる人も多いでしょう。容赦のない収縮は、もはや制御不可能に思えます。「もう無理」とか「これ以上がんばれない」とか「今すぐ！ 今すぐ切ってください！」などと妊婦たちは口にします。たとえばここまでは非常に上手に自分のお産を管理していた人でも、この段階の収縮が続くと、もはやリラックスはできなくなるでしょう。陣痛は、潮の満ち干のように、絶え間なくあなたを襲ってきます。あなたはうなり、叫ぶかもしれません。内臓が引きちぎれるような感覚かもしれません。でもそれは、あなたがしなければいけない仕事のために、必要なのです。

しかし、「もう無理！」という気持ちになるくらいのポイントに到達したということは、これがピークで、峠を越しつつあるということも意味しています。これ以上は無理というのは、この苦しみはもう長くないよというサインでもあるのです。移行期が終われば、文字どおりあれよあれよという間にピークを過ぎていきます。この先に控えている「いきみ」は、確かに大変ではありますが、ほとんどの人はこの時期よりも痛みは少なく、取り組みがいがあると述べていました。

＊体の変化は？

移行期の間に、子宮口はあと最後の数センチまで開いていきます。この段階の最後には、あなたはこんな魔法の言葉を聞くことができるでしょう。「おめでとう！ 全開だよ！」。収縮がこれほど強い理由は、あなたの子宮の筋肉が、今は2つの作業を同時にこなさなければならないからです。赤ちゃんの頭が通りやすいように子宮口を引き上げ、次に、赤ちゃんの頭を押し出さなければいけないのです。さらに、子宮口を通る赤ちゃんの頭は、あなたの直腸と骨盤の骨にすさまじい圧迫をかけ、移行期のあなたに、耐えられないほどの感覚を与えるでしょう。脳はこの事態を察知し、強い収縮に耐えられるようにエンドルフィンを放出し続けます。

＊何をしたらいいのでしょう

この段階は、非常に忍耐力を必要とします。考えられる限りのリラックス法と痛みを緩和させるテクニックを総動員しましょう。次のことを試してみてください。

●いちばんよい体位を探しましょう。ひざをつく、座る、あぐらをかく、横向きに寝る、スクワットなど。体が自然に、体の位置を変えるタイミングを教えてくれます。
●あおむけになるのは避けましょう。
●リラックスと解放モードを取り戻すためにバスタブにつかったり、シャワーを浴びたりしてみましょう。
●間歇期（陣痛と陣痛の間）には、完全に体を休めましょう。前の収縮とこれから来る収縮、どちらのことも考えてはいけません。
●意識を解放しましょう。子宮口が開き、赤ちゃんの頭が押し出されるところをイメージするのです。
●いきみたいという気持ちになったら、とにかく息を吐いて我慢してください。子宮口が完全に開く前にいきんでしまうと子宮口が充血し、かえって赤ちゃんが通るのを妨げてしまいます。いきみを我慢するのは、非常に難しいかもしれません。いきみたい感じがすると、医師に告げてください。医師はあなたの子宮口をチェックし、もういきんでいいよというサインを出してくれます。

麻酔はしたくないと主張していた人でも、移行期になると、その気持ちを変えることがあります。医師に「もう手遅れですよ」と言われても、がっかりしないでください。硬膜外麻酔をした場合、効きめがあらわれるころには、もう痛みのピークは過ぎているからです。

＊夫へのアドバイス（移行期）

　忘れないでください。出産の間は、なんでも許されるのです。移行期は、ロマンチックな時間ではありません。あなたの愛すべき、でも出産に一生懸命な妻は、あなたや付き添っている人たちに対して敵意を見せ始めるかもしれません。彼女は、あなたにどうしてほしいかということすら言えなくなっているでしょう。どうしたら事態をよくできるかを考えられなくなっていて、何をしてほしいかを周囲に伝える気力も残っていないでしょう。「そんなことをしないで」とか「やめて！」と言われても、傷つかないでください。気をまぎらわしてあげられる方法もあるのです。妻があなたに「出ていって！」とかみついても、もう一度戻って、付き添ってあげましょう。勇気づけ、ほめたたえ、できるだけ呼吸が乱れないように、いっしょにゆっくり吸って、吐いて、呼吸をリードしてあげましょう。助産師や介助の人がずっと付き添っていてくれるのなら、その人たちからプロの技術を学ぶいいチャンスです。妻は、プロの介助とあなたの介助、どちらも必要としているのです。

　あなたの妻がひどく悪い状態のときは、あなたがベストを尽くさなければいけません。支えになって、落ち着かせてあげるのです。何かを解決しようと思わないでいいのです。ただ、そこにいさえすれば。妻を愛しましょう。あなたが感じているよりも、妻はあなたに感謝しています。でも今は、それを伝える余裕がないだけです。

分娩第2期：娩出期

＊あなたに何が起こるのでしょうか？

　この段階では、2つの歓迎すべきことが起こります。それは移行期ほど大変なことではありませんし、さらにその終わりには、赤ちゃんに会えるということです。今は収縮の痛みは多少弱くなり、間隔も3～5分あいているように思えます。

幸せな休息

　移行期の苦痛といきみの衝動の間で、多くの妊婦が10～20分くらい、ぽっかりとした休憩を味わいます。これは「平和の時間」といい、出産準備教育者、ヘレン・ヴェッセル・ニコルによってこう呼ばれるようになりました。同じように、シーラ・キッツィンガーは「休息と感謝の時間」と呼んでいます。もし、あなたがこの最も大変な時期に、短時間でも休憩できそうになったときは、とにかく休みましょう。

いきみたい！

　子宮口が全開すると、赤ちゃんの頭が産道をおりてきます。いきみたいという、コントロールできないような衝動にかられるかもしれません。

ママノート：それは抵抗できない、圧倒的な感覚でした。人生の中で最も強い便意に似ていました。これまで経験したことのないものでした。でも、移行期の陣痛よりもすばらしく感じられたのです。

　赤ちゃんを産道のほうに押し出すことで、赤ちゃんの頭が通るために膣の組織が伸び、裂けてしまうのでは？と一瞬心配になるかもしれません。忘れないでください。あなたの膣は赤ちゃんが通るようにデザインされているのです。いきみ続けるうちに膣壁はしびれ、だんだんと無感覚に近い状態になっていきます。

　ラッキーな人は、数回いきんだだけで赤ちゃんの誕生となるでしょうし、2時間以上がんばらなければいけない人もいるかもしれません。娩出期の平均的な長さは、初産の人で1時間から1時間半といったところでしょう（経

産婦はもっと早くなります）。ほかのさまざまな段階と同じように個人差はありますが、麻酔による無痛分娩を行っている場合は、押し出す力はどうしても弱くなりがちで、時間がかかる傾向にあるようです。ですから、有効ないきみをするために、移行期には麻酔をなるべく避けようとすることが多いのです。薬の強さによって、完全に感覚を取り戻すのに1時間ほどかかってしまうこともあります。

＊体の変化は？

移行期のあと子宮口は全開し、赤ちゃんの頭が産道を通れるようになります（逆子の場合はおしりが見えます）。赤ちゃんの頭は膣や骨盤底筋を広げ、これらの組織にある小さな受容体に、いきみたいという衝動を伝えます。これは「ファーガソン反射」と呼ばれるものです。この反射はさらに、脳にオキシトシンをもっと分泌せよ、という指令を与え、さらなる子宮の収縮を促します。このいきみたいという衝動とオキシトシンの分泌という2つの自然な働きによって、赤ちゃんは押し出されます。片方は体全体に「押し出せ！」という命令をし、もう片方は子宮に「収縮して、赤ちゃんが下がるのを助けろ！」という指令を出します。この前段階で、あなたの子宮はできる限りの仕事をしました。ここからは腹筋と骨盤底筋にバトンタッチです。あなたがいきめば、腹筋と骨盤底筋は子宮を圧迫し、その圧力で赤ちゃんは下がり、外に出ることができるのです。

＊何をしたらいいのでしょう

いつ、どのようにいきむのがよいのかを知っておくと、できるだけ少ない労力で、赤ちゃんをより早く抱けるようになります。私たちが実際に体験し、またベテランのお母さんたちからも学んだ、いきみのポイントをご紹介しましょう。最も大変な、でも輝かしいクライマックスの段階で、極力効果的に体を使うにはどうしたらいいのか、あなたに教えてくれるでしょう。

いきみのコントロール

あなたの体がいきみたがったときに、いきみましょう。他人に「いきんで！」と言われたときではありません。いきみはもっと生理的なものなのです。より短時間で、より大きな効果を得るには、あなたの子宮と押し出すための筋肉が、いっしょに働かなくてはいけないのです。

とにかく押し出したいという強い衝動を感じたら、いきめばいいのです。この衝動は、収縮の最初、もしくは収縮の途中に起こるかもしれません。ときにはその衝動を長く感じ、収縮の間ずっと感じることもあるでしょう。また別のときには、収縮のたびに何度かのちょっとしたいきみを感じるかもしれません。体がいきんでというサインを出したら反応しましょう。最も効果的な姿勢と感情の高まりを、利用しましょう。

スタッフ主導のいきみは避ける

出産の付添人たちは、レースの終わりにランナーを元気づけるファンのように、最後のステージで、母親をいろいろな言葉で勇気づけます。チアリーダーたちは、平和的で、あなたをしっかりサポートしてくれなければいけません。「もっと強くいきんで！」「息を止めて！」「君ならできる！　もっと強く！」「いきんで、いきんで！」。すべての威圧的な「コーチ」の叫び声が、体の内側の自然のリズムを妨害していると教えてあげましょう。

指図されたいきみは、母親が薬で管理され、分娩台の上で動けなかったころの名残です。彼らは正確にいきむタイミングを感じることもできず、効率的にいきませることもできなかったのです。善意ではあっても逆効果になりがちないきみの指導は、しばしば母親を疲れさせ、会陰の裂傷などを引き起こす原因にもなってしまいます。

◎会陰切開を避けるには

会陰切開は、剃毛や浣腸と同様、時代遅れの産科術リストの中に、加えられることになるでしょう。会陰と産道の皮膚と筋肉に切り込みを入れるために医師は局部麻酔を行い、「発露」の直前に周辺の組織を無感覚にします。そして、会陰が伸び、産道が広がるのを待たないで切開をするのです。

会陰切開に関する作り話

会陰切開を当たり前のように行っていたのは、あおむけに寝て足を上に固定させた旧式の分娩スタイルから受け継がれてきたためです。この姿勢は会陰の筋肉を緊張させ、分娩のときに会陰を裂けやすくしてしまうのです。赤ちゃんを取り出すとき、以前はよく鉗子が使われていました。今は女性たちの出産の仕方も変わってきています。多くの女性や助産師、そして医師たちもが、会陰切開を当たり前に行うことに疑問を感じ始めているのです。

実際、多くの医療従事者が、会陰切開は必ずしも必要ではないという考えに賛成しています。しかし会陰切開は、初産の場合は特に、必要以上に行われていることも事実です。これはいくつかの誤解に基づいているためです。

誤解その1　「自然に任せて裂けるより、はさみでまっすぐに切ったほうがよい」——まちがっています！　調査では、自然に裂けた場合、それが数カ所であっても裂けるのが皮膚の層だけで、はさみで皮膚や筋肉の層を含む何層も切ってしまった場合よりも治りが早いといわれています。もちろん、医師はジグザグに裂けた傷よりも、まっすぐにカットされた傷のほうが縫いやすいでしょう。しかし、切られるのはだれの体でしょうか？

誤解その2　「自然に裂けると傷が広がりやすく、直腸にダメージを与えやすい」——まちがっています！　研究では、会陰切開した場合、自然に裂ける傷よりも深く広がりやすく、ときには直腸の中にまでダメージを与え、傷を長引かせることすらあります。古い布の端を持って、裂こうとしてみましょう。次に、はさみで小さく切り込みを入れてから、裂いてみましょう。結果はどうでしょうか？　先にはさみで切っておくほうが、そのあとずっと簡単に裂けてしまいます。

誤解その3　「会陰切開は分娩時間を早め、赤ちゃんをより健康な状態で取り出すことができる」——正解の場合も不正解の場合もあります。会陰切開は、分娩時間を短縮する助けになることもあります。しかし研究によれば、このことで赤ちゃんの健康を左右することはありません（もちろん、緊急の場合は別です）。

誤解その4　「会陰切開をすれば、長期にわたる骨盤底筋の問題、たとえば失禁のような問題を軽減できる傾向にある」——まちがいです！　研究は、その正反対の立場を述べています。会陰切開を受けなかった人は、産後でもより会陰の筋肉が強い傾向があるようです。

誤解その5　「会陰切開は、膣（産道）が伸びきってしまうのを防ぐ」——まちがいです！　まったくナンセンスです。このとき、産道はすでに限界まで広がっています。これは長い時間かけて広げられてきたものですから、最後の数分で切開を行っても、伸びかげんが変わることはありません。また外科的な手術などで、膣を元の状態近くまで戻すことはできません。結局、赤ちゃんがそこを通らなければならないのです！　会陰切開を受けようが受けまいが、性的なことには関係ありません（もしかしたら、あなたは会陰切開のあとで縫うことによって、産後、膣が「きつめに」なるという話を聞いたことがあるかもしれません）。あなたはまた、会陰切開をしないほうが膣の状態はより早く戻りやすく、セックスのときに痛みも少なく、性的な満足感もより得やすいという話に興味があるかもしれません（膣の締まり具合は、結局は何よりも骨盤底筋の強さにかかっているのです。ケーゲル体操［１８０ページ］をするのがいちばんなのです！）。

最新の調査によれば、会陰切開は必ずしも必要ではなく、むしろリスクさえあるともいわれています。会陰が裂けるという事態は避けられないこ

とではないにもかかわらず、裂けずにすむ場合（もしくは最小限ですむ場合）でも、会陰切開が行われてしまうことがしばしば起こります。会陰切開は問題を引き起こすこともあります。会陰は、体の中で最も治りにくい場所です。また、感染が起こりやすい部分でもあります。会陰切開を受けた人の多くが、数カ月もの間ずっと不快だったと言っています。

ママノート：会陰切開は、出産よりもひどいでき事でした。私は2週間も、まともに座ることができなかったのです。私は、ゴム製のドーナツ座布団を、行く先々に持ち歩かなければいけない羽目になっていました。

しかし、会陰切開が必要な場合もあります。

・胎児仮死――赤ちゃんを一刻も早く出さなくてはいけない場合
・肩甲難産――赤ちゃんの肩がつかえて出られない場合
・骨盤位分娩
・吸引分娩
・鉗子分娩

会陰切開を避けるために

会陰切開は「ほんの少し組織を切るだけ」ではありません。このような言葉にだまされてはいけません。会陰切開は、けっして、当然のように行われていいものではないのです。これからご紹介するのは、必要のない会陰切開を防ぐために、あなたができることです。

ケーゲル体操（180ページ）をする　妊娠期間の後半は、少なくとも1日100回はケーゲル体操を行いましょう。最も簡単なのは、おしっこをしている最中に、尿を止めるように膣周辺の筋肉に力を入れる方法です。止めるように力を入れたあとは必ず、筋肉を解放させるように力を抜くことを忘れてはいけません。リラックスした組織は、それだけ伸びやすく、裂けにくくなるものです。

あおむけになって足を上に固定する分娩法は避ける　このとても不自然な体勢は、骨盤の出口を狭め、会陰周辺の筋肉を緊張させて裂けやすくし、会陰切開が必要になってしまいます。調査では、横向きかスクワットの姿勢で出産すると会陰が裂けにくく、会陰切開が必要な確率も低くなる、という結果が出ています。

いきみをコントロールする　いきみが強すぎて、赤ちゃんを押し出す力が急激にかかるほど会陰は裂けやすく、切開が必要になります。会陰がゆっくりと伸びる余裕がなければ、医師は、会陰が裂けるのを防ぐために切開を行うことになります（本当はこれも、会陰切開を行う理由として適当ではないのですが）。いきみは、膣と会陰の筋肉をゆっくりと広げ、裂傷を避けるための方法です。出産の教育者たちは、コートのそでに腕を通す方法で、たとえ話をします。しわになったコートのそでに勢いよく腕を通したらどうなるでしょう？　しわくちゃな裏地の抵抗がありますね。でも、ゆっくりと腕を通せば、裏地を破くことなく、スムーズに腕を通せるのです。

会陰マッサージを頼む　「アイロンがけ」と呼ばれる方法を試してもらいましょう。赤ちゃんの頭が会陰を押し、伸ばしていくのに合わせてマッサージを行い、ゆっくり伸ばしていくのです。さらに「発露」になれば、温かい湿布を当てて会陰を保護します。会陰のマッサージは、出産の数カ月前からオイルを使って自分ですることもできます。

「発露」の段階をゆるめる　「発露」し始めると、焼けつくような痛みを会陰に感じるはずです。少し腰を上げて、会陰にかかる力を弱めましょう。助産師に会陰をサポートしてもらいながら、赤ちゃんをゆっくりと押し出します。「息を吐きながら赤ちゃんを押し出す」テクニックです。

「発露」になってから、会陰切開について医師と話し始めるのはまちがっています。会陰切開については、妊娠9、10カ月の健診のときに、あらかじめ医師と話し合っておきましょう。あなたの希望をきちんと伝えておくのです。もちろん、あなたと赤ちゃんの身に何かしらの危険があった場合は希望どおりになるとは限らず、外科的な方法をとる場合もあります（どうしても会陰切開が必要な状況は、全出産の5%以下程度です）。あなたの希望を、バースプランに書き加えておきましょう。さらに、陣痛と分娩のときに、あらためて医師に希望を確認しておくといいでしょう。

＊出産のときの子宮の働きは？＊

なぜ、子宮は赤ちゃんを押し出そうとするのでしょう？　何が出産をスタートさせるのか、知っている人はだれもいません。研究者によれば、プロスタグランジンというホルモンが、赤ちゃんあるいは子宮か胎盤のいずれか（またはすべて）から放出され、赤ちゃんが「熟した」というサインを出し、出産の引きがねになる、といわれています。

引っくり返った洋梨のような子宮の形を思い浮かべてください。縦に、何百ものゴムのバンドで覆われています。このゴムのバンドは筋肉です。筋肉は、子宮のいちばん広い部分である「子宮底」に向かって、扇形に広がっていきます。

逆さの洋梨のいちばん下のいちばん狭い部分に子宮口があります。ここは筋肉よりも厚い線維質の組織を含んでいて、子宮口の周りの筋肉は円を描くようなパターンになっています。

子宮の筋肉が収縮しているところを想像してみましょう。上の部分が赤ちゃんを下に押します。下のほうの筋肉は赤ちゃんを引っ張ります。赤ちゃんを産み出すために、筋肉が協調してハーモニーを奏でなければいけないのです。下のほうの筋肉がやわらかくてリラックスし、開いている間に、上のほうの筋肉は収縮し、かたくなっていきます。洋なし形の部分から管状の部分まで、赤ちゃんが下がっていくことをサポートするようになっています。あなたが緊張して体の自然な働きを妨げてしまうと、2つの筋肉のグループはリズムをくずし、リラックスできていない子宮の低いほうの筋肉に抵抗するように、収縮を繰り返します。“痛い！”。

子宮の筋肉のすばらしい特徴は、これだけではありません。体のほかの部分のさまざまな筋肉と違って、収縮のたびに筋肉がより縮んでいくのです。自然のすばらしいメカニズムに感謝しましょう。そうでなかったら、あなたの子宮はけっして、元のサイズには戻らないでしょう！

「子宮の収縮のたびに、いつ、どのくらい、どのくらいの強さでいきめばいいかを理解したければ、誕生の交響楽の指揮を、収縮する子宮にゆだねればいいのです（出産準備教育者シーラ・キッツィンガー）」

ときには、ある程度いきみをサポートしてもらうほうがいい場合もあります。たとえばあなたが、あまりいきみの衝動を感じない場合。それが薬の影響であった場合などです。この場合は医師や助産師、お産をサポートする看護師などが、分娩監視モニターを見ながら、あなたにいきみのサインを出してくれるでしょう（おそらく、あなたの手を子宮の上に当てさせ、収縮を感じられるようにしてくれます）。収縮の始まりを感じたら、彼らはこう言うでしょう。「息を深く吸って、背中を丸めて（弓なりにならないで）、腹筋を引き締めて、下半身はリラックスして、さあ、いきんで！　はい、いきみながら少しずつ息を吐いて、開いて、赤ちゃんが出てくるところをイメージして……」。

正しいいきみ方

あなたの頭から、分娩台の上であおむけになって眼球が飛び出しそうなほど顔を紫色にしてうんうんうなっている映画のシーンは消してください。大声を出す、不安そうな応援団に囲まれて「紫色の顔色」でいきむ母親というのは、本人にもよくないだけでなく、赤ちゃんにも有害になりえます。オリンピックのウエイトリフティング競技ではありません。

息を止めたまま、長い間呼吸しないでいると、胸への圧迫が増します。これは心臓への血液循環を悪くし、血圧を低下させ、懸命に働いている子宮への血行も悪くしてしまうのです。息を止めていきんでいる時間が長いほど、循環器障害は起こりやすくなります。研究では、6秒以上呼吸を止めていきむだけで胎児の心拍数に変化があり、胎児が十分な酸素を得られていない可能性を示しています。

研究では、多くの母親が本能的に行うことで最も有効ないきみを生み出す、と報告されています。短くて頻繁ないきみは、エネルギーの消耗を軽減します。顔の毛細血管が切れたりせず、子宮により多くの血液を供給します。この方法で収縮はますます強まり、より多くの酸素を赤ちゃんに供給できるのです。実際にお母さんの多くが、だれの指示がなくても適切にいきみ、出産しています。

適切ないきみは、赤ちゃんがより健やかで、母親の消耗が少なくすむだけでなく、会陰の裂傷を防いだり、会陰切開の可能性も減らします。

いちばんよいいきみとはどういうものでしょう? やりすぎないように、でも一生懸命いきむのが基本です。短く(5、6秒以内)、頻繁に(陣痛ごとに3、4回)行ういきみなら過度に疲れず、血液の酸素レベルを維持します。5、6秒精いっぱいいきんだあと、肺の中の酸素を全部出しきるつもりで息を吐きましょう。急いで息を吸って肺を新鮮な空気で満たし、次のいきみに備えます。

いきみの姿勢

あおむけの姿勢は、いきむのに最も向いていません。起き上がってスクワットの姿勢になるのがベストです。あおむけに寝ていると、赤ちゃんを上のほうに押し出さなくてはなりません。これは、最もやりづらい方向です。腰の骨(尾骨)を高く上げるような姿勢は、赤ちゃんが外に出ようとする道をふさいで出産の時間をいたずらに長引かせ、痛みを必要以上に強くしてしまいます。スクワットの姿勢は骨盤を広げ、重力の力も借りて赤ちゃんがスムーズにおりてくるのを助けます。スクワットと同じような効果を得る姿勢はいろいろあります。その1つがセミリクライニングの姿勢で、いきみのたびに足を後ろのほうに置くことで、骨盤を広げます。しかしこうした姿勢は、垂直の姿勢に比べると、重力の助けがやや減少します。

赤ちゃんが早くおりすぎるようならば、横向きの姿勢を試してみましょう。分娩をサポートしてくれる人に、温かい湿布で会陰を保護してもらいます。さらに、上になる足を支えてくれる人も必要です。

あせってはいけません

母親と出産の介助人は、しばしば分娩の段階をスピードアップしようとしがちです。早くお産を終わらせて、一刻も早く赤ちゃんを抱きたいと思ってしまうのです。赤ちゃんを早く出したいという「医療的な理由」は、時間が長びくと赤ちゃんが酸素不足になってリスクがより増えるのではないかという、時代遅れの考えによります。

最近の研究では、この段階が多少長引いたとしても、分娩監視モニターで正しく観察し、適切な管理を行えば、赤ちゃんに悪影響を与えることはないといわれています。いきみ自体が長く、強すぎる場合、赤ちゃんが酸素不足になる可能性はあるものの、第2段階全体の長さは問題ではないという結論に達しています。収縮の間に胎児の心音が下がってアラームが鳴っても、収縮後に元に戻るようなら、心配しないでください。収縮の最中に赤ちゃんの心音が下がるのは普通のことで、収縮と収縮の間に回復するようになっています。このアラーム音があなたを不安にさせ、気が散ってしまうのなら、音が鳴らないようにしてもらいましょう。音が鳴らなくても、出産のスタッフはモニター画面で経過を確認できるはずです。

いきみの間は休んで

出産の教育者やベテランの母親は、「陣痛と陣痛の間は休むように」というアドバイスを繰り返しますが、初産の妊婦はなかなかうまく休むことはできないものです。収縮が過ぎたら、自分が楽な姿勢になりましょう。氷のかけらを口に入れ、音楽を聴き、部屋と、付き添いの人たちにも静かな雰囲気を保ってもらいます。できるだけ落ち着けるように、いろいろなリラクセー

ションのテクニックを試しましょう。収縮の間に、「開いていく」「放出していく」「広がっていく」様子を連想してみましょう。優美なばらの花が開いていく様子をイメージしましょう。自分を勇気づけ、体と心を開き、赤ちゃんを産み出す力がわいてきます。

会陰裂傷を避ける

数回、いきみの衝動に襲われたとたん、リラックスしていた骨盤底筋が緊張してきます。これまで練習してきたケーゲル体操とリラクセーションテクニックの出番です（352ページ参照）。

＊夫へのアドバイス（第2段階）

妻がリラックスできるようにサポートすることが基本です。彼女が望むお産の体勢を支えてあげましょう。冷たいタオルで額の汗をふいてあげます。冷たい氷が欲しくないか、聞きましょう。マッサージもしてほしいかどうか聞き、望むとおりにします。腕や足をとんとんとたたいてあげましょう。息を深く吸って吐くことを忘れないように励まします。部屋の中が静かで平和に満ちた雰囲気であるように注意し、邪魔になる人や物は部屋に入れないようにします。妻が自信をなくしかけているときは「えらいね！　すごいよ！」と励ましましょう。

発露：赤ちゃんの頭が見え始めました

しばらくいきむと、陰唇がふくらんできます。あなたの仕事の成果が見えてきました。あなたがいきむたびに、しわの寄った小さな頭が見えます。収縮がおさまるとまた隠れ、次の収縮でまたあらわれるという感じです。医師が「発露が始まりましたよ」と言います。まるで王冠のように膣口が赤ちゃんの頭の形に適合するまで、会陰は徐々に伸び始めます。赤ちゃんの頭が出たり引っ込んだりすることで、膣の組織をゆっくりと開いていき、赤ちゃんが通り抜けるときに会陰が裂けないようにするのです。赤ちゃんの頭が回転して骨盤の下のほうに収まると、もう元に戻ることはなくなります（あなたは手を伸ばして赤ちゃんの頭にさわり、自分を励ますこともできます）。

陰唇と会陰が伸びるにつれて、そのあたりに、「炎のリング」と呼ばれる、ひりひりと焼けつくような感覚があるでしょう。あなたの口の端を指で引っ張ってみてください。引っ張られてひりひりする感覚がどんなものなのかわかるでしょう。出産は、これがさらに強くなったものです。このひりひり感は「しばらくいきむのをやめて」というサインです。数分のうちに、赤ちゃんの頭による強い圧迫は会陰周辺の神経を麻痺させ、ひりひりと焼けつく感覚はおさまるでしょう。この状態を「発露」といいます。

「発露」の状態になると、スタッフが「いきむのをやめて」と指示を出し、膣の内部や会陰の組織が裂けないように、赤ちゃんの頭が勢いよく出すぎないように、かげんします。赤ちゃんの頭が会陰を伸ばし始めると、会陰切開を決心する医師もいるでしょう。会陰切開についての自分の希望を、事前にきちんと伝えておきましょう（352ページの「会陰切開を避けるには」を参照）。さらに何回かの収縮で赤ちゃんの頭は回転し、肩が恥骨の下を通り抜けられるようになります。さらに若干の収縮で、赤ちゃんはするりと、出産を介助している人の手かベッドの上に生まれ出てくるのです。

医師は、必要があれば赤ちゃんの鼻と口の吸引を行い、呼吸を促すように背中をさすります（あなたは赤ちゃんの産声を聞くでしょう！）。そして赤ちゃんはあなたのおなかの上に腹ばいでのせられ、瞬時にアプガースコア（389ページ参照）のチェックを受けます。へその緒は切られ（この名誉ある役目を夫が受け持つこともあります）（注1）、赤ちゃんはあらためてあなたに会う準備が完了します。ただし、特別なケアを必要とする赤ちゃんもいます。胎便吸引症候群だとか呼吸不全の場合、子宮の外に出ても生命が維持できるように、さまざまな処置が施されます。赤ちゃんの生命の維持に必

＊出産は、赤ちゃんにとって苦しい体験でしょうか？＊

子宮の中でぎゅうぎゅうと締めつけられ、狭い産道を通ることが、赤ちゃんに害があるのでは？と、心配になるかもしれません。すばらしいことに最新の研究では、まったく正反対だとしています。またしても、母親の自然な体のしくみが勝利をおさめたのです！

陣痛と出産のプロセスは、赤ちゃんにとってストレスになります。しかし、このストレスは、前向きなストレスなのです。母親にとって出産は、健全で自然なホルモンの分泌を促すものです。このホルモンは母親の痛みをやわらげ、赤ちゃんに適応していくのを助けてくれます。母親のハードな仕事はまた、赤ちゃんの副腎を刺激し、「カテコールアミン」と呼ばれるストレスホルモンの分泌を高めます。これは「胎児のストレス反応」と呼ばれているもので、大人の「緊急反応」と呼ばれる状態と同じです。緊急反応とは、人間が急に命の危険などの大きなストレスにさらされた場合に、その状況により適応しやすくさせるために自然に起こる作用です。つまり、赤ちゃんが子宮の外でも生きていけるように「戦う」必要があり、ホルモンはそれを助けてくれるというわけです。研究では、普通分娩で生まれた新生児は、計画的に帝王切開された赤ちゃんより「手助けホルモン」の値が高いという結果が出ています。胎児のストレス反応によって、赤ちゃんはより健やかに子宮の外の世界に適応していけるようになるのです。具体的には、次のようなものがあります。

・呼吸を促進する：これらのホルモンによって、化学的な界面活性物質の分泌が促進され、肺を拡張させ続ける手助けをします。
・赤ちゃんの肺を広げる：肺呼吸をするために、赤ちゃんの肺を開きます。さらに、肺の中から羊水を除去する速度を早めます。
・心肺への血流を増加させます：ストレスホルモンは、赤ちゃんの心臓、脳、腎臓への血流を促進します。
・新生児の免疫力を高めます：副腎ホルモンは新生児の血管の中にある白血球の数を増やし、感染症などへの免疫力を高めます。
・赤ちゃんにより多くのエネルギーを送れます：これまでの胎盤から栄養を摂取していた状態から、母乳による栄養摂取に切りかわります。が、移行の時間が確保でき、胎盤の栄養がぎりぎりまで供給されることによって、母乳がたっぷり出るようになるまで、赤ちゃんは乗り切ることができるのです。
・絆づくりが容易になります：ストレスホルモンのレベルが高くなることで、赤ちゃんは世話をしてくれる相手により注意深くなり、お互いの存在を感じやすく、反応しやすくなります。

胎児のストレス反応は、赤ちゃんとお母さんがいっしょに出産を乗り越え、新しい生活をともに始めるために、いかにすぐれているかという証明でもあるのです。

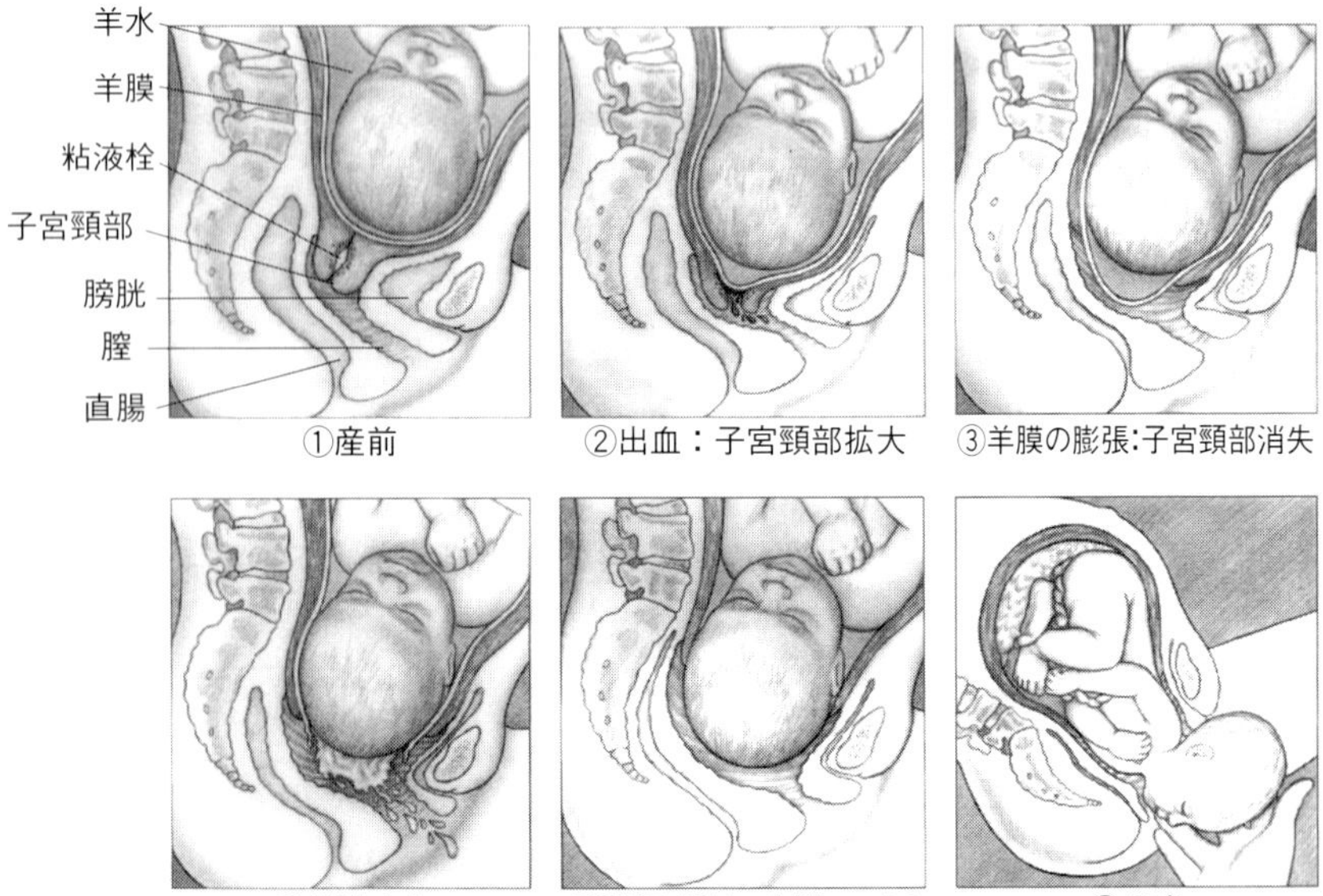

①産前　②出血：子宮頸部拡大　③羊膜の膨張:子宮頸部消失
④羊膜破水　⑤移行、開大、全開、いきみ　⑥出産

要なシステムが機能していることが確認されれば、待ちわびるあなたの腕の中に、赤ちゃんは運ばれてきます。

分娩第3期：胎盤娩出

＊あなたに何が起こるのでしょうか？

この時点では、あなたは長い仕事をやり終えて勝利の結果を手にしたことで、消耗しきっているでしょう。あなたと夫が誇りをもって赤ちゃんを腕に抱き、小さな体を不思議議な気分で眺めている間も、出産の介助人たちは引き続き、あなたの出産の処置を行っています。あなたにはまだ少し、しなければいけない仕事が残っているのです。胎盤の娩出（後産）です。

あなたは赤ちゃんにすっかり心を奪われていて、胎盤を出す作業をしていることをはっきりとは感じられないかもしれません。しかしほとんどの人は、初めての家族の絆づくりの時間を、やわらかな痛みとともに記憶にとどめています。そのことは、まだお産が終わっていなかったという証拠でもあるのです。

胎盤の娩出のために、少々の痛みと弱いいきみの衝動を感じるでしょう。会陰切開を受けていたり、裂傷などがあると、医師はその個所を縫う必要があるかもしれません。縫合の前には部分麻酔を行いますが、少々ちくっとするかもしれません。分娩第3期のさまざまな苦痛は、大切な赤ちゃんの誕生によって、すっかり影が薄くなってしまいます。

ハードな仕事ですっかり疲れきったあなたを、ふいに悪寒が襲います。コントロール不能な震えはあなたを狼狽させ、取り乱させ、不快にさせます。温かい毛布を頼みましょう。なるべくリラックスできるように、深呼吸しましょう。

＊体の変化は？

あなたの子宮は、引き続き収縮しています。胎盤を娩出し、血管を圧迫して出血を止める役割をしているのです。問題がある場合は、子宮の収縮を促し、出血をよりすばやく止めることができるように、ピトシンや麦角などの注射または点滴を受けてもいいでしょう。出産の付添人たちは、子宮が安定すると出血はすぐ止まるので、それを促すためにマッサージをしてくれるかもしれません。これは、いささか不快かもしれません。胎盤の娩出は、通常5～30分で終わります。

＊何をしたらいいのでしょう

赤ちゃんに会えたことを、ひたすら楽しむべきです。抱き締め、愛し、大変な思いをして得たこの命を、慈しんであげましょう。赤ちゃんを胸の上にのせ、肌の触れ合いを楽しみましょう。あなたの体温で赤ちゃんの体も温まります（助産師は赤ちゃんを温かいタオルでくるんでくれるでしょう）。赤ちゃんを胸に引き寄せ、母乳が飲めるようにしてやりましょう。赤ちゃんがおっぱいを吸う様子を見ると、あなたに猛烈な母性が襲ってきます。赤ちゃんに触れることで、オキシトシンというホルモンの分泌が盛んになります。これは、子宮の収縮や胎盤の娩出を自然に助け、出血を止める役割をします。

赤ちゃんの生後1週間、母乳を与えると、子宮の痛みを感じることがあるでしょう。これを「後陣痛（こうじんつう）」と呼びます。この痛みは、経産婦のほうが強く感じます。痛みを感じるからといって、母乳を与えるのをやめないでください。後陣痛がひどいようなら、医師に鎮痛剤をもらってください。子宮の痛みは、子宮が元のサイズに戻ろうとしているからで、必要なことなのです。やがて消えていきますから、痛みを感じたら、とにかく深呼吸してリラックスすることです。

お父さんにも赤ちゃんを抱かせてあげましょう。できればシャツを脱いで

肌と肌を触れ合わせる抱き方が望ましいでしょう。医療的な措置やチェックを受けるために、お母さんとは別の部屋に行かなくてはいけないようなら、お父さんが付き添ってあげましょう。

このころの赤ちゃんの泣き声に、特別な意味はありません。看護師さんたちがほかの仕事で忙しそうなときは、お父さんが赤ちゃんを抱いて、看護師さんの手があくまで揺らしてあげましょう。新生児室に赤ちゃんをひとりで置き去りにしてはいけません。赤ちゃんは母親から離された不安で泣き叫ぶでしょう。赤ちゃんは、この世界が安全で愛情にあふれていることを感じられるような、安心できる場所を求めているのです（３７３ページ参照）。

＊監修者注

（注１）日本では、医療従事者にしか認められていない処置です。

健診で行われること（妊娠９、10カ月／32〜39週）

９、10カ月の健診では、だいたい次のようなことが行われます。

・子宮底長の計測
・子宮と赤ちゃんの位置を確認するための触診
・指示があれば、内診
・体重および血圧チェック
・指示があれば、超音波検査で胎児の大きさと位置を確認
・尿検査（感染症、糖、タンパクのチェック）
・陣痛が始まったらどのタイミングで医師に連絡をしたらよいかの確認
・お産が始まった兆候はどのようなものかの確認
・偽陣痛と「本当の」陣痛の違いを確認
・お産が始まったサインの確認
・病院へ向かうタイミングの確認
・お産のプラン、お産の内容（立ち会い、会陰切開、そのほか特別なこと）に対する確認
・感情や心配事についてカウンセリングする機会

もし、お産が１週、もしくは２週予定日を過ぎている場合、医師は「限界」はいつくらいかということをあなたに話すでしょう。あなたは毎週超音波検査を受け、羊水の量を測定し、また、お産を誘発する可能性について医師と話し合います。予定日を過ぎた場合には、医師は、気をつけなければいけない兆候をあなたに話して聞かせるでしょう。

あなたの妊娠9、10カ月ダイアリー（コピーして使いましょう）

○今月の気持ち

○体の変化で感じること

○赤ちゃんに対して、私が思ったこと

○赤ちゃんの夢を見た

○私が想像する赤ちゃんの様子

○体重

○血圧

○いちばん気になっていること

○とてもうれしかったこと

○今、困っていること

○疑問に思ったこと、そしてその答え

○検査とその結果、感想

○胎動について感じて思ったこと

○胎動に対するパパの感想

○お産が始まったときの様子

○コメント

Part 10

産後1カ月

赤ちゃんとの生活が始まりました

赤ちゃんが誕生して数週間経っても、あなたの体と心は、あなたが終えた大仕事や（一生の）大変化を、つい昨日のことのように思い出させてくれるでしょう。あなたがしなければいけないことは2つあります。体を回復させること、赤ちゃんの母親として自分を調整していくことです。一番の宝物である赤ちゃんを腕に抱いていても、ときには産後のさまざまな痛みが、あなたを憂うつにさせてしまうかもしれません。

この月の気持ちは？

妊娠がとても驚くような感情的な体験だと思ったなら、その後につむじ風のように起こる産後の感情に対しても、覚悟しておかなければいけません。あなたの人生は、もはやあなたひとりのものではなくなったのです。あなたは赤ちゃんが立てる物音に、いちいち飛び上がるようになるでしょう。あなたの体もホルモンも、めまぐるしく変化しています。1、2カ月すれば感情もおさまってきますが、今はまだ、感情的にもとても不安定で、喜びと満足感でいっぱいのときがあったかと思えば、恐ろしさと不安でいっぱいのときもあります。代表的なものを挙げてみましょう。

スリルと興奮

あなたは陣痛の痛みから生き残り、赤ちゃんを抱くことができました。これはあなたの人生の中で最も輝かしいときであり、あなたはナチュラルハイのモードに突入します。眠れなくなったり、赤ちゃんのこと以外は何も考えられないという状態になってしまうかもしれません。あなたも夫も、周囲の人すべてに出産の話を披露したくなるかもしれません。陣痛と分娩の間に、あなたが望んでいたことと違うことが起こり、満足感が少しでも損なわれてしまっている場合、思いどおりの出産ができなかった苦しさをまだ乗り越えることができずにいる場合は、医師や助産師にきちんと相談しましょう。

抵抗できない

望むと望まないとにかかわらず、事前にトレーニングしたかしなかったかにも関係なく、24時間赤ちゃんはいっしょにいて、あなたは世話をしなければなりません。赤ちゃんが生まれたときから始まっているのです。あなたが3、4時間以上まとまって眠ることができるようになるのは、まだ1カ月以上も先です。抵抗できない、逃げられないような気持ちになるでしょう。

精神的な落ち込み

ハイな状態のあとには、落ち込みが待っています。あなたは何カ月もの間、赤ちゃんの誕生のためにさまざまな準備をしてきました。今、その一大イベントが終わったのです。そのあとに虚脱感が襲ってきても、不思議ではありません。新しい変化に直面しているときはなおさらです。あなたは、妊娠が終わったことを少し悲しく思うかもしれません。なぜなら、今や主役はあなたではなく赤ちゃんなのですから。あなたは赤ちゃんのお世話係であり、その赤ちゃんもあなたひとりのものではなく、夫や家族、友人と分かち合う存在になっているからです。

めそめそする

「マタニティブルー」は、産後のお母さんの多くが経験するものです。産後数日してからみられるもので、理由もなく急に悲しくなり、落ち込んでしまうのです。あなたは本当に自分が子育てできるかしらと不安になり、自信がなくなり、そして、こんな考えを抱いてしまう自分に対して、自己嫌悪の波に襲われてしまうのです。

マタニティブルーは、急激な生活環境とホルモンの変化によって起こるものです。疲労も大きな要因です。専門家によれば、マタニティブルーは、産後の母親の約50%に起こります。きちんとしたサポートやケアを受ければ、あなたの状態は自然に落ち着いてくるでしょう。それでも落ち込んだ状態から抜け出せないようなら、専門家の助けを求めましょう。

この月のからだは？

おんぼろのくたくた

人生の中でも最も大変な大仕事を終えて、あなたの体も心もくたくたです。すべての筋肉、関節、体中の内臓が、赤ちゃんを産み出すために働きすぎてしまったのです。頭の先からつま先までその影響を受けていることは、疑う余地がありません。出産の長さや強さ、会陰切開を受けたかどうかなどによって、回復の度合いは違いますが、少なくとも数週間は、疲れを引きずってしまうことになるでしょう。いきみで眼球や顔の毛細血管が切れて、赤いポチポチ（皮下出血）が出る人もいるでしょう。赤ちゃんの顔にも同じような赤いあざが見つけられるかもしれません。赤ちゃんにできたこの「スパイダー・マーク」は数日できれいになりますが、あなたの場合は数週間かかるかもしれません。産後の日々はボロボロで、疲れきっているように見えますし、実際に自分でもそのような気分に陥るでしょう。

最初の数日間、もしくはもう少し長い間、骨のしんから疲れたという気分を味わい、体がうずくような感覚や、自分の体が自分のものでないような感覚を味わうでしょう。ウオーキングなどとんでもないことで、深呼吸するだけで、胸の筋肉が痛むかもしれません。時間が解決するということのほかに、次のようなものも試してみましょう。

- ●休む。
- ●温かいおふろに入る。
- ●まめにマッサージをしてもらう。特に痛んだ筋肉のマッサージを。
- ●栄養のあるものを食べ、飲んで、エネルギーを補給する。
- ●よけいなことを考えず、とにかく赤ちゃんを抱く。

めまいがする

寝ている姿勢から座ったり、座った姿勢から起き上がったりと、急に姿勢

を変えるときなどには特に、めまいを感じることがあるでしょう。歩いているときも体がふらふらし、やはりめまいを感じるかもしれません。これは、出産による急激な血圧や体内の血液量の変化によって起こります。この急激な変化にあなたの心臓血管系が適応していくのに時間がかかるのです。寝ている姿勢から座ったり、座っている姿勢から立ったりする場合には、なるべくゆっくりとした動作にしましょう。

このひどいめまいの段階（だいたい1日くらい）がおさまるまでは、ベッドから起きたり歩いたりするときに、だれかのサポートが必要になるかもしれません。

体のふるえ

出産直後に、体のふるえを感じる人は少なくありません。長くてハードな仕事のあとで、体温調節機能が元に戻ろうとして働いているのです。温かい毛布にくるまって休んでいれば、数時間で回復してくるでしょう。

悪露

産後数日から場合によっては数週間、「悪露《おろ》」と呼ばれる出血やおりものが続きます。産後数日間は通常の月経のときのように赤く、量も多く、いくつかの血のかたまりも含まれています。最初の週が終わるころには、おりものの量は減り、赤っぽい茶色になり、薄くなってきます。次の数週間に、悪露は赤茶色からピンクに、そして黄白色に変化していきます。量も少なくなり、ナプキンをかえなければいけないことも減ってくるでしょう。動くたびに悪露は出ます。立ったり歩いたり、母乳を飲ませたりという動作は、悪露を増やすことになります。

悪露は毎日続きますが、いちばんこわいのは、何が普通で、どうなると異常なのかということをわかっていない場合です。次に挙げるものは、心配な悪露の症状です。これらの様子がみられたら、医師の診断を受けましょう。

●赤く、量が多い状態がいつまでも続いている場合。産後、おりものは増加しますが、血液状のものは減ってくるのが普通です。最初の数日間が過ぎたあとで、1時間ごとにナプキンをかえなくてはいけない状態が4時間以上続くようなら、医師に連絡しましょう。

●鮮血の、大きな血のかたまりが続けて出るとき。ゴルフボール大の血のかたまりが、授乳のあとに出ることがあります。ぶどう粒大の血のかたまりが、産後数日の間にみられるのは普通です。

●いやなにおいがする悪露の場合。正常な悪露は月経のときのようで、ほとんどにおうことはありません。

●めまいが続く、または増える場合。寒けや、じっとりと冷たい感覚、動悸などを伴う場合。

何かおかしいと思ったら、迷わず医師に相談しましょう。産後の回復期は、体の変化に注意深くなくてはいけないのです。さまざまな変化が正常なものであるかどうかを判断するのは、医師の仕事です。

とても量が多く、心配な感じの出血があった場合は、医師の指示を待つ間や救急に運んでもらう途中も、とにかく横になって、恥骨のすぐ上にある子宮の上あたりにアイスパックを当てておきます。または、出血している部分がだいたいこのあたり、とはっきりしている場合は、その患部にアイスパックを当てるようにします。

大量の出血の原因として主に考えられるのは、子宮の収縮が十分に行われなかった、胎盤の一部が子宮内に残っていた、あるいはなんらかの感染症にかかったということなどです。医師は診察によって、これらの出血やかたまりが異常なものではないか、重大な問題が起こっていないかどうかを判断します。

後陣痛

出産が終わっても子宮は収縮を繰り返し、元のサイズに戻ろうとします。子宮の収縮は、分娩時に子宮の血管を圧迫し、出血を抑える役割もしています。出産後数時間、こうした収縮は規則的で強いままでしょう。この収縮は産後数週間かけて徐々に弱くなり、回数も減ってきます。この後陣痛は月経痛にも似ていますし、妊娠の後期に感じていた前駆陣痛にも似ているでしょう。収縮は授乳中に強く感じることが多いようです。これは、乳首を吸われることでオキシトシンというホルモンの分泌が盛んになり、子宮の収縮を促して出血を止めようとすることが原因です。ですから医師や助産師は、子宮の回復を早めるためにも積極的に母乳育児を実践すべきだと指導しています。

後陣痛は、初産の場合はさほど強く感じないことが多いようですが、2回目以降では、よりはっきりと感じるようになります。これらの不快感をうまく逃すために、出産の間に効果があったリラクセーションテクニックを使ってみましょう。授乳中でもこの方法を使うことで、いくらか快適に過ごせるようになるでしょう。医師に鎮痛剤をもらってもいいでしょう。鎮痛剤のほとんどは、授乳中に服用しても害のないものです。

うまく排尿できない

出産の翌日、あなたは「おしっこに行きたい」という気持ちにならないかもしれません。また、尿意を感じてトイレに行っても、なかなか出なかったり、ひりひりとした痛みを感じることがあるかもしれません。膀胱や尿道は、産道の隣にあります。ですから、出産の間にこれらの組織は圧迫され、伸ばされ、痛めつけられてしまうのもしかたのないことです。硬膜外麻酔を受けた場合は膀胱の機能は低下し、薬の影響が少なくなるまで回復しないかもしれません。会陰切開や小さな傷さえも、排尿障害の原因になります。尿が傷口にかかると傷口にしみて痛いのも、その原因のひとつです。

おしっこが出ないというのは産後は一般的にみられるもので、看護師が「おしっこは出ましたか?」と聞くことでもわかるでしょう。さらに看護師は、あなたのおなかを押して、膀胱に尿がたまっていないかどうかチェックするかもしれません。膀胱の機能をスムーズに取り戻すには、次のようなことを心がけてみましょう。

- ●水分をたくさんとること。出産後にはとりあえず、最低でもコップ2杯以上の水（またはジュース）を飲むこと。
- ●蛇口をひねって、水をシンクに流してみましょう。水が流れる音を聴くことで、あなたの本能が思い出します。
- ●骨盤底筋をリラックスさせます。
- ●起き上がった姿勢で、立ったり歩いたりしましょう。重力の助けを借りるのです。
- ●おしっこをするときに、骨盤底筋をリラックスさせましょう。全身もリラックスさせます。
- ●温かいお湯で半身浴を行いましょう。おふろの中でおしっこをしてしまいたくなったら、そのましてしまってもいいのです。
- ●看護師が膀胱をマッサージしてくれるかもしれません（尿がたまっている場合）。
- ●会陰に傷や手術のあとがある場合には、「ペリボトル(プラスチックの容器)」を使いましょう。これにお湯を満たし、尿をするときに傷口にかけます。尿がお湯で薄まり、しみる痛みが軽くなるでしょう。

尿が膀胱に十分たまっているのに、あなたや看護師が膀胱をからにしようと努力しても、できないことがあります。出産後8時間以上も尿が出ない場合、医師はカテーテルを尿道に差し込み、膀胱をからにする指示を出すかもしれません。ずっとそのままにしておくと、感染症などの原因になってしま

うこともあるからです。

排尿に関する問題は、産後の1、2日で解決します。その後、1、2週間は、トイレに頻繁に行くようになるでしょう。妊娠中、10カ月間でたまった余分な水分を排除していこうとする、体の自然なシステムなのです。

尿が漏れる

異常ではありません。しかし、あなたがせきをしたり、鼻をかんだり、笑ったりするたびに、少し尿がもれてしまうのは不快でしょう。この「緊張性尿失禁」は一時的なもので、あなたの膀胱や骨盤組織が妊娠前の状態に戻ろうとして起きることです。この不快な症状がおさまるまでの数週間、ナプキンを当てておきましょう。

汗を大量にかく

妊娠中に体に蓄積した余分な水分を排出するために、夜中に大量の汗をかくことがあります。産後1、2日間は、汗の吸収のよいコットンのパジャマを着るようにしましょう。同じようにシーツやまくらも、汗をよく吸う素材のものでカバーします。汗をかいたり、かっかとほてったりすることは、最初の1週間によくみられ、産後1カ月の終わりまでには、自然におさまってきます。

会陰の痛み

あなたのデリケートな会陰は極限まで引き伸ばされ、傷んだり裂けてしまったかもしれません。切開した場合は、ずきずき痛むかもしれません。不快感を少しでもやわらげ、傷をいやし、感染症を防ぐために、以下のことに気をつけましょう。

●会陰切開を避けるために、できるだけのことをしましょう（352ページ参照）。会陰切開を受けた多くの人が、出産よりも会陰切開の傷を治すことのほうが不快だと言っています。切開した傷は、数週間つれるような痛みがあるでしょう。

●看護師や医師に、会陰のケアを教えてくれるように頼みましょう。温めれば血行がよくなり、傷の治りが早まります。冷やせば痛みの感覚が麻痺し、はれがひきます。どちらも衝撃を受けた会陰を治すのに必要です。看護師はなるべく早く、アイスパックをあなたの会陰に当ててくれるでしょう（これはなかなか気持ちがいいものです）。看護師はまた、あなたにぬるま湯を張ったおふろにつかるようにすすめてくれるでしょう。また「ペリボトル」を使いながら、会陰をぬるま湯や水で洗い流す方法も教えてくれるでしょう。ハマメリス（アメリカマンサク）の湿布を、会陰とナプキンの間にはさんでもいいでしょう。

●自分がいちばん快適な姿勢で座ったり、横になったりしましょう。片側に重心をかけて不自然な姿勢でいるほうが、まっすぐ座るよりもかえって負担がかかるかもしれません。どの姿勢でも耐えられないようならば、ゴム素材のいす敷きやドーナツ型の座布団を使って、会陰に圧力をかけないようにしてみましょう。感染症を防ぐために、少なくとも2時間おきにナプキンを取りかえるようにします。ふくときには前から後ろに向けてふくようにします。後ろから前にふくと大腸菌などの細菌が会陰の傷に入る恐れがあります。

●排尿や排便のあとは、会陰を清潔に保つように、ウォシュレットなど温水で洗うように心がけましょう。やわらかいタオルでふきましょう。ティッシュでふくと刺激になってしまうかもしれませんし、痔をひどくさせてしまうことも考えられます。

●痛みがひどいようならば、授乳していても安全な鎮痛薬を、医師に処方してもらいましょう。

便秘

あなたの腸は膀胱と同じ、または似たような理由によって、働きが鈍くなっているかもしれません。赤ちゃんを産み出すためにかかわった筋肉は、出産の間になんらかの衝撃を受けたかもしれません。薬や麻酔薬も、一時的に腸の活動を鈍くさせてしまうこともあります。お産に向かう体の準備として自然に下痢が起こり、お産の間、あなたの腸はからっぽだったかもしれません。このような生理的な原因とは別に、心理的な原因が便秘を誘発することもあります。出産のときのように、押し出すという行為をこわく感じたり、この部分の筋肉を使いたくないという思い、傷ついてしまうのではないかという不安、休ませたいという欲求などが、便秘の原因となってしまうのです。それでも、腸が活発に動けば気分はいいものです。次に挙げるようなことを参考にしてください。

●歩きましょう。体を動かすと、腸の働きも活発になります。
●水分をたくさんとりましょう。
●自然の食物繊維が含まれている食品を食べましょう。ネクター（プルーン、梨、あんず）、新鮮な果物、全粒粉そして野菜など。チョコレートやコーヒー、コーラなどカフェインが含まれている食品や飲み物を避けましょう。
●リラックスしましょう。便通があったからといって、あなたの縫いあとが開いてしまうことはありません。痔がある場合は、トイレで力を入れるだけでもいやかもしれません。出産前のように、会陰周辺の筋肉に力を入れるということをやってみましょう。

ガスと膨満感

便秘の原因になる腸の働きの低下のせいで、「おなかにガスがたまっている」という感覚になるかもしれません。特に、帝王切開の回復期と重なるとなおさらです。頻繁に飲んだり食べたりしましょう。少量ずつ食べ、体を動かすようにすれば、不快感を軽減できるでしょう。ロッキングチェアに座り、体を揺らすことは、帝王切開で出産をした人の回復を助けてくれます。

おっぱいの張り

産後の最初の2日間くらいは、あなたは自分の胸がさほど変化していないことに気づくでしょう。「初乳（免疫と栄養がたっぷり詰まっています）」と呼ばれる母乳がいったいどこから集まってくるのかしらと、不思議に思うかもしれません。しかし、3日目ごろになると、胸はメロン大になり、かたく張るようになります。前の晩に比べると、カップで2段階くらい胸が大きくなったように感じるはずです。母乳が胸にあふれ、あなたはそれをどうしたらいいのか、赤ちゃんをソフトボールのような形の乳房にどうやって上手に吸いつかせたらいいかと、悩むことになるでしょう。

乳房は張ってかたくなります。あまりにも急激な変化で痛みを感じる人もいるでしょうが、赤ちゃんに頻繁に母乳を吸わせていれば、母乳はだんだん増え、乳房に満たされていきます。そうです、あのホルモンが、再び活動を始めたのです。エストロゲンとプロゲステロンのホルモン量は、出産後に低下してきます。これらにかわって、プロラクチン（母乳をつくり出すホルモンです）が支配するのです。乳房が仕事を始めると、母乳にかかわる組織が増大してきます。こうした胸の変化は、あなたが妊娠中に思い描き、経験してきたような、平和的ですてきなものばかりではありません。さらにあなたの小さな赤ちゃんは、まだおっぱいを飲む練習中です。ゆったりとしましょう。最高のときはまだ訪れていないのです。赤ちゃんがちゃんとおっぱいの飲み方を覚え、乳房が適切な量の母乳をバランスよくつくり出せるようになれば、とても満足できる授乳体験ができるでしょう。授乳にまつわる不快感は、よくあることだと認識してください。初産の人の場合はなおさらです。しかし、どれも解決していけるものでもあります。胸の張りなどは避けられ

ませんが、いずれ解決する問題です。これらの不快感を避け、少しでも張りを軽くするために、あなたができることを考えてみましょう。おっぱいが張りすぎている状態が長く続くと、感染症の危険性が増すばかりでなく、授乳上の問題も起こりやすくなってきます。

●張りがひどくなる前に、赤ちゃんに正しい吸い方を教えておくこと。最初の2日間の、まだ張りがそれほどでもない時期に、唇と歯茎で乳輪を覆うくらいに口を大きく開けさせることを教える必要があります。乳房を口いっぱいほお張るのです。乳首だけを吸うやり方ではいけません。乳首はあっという間に傷ついてしまうでしょう。

●赤ちゃんの下唇がめくれていないか注意しましょう（370ページのイラスト参照）。あなたの乳輪の下の部分が、赤ちゃんの唇で快適にフィットしているかどうかを確認してください。唇が内側に入っていたら、あなたの指を赤ちゃんの口に入れて、一度乳房から離し、やり直します。赤ちゃんが口をすぼめておっぱいに吸いついたり、乳首だけに吸いつくような状態は避けましょう。

●温めると、張りはよけい強くなります。あまりにも張りが強くて痛む場合は、冷湿布やアイスパックを当てると緩和できます。

●温かいシャワーを浴びると、その刺激で母乳が自然に流れ出て、張った乳房をからにする手助けをしてくれます。

●乳房が張ると乳首の周辺は平らになり、乳輪はよりかたくなり、赤ちゃんがしっかりと口に乳房を含んで吸うことを妨げてしまいます。母乳がたまっているのは乳輪の裏側なので、浅い吸い方をすると、よけい母乳が出にくくなってしまうのです。この方法では赤ちゃんは十分な母乳を飲むことができません。しかし赤ちゃんは乳首を刺激するので、乳房はますます張ってしまうのです。張りが強すぎて、赤ちゃんがちゃんと吸いつくことが難しいようなら、まず搾乳器を使って少し母乳を搾り、乳房をやわらかい状態にして、赤ちゃんが深くくわえられるようにしてから吸わせます。

乳房の張りを避けるのにいちばんよい方法は、頻繁に授乳することです。赤ちゃんほど、乳房の張りをすばやく解消してくれる存在はいません。頻繁に授乳をすることで、赤ちゃんが求める量と、乳房が母乳をつくる量が一致するようになるのです。できる限り頻繁に授乳するように心がけましょう。長く寝てしまうタイプの赤ちゃんなら、2時間おきに赤ちゃんを起こして授乳しましょう。

以前は薬を使って母乳を止める方法も行われていましたが、その安全性は疑問です（それに、効果も疑問です）。母乳育児をしていないとしても、乳房の張りをなくし、感染症を防ぐために、母乳をからにする必要はあるでしょう。母乳をつくり出す機能は、1、2週間でおさまるでしょう。

ビル・ノート

大学病院で、小児科の専門医学実習生と産科の回診をしていたことがあります。学生たちはこの指導を「シアーズ先生の下唇回診」と呼んでいました。私たちは初産のお母さんたちに、新生児の正しい乳房のくわえさせ方を教えて歩いたのです。より吸いつきをよくさせるために、私は人さし指で赤ちゃんのあご下唇を下に下げてやります。するとすぐ、お母さんたちはこう言うのでした。「ああ、ずっといい感じです！」。

乳首の痛み

乳首に傷がつく最大の原因は、赤ちゃんが正しく吸いついていないからです。赤ちゃんが正しく吸いついて母乳を吸えば、乳首は赤ちゃんの口の奥のほうに行き、舌や歯茎の動きで乳首を傷めることはありません。授乳すれば乳首は自然に傷がつくというわけではないのです。乳首が傷つき始めたら、あなたは自分の授乳スタイルに何かまちがいがないか、もう一度チェックし直す必要があります。最初の数日間に、母親としてしなければならない仕事の中に、「赤ちゃんに正しい哺乳の仕方を教える」ことがあります。もちろ

ん、あなたが新米のお母さんでも大丈夫です。不安な場合は、授乳についてエキスパートの指導を受けましょう（ベテランの看護師や授乳コンサルタント、経験豊かな先輩ママ、そしてラ・レーチェ・リーグ（216ページ注1参照）の指導者などです）。穏やかに、忍耐強く行えば、あなたと赤ちゃんは間もなく、自然に上手にできるようになるでしょう。次に紹介するのは、授乳が上手にできるようになるまでに、なるべく乳首のダメージを少なくする工夫です。

●乳房から赤ちゃんを離す前に、必ず吸うのをやめさせましょう。乳首の下のほうを押すか、口の横から人さし指を入れて吸うのをやめさせてから、乳房を離すようにします。吸っている最中に引っ張って離すのは、胸が最も傷つく原因になってしまいます！

●痛くないほうの乳首を先に授乳させるようにしてください。母乳が流れ始めると、乳首の痛みは減少します。痛んでいないほうの乳首を吸わせることで、痛んでいるほうにも催乳反応が起きます。乳首に母乳がにじみ、うずうずするような感覚があり、赤ちゃんの母乳を吸うリズムが落ち着いてから、痛んでいる乳房を吸わせるようにしてください。

●催乳反応が起きてから、赤ちゃんを吸いつかせるようにしましょう。温湿布やマッサージ、軽く搾乳することなどが効果的です。

●頻繁に授乳するようにしましょう。2時間おきに授乳するように心がけましょう。張りすぎを抑え、赤ちゃんが吸いつきやすくなります。

●授乳が終わったら、次の授乳まで、なるべく乳首を空気乾燥させます。母乳を数滴乳首周辺に塗り、そのまま乾かすのです。母乳が、傷ついた肌をいやしてくれます。

●ラノリン（羊毛脂）が含まれているクリームなどを使い、乳房が常にうるおっている状態を保つようにします。授乳のたびにふき取らなければならない（イタタタ！）クリームは避けましょう。

●きちんとフィットしたコットンのブラジャーをつけるか、コットンのTシャツでノーブラがおすすめです。通気性が悪いプラスチックや合成繊維などの素材のものは避けるようにしましょう。

●プラスチック製のパッドは、乳首をよけい傷つけてしまいます。パッドの刺激が強いようなら、肌のダメージを防ぐために水で湿らせましょう。

母乳に関するほとんどの問題は、数日で解決します。必要なサポートが得られず、赤ちゃんも十分に母乳を飲んでいないようならば、医師に相談して授乳の専門家を紹介してもらうか、ラ・レーチェ・リーグに連絡してみましょう。母乳育児は、努力する価値があるものです。

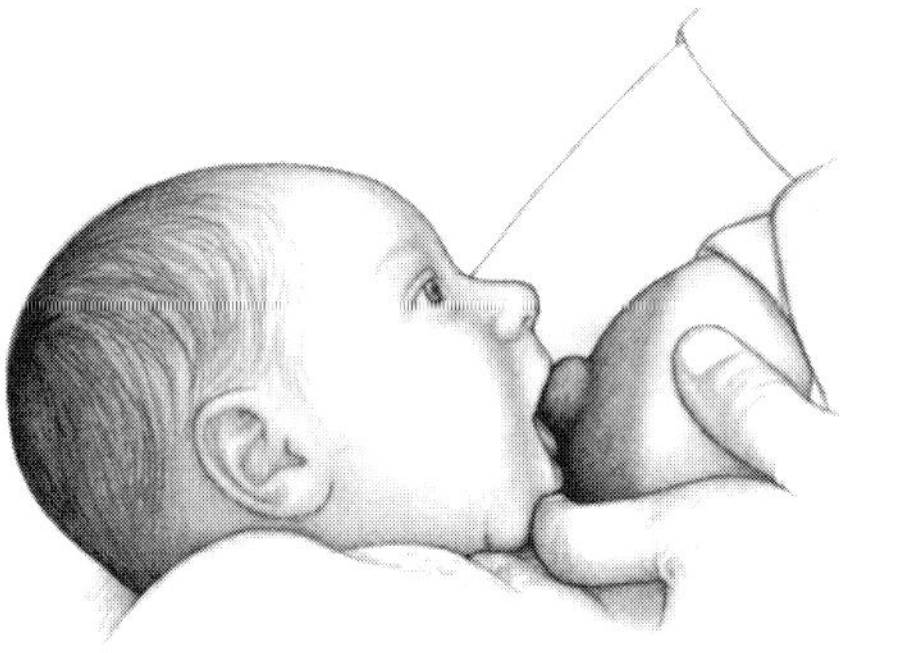

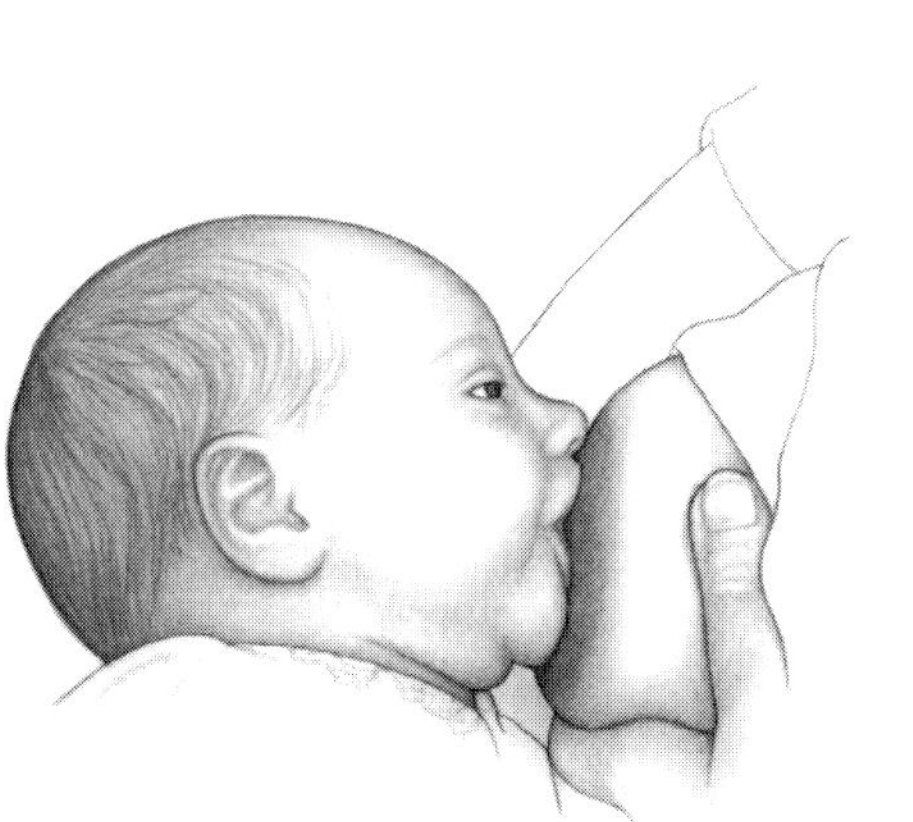

産後１カ月のあれこれ

体重と体形を戻しましょう

出産のときに、あなたは妊娠中に増えた体重の約半分を失うでしょう。残っている増加分のほとんどは水分で、尿や汗が増えて、数週間のうちに体外に排出されていきます。残りの体重は母乳をつくり出すために残っているもので、数カ月かけて減っていきます。残っている数キロ（またはそれ以上）の体重をどうやって取り除いていくかは、妊娠中にあなたがどのくらい体重を増やしたかと、産後の食生活とエクササイズにかかっています。10カ月にもわたって蓄積してきた脂肪は、出産だけでなくなるものではありません。ほかの方法で、脂肪を燃焼させなければいけないのです。妊娠中に増えた体重が適正な範囲のものならば、余分な増加分は産後数カ月のうちに落とせるでしょう（母乳育児に必要な数キロは残ります）。ほとんどの人が、出産後10カ月くらいかけて元の体重に戻っていきます。でも、2、3kgがそのまま残ってしまう人もいます。

どのくらい早く体重が戻るかは、妊娠中にどのくらいあなたが自分の体を管理し、出産後も、どのくらいエクササイズを続けるかによっても違ってきます。鏡の前に立ったとき、妊娠前の体形に戻っている姿が映るという期待は捨ててください。実際に産後の数週間は、妊娠4、5カ月くらいに見えてしまうでしょう。また、子宮は元のサイズに戻るように収縮を繰り返している最中でもありますし、いきなりスリムにはなりません。子宮が完全に元のサイズに戻るのに、約6週間かかります（母乳育児ならばもっと早いでしょう）。

医師に、子宮がどのように収縮し、元のサイズに戻っていくのかを説明してもらいましょう。出産直後はあなたのおへそのすぐ下あたりに子宮を感じたはずです。それは、かたいグレープフルーツのようでもあったでしょう。2週間ほど経過するとそのような感覚は消えますが、子宮が元のサイズに戻るには、あと2カ月くらいかかるのです。

多くの女性、特に何度か出産した人は、自分の胸郭が広がったように感じるかもしれません。これは子宮が最大だったころに、一生懸命呼吸をしていた名残りです。

適切に、安全に体重を戻す

10カ月かけて体重を増やしてきたのです。余分な体重を落とすのにも少なくとも10カ月はかかる、と思っているほうがいいでしょう。次は、安全で適正な体重の減らし方です。

●一日に必要なカロリー量の計算をしましょう。適切なカロリー量でバランスのよい食事をすることは体重を減らすためだけではなく、精神衛生上も必要です。覚えておいてください。母乳育児をしている人は、通常の人に比べて500kcal余分に必要です。毎日2000kcal食べていても、体重は自然に減少していくのです。

●毎日1時間、エクササイズをしましょう。特にハードなものである必要はなく、赤ちゃんをスリングに入れて、家の周りを散歩するくらいでもいいのです。軽快なテンポでウオーキングをするのは、1時間泳ぐ場合と同じカロリーを消費します（約400kcal）、これに、おやつのクッキーを少し減らせば（1枚のチョコレートクッキーは約100kcal）、毎日500kcal、1週間で3500kcalの消費になります。これは脂肪を減らすには十分なはずです。1週間に500gずつ体重を減らすのは理想的な方法です。お母さんは、赤ちゃんのために十分な栄養をとる必要があります。自然にゆるやかに体重を減らしていくことが、授乳中は一番です。急激に脂肪を減らすのは、体に蓄積されている脂肪以外の栄養も奪ってしまう危険性があります。急激な体重減少は、母乳の中の栄養分まで減少させてしまいます。

●母乳育児をしていて体重が最も減りやすいのが、産後3~6カ月の間です。母乳が豊富に出るようになると急激に体重が減り、あなたを驚かせるかもしれません。すぐに減らないからといって、イライラしないことです。

●体重の増減をチャートにしてみましょう。ゴールを設定し、エクササイズや食生活を見直しましょう。

産後すぐにジーンズをはこうとすれば、きっとがっかりするでしょう。とはいえ、産後もマタニティウエアを着るのは、あまりうれしくはないでしょう。ちょっとおしゃれな、ウエストがゴムのパンツやスエットをはきましょう。カラフルできれいなシャツを着て、気分を明るくしましょう。ツーピース型のウエアは、服をたくし上げて授乳するには好都合のデザインです。

「お母さん」になるには

赤ちゃんを産んで育てていくことは、挑戦の連続で、恐ろしささえ伴うでしょう。お母さんになった人の多くは、圧倒されるような母性を自分の中に感じ、なじめない気持ちになるかもしれません。妊娠中、あなたは何度、自分に問いかけたでしょう。「私はいいお母さんになれるのかしら?」。あなたは、赤ちゃんについてたくさんの本を読み、赤ちゃんの扱い方について十分な知識をもっているでしょう。しかし、親になることは、その子の人生の一時期を形づくり人格を育てる責任を負うということなのです。子どもを育てることがこわくなり、赤ちゃんが泣いただけでおろおろしてしまうのも当然でしょう。でも、恐れる必要はありません。お母さんと赤ちゃんの間には、お互いを理解し通じ合うための自然な方法が、ちゃんと用意されているのです。お互いの関係を始めるにあたって、いくらかのサポートを必要とする親子もいますが、すべての母親に、子育てをするための資質があらかじめ備わっているのです。

35年にもわたる経験で、私たちは、よりすんなりと母親業になじむことのできる人たちがいることを知りました。私たちは、そのような「子育てに成

功した」母親たちの育児の秘訣を長い間メモにとり、子育てのよいスタートを切る方法としてまとめたのです。

＊赤ちゃんとつながりましょう

母親と赤ちゃんがどのようなスタートを切るかということは、今後の2人の関係に大きく関係してきます。「赤ちゃんとつながる」ことは、赤ちゃんのことをよく知ることです。赤ちゃんの要求やサインを理解し、何が有効で何がだめかを発見し、赤ちゃんに敏感に反応してこたえてあげているうちに、最終的に自然に「親業」ができているはずです。これを基盤にして、あなたの赤ちゃんに対する目を養っていくのです。それによって、あなたは赤ちゃんとの関係を、とてもシンプルで、それでいて重要なゴールに到達させることができるのです。いっしょにいることが楽しい、ということです。これは、ステキなことではありませんか?

しかしあなたは赤ちゃんを産んだ瞬間から、自分は赤ちゃんに対して「直感力」をもつことができない唯一の母親では?と不安に思っているかもしれません。そんなことにおびえなくていいのです。もちろん、母親としての直感力を、普通の人よりも早く身につける人もいます。でもすべてのお母さんは、自分の赤ちゃんに対する直感力を生まれつき備えているものです。まず、実践しましょう。赤ちゃんはどんなときに泣き、どんなときに落ち着くのか、どんな抱き方を好み、どんなことに反応するのか、たくさんのデータを集めることです。そしてこれらを繰り返していくことで、あなたはすぐ、心配することは何もないことに気づくでしょう。予想よりもずっと早く、あなたの「母親脳」は、その活動を始めるでしょう。それが、あなたの「直感力」なのです。

あなたの母親としての直感力を高める最適な方法は、自然に備わっているアタッチメント（密着、愛着）の方法を使うことです。赤ちゃんの世話を通じて、あなたと赤ちゃんを結びつけてくれる3つの方法があります。3つの方法とは、A——ボンディング（絆づくり）、ブレストフィーディング（母乳育児）、そしてベビーウエアリング（赤ちゃんと触れている）ことです。

出産直後に絆づくりを

「ボンディング（絆づくり）」という言葉は、産科医や子育て本の中でよく使われている言葉です。育児に関する冊子や赤ちゃん雑誌の中で、ボンディングという言葉は、あたかも20世紀の終わりごろに作られたかのようになっていますが、これは誤りです。「ボンディング」は、単純に赤ちゃんのそばにいて赤ちゃんを理解し、自然にどうふるまったらいいかを理解することを意味しています。赤ちゃんの専門家たちは、もともと自然に行われている育児法を新しくパックし直してラベルをはり、母親たちに売り直しただけなのです。医療の進歩によって、この数十年、母子は分離される傾向にありました。ボンディングは、その距離を取り戻すための方法なのです。

絆は、出産したからといって、すぐ自動的に生まれるものではありませんし、一度できれば、セメントのように親子の関係を永遠にがっちりと固めるものでもありません。なんらかの医学的な理由で、出産後すぐに赤ちゃんを抱くことができなかったり、いっしょに過ごすことができなくても、心配する必要はありません。絆は、変化していくものです。あなたと赤ちゃんの絆は、そのあとに過ごす日々で、何年もかけて少しずつ、形づくられていくものです。

医学的な理由で2人が離れなくてはいけなくても、違う病院に搬送されるのを待つしばらくの間だけでも、同じ部屋にいられるようにしてもらいましょう。このような状況になれば、あなたは赤ちゃんにとって最初の世話をする人になれますし、看護師などのスタッフはあなたをサポートし、アドバイスしてくれるでしょう。母子同室は、絆づくりの段階において、その効果を自然に促進してくれます。お母さんの子宮からお母さんといっしょの部屋に、スムーズに移行できるのです。赤ちゃんとお母さんがお互いをよく知るには、

24時間いっしょにいることが最良の方法です。

私たちの経験で言えば、母子同室の赤ちゃんは泣くことが少なく、母乳をより早く上手に飲めるようになり、お母さんも、抱いていた不安が軽減されて、より体を休めることができるようになります。赤ちゃんの世話がちゃんとできるかしらという不安や緊張でいっぱいで、両親学級で教わったとおりにいかず、生まれた瞬間に赤ちゃんのことをいとおしいという気持ちになれなかったのならば、ぜひ、母子同室にすべきです。赤ちゃんと触れ合うことでたくさんの時間を過ごし、赤ちゃんの瞳をじっと見つめることで、あなたは穏やかな気持ちを取り戻し、母親としての実感を得られるようになっていくでしょう。

母乳で育てましょう

赤ちゃんにとって母乳がいかにすばらしいか、すでに理解しているかもしれませんが、母親のあなたにもすばらしい効果があることを、果たして理解しているでしょうか？　母乳育児は、赤ちゃんを知るためのとてもよい方法です。最初にあなたは、赤ちゃんの抱っこや授乳の要求に敏感に反応するようになります。赤ちゃんがおなかがすいて泣いているのか、ただ単純に抱いてほしいのかということは、あまり問題ではないのです。同じように、こたえてあげればいいのです。

母乳を与えるという行為は、栄養を与えるということだけではなく、気持ちを安定させる効果もあるのです。最終的に、あなたは赤ちゃんが泣きだす前のサインがわかるようになり、赤ちゃんは自分の必要なものがすぐ与えられることによって、泣く必要がなくなっていくのです。

母乳育児をすることで、ホルモン（プロラクチン）の分泌も盛んになります。赤ちゃんが乳首を吸うたびにあなたの気持ちを静め、愛情を抱くようなホルモンがあなたの体に分泌されるのです。この魔法のホルモンは、あなたをリラックスさせるだけではなく、生物学的な、母親としての直感力を養ってもくれます。このホルモンの助けによって、あなたは赤ちゃんをよりスムーズに知ることができ、その要求にこたえていつも穏やかな関係を保つことができるようになるのです。

赤ちゃんと密着して過ごしましょう

赤ちゃんを抱いたりスリング（114ページ注1参照）に入れた状態で、少なくとも1日に数時間は過ごすようにしましょう。この昔から伝わる子育て法は、あなたにも赤ちゃんにもいい結果をもたらします。常にお母さんに抱かれている赤ちゃんは泣くことが少なく、お母さんといっしょにいることを心地よく感じるようになります。安全に、あなたにぴったりとくっついていることで、赤ちゃんはむずかる必要がなくなります。赤ちゃんはむずかる時間を、あなたとの絆を深め、自分の周囲の環境を知ることに費やすことができます。あなたは目のすぐ下に赤ちゃんを抱いていることで、赤ちゃんのサインを簡単に読むことができるようになります。母乳育児と同様、赤ちゃんと常に密着して過ごすことは、赤ちゃんを理解する大きな手助けになります。あなたは赤ちゃんのサインが理解できるようになり、赤ちゃんはより上手にサインが出せるようになります。そして、あなたと赤ちゃんは互いに調和していくのです。なぜなら、密着することで、同じコンディションを共有できるからです。

＊手助けを求めましょう

赤ちゃんとつながるために、あなたには赤ちゃんと十分なアタッチメントをする必要があり、時間と、場所と、エネルギーが必要になります。そのためには、家の中のさまざまなことにエネルギーをとられてはいけないのです。私たちは、赤ちゃんと過ごす最初の数週間を「巣ごもりの時期」と呼んでいます。この時期には、家族全員が協力し、母親が平和な巣の中で楽しい気分

で過ごせるように手助けをしてあげなくてはいけません。あなたの夫や友人、親戚が協力して、あなたを育児に専念できる環境をつくってくれるのなら、それがいちばんすばらしいことです。それが難しければ、ドゥーラ（注1）やヘルパーさんを雇いましょう。赤ちゃんの世話をしてもらうのではなく、赤ちゃんの世話をするあなたの世話をしてもらうのです。あなたが赤ちゃんに集中できるように、家事などを含めたさまざまな面で、あなたをサポートしてくれるでしょう。ドゥーラやヘルパーなどの産後サポートは、さまざまな保健機関や病院などを通じても探すことができます。

忘れてはいけないことは、だれが手助けしてくれるとしても、その人には家事などを頼み、赤ちゃんの世話はあなたがしなければいけないということです。

ドゥーラは、あなたが育児の始まりの日々を楽しめるように助けてくれ、産後のストレスを最小限にとどめてくれるでしょう。そして、あなたが赤ちゃんの要求に自由にこたえることを励ましてくれるでしょう。母親や義母が産後のあなたの世話をし、赤ちゃんの世話までもしたいと要求するのなら、あなたは要領よく、しかしはっきりとした、限度を設定しなければいけません（「赤ちゃんが泣いたら、私が世話をしてあげたいのだけれど……。できれば私と赤ちゃんがいっしょにゆっくりと過ごせるように、ランチを作ってくれるとうれしいな」）。もちろん、あなたがシャワーを浴びたり、短い散歩を楽しむ間は、おばあちゃんが赤ちゃんを抱っこし、あやしてあげる出番です。

ママノート：3人目が生まれたとき、私の母は上の子の世話をするために頻繁に来てくれました。母は床を掃除し、2歳の子に本を読み、おもちゃで遊び、もちろん赤ちゃんの周りをうろついていることも楽しんでいたのです。ある日の午後、私はシャワーを浴びたいと思い、母に赤ちゃんの世話を頼みました。私がバスルームから出てくると、母と赤ちゃんと上の子たちは、みんなで大きな揺りいすに座り、すやすやと寝息を立てていたのです。それはとても幸せそうな様子でした。

＊自分を甘やかしましょう

完璧な子育てをしたいと強く思うほど、あなたはすぐに自己嫌悪を感じるようになるでしょう。昼でも夜でも、赤ちゃんが必要とするときにいつでも抱き、世話をできるような準備を整えてください。こうしたことは、これまでだれも教えてくれなかった、母親としての喜びにあふれた日々になるでしょう。しかし、赤ちゃんにあなたのすべてを与え、時間もエネルギーも残っていない状況は、あなたにも赤ちゃんにも望ましいことではありません。あなたが心身ともに元気でいられるために何がいちばん必要なのかを考えましょう。それに沿って、あなたの育児スタイルを決めていけばいいのです。毎日1時間の休息が必要なら、取るようにすればいいのです（その時間を家事にあてるようなことは、けっしてしてはいけません！）。もっと平和で静かな環境が必要なら、それを要求しましょう。自分を甘やかすことは、新米の母親が陥りがちな、産後の落ち込み（マタニティブルー）を軽減するのに役立ちます。産後の落ち込みは、母親のエネルギーが残っていない状態で起こりやすくなるからです。飛行機に乗る機会があれば、非常用の説明を注意深く聞いてみましょう。酸素マスクの説明のときに、こんなアナウンスが流れるはずです。「酸素マスクが必要とされる場合は、まずお母様が先にマスクをつけ、それからお子さんにつけてあげてください」。これは、あなたが窒息してしまっては子どもを守ることもできなくなる、ということなのです。

ビルノート

8人の子育てをしたマーサでさえ、「赤ちゃんがいるから、シャワーを浴びる時間すらないわ」というモードに陥ってしまうことがありました。「私たちの赤ちゃんが必要としているのは、十分に休んだハッピーな母親よ」。私はこのベテランの母親の言葉をたびたび思い出さなければいけませんでした。そ

こでマーサがシャワーを浴びている間、私は赤ちゃんを抱いて散歩に出たものです。

＊素直な心で、自分に自信をもちましょう

母親になったからといって、すぐにはっきりとした子育ての方針が決まるわけではないでしょう（どのように赤ちゃんを育てたらいいか、ということです）。あなたはまだあなたの赤ちゃんがどのような気性なのか、どのくらい手のかかる子なのかもわからないでしょう。子育てを、がっちりとした理想で固めたままでスタートしないでください。オープンスタイルでいきましょう。柔軟に対応しましょう。あなたの赤ちゃんとあなた自身にとってどのようなスタイルがいいのかを常に考え、変化させていけばいいのです。

「赤ちゃんが多少泣いても、ほうっておけばいいのよ」というようなアドバイスは無視しましょう。アドバイスする人たちは、あなたとあなたの赤ちゃんのことを本当によく知っているのでしょうか？　そんなことはないでしょう。このアドバイスは、あなたと赤ちゃんがつながることを妨げ、赤ちゃんが出すサインを的確にとらえる感覚を鈍らせてしまいます。これは、生物学的にも不自然なことなのです。研究によれば、お母さんが赤ちゃんの泣き声を聞くと胸への血流が促進され、赤ちゃんを抱き上げて静めてあげたいという猛烈な欲求が自然に湧き出るような働きが起こります。あなたは生物学的に、赤ちゃんの泣き声に反応するようにできているのです。無視できるようにはできていないのです。

泣き声は、赤ちゃんの言葉です。反応し、赤ちゃんにとってあなたは信頼できる存在だということを教えてあげましょう。赤ちゃんの要求に本能のままにこたえてあげることで、母親としてのあなたをスタートさせましょう。いずれ、あなたと赤ちゃんの間にネットワークが生まれ、赤ちゃんが成熟するに従って、赤ちゃんは数分待つことができるようになったり、自分で気持ちを落ち着かせることができるようになってきます。あなたの心の声に耳を傾け、自分の赤ちゃんへの対応に自信をもちましょう。こうやって、これから続く年月の、コミュニケーションの土台を築いているのです。

＊もしだめなら、ほかの方法を考えましょう

あなたの家族に最適な子育ての方法を編み出したとしても、途中で合わないと感じたら、迷わずに変更していきましょう。

ルーとマリーは、赤ちゃんの世話について、できる限りの情報を知りたがりました。彼らは新生児学級に参加し、6週間で赤ちゃんが夜通し寝てくれるのを保証してくれる方法と、親にとって便利な育児スケジュールを教わりました。本やテープ、さまざまな育児法など、両親がそのまま実行できればよかったのかもしれません。しかし実際は、けっしてそんなにうまくはいきませんでした。なぜならこれらの育児法は権威者によって唱えられたもので、若い両親が最初の日から取り入れたものは、赤ちゃんをスケジュールどおりに世話をするという方法だったからです。彼らはスケジュールで決められた時間以外には赤ちゃんに授乳することなく、泣いてもそのまま、泣き疲れて眠るまでほうっておきました。マリーは、これはとてもつらいことだと感じていました。彼女は何度も自分の耳を覆い、泣いている赤ちゃんを抱き上げてやりたいという衝動と闘いました。しかし、時は過ぎ、赤ちゃんもだんだん激しく泣き続けることがなくなってきました。

彼らの娘ジェシカが生後約3週間のとき、ベテランの母親であるメアリーが彼らの家を訪れました。みんながリビングルームで話していると、ジェシカが泣き始めました。マリーは赤ちゃんの泣き声を気にしないように、話を続けました。だんだん大きくなるジェシカの泣き声を聞き、メアリーは言いました。「行って、赤ちゃんの世話をしてあげて。話すことはあとだってできるんだから」。しかしマリーは時計を見てこう言ったのです。「いいえ、まだ、おっぱいの時間じゃないから」。メアリーは感性豊かなベテランの母親だったので、マリーに「そんなことを繰り返していたら、母親としての勘は鈍って

しまうのよ」と指摘したのです。自分の内側の母親の直感を無視することで育児の勘も失われると言いました。以前は、赤ちゃんの泣き声で頭を悩ませていたのに、もはやそれすらも感じなくなっていたのです。

ジェシカが生後1カ月を過ぎたころ、両親が私のオフィスにカウンセリングに訪れました。赤ちゃんと両親の間に溝ができ始めていて、両親は明らかに、スタートがまちがっていたと気づいたのです。マリーは私たちと話をするうちに、こんなふうに言いました。「この1カ月、私がしていた育児を消してしまいたい」。彼女は、自分で育児のやり方を考えることをせずに、だれかに言われるままに赤ちゃんを育ててしまったことで、自分に対して怒っていました。しかし幸運なことに彼女は賢く、このことに気づくことができたのです。私は、新米の両親たちが、医師や育児の権威者のさまざまなアドバイスに対してどれほど弱いかということ、さらに、まちがいに気づいたときにやり直そうと思えば、いくらでも修復ができると彼らを慰めました。ジェシカのサインに応じて耳を傾けることで、家族のすべてがうまくいき始めたのです。

赤ちゃんを産んだあなたは、アドバイスの絶好のターゲットです。自称育児アドバイザーの旧式な子育て法に、慎重になりましょう。特に「泣いてもほうっておけばいいのよ」「スケジュールどおりにやらないと、扱いづらい子になってしまうわよ」「甘やかしすぎよ！」といったアドバイスには特に気をつけなくてはいけません。あなたの母親としての直感と、赤ちゃんの声に耳を傾けましょう。私の赤ちゃんには合わないかしらと感じるアドバイスなら、あなたや赤ちゃんと生物学的につながっているわけでもない指導者の声に耳を傾ける必要はありません。これは、あなたの赤ちゃんなのです。赤ちゃんの母親はあなたなのです。

だれかのアドバイスを受け入れるのならば、自分の直感に、これは果たして正しいのかどうかということを聞いてみたり、最も信頼しているベテランのお母さんに相談してみましょう。あなたの本能が拒絶反応を示すものを受け入れる必要はありません。「手がかからない子に」という育児法は、母親と赤ちゃんの間に溝をつくってしまいます。お互いに知り合うことを妨げ、母子間の信頼を損なってしまいます。赤ちゃんはあなたを不自由にさせる存在ですが、これほどすばらしい不自由はありません。一見、柔軟な対応に思える幼児のケアの方法であっても、それぞれの家庭のライフスタイルや子どもの気質の差を考えていないかもしれないのです。あなたの赤ちゃんのエキスパートになりましょう。あなたよりその仕事を上手にできる人など、だれもいないのです。

＊ベテランのお母さんたちに助けてもらいましょう

妊娠中と同様に、アドバイザーは注意深く選びましょう。子育ての方針の違いほど、友人同士を疎遠にするものはありません。あなたにとって価値のある、ベテランのお母さんの声だけに耳を傾けましょう。その母親の子どもをあなたが好きかどうかも、大きなポイントです。最初の子ならば、親同士のサポートクラブに入りたいと思うかもしれません。ラ・レーチェ・リーグに連絡を取ってみましょう。これは最も伝統のある、世界最大の母親のためのサポートグループです。

＊監修者注

（注1）ドゥーラとは、ギリシャ語で「仕える者」という意味です。産後のお母さんの面倒をみてくれる存在をいい、日本でもこの「ドゥーラ」の役割と意味についての認識が深まっています。

あなたの産後1カ月ダイアリー（コピーして使いましょう）

赤ちゃんのデータ：

〇生まれた日

〇時間

〇場所

〇体重

〇身長

〇立ち会ってくれた人

〇赤ちゃんが生まれたときのストーリー

〇赤ちゃんを初めて抱いたときに考えたこと

〇赤ちゃんが生まれて間もないときの私たちの様子

付録 - A

体調が悪いとき、どうしたら？

私たちが、大切にしている言葉があります。「赤ちゃんを大切にしたいのなら、まず自分を大切にすること」。これは、妊娠中にもいえることです。しかし、どんなに注意深く過ごしている人でも、ときには体調をくずしてしまうこともあるのです。

妊娠中の薬

妊娠中にもしも具合が悪くなったら、あなたはまず、おなかの赤ちゃんのことを考えるでしょう。その場合、心配すべきことは2つです。病気が赤ちゃんに悪影響を及ぼさないか?ということと、薬を飲んでも大丈夫か?ということです。

この両方の問いに対する答えは、どちらも悪いものではありません。妊娠中に病気になってしまっても、適切な対応をすれば赤ちゃんに害が及ぶことはまずありませんし、薬についても同様のことがいえるでしょう。だからといって、薬局の薬を考えなしに飲んでいい、というものではありません。必ず、医師に相談しなければいけません。ほとんどの薬は確かに安全です。なかには、条件つきで安全なものもあります。ところが、安全ではないものもあるのです。

妊娠中に薬を飲むのがこわいという気持ちは、あなたとおなかの赤ちゃんにとって、いいことでもあり悪いことでもあります。薬を飲みたくないという気持ちをもつことで、伝染病、汚染物質、アレルゲンなどの環境に気を配り、正しい食事をするなどして自然に自分の健康に気をつかうようになるでしょうし、さらに、薬にかわる安全な方法を学ぶようにもなるでしょう。しかし一方で、薬をむやみに恐れることで、あなたの判断を曇らせてしまうこともあります。ときには、薬を使わないほうがよりリスクが高い場合もあるのです。

お母さんが健康を取り戻すことが、胎児にとっても最良なのです。お母さんと胎児に対する病気の影響のほうが、薬の影響よりも心配です。ときには、早い時期に薬を使うのをためらったせいで、あとになって、副作用が予測されるさらに強い薬を長い期間使用しなければならなくなったというケースもあります。これは、初期のうちに医学が介入することで防げたかもしれないのです。

妊娠中に薬を服用する場合は、次のようなことを参考にしてください。

●薬を飲むときは、医師から決められた正しい量と期間を守りましょう。多

く服用してもそれだけ効果があるわけではなく、むしろ害になります。

●医師に相談せずに、決められた薬の量を勝手に減らしてはいけません。薬を減らすことで効果が半減するだけでなく、胎児への影響は変わりません。

●薬の副作用について書かれている専門書をそのままうのみにしないようにしましょう。そこに書かれていることは、消費者向けというよりは製薬会社向けのもので、必要以上に恐怖感をあおる記述だったり、非常に大量の薬を実験動物に投与した研究結果にもとづいていたりする場合もあります。このような結果は、そのまま人間に当てはまるわけではありません。妊娠中に薬を服用することに関して、これが確実という広範囲になされた研究はほとんどありません。ですから製薬会社にとっては、妊娠している女性は薬の服用を控えるように、と書いたほうが安全だということです（これを明記することで、メーカー側は訴訟の危険性を減らすことができるのです）。

●医師に相談することなく、さまざまな成分を含んでいる市販薬を使わないようにしましょう（たとえば、風邪薬には抗ヒスタミン剤、血管収縮剤、アスピリンなどが入っています）。なぜなら、混合剤は研究するのが難しく、安全性についてもはっきりとした保証ができないからです。

●薬にかわる安全なものを見つけましょう。たとえば、風邪をひいているとき、薬を飲むかわりにどんなことができますか？

●薬を飲んでしまったあとで、その薬の安全性が疑わしいというような記述を読んでもパニックに陥らないでください。胎児に害が及んでいる確率は低いものです。一度服用しただけで胎児に影響がある薬はほとんどありません。大半の薬は、非常に長期的に服用したり、または大量に服用した場合に問題が起こるのです。

●妥協点を見つけましょう。たとえば、胎児にとってなんらかのリスクがある薬だとしても、お母さんの具合がいつまでも悪ければ、当然胎児にいい影響はありません。吐きけと下痢が続いて脱水症状に陥るようなら、胎児にも危険です。このような場合は、薬を服用することでまず、このような状態を脱するほうが大切です。もしも鼻詰まりがひどくて呼吸ができないような状態のとき、血管収縮剤のスプレーを1日や2日使う程度なら胎児には何も影響がないと実証されています。

●胎児にどのくらい薬の影響があるのかを考えましょう。胎児の肝臓と腎臓は未発達のため、お母さんのように排泄できず、体内により高レベルでより長い間蓄積されてしまうこともあります。

●妊娠しているかもしれない場合は、薬は飲まないようにしましょう。特に、最初の1カ月はなるべく避けましょう。最初の1カ月の胎児の組織の発達は目覚ましく、最も影響を受けやすい状態になっています。風邪をひいたと思ったら実はつわりだった、ということも珍しくはありません。

●妊娠中、すでに内科医に処方された薬を服用していて、さらに付け加えて薬を飲むときは、医師にチェックしてもらいましょう。新しい薬を処方してもらう場合には、現在持っている薬の内容を医師に伝えましょう。単独で服用のときは害がなくても、ほかの薬と組み合わせると害になる薬もあります。

妊娠中によくみられる病気

ふだんかかるような病気でも、妊娠中はその症状による不快感を強く感じやすくなります。あなたはすでに疲れていて、栄養状態もぎりぎりかもしれません（特に妊娠初期は）。あなたのエネルギーは、胎児の成長のためにすでに使われてしまっています。すでにこのような微妙なバランスだったものが、病気によって引っくり返ってしまうのです。次に紹介するのは妊娠中によくかかる病気と、たくさんの妊婦に効果があった対処法です。

鼻詰まりと副鼻腔炎

鼻腔の粘膜は妊娠中にしばしば充血し、鼻の不快感を引き起こしますが、これはおそらく、妊娠中に膣粘膜の充血を引き起こすホルモンと同じものの仕業でしょう。なかには、これは風邪の仕業で、妊娠中ずっとしつこい鼻風邪にかかっていたのだと思っている人もいます。すでにアレルギー性鼻炎の傾向がある人は、その不快感が妊娠中はますますひどくなると覚悟しておくほうがよいでしょう（なかには症状が軽くなる人もいます）。特別な生命、特別な組織を育てているのですから、妊娠中は、必要とする酸素の量も急激に増えます。こうした必要性を満たすために、妊婦はひと呼吸あたり、より多くの空気を取り入れなくてはいけません。そのためには、鼻が詰まっていては不都合なのです。

鼻孔は鼻腔が拡張しているため、鼻詰まりはそのまま副鼻腔炎の原因に結びつきやすくなってしまうのです。むくんだ鼻の粘膜は、鼻腔の中の分泌物をその場に停滞させやすくします。また、排出されにくい鼻水は、流れない池の水のようによどみ、細菌感染を起こしやすくしてしまいます。鼻腔の感染症にかかったサインは、鼻腔や鼻に沿ったあたり、または眉毛の上あたりに痛みや不快感や何かが詰まっているような感覚がある、疲れやすい、ずっと治らない風邪をひいている感じがする、というような症状です。

鼻の通りをよくしておくには

鼻詰まりせず感染症を防ぐには、次のような方法があります。

●スモッグやタバコの煙など、鼻のアレルギーを引き起こすような物質や汚染物質への不必要な接触を避けましょう。

●水をなるべくたくさん飲みましょう。

●塩水で鼻うがいをしましょう。これは処方箋もいらず、自分で手軽に作れます。1カップの水に、ティースプーン1/4の塩をまぜてください。

●鼻の通りをよくするために、スチーマーを使いましょう。スチーマーの蒸気部分に10～20分、鼻孔をあてます。もしもスチーマーがない場合は、広口のポットをストーブからはずし、水蒸気を鼻から吸い込みましょう。そのとき、スチームのテントを作るように頭にタオルをかぶっているとよいでしょう。また、温かいシャワーを長い時間浴びるのは、鼻詰まりを解消するよい方法です。

ぜんそく

ほかの慢性のアレルギー症状のように、妊娠中にぜんそくが軽くなる人もいますし、反対に悪くなる人もいます。妊娠中は気道も超過勤務をしている状態なので（あなたが呼吸するたびに移動する酸素の量も増えています）、ぜんそくはいちばんやっかいです。気道に問題が起こって十分な酸素が摂取できない場合、胎児にも十分な酸素が行き届かなくなるおそれがあります。ですから、あなた自身とおなかの赤ちゃんの健康のためにも、妊娠中にぜんそくのケアをすることはとても大切です。ぜんそくを管理するために、次のような方法を試してください。

●妊娠初期（または妊娠を計画しているときも）に、あなたのかかりつけの医師やアレルギーの専門家、または産科の医師に、妊娠中にぜんそくをどのように管理したらいいかを相談しましょう。自分でできる対処法と、妊娠中でも可能な薬や治療について聞いておくのです。ぜんそくが起こる頻度とその程度にもよりますが、妊娠が進む過程で、この相談を繰り返すほうがよいでしょう。薬物治療の中には、妊娠の違う時期には違う問題が起こる可能性を含んでいるものもあるからです。

●必要以上に、アレルギーの原因を増やさないようにしましょう。タバコの煙や、環境汚染などを避けるのです。特に、睡眠時の環境に注意しましょう。これまでは必要とするほどではなかったとしても、妊娠中は空気清浄機を寝室に置きましょう。

●上段で紹介しているような方法で鼻腔と鼻孔の通りをよくしておきましょう。ベテランのぜんそく患者たちは、鼻の通りをよくしておくことが、ぜんそくを予防する最良の方法だと実感しています。

●発作がひどくなって呼吸が苦しくなる前に、病院に行って早くぜんそくを治療しておきましょう。多くの妊婦が妊娠中は早いうちに診察を受け、妊娠前よりもより積極的にぜんそくを治療する必要性を感じています。

ぜんそくの薬

もしもあなたが慢性のぜんそくで、自分に合っている薬を使っている場合は、医師に相談する前にその薬を勝手にやめたり変更したりしないようにしましょう。ぜんそくの治療薬をむやみにこわがってはいけません。治療をストップするほうが、胎児に悪影響を与えることもあるのです。

尿路感染症

膀胱は、しだいに大きくなってくる子宮と骨盤のスペースを争います。尿路、膀胱、あるいは腎臓の感染症が起こりやすくなり、妊娠中に少なくとも

どれか1つを経験している人も多いものです。尿路感染症や膀胱炎の兆候は、排尿時の痛み、焼けつくような感覚、尿量と回数の増加、下腹部と骨盤周辺の痛み、そして尿に血液がまじるというものです。ときには感染は腎臓にまで及び（腎盂腎炎）、深刻な背中の痛み、熱、悪寒、動悸、吐きけ、さらに倦怠感を生じます。これらの感染症は、自分で対処する方法と医師による投薬を合わせることで治療していきます。次に紹介する方法は、少しでもこれらの感染症を減らすためのものです。

●水をたくさん飲みましょう。クランベリージュースは特に尿の中のバクテリアを殺す効果があります。
●尿を我慢しないこと。尿意を感じたら、すぐトイレに向かいましょう。
●排尿時に3回力を入れて完全に膀胱をからにすること。最初に力を入れて排尿し、終わったら10秒たってもう一度力を入れ、さらにもう一度力を入れます。
●性交の前後は膀胱をからにしておきましょう。
●下着はゆったりしたものをつけましょう。パンティーストッキングとスラックスも同様です。
●健診を受けましょう。尿をチェックすることで、細菌感染の兆候がわかります。
●自分でおかしいと感じた場合は、急いで病院で診察してもらいましょう。だいたい決まった検査なので、あなたが感染症にかかっているかどうかをただちに調べることができます（まれには一晩かかる場合もあります）。自覚症状がないのに膀胱の中でバクテリアを繁殖させてしまっている妊婦さんもいます（無症候性細菌尿）。このような状況は、尿路感染症にかかりやすい状態にしてしまいます。これらを検査するために、医師は健診の一部として頻繁に尿のチェックを行うかもしれません。

もしもあなたが尿路感染症にかかったら、医師は妊娠中でも安全な抗生物質を処方して治療を行います。どのような種類の抗生物質をどのくらいの期間使用するかは、あなたの感染症の程度で異なります。医師の指導を注意深く守りましょう。不適切な対応をすると、妊娠の経過に問題が起きたり早産の原因になることもあります。

腸の疾患

腸の疾患は、妊娠のためにムカムカしている胃を直撃してしまいます。腸の感染症は胃腸炎と呼ばれます。症状は吐きけ、嘔吐、悪寒、激しい下腹部痛、そしてしばしば発熱など、つわりとまちがわれることもあります。

感染症が胎児に害を与えることはありませんが、体内の水分や塩分が失われることであなたは脱水症状に陥って危険な状態になり、胎児も同じように危険な状態にしてしまいます。ですから、もしもあなたが胃腸炎にかかって下痢や吐きけを催すような場合は、とにかく体内の水分バランスを保つことです。

●ベッドに行き、できる限り体を休めましょう。
●脱水症状を防ぐために常に水を飲むようにします。少量ずつ頻繁にという飲み方が、最もよい方法です。あなたは日ごろから水をたくさん飲んでいるとしても、さらに1ℓほど多く飲む必要が出てくるかもしれません。適切に電解質を補充するために、薬局などで売っている電解質溶液を利用しましょう。経口輸液は、炎症を起こした腸から適切に水分を吸収するため、糖分と電解質がバランスよく含まれています。家で作るタイプのものは、糖分が多すぎるわりにはナトリウムが少ないことが多いようです。糖分が多すぎる溶液は下痢をひどくします。

また、自分で独自の溶液を作ることもできます。1ℓのジュース（オレンジ、グレープ、アップル、パイナップルなど）にティースプーン2杯の塩を加えます。

●吐きけや嘔吐のために水分が十分にとれない場合は、ジュースバーや氷のかけらを口に入れるといいでしょう。

●症状が改善しないときは固形物を食べてみましょう。そうでなければ下痢はよりひどくなることもあり、栄養状態もますます悪くなってしまいます。腸にやさしいものを食べましょう。米、ベークドポテト、バナナ、それに黄色の野菜です。

吐きけの対処薬

吐きけを抑える薬（制吐剤）のいくつかは安全です。でも安全ではない薬もあります。胃腸炎による吐きけや深刻なつわりなどで短期的に服用する場合は、妊娠中でも安全と考えられています。

下痢の対処薬

医師のアドバイスなしには、どんな薬も（処方箋がいらない薬でも）飲んではいけません。腸の運動が活発になることで下痢になりやすくなるのは、バクテリアや毒素を排出しようとする体の自然な働きです。薬は腸の運動を弱め、感染している内容物をより長い時間腸内にとどめてしまいます。これはバクテリアや毒素を腸内にとどめておくことになり、実際には危険な場合もあるのです。ですから下痢の症状がひどい場合や、そのために脱水症状の危険に陥ったりするような場合以外は、医師が下痢止めの薬を処方する場合はほとんどないでしょう。

嘔吐がひどくて脱水症状になる危険性があり、自分でコントロールできる範囲を超えてしまっている場合、医師は静脈点滴を数時間することで症状を改善するという方法をとるかもしれません。脱水症状を改善するには点滴がいちばん即効性があり、処置後、最も早く気分がよくなるという女性が多いようです。

胃などの逆流や動悸の対処薬

胃酸の分泌を抑える薬（H_2受容体拮抗薬と呼ばれます）には、タガメット、ザンタックなどがあり、妊娠中も安全といわれています。しかしこれらの薬も、医師の許可なしに服用してはいけません。

発熱

妊娠中は、ホルモンの影響や新陳代謝が活発になるため、妊娠前の状態よりも体温は自然に高めになっています。しかし高熱は母親が苦しいのはもちろん、胎児に影響を及ぼす可能性もあります。妊婦と動物実験のいずれもで、妊娠初期、特に妊娠3～5週に39度以上の熱が続いた場合、赤ちゃんに脊椎異常がみられる確率が増加した、という研究結果も報告されています。これらの研究では、母親が熱いおふろにつかることで体温が上昇することについても述べており、ほとんどの病気と同じように、熱が一時的に上がってもすぐ下がるパターンならば胎児に害はない、という結果が出ています。しかし、妊娠中に発熱した場合、積極的に改善しようとする姿勢は大切です。次に挙げるのは、熱を下げる方法です。

＊服装に気をつける

熱が出ているときに厚着をしないこと。服を着すぎると熱が発散されなくなってしまいます。下着を着すぎているとかえって悪寒を引き起こし、さらに熱を上げる結果になってしまいます。肌に空気を通すような、薄手のゆったりした服を着ましょう。汗をかいた場合は、まめに着がえましょう。

＊涼しくする

窓を開けましょう。エアコンをつけましょう。外に出てみましょう。涼しい空気は体から熱を逃がしてくれます。

＊水分は十分に

汗や呼吸が多くなることで、水分は失われがちになります。水のボトルを持ち歩いて、少しずつ頻繁に飲むようにしましょう。

＊栄養補給もしっかり

熱が出ると、それだけエネルギーも消耗してしまいます。カロリーが高く、必要な食べ物と液体が入ったスムージー（基本的には果物をミキサーでジュースにしたものですが、たいていプロテインやビタミンなどを個人の好みで混ぜることができます）をとりましょう。

＊体を冷やす

ほのかに温かい温度のシャワーを浴びたり、おふろにつかったりしてみましょう。体がぬれているままおふろから出て、水分を蒸発させましょう。タオルでごしごし皮膚をこすると血行がよくなり、さらにすみやかに熱を放出します。

鎮痛と熱の対処薬

妊娠中に熱が出たときは、アスピリンの服用は避けましょう。もっと安全で、同じくらいの効果がみられる代替品があるからです。しかし、2回ほど2錠くらいのアスピリンを服用してしまったとしても心配はいりません。赤ちゃんに害が及ぶ可能性はほとんどありません。

アスピリンを避けるべきだといういちばんの理由は、妊娠後期に長く大量に服用した場合、母親と胎児の出血を引き起こすかもしれないといわれているからで（アスピリンは抗凝血薬だからです）、正常な出産の流れを狂わせる（アスピリンは陣痛と深く関係するプロスタグランジンホルモンの分泌を妨げます）といわれているからです。

産科医はたまに、妊娠による高血圧症や重度の妊娠中毒症、およびそのほかの子宮内の問題を防ぐために、低用量のアスピリンを使用することがあります。いちばんの問題は、妊娠の初期にアスピリンを使うことによって胎児に先天的な影響が出るかということですが、まだ結論は出ていません。しかし現在は、妊娠初期にアスピリンを服用することと胎児の先天的な欠陥について、相関関係はないと考えられています。

イブプロフェンは、アスピリンよりも危険性は少ないといわれています。しかしこれも、医師の指示なしに飲んではいけません。妊娠初期および中期にイブプロフェンを服用すると、胎児になんらかの影響が出るという研究結果は出ていないので、妊娠初期、中期の服用に関しては「青信号」のグループに入れてもいいでしょう。イブプロフェンにはアスピリンのように抗凝血作用が含まれていないため、妊娠後期に服用しても母体や胎児の出血を引き起こすことも考えられません。

＊医師に尋ねたいこと＊

覚えておいてください。あなたのコンディションを良好に保つためには、医師とのよいパートナーシップは不可欠です。なぜ、どんな薬が必要なのか、どんな影響があるのか、ほかに方法がないのか、きちんと理解しましょう。次のようなことを医師に聞いておきましょう。

□薬は本当に必要ですか？　薬を飲まなければ症状が悪化してしまうのでしょうか？　症状の悪化によって母体や赤ちゃんが危険な状態になってしまうのでしょうか？
□もしも母体や赤ちゃんに副作用の可能性があるようなら、教えてください。
□この薬を飲む以外に、かわりになるようなもっと安全な方法はありませんか？
□どのくらいの頻度でどれくらい長く、この薬を飲む必要がありますか？

しかしイブプロフェンもアスピリン同様、プロスタグランジンホルモン（出産を助ける自然のホルモン）の分泌を妨げてしまうため、妊娠後期の服用には注意が必要です。プロスタグランジンホルモンの分泌を妨げることで、赤ちゃんの心臓と血液の循環が悪くなるともいわれています。これらの影響は、薬の服用をやめればなくなりますし、胎児に害を及ぼすこともないでしょう。したがって、イブプロフェンは特に妊娠初期と中期にはアスピリンよりも安全だと考えられているのです（しかし医師による指示は必要です）。

アセトアミノフェンは妊娠中すべての期間で安全といわれています。これらは解熱、鎮痛剤として使われます。しかし、いかにアセトアミノフェンが安全だとしても、長期間、大量の服用はすべきではなく、医師の指示も必要です（これはすべての薬についていえることです）。妊娠中に大量のアセトアミノフェンを投与すると、母体と赤ちゃんに害があるという研究結果が出ています。しかし、2、3日、正しい量を服用する程度なら特に問題はないでしょう。

付　録 - B

産科の用語事典

これは妊娠中に経験する共通のことがら、問題、検査、および専門用語に関する用語事典です。本文中では触れなかったあまり一般的でないものもここに記していますが、それらの多くはおそらく、あなたの妊娠中には関係のないことでしょう。

Rh不適合妊娠

もしもあなたの血液型がRhマイナスで、夫がプラスの場合、Rh不適合を考えなくてはいけません。胎児がRhプラスの場合、妊娠中や出産のときに多少のRhプラスの血液が血流にのって、あなたに漏れてしまう可能性があり、そのことが原因となり、次からの妊娠では流産につながる可能性が出てきます。あなたの体が、胎児のRh因子に対して抗体をつくってしまうからです。これは初めての妊娠の場合はたいした問題にならないことがほとんどですが、二度目以降の妊娠で胎児がRhプラスの場合は、あなたの体がつくり出す抗体の力が強くなり、胎盤を通じて赤ちゃんの血液を攻撃してしまうのです。

あなたがRhマイナスの場合は、医師は出産、流産、中絶、羊水穿刺後、速やかにグロブリンの注射を行うでしょう。このグロブリンの注射を妊娠28週ごろに行い、早期の免疫感作を防ぐ医師もいます。もしもあなたが血中にRh抗体をもっている場合は、妊娠中は医師とよく連携し、場合によっては出産を短時間ですませたり、輸血の用意が必要になるかもしれません。

アプガースコア

生後1分後と5分後に、医師（あるいは助産師）は赤ちゃんの心拍数、呼吸の状態、肌の色、筋緊張、刺激に対する反応の5項目に対して0～2の評価をつけます。これらのすべてに問題がない場合、スコアは合計で10点になります。このとき大切なのは、見方を正しく保たなくてはいけないということです。8点の場合でも、必ずしも10点の子に比べて健康が劣っているわけではありません。新生児は健康でも一時的に手足が青くなることがあり、そのせいで10点にならないこともあるからです。生まれた直後に大きな声で泣かず、静かにしている赤ちゃんもいて、そのために1点減点されることもありますが、これも必ずしも健康状態が悪いとは限りません。アプガースコアは、新生児向けの健康テストではありませんし、親をランクづけするものでもありません。もともとは、子宮内の生活から肺呼吸の生活に移行が完了するまで、より観察が必要な赤ちゃんを速やかに確認するために行うスクリーニングテストとして考えられたものです。

鉗子

鉗子は、サラダトングのような形をしており、産道の胎児の頭をはさんで引くことに使われます。鉗子は産道や児頭を損傷するリスクが多少ありますが、適正に使われれば通常は安全で、産婦のいきみが弱いときや赤ちゃんの心音が下がってしまった場合に使うことで、帝王切開などが避けられることがあります。

吸引分娩

吸引カップは、鉗子のかわりに赤ちゃんをスムーズに産道を通過させるために使われているものです。やわらかいゴムまたはプラスチックのカップを赤ちゃんの頭皮に当てます。このカップが吸引機につながっていて、赤ちゃんの頭をやさしく引っ張るのです。

医師は、真空状態の吸引カップを丁寧に引きます。この方法は、鉗子を使うよりも、膣の中により多くのスペースを確保できます。産後数カ月は赤ちゃんの頭が多少いびつに思えるかもしれませんが、吸引された部分のむくみは、やがて小さくなっていきます。

巨大児

巨大児は、４５００g以上（または４０００g以上）の赤ちゃんをいいます。ほとんどの場合、赤ちゃんが大きく生まれるのは遺伝的な理由によるものですが、妊娠中の食生活がよくなかったり、糖尿病のコントロールがきち

んとされていない場合にも起こります。大きすぎる胎児は出産が大変になるだけではなく、鎖骨骨折などの分娩時損傷をきたしやすくなります。大きすぎる赤ちゃんは帝王切開での出産のほうが安全だと主張する医師もいます。

クーバードシンドローム

クーバードシンドローム（擬娩《ぎべん》）は、妻が妊娠しているときに、夫が同じように妊娠のような兆候を経験する現象です。程度の差はありますが、約25～50％の夫はなんらかの経験をするようです。最も多い兆候としては、食べ物の好みが変わる、めまいがする、吐きけ、つわりの兆候、体重増加、疲れやすい、背中の痛み、睡眠障害などがあります。これらのほとんどは妻が妊娠3カ月前後のときに起こりやすく、妊娠中期におさまります。しかし程度の違いはありますが、出産間際になって再び起こる場合もあります。自分も苦しみを分かち合いたい、妻と一体化したい、そしておそらくは妻の関心を引きたいという願望のあらわれではないかといわれています。これらの気持ちはまた、父親になるという過剰な自意識のあらわれかもしれません。

肩甲難産

出産の0・15～1.7％に起こるといわれています。これは胎児の肩があまりにも大きいか位置が悪いせいで、骨盤を通り抜けることができない状態をいいます。この場合、医療的な緊急事態になり、胎児の損傷を避けるために熟練したスタッフの腕が必要になります。主に4kg以上の赤ちゃんがこの状態になりやすい傾向にあります。

肩甲難産にならないために、あなたにできることは2つあります。1つは、胎児を大きくさせすぎないために、きちんと栄養管理すること。もう1つは、赤ちゃんがきちんと回旋してスムーズに産道を出られるように分娩中には体位をかえてあげることです。

骨盤計測

放射線技師は、X線で妊婦の骨盤の大きさを測り、出産が可能かどうかをチェックします。児頭の大きさと骨盤腔とを比較することで、胎児が産道を十分に通れるかどうかを検査するのです。

ただ安全性と正確さに疑問があるため、最近ではX線検査はあまり使用されなくなってきています。X線による骨盤計測の場合、出産のときに骨盤が開く可能性もあるため（特にスクワットの姿勢では）、検査の有効性自体にも疑問の声が上がっています。出産前にX線で撮影したサイズがそのまま出産時の正確なサイズというわけではないのです。それに赤ちゃんの頭囲によっても異なりますし、胎位によっても左右されてしまうからです。

子癇前症

子癇前症は妊娠の後半に起こるもので、顔や手のむくみ、高血圧、尿タンパクなどがみられます。妊婦の約7％に起こり、初産婦に多くみられ、糖尿病の病気をもっている女性にはさらに多くみられます。初期には症状ではなく、妊婦健診で高血圧や尿タンパクの診断を受けることで、子癇前症に気づく人が多いようです（ですから、定期健診は大切なのです）。突然、急激に体重が増えたり（週に９００ｇ、月に2.5kg程度）、なかには手足のむくみや、視力の低下、頭痛などを感じる人もいます。

子癇前症は適切な処置がされないままほうっておくと、母親と胎児の健康が脅かされる場合があります。高血圧は母親にとって危険であり、子宮に十分な血液がいかないことで、胎児の成長も阻害されてしまうのです。

子癇前症は、とにかく血圧をコントロールして安定させることが大切です。ほとんどの場合、安静を指示されますが、深刻な場合には入院して薬物治療を行い、血液の循環をよくします。状態がよくならないようであれば、予定日よりも早く人工的に出産になることもあります。母子の安全のために帝王

切開での出産になることもあります。一度子癇前症を経験した妊婦は、次回以降の妊娠でも子癇前症となる確率が高くなります。

ほとんどの場合、原因ははっきりしませんが、最近の産科管理のおかげで、その多くは問題なく、安全な出産と健康な赤ちゃんが誕生するようになっています。

子宮頸管無力症

子宮口が開き、妊娠時期が早いのに子宮頸部が短くなってきてしまった場合、流産や早産の危険性が高まります。原因としては、先天的に頸部が弱い、前回の出産で子宮頸部が伸びきってしまった、頸部の手術による後遺症などが考えられます。子宮頸管無力症は程度の差はありますが、妊婦の1～2％に起こるといわれています。しかし適切な処置と管理によって、ほとんどの人が健康な赤ちゃんを無事に出産することができます。

子宮頸管無力症は流産や診察中の出血、早産の兆候などで診断されるかもしれません。もしも子宮頸管無力症の疑いがある場合は、医師は子宮頸部縫縮という処置を選ぶかもしれません。これは、頸部が開かないようにするために縫合してしまう方法です。縫合糸（テープ）は予定日が近くなると（注1）抜糸が行われます。縫縮術に加えて、医師はベッドの上での安静と収縮を抑えるための薬物治療を行うかもしれません。子宮頸管無力症の約25％の女性が早産になっていますが、ほとんどの赤ちゃんは健康です。

子宮内発育遅延（ＩＵＧＲ）

子宮内での発育遅延は母親からの血液循環が悪くなることで起こりますが、理由としては母親の喫煙、高血圧、腎臓病のような慢性の病気、栄養失調、ドラッグ、アルコール、子宮内の感染症など、さまざまです。原因不明の胎盤機能不全が原因のことも少なくありません。

医師は、健診のときに胎児の発育をチェックし、発育遅延がないかどうか調べます。深刻な状況なら、特に注意しながら観察を続けます。発育遅延の胎児はそれだけリスクも高くなるため、医師は特別な注意を払うでしょう。健康が危ぶまれる場合は帝王切開で早めに取り出すこともあるでしょう。こうした赤ちゃんは体に脂肪がついていないために、自分の体温を保つことが難しいことがあります。さらに、低血糖など血液の問題を抱えていることも少なくありません。

このような理由から、ＩＵＧＲの赤ちゃんは誕生後しばらくの間、特別な管理が必要になるか、母子同室でも注意深く観察をされる必要があります。

常位胎盤早期剥離

これは、胎盤の一部または胎盤全体が、出産の前もしくは出産の最中に子宮壁からはがれてしまうことをいいます。胎盤剥離の程度はさまざまですが、その確率は全出産の1％未満です。主に妊娠後期に起こります。常位胎盤早期剥離の兆候は、突然の大量出血、背中や腹部の激しい痛みなどです。検査を受けた場合、医師は子宮が異常なほど痛みを伴ってかたくなっていることに気づくかもしれません。超音波検査で胎盤がはがれていることを確認できることもありますが、難しい場合もあります。出血が止まらなかったり、胎児への血液の供給が妨げられている場合には、緊急帝王切開が必要なこともあります。

このような状態が疑われる場合、おそらく医師はすぐ病院へ来るようにと指示し、胎児が無事かどうかを確認し、同時に出血の状態もチェックします。もし出血が止まっていて、痛みもなく、胎児もストレスを受けていないようならば、赤ちゃんが生まれて大丈夫な大きさになるまで、医師は自宅安静を指示するかもしれません。剥離の程度によって、帝王切開が必要なこともあれば自然分娩が可能な場合もあります。

一度常位胎盤早期剥離を経験した場合、次の妊娠で繰り返す確率は約10％

です。医師は、次の妊娠では、特に後期に注意深く経過を観察するでしょう。

前置胎盤

まれに、正常な胎盤が部分的または完全に、子宮頸部をおおってしまうことがあります。これを前置胎盤といいます。妊娠中期以降に痛みを伴わない出血がある場合、特に妊娠後期の場合は前置胎盤を疑います。前置胎盤の場合はとにかく出血を防ぎ、早産の危険性を減らすことが大切です。出血の危険性がある場合、医師はベッドでの安静を言い渡す、もしくは行動を制限するかもしれません。前置胎盤では、大抵は帝王切開になりますが。最近では前置胎盤でも母親と赤ちゃんが危険な状態にはならず、ほとんどのお母さんが健康な赤ちゃんを出産できています。

糖尿病

糖尿病の持病がある妊婦でも、きちんと管理さえしていれば、妊娠中にも影響はなく、胎児の健康にも影響は及ばないでしょう。もしもあなたが糖尿病ならば、妊娠前からきちんと管理し、適正体重に戻しておくようにしましょう。あなたと胎児の健康は、妊娠中にいかに血糖値をコントロールできるかにかかっています。血糖値を正しくコントロールするのはもちろん妊娠全期間ですが、特に大切なのは胎児の器官が形成される妊娠初期と、早産の危険が最も高まる最後の数カ月です。

糖尿病の管理は妊娠中のほうが難しくなりますが、コントロールは欠かせません。妊娠中はインスリンの必要量が増大します。なぜなら妊娠性のホルモンがインスリンの活動を弱めてしまうからです。インスリンは胎盤を通ることができませんが、血糖は胎盤を通過してしまいます。ですから、もしもあなたの血糖値がとても高い場合は胎児の血糖値も上がり、胎児は余分なインスリンを産生することを強要されるかもしれません。余分な糖分は余分な脂肪として赤ちゃんに蓄積され、母親が糖尿病の場合、大きな赤ちゃんが生まれやすくなってしまいます。

もしも糖尿病を経口薬だけで管理している場合、医師はあなたに注射によるインスリンの治療に変えるように提案するかもしれません。経口薬は妊娠中は効果が薄くなるばかりでなく、発達中の胎児に有害だという説もあるからです。インスリン注射は比較的安全と考えられています。妊娠前に1日1回の投薬ですんでいたとしても、妊娠後は投薬の回数が増えるかもしれません。

大切なことは、常に医師と二人三脚で、薬の量や運動、食生活について相談しながら過ごすことです。コントロールしだいですが、医師は出産日を予定日より前に、あらかじめ決める場合があります。なぜなら母親が糖尿病の場合、しばしば子宮の血管が胎児に栄養を与えるのに不適切な状態になってしまうことがあるからです。

血糖値の変動による影響を最小限にするため、出産予定日前の最後の1週間は特に血糖値のコントロールに気をつける必要があります。赤ちゃんは生まれるとすぐ、専門家によって数日間注意深く観察され、血糖値が安定しているか、糖尿病の母親から生まれた赤ちゃんに一般的にみられる一時的な呼吸障害が起こらないか、などについて注意深く観察されるでしょう。

ノンストレステスト（ＮＳＴ）

ノンストレステストは、胎児の状態を評価するために行われる検査です。胎児にも母親にも苦痛やリスクはありません。赤ちゃんの心拍数が記録される間に、胎動を感じたらサインを出すように言われます。健康な胎児の心音は、胎動に反応して増加します。ＮＳＴの反応がよいことで胎児の健康を確認できますが、反応がない場合でも75％以上は心配がありません。胎児は眠っているのかもしれないからです。反応がない場合は医師は通常、胎児を刺激し、その反応を確認します。

バイオフィジカルプロファイル（BPP）

BPPはハイリスク妊婦に対して予定日の数週間前、または過期妊娠の妊婦に施されます。ノンストレステスト、超音波による胎児の動きの観察、羊水の量などを総合して判断されます。医師はこの結果を受けて、出産の最適なタイミングと方法を判断します。この検査は母子それぞれに対して安全で痛みもなく、1時間弱で終わります。

破膜

「人工破膜」とも呼ばれます。医師は、小さなフック状のものを子宮頸部から挿入し、羊膜（胎児が包まれている水袋）を引っかけて人工的に破きます。これは陣痛を促したり、出産の進行を早めたり、あるいは出産の間に直接胎児に胎児心拍モニターを挿入するために行われます。人工破膜は必要がある場合にしか行われません。なぜなら水が入っている完全な袋は、子宮底と頸部が広がるための収縮力をより効果的に伝え、胎児の頭が出てきたときにはへその緒を保護する役割があるからです。胎児の頭が骨盤へ入る前に羊膜を破いてしまうと、頭と骨盤の骨の間でへその緒が圧迫され、胎児が窒息する危険性があります。また、あまり早いうちに破膜をしてしまうと病原菌が子宮内に侵入し、胎児の細菌感染の危険性を増加させてしまいます。もし人工破膜が必要な場合、医師は事前にその危険性と必要性についてきちんと説明をする必要があります。

B型肝炎

B型肝炎ウイルスは、性行為または感染した血液や血液製剤などによって感染します。感染していても何の兆候もみられない女性は、感染にすら気づいていないこともあります。最も心配なのは産道の母子感染です。母親が感染している場合、胎児にも感染してしまう確率は高く、B型肝炎のキャリアになった赤ちゃんは、先天性の肝機能障害を起こすことが多いのです。しかし幸いなことに、適正にワクチンを使用すれば、赤ちゃんのB型肝炎の感染を防ぐことができます。

あらかじめ決められた妊娠中の検査項目の中に、B型肝炎の検査が入っているはずです。もし妊婦が感染している場合、赤ちゃんは免疫グロブリンを投与されます。1回目は生まれた直後にB型肝炎ワクチンの接種を受ける必要があります。その後、生後1カ月目と6カ月目に追加接種をします。その後、赤ちゃんはワクチンによって感染を防ぐことができているかどうかの検査を受けます。

B群連鎖球菌（GBS）

B群連鎖球菌は、女性の膣内に一般的にみられる細菌（常在菌）です。敗血性咽頭炎を引き起こすのは異なる種類の連鎖球菌細菌です。女性の多くはB群連鎖球菌のキャリアがあっても自覚症状も兆候もなく、出産のときに胎児が産道を通るまで、そのリスクはありません。

GBSは、新生児に深刻な感染を与えることがあります。これらの理由から、多くの医師は通常すべての妊婦に菌の培養を行い、母親がGBSに感染していないかを調べます。もし感染していることがわかれば、胎児に影響がないように抗生物質を投与して治療します。早産の兆候があったり、破水してから24時間以上経過している場合、出産時に発熱している場合などは、医師はGBSの可能性を疑い、検査を行うこともあります。

ヘルプ症候群

ヘルプ症候群は、深刻な妊娠中毒症の特徴をいくつか組み合わせた状態を

示します。溶血、肝機能異常、血小板減少症がみられます。放置したままだと、妊婦にも胎児にも深刻な事態を引き起こすことになります。

羊水

子宮の中は、赤ちゃんを感染から守り、クッションの役割をし、胎児が自由に浮遊しながら動くことができるように特別につくられた液体で満ちていて、胎児はそこに浮かんでいます。羊水は妊娠4週ごろから生じ始めます。妊娠初期の終わりまでは必要な量の羊水は母体が産生しています。妊娠10週ころになると、胎児の腎臓の機能が働き始め、尿を産生して羊水の一部となります。

妊娠20週を過ぎるころには、羊水のほとんどは赤ちゃんの尿になっていて、母親が残りを補うようになります。羊水は毎日入れかわります。赤ちゃんは羊水を飲み込み、再度排泄します。胎児はまた、発達中の気道を使って羊水の中でも呼吸をしています。羊水は生理食塩水をベースにし、タンパク質、脂肪酸、アミノ酸、果糖、ブドウ糖、そのほかの栄養が含まれています。羊水量は32～36週の間にピークになり、最後の2週間に向けて次第に減少していきます。

＊監修者注
（注1）通常は妊娠37週ごろに行われます。

監修者あとがき

かつて、女性の周りには妊娠、出産をあるがままの現象として、体感的に習得していける環境が備わっていました。それと並行して、からだに関する知識や知恵は、母や周囲の出産体験者から直接伝えられていたのです。ところが、1950年代を境として、出産場所が自宅から病院へと大きく変わったことにより、そんな女性の知恵の伝承が突如として途絶えてしまうことになりました。女性が産む主体から、医学で管理され産ませてもらう客体へと変わったからです。ここ30〜40年は安全性を重視した出産が提供されてきましたが、出産の聞き取り調査をすると、残念ながら、質的には何かが違ったと感じている女性が多いように感じます。

アメリカも同様です。特に今から30〜40年前の出産は、まるで盲腸の手術をするような出産だった、とシアーズ博士は述べています。母親は「患者」であり、「手術」に向けて剃毛され、手術台のような分娩台にあおむけに固定されて、赤ちゃんが引っぱり出されていたのだと。そのような出産環境の中で、「出産とは医療が必要な現象」であるというイメージがメディア等を通じて女性へ、そして社会へと植え付けられていったのです。シアーズ博士は言います。「盲腸の手術であれば、さまざまなスタイルや哲学は必要ありません。ただあなたは、病人でも、患者でもないのです」。この本は、妊娠、出産を通して起こってくるあらゆることを、表面的な現象論や医学的知識としてだけでなく、現代社会に生きる女性の知恵として伝えています。皆さんに受け身でなくきちんと対峙してもらいたいと願う、シアーズ博士の情熱があふれています。現代医学や社会への批判や皮肉もまじえ、女性として、そして人間として、どう生きるべきかという哲学が語られています。

妊娠、出産そのものには普遍性があるにもかかわらず、妊娠、出産が社会的なものでもあるため、時代、環境、文化、取り扱われるシステムなどにより、その認識は異なるものとしてとらえられます。この本には、現在の日本の状況に当てはまらなかったり、そぐわなかったりする記述も含まれていますが、それはこの本の性質上、監修者として、あえて削除をせず皆様に読んでいただきたいとそのまま載せた部分です。

初産婦さんはもちろんのことですが、経産婦さんにとっては、これまでの出産をふり返り、そして次へのステップとして、より受け入れられる内容でしょう。そして、夫(パートナー)には、同性として、ぜひとも手にとってほしいと願っています。日本では、夫が最初に購入してその後に、女性へと手渡されるという広がり方をしていくのではないかとも想像しています。

妊娠、出産の考え方、とらえ方はけっして画一的なものではありません。そのプロセス、結果と同じように人それぞれです。私たち日本人は、個々の責任のもとで、ものごとを選択していくというあり方に慣れてはいないかもしれませんが、あなたのからだについての一番の専門家はあなた自身であるということを忘れないでください。この本を通して、公平な知識や考え方を身につけたうえで、あなた自身を知る旅に出てみましょう。

竹内正人

ゆ

ＵＳＦＤＡ……47，53，107，311
夢……128，278

よ

溶解剤……53
溶血……394
葉酸……100，104
羊水……394
羊水検査……139，215
羊水穿刺……79，138，167，214
羊水染色体検査……138
ヨウ素添加塩……100
腰痛……256
羊膜……131
よつんばいのストレッチ……185
予定日……36，213，318
４－１－１形式……345

ら

ｒａｄ……50
ラノリン……370
ラマーズ法……253
卵黄嚢……125
卵管……34
卵管結紮……40
卵管妊娠……40
卵子……34
ランシノー……176

り

理想の出産……250
利尿作用……70
流産……13，74～77，135
流産（の悲しみ）……77
流産（の危険性）……156
流産（のサイン）……73
流産（のリスク）……48
両親学級……81，87，209，282，295，327
（妊娠中の）旅行……233
リラキシン……177
リラクセーション……239
リラクセーションの障壁……295
リラクセーションのテクニック……239，328，348
リラックス……18，71，290，293，299，331
リラックス法……70
リリース……295
臨月……234
淋病……162

れ

冷湿布……305
レム睡眠……69，128，282，283

わ

ワクチン……236
忘れっぽい……249

ほ

膀胱炎……62, 102
膀胱の感染症……62
放射線……49, 52
放射線染料……50
ほくろ……169
母体血清テスト……137
発疹……171
ホットスポット……301
ほてる……160
母乳……109, 225, 239, 374
母乳育児……85
炎のリング……356
母斑……171
ホルモンの異常……74
ホルモンの欠乏……75
ホルモンのバランス……294
ホルモンのレベル……75
ホワイトノイズ（白色雑音）……71
本格的な陣痛……343
ボンディング……85, 373
本物の陣痛……343

ま

マイナートラブル……118
マザリング……295
麻酔……307
麻酔性鎮痛剤……305, 306
マスターベーション……136
マタニティウエア……122, 149
マタニティエクササイズ……175, 253
マタニティクラス……72
マタニティ・ハネムーン……130
マタニティブルー……363, 375
マッサージ……164, 256, 301
（頭の）マッサージ……164
（夫による）マッサージ……71, 209, 256
（肌への）マッサージ……173
マニキュア……174
慢性の心臓病……264

み

ミエリン……259
味覚の変化……16
密着育児……85
耳の感染症……45

む

むくみ……100, 253〜255
無症候性細菌尿……384
無痛分娩……89
胸が詰まる……194
胸の痛み……253
胸のドキドキ……258
胸の変化……16, 257
胸やけ……64, 71, 282, 325
無脳症……137

め

迷信……277
目が覚める……282
メコニウム……166
めまい……163, 164, 203, 258, 364
メラニン色素……169
免疫体の異常……74

非体重負荷運動……177
引っ越し……82
必須アミノ酸……96
必須カロリー量……112
必須脂肪酸……95
必須鉄……98
ヒト絨毛性ゴナドトロピン……35
ピトシン……313，358
ひとりになりたい……319
皮膚線状……170
病院を選ぶ……241
病院をチェック……242
ピル……37
疲労感……14，60
貧血……98，165
頻尿……48

ふ

ファーガソン反射……351
ファストフード……32，106
ファロピウス管……34
不安（な気持ち）……11，59，320
フィジオボール……304
ＶＤＴ……51
フードピラミッド……101
フェリチン……98
複合Ｘ線……50
複合多糖類……97
複合炭水化物……27，70，97，164
復職のプラン……147
副腎ホルモン……294
服装……148
腹痛……73
副鼻腔炎……162
腹部の痛み……75
腹部の張り……16
腹部の不快感……16
腹部の膨満感……64
双子……20，109，136
腹筋の分離……225
ブドウ糖負荷試験（ＧＴＴ）……216
部分麻酔……162
ブラジャー……151
ブラジャーのサイズ……61
ブラックストンヒックス収縮……223
フルタイム……143
フレックス……143
プロゲステロン……35，64，74，169，342，368
プロスタグランジン……330，342，354，387
プロラクチンホルモン……46，368
ブロンチ……67
分娩監視モニター……285，328
分娩見込み日……36

へ

ヘアケア……52，173
ベジタリアン……104
へその緒……167
へその緒が短い……286
ペット……52
ヘパリンロック……242，300，328
ヘマトクリット値……98
ヘモグロビン……98
ヘモグロビンチェック……105
ペリボトル……366
ヘルプ症候群……393
ペンキ……53
娩出期……350
便秘……63，64，100，258，325，368
扁平乳頭……198

ぬ

抜け毛……171

ね

眠りのトラブル……69
眠る……15，231
寝る……30
寝る姿勢……71

の

脳回……259
脳波記録……306
嚢胞性線維症……139
農薬……53
のどの渇き……62，258
のみ駆除剤……53
飲み水……51
ノンストレステスト（ＮＳＴ）……392
ノンレム睡眠……69，283

は

バースプラン……310
バースボール……304
パートタイム……143
パートナーシップ……89
バイオフィジカルプロファイル……393
排尿が頻繁……341
排尿できない……366
胚盤胞……35
肺胞……259，326
排卵日……36
ハイリスク……120，263，284
ハイリスク妊娠……284
ハイ・リスポンシビリティ……263
吐きけ……16，21，385
吐く……19
歯茎からの出血……162
破水……341
肌の変化……168
働く妊婦……141～151
発熱……385
発露……352，353，356
鼻うがい……383
話しかけ……206
鼻スプレー……235
鼻詰まりと副鼻腔炎……382
鼻の不快感……162
パニック……194
歯のクリーニング……162
歯のチェック……162
母親脳……373
パパになる……207
破膜……393
ハマメリス……227，367
歯磨き……162
ハラスメント……38
（おなかの～）張り……16，64
ハンド・オン・ヒーリング……31

ひ

非イオン化タイプ……51
Ｂ型肝炎……393
Ｂ群連鎖球菌……393
ＰＣＥＡ……309
ＰＣＢ……105
ビーズクッション……304
皮下出血……364
引きつれるような痛み……122
飛行機……234
悲惨リスト……25

て

帝王切開 ……89，94，284，314
帝王切開率 ……243
低血糖 ……165
テイ・サックス病 ……81，139
低出生体重児 ……43，102，111
剃毛 ……84
鉄欠乏による貧血 ……98
鉄分 ……97，104
鉄分の錠剤 ……98
手のしびれや痛み ……225
添加物 ……105，107
電磁波 ……51
電子レンジ ……52
展退 ……334

と

ドゥーラ ……375
動悸 ……194，385
糖質 ……97
糖尿病 ……389，392
トキソプラズマ ……52
ドップラー装置 ……214
ドライアイ ……198
トリコモナス ……161
トリプトファン ……70
トリプルマーカーテスト ……137

な

内痔核 ……226
内診 ……75
内胚葉型 ……110
内分泌系 ……192
ナチュラルハイ ……248
鉛のエプロン ……50
なりゆきに任せない ……91

に

におい ……16
にきび ……169
ニコチン ……42
二次喫煙 ……42
二分脊椎症 ……100，137，213
乳腺 ……61
乳糖不耐症 ……99
ニューベイン ……310
乳房の過敏症 ……61
乳房の変化 ……61，124，214
乳輪 ……61，124
尿が漏れる ……226，367
尿検査 ……17
尿道カテーテル ……308
尿路感染症 ……383
二卵性双生児 ……35
妊娠悪阻 ……21
妊娠線 ……169，170
妊娠中毒症 ……254，264
妊娠中の薬 ……164，380
妊娠糖尿病 ……216
妊娠日記 ……24
妊娠の兆候 ……66
妊娠反応 ……17
妊娠ボケ ……193
妊娠ホルモン ……22，64，66，156，159，162，164，171
妊娠を判定 ……17
妊娠を報告 ……38
妊娠を分かち合う ……208
妊婦健診 ……83

胎脂……201
胎児……67, 75
胎児アルコール症候群……46
胎児仮死……285, 286
胎児のストレス反応……357
胎児の聴覚……231
体重が減る……324
体重減少……20
体重コントロール……112
体重増加……108〜110, 119
体重増加恐怖症……119
体重増加チャート……110
体重と体形を戻す……371
体重負荷運動……177
胎動……37, 196, 222, 257, 262, 280
胎動カウント法……262
胎動を記録……233
体内システム……20
胎盤……66, 140, 167, 192
胎盤早期剥離……203, 213
胎盤の異常……74
胎盤娩出……358
胎便……166
胎便吸引症候群……356
ダウン症……78, 139
唾液……62
正しい姿勢……186
正しい座り方……186
正しい哺乳の仕方……369
(夫の)立ち会い……94
脱水症状……21, 27, 177, 236, 384
食べ物の好み……32
食べる量……103
短気になる……221
炭水化物……97
タンパク質……96, 102

ち

乳首の痛み……369
膣周辺の強いかゆみ……161
膣の痛み……257
膣の感染症……161
着床……35
着床(時)出血……73, 75
中隔子宮……74
中胚葉型……110
超音波検査……37, 214
超音波診断……73, 75, 203, 212, 215
超音波ドップラー……124
腸の疾患……384
直感力……373
鎮痛剤……305
鎮痛と熱……386
鎮痛ホルモン……294

つ

疲れ……16
疲れた血……98
疲れる……60
つば……62
つまずいた……202
つめの変化……174
つれるような痛み……198
つわり……19〜31, 33, 60, 111, 119
(朝の)つわり……26
つわりでも快適な食べ物……33
つわり(のきっかけ)……25
つわり(を重くする食べ物)……33
つわり(を軽く)……25, 33
つわり(を引き起こす)……28

心臓がドキドキ……252
靭帯の不快感……122
陣痛……89，261，339
陣痛促進剤……89
陣痛長引きクラブ……331
陣痛のホルモン……331
心拍数チェック……177
じんましん……171

す

水銀……105
水質……51
水中での痛み逃し……298
スイミング……176，179
睡眠パターン……69，324
睡眠不足……72
スーパーケーゲル……181
好き嫌い（食事）……108
スキンケア……172
スキンタッグ……171
スクリーニングテスト（出生前診断）……79，137
スクワット……84，182，301，335
巣ごもりの時期……374
頭痛……163
巣作り本能……193，321
ストレス……29，70
ストレスホルモン……48，120，291，294，313
ストレッチ……122
ストレッチエクササイズ……182
スパイダー・マーク……364
スリング……85，321，374

せ

性感染症……40，131，161
性器の変化……130
性器ヘルペス……286
性交後の出血……73
精子……34
精神遅滞……46
性別……215
生理的子宮収縮……223，261
脊髄鎮痛剤……307
脊椎麻酔……329
セックス……130，131，269
セックスを避ける……135
赤血球の減少……165
切迫早産……131
切迫流産……75
背中の痛み……255
前回の出産……277
前期破水……264
前駆陣痛……280，301，341，343
潜在期……344
染色体……35
染色体異常……74，76，137
染色体異常障害……78
ぜんそく……383
前置胎盤……131，213，392
先天性異常……46，48，49，137，203
先天性疾患……81

そ

双角子宮……74
早期流産……74
早産……102，136，261
掃除用製品……52
掻爬術……75
そばかす……169

た

ダイエット……111
胎芽……17，35，125

しきい値効果 …… 47
子宮円索 …… 198
子宮外妊娠 …… 40, 73, 213
子宮筋腫 …… 74
子宮頸管展退度 …… 334
子宮頸管無力症 …… 74, 131, 135, 136, 264, 391
子宮頸部 …… 291, 341
子宮頸部縫縮 …… 391
子宮口の開大 …… 334
子宮収縮 …… 75, 223, 280
子宮収縮刺激ホルモン …… 300
子宮内発育遅延 …… 391
子宮内膜症 …… 40
子宮の大きさ …… 123
子宮の奇形 …… 74, 213
自己成就する予言 …… 23
仕事 …… 70
仕事の引き継ぎ …… 146
糸状線維腫 …… 171
自然分娩 …… 271
自然流産 …… 74
下着 …… 150
自宅での出産 …… 243
児頭骨盤不適合 …… 285, 286
自発呼吸 …… 278
市販薬 …… 227
脂肪 …… 95
しみ …… 169
しゃっくり …… 257
ジャンクシュガー …… 97
収縮を感じる …… 198
絨毛採取検査 …… 139
絨毛膜 …… 140
重力浮腫 …… 254
シュガーブルー …… 97
手根管症候群 …… 225
手掌紅斑 …… 171
受精 …… 17
受精卵 …… 17
出血 …… 16, 72, 75, 131, 203
出産 …… 339
出産計画 …… 90
出産時の痛み …… 288
出産する場所 …… 240
出産立会人 …… 332
出産哲学 …… 250
出産における痛み …… 297
出産のサポーター …… 270
出産の進行 …… 327
出産のスタイル …… 85, 90
出産のスタッフ …… 86
出産の体位 …… 333
出産のプラン …… 83
出産ホルモン …… 330
出産前のチェックリスト …… 323
出生異常 …… 137
出生前診断 …… 80, 138
出生前心理学 …… 233
授乳用ブラ …… 151
受容体 …… 301, 351
常位胎盤早期剥離 …… 391
消化不良 …… 325
静脈点滴 …… 330
静脈瘤 …… 186, 226, 228
初期 …… 344
初期の兆候 …… 16
初期の不安感 …… 10
食事のバランス …… 103
職場環境 …… 53
食物繊維 …… 63, 109, 227
食欲がわく …… 119
助産院 …… 92, 241, 243
除草剤 …… 53
視力の変化 …… 198
心音 …… 124
シングルマザー …… 81
神経管形成異常 …… 137
(お産の)進行期 …… 347
進行性ヘルペス …… 285, 286
人工破膜 …… 393

血小板減少症 …… 394
血栓性静脈炎 …… 187, 228
血中フェリチン …… 98
血糖値 …… 26, 97, 164, 177, 216, 392
ケトン …… 21
下痢 …… 236, 341, 385
肩甲難産 …… 390

こ

高エネルギー食 …… 329
抗凝血薬 …… 386
高血圧 …… 264
甲状腺ホルモン …… 100
後陣痛 …… 358, 366
抗生物質 …… 162
交通事故 …… 203
後鼻漏 …… 162
硬膜外鎮痛剤 …… 307
硬膜外麻酔 …… 271, 285, 289, 306, 309, 327, 329
高齢出産 …… 78
呼吸器感染症 …… 45
呼吸不全 …… 356
呼吸法 …… 302
腰と足の痛み …… 227
腰の痛み …… 341
個体化 …… 205
骨粗鬆症 …… 99
骨盤位（逆子） …… 89
骨盤炎症性疾患 …… 40
骨盤計測 …… 390
骨盤周辺の不快感 …… 122
骨盤体操 …… 183
骨盤底筋 …… 180, 341, 352
骨盤の痛み …… 16, 258
骨盤の不快感 …… 16, 256, 325
骨盤のゆるみ …… 227
子どもの立ち会い …… 268
こむらがえり …… 224
コラーゲンファイバー …… 170
コリック …… 25, 233, 257
コレシストキニンホルモン …… 20
コレステロール …… 96, 106
転んだ …… 202
混合剤 …… 381

さ

最悪のシナリオ …… 278
催奇形性物質 …… 48, 49
臍帯 …… 139
臍帯血 …… 42
在宅勤務 …… 143
催乳反応 …… 370
サウンディング …… 332
逆子直し …… 214
座骨神経 …… 227
座骨神経痛 …… 227
殺虫剤 …… 53
サプリメント …… 98, 104
サポートタイプストッキング …… 228
サポートブラ …… 176
３回出し …… 70, 226
３５歳過ぎの出産 …… 77
産前産後休暇 …… 143〜147
三大悪 …… 40, 211

し

痔 …… 226
指圧 …… 30
ＧＲＡＳ …… 53, 107, 311
ＣＴスキャン …… 50
ＣＶＳ …… 139, 140
紫外線 …… 172
自家中毒 …… 21
子癇前症 …… 254, 390

ガスがたまる……64
ガス質の食べ物……235
ガスと膨満感……368
カテコールアミン……233，357
化膿性肉芽腫……163
カフェイン……47，102
下腹部……198
鎌状赤血球……81
鎌状赤血球貧血……139
髪質が変わる……173
髪の変化……171
かゆみ……62，171，173，195，282
カラーリング……174
体のサイン……18
体のふるえ……365
カルシウム……99
カロリー……104，108
カロリー計算……112
カロリー量……372
肝機能異常……394
環境汚染物質……49
間歇期……349
間歇性硬膜外麻酔……308
鉗子……285，389
カンジダ……161
感情の揺れ……12
関節炎……325
汗腺……168
感染症……74，162

き

危険物……51
偽陣痛……343
絆づくり……76，85，230，267，306，358，373
喫煙……42，111，211
（胎児の）キック……222，231，257
キックオフ……196
希望リスト……90
気持ちが悪い……19
気持ちの揺れ……58，157
キャビテーション……214
吸引分娩……389
休息を取る……281
旧皮質……193
凝血……228
胸式呼吸……253
恐怖心……291，292
巨大児……389
虚脱感……363
起立性低血圧……165
気を散らすテクニック……290
禁煙……41，42，211

く

クーバードシンドローム……390
薬を使わない……94
靴……150
靴のサイズ……199
クラミジア……162
車での旅……237

け

頸管拡張……75
継続性硬膜外麻酔……308
経腟超音波……214
経腟分娩……27
ケーゲル体操……180，352
血液希釈……98
血液の増加……168
血球数測定……98
月経周期……37
月経出血……73
月経の遅れ……16
月経不順……37

え

ＡＦＰ値……137
ＡＦＰテスト……79，137
ＨＣＧ、ＨＣＧホルモン……17，20，35，75，137
栄養……27
栄養失調の赤ちゃん……111
栄養素……95
栄養チェック……101
栄養のバランス……22
栄養不足……102
会陰切開……84，93，352
会陰の痛み……367
会陰マッサージ……353
会陰裂傷……356
エクササイズ……108，113，175〜180，372
ＳＩＤＳ……43，45
エストリオール……137
エストロゲン……35，169，342，368
エストロゲンホルモン……161，199
Ｘ線……49，50，162
Ｘ線検査……235
ＮＩＣＵ……234
エネルギー……160
エネルギーの消耗……17
ＬＤＲ……241
エレベーター運動……181
遠隔測定……328
エンドルフィン……180，290，294，303，313，330，347，349
塩分……32，100

お

嘔吐……16
オーバーヒート……178
お母さんを育てる……59
オキシトシン……313，330，342，351，358
お産のクラス……238
お産の立会人……85
おしっこが近い……16，62
おしっこが頻繁に……257
おしっこの間隔……160
おしるし……341
汚染物質……48
落ち込み……363
（妊婦の）夫として……131
夫の手助け……266
夫へのアドバイス……346，348，350
おっぱいの張り……368
おっぱいの変化……197
おなかの縦線……169
おへその不快感……197
オボ・ラクト・ベジタリアン……104
親業……373
おりもの……129，160
おりものが増える……258，341
オルガスムス……131，134
悪露……365
温湿布……305

か

（子宮口の）開大……334
外胚葉型……110
界面活性物質……259，326
かえる座り……183
顔が赤い……169
顔の斑点……169
化学調味料……107
化学肥料……53
化学物質……48
化学薬品……52
加工食品……107
下降度……334
過呼吸……303
下垂体……66

あ

R－R－R……328，338
Rh不適合妊娠……389
IQ……43
あおむけ……178
赤いあざ……171
赤ちゃんとつながる……373
赤ちゃんのイメージ……276
アクセサリー……149
あぐらストレッチ……183
足がつる……224
足のつけ根の痛み……258
足の変化……199
アスピリン……386
アセトアミノフェン……164
あせも……171
汗をかく……367
アタッチメント……85，373
圧力受容体……290，301
アドレナリン……48
アプガースコア……356，389
アミノ酸……70
アルコール……16，74，102，211，263
アレルギー……97，162
アレルギー症状……383
アレルギー体質……162
安産型の骨盤……243
安静……264
安全な労働環境……142

い

イースト感染症……161
胃液の逆流……30
イオン化タイプ……51
息切れ……252
息抜き窓……25
いきみ……350，353，355
育児休暇……143，145
移行期……348
医師選び……88
胃食道逆流症……65
痛み管理システム……291
痛みと恐怖の悪循環……239
痛みの感じ方……290
痛みの目的……289
痛みをやわらげる……288，305
1－5－1パターン……261
胃腸運動の減少……63
胃腸炎……384
一卵性の双子……35
遺伝カウンセリング……80
遺伝コード……34
遺伝性疾患……79，80，138
胃などの逆流……385
胃の不快感……19
イブプロフェン……386
イメージトレーニング……296
イライラ……58，157，232，320
色が濃くなる……169
飲酒……46
インスリン……216，392

う

ウエーブ運動……182
上の子への気づかい……203
ウオーキング……188
ウソの陣痛……342
運転……203
運転席……28
運動……18

●著者略歴

ウイリアム・シアーズ

ウイリアム・シアーズ博士は、アメリカで最も有名な小児科医のひとりです。小児科医としてのキャリアは30年あまり、現在はカリフォルニア州のサンクレメンテに在住。カリフォルニア大学アーヴァイン校医学部の助教授として後進の指導にあたっているほか、やはり小児科医の長男ジェームス、次男ロバートとともに「シアーズファミリー小児科病院」を開業。子どもの病気のケアはもちろん、多くの親にシアーズ流子育てをアドバイスしており、遠くから通うファンも少なくありません。

ボストンにあるハーバード医学校付属小児病院でトレーニングを積み、世界最大の小児病院のひとつ、カナダのトロント小児病院では新生児室副室長、および小児科の助教授も務めました。「ベビー・トーク」や「ペアレンティング」誌では育児のコンサルタントとしても活躍しており、その内容はさまざまな著書にも生かされています。

これまでに30冊以上の育児書を執筆していますが、最もよく知られているのは、リトル・ブラウン社から発行された７冊のシリーズです。2000年秋に日本でも刊行以来ベストセラーを続ける「シアーズ博士夫妻のベビーブック」や、この「シアーズ博士夫妻のマタニティブック」のほか、「出産のための本」「教育としつけを楽しむ本」「手のかかる子どもの扱い方と育て方」「注意力欠陥症候群の子ども」「家族のための栄養学」などがあります。2000年秋からHPも開設しました。(http://www.askdrsears.com)。アメリカ小児科学会およびイギリス小児科医師会特別会員。

マーサ・シアーズ

マーサは８人の子どもの母親ですが、看護師、ラ・レーチェ・リーグ(母乳育児のサポート団体)の指導者、出産・母乳・育児に関する各方面のコンサルタントとしての顔も持ち、子育てのカウンセラーとして夫をサポートしています。マーサは、「ベビーブック」でも随所で「マーサノート」という形で母親として貴重な発言をしていますが、シアーズ博士の書いた本のうち９冊において共著者となっており、２冊目の翻訳本「ママになったあなたへの25章」は、主にマーサが執筆しています。彼女は現代の変化しつつあるライフスタイルの中で生まれる、母親が直面するさまざまな問題に注目し、そのアドバイスには定評があります。また、働く母親と専業主婦、双方に対するよき理解者でもあります。なぜなら、彼女は両方の立場を自ら体験しており、自分が「プロの母親」であることをたいへん誇りに思っているからです。

●監修者略歴

竹内正人

1987年、日本医科大学医学部卒業。米国ロマリンダ大学留学をへて、1995年、日本医科大学大学院卒業。1994年より2005年まで葛飾赤十字産院にて産科部長として活躍す。

学生時代より世界諸国を放浪し、実際に出産の現場を見学して回った行動派産科医。現在、国、地域をこえたさまざまな取り組みにかかわるとともに、医療の枠を超えた意見、情報を積極的に社会へと発信している。

2006年3月より、「産科医　竹内正人のいのちのブログ」をはじめる。
http://takeuchimasato.cocolog-nifty.com/

シアーズ博士夫妻のマタニティブック

平成15年９月１日　第１刷発行
平成21年11月20日　第４刷発行

著　者　ウイリアム・シアーズ
　　　　マーサ・シアーズ
訳　者　岩井満理
発行者　荻野善之
発行所　株式会社 主婦の友社
　　　　〒101-8911 東京都千代田区神田駿河台2-9
　　　　電話（編集）03-5280-7523
　　　　　　（販売）03-5280-7551
印刷所　大日本印刷株式会社
もし、落丁、乱丁、その他不良の品がありましたら、おとりかえいたします。
お買い求めの書店か主婦の友社資材刊行課（電話 03-5280-7590）へお申し出ください。
　Printed in Japan　ISBN978-4-07-232762-3